Predictive Analytics and Data Mining

Concepts and Practice with RapidMiner

Vijay Kotu

Bala Deshpande, PhD

ELSEVIER

Amsterdam • Boston • Heidelberg • London
New York • Oxford • Paris • San Diego
San Francisco • Singapore • Sydney • Tokyo
Morgan Kaufmann is an imprint of Elsevier

MK MORGAN KAUFMANN

ISBN : 9780128014608
Translated Edition ISBN : 978-89-6421-257-8
Publication Date in Korea : 2016.4.30

Translated by Hantee Media
Printed in Korea

데이터 과학

RapidMiner를 활용한 데이터 마이닝

ELSEVIER

한티미디어

옮긴이

권영옥 (yokwon@sm.ac.kr)
숙명여자대학교 경영학부 교수

이정선 (ccda0153@gmail.com)
숙명여자대학교 경영학부 박사과정

고재문 (kohjm@ulsan.ac.kr)
울산대학교 산업경영공학부 교수

온승엽 (syohn@kau.ac.kr)
한국항공대학교 소프트웨어학과 교수

한명묵 (mmhan@gachon.ac.kr)
가천대학교 IT대학 컴퓨터공학과 교수

데이터 과학 RapidMiner를 활용한 데이터 마이닝

Predictive Analytics and Data Mining
Concepts and Practice with RapidMiner

발행일 2016년 4월 30일 초판 1쇄
지은이 Kotu and Deshpande
옮긴이 권영옥 · 이정선 · 고재문 · 온승엽 · 한명묵
펴낸이 김준호
펴낸곳 한티미디어 | **주 소** 서울시 마포구 연남동 570-20
등 록 제 15-571호 2006년 5월 15일
전 화 02)332-7993~4 | **팩 스** 02)332-7995
ISBN 978-89-6421-257-8 (93560)
정 가 25,000원

마케팅 박재인 최상욱 김원국 | **관 리** 김지영
편 집 이소영 박새롬 김현경 | **표 지** 이소영 | **본 문** 이경은

이 책에 대한 의견이나 잘못된 내용에 대한 수정정보는 한티미디어 홈페이지나 이메일로 알려주십시오.
독자님의 의견을 충분히 반영하도록 늘 노력하겠습니다.
홈페이지 www.hanteemedia.co.kr | **이메일** hantee@empal.com

추천사 FOREWORD

누구나 데이터 과학자가 될 수 있다. 그리고 모두가 되어야 한다. 이 책은 왜 모두가 데이터 과학자가 되어야 하는지 그리고 어떻게 될 수 있는지 보여준다. 오늘날의 복잡한 의사결정을 위해서는 먼저 사용 가능한 데이터에 대한 이해 없이는 곤란하다. '데이터 기반의 조직'을 만드는 것이 최신의 방법이면서 종종 비즈니스 성과를 향상시키기 위한 가장 좋은 방법이 된다. 따라서 이것을 신속하게 가능하도록 도와주는 툴에 대해서 많은 변화가 있어 왔다. 큰 규모의 조직에서 데이터웨어하우스를 구축하고 그 위에 보고서 또는 대시보드를 만드는 것이 일반화된 지 이제 불과 몇 년이 지났다. 기술적 진보는 이러한 프로세스를 이전보다 쉽게 만들었으며, 사실 데이터 검색 툴은 비즈니스 사용자가 IT 컨설턴트의 도움 없이 스스로 대시보드를 구축할 수 있도록 해주었다. 과거 데이터를 기반으로 효과적으로 질문에 답할 수 있게 된 후 우리는 지금 새로운 패러다임의 변화를 겪고 있다: 대신 무슨 일이 일어날지에 대해 답변을 하는 것이 더 좋지 않을까? 이것이 고급 분석 및 데이터 과학의 영역이다: 관심이 과거로부터 미래로 이동하였으며 전향적으로 사업의 성과를 최적화한다.

다음은 이러한 패러다임 변화의 몇 가지 예를 보여준다.

- **전통적인 비즈니스 인텔리전스(BI) 시스템 및 프로그램 답변**: 작년에 얼마나 많은 고객을 잃었는가? 흥미로운 질문이지만 대답을 얻어도 너무 늦어서 활용할 수 없다. 즉, 고객은 이미 사라진 후이며 우리가 할 수 있는 일들은 많지 않다. 예측분석은 향후 열흘 동안 이탈가능성이 가장 높은 고객은 누구인지 그리고 그들의 이탈방지를 위해 우리가 할 수 있는 일은 무엇인지 알려준다.

- **전통적인 BI 답변**: 과거에 가장 성공적이었던 캠페인은 무엇인가? 흥미로운 질문이지만 이에 대한 대답은 새로 출시될 제품에 대해 최적의 캠페인을 결정하는 데 제한된 가치를 제공할 뿐이다. 예측분석은 각각의 잠재고객에게 있어 구매행동을 유발할 수 있는 행동(action)이 무엇인지 알려준다.
- **전통적인 BI 답변**: 과거에 얼마나 자주 생산량이 제자리걸음이었는가(증가하지 않았는가)? 흥미로운 질문이지만 대답은 준최적 활용으로 인해 이익이 감소하였다는 사실을 바꾸지는 못한다. 예측분석은 기계의 부품이 언제 그리고 왜 고장이 나는지 그리고 부품이 고장난 후 주문하는 대신 미리 언제 부품을 교체해야 하는지 정확히 알려준다.

이것들은 모두 매우 가치 있는 질문들이며 여기에 대한 답을 아는 것은 다른 것과 비교할 수 없을 정도로 비즈니스 프로세스에 긍정적으로 영향을 미칠 것이다. 그리고 좋은 소식은 이것이 공상과학소설이 아니라는 것이다. 오늘날 과거 데이터와 데이터 고유의 패턴을 기반으로 미래를 예측하는 것은 전적으로 가능한 일이다. 그렇다면 왜 전 세계 모든 기업들이 이러한 잠재력을 하루 종일 이용하지 않는 것일까? 대답은 데이터 과학 기술 격차이다.

고급 분석(예측분석, 데이터 마이닝, 텍스트 분석, 데이터 준비)을 수행하기 위해서는 물론 고급 기술이 필요하다. 사실 데이터 과학자는 전 세계의 모든 비즈니스 문제를 이해할 수 있는 통계학 박사 학위를 가진 슈퍼스타 프로그래머로 인식되어 왔다. 물론 그러한 희귀한 기술 조합을 가진 사람은 매우 드물다. 사실 맥킨지는 미국에서 2018년까지 180만 명의 데이터 과학자 부족현상이 발생할 것이라고 예상하고 있다. 이것은 고적적인 딜레마이다. 우리는 미래 지향적인 질문과 데이터 과학 방법으로 이를 해결하는 것의 가치를 인식했으나, 동시에 이러한 일을 할 수 있는 사람이 없기 때문에 질문에 대한 답을 찾을 수 없다. 이러한 딜레마를 벗어 날 수 있는 유일한 방법은 고급 분석의 민주화이다. 우리는 비즈니스 분석가, 엑셀 파워 유저, 데이터에 정통한 비즈니스 관리자 등 더 많은 사람들이 예측모델을 생성할 수 있도록 만들어야 한다. 우리가 이러한 그룹의 사람들을 마술처럼 데이터 과학자로 변환시킬 수는 없지만 그들에게 툴을 제공하고 이를 사용하여 데이터 과학자처럼 행동할 수 있는 방법을 알려줄 수는 있다. 이 책은 이러한 일을 할 수 있도록 안내해 줄 것이다.

우리는 폭발적으로 증가하는 문제에 대한 답을 줄 수 있는 '빅데이터'를 이용한 현대 분석(modern analytics)의 시기에 있다. 빅데이터는 단순히 양이 많을 뿐 아니라 복잡하다는 것을 이해하는 것이 중요하다. 더 많은 데이터는 새롭고 더 복잡한 인프라(infrastructure)를 의미한다. 비정형 데이터는 새로운 저장 및 검색 방법이 필요하다. 그리고 때때로 데이터가 너무나 빨리 생성되기 때문에 저장되지 않고 소스 상태에서 바로 분석되고 대신 그 결과만 저장된다. 실시간 분석, 스트림 데이터 마이닝 및 사물 인터넷은 이제 현실이 되었다. 동시에 우리는 급격한 변화를 겪고 있는 것이 분명하다: 데이터 자체는 가치가 없지만 숨겨진 패턴과 및 통찰력은 매우 중요한 자산이다. 이러한 자산에 액세스하는 것이 더 이상 전문가들만을 위한 옵션이 아니고, 분석 실무자와 모든 종류의 비즈니스 매니저도 가능하게 되어야 한다. 이러한 고급 분석의 민주화는 데이터 과학의 병목 현상을 해결하고 즉시 새로운 비즈니스 가치를 창출하도록 한다.

이러한 변환은 실제로 데이터 과학자인 사람들에게는 큰 이점을 제공한다. 만약 비즈니스 분석가, 엑셀 파워 유저, 데이터에 정통한 비즈니스 관리자가 스스로 현재의 고급 분석 문제의 95%를 해결할 능력이 있다면, 이는 부족한 데이터 과학자 자원 문제를 해결해 줄 수 있다. 이러한 전환은 분석의 주체가 데이터 과학자로부터 비즈니스 분석으로 옮겨가고, 비즈니스를 위해 더 좋은 결과를 더 빨리 얻을 수 있게 해준다. 또한 동시에 데이터 과학자가 이미 있는 것을 다시 만드느라 시간을 낭비하는 대신 알고리즘 개발이 필요한 새로운 도전적인 문제에 집중할 수 있도록 한다.

우리는 정확하게 이러한 목적을 가지고 RapidMiner를 개발하였다. 비전문가도 데이터 과학자와 같은 결과를 얻을 수 있고, 사용자가 보다 신속하게 결과와 가치를 얻을 수 있다. 그리고 한 번의 클릭을 하는 것처럼 그 결과의 배포가 쉽다. RapidMiner는 데이터 과학자뿐 아니라 비즈니스 분석가들이 보다 신속하게 데이터의 숨겨진 패턴을 발견하고 새로운 비즈니스 가치를 창출할 수 있도록 도와준다. 이것은 시장에 비즈니스 가치가 큰 가능성을 제공한다. 나는 Vijay와 Bala의 책이 조직의 데이터 과학 병목 현상을 해결하도록 당신을 지원하면서, 마지막으로 그러나 못지않게 중요하게, 당신이 뜻밖의 것들을 발견하면서 성공과 약간의 재미를 주는 완전히 새로운 분야를 발견하도록 도와주고 이러한 변화에 중요한 기여를 할 것으로 기대한다.

Ingo Mierswa

CEO and Co-Founder, RapidMiner

머리말 PREFACE

기술 컨설팅 그룹 가트너에 따르면, 대부분의 새로운 기술은 '하이프 사이클(hype cycle)'이라고 불리는 주기를 거친다. 이 주기를 통해 새로운 기술에 의해 얻게 되는 생산성을 과장 또는 과대광고의 양과 대조하게 된다. 하이프 사이클은 부풀려진 기대의 정점(peak of inflated expectation), 환멸 단계(trough of disillusionment), 생산성 안정 단계(plateau of productivity)의 세 가지 주요 단계를 포함한다. 이 가운데 세 번째 단계는 한 기술에 대해서 성숙하고 가치를 창출하는 단계를 의미한다. (이 글을 쓰는 시점에서) 예측분석에 대한 하이프 사이클은 이 분야가 성숙 단계에 있음을 보여준다.

이것은 이 분야가 성장이 멈추거나 포화상태에 도달했다는 것을 의미하는가? 전혀 아니다. 반대로 이 분야는 초기의 마케팅 응용 프로그램을 넘어서 이제는 기술, 인터넷 기반 분야, 의료, 정부, 금융, 제조 분야까지 범위를 넓혀 성장하였다. 따라서 데이터 마이닝 및 예측분석에 관한 많은 초기의 책은 데이터 마이닝 이론 또는 마케팅 관련 응용 프로그램에 초점을 맞춘 반면, 이 책은 보다 다양한 흥미로운 영역에서의 이용 사례들을 보여주고 독자들에게 다른 많은 응용 프로그램과 구현 사례를 소개하는 것을 목표로 한다.

우리는 데이터의 성장 추세에 대해서 표현할 더 이상의 최상의 수식어를 찾을 수 없다. 간단히 말해, 기술 혁명으로 인해 방대한 양의 다양한 데이터를 의미있게 처리, 저장, 분석, 이해할 필요가 있게 되었다. 방대한 데이터 양(volume)과 다양성(variety)은 데이터로부터 빠르게 숨겨진 추세와 패턴을 발견할 수 있도록 조직들에게 새로운 요구를 가중시키고 있다. 따라서 데이터 마이닝 기술이 매우 중요하게 되었고, 많은 기업과 정부 기능의 일상적인 활동에 데이터 마이닝 기술을 활용할 수 있는 방법을 찾아가고 있다. 예를 들어, 어떤 고객들이 우리가 아닌 비즈니스를 할 다른 사업자를 찾거나 유행성 독감의 전파를 소셜 미디어 데이터를 이용하여 나타내는 것 등이 그 예라 할 수 있다.

데이터 마이닝은 응용 통계와 컴퓨터 과학에 그 뿌리를 두고 있다. 데이터 마이닝의 프로세스는 문제의 구조화, 데이터 이해, 데이터 준비, 적절한 기법을 적용하여 모델 구축, 결과 해석, 모델 배치를 위한 프로세스 구축과 같이 여러 단계를 포함한다. 이 책은 패턴을 발견하고 결과를 예측하기 위한 데이터 마이닝 기법의 포괄적인 개요를 제공하는 것을 목표로 한다.

그렇다면 이 책은 어떤 내용으로 구성되어 있는가? 매우 광범위하게 이 책은 미래의 불확실성을 의미 있는 확률로 변화시키는 과학인 예측분석을 위한 많은 중요한 기술과 데이터 마이닝(이미 약간은 진부한 용어)보다 훨씬 넓은 영역을 다룬다. 데이터 마이닝은 또한 기술적(descriptive) 분석이라고 불리는 것을 포함한다. 이 책의 삼분의 일 정도가 기술적 분석을 다루고 나머지는 예측분석을 다룬다. 오늘날 가장 일반적으로 사용되는 데이터 마이닝 작업은 분류, 회귀, 연관성 분석, 군집 분석, 그리고 이상 탐지, 텍스트 마이닝, 시계열 예측 등이다. 이 책은 관심 있는 독자들에게 이러한 흥미로운 분야를 소개하기 위한 목적으로 쓰였으며, 자신의 사업에 이러한 기술을 구현하고자 하는 독자들에게도 충분한 기술적 깊이를 제공한다.

왜 이 책인가?

이 책의 목적은 두 가지이다. 많은 데이터 마이닝 기법을 쉽게 따라하면서 기본적인 개념을 명확히 하는 것과 수학에 대한 기본적인 이해가 있다면 한 줄의 프로그래밍 코드도 필요 없이 자신의 사업에 데이터 마이닝 기술을 구현할 수 있도록 준비시키는 것이다. 알고리즘을 구현하고 응용 프로그램을 개발할 수 있는 상용 데이터 마이닝 툴은 다양하지만, 데이터 마이닝 문제를 해결하는 방법은 유사하다. 우리는 모든 기능을 가진 오픈 소스이면서 그래픽 사용자 인터페이스(GUI) 기반의 데이터 마이닝 툴을 사용하여, 독자들이 개념을 이해하고 동시에 툴을 이용하여 알고리즘을 구할 수 있기를 원한다. 이러한 조건을 만족시켜주는 데이터 마이닝과 예측분석 플랫폼인 RapidMiner를 이용하여 이 책의 각 장에 소개된 데이터 마이닝 알고리즘을 구현하였다. 이 툴의 가장 큰 장점은 데이터 마이닝을 배우기 위한 시간 이외에는 비용이 거의 들지 않는 오픈 소스라는 것이다.

누가 이 책을 사용하는가?

이 책에 기술된 내용과 실제 활용사례는 일상 업무에서 데이터를 사용하는 비즈니스 및 분석 전문가들을 대상으로 만들어졌다. 이 책은 독자들이 예측과 패턴 발견을 위해 사용하는 데이터 마이닝 기술에 대해 종합적으로 이해하고, 주어진 데이터 문제에 적합한 기술을 선택하며, 일반적인 분석 프로세스를 생성할 수 있도록 돕는다.

우리는 이러한 지식체계를 설명하는 논리적 과정을 따르기 위해 노력했다. 이 책의 초점은 오늘날 널리 사용되는 약 20여 개의 주요 알고리즘을 소개하는 데 있다. 각 알고리즘은 다음과 같은 체계로 제시한다.

1. 각 알고리즘에 대한 상위 수준의 실제 활용 사례를 제시하였다.
2. 알고리즘이 어떻게 작동하는지에 대해서 일반 언어로 쉽게 설명하였다. 대부분의 알고리즘은 통계 및 컴퓨터 과학에 기반을 두고 있다. 따라서 알고리즘을 설명 시 학문적 엄격함과 수학에 대한 배경 지식이 부족한 많은 독자들의 접근성 사이에 균형을 이루기 위해 노력하였다.
3. RapidMiner를 이용한 알고리즘 구현에 대해서 상세히 설명하였다. 일반적으로 사용되는 설정 옵션들을 설명하고, 가능하면 각 장의 도입부에 소개된 활용 사례를 확장하여 다음과 같이 정해진 형식으로 프로세스를 보

여주었다. 문제를 설명하고, 목적을 개략적으로 나타내고, 해당 장에서 설명한 알고리즘을 적용, 결과를 해석하고, 구축한 모델을 배포한다. 마지막으로 이 책은 응용을 위해서 레시피 형식을 사용하고 있지만, RapidMiner의 사용자 매뉴얼이나 단순한 쿡북은 아니다.

분석가, 금융, 마케팅, 비즈니스 전문가, 또는 데이터를 분석하는 어느 누구든 현재 또는 가까운 미래에 자신의 업무에서 이러한 고급 분석 기술을 사용하게 될 것이다. 데이터의 실제 분석에는 참여하지 않는 기업 임원의 경우에도, 올바른 질문을 하고 적절한 기대치를 설정하기 위해서는 이러한 고급 기술을 가지고 무엇이 가능하고 가능하지 않은지 아는 것이 중요하다. 기본적인 스프레드시트 분석과 표준 비즈니스 인텔리전스 툴을 이용한 데이터 슬라이싱 및 다이싱은 계속해서, 특히 과거 데이터를 이용한 데이터 탐색의 근간이 될 것이다. 반면 데이터 마이닝 및 예측분석은 비즈니스 상에서 데이터 분석의 전체적인 체계를 구축하는 것이 필요하다. 상용 데이터 마이닝 및 예측분석 소프트웨어 툴은 간단한 GUI를 제공하여 알고리즘의 내부 원리보다는 응용에 초점을 두면서 이러한 것을 가능하게 한다. 이 책의 주요 동기는 개념적 틀과 주요 알고리즘을 구현하는 실제적인 '방법' 가이드를 제공하여 독자들에게 보다 폭넓게 예측분석 및 데이터 마이닝을 널리 알리는 것이다. 우리는 이 책이 이러한 목표를 이루는 데 도움이 되기를 바란다.

Vijay Kotu

Bala Deshpande

감사의 말 Acknowledgement

책을 쓰는 것은 사람이 할 수 있는 가장 흥미롭고 도전적인 일 중의 하나이다. 하지만 우리는 이러한 책을 쓰기 위해 필요한 노력뿐만 아니라 그것이 가져 오는 성취감을 너무나도 과소평가해왔다. 많은 시간이 소요되는 작업을 이해하고 지원해 준 가족들의 도움이 없었다면 이 책의 출판은 불가능했을 것이다. 우리는 기술 지원에서부터 각 장에 대한 검토, 제품의 기능에 대한 질문 답변에 이르기까지 큰 도움을 준 RapidMiner 팀에게 감사의 말씀을 전하고 싶다. 특히 추천사를 통해 독자들이 책을 잘 활용하기 위해 알아야 하는 기본적인 정보를 제공해 준 Ingo Mierswa에게 깊은 감사를 전한다. 또한 기술 검토자인 Slalom Consulting의 Doug Schrimager, L&L Products의 Steven Reagan, RapidMiner의 Tobias Malbrecht의 사려 깊고 통찰력 있는 의견에 감사드린다. 모델 평가에 대해서 전문적인 조언을 제공해 준 Intel의 Mike Skinner에게도 감사를 드린다. 우리는 Morgan Kaufmann 출판사 팀인 Steve Elliot, Kaitlin Herbert, Punithavathy Govindaradjane으로부터 체계적인 관리와 지원을 받았다. 마지막으로 이 프로젝트와 관련하여 토론에 참여해 생산적인 제안을 해준 모든 동료들과 친구들에게도 심심한 감사를 전한다.

Vijay Kotu, California, USA

Bala Deshpande, PhD, Michigan, USA

역자 후기

최근 많은 분야에서 빅데이터 활용의 중요성이 커지고 있다. 이에 따라 각 분야별로 데이터에서 유용한 정보를 찾아내고 의사결정에 활용하는 데이터 마이닝에 대한 이론적 이해와 실무적 기술 습득이 필수적으로 요구되고 있다. 이러한 데이터 마이닝을 위한 툴 가운데 RapidMiner는 컴퓨터과학, 경영정보, 산업공학 등 관련 전공자 뿐 아니라 다양한 분야의 비전공자들도 쉽게 사용할 수 있는 분석 도구이다. 이 책은 RapidMiner를 소개하는 최초의 데이터 마이닝 전문서적으로서 데이터 마이닝의 이론과 RapidMiner를 활용한 다양한 사례를 다루고 있다. 이번 번역 작업을 통하여 한국에서도 데이터 과학과 RapidMiner에 대한 이해를 높이고 공공, 금융, 제조, 의료 등 여러 분야에서 실제로 적용하여 보다 가치 있는 성과를 창출하는데 도움이 될 수 있기를 바란다.

이 번역본은 여러 대학의 교수님들과의 협업을 통해 완성되었다. 이분들의 노고가 없었다면 이 책의 출판은 불가능했을 것이다. 특히 RapidMiner의 버전이 업그레이드되면서 추가적인 작업이 많았으나 끝까지 열성을 다해주신 역자 분들께 감사의 뜻을 전한다. 그리고 출판의 전 과정을 잘 이끌어 주신 출판사 한티미디어 김준호 대표님과 이소영 팀장님 및 관계자 분들께도 진심으로 감사드린다. 마지막으로 번역상 있을 수 있는 오류에 대해서는 지속적으로 바로잡아 나갈 것이다.

2016년 8월

권영옥 숙명여자대학교 경영학부 교수
이정선 숙명여자대학교 경영학부 박사과정
고재문 울산대학교 산업경영공학부 교수
온승엽 한국항공대학교 소프트웨어학과 교수
한명묵 가천대학교 IT대학 컴퓨터공학과 교수

차례 CONTENTS

CHAPTER 1

소개

예측분석(predictive analytics)은 최근 몇 년 동안 관심이 증가하고 있는 영역이다. 그러나 예측분석을 포함하는 데이터 마이닝에 대한 관심은 이미 꾸준하게 높은 상태였다. 최근에 들어서서 이 영역의 성장과 관심이 증가하고 있지만, 그 기초가 되는 학문은 적어도 40~50년 전부터 시작되었다. 엔지니어와 과학자들은 이미 최초의 달탐사 프로젝트부터 예측모델(predictive model)을 사용했다. 인간은 항상 미래를 예측하기를 원했으며 예측과학(predictive science)은 그러한 인간의 본성을 반영한 것이다.

그럼 오늘날 예측분석과 데이터 마이닝이 필요한 사람들은 누구인가? 주요 사용자는 누구인가? 애플리케이션의 3분의 1은 마케팅에 집중되어 있다(Rexer, 2013). 이는 고객세분화(customer segmentation)와 프로파일링(profiling), 고객획득(customer acquisition), 고객이탈(customer churn), 그리고 고객 평생 가치 관리(customer lifetime value management) 등의 활동을 포함한다. 또 다른 3분의 1은 은행, 금융서비스, 그리고 보험(Banking, Financial Services and Insurance, BFSI) 산업에 의해 주도되는데, 사기탐지(fraud detection)와 위험분석(risk analysis) 등과 같은 영역에 데이터 마이닝과 예측분석이 사용된다. 마지막 3분의 1은 제조부터 기술/인터넷, 의료 제약, 정부, 학계에 이르기까지 다양한 산업들에 확산되었으며, 관련 영역은 전통적인 매출액 예측부터 상품 추천 그리고 선거 감성 모델링(election sentiment modeling)까지 다양하다.

과학과 공학분야에서의 예측모델링은 모델을 개발하기 위해 물리학 또는 화학의 원리를 기반으로 하고 있는 반면, 이 책에서 설명하는 예측모델(predicive models)의 종류는 경험적 지식, 좀 더 구체적으로는 이력 데이터(historical data)를 기반으로 한다. 데이터 수집, 저장 및 처리를 하기 위한 컴퓨팅 하드웨어의 성능은 무어 법칙(Moore's Law)에 따라 2년마다 두 배로 증가했으며, 데이터 마이닝도 매우 다양한 분야에서 활용되고 있다. 그러나 무엇보다 마케팅 분야의 연구자들이 초기에 많은 영역을 개척했다. Olivia Parr Rud는 그녀의 Data Mining Cookbook (Parr Rud, 2001)에서 1990년대 초기에는 로지스틱 회귀분석(logistic regression) 모델을 구축하는 데 27시간이 걸렸다는 흥미로운 일화를 소개한다. 더욱 중요한 것은 모델 구축 작업의 상당한 부분이 데이터 준비에 소요되었기에, 예측분석의 전 과정은 매우 신중하게 계획되어야 했다는 것이다. 그녀는 데이터를 준비하는 데 일주일 전체를 소요하고, 주말에 600MB 하드디스크의 PC에서 마침내 모델을 실행하였다(아무런 고장이 없기를 기도하면서)! 그 이후 기술은 약 20년 동안 계속 발전해 왔다. 오늘날에는 노트북에서 몇 분이면 수백 개의 예측변수(predictor) 값들을 포함하는 수십만 개의 레코드(record)들을 대상으로 로지스틱 회귀분석 모델을 실행할 수 있다.

그러나 초기 때부터 데이터 마이닝 프로세스는 변화가 없었으며, 가까운 미래에도 크게 변하지 않을 것이다. 데이터로부터 의미 있는 결과를 도출하기 위해서는, 우리는 여전히 알고리즘을 적용하기 전에 데이터 준비, 정제(cleansing), 정화(scrubbing), 또는 표준화(standardizing) 등과 같은 많은 노력을 필요로 한다. 그러나 아마도 이러한 작업들은 자동화될 것이다. 현재 이러한 프로세스는 반복적으로 이루어지고 있고 분석가(analyst)들이 모범적인 사례를 숙지해야 하는데, 조만간 스마트한 알고리즘이 분석가를 대신할 수 있을지도 모른다. 이러한 발전은 예측분석의 가장 중요한 영역인 의사결정을 위한 분석결과의 해석에 집중할 수 있게 해줄 것이며, 이는 분석가와 비즈니스 사용자들의 폭넓은 교류로 데이터 마이닝의 응용 범위를 넓게 해줄 것이다.

그렇다면 데이터 마이닝은 무엇으로 구성되는가? 배워야 하는 주요 프로시져(procedure)와 원리(principle)에는 무엇이 있는가? 마지막으로 예측분석과 데이터 마이닝 이 두 가지 용어의 차이는 무엇인가? 다음 절에서 공식적인 정의들을 언급하기 전에, 최근 설문 결과(Rexer, 2013)를 기준으로 오늘날의 데이터 마이너들의 경험을 살펴보면 흥미로울 것이다. 설문 결과, 데이터 마이닝 실무자 대부분은 목표를 달성하기 위해 몇몇의 매우 강력한 기법들 – 의사결정나무(4장), 회귀모델(5장), 그리고 군집화(7장)만을 사용하는 것으로 밝혀졌다. 심지어 여기에도 80/20 법칙(역자주: 전체 결과의 80%가 전체 원인의 20%에서 일어나는 현상)이 적용된다. 즉, 대부분의 데이터 마이닝 분석 업무에 비교적 적은 수의 기술들이 사용되었다. 그러나 모든 80/20 법칙과 마찬가지로, 덜 사용되는 많은 기법들로 구성되는 롱테일(long tail)이 가치가 있는 부분이다. 사용자의 필요에 따라서, 가장 좋은 방법은 상대적으로 잘 알려져 있지 않은 기법 또는 일반적으로 잘 사용되지 않는 프로시져들의 조합을 이용하는 것이다. 따라서 데이터 마이닝과 예측분석을 체계적으로 배우는 것이 도움이 될 것이며, 이 책을 쓴 이유도 바로 여기에 있다.

1.1 데이터 마이닝이란

데이터 마이닝을, 간단하게 말하면 데이터 속의 유용한 패턴(pattern)을 찾는 것이다. 데이터 마이닝은 유행어가 되어 그 정의와 기준은 다양하다. 데이터 마이닝은 지식발견(knowledge discovery), 기계학습(machine learning) 그리고 예측분석(predictive analytics)이라고 불리기도 한다. 그러나 각 용어는 문맥에 따라 약간씩 다른 의미를 갖는다. 이 장에서는 데이터 마이닝의 개요와 중요한 특성, 목적, 분류 및 일반적인 방법들에 대해 언급하고자 한다.

데이터 마이닝은 데이터(data)로부터 시작되는데, 데이터는 몇 가지 수치 관측치로 된 간단한 배열(array)로부터 수천 개의 변수를 가진 수백만 개의 관측치로 이루어진 복잡한 행렬(matrix)일 수도 있다. 데이터 마이닝 분석에서는 데이터에서 의미있고 유용한 구조를 발견하기 위해 다양한 전문화된 계산 방법(methods)을 사용한다. 이러한 계산 방법은 통계, 기계학습, 인공 지능(artificial intelligence) 분야로부터 나온 것이다. 데이터 마이닝 분야는 데이터베이스 시스템, 데이터 정제, 시각화, 탐색적 데이터 분석 및 성능 평가와 같은 많은 관련 분야와 함께 공존하면서 매우 밀접하게 연관되어 있다. 이제부터는 데이터 마이닝의 주요 기능과 동기들을 살펴보면서, 데이터 마이닝을 좀 더 정의해 보고자 한다.

1.1.1 의미 있는 패턴 추출

데이터베이스에서의 지식발견은 중요한 의사결정을 위해 데이터에서 유효하고(valid), 새롭고(novel), 잠재적으로 유용(potentially useful)하면서, 궁극적으로 이해할 수 있는 패턴(pattern)이나 관계(relationship)를 파악해 가는 사소하지 않은(nontrivial) 프로세스이다(Fayyad et al., 1996). '사소하지 않은 프로세스'라는 용어에서 데이터 마이닝이 평균과 표준편차 계산과 같은 간단한 통계계산과 구별되는 것을 알 수 있다. 데이터 마이닝은 많은 다양한 가설들의 추론과 반복을 포함한다. 데이터 마이닝의 주요 특징 중의 하나는 데이터셋으로부터 패턴들을 일반화(generalization)하는 프로세스이다. 일반화는 패턴을 파악하는 데 사용한 데이터셋뿐만 아니라, 새로운 데이터셋에서도 의미가 있어야 한다. 데이터 마이닝은 몇 개의 미리 정의된 단계들(steps)로 구성된 프로세스이며, 하나의 단계는 여러 작업들(tasks)로 이루어진다. '새로운(novel)'이라는 용어는 일반적으로 데이터에 대해 이전에 알지 못했던 패턴을 찾아내는 데 데이터 마이닝이 활용된다는 것을 나타낸다. 데이터 마이닝의 궁극적인 목표는 분석을 하고자 하는 사용자들이 분석 결과를 이용하여 행동을 취할 수 있는 잠재적으로 유용한 결론을 찾는 것이다.

1.1.2 대표 모델 구축

통계에서 모델(model)은 데이터셋의 변수들 사이의 관계를 나타내는 것이다. 즉 데이터셋의 변수들이 다른 변수들과 어떻게 관련되어 있는지를 보여준다. 모델링(modeling)은 관측된 데이터셋에서 대표적인 추상화(abstraction)가 이루어지는 과정이다. 예를 들어 신용 점수, 소득 수준, 대출금을 기준으로 대출 금리를 결정하는 모델을 개발할 수 있다. 이러한 작업은 사전에 신용 점수, 소득 수준, 대출금, 금리와 더불어 이미 알려진 관측 데이터가 있어야만 가능하다. 그림 1.1은 이 모델의 입력(input)과 결과(output)를 보여준다. 일단 대표 모델이 구축되면, 모든 입력변수 값(input value; 신용 점수, 소득 수준, 대출금)을 기반으로 금리를 예측할 수 있다.

예측분석에서 데이터 마이닝은 관측 데이터에 적합한 모델을 구축하는 과정을 말하며, 이러한 모델의 목적은 크게 두 가지로 나눌 수 있다. 첫 번째 목적은 입

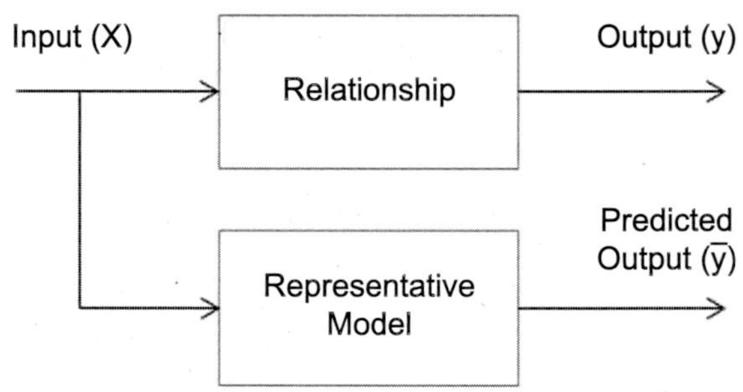

[그림 1.1] 예측분석의 대표 모델

력변수들(신용 점수, 소득 수준, 대출금)에 근거하여 결과변수(금리)를 예측하는 것이고, 두 번째는 결과변수와 모든 입력변수들 사이의 관계를 이해하는 데 이용할 수 있다는 것이다. 예를 들면, 소득 수준이 정말 대출 금리에 영향을 줄까? 소득 수준이 신용 점수보다 더 영향력이 클까? 소득 수준이 두 배가 되거나, 신용 점수가 10포인트 떨어지면 어떻게 될까? 와 같은 질문들에 답하는 것이다. 데이터 마이닝 맥락에서 모델 구축은 예측과 설명을 위해 모두 적용될 수 있다.

1.1.3 통계, 기계 학습, 컴퓨팅의 조합

대용량 데이터셋으로부터 유용하고 관련 있는 정보를 추출하기 위해서, 데이터 마이닝은 통계학, 인공 지능(artificial intelligence), 기계 학습(machine learning), 데이터베이스 이론(database theory), 패턴 인식(pattern recognition) 분야로부터 계산 방법들을 도출해 낸다. 데이터 마이닝에서 사용되는 알고리즘은 이러한 분야들에서 유래되었지만, 병렬 컴퓨팅(parallel computing), 진화 컴퓨팅(evolutionary computing), 언어학, 행동 연구 등과 같이 보다 다양한 기술들을 적용하기 위해 진화해 왔다. 성공적인 데이터 마이닝의 핵심 요소 중 하나는 주제 전문지식(subject matter expertise)이라 불리는, 데이터와 데이터가 생성되는 과정인 비즈니스 프로세스에 관한 상당한 사전 지식이다. 많은 정량적 프레임워크와 마찬가지로, 데이터 마이닝은 반복적인 프로세스로이며 분석가들은 각 사이클에서 데이터 간의 패턴과 관계에 관해 더 많은 정보를 얻게 된다. 데이터 마이닝의 꽃은 데이터로부터 유용하고 의미 있는 정보를 추출하기 위해 통계 지식, 주제 전문지식, 데이터베이스 기술 그리고 기계 학습 기술을 결합한다는 데 있다. 데이터 마이닝은 또한 일반적으로 대용량 데이터셋을 저장, 처리 그리고 계산해야 하기 때문에, 병렬 분산 컴퓨팅(parallel and distributed computing) 기술과 더불어 데이터베이스 기술이 데이터 마이닝에서 중요한 역할을 한다.

1.1.4 알고리즘

데이터 마이닝은 자동 반복 방법(automatic iterative method)을 이용하여 알려지지 않은 데이터 패턴을 발견하는 과정이라 정의할 수도 있다. 알고리즘(algorithms)은 입력들을 출력으로 변환하기 위한 반복적이고 단계적인 절차이다. 데이터에서 유용한 패턴을 추출하기 위한 정교한 알고리즘의 적용은 기존의 전통적인 데이터분석 기술과 데이터 마이닝을 차별화시킨다. 알고리즘의 대부분은 최근 수 십년 동안 개발되었고, 기계 학습 및 인공 지능 등의 분야에서 가져왔다. 하지만, 몇몇 알고리즘은 수백 년 전에 시작된 베이지안 확률이론(Bayesian probabilistic theory)과 회귀분석(regression analysis)의 개념에 기반을 두고 있다. 이러한 반복적인 알고리즘은 주어진 데이터 문제에 대한 최적의 해(optimal solution)를 탐색하는 과정을 자동화한다. 데이터 문제를 기반으로 할 때 데이터 마이닝은 분류(classification), 연관성 분석(association analysis), 군집화 및 회귀분석과 같은 작업으로 분류할 수 있다. 각 작업은 의사결정나무(decision tree), 신경망(neural network), k-최근접이웃(k-nearest neighbors), k-평균군집화(k-means clustering)와 같은 특정 알고리즘을 사용한다. 데이터 마이닝 관련 연구가 증가함에 따라 알고리즘의 종류도 증가하고 있다. 하지만 몇 개의 고전적인 알고리즘은 여전히 많은 데이터 마이닝 응용의 기초가 된다.

1.2 데이터 마이닝이라 할 수 없는 것

데이터 마이닝은 다양한 기법, 응용, 원리 등을 폭 넓게 포함하지만 모든 분석과 발견 방법들이 데이터 마이닝 프로세스로 간주되는 것은 아니다. 반드시 제한을 두는 것은 아니지만, 데이터 마이닝은 일반적으로 대용량 데이터셋에 적용된다. 데이터 마이닝은 또한 탐색(exploration), 전처리(preprocessing), 모델링, 평가(evaluation) 그리고 지식 추출(knowledge extraction)이라고 정의되는 과정들을 거친다. 다음은 일반적으로 사용되는 데이터 발견기법이지만, 대용량 데이터셋에 적용될지라도 데이터 마이닝으로 간주되지 않는 기법들이다.

- **기술 통계**: 평균, 표준편차 및 다른 기술 통계량 계산은 데이터셋을 요약된 구조로 정량화한다. 기술 통계량은 데이터셋을 이해하기 위한 필수적인 정보이지만, 이러한 통계량 계산은 데이터 마이닝 기법으로 간주하지 않으며 데이터 마이닝의 탐색 단계에서 사용된다.
- **탐색적 시각화**: 시각적으로 데이터를 표현하는 과정은 사용자들이 데이터 패턴과 관계를 발견하고 대용량 데이터셋을 이해하도록 해준다. 기술통계와 마찬가지로 데이터 마이닝의 전처리(preprocessing)와 후처리(postprocessing) 단계에서 필수적이다.
- **차원 슬라이싱**: 비즈니스 환경에서 널리 사용되고 있는 비즈니스 인텔리전스(business intelligence) 및 OLAP(online analytical processing) 응용은 차원 슬라이싱(dimensional slicing), 필터링(filtering) 및 피봇(pivot)을 통해 데이터에 대한 정보를 제공한다. OLAP 분석은 데이터가 차원(dimension; 예: 상품, 지역, 날짜)과 정량적 사실 또는 측정치(measures; 예: 수익, 수량)로 구성된 고유한 데이터베이스 스키마 디자인을 가지고 있을때 가능하다. 잘 정의된 데이터베이스 구조는 상품별 또는 지역별 연간 수익을 구분하여 나누어 보기에 용이하다. 이러한 기술은 매우 유용하고

데이터의 패턴(예: 미국에서는 사탕 판매량이 할로윈데이 이후 감소한다)을 보여주지만, 정보 검색(information retrieval)으로 간주하고 데이터 마이닝으로 보지는 않는다.

- **가설 검정**: 확인적(confirmatory) 데이터 분석에서, 실험 데이터는 가설을 지원할 만한 증거가 충분한지 그렇지 않은지의 여부를 평가하기 위해 수집된다. 많은 종류의 통계 검정(statistical testing)이 있으며, 그들의 비즈니스 응용(예: 마케팅에서 A/B testing) 또한 다양하다. 일반적으로 데이터 마이닝은 관측 데이터(observational data)를 기반으로 많은 가설들이 생성되고 검정되는 과정이다. 데이터 마이닝 알고리즘은 반복적이기 때문에 각 단계마다 솔루션을 개선해갈 수 있다.
- **쿼리**: 웹 검색엔진과 같은 정보 검색시스템(information retrieval systems)은 방대한 데이터 리포지토리(repository) 색인을 위해 군집화와 같은 데이터 마이닝 기법을 사용한다. 그러나, 그 결과를 쿼리(queries)하고 정제(render)하는 것은 데이터 마이닝 프로세스로 간주하지 않는다. 일반적으로 데이터베이스의 쿼리 검색과 데이터 자르기(slice and dice)는 데이터 마이닝으로 간주되지 않는다(Tan et al., 2005).

위의 모든 기법들은 데이터 마이닝 프로세스 단계에서 사용되며 '데이터 마이닝'이라는 용어와 관련되어 사용된다. 분석가들에게는 데이터 마이닝 프로세스 전체가 어떻게 구성되는지 아는 것이 중요하다. 다음 절에서 데이터 마이닝 프로세스의 각 단계들을 설명하고자 한다.

1.3 데이터 마이닝의 사례

과거 몇 십 년간 우리는 정보기술, 연결된 네트워크 그리고 비즈니스의 발전으로 대용량의 데이터를 축적해 왔다. 이러한 경향은 데이터 저장소(storage) 및 데이터 처리의 비용이 급격한 감소한 것과 관련이 깊다. 온라인 비즈니스, 소셜 네트워킹, 모바일 기술 등의 발전으로 개발된 애플리케이션들은 분석을 필요로 하는 복잡하고 유형이 상이한 대용량의 데이터를 만들어 냈다. 차원 슬라이스, 가설 검정 그리고 기술 통계량과 같은 전통적인 분석 기법은 지금까지 우리에게 정보발견(information discovery)을 가져다 줄 수 있었다. 하지만 이제는 데이터셋으로부터 최적의 통찰력(insight)을 도출하기 위해 대용량의 데이터를 관리하고, 수천 개 변수들의 상관관계를 탐색하고, 기계학습을 적용하는 패러다임(paradigm)이 필요하다. 이러한 모든 데이터들을 처리하고 가치 있는 정보를 추출할 수 있도록 인간들을 현명하게 지원하는 일련의 프레임워크, 도구 그리고 기법들이 필요하다(Piatetsky-Shapiro et al., 1996). 데이터 마이닝은 많은 속성들을 갖는 대용량의 데이터를 처리하고, 데이터 패턴을 찾기 위해 복잡한 알고리즘을 적용하는 그러한 패러다임 중 하나이다. 이제 데이터 마이닝 기법들을 사용하게 되는 주요 동기들을 알아보도록 하자.

1.3.1 양

여러 기관과 조직에서 획득되는 데이터 양(volume)이 기하급수적으로 증가하고 있다. 저장 비용의 급격한 감소와 모든 거래와 이벤트를 캡처(capture)하는 기술의 발전은 데이터를 사용하여 모든 가능한 활동들을 수행하고자 하는 비즈니스 요구와 잘 조합되어, 그 어느 때보다 데이터 저장에 대한 강한 동기를 만들어 낸다. 2012년도의 IDC 연구에 따르면 2012년에 기록된 디지털 데이터 양이 2.8 제타바이트(zettabyte)에 달하며, 현재 데이터의 1% 미만 만이 분석되고 있다고 한다(Reinsel, December 2012). 데이터가 상세해질수록 대용량 데이터를 이용한 정보 추출에 대한 요구는 증가한다. 하지만 데이터 양의 급격한 증가로 인하여 현재 사용하는 분석 방법들의 한계가 드러나게 되었다. 몇몇 구축 사례를 보면 일반화된 모델을 생성하는 시간이 가장 많이 걸리며, 모델 생성 후에는 데이터 양이 개발과 배포까지의 시간을 결정짓는 데 중요한 역할을 하는 것을 알 수 있다.

1.3.2 차원

빅데이터(big data) 현상의 세 가지 특징은 대용량(volume), 속도(velocity) 및 다양성(variety)이다. 데이터의 다양성은 여러 가지 데이터 값의 유형(수치형, 범주형), 데이터의 형식(오디오 파일, 비디오 파일), 데이터 애플리케이션(위치 좌표, 그래프 데이터)과 관련되어 있다. 각 레코드 또는 데이터 포인트(data point)는 기록에 대한 맥락(context)을 제공하기 위해 여러 가지 속성 또는 변수를 포함하고 있다. 예를 들면, 전자상거래 사이트의 모든 사용자 레코드는 클릭해서 본 상품들, 구매한 상품들, 사용자 인구통계정보, 구매빈도, 클릭스트림(click stream) 등과 같은 속성들을 포함한다. 이런 모든 속성들에 따라 정보를 산출하여, 전자상거래 사용자에게 가장 효과적인 제안이 무엇인지 결정하게 된다. 각각의 속성은 데이터 공간에서 차원으로 생각할 수 있다. 사용자 레코드는 여러 개의 속성들을 가지며, 다차원 공간에서 시각화될 수 있다. 차원 추가는 분석 기법들의 복잡도를 증가시킨다.

1개의 입력 차원을 갖는 단순선형회귀(simple linear regression) 모델은 다차원의 다중선형회귀(multiple regression) 모델보다 상대적으로 모델구축이 쉽다. 데이터 공간의 차원이 증가할수록, 여러 데이터 유형과 여러 속성들도 잘 처리할 수 있는 적응가능한(adaptable) 프레임워크를 필요로 한다. 텍스트 마이닝의 경우, 문서 또는 기사는 데이터 포인트가 되고 각각의 고유 단어는 차원이 된다. 텍스트 마이닝은 수백 개에서 수십 만 개의 속성을 가지는 데이터셋을 생성하게 된다.

1.3.3 복잡한 질문들

보다 복잡한 데이터 분석이 가능해짐에 따라 데이터로부터 추출해내야 하는 정보 또한 복잡해졌다. 만일 수백 개의 차원을 가진 데이터셋에서 군집(cluster)들을 찾아야 한다면, 가설 검정 기법과 같은 전통적인 분석은 확장가능하지 않기 때문에 사용할 수 없다. 방대한 검색 공간에서 검색을 자동화하기 위해서는 기계학습 알고리즘을 활용해야 한다.

전통적인 통계분석 방법들은 입력변수들로부터 반응변수(타겟변수, 종속변수)를 예측하는 확률모델(stochastic model)을 가정하고 데이터분석 문제를 접근한다. 선형회귀분석과 로지스틱 회귀분석은 모델의 파라미터를 데이터로부터 추정하는 고전적인 기법의 예이다. 가설기반 기법은 반응변수와 입력변수들 간의 단순 관계를 모델링하는 데에는 매우 성공적이었다. 그러나 복잡한 대용량 데이터셋에서 정보를 추출하기에는 이러한 전통적인 통계분석 기법은 제한적이다(Breiman, 2001).

기계학습은 입력변수들이 결과(출력)변수를 보다 잘 예측할 수 있는 알고리즘적 모델을 찾아가면서 모델링 문제에 접근한다. 이 알고리즘은 일반적으로 반복적이며, 각 반복 단계에서 결과를 추정하고 이전 단계의 예측 오차로부터 '학습(learning)'을 한다. 이 접근 방법은 가설을 검증하는 것은 아니지만, 주어진 문제에 대한 다수의 가설을 생성하기 때문에 탐색적 분석을 도와준다. 오늘날 우리가 직면하고 있는 데이터 문제들의 경우에는, 두 가지 기법을 모두 활용해야 한다. John Tuckey는 그의 논문에서 탐색적(exploratory) 분석과 확인적

(confirmatory) 분석 둘 다 중요함을 강조하고 있다(Tuckey, 1980). 이 책에서는, 회귀분석과 같은 전통적인 통계 모델링 기법부터 기계학습 알고리즘까지 다양한 종류의 데이터 마이닝 기법을 다룬다.

1.4 데이터 마이닝 유형

데이터 마이닝은 크게 지도학습(supervised learning)과 자율학습(unsupervised learning)으로 분류할 수 있다. 지도학습 데이터 마이닝은 분류된(labeled) 학습용(training) 데이터를 기반으로 함수 또는 관계를 추론하고, 추론된 함수를 분류되지 않은(unlabelled) 새로운 데이터에 적용한다. 지도학습 기법들은 입력변수들을 기반으로 하여 출력변수를 예측한다. 이러한 작업을 위해서, 입력변수와 출력변수의 값을 모두 알고 있는 학습용 데이터셋(training dataset)으로 모델을 구축한다. 모델은 입력과 출력변수 간의 관계를 일반화하고 입력변수만 알고 있는 시험용 데이터셋(test dataset)에서 출력변수를 예측하는데 사용한다. 예측하고자 하는 출력변수를 클래스 레이블(class label) 또는 타겟변수(target variable)라고 한다. 지도학습 데이터 마이닝은 데이터로부터 모델을 학습하기 위해서 충분한 수의 분류된 레코드를 필요로 한다. 자율학습 (또는 무방향) 데이터 마이닝은 분류되지 않은 데이터의 숨겨진 패턴을 찾아낸다. 즉, 자율학습 데이터 마이닝에는 예측해야 하는 출력변수가 없다. 이러한 종류의 데이터 마이닝 기법의 목적은 데이터 포인트들 간의 관계를 기반으로 데이터에서 패턴을 찾아내는 것이다. 데이터 마이닝 응용에서는 지도학습과 자율학습 둘 다 사용할 수 있다.

데이터 마이닝 업무는 분류(classification), 회귀(regression), 연관성 분석(asociation analysis), 특징 선택(feature selection), 이상 탐지(anomaly detection), 시계열(time series), 텍스트 마이닝(text mining)으로 나눌 수 있다(그림 1.2 참

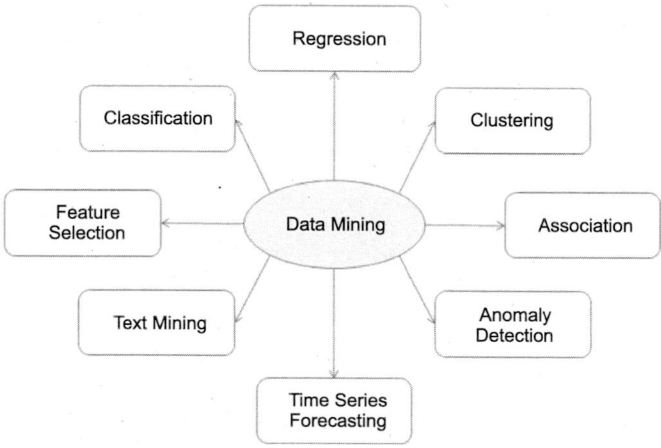

[그림 1.2] 데이터 마이닝 업무

조). 이 책은 이러한 데이터 마이닝 업무들을 중심으로 구성되어 있다. 이 장에서는 데이터 마이닝 유형에 대한 개요를 소개하고, 이후의 장에서는 다양한 개념과 주요 기법들에 대한 단계별 구축 방법에 대해 심도있게 논의할 것이다.

분류 및 회귀분석 기법은 입력변수들을 기반으로 하여 타겟변수를 예측한다. 예측은 이미 알고 있는 데이터셋으로부터 구축한 일반화된 모델을 기반으로 한다. 회귀분석에서 출력변수는 수치형(numeric; 예: 모기지론 이자율)이다. 분류는 범주형(categorical) 또는 다항명목형(polynominal; 예: 대출 승인 여부)인 출력변수를 예측한다.

군집화는 데이터셋을 자연스럽게 그룹으로 나누어 가는 과정이다. 예를 들면, 군집화는 고객 데이터에서 자연적인 군집들을 찾는데 도움을 주는데, 그 결과는 시장 세분화에 사용될 수 있다. 군집화는 자율학습 데이터 마이닝이므로 왜 이러한 군집들이 형성되는지 파악하고, 각 군집의 고유성을 일반화하는 것은 최종 사용자가 할 일이다. 소매업 분석에서는 동시에 구매한 제품들을 파악하는 것이 일반적인데, 이렇게 찾아낸 제품들을 번들로 판매하거나 혹은 서로 가깝게 진열하기도 한다. 이러한 분석을 장바구니 분석(market basket analysis) 또는 연관성 분석(association analysis)이라고 하며, 일반적으로 추천 엔진(recommendation engine)에 사용된다.

이상(anomaly) 또는 특이값 탐지(outlier detection)는 데이터셋에서 다른 데이터 포인트들과 크게 차이가 나는 데이터 포인트들을 식별해 내는 것이다. 신용카드 거래에 대한 사기 탐지(fraud detection)는 가장 많이 사용되는 이상 탐지(anomaly detection) 응용 중 하나이다.

시계열 예측(time series forecasting)은 회귀모델의 특별한 경우(동일한 변수의 과거 값들을 기준으로 하여 미래의 값 예측)이거나, 정교한 평균화(averaging) 또는 평활화(smoothing) 기법이다(예: 지난 몇 년 동안의 일일 데이터를 이용하여 미래의 일일 기상 예측).

텍스트 마이닝(text mining)은 입력데이터가 문서, 메시지, 이메일 또는 웹 페이지의 형식과 같은 텍스트인 경우의 데이터 마이닝 응용이다. 텍스트 데이터를 마이닝하기 위해서는, 텍스트 파일을 문서벡터(document vector)로 변환시켜야 하는데 이때 각 고유단어들을 속성으로 간주한다. 텍스트 파일을 문서벡터로 변환하고 나면, 분류, 군집화 등과 같은 표준 데이터 마이닝 작업을 할 수 있다.

특징 선택(feature selection)은 데이터셋의 속성들을 몇 개의 주요 속성들로 줄이는 과정이다.

완전한 데이터 마이닝 응용은 지도학습과 자율학습기법들을 모두 포함할 수 있다. 자율학습기법은 데이터셋의 이해를 높이므로, 기술적(descriptive) 마이닝이라고도 한다. 지도학습과 자율학습을 결합하는 응용 예로 다음과 같은 시나리오를 생각해 보자. 마케팅 분석에서 군집화는 고객기록을 이용하여 자연적인 군집을 생성하는 데 사용될 수 있다. 각 고객은 군집화 프로세스의 결과로 하나의 특정 군집에 할당이 된다. 군집이 정해진, 즉 분류된 고객 데이터셋은 다시 지도학습 분류 기법을 이용하여 새로운 고객에게 하나의 군집을 지정하는 모델을 개발하는 데 사용할 수 있다.

1.5 데이터 마이닝 알고리즘

알고리즘은 문제 해결을 위해 필요한 논리로 단계적인 절차이다. 데이터 마이닝에서 알고리즘은 특정 데이터 문제에 대한 해결 방법의 청사진이라 할 수 있다. 많은 알고리즘들은 반복적인데, 제한 조건이 만족될 때까지 일련의 단계를 여러번 반복한다. 어떤 알고리즘은 확률 변수를 입력값으로 포함하기도 하는데, 이를 랜덤 알고리즘(randomized algorithm)이라고 부르기도 한다. 데이터 마이닝에서 분류 작업은 의사결정나무(decision tree), 인공신경망(neural network), k-최근접이웃(k-nearest neighbors, k-NN) 그리고 심지어 회귀분석 알고리즘 등을 통해 해결할 수 있다. 사용할 알고리즘의 선택은 데이터셋의 유형, 데이터 마이닝 목적, 데이터 구조, 특이값 존재, 가능한 계산 능력, 레코드 개수, 속성의 수 등에 따라 달라진다. 여러 알고리즘들의 성능(performance)을 평가함으로써 사용할 알고리즘을 선택하는 것은 데이터 마이너가 결정해야 할 사항이다. 데이터 마이닝 문제를 해결하기 위해 지난 수십 년 동안 수많은 알고리즘이 개발되었다. 다음 장들에서는 가장 중요하고 광범위하게 사용되는 데이터 마이닝 알고리즘과 알고리즘 구현 작업에 대해 설명할 것이다.

데이터 마이닝 알고리즘은 거의 모든 컴퓨터 언어를 사용하여 맞춤 개발된(custom-developed) 프로그램으로 구현될 수 있다. 이것은 분명히 시간이 많이 걸리는 작업이다. 프로그램 개발보다 데이터와 알고리즘에 시간을 많이 투자하기 위해서는 R, RapidMiner, SAS Enterprise Miner, IBM SPSS 등과 같은 데이터 마이닝 도구 또는 통계 프로그램 도구를 활용하여 보다 용이하게 알고리즘을 구현할 수 있다. 이러한 데이터 마이닝 도구는 알고리즘 라이브러리(library)를 함수(function) 형식으로 제공하며, 프로그램 코드 또는 그래픽 사용자 인터페이스(graphic user interface)를 통해 제어된다. 표 1.1은 각 데이터 마이닝 업무에서 일반적으로 많이 사용되는 알고리즘과 사례들을 요약한 내용이다.

[표 1.1] 데이터 마이닝 업무와 사례

업무	설명	알고리즘	사례
분류	데이터 포인트가 미리 정의된 클래스 중 어디에 속하는지에 대해 예측함. 예측은 학습용 데이터셋을 기반으로 함.	의사결정나무, 신경망, 베이지안 모델, 유도 규칙, k -최근접이웃	유권자들을 정당에 따라서 알려진 버킷으로 할당, 새 고객을 정의된(이미 알려진) 고객 그룹 중 하나의 그룹으로 할당
회귀분석	수치형 타겟변수를 예측함. 예측은 학습용 데이터셋을 기반으로 함.	선형회귀, 로지스틱 회귀	내년도 실업률 예측, 보험료 추정
이상 탐지	특정 데이터 포인트가 데이터셋의 다른 데이터 포인트와 비교하여 특이값인지 예측함.	거리기반, 밀도기반, 지역특이값요소(Local Outlier Factor, LOF)	신용카드의 사기거래탐지, 네트워크 침입 탐지
시계열 분석	과거의 값에 기반하여 미래의 타겟변수 값을 예측함.	지수평활, 자기회귀누적이동평균(AutoRegressive Integrated Moving Average, ARIMA), 회귀분석	매출액 예측, 생산 예측, 추정할 필요가 있는 성장 현상
군집화	데이터셋 내의 속성들을 기준으로 하여 데이터셋의 데이터 포인트들을 군집으로 구별함.	k-평균, 밀도기반 군집화(예: Density-Based Spatial Clustering of Applications with Noise, DBSCAN)	거래, 웹 및 고객 통화 데이터를 기반으로 한 고객세분화
연관성 분석	거래 데이터를 기반으로 항목 집합 내의 관계를 식별함.	빈발패턴성장 알고리즘(FP-Growth), 선험적(apriori) 알고리즘	소매업에서 구매 이력데이터를 기반으로 한 교차판매 기회 발견

1.6 다음 장들을 위한 로드맵

이제 데이터 마이닝과 예측분석 기법들을 좀 더 자세히 살펴보고자 한다. 2장과 3장에서는 데이터 마이닝 프로세스와 데이터 탐색 기법에 대해 개괄적으로 다룬다. 그 다음 장들은 이 책의 주된 내용으로, 예측분석과 기술적 데이터 마이닝 알고리즘의 개념과 사례들을 소개한다. 이 책은 반드시 순서대로 읽을 필요는 없다. 이 책은 관심 있는 데이터 마이닝 업무와 알고리즘 부분을 먼저 시작하여 읽을 수 있게 구성되었다. 각 장은 기법(예: 의사결정나무, k-평균 군집화 알고리즘)에 초점을 맞추어 일반적인 개요에서부터 알고리즘의 개념과 논리 그리고 원리를 쉽게 설명하고 있으며, RapidMiner를 사용하여 알고리즘이 어떻게 구현되는지 보여준다. RapidMiner는 데이터 마이닝과 예측분석을 위해 널리 사용되는 소프트웨어 도구이다(Piatetsky, 2014). 무엇보다 RapidMiner는 GUI를 사용하여 구현이 매우 용이하며, 또한 오픈 소스(open source) 데이터 마이닝 도구이다. 각 장은 약간의 맺음말과 더 읽을 자료와 참고문헌으로 마무리한다. 다음은 이 책의 로드맵이다.

1.6.1 데이터 마이닝 시작하기

데이터셋에서 성공적으로 패턴을 발견하는 것은 반복적인 프로세스를 통해서 가능하다. 2장 데이터 마이닝 프로세스에서는 데이터 마이닝 문제 해결을 위한 프레임워크를 제시한다. 이 장에서는 5단계 프로세스를 소개하며 각 단계마다 가이드라인을 제시한다. 5단계 프로세스는 다음과 같이 구성되어 있다. 주제와 관련한 전문지식 획득, 통계와 시각화를 이용한 데이터 탐색, 데이터 마이닝 알고리즘을 사용한 모델 구축, 모델 테스트 및 배포(deployment), 마지막으로 이 과정에서 얻은 새로운 지식을 반영한다.

시각화 또는 기본 통계분석을 이용한 간단한 데이터 탐색을 통해서 어려워 보일 수 있는 데이터 마이닝 질문에 대한 답을 찾을 수도 있다. 3장 데이터 탐색은 데이터 마이닝 기법을 사용하기 전에 지식발견을 위해 사용할 수 있는 기본적인 도구들을 다룬다. 이러한 실용적인 도구들은 데이터에 대한 이해를 향상시키고, 데이터 마이닝 프로세스의 결과를 이해하는 데 매우 중요하다.

1.6.2 쉬어가기

주요 데이터 마이닝 기법과 알고리즘을 언급하기 전에, 이 책을 읽으면서 데이터 마이닝 알고리즘을 구현하기 위해 알아 두어야 할 두 가지 준비사항에 대해 이야기하고자 한다. 개념을 배우고 이를 바로 구현해 본다면 학습에 도움이 될 것이다. 다음 장에서부터 설명하는 모든 예측모델링과 데이터 마이닝 알고리즘은 RapidMiner로 구현한다. 우선 http://www.RapidMiner.com에서 RapidMiner 무료 버전을 다운로드 받고 두 번째로는 도구, 기본적인 사용법, 사용자 인터페이스 등과 익숙해지기 위해서 13장 RapidMiner 시작하기의 처음 두 번째 절까지를 살펴보기를 권장한다. 다음 장에서부터 소개하는 알고리즘을 사용하기 위하여 RapidMiner에 익숙해지는 데 도움이 될 것이다. 13장 후반부는 앞에서 논의한 알고리즘을 이해해야 따라갈 수 있기 때문에 이 장을 책의 맨 마지막에 두었으나, 처음 몇 개 절은 RapidMiner에 아직 익숙하지 않은 사용자들이 시작하기에 좋다.

각 장마다 특정 데이터 마이닝 작업의 개념을 설명하기 위해 데이터셋을 사용하는데, 대부분의 경우 구현을 위해서 동일한 데이터셋을 사용한다. 다음 장부터 새로운 알고리즘을 소개할 때마다 데이터셋을 이용한 실습은 단계별로 설명된다. 데이터셋과 RapidMiner 프로세스 파일 등 실습과 관련된 자료는 www.LearnPredictiveAnalytics.com에서 다운로드 받을 수 있다. 필수사항은 아니지만, 직접 알고리즘을 구현해 봄으로써 학습에 도움이 될 것으로 기대한다.

1.6.3 주 내용: 예측분석과 데이터 마이닝 알고리즘

분류는 비즈니스에서 가장 널리 사용되는 데이터 마이닝 업무이다. 예측분석의 한 가지 방법으로서 분류 모델의 목표는 입력변수들이 주어졌을 때(예: 신용점수, 소득 수준 등), 이진형(예: 대출 결정) 혹은 범주형(예: 고객유형) 타겟변수를 예측하는 것이다. 이 모델은 알려진 학습용 데이터셋에서 모든 입력변수들과 예측대상인 타겟변수와의 일반화된 관계를 학습함으로써 작업을 수행하는데, 여러 가지 방법이 사용될 수 있다. 각 알고리즘마다 학습용 데이터셋에서 관계를 추출하는 방법이 다르다. 4장에서 다음의 몇 가지 방법을 소개한다.

- 의사결정나무(decision tree)는 입력속성들 값을 기반으로 하여, '더 순수한 (purer)' 부분 집합들로 분할하는 방식으로 분류 문제에 접근한다. 가장 순수하게 분할하는데 영향을 준 속성들은 타겟변수에 가장 큰 영향을 주는 것으로 간주되며, 따라서 의사결정나무의 루트(root)에 가장 가까운 곳에 위치한다. 출력(output) 모델은 나무 모양으로 새로운 데이터를 예측하는데 사용한다.
- 규칙 유도(rule induction)는 데이터셋 또는 의사결정나무에서 IF-THEN 규칙을 추론하는 데이터 마이닝 프로세스이다. 이러한 기초적인 결정규칙은 데이터셋의 속성과 타겟변수 사이의 내재된 관계를 설명하는데 누구든지 쉽게 이해할 수 있다.
- 나이브 베이지안(Naïve Bayesian) 알고리즘은 모델 구축방법으로 확률론적 방법을 사용한다. 즉, 입력변수들의 주어진 값들에 대해서 타겟변수의 각 클래스별 확률을 계산한다. 모델은 조건부 확률을 이용하여, 새로운 데이터 레코드에 대해서 목표 클래스들의 모든 값들을 계산하고 가장 확률이 높은 클래스를 찾아낸다.
- 단순히 전체 학습용 데이터셋을 기억할 수도 있는데, 굳이 왜 데이터로

부터 복잡한 관계를 추출하려고 애를 쓰고 그 관계를 일반화한 척해야 할까? k-최근접 이웃(k-nearest neighbors) 알고리즘은 모델로서 전체 훈련 데이터셋을 기억하며, 이 때문에 '게으른(lazy)' 학습자라고 불리기도 한다.

- 뉴런(neuron)이란 생물학적 신경망을 형성하도록 서로 연결되어 있는 신경 세포이다. 상호 연결된 신경 세포들의 활동은 일부 복잡한 데이터 문제를 인공신경망(artificial neural network) 기법으로 해결할 수 있도록 영감을 주었다. 신경망을 다루는 절에서는 가장 간단한 신경망이 어떻게 작동하는지 그리고 일반적인 예측 문제를 위해 신경망을 어떻게 구현하는지에 대해서 개념적 배경을 제시한다.
- 서포트벡터머신(Support Vector Machine, SVM)은 광학식 문자인식(optical character recognition) 문제를 해결하기 위해 개발되었다. 다른 패턴들 사이의 경계를 감지하여 문자를 구별하는 알고리즘을 어떻게 훈련할 수 있을까? SVM은 주어진 데이터 샘플이 경계 안에 속하는지(특정 클래스에 속함) 밖에 속하는지(특정 클래스에 속하지 않음) 구별한다.
- 앙상블 학습기(ensemble learners)는 여러 개의 개별 모델의 조합으로 이루어진 '메타(meta)' 모델이다. 특정 조건이 충족되는 경우, 앙상블 학습기는 여러 모델로부터 정보를 얻으므로 데이터 마이닝의 일반화 오류를 상당히 줄일 수 있다.

간단한 수학 방정식 y = ax + b는 선형회귀모델이다. 5장 회귀분석에서는 타겟변수(예: 금리 또는 목표 클래스)가 입력변수들과 함수적으로(functionally) 연관되는 예측분석기법의 유형에 대해서 설명한다.

- 선형회귀분석: 앞서 언급했듯이, 모든 함수적합모델(function fitting models) 중 가장 단순한 것이 선형 방정식을 기초로 한 것이다. 다항회귀식은

고차방정식을 사용한다. 무슨 방정식을 사용하든지, 선형회귀분석의 목적은 예측할 변수를 변수들 또는 속성으로 나타내는 것이다. 또한 모델링을 위해서는 타겟변수와 독립변수는 모두 수치형이어야 한다. 회귀모델 구축의 기본 사항들을 살펴보고, 구축한 모델을 사용하여 예측하는 과정을 보여준다.

- 로지스틱 회귀분석: 수치형인 속성들을 이용하여 이진형(1 또는 0, Yes 또는 No)인 타겟변수를 예측하는 방법을 살펴본다.

지도학습 데이터 마이닝 또는 예측분석은 타겟변수 값을 예측한다. 6장과 7장에서는 중요한 자율학습 데이터 마이닝 기법인 연관성 분석과 군집분석에 대해서 살펴본다. 기저귀와 맥주의 연관성에 대해서 들어본 적이 있는가? 기저귀를 구매한 고객이 맥주도 함께 구매하는 경향이 있음을 발견하였는데, 이는 연관성 분석을 대표하는 상징적인 사례가 되었다. 동일한 거래에서 하나의 항목과 다른 항목과의 연관성 정도를 측정하여 가장 빈번히 발생하는 패턴을 찾는 것을 연관성 분석이라 한다. 이 기법의 사례를 들자면, 슈퍼마켓의 구매데이터를 기반으로 하여 제품들 간의 관계를 발견하거나 웹 사이트의 클릭스트림 데이터를 기초로 하여 웹페이지들 사이의 관계를 파악하는 것이다. 이에 대한 응용으로 소매업, 전자상거래 그리고 미디어 영역에서 새로운 번들 상품을 만드는 데 널리 사용된다.

군집화는 데이터를 몇 개의 자연적인 그룹으로 나누는 데이터 마이닝 업무이다. 자율학습 데이터 마이닝은 예측할 타겟변수가 존재하지 않는다. 군집화를 수행하고 나면, 데이터셋의 각 레코드는 하나 또는 그 이상의 군집과 연관된다. 시장세분화(market segmentation)와 텍스트 마이닝에서 많이 사용되고 있으며, 다양한 알고리즘에 의해 수행된다. 7장에서 다양한 식별 방법을 가지는 3개의 일반적인 알고리즘에 대해서 설명한다. 첫 번째 알고리즘은 k-평균 군집화 기법으로 중심점을 기반으로 하여 군집들을 구분한다. 두 번째는 DBSCAN 군집화로 데이터셋의 레코드 밀도(density) 변화를 기초로 하여 분할한다. 세 번째 알고리즘은 자기조직화지도(Self-Organization Map, SOM)로 서로 관련된 레코드들을 옆에 배치하는 이차원 격자(grid)를 생성한다.

주어진 데이터셋에 가장 적합한 알고리즘이 무엇인지 우리는 어떻게 결정할까? 객관적으로 각 알고리즘의 성능을 정량화할 수 있을까? 이러한 질문은 8장 모델 평가에서 다룬다. 분류모델을 평가하기 위해 가장 많이 사용되는 혼동행렬(confusion matrix), ROC 곡선 및 리프트 차트(lift chart)에 대해서 설명한다.

1.6.4 특별한 응용

9장 텍스트 마이닝에서는 새로운 영역인 텍스트 마이닝과 텍스트 분석에 대하여 상세히 알아본다. 텍스트 마이닝의 발생 배경에 대한 설명을 시작으로 하여, 제퍼디(Jeopardy) 게임에서 우승한 IBM Watson을 예로 들면서 텍스트 마이닝에 대한 동기부여를 제공한다. 이 장에서는 단어빈도-역문서빈도(Term Frequency -Inverse Document Frequency, TF-IDF) 점수와 같이 텍스트 분석에서 중요한 개념들을 소개한다. 그리고, 마지막으로 2개의 실습 사례를 보여주는데, 좀 더 자세히 이야기하면 문서 군집화(document clustering)와 텍스트 콘텐츠를 이용한 자동 성별 분류와 같은 문제를 RapidMiner를 이용하여 해결하는 방법을 보여준다.

예측은 시계열 분석의 아주 일반적인 응용이다. 회사에서는 계획주기(planning cycle)에 매출, 예산 또는 생산 예측을 이용한다. 10장 시계열 예측에서는 표준 지도학습 예측모델과 시계열 예측모델의 차이를 명확하게 구분하는 것으로부터 시작한다. 데이터 기반(data-driven)의 이동평균(moving averages)부터 지수평활법(exponential smoothing), 그리고 다항회귀분석과 지연기반(lag-series based) ARIMA 방법을 포함하는 모델 기반(model-driven)의 예측까지 다양한 시계열 분석 방법을 소개한다.

11장 이상 탐지에서는 분류, 회귀분석 및 군집화와 같은 데이터 마이닝 작업들을 조합하여 적용함으로써 특이값이 어떻게 탐지되는지에 대해서 설명한다. 신용카드사의 사기 경고는 이상 탐지 알고리즘의 결과이다. 예측할 타겟변수는 특정 거래가 특이값인지 아닌지의 여부이다. 군집화를 통해 특이값이 하나의 군집으로 구분되기 때문에, 거리기반(distance-based)과 밀도기반(density-based)의 군집화 기법이 사용될 수 있다.

예측분석의 목표는, 타겟변수의 값 또는 클래스(class)를 예측할 수 있도록, 입력속성들과 목표속성의 관계를 일반화하는 대표 모델을 개발하는 것이다. 12장에서는 성공적인 예측모델링을 위해 중요한 전처리 과정인 특징 선택을 소개한다. 특징 선택은 속성 가중치(attribute weighting), 차원감소(dimension reduction) 등과 같은 다른 용어로도 알려져 있다. 특징 선택에는 모델링 전에 주요 속성들을 필터링하는 필터 유형(filter style)과 모델링 과정에서 속성들을 선택하는 래퍼 유형(wrapper style)의 두 가지 방법이 있다. 필터 기반(filer-based) 방법으로는 주성분 분석(PCA), 정보 이득(information gain), 카이제곱(chi-square), 래퍼 유형으로는 전방 선택(forward selection)과 후방 제거(backward elimination)에 대해서 좀 더 자세히 설명한다. 같은 데이터 마이닝 알고리즘도, 파라미터들을 조정할 수 있는 방법이 다양하며 심지어 학습용 데이터셋을 위한 샘플링(sampling) 방법도 여러 가지가 있다.

만일 RapidMiner에 익숙하지 않다면 13장의 첫 두 절을 먼저 읽기를 바란다. 13장 후반에는 많이 사용되는 생산성(productivity) 도구와 데이터 변환(data transformation), 결측치(missing value) 처리 그리고 프로세스 최적화(optimization)와 같은 기법에 관해 설명하지만, 앞부분에서는 RapidMiner에 대한 개괄적인 설명이 잘 되어 있다. 앞서 언급하였듯이, 각 장들은 독립적인 반면 8장 모델 평가의 몇 가지 개념들은 앞 장의 내용들을 이해해야 한다. 따라서 초보자라면 순서대로 읽는 것이 좋고, 용어들과 RapidMiner에 익숙하다면 어떤 방식으로 읽어도 무방하다.

참고문헌

Breiman, L. (2001). Statistical Modeling: Two Cultures. *Statistical Science*, 6(3), 199-231.

Fayyad, U., Piatetsky-shapiro, G., & Smyth, P. (1996). From Data Mining to Knowledge Discovery in Databases. *AI Magazine*, 17(3), 37-54.

Parr Rud, O. (2001). *Data Mining Cookbook*. New York: John Wiley and Sons.

Piatetsky, G. (2014). KDnuggets 15th Annual Analytics, Data Mining, Data Science Software Poll:RapidMiner Continues To Lead. Retrieved August 01, 2014, from http://www.kdnuggets.com/2014/06/kdnuggets-annual-software-poll-RapidMiner-continues-lead.html.

Piatetsky-Shapiro, G., Brachman, R., Khabaza, T., Kloesgen, W., & Simoudis, E. (1996). *An Overview of Issues in Developing Industrial Data Mining and Knowledge Discovery Applications*. KDD-96 Conference Proceedings.

Reinsel, J. G. (December 2012). *Big Data, Bigger Digital Shadows, and Biggest Growth in the Far East* Sponsored by EMC Corporation. IDC iView.

Rexer, K. (2013). 2013 *Data Miner Survey Summary Report*. Winchester, MA: Rexer Analytics. www.rexeranalytics.com.

Tan, P.-N., Michael, S., & Kumar, V. (2005). *Introduction to Data Mining*. Boston, MA: Addison-Wesley.

Tuckey, J. (1980). We need exploratory and Confirmatory. *The American Statistician*, 34(1), 23-25.

CHAPTER 2

데이터 마이닝 프로세스

데이터에서 유용한 관계나 패턴에 대한 발견은 데이터 마이닝 프로세스라고 알려진 일련의 반복 과정을 통해서 이루어진다. 표준적인 데이터 마이닝 프로세스는 다음과 같은 과정들로 구성되어 있다: (1) 문제 이해하기 (2) 데이터 샘플 준비하기 (3) 모델 개발하기 (4) 모델이 현장에서 어떻게 작동는지 알기 위해 모델 적용하기 (5) 현장에 배치하기.

수년 동안 데이터 마이닝 실무가 진화하면서 학계나 산업계의 다양한 단체에서 데이터 마이닝 프로세스에 대한 여러 프레임워크를 제시하였다. 이 장에서 제시하는 프레임워크는 데이터 마이닝의 몇 가지 프레임워크들을 통합한 것으로서 간단한 데이터셋을 예로 들어 설명하고, 성공적인 데이터 마이닝 해답을 찾는 핵심 단계들을 다룬다. 그리고 배치 가능한 데이터 마이닝 모델을 구축하는 데 있어서 상위 수준의 로드맵(roadmap)을 제공하고 각 단계별로 직면한 도전과제, 중요 고려사항, 회피해야 하는 위험 등을 논의한다. 이 장에서 논의되는 대부분의 개념들은 나중에 상세 설명과 사례를 통해 다시 다루어진다.

데이터 마이닝 프로세스의 프레임워크 중 가장 유명한 것은 CRISP-DM (Cross Industry Standard Process for Data Mining)인데, 데이터 마이닝에 관계된 기업들의 컨소시엄이 개발한 것으로(Chapman et al., 2000), 데이터 마이닝 솔루션 개발을 위한 프레임워크로 널리 사용되고 있다. 그림 2.1은 CRISP-DM 프레임워크의 개요를 시각적으로 보여준다. 다른 데이터 마이닝 프레임워크로는

SAS Institute에서 개발한 SEMMA(Sample, Explore, Modify, Model, Assess), Six Sigma practice에서 사용하는 DMAIC(Define, Measure, Analyze, Improve Control), KDD(Knowledge Discovery in Databases) 프로세스에서 사용하는 'Selection, Preprocessing, Transformation, Data Mining, Interpretation, Evaluation' 프레임워크 등이 있다(SAS Institute, 2013; Kubiak & Benbow, 2005; Fayyad et al., 1996). 이들은 공통적인 특성을 가지고 있으며, 우리는 여기에서 CRISP 프로세스와 유사한 포괄적 프레임워크를 사용한다. 다른 프로세스 프레임워크와 마찬가지로 데이터 마이닝 프로세스에서도 최적 결과를 얻기 위해 작업들의 성능을 고려한다. 데이터로부터 정보를 추출하는 프로세스는 반복적이다. 데이터 마이닝 프로세스 안에서 단계들은 선형적이지 않고 많은 반복적인 과정(loop)을 포함하는데, 단계들 사이를 전후로 이동하기도 하고 때로는 데이터 마이닝 문제를 재정의하기 위해 첫 단계로 돌아가기도 한다.

그림 2.2의 데이터 마이닝 프로세스는 업무, 알고리즘, 데이터 마이닝 도구에

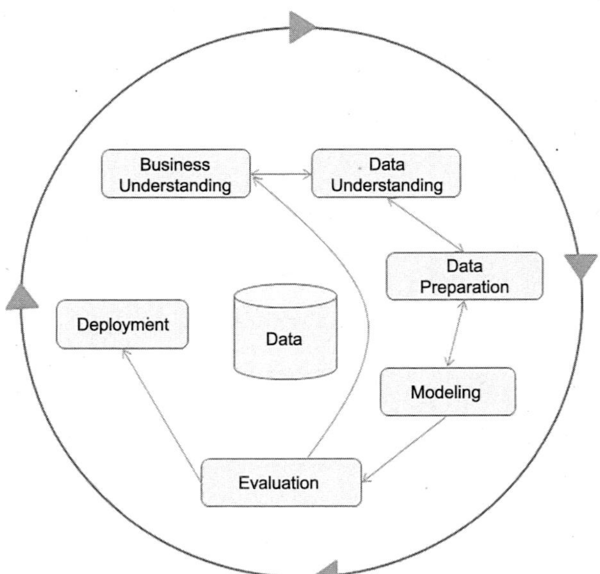

[그림 2.1] CRISP 데이터 마이닝 프레임워크

관계없이 적용 가능한 포괄적인 단계를 나타내고 있다. 데이터 마이닝을 포함하는 프로세스의 근본적인 목표는 분석문제를 해결하는 것이다. 흔히 접하는 주제로 고객 세분화, 날씨 예측, 단순한 데이터 탐색 등을 들 수 있다. 비즈니스 문제를 해결하기 위해 사용되는 알고리즘으로는 자동화된 군집화, 인공신경망 등이 있다. 데이터 마이닝 알고리즘을 개발하고 실행하기 위한 소프트웨어 도구로는 일반 코딩, IBM SPSS, SAS, R, RapidMiner 등이 있다.

데이터 마이닝은 특히 빅데이터의 흐름으로 보았을 때 최근 몇 년 사이에 상당한 중요성을 띠게 되었다. 가장 눈에 띄는 부분은 아마도 세 번째 단계인 모델링일 것이다. 이는 표본 데이터셋으로부터 대표적인 모델을 구축하는데, 예측(예측모델링, predictive modeling)이나 데이터에 내재되어 있는 패턴의 설명(기술적 또는 설명 모델링, descriptive or explanatory modeling)에 사용된

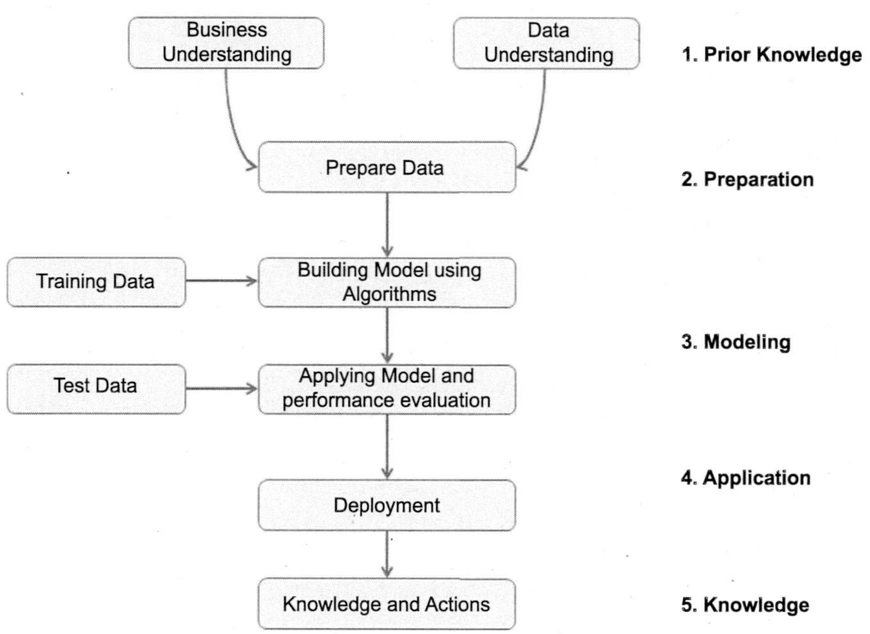

[그림 2.2] 데이터 마이닝 프로세스

다. 당연히 이 단계에 대해 학계나 산업계에서 수많은 연구들이 있으며, 이 책의 대부분도 다양한 알고리즘과 이의 수리적인 기초를 다루고 있다. 특히 강조하고 싶은 것은 데이터 마이닝을 단순히 모델 구축 단계가 아니라 엔드 투 엔드(end-to-end), 다단계(multistep), 반복적 과정(iterative process)으로 간주하자는 것이다. 데이터 마이닝의 경험이 많은 실무자라면 전체 프로세스에서 시간이 가장 많이 소요되는 부분은 모델 구축이 아니라 데이터 준비이며, 다음으로 데이터와 업무에 대한 이해라는 것을 알 수 있다. 모델 구축을 자동화해주는 데이터 마이닝 도구들이 많이 있는데, 오픈 소스(무료)도 있고 상업적인 것(유료)도 있다. 가장 많이 사용되는 도구로는 RapidMiner, R, Weka, SAS, SPSS, Oracle Data Miner, Salford, Statistica 등이 있다(Piatetsky, 2014). 제대로 된 업무 문제의 정의, 업무에 대한 깊이 있는 이해, 데이터의 출처 파악 및 준비, 구현 시 고려사항 완화 방안(mitigating implementation considerations), 그리고 가장 유용한 단계인 데이터 마이닝 프로세스로부터의 지식 획득 등은 데이터 마이닝 프로세스 성공의 중요한 요소이다. 우선 1단계인 데이터 마이닝 질문의 틀을 짜고(framing) 문맥(context)을 이해하는 단계부터 시작하자.

2.1 사전 지식

사전 지식이란 어떤 주제에 대해 이미 알려진 정보를 말한다. 데이터 마이닝의 목적은 독자적으로는 생기지 않는다. 그것은 이미 알려진 주제나 맥락 정보를 기반으로 추가적으로 생기는 것이다. 사전 지식 단계에서는 해결하려는 문제가 무엇인지, 그 문제를 업무 상황에 어떻게 맞출 것인지, 문제를 해결하는 데 필요한 데이터는 무엇인지를 정의한다.

2.1.1 목적

데이터 마이닝의 프로세스는 분석의 필요성, 즉 문제 또는 업무 목적으로부터 시작되며, 이 단계가 아마도 가장 중요한 단계일 것이다(Shearer, 2000). 문제가 잘 정의되지 않으면 알맞은 데이터셋(right data set)을 찾아내거나 알맞은 알고리즘을 선택하기가 불가능하다. 데이터 마이닝 프로세스는 비록 순차적(sequential)이긴 하지만 이전 단계로 돌아가서 가정이나 접근방법, 해결방법 등을 변경하는 것은 일반적이다. 탐색적 데이터 마이닝에서 조차도 전체 프로세스의 목적을 제대로 수랍하는 것이 중요하다.

가상 사례로 소비자 금융 기업에서 주택담보 대출(mortgage)이나 자동차 대출(auto loan)과 같이 집이나 차를 담보로 개인에게 대출하는 경우를 생각해 보자. 대출자나 대출기관 양쪽에 가장 중요한 요소는 원금에 추가적으로 상환하는 금리이다. 금리는 여러 변수들에 의해 결정되는데 중앙은행이 결정하는 연방 자금 금리(federal funds rate), 대출자의 신용점수, 소득수준, 주택 가치, 계약보증금(initial deposit), 계약금(down payment), 대출자의 현재 자산 및 부채 등이 있다. 여기에서 핵심 요소는 대출기관이 원금 손실 위험(대출에 대한 채무 불이행)에 대해 충분한 보상(대출 이자)을 예상하느냐 하는 것이다. 개인적인 차원에서는 대출에 대한 채무 불이행(default)은 불리언(Boolean) 유형이다. 즉, 대출 기간 중 '채무 불이행'이거나 '채무이행'이다. 수천 명의 대출자 집단의 차원에서는 채무 불이행 비율을 고려한다. 이것은 연속적인 수치 값으로서 대출에 대해 채무 불이행을 한 대출자들의 비율을 나타낸다. 신용점수, 수입, 현재의 부채 등과 같이 대출자와 관련된 모든 변수들을 사용하여 관련 집단에서 채무 불이행의 위험을 평가한다. 그리고 이러한 평가결과에 기초하여 대출에 대한 금리가 결정된다. 이 사례에서의 업무 목적(business objective)은 다음과 같다. 만약 과거 대출자들의 신용점수와 금리를 알고 있다면, 새로운 대출자에 대한 금리를 예측할 수 있을까?

2.1.2 주제 분야

데이터 마이닝 프로세스는 속성들 간의 관계를 드러냄으로써 데이터셋에 숨겨진 패턴을 찾아내는 것이다. 그런데 문제는 너무 많은 패턴들이 발견된다는 점이다. 거짓 신호(패턴)들은 프로세스에서 중요한 문제가 된다. 패턴들 가운데 목표 질문(objective question)에 타당하고 의미 있는 답을 할 수 있는 것들만 걸러내는 것은 데이터 마이닝 실무자의 몫이다. 따라서 주제나 맥락, 데이터를 생성하는 업무 과정을 아는 것은 필수적이다.

대출사업은 모든 사업 중에서도 가장 오래 되고, 가장 일반적이고, 가장 복잡하다. 데이터 마이닝의 목적이 금리를 예측하는 것이라면 다음 사항들을 아는 것이 중요하다. 대출사업이 어떻게 진행되는가? 예측이 왜 중요한가? 금리의 예측값을 알고 나서 무엇을 할 것인가? 대출자로부터 어떤 데이터를 수집할 수 있는가? 법규 때문에 수집할 수 없는 데이터는 무엇인가? 금리에 영향을 줄 수 있는 외부 요인들은 무엇인가? 결과의 타당성을 어떻게 입증하는가? 현재의 모델과 실무를 이해함으로써 기본을 공고히 하고 알려진 지식을 확고히 한다. 그 다음에 분석과 데이터 마이닝이 기존 지식에 추가하여 새로운 지식을 제시할 수 있는 것이다(Lidwell et al., 2003).

2.1.3 데이터

주제 분야에서의 사전 지식과 비슷하게 데이터에도 사전 지식이 존재한다. 일반 기업에서 데이터는 통상적으로 업무 프로세스의 일부로 수집된다. 데이터가 어떻게 수집되고, 저장되고, 변형되고, 보고되고, 사용되는가를 이해하는 것은 데이터 마이닝 프로세스에서 필수적이다. 이 단계에서는 업무 문제의 해답을 찾는 데 이용 가능한 모든 데이터를 고려하고, 필요하면 소스로부터 어떤 데이터를 추출할 것인지도 정한다. 고려해야 할 요소들은 대단히 많다. 즉 데이터의 품질, 데이터의 양, 데이터의 가용성, 데이터 이용이 불가능할 때 발생 가능한 상황, 데이터가 부족할 때 실무자가 업무 문제를 변경해야 하는지 여부 등이다. 이 단계에서의 목적은 마이닝을 통하여 업무 문제를 해결할 수 있는 데이터셋을 찾아내는 것이다. 모델을 만드는 데 사용된 데이터가 좋을 때만 좋은 모델을 만들 수 있다는 것을 인식하는 것이 대단히 중요하다.

대출 사례를 위해 3개의 속성과 10개의 데이터 포인트로 이루어진 가상의 데이터셋을 만들었다. 속성은 식별자(identifier), 신용점수, 금리이다. 먼저 데이터 설명과 관련하여 데이터 마이닝 프로세스에서 사용되는 용어들을 살펴보자.

- 데이터셋(사례 집합)은 정형화된 구조를 가지는 데이터의 집합이다. 표 2.1은 데이터셋을 보여준다. 머리글과 10행 3열의 명확한 구조를 가지고 있다.
- 데이터 포인트(레코드, 데이터 객체, 사례)는 데이터셋에서 하나의 사례(instance)이다. 표 2.1의 각 행이 데이터 포인트이다. 각 사례는 데이터셋과 같은 구조를 가진다.
- 속성(특성, 입력, 차원, 변수, 예측자)은 데이터셋에서 단일 속성(property)이다. 표 2.1의 각 열이 속성이다. 수치형(numeric), 범주형(categorical), 날짜 시간형(date–time), 텍스트형(text), 불리언(Boolean)과 같은 데이터 유형이 있다. 이 예제에서 신용점수와 금리는 수치형 속성이다.
- 레이블(범주 레이블, 출력, 예측, 타깃, 반응)은 모든 입력 속성들에 기초하여 예측되는 특수한 속성을 말한다. 표 2.1에서 금리가 출력변수이다.
- 식별자는 개별 레코드의 위치나 상황을 찾거나 제공할 때 사용되는 특수한 속성이다. 예를 들어 이름, 계좌번호, 종업원 ID 등이 있다. 이것들은 여러 개의 데이터셋을 결합할 때 색인 키(lookup key)로 종종 사용된다. 모델링 단계에서 식별자는 모델링에 필요한 정보를 포함하지 않기 때문에 제거되어야 한다. 표 2.1에서는 ID가 식별자이다.

[표 2.1] 데이터셋

Borrower ID	Credit Score	Interest Rate
01	500	7.31%
02	600	6.70%
03	700	5.95%
04	700	6.40%
05	800	5.40%
06	800	5.70%
07	750	5.90%
08	550	7.00%
09	650	6.50%
10	825	5.70%

2.1.4 인과관계와 상관관계

예측의 목적을 뒤집어 생각해 보자. 표 2.1에서 금리에 기초하여 신용점수를 예측할 수 있는가? 답은 '그렇다'이지만, 업무적으로는 의미가 없다. 현장 전문가(domain expertise)의 시각으로는 신용점수가 대출 금리에 영향을 주는 것이다. 금리에 기초하여 신용점수를 예측하는 것은 그러한 인과관계를 뒤집는 것이다. 또한 이 질문은 모델 구축의 핵심적인 특징을 보여준다. 즉, 입력과 출력 속성 사이의 상관관계(correlation)가 인과관계(causation)를 보장하는 것은 아니다. 따라서 업무 분야(domain)와 데이터 지식을 올바르게 사용하여 데이터 마이닝 문제를 설정하는 것이 대단히 중요하다. 예제에서는 표 2.1의 이미 알고 있는 데이터로부터 학습된 패턴에 기초하여 금리를 알지 못하는 새 대출자의 금리를 (표 2.2) 예측하고자 한다.

[표 2.2] 금리를 알지 못하는 새 데이터

Borrower ID	Credit Score	Interest Rate
11	625	?

2.2 데이터 준비

데이터 마이닝 작업에 적합한 데이터셋의 준비는 데이터 마이닝 프로세스에서 시간이 가장 많이 소요되는 부분이다. 데이터 마이닝 알고리즘이 요구하는 형식대로 정리된 데이터는 매우 드물다. 대부분의 알고리즘은 레코드는 행으로, 속성은 열로 표현되는 테이블 형식으로 구조화된 데이터를 요구한다. 데이터가 다른 형식이라면 피봇(pivot)이나 전치(transpose)함수 등을 적용하여 요구하는 구조에 맞게 데이터를 변형시켜야 한다. 틀린 데이터가 있으면 어떻게 할 것인가? 결측치가 있으면? 예를 들어 병원의 건강기록 자료에서 환자의 키가 1.7cm로 되어 있다면 그 데이터는 명백히 잘못된 것이다. 또 어떤 레코드에서는 처음에는 키를 알 수 없어서 빈 칸으로 두는 경우도 있다. 다음은 데이터 준비 단계에서 수행해야 할 활동들인데, 흔히 부딪치는 도전 과제와 완화 방안도 같이 언급한다.

2.2.1 데이터 탐색

데이터 준비의 첫 걸음은 데이터를 깊이 탐색하여 데이터셋을 좀 더 이해하는 것부터 시작하는 것이다. 탐색적 데이터 분석(Exploratory Data Analysis, EDA)으로도 알려진 데이터 탐색은 데이터를 기본적으로 이해할 수 있는 간단한 도구들을 제공한다. 기본적인 탐색 방법으로는 기술통계량(descriptive statistics) 계산과 데이터 시각화(visualization) 등이 있다. 기본적인 탐색은 데이터의 구조나 값들의 분포, 극단값(extreme value)의 존재를 알려 주고 데이터셋 내부의 상호관계(interrelationship)를 밝혀 준다. 각 속성에 대한 평균, 중앙값, 최빈값, 표준편차, 범위와 같은 기술통계량은 데이터 분포의 핵심적인 특징들을 읽기 쉽도록 요약해 준다. 반면에 데이터 포인트들의 시각화 도표(plot)는 하나의 차트에 요약된 모든 데이터 포인트들을 한눈에 파악할 수 있게 해준다. 그림 2.3

은 금리에 대한 신용점수의 산점도(scatterplot)로 신용점수가 증가하면 금리가 감소함을 알 수 있다. 다른 데이터 탐색 기법들에 대해서는 3장에서 살펴볼 것이다. 일반적으로 업무 문제를 해결하기 위해 획득한 데이터셋을 먼저 분석, 준비, 변형한 후에 알고리즘을 적용하고 모델을 구축해야 한다.

2.2.2 데이터 품질

데이터 품질은 데이터가 수집되고, 처리되고, 저장되는 곳이라면 어디에서나 관심을 끄는 주제이다. 표 2.1의 사례에서 신용점수와 금리 데이터가 정확한지를 어떻게 아는가? 신용점수의 값이 이론적 한계를 넘는 900이거나 데이터 입력 오류가 있으면 어떻게 할 것인가? 이러한 오류들은 모델의 대표성에 영향을 줄 것이다. 조직에서는 데이터 정제(data cleansing)와 변환(transformation) 기법들을 사용하여 데이터 품질을 개선하고 관리하여 데이터 웨어하우스(Data

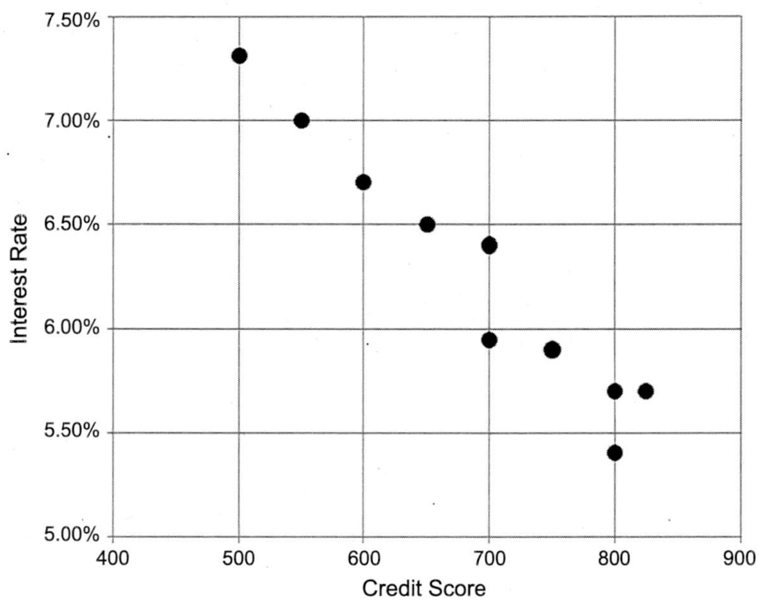

[그림 2.3] 금리 데이터셋의 산점도

Warehouses)라고 불리는 전사적 저장소(companywide repository)에 보관한다. 관리가 잘 되어 있는 데이터 웨어하우스에서 가져오는 데이터는 품질 수준이 높다. 왜냐하면 기존 또는 새로운 데이터에 대해 정확도를 보장하기 위해 적재적소에서 적절한 관리를 하기 때문이다. 데이터 정제 작업으로는 중복 레코드의 제거, 한계를 벗어나는 특이값의 격리, 속성값의 표준화, 결측치의 대체 등이 있다. 어느 정도의 데이터 품질을 보장하기 위해서는, 모델을 구축하기 전에 데이터와 업무의 사전 지식과 더불어 데이터 탐색 기법을 이용하여 데이터를 점검하는 것이 매우 중요하다.

2.2.3 결측치

데이터 품질과 관련하여 가장 흔한 문제는 속성값이 누락되는 경우이다. 예를 들어 어떤 레코드에서 신용점수가 누락될 수 있다. 이런 문제를 완화하는 방법(mitigation method)이 다수 있지만 각각 장단점이 있다. 결측치를 다루는 첫 단계는 값이 왜 누락되었는지를 이해하는 것이다. 데이터 원천의 데이터 계보를 추적하면 데이터 수집에서 구조적인 문제나 데이터 변형에서 오류를 찾아낼 수 있고, 아니면 사용자가 아직 이해하지 못하는 현상을 알게 될 수도 있다. 결측치의 원인을 알면 어떤 완화 방법을 사용할지에 대한 지침을 제시할 수 있다. 결측치를 인위적인 값으로 대체하여 데이터 마이닝 이후 단계에 대한 영향을 미미하게 할 수 있다. 신용점수의 결측치를 데이터셋으로부터 구한 신용점수로 교체할 수 있는데, 이 값은 속성의 특징에 따라 평균, 최솟값, 최댓값 등을 사용한다. 결측치가 완전히 랜덤하게 발생하고 발생빈도가 매우 낮을 때 이 방법은 쓸모가 있다. 그렇지 않으면 결측치를 가지는 속성의 분포는 왜곡될 것이다. 다른 방법으로는 대표적(representative) 모델을 구축할 때 결측치가 있거나 데이터 품질 수준이 낮은 모든 레코드를 제거하는 것이다. 이 방법은 데이터셋의 크기를 감소시킨다. 결측치 레코드들을 잘 다루는 데이터 마이닝 알고리즘이 있는 반면에, 모델을 구축하고 적용하기 전에 데이터 준비 단계에서 그 문제를 처리해야 하는 알고리즘도 있다. 예를 들어 분류에 사용되는 k-최근접이웃(k-NN) 알고리즘은 결측치에 큰 영향을 받지 않는다. 그러나 분류를 위한 신경망 모델은 결측치가 있으면 좋은 성능을 보이지 못한다. 따라서 신경망 모델을 개발하는 데 있어서 데이터 준비 단계는 필수적이다.

2.2.4 데이터 유형과 변환

데이터셋에 있는 속성들은 여러 가지 유형을 가질 수 있다. 예를 들어 금리와 같은 연속형 수치(continuous numeric), 신용점수와 같은 정수형(integer numeric), 범주형(categorical) 등이 있다. 다른 데이터셋에서는 신용점수가 나쁨, 좋음, 훌륭함과 같이 순서형(ordinal)이거나 범주형일 수 있다. 데이터 마이닝 알고리즘에 따라서 입력으로 받아들이는 데이터 유형에 제한이 따른다. 구축하려는 모델이 단순선형회귀모델인 경우 입력변수들은 수치형이어야 한다. 만일 데이터가 범주형이면 수치형으로 변환해야 한다. 범주형을 수치형으로 변환하는 방법에는 여러 가지가 있다. 예를 들어, '나쁨=400, 좋음=600, 훌륭함=700'과 같이 각각의 범주형 값에 특정한 수치 점수를 부여할 수 있다. 마찬가지로 비닝(binning)이라고 불리는 기법을 사용하여 수치형 값을 범주형으로 변환할 수 있다. 이 기법에서는 나쁨=[400-500]과 같이 각 범주에 대해 일정 범위의 값을 지정한다.

2.2.5 변형

k-NN과 같은 데이터 마이닝 알고리즘에서는 입력 속성들이 수치형이고 정규화된(normalized) 형태이어야 한다. 왜냐하면 여기에서는 서로 다른 속성들의 값을 비교하여 데이터 포인트들 사이의 거리를 계산하기 때문이다. 이 과정에

서 어떤 특정한 속성이 큰 값을 가지거나 작은 단위로 표시됨으로 인해서 그 속성이 거리 결과를 주도하게 해서는 안 된다. 예를 들어 천 달러 단위로 표시되는 수입과 백 달러 단위로 표시되는 신용점수를 생각해 보자. 수입이 조금만 변해도 거리 계산에 큰 영향을 받는다. 이 문제점을 해결하기 위해 표준화나 정규화를 통하여 수입과 신용점수를 0과 1 사이의 균일한 크기로 변환하는 방법이 있다. 이렇게 함으로써 서로 다른 단위를 가지는 속성들 간에 일관된 비교를 할 수 있다. 그러나 특이값이 있을 경우 정규화를 왜곡시킬 수 있다.

어떤 데이터 마이닝 기법에서는 속성들의 수를 줄여야 할 경우도 있다. 주성분분석(Principal Component Analysis, PCA)과 같은 통계적 기법의 경우 속성들을 소수의 핵심 또는 주요 속성으로 줄인다. PCA는 12장 특징 선택에서 자세히 다룬다. 상관관계가 높은 변수들이 여러 개 있으면 바람직하지 않은 알고리즘도 있다. 예를 들어 연간 수입과 납부 세금은 상관관계가 매우 높기 때문에 둘 중의 하나를 제외할 필요가 있다. 이에 대해서는 5장 회귀분석에서 좀 더 자세히 다룬다.

2.2.6 특이값

특이값(outliers)은 데이터셋에서 이상값(anomaly)으로 정의된다. 특이값은 십억 원 단위로 표시된 수입과 같이 정당하게 발생할 수도 있고 키가 1.73cm인 것처럼 오류로 발생할 수도 있다. 어느 경우이든 특이값이 발생하면 그것을 알아보고 특별히 처리해야 한다. 대표적인 모델을 구축하는 목적은 데이터에 있는 패턴이나 관계를 일반화하는 것인데 특이값이 있으면 모델을 왜곡한다. 특이값을 탐지하는 기법은 11장 이상 탐지에서 자세히 다룬다. 데이터 마이닝 문제에 따라서는 특이값 탐지 자체가 주요 목적인 경우도 있다. 사기 탐지(fraud detection)나 침투 탐지(intrusion detection)가 그런 경우이다.

2.2.7 특징 선택

표 2.1의 사례에서 데이터셋은 신용점수라는 하나의 속성(독립변수)과 금리라는 하나의 레이블(종속변수)을 가지고 있다. 하지만 현실 속의 데이터 마이닝 문제에는 수백 또는 수천 개의 속성들이 있다. 9장 텍스트 마이닝에서는 문서에 있는 모든 단어 하나하나가 하나의 속성으로 간주된다. 따라서 데이터셋은 수천 개의 속성을 포함하게 된다. 목표 값을 예측할 때 모든 속성들이 동일하게 중요하거나 유용한 것은 아니다. 연간 수입과 납부 세금과 같이 속성들의 상관관계가 높은 경우도 있다. 데이터셋에 속성이 너무 많으면 모델의 복잡성이 크게 증가하고 '차원의 저주(curse of dimensionality)'로 모델의 성능이 떨어지게 된다. 데이터 마이닝에서는 좀 더 자세한 정보가 있는 것이 바람직하다. 왜냐하면 데이터에서 어떤 패턴에 대한 가치 있는 사실들을 찾아내는 것이 데이터 마이닝 기법을 사용하는 이유 중 하나이기 때문이다. 그러나 차원의 수가 증가할수록 고차원 공간에서 데이터의 밀도가 낮아진다(sparse). 이러한 상황은 모델의 신뢰도를 떨어뜨리는데, 군집화와 분류의 경우가 특히 그렇다(Tan et al., 2005).

모델의 성능에 큰 손실이 없이 속성의 수를 줄이는 것을 특징 선택(feature selection)이라고 한다. 12장은 이에 대한 다양한 기법들과 실행시 고려사항 등을 자세히 다룬다. 데이터셋에서 속성의 수를 줄이면 더 간단한 모델을 구축할 수 있고, 모델을 더 효과적으로 설명할 수 있다.

2.2.8 데이터 샘플링

샘플링은 데이터 분석이나 모델링을 하기 위해 원본 데이터셋을 대표하는 부분집합을 추출하는 과정이다. 샘플 데이터는 원본 데이터셋의 대표자(representative) 역할을 하는데, 샘플 평균이 원본 평균과 비슷한 것처럼 원본데이터와 비슷한 성질을 가진다. 샘플링은 분석이나 모델링에서 처리할 데이터의 양을 감소시킨다. 데이터로부터 통찰력을 얻고, 정보를 추출하고, 대표적인 예측모델을 구축하는 것은 대부분의 경우 샘플만 가지고도 충분히 가능하다. 샘플링을 하면 모델링 구축 과정을 빠르게 할 수 있다. 따라서 샘플링 때문에 발생하는 오차는 모델의 적합성에 손상을 주지만, 장점들이 그런 위험을 훨씬 능가한다.

예측분석의 구축 프로세스에서는 데이터를 학습용(training)과 시험용(test)으로 분할하는 것이 필요하다. 학습용 데이터셋을 추출할 때 경우에 따라서 단순추출법(simple sampling) 또는 클래스 레이블 기반 추출법(class label specific sampling)을 사용할 수도 있다. 신용카드의 사기거래 탐지와 같이 데이터셋에서 특이값을 예측하는 경우를 생각해 보자. 이상 탐지의 목적은 데이터에서 특이값을 구분해 내는 것이다. 특이값은 드물게 발생하며 데이터셋에는 특이값 클래스의 사례가 별로 많지 않다. '층화 추출법(stratified sampling)'은 샘플에서 각 클래스가 균등하게 나타나게 하는 샘플링 방법인데, 이렇게 함으로써 모델은 각 클래스의 패턴들의 차이에만 집중할 수 있다. 분류의 경우 샘플링을 사용하여 다수의 베이스 모델들(base models)을 만들 수 있는데, 각각의 베이스 모델은 학습용 데이터셋 샘플들 중 하나씩 사용하여 구축한다. 이러한 베이스 모델들은 메타 모델(meta model)을 구축하는 데 사용한다. 이 메타 모델을 앙상블 모델(ensemble model)이라고 하는데 베이스 모델들과 비교하면 오류율이 개선되는 것을 알 수 있다.

2.3 모델링

모델은 주어진 데이터셋에서 데이터와 그 관계를 추상적으로 표현한 것이다. "신용점수가 증가하면 대출 금리는 감소한다"와 같은 간단한 표현이 모델이다. 이 표현에 현장 시나리오(production scenario)에서 사용하기에 충분한 수치 정보가 있는 것은 아니지만, 신용점수와 금리 간의 관계를 요약하는 방향성 있는 정보를 제공한다.

오늘날 수백 개의 데이터 마이닝 알고리즘이 사용되고 있는데 이들은 통계학, 기계학습, 패턴인식, 컴퓨터 과학 지식으로부터 유래된 것들이다. 다행히 이 알고리즘들을 실행할 수 있는 예측분석 및 데이터 마이닝 도구들이 상업적(유료) 또는 오픈 소스(무료) 형태로 시장에 많이 나와 있다. 데이터 마이닝 실무자로서 필요한 것은 알고리즘의 전반적 개요를 파악하기만 하면 된다. 즉 알고리즘이 어떻게 작동하는가를 알고, 업무와 데이터에 대한 이해를 기반으로 파라미터 설정을 결정한다. 데이터 마이닝 모델은 분류, 회귀분석, 연관성 분석, 군집화, 이상 탐지 등으로 구분할 수 있다. 각 분야에는 수십 개의 알고리즘이 있으며, 각 알고리즘은 당면 문제를 푸는 데 약간씩 다른 접근방법을 사용한다. 분류와 회귀분석은 예측(predictive) 기법으로 하나 또는 둘 이상의 입력변수에 기초하여 출력변수를 예측한다. 예측 알고리즘에서는 모델을 '학습(learn)' 시키기 위해 사전에 알려진 데이터셋이 필요하다. 그림 2.4는 예측 데이터 마이닝의 모델링 단계를 보여준다. 연관분석과 군집화는 기술적(descriptive) 데이터 마이닝 기법으로 예측해야 할 타겟변수가 없는 경우이다. 따라서 시험용 데이터셋이 없다. 그러나 예측과 기술적 모델 둘 다 검증(evaluation) 단계를 거친다. 이상 탐지는 데이터가 사전에 이용 가능하면 예측 기법이 되고, 사전에 학습용 자

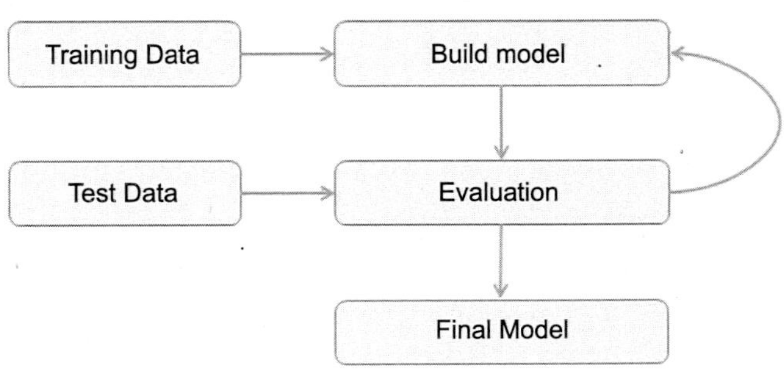

[그림 2.4] 모델링 단계

료가 이용 불가능하면 자율 학습 기법이 된다.

2.3.1 학습용과 시험용 데이터셋

안정적인 모델을 개발하기 위해 타겟속성을 포함해서 모든 속성들이 알려진 데이터셋을 사용하는데, 이를 '학습용 데이터셋'이라고 하며 모델을 구축할 때 사용한다. 그리고 만들어진 모델의 타당성을 검증하기 위해 다른 데이터셋도 필요한데 이를 '시험용' 또는 '검증용 데이터셋'이라고 한다. 이 과정을 쉽게 하기 위해 알고 있는 데이터셋 전체를 학습용과 시험용으로 분할한다. 보통은 데이터의 2/3는 학습용으로, 1/3은 시험용으로 분할한다. 학습용 레코드를 랜덤 샘플링하는 더 복잡한 방법이 있지만 이에 대해서는 4장 분류에서 다룬다. 표 2.3과 표 2.4는 표 2.1의 데이터셋을 학습용과 시험용으로 임의 분할한 것이다. 그

[표 2.3] 학습용 데이터셋

Borrower	Credit Score (X)	Interest Rate (Y)
01	500	7.31%
02	600	6.70%
03	700	5.95%
05	800	5.40%
06	800	5.70%
08	550	7.00%
09	650	6.50%

[표 2.4] 시험용 데이터셋

Borrower	Credit Score (X)	Interest Rate (Y)
04	700	6.40%
07	750	5.90%
10	825	5.70%

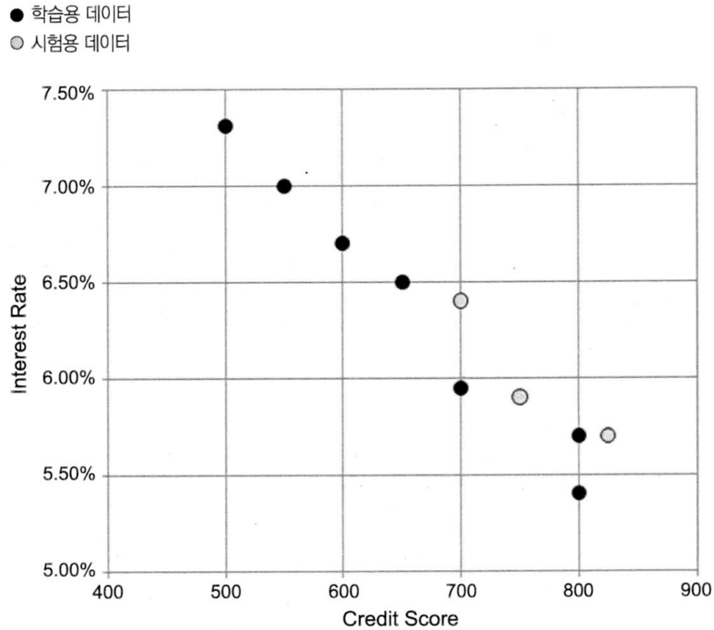

[그림 2.5] 학습용과 시험용 데이터의 산점도

림 2.5는 전체 데이터셋의 산점도를 나타내는데 학습용과 시험용의 표시를 달리하였다.

2.3.2 알고리즘과 모델링 기법

업무 문제와 데이터 가용성은 데이터 마이닝의 어떤 분야(연관분석, 분류, 회귀분석 등)를 사용할 것인가에 영향을 준다. 데이터 마이닝 실무자는 선택된 분야 안에서 적당한 알고리즘을 결정한다. 예를 들어 분류 분야에서 의사결정나무, 규칙 유도, 신경망, 베이지안 모델, k-NN 등과 같은 알고리즘 중의 하나를 선택할 수 있다. 마찬가지로 의사결정나무 기법 안에서도 CART, CHAID 등 여러 가지 실행 방법이 있다. 이 모든 알고리즘들은 이후의 장에서 살펴볼 것이다.

다수의 분야와 다수의 알고리즘을 사용하여 하나의 업무 문제를 해결하는 경우도 드물지 않게 발생한다.

금리 예측은 회귀분석 문제로 간주된다. 이제 단순선형회귀기법을 사용하여 데이터셋을 모델링하고 신용점수와 금리 간의 관계를 일반화하고자 한다. 10개의 레코드를 가지고 있는 데이터셋은 학습용과 시험용으로 분할한다. 7개의 레코드가 있는 학습용 셋은 모델을 만드는 데 사용되고, 3개의 레코드가 있는 시험용 셋은 모델의 타당성을 검증하는 데 사용된다.

단순선형회귀분석의 목적을 시각화하면 산점도의 데이터 포인트들을 직선으로 적합하는 것으로 볼 수 있다(그림 2.6 참조). 이 직선은 데이터 포인트들에서 직선까지 거리의 제곱합이 최소가 되도록 정한다. 일반적으로 직선은 다음 식으로 표현할 수 있다.

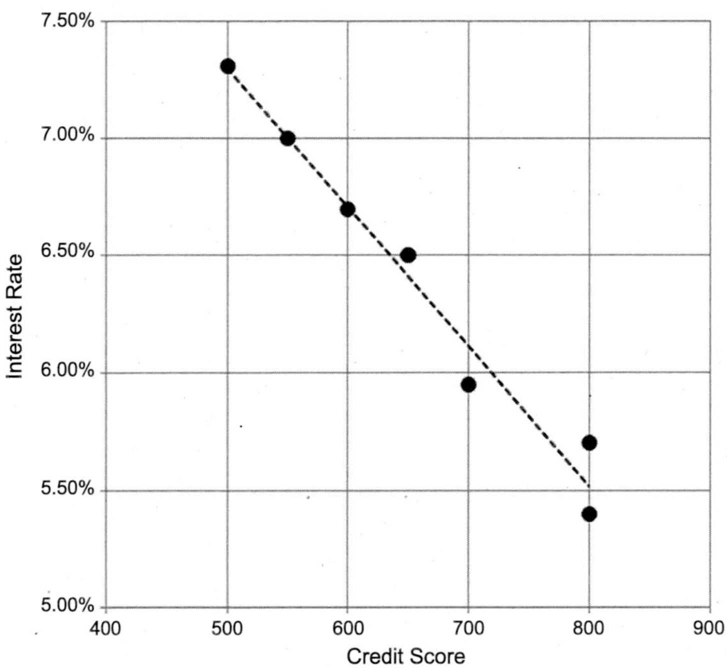

[그림 2.6] 회귀모델

$$y = a * x + b \tag{2.1}$$

여기에서 y는 출력 또는 종속변수, x는 입력 또는 독립변수, b는 y절편, a는 x의 계수이다.

이제 직선의 잔차(residual)의 제곱합이 최소가 되도록 a, b 값을 정한다(Weisstein, 2013). 선형회귀모델의 개념과 개발 단계에 대해서는 5장 회귀분석에서 자세히 살펴볼 것이다.

식 2.1의 직선은 출력값을 모르는(unlabeled) 데이터의 출력을 예측하는 모델로 쓰인다. 즉, 금리 y를 계산하기 위해 다음 식을 사용한다.

$$y = 0.1 - \frac{6}{100,000}x \text{ 또는 } \text{Interest rate} = 10\% - \frac{6 * \text{Credit Score}}{1,000}\%$$

이 식을 사용하여 대출자의 주어진 신용점수에 대해 금리를 계산할 수 있다. 선형회귀모델은 가장 간단한 모델 중의 하나로서 모델 구축의 시작점으로 많이 사용된다. 더 복잡한 모델들은 이 책의 후반부에서 논의된다. 금리를 계산하는데 실제로는 수십 개의 입력변수를 사용하며 변수 사이의 비선형 관계도 고려한다.

2.3.3 모델의 검증

수학식의 형태로 만들어진 모델은 7개의 학습용 레코드로부터 일반화되고 종합된 것이다. 이 7개의 학습용 레코드의 각각에 대해 신용점수를 식에 대입하여 금리를 추정할 수 있다. 이 추정값은 학습용 레코드에 있는 값과 정확히 일치하지는 않을 것이다. 모델이 학습용 레코드들을 기억하여 같은 값을 출력하는 것은 바람직하지 않다. 모델이 학습용 데이터를 기억하는 현상을 '과적합(overfit-

[표 2.5] 시험용 데이터셋의 검증

Borrower	Credit Score (X)	Interest Rate (Y)	Model Predicted (Y)	Model Error
04	700	6.40%	5.80%	−0.60%
07	750	5.90%	5.50%	−0.40%
10	825	5.70%	5.05%	−0.65%

ting)'이라고 하는데, 이에 대해서는 4장 분류에서 살펴볼 것이다. 과적합된 모델은 학습용 레코드를 기억만 할 뿐, 현장 데이터(real production data)에 대해서는 성능이 떨어진다. 모델은 신용점수와 금리 간의 관계를 일반화하거나 학습해야 하는 것이다. 이 관계를 입증하기 위해 표 2.5와 같은 검증용 또는 시험용 데이터셋이 사용되는데, 이것은 모델을 구축할 때에는 사용되지 않았다.

표 2.5는 3개의 시험용 레코드를 보여주는데 금리가 알려져 있다. 따라서 모델을 사용하여 금리에 대한 예측값을 구한 후, 실제값과 비교하여 예측 오차를 계산할 수 있다. 오류율이 허용 가능한 수준이라면 이 모델을 실제 상황에 배치(deployment)할 수 있다. 그리고 오류율을 사용하여, 신경망이나 베이지안 모델 같은 다른 알고리즘으로 개발된 모델들과 이 모델을 비교할 수 있다.

2.3.4 앙상블 모델링

앙상블 모델링은 다수의 다양한 모델들을 만들어 결과를 예측하는 과정인데, 서로 다른 모델링 알고리즘을 사용하거나 서로 다른 학습용 데이터셋을 사용한다. 그 후에 처음 보는 데이터에 대해 각각의 베이스 모델의 예측값들을 종합하여 최종 예측값을 계산한다. 앙상블 모델을 사용하는 이유는 예측의 일반화 오류를 줄이자는 것이다. 베이스 모델들이 다양하고 독립적이라면 앙상블 방법을 사용할 때 예측 오차가 줄어든다. 이 방법은 예측할 때 대중의 지혜(widsom of crowds)를 찾는다는 원리이다. 앙상블 모델은 그 안에 다수의 베이스 모델들을 포함하지만, 단일 모델처럼 작동한다. 대부분의 데이터 마이닝 솔루션들은 앙상블 모델링 기법을 제공한다. 4장 분류에서 이 기법들과 실행에 대해 자세히 다룬다.

데이터 마이닝 프로세스의 모델링 단계를 정리하면 다음과 같다.

(1) 업무 문제를 분석한다.
(2) 문제를 해결하는 데 필요한 적절한 데이터를 구한다.
(3) 적절한 데이터 마이닝 기법을 선택한다.
(4) 알고리즘을 선택하고 여기에 적당한 데이터를 준비한다.
(5) 데이터를 학습용과 시험용으로 분할한다.
(6) 학습용 데이터셋을 사용하여 일반화 모델을 구축한다.
(7) 시험용 데이터셋을 사용하여 모델을 검증한다.

이제 이 모델을 사용하여 새로운 입력변수들로부터 타겟변수를 예측할 수 있다. 이것이 예측 문제에 대한 답이라 할 수 있으며, 이제 모델을 실제에 적용한다. 예를 들어 모델을 기업의 대출 승인과정에 포함시키는 것이다.

2.4 적용

배치(deployment) 또는 적용(application)은 모델이 현장 준비(production readiness) 또는 '살아 있는(live)' 상태로 되는 단계이다. 업무 사례의 경우 예측모델, 연관규칙, 군집화 등의 데이터 마이닝의 결과가 업무 프로세스에 동화(assimilation)되어야 하는데 보통은 소프트웨어 애플리케이션을 통하여 이루어진다. 모델 배치 단계에서 몇 가지 핵심적으로 고려해야 하는 사항들이 있는데, 모델 준비, 기술적 통합, 반응시간, 모델 유지, 동화 등을 살펴보는 것이다.

2.4.1 현장 준비

배치의 현장 준비 부분에서는 배치 목적에 요구되는 중요한 품질 조건들을 결정한다. 두 가지 사례를 들어 생각해 보자. 하나는 대출 기업에서 고객이 대출 자격이 있는가를 결정하는 것이고, 또 하나는 고객들을 그룹화하는 것이다.

고객 신용 승인 과정은 실시간 작업이다. 즉, 웹상이나 회사 창구에서 신청 고객이 필요한 정보를 제출하자마자 신용등급 결정이나 조건 등을 실시간으로 제공해야 한다. 고객과 회사를 위하여 정확한 결과와 함께 신속한 결정을 내리는 것이 경쟁력이 될 수 있다. 의사결정 모델은 고객으로부터 정보를 수집하고, 신용이력과 같은 제3자의 데이터를 통합하여 수 초 내에 대출 승인과 조건을 결정하게 한다. 이러한 모델 배치에서 고려해야 할 핵심 품질은 실시간 예측이다.

고객들을 회사와의 관계에 근거해서 세분화하는 것은 회사 안의 수많은 부서들과의 다양한 상호작용으로부터 얻게 되는 신호들을 고려하는 심사숙고의 과정이다. 패턴에 기초하여 비슷한 고객들을 동일 집단으로 모아서, 그들을 사로잡을 최선의 고객관리 전략을 수립한다. 이 사례에서는 일괄처리 과정(batch processing)이 적용되는데, 다양한 부서와 소스로부터 밤새 데이터를 수집한 후 전체 고객 레코드를 세분화한다. 이 경우 핵심 품질은 모델의 반응시간이 아니라 고객들 내부의 독특한 패턴을 찾아내는 능력이다. 데이터 준비와 모델링 단계에서 선택하는 데이터와 알고리즘은 업무 사례마다 다르다.

2.4.2 기술적 통합

데이터 마이닝 모델을 만들기 위해 대개는 R, RapidMiner, SAS, SPSS와 같은 데이터 마이닝 소프트웨어 도구들을 사용한다. 이들은 알고리즘을 실행하기 위한 코딩 작업을 요구하지 않기 때문에 시간이 절약된다. 덕분에 분석가들은 데이터나 업무 로직, 패턴 탐색에 집중할 수 있다. 이 도구들로 만들어진 모델은 예측모델 표준언어(Predictive Model Markup Language, PMML, Guazzelli et al., 2009)를 사용하거나 현장에서 이 도구들을 작동시켜 현장 적용(production application)에 이식(porting)시킬 수 있다. PMML은 이식 가능하고 일관된 모델 기술 형식을 제공하며, 대부분의 예측분석 및 데이터 마이닝 도구들이 읽을 수 있도록 되어 있다. 이에 따라 실무자들은 하나의 도구로(예를 들어 RapidMiner) 모델을 개발한 후 그것을 다른 도구에서(예를 들어 SAS) 사용할 수 있는 유연성을 갖추게 되었다. PMML 표준은 산업계 주도 컨소시엄인 Data Mining Group에서 개발되어 유지되고 있다. 예측분석을 위한 단순 회귀나 의사결정나무, 규칙 유도와 같은 모델들은 업무적용 과정이나 비즈니스 인텔리전스 시스템에 쉽게 포함시킬 수 있다. 이러한 모델들은 간단한 수학식이나 If–Then 규칙으로 표현되기 때문에 대부분의 프로그래밍 언어에 쉽게 이식될 수 있다.

2.4.3 반응시간

k–NN과 같은 알고리즘은 구축하기는 쉽지만 타겟변수를 예측하기에는 매우 느리다. 반면에 의사결정나무와 같은 알고리즘은 구축할 때 시간이 들지만, 간단한 규칙으로 간소화할 수 있어서 거의 모든 응용에 사용될 수 있다. 현장의 반응 시간과 모델 구축 시간 사이의 상충 관계는 숙고할 필요가 있다. 반응시간이 길어 현장에서 받아들이기 힘들 때 필요하다면 모델링 단계를 다시 수행해야 한다. 예측의 품질, 입력 데이터의 접근성, 예측의 반응시간 등은 현장 적용에서 가장 중요한 품질요소(quality factor)이다.

2.4.4 리모델링

모델의 타당성에 대한 핵심 기준은 그것이 처리하는 데이터셋에 대한 대표성이다. 모델 구축 시 사용된 조건들이 모델 배치 후에 변하는 것은 지극히 정상적이다. 예를 들어 신용점수와 금리 간의 관계는 거시경제 상황에 따라 자주 변한다. 따라서 이 사례의 경우 모델을 자주 갱신할 필요가 있다. 새로운 시험용 데이터셋을 사용하여 오류율을 계산함으로써 모델의 타당성을 정기적으로 검증할 수 있다. 만일 오류율이 특정 기준보다 초과하면 모델을 다시 구축하여 배치를 다시 해야 한다. 유지에 대한 일정계획은 배치 계획의 핵심 부분으로서 모델의 생명력을 지속시켜준다.

2.4.5 동화

기술적 데이터 마이닝 문제에서는 모델을 사용 중인 시스템에 배치하는 것이 목적이 아니다. 이 경우의 도전과제는 데이터 마이닝을 통하여 얻은 지식을 조직이나 특정 응용에 동화시키는 것이다. 예를 들어 각 군집에 대해 서로 다른 고객관리를 하기 위하여 고객 데이터베이스에서 논리적인 군집들을 찾는다고 하자. 다음 단계는 새로운 고객을 여러 군집 중의 하나에 배정하는 분류작업이 된다. 연관분석은 장바구니 문제에 대한 해답을 제공하는데, 여기에서의 과제는 가장 자주 같이 팔리는 두 제품이 무엇인가를 찾아내는 것이다. 실무자에 있어서 도전과제는 발견 내용, 원래의 업무 문제와의 관련성, 모델에서 위험의 수치화, 업무 사용자들에 주는 예상 영향 등을 설명하는 것이다. 업무 사용자들은 관점이나 수치화 사고방식, 기술 수준들이 서로 다르다. 모든 사람이 데이터 마이닝 프로세스와 그것이 할 수 있는 것과 할 수 없는 것을 다 아는 것은 아니다. 이러한 도전과제 중 몇 가지는 최종 결과에 집중함으로써 다룰 수 있다. 즉, 데이터 마이닝을 통해서 정보를 추출하는 기술적인 프로세스 대신에 정보를 아는 것의 효과에 집중하는 것이다. 이러한 과제들의 결과를 이해하고 합리화하게 되면 자연스럽게 업무 프로세스를 통한 행동으로 이어진다.

2.5 지식

데이터 마이닝 프로세스는 데이터로부터 중요한 정보를 추출하는 프레임워크를 제공한다. 거대한 기억장치, 데이터 수집의 증가, 고급 컴퓨팅 패러다임의 출현으로 처리해야 하는 데이터는 계속 증가하고 있다. 이 거대한 데이터셋으로부터 지식을 추출하기 위해서는 표준적인 시계열 분석이나 간단한 통계적 처리 외에 데이터 마이닝 알고리즘과 같은 고급 방법을 사용해야 한다. 많은 알고리즘들이 가치 있는 정보를 추출해 줄 수 있지만, 적절한 알고리즘을 능숙하게 적용하고 업무 문제를 데이터 문제로 변환하는 것은 분석 전문가의 몫이다. 다른 기술과 마찬가지로 데이터 마이닝도 알고리즘과 그 파라미터에 대해 옵션을 제공한다. 이러한 옵션들을 사용하여 적절한 정보를 추출하는 것은 일종의 예술이며 실무를 통해서 발전이 된다.

데이터 마이닝 프로세스는 사전(prior) 지식에서 시작하여 사후(posterior) 지식으로 끝나는데, 이 사후 지식은 프로세스 전반에 걸쳐 데이터를 통하여 업무에 관한 통찰력을 추가적으로 얻는 것이다. 다른 수리적인 분석처럼, 데이터 마이닝 프로세스는 데이터셋으로부터 겉으로는 그럴싸하지만 실무에는 부적절한 패턴을 찾아낼 수도 있다. 발견한 패턴들이 모두 지식으로 연결되는 것은 아니다. 다시 강조하지만 부적절한 패턴이 틀렸음을 입증하고 의미 있는 정보를 찾는 것은 실무자의 몫이다. 실제 응용에서 데이터 마이닝을 통하여 얻은 정보의 영향을 측정할 수 있다. 그것은 데이터 마이닝 프로세스를 통하여 얻은 정보와 기본적인 데이터 분석으로 얻은 통찰력의 차이이다. 마지막으로 언급하고 싶은 것은 데이터 마이닝의 전체 프로세스란 적절한 질문을 제기하고(Chapman et al., 2000) 업무 문제를 해결하는 적절한 접근방법을 가이드하는 프레임워크라는 것이다. 그것은 엄격한 규칙으로 사용하라는 것은 아니며 지식을 발견하는 데 도움을 주는 반복적이면서도 뚜렷이 구별되는 단계로 사용하라는 것이다.

이후의 내용

다음 장들에서는 이 장에서 논의된 개념들을 실행 방법과 함께 더 자세히 다룬다. 기본적인 통계와 시각화 기법을 사용하여 데이터를 탐색하는 것은 데이터 마이닝을 위한 데이터를 준비하는데 중요한 단계이다. 다음 장은 데이터를 탐색하고 이해하는데 필요한 실무적인 도구들을 다룬다. 데이터 준비 기법들을 분류, 연관성 분석, 군집화, 이상 탐지 등에 관한 각각의 기법들과 연관시켜 설명한다. 13장 RapidMiner 시작하기에서는 RapidMiner를 사용하여 데이터 준비를 실제로 실행하는 내용을 다룬다.

참고문헌

Chapman, P., Clinton, J., Kerber, R., Khabaza, T., Reinartz, T., Shearer, C., & Wirth, R. (2000). CRISP-DM 1.0: Step-by-step Data Mining guide. *SPSS Inc*. Retrieved from ftp://ftp.software. ibm.com/software/analytics/spss/support/Modeler/Documentation/14/UserManual/CRISP-DM.pdf.

Fayyad, U., Piatetsky-Shapiro, G., & Smyth, P. (1996). From Data Mining to Knowledge Discovery in Databases. *AI MAGAZINE*, 17(3), 37-54.

Guazzelli, A., Zeller, M., Lin, W., & Williams, G. (2009). PMML: An Open Standard for Sharing Models. *The R Journal*, 1(1), 60-65.

Kubiak, T., & Benbow, D. W. (2005). *The Certified Six Sigma Black Belt Handbook*. Milwaukee, WI: ASQ, Quality Press.

Lidwell, W., Holden, K., & Butler, J. (2010). *Universal Principles of Design, Revised and Updated: 125 ways to Enhance Usability, Influence Perception, Increase Appeal, Make Better Design Decisions, and Teach Through Design*. Beverly, MA: Rockport Publishers.

Piatetsky, G. (2014). KDnuggets 15th Annual Analytics, Data Mining, Data Science Software Poll: RapidMiner Continues To Lead. Retrieved August 01, 2014, from http://www.kdnuggets. com/2014/06/kdnuggets-annual-software-poll-RapidMiner-continues-lead.html.

SAS Institute (2013). *Getting Started with SAS Enterprise Miner 12.3*. (pp. 1-3).

Shearer, C. (2000). The CRISP-DM Model: The New Blueprint for Data Mining.

Journal of Data Warehousing, 5(4), 13–22.

Tan, P.-N., Steinbach, M., & Kumar, V. (2005). Introduction to Data Mining. *Journal of School Psychology*, 19, 51–56. http://dx.doi.org/10.1016/0022-4405(81)90007-8.

Weisstein, E. W. (2013). Least Squares Fitting. MathWorld – Wolfram Research, Inc. Retrieved from http://mathworld.wolfram.com/LeastSquaresFitting.html.

CHAPTER 3

데이터 탐색

'데이터'란 단어는 '주어진 어떤 것', 어떤 대상에 대한 관찰 또는 사실을 뜻하는 라틴어 *dare*에서 유래된 말이다. 데이터 마이닝은 데이터 안에 숨겨진 관계를 찾는데 도움을 준다. 통계, 기계학습, 알고리즘 기법을 이용하는 고급 데이터 분석을 수행하기 전에 데이터의 주요 특성을 파악하는 기본적인 데이터 탐색을 수행하는 것은 필수적이다. 데이터 탐색을 함으로써 데이터를 더 잘 이해할 수 있고, 고급 분석이 가능하도록 데이터를 준비할 수 있으며, 때로는 고급 분석기법을 이용하는 것보다 빠르게 데이터로부터 필요한 통찰력을 얻을 수 있다.

데이터 탐색은 탐색적 데이터 분석(Exploratory Data Analysis, EDA)으로도 불리는데, 데이터에 대한 기본적인 이해를 위해 필요한 간단한 도구들을 제공한다. 그 결과는 매우 강력해서 데이터 구조, 데이터 값들의 분포, 극단값의 존재 여부, 데이터들 간의 관계 등을 파악할 수 있다. 또한 후속 단계에서 데이터에 적합한 통계나 데이터 마이닝 기법을 적용하는 지침을 제공해 준다. 데이터 탐색 도구들은 아주 흔한 MS 엑셀에서부터 R, RapidMiner, SAS, IBM SPSS 등의 고급 데이터 마이닝 소프트웨어에 이르기까지 표준 데이터 분석 소프트웨어 패키지의 하나의 영역이다. 간단한 피봇 테이블 함수, 평균이나 편차와 같은 통계량 계산, 선그래프, 막대그래프, 산점도와 같은 그래프 그리기 등은 기업에서 일상적으로 사용되는 데이터 탐색 기법들이다.

데이터 탐색은 크게 기술 통계학과 데이터 시각화의 두 영역으로 나눌 수 있다.

기술 통계학은 데이터의 주요 특성을 간단한 수치로 압축하는 과정이다. 여기에서 공통적으로 사용되는 수치는 평균, 표준편차, 상관계수 등이다. 시각화는 데이터 전체 혹은 일부를 다차원 공간이나 추상적 이미지로 나타내는 과정이다. 데이터 마이닝의 데이터 탐색에서는 기술 통계학과 시각화 기법을 둘 다 사용한다. 이 장은 데이터셋을 탐색하고 분석하기 위한 길잡이 역할을 한다. 체계적인 데이터 탐색 과정은 데이터에 대해 많은 정보를 밝혀낼 수 있으며, 그 정보들은 데이터 마이닝의 다음 단계에서 의사결정을 하는 데 유용하게 사용될 수 있다.

3.1 데이터 탐색의 목적

데이터 탐색은 데이터 마이닝 과정의 사전 처리 또는 데이터 준비, 모델링, 모델링 결과 해석 등 많은 단계에 영향을 준다.

1. **데이터 이해**: 데이터 탐색의 기초 분석으로 데이터셋의 각 속성을 상위레벨 수준에서 이해할 수 있고 속성 간의 상호작용을 파악할 수 있다. 속성을 대표하는 값은 무엇인지, 데이터 포인트가 대표값과 얼마나 차이가 나는지, 데이터셋에 특이값이 존재하는지와 같은 질문에 답할 수 있다.
2. **데이터 준비**: 데이터 마이닝 알고리즘을 적용하기 전에 이상(anomaly) 데이터를 처리한 데이터셋을 준비해야 한다. 여기에는 특이값이나 결측치 찾기, 중복되거나 높은 상관관계가 있는 속성들을 제거하는 것 등이 있다. 데이터 마이닝 알고리즘 중에는 입력 속성들이 서로 높은 상관관계가 있으면 성능이 별로 좋지 않은 것들이 있다. 따라서 이러한 속성들을 찾아내서 제거할 필요가 있다.
3. **데이터 마이닝 기능**: 기본적인 데이터 탐색이 경우에 따라서는 전체 데이터 마이닝 과정을 대체할 수도 있다. 예를 들어, 산점도는 저차원 데이터

에서 군집을 찾아낼 수 있고, 또는 간단한 시각화된 규칙으로 회귀나 분류모델을 개발할 수 있다.

4. **결과 해석**: 마지막으로 데이터 탐색은 데이터 마이닝 과정의 예측, 분류, 군집화의 결과를 해석하는 데 사용된다. 저차원 군집화에서 산점도는 군집을 시각화하는 효과적인 방법이다. 히스토그램을 통하여 속성의 분포를 이해할 수 있으며, 수치 예측이나 오류율 추정 등을 시각화할 수도 있다.

3.2 데이터셋

이 절에서는 이 책에서 계속 사용될 대표적인 데이터셋을 소개한다. 이 데이터셋들은 이해하기 간단하고 설명하기 쉬우며, 많은 데이터 마이닝 기법들에서 공통적으로 사용될 수 있으므로 사용된 기법들의 성능을 비교하는 데 유용하다. 데이터 마이닝에 사용되는 데이터셋 중에서 가장 인기 있는 것은 아마도 아이리스(Iris) 데이터셋 집합일 텐데, 이 데이터는 Ronald Fisher가 "분류 문제에서 다중 척도의 사용"(Fisher, 1936)이라는 판별분석 세미나에서 소개한 것이다. 아이리스는 꽃을 피우는 식물인데 지구 곳곳에서 광범위하게 관찰된다. 아이리스의 속(屬)은 300개 이상의 서로 다른 종(種)을 포함한다. 각각의 종은 꽃과 꽃잎의 모양, 크기와 같은 물리적 특성이 각기 다르다. 여기서 소개하는 아이리스 데이터셋은 150개의 관찰치를 포함하며, 3개의 서로 다른 종인 Iris setosa, Iris virginica, Iris versicolor에 대해 각각 50개씩 있다. 각 관찰치는 꽃받침 길이(sepal length), 꽃받침 폭(sepal width), 꽃잎 길이(petal length), 꽃잎 폭(petal width)의 4개의 속성으로 이루어졌으며, 별도의 다섯 번째 속성은 관찰된 종의 이름이다(Iris setosa, Iris virginica, Iris versicolor). 꽃잎은 밝은 색을 띠는 안쪽 부분이며, 꽃받침은 꽃의 바깥쪽 부분인데 보통은 초록색이다. 어떤 아이리스는 꽃받침과 꽃잎이 둘 다 보라색인데, 이 경우에는 모양으로 서로 구

[그림 3.1] 아이리스의 하나의 종인 Iris versicolor

별할 수 있다(그림 3.1 참조).

아이리스 데이터셋에서 4개의 속성은 cm 단위의 연속형 수치 값을 갖는다. Iris setosa는 선형회귀분석이나 간단한 규칙을 사용하면 다른 두 종과 쉽게 구별이 된다. 그러나 virginica와 versicolor를 구별하려면 더 많은 속성을 포함하는 복잡한 규칙이 필요하다. 이 데이터셋은 RapidMiner와 같은 기본적인 데이터 마이닝 툴에서 구하거나 또는 University of California Irvine – Machine Learning repository[1]와 같은 공공 웹사이트에서 다운받을 수 있다(Bache & Lichman, 2013). 이 데이터셋뿐 아니라 이 책에서 사용되는 다른 데이터셋들은 다음의 웹사이트에서 다운받을 수 있다: www.LearnPredictiveAnalytics.com

아이리스 데이터셋은 이해와 탐색이 용이하고 동일 데이터셋에서 각 알고리즘들의 성능이 어떻게 다른지를 보여줄 수 있으므로 데이터 마이닝 학습에 많이 사용된다. 이 데이터셋은 2차원 이상으로 확장되는데, 3개의 클래스 레이블 중 하나(Iris sentosa)는 시각적 탐색으로 쉽게 구별이 된다. 반면에 다른 2개의 클

1 http://archive.ics.uci.edu/ml

래스 레이블을 분류하는 것은 조금 어렵다. 이것은 시각적 규칙으로 구한 분류 결과를 재확인하게 하며, 동시에 데이터 마이닝이 시각적 탐색의 한계를 넘어서 새로운 규칙을 만드는 계기가 된다.

3.2.1 데이터의 유형

데이터에는 다양한 형식과 유형이 있다. 각 변수의 의미, 특징, 속성 등을 이해하게 되면 그 변수에 대해 조작할 수 있는 방법들을 파악할 수 있다. 예를 들어, 날씨 데이터에서 온도는 다음과 같은 형식으로 표현될 수 있다.

- 섭씨, 화씨, 절대 온도
- 더움, 포근함, 추움과 같이 순서가 있는 범주
- 일 년 중 0℃ 이하의 날의 수

이러한 속성들은 모두 어떤 지역의 온도를 나타내지만 서로 다른 데이터 유형을 가지며, 이러한 데이터 유형들은 서로 변환이 가능하다.

수치형 또는 연속형

섭씨나 화씨로 표현된 온도는 숫자로 나타낼 수 있고 임의의 두 숫자 사이에 무한한 개수의 값들을 가질 수 있기 때문에 수치형(numeric)이고 연속형(continuous)이다. 값들은 순서대로 나열될 수 있고 값들 사이의 뺄셈은 의미가 있다. 그러므로 덧셈이나 뺄셈 연산, ">, <, ="과 같은 논리 비교 연산을 적용할 수 있다.

정수형(integer)은 수치형의 특수한 형태인데, 소수점 이하의 값을 가질 수 없고 연이은 값 사이에 무한한 개수의 값들을 가질 수 없다. 온도가 영하로 내려가는 날의 수, 주문 횟수, 한 가정의 어린아이 수와 같이 어떤 것을 세는 경우에 사용된다.

영점(zero point)이 정의되면 수치형은 비율(ratio)이나 실수형(real)이 될 수 있다. 예로서 절대온도, 은행계좌 잔고, 수입 등을 들 수 있다. 이 유형에 대해서는 덧셈이나 논리 연산은 물론이고 나눗셈도 가능하다. 정수형과 비율형은 대부분의 데이터 마이닝 도구에서 수치형으로 간주된다.

범주형 또는 명목형

범주형(categorical)은 구별되는 기호나 이름으로 다루어지는 변수를 말한다. 인간의 홍채는 검정, 초록, 파랑, 회색 같은 값을 가지므로 범주형 데이터이다. 데이터 값들끼리는 직접적인 관계가 없으며, 따라서 논리 연산이나 '같다' 연산 이외의 수리적 연산을 할 수 없다. 이 유형은 명목형(nominal)이라고도 하는데, '이름'이라는 뜻의 라틴어에서 유래된 말이다.

순서가 있는 데이터 유형은 범주형의 특수한 경우인데, 데이터 값들 사이에 순서가 존재한다. 예를 들어 "나쁨", "보통", "좋음", "훌륭함"의 범주 값을 갖는 신용 점수가 있다. "좋음" 신용 등급을 갖는 고객은 "보통" 고객보다 좋고, "훌륭함" 등급은 "좋음"보다 좋다.

데이터 유형은 데이터에 대해 더 많은 것을 이해하고 데이터의 원천을 알아내는 데 밀접한 관련이 있다. 각각의 데이터 마이닝 기법이 모든 데이터 유형을 다루지는 않는다. 예를 들어 신경망 알고리즘은 범주형 데이터를 다루지 않는다. 그러나 데이터의 유형을 변환시켜 사용할 수 있는데 이 경우에는 정보 손실이 발생할 수 있다. 예를 들어 "나쁨", "보통", "좋음", "훌륭함"의 범주로 표현되는 신용 점수는 1, 2, 3, 4로 변환되거나 평균이 각각 400, 500, 600, 700 미만인 것으로 변환될 수 있다. 이 경우에는 정보 손실이 없다. 그러나 수치형 신용 점수가 "나쁨", "보통", "좋음", "훌륭함"의 범주형으로 변환될 때에는 약간의 정보 손실이 발생한다.

3.3 기술 통계학

기술 통계학(descriptive statistics)은 데이터셋의 주요 특성을 수량화하기 위해 평균, 표준편차, 분포 등과 같이 요약하는 통계적 방법이다. 기술적 척도들은 데이터셋에 대한 이해도를 높여주는데, 우리가 데이터를 다룰 때 일상적으로 사용하는 표현들이다. 예를 들어 연평균 수입, 어느 지역의 주택가격 중앙값, 어떤 집단의 신용점수 범위 등이 있다. 일반적으로 기술적 분석은 표본이나 모집단의 다음과 같은 특성을 다룬다(Kubiak & Benbow, 2006).

데이터셋의 특성	척도
데이터셋의 중심	평균, 중앙값, 최빈값
데이터셋의 산포도	범위, 분산, 표준편차
데이터셋의 분포 모양	대칭도, 왜도, 첨도

지금부터 이 척도들의 정의를 간단히 살펴본다. 기술 통계학은 분석하는 변수의 수에 따라 크게 일변량과 다변량 데이터 분석으로 나눌 수 있다.

3.3.1 일변량 데이터 탐색

일변량 데이터 탐색에서는 한 번에 하나의 변수나 속성을 분석한다. 아이리스 데이터의 경우 Iris setosa에 대해 50개의 관찰치와 4개의 속성이 있다(표 3.1). 꽃받침 길이(sepal length)라는 변수에 대해 기술 통계량을 살펴보자.

중심화 경향 척도

어떤 변수의 중심 위치를 찾는 목적은 하나의 중심적인 또는 가장 대표적인 수

[표 3.1] 아이리스 데이터셋과 기술 통계량(Fisher, 1936)

Observation	Sepal Length	Sepal Width	Petal Length	Petal Width
1	5.1	3.5	1.4	0.2
2	4.9	3.1	1.5	0.1
⋮	⋮	⋮	⋮	⋮
49	5	3.4	1.5	0.2
50	4.4	2.9	1.4	0.2
Statistics	**Sepal Length**	**Sepal Width**	**Petal Length**	**Petal Width**
Mean	5.006	3.418	1.464	0.244
Median	5.000	3.400	1.500	0.200
Mode	5.100	3.400	1.500	0.200
Range	1.500	2.100	0.900	0.500
Standard Deviation	0.352	0.381	0.174	0.107
Variance	0.124	0.145	0.030	0.011

치로 데이터셋을 수량화하는 것이다.

- **평균(mean)**: 평균은 데이터셋에 있는 모든 관찰치의 산술 평균이다. 모든 값들을 더해서 데이터의 수로 나누어 계산한다. 꽃받침 길이의 평균은 5.006cm이다.
- **중앙값(median)**: 중앙값은 분포의 중앙에 위치한 값이다. 모든 관찰치를 크기 순서대로 나열한 후 중앙에 있는 값을 선택한다. 데이터의 숫자가 짝수이면 가운데 2개의 값의 평균을 중앙값으로 본다. 꽃받침 길이에 대한 중앙값은 5.000cm이다.
- **최빈값(mode)**: 최빈값은 관찰치 중에서 가장 빈번하게 나타나는 값이다. 데이터셋에서 데이터 값은 중복될 수 있는데 가장 많이 중복되는 값이 최빈값이다. 이 예에서 최빈값은 5.100cm이다.

하나의 변수에 대해 평균, 중앙값, 최빈값이 다를 수 있는데, 이것은 분포의 모양을 암시한다. 데이터셋이 특이값을 포함한다면 평균값은 영향을 받는 반면에 중앙값은 대부분의 경우 영향을 받지 않는다. 데이터셋이 정규분포가 아니면 최빈값은 평균이나 중앙값과 다를 수 있다.

산포도의 척도

사막 지역에서는 기온이 낮에 40℃ 이상이고 밤에 영하로 떨어지는데, 평균은 약 20℃ 정도이다. 열대 지역에서도 평균이 약 20℃이지만 최저 15℃에서 최고 25℃ 정도까지 변한다. 평균이 비슷하더라도 두 지역에서의 삶은 확연히 다르다. 여기서 중요한 것은 기온의 평균이 아니고 기온의 산포도이다. 산포도를 수량화하는 척도로 다음의 두 가지를 많이 사용한다.

- **범위**(range): 범위는 변수의 최댓값과 최솟값의 차이이다. 이는 계산하기 간단하고 분명하지만 특이값에 심각하게 영향을 받고 다른 값들의 분포, 특히 중심을 고려하지 않는다는 약점이 있다. 앞의 예에서 사막에서의 온도 범위는 약 40도이고, 열대 지역에서는 10도이다. 사막에서 좀 더 심한 기온 변화를 경험하게 되는데 범위가 그 변화의 정도를 나타낸다.
- **편차**(deviation): 분산과 표준편차는 속성의 모든 데이터 값들을 고려하여 산포도를 계산한다. 편차는 주어진 값과 표본 평균의 차이인 $(x_i - \mu)$이다. 여기서 μ는 분포의 평균이고, x_i는 개별 데이터의 값이다. 분산은 모든 데이터 포인트에 대한 편차들의 제곱합을 데이터의 수로 나눈 값이다. 표준편차는 분산의 제곱근이다. N개의 관찰치가 있는 데이터셋의 분산은 다음 식으로 구한다.

$$\text{Variance} = s^2 = \frac{1}{N}\sum_{i=1}^{N}(x_i - \mu)^2 \tag{3.1}$$

Attribute	Type	Missing	Min	Max	Average	Deviation
Sepal Length	Real	0	4.300	7.900	5.843	0.828
Sepal Width	Real	0	2	4.400	3.054	0.434
Petal Length	Real	0	1	6.900	3.759	1.764
Petal Width	Real	0	0.100	2.500	1.199	0.763

[그림 3.2] 아이리스 데이터셋의 기술 통계량

표준편차는 주어진 변수와 동일한 측정단위로 나타나기 때문에 그 척도의 크기를 이해하기가 쉽다. 표준편차가 크다는 것은 일반적으로 데이터 포인트들이 중심에서 멀리 퍼져 있다는 것을 의미하고, 표준편차가 작다는 것은 데이터 포인트들이 중심 주위에 가까이 있다는 것을 의미한다. 데이터 분포가 정규분포를 따른다면 데이터 포인트들의 63%가 평균으로부터 표준편차의 값 안쪽에 있게 된다. 그림 3.2는 모두 150개의 관찰치로 이루어진 아이리스 데이터셋에서 4개의 수치형 속성 각각에 대해 일변량 척도들을 보여준다.

3.3.2 다변량 데이터 탐색

다변량 데이터 탐색은 데이터셋에서 둘 이상의 속성들을 동시에 분석하는 것이다. 이 기법은 속성들 간의 관계를 이해하는 데 대단히 중요한데, 속성들 간의 관계는 데이터 마이닝의 핵심적인 분석 목표이다. 일변량 데이터 탐색과 마찬가지로 중심화 경향과 변동 척도에 대해서 알아본다..

중심 데이터 포인트

아이리스 데이터셋에서 각 데이터 포인트는 다음과 같이 모두 4개의 속성 집합으로 표현할 수 있다.

관찰치 i: {꽃받침의 길이, 꽃받침의 폭, 꽃잎의 길이, 꽃잎의 폭}

예로서 다음을 보자. 관찰치 1: {5.1, 3.5, 1.4, 0.2}. 이 데이터 포인트는 4차원 데카르트 좌표로 표현할 수 있으며 그래프로 그릴 수 있다. (3차원 이상의 시각적 그래프 그리기는 매우 어렵기는 하다.) 이런 방법으로 150개의 모든 관찰치를 데카르트 좌표로 표현할 수 있다. 만약 연구의 목적이 가장 '대표적인' 관찰치를 찾는 것이라면 각 속성의 평균값들로 이루어진 데이터 포인트일 것이다. 표 3.1의 아이리스 데이터셋에서 중심 평균값은 {5.006, 3.418, 1.464, 0.244}이다. 평균값은 계산으로 구하기 때문에 이 데이터 포인트는 실제 관찰치가 아닐 수 있다. 즉 가장 대표적인 속성값을 가지는 가상적인 데이터 포인트인 것이다.

상관관계

상관관계(correlation)는 두 변수 간의 통계적인 관계, 특히 한 변수의 다른 변수에 대한 의존도를 측정한다. 두 변수의 상관관계가 높다는 것은 한 변수가 변할 때 다른 변수도 같은 비율로 변한다는 것을 뜻한다. 다른 변수가 변하는 방향은 같을 수도 있고 반대쪽일 수도 있다. 하나의 예로 하루의 평균 기온과 아이스크림 매출을 들어보자. 통계적으로 상관관계가 있는 이 두 변수는 서로 종속적이며 한 변수를 이용하여 다른 변수를 예측할 수 있다. 충분히 많은 데이터가 있다면 기온의 예측치를 이용하여 미래의 아이스크림 매출을 예측할 수 있다. 그러나 두 변수 간의 상관관계가 인과관계를 뜻하는 것은 아니다. 즉, 한쪽이 반드시 다른 쪽의 원인이 된다는 것은 아니라는 것이다. 아이스크림 매출과 상어공격 횟수는 상관관계가 높다. 하지만 둘 사이에는 인과관계가 존재하지 않는다. 아이스크림 매출과 상어공격 횟수는 다른 제3의 요인인 여름에 영향을 받은 것뿐이다. 일반적으로 온도가 올라가면 아이스크림 매출이 늘고 더 많은 사람들이 해변으로 가게 되는데, 이에 따라 상어와 마주치는 횟수가 증가하는 것이다.

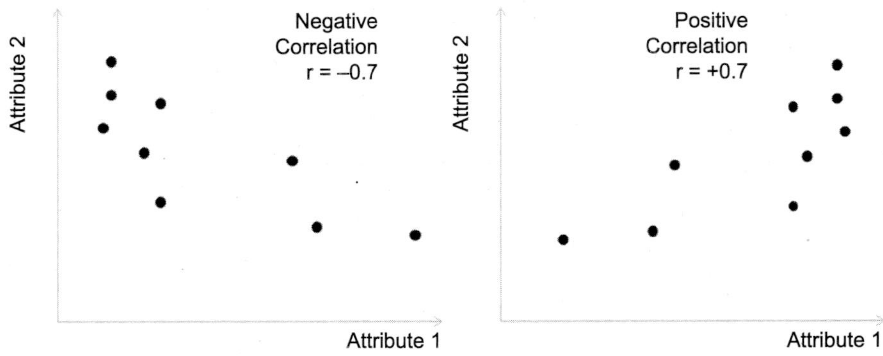

[그림 3.3] 변수들의 상관관계

두 속성 간의 상관관계는 보통은 피어슨(Pearson) 상관계수(r)로 측정이 되는데, 이것은 선형 종속성의 정도를 측정한다(그림 3.3 참조). 상관계수는 −1에서 1 사이의 값을 가진다. 그 값이 1이나 −1에 가까우면 두 변수가 높은 상관관계가 있는 것이고 1이나 −1이면 완전 상관관계가 있다. 변수들이 물리 법칙을 따를 때 완전 상관관계가 존재한다. 예로서 중력과 물체의 질량(Newton의 제2법칙), 어떤 제품의 가격과 매출액(가격 × 매출량) 등을 들 수 있다. 상관계수 값이 0이면 두 변수 사이에 선형 관계가 없다는 것을 의미한다.

$$r_{xy} = \frac{\sum_{i=1}^{N}(x_i - \bar{x})(y_i - \bar{y})}{\sqrt{\sum_{i=1}^{N}(x_i - \bar{x})^2 \sum_{i=1}^{N}(y_i - \bar{y})^2}} = \frac{\sum_{i=1}^{N}(x_i - \bar{x})(y_i - \bar{y})}{N \times s_x \times s_v} \tag{3.2}$$

여기서 s_x, s_y는 각각 확률변수 x, y의 표준편차이다. 상관관계의 정도를 수량화하는데 상관계수는 몇 가지 한계점이 있다. 데이터셋이 2차 함수 같은 더 복잡한 비선형 관계를 가질 때 상관계수를 이용하면 선형 관계의 효과만 고려되어 수량화된다. 특이값이 있다면 상관관계의 척도를 왜곡할 수 있다. 상관관계는 각 데카르트 좌표에서 산점도를 이용하여 시각적으로 관찰할 수 있다(그림 3.3 참조). 사실 시각화는 상관관계를 이해하는 첫 단계이어야 한다. 왜냐하면 시각화는 데이터셋에서 비선형 관계를 찾아내고 특이값을 뚜렷이 보여주기 때문이다. Anscombe's quartet는 상관계수에만 의존할 때의 한계점을 명백히 보여준다(그림 3.4, Anscombe, 1973). 여기에서 4개의 예는 서로 다른 데이터셋으로, 각각 2개의 변수(x, y)를 가진다. 4개의 셋이 모두 같은 평균값과 같은 분산 값, 같은 상관계수 값을 가진다. 그러나 산점도를 그려 보면 전혀 다르게 나타난다. 이는 통계량의 단순한 계산뿐 아니라 시각화에 대한 필요성을 보여주는 예이다.

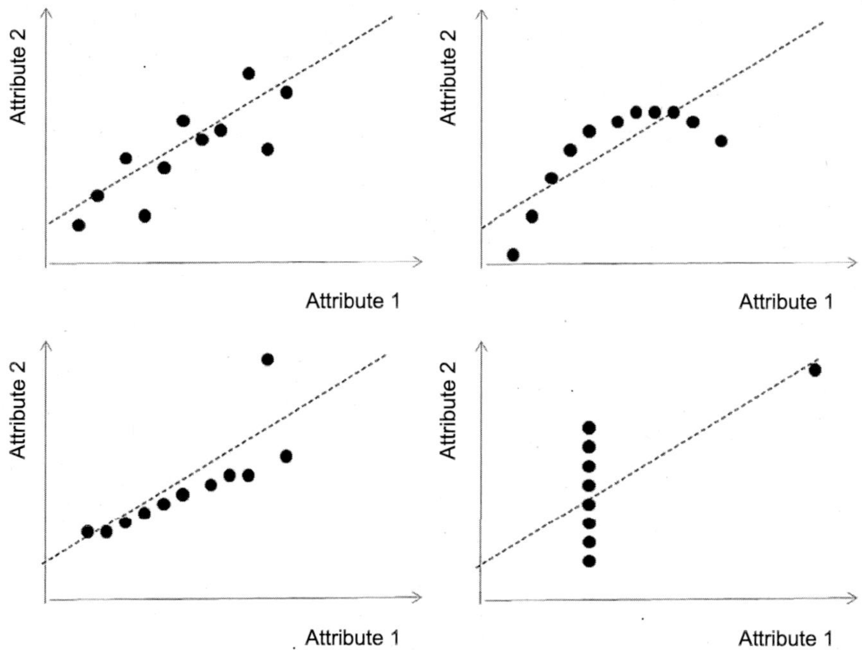

[그림 3.4] Anscombe's quartet: 기술 통계량과 시각화
(Anscombe, F. J., 1973. Graphs in Statistical Analysis, American Statistician 27 (1), pp. 19-.20.)

3.4 데이터 시각화

데이터 시각화는 데이터 탐색의 가장 중요한 부분이다. 시각화는 데이터 마이닝 기법으로 간주되지는 않지만 시각적 마이닝이나 시각화 기반 패턴 발견 등과 같은 용어들이 데이터 마이닝, 특히 비지니스에서 사용이 증가하고 있다. 데이터 시각화 분야는 데이터를 추상적인 시각적 형태로 표현하는 방법들을 포함한다. 데이터를 시각적으로 나타내면 다변량의 복잡한 데이터나 그들의 숨겨진 관계를 쉽게 이해할 수 있다. 데이터 시각화에 대한 필요성을 살펴보면 다음과 같다.

- **복잡한 정보의 이해**: 간단한 시각화 차트라도 수천 개의 데이터 포인트들을 쉽게 나타낼 수 있다. 시각적으로 살펴보면 큰 그림뿐만 아니라 장기적인 추세도 볼 수 있는데, 이것은 데이터를 단순히 숫자로 표현할 때에는 파악하기가 대단히 힘들다.
- **관계**: 데이터를 데카르트 좌표에 나타내면 변수들 간의 관계를 살펴볼 수 있다. 3차원을 초과하는 데이터를 데카르트 좌표에 시각적으로 표현하는 것은 불가능하지만 데이터 포인트의 크기, 색, 모양이나 흐름도 등을 이용하는 방법도 있다(Tufte, 2001). 즉, 2차원 공간에서 각 데이터 포인트에 둘 이상의 속성을 사용하는 것이다.

시각은 인체에서 가장 강력한 감각으로 인지적 사고와 밀접하게 연결되어 있다(Few, 2006). 인간의 시각은 훈련을 통하여 대규모 데이터에서도 패턴이나 이상(anomaly)을 발견할 수 있다. 그러나 패턴 발견의 유효성은 정보를 얼마나 효과적으로 표현하느냐에 달려 있으므로, 데이터 탐색을 위한 적절한 시각화의 선택은 데이터에 숨겨진 패턴을 찾고 이해하는 데 굉장히 중요하다(Ware, 2004). 이 장에서는 시각화 기법을 일변량 시각화, 다변량 데이터 시각화, 병렬 차원을 이용한 시각화 등으로 분류한다.

우리는 이제 데이터를 분석하는 데 사용되는 일반적인 시각화 도구들을 몇 가지 다루는데, 이러한 도구들의 대부분은 엑셀과 같은 상업적 소프트웨어에서 제공된다. 다른 데이터 마이닝 도구들과 마찬가지로 RapidMiner는 매우 다양한 시각화 도구들을 제공한다. 이 책에서는 일관성을 위해 모든 시각화 결과물은 아이리스 데이터를 이용한 RapidMiner의 출력물로 보여준다. RapidMiner가 생소하다면 '13장 RapidMiner 시작하기'를 참조한다.

3.4.1 단일 차원에서 데이터 도수분포의 시각화

시각적 탐색의 출발점으로 일변량 차트를 이용하여 한 번에 하나의 속성을 조사한다. 이 절에서 논의되는 기법들은 속성값들이 어떻게 분포를 하며 분포의 모양은 어떠한가를 보여준다.

히스토그램

히스토그램(histogram)은 하나의 변수가 가지는 값들의 발생 빈도를 이해하는 가장 기본적인 시각화 방법이다. 발생 빈도를 차트로 표현함으로써 데이터의 분포를 알 수 있다. 연속형 변수는 가로축으로 발생 빈도는 세로축으로 나타내며; 연속적인 수치형 변수에 대해서는 일정 구간의 값들을 모아서 그 구간의 범위나 구간 대푯값을 명시한다. 사람의 키를 예로 들면 152.00과 152.99 사이에 있는 모든 값들을 152라는 이름으로 그룹을 형성한다. 모든 경우에 효과적인 구간 개수나 구간 폭에 대한 최적값은 없다. 일반적으로 구간 폭이 너무 작으면 분포는 정밀해지지만 샘플링 과정에서 발생하는 잡음의 영향이 커진다. 대략적인 규칙으로는 데이터 수의 제곱근이나 세제곱근을 구간의 개수로 한다.

히스토그램은 중심 위치, 범위, 분포의 모양을 파악하는 데 사용된다. 아이리스 데이터에서 꽃잎 길이의 경우 분포의 봉우리가 여러 개인 것을 볼 수 있다(그림 3.5). 즉, 분포가 종 모양 – 정규분포가 아니며, 2개의 봉우리가 있다. 이것은 데이터셋에 150개의 관찰치들이 3개의 서로 다른 종들로 구성되어 있기 때문이

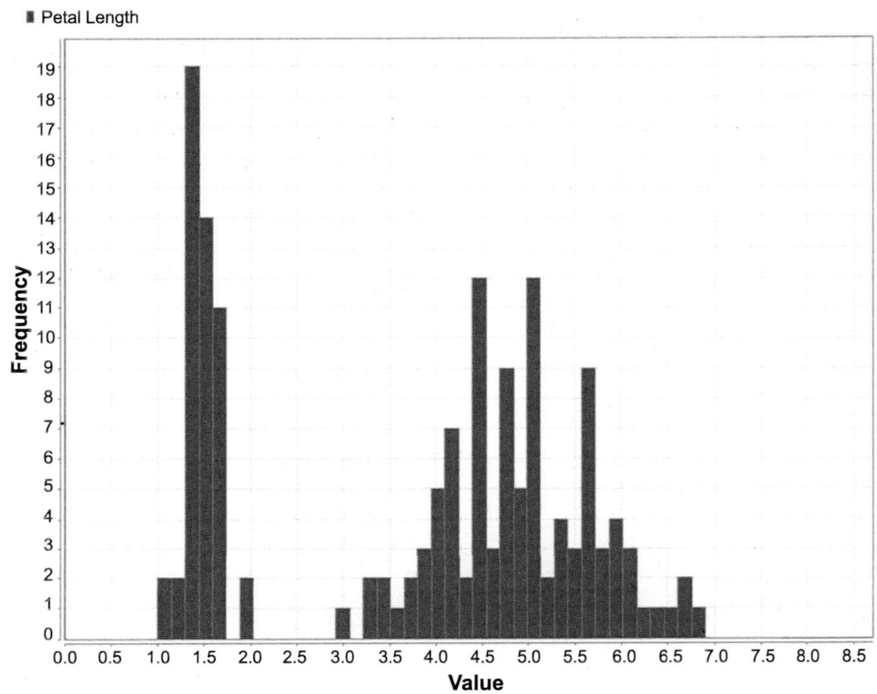

[그림 3.5] 아이리스 데이터셋에서 꽃잎 길이의 히스토그램

다. 구간별 빈도를 모두 합하면 150이 되어야 한다.

좀 더 깊이 있는 통찰력을 얻기 위해 다른 클래스들(이 예에서는 종)을 포함시켜 히스토그램을 수정할 수 있다. 클래스 레이블이 붙어 있는 확장 히스토그램은 3개의 서로 다른 분포를 보여준다(그림 3.6). Iris setosa의 분포가 눈에 먼저 띄는데 평균이 1.25 근방이고 범위가 1과 2 사이이다. Iris versicolor와 Iris virginica의 분포는 서로 약간 겹치나 평균값은 떨어져 있다.

사분위수

상자수염(Box-Whisker) 플롯은 사분위수(quartile), 중앙값, 특이값 같은 정보를 이용하여 연속형 변수의 분포를 보여주는 간단한 시각화 도구이다. 경우

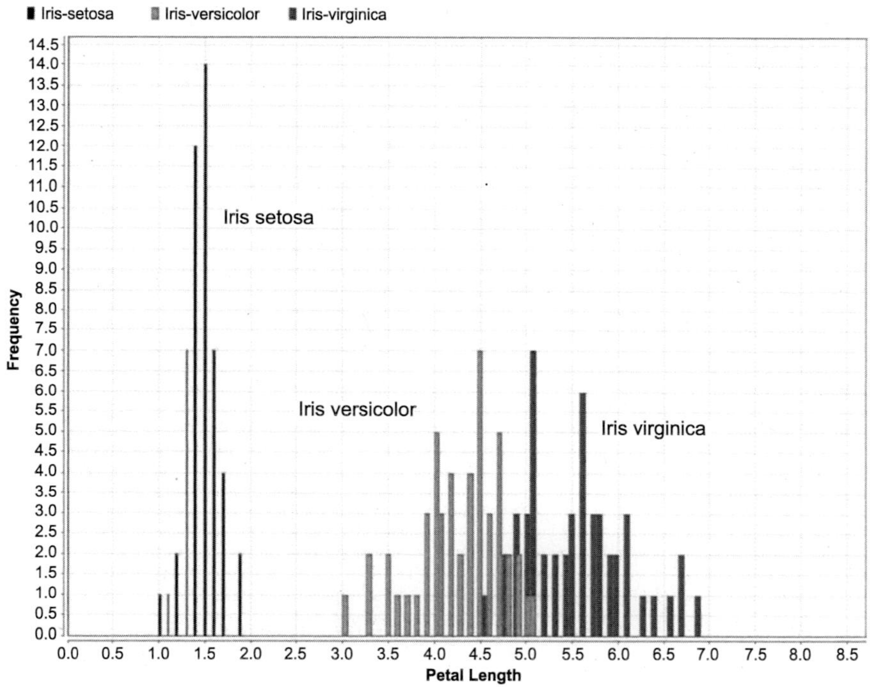

[그림 3.6] 아이리스 데이터셋에서 꽃잎 길이의 범주로 계층화한 히스토그램

에 따라서는 평균이나 표준편차를 덧붙이기도 한다. 상자수염 플롯 또는 사분위 차트의 주요 장점은 여러 개의 분포들을 나란히 비교할 수 있고, 그들 간의 중복(overlap)을 추정할 수 있다는 것이다. 사분위수는 Q1, Q2, Q3로 나타내는데 구간 크기가 25%인 데이터 포인트들을 의미한다. 즉, 데이터 포인트들의 25%가 Q1 이하, 50%가 Q2 이하, 75%가 Q3 이하에 있다는 뜻이다.

상자수염 플롯에서 Q1과 Q3는 각각 상자의 하변과 상변으로 표시된다. Q2는 상자 안에서 횡단선으로 표시되며, 중앙값과 같다. 특이값들은 수염선의 끝에 작은 원들로 표시된다. 경우에 따라서는 점으로 표시된 평균과 선으로 표시된 표준편차가 덧붙여지기도 한다.

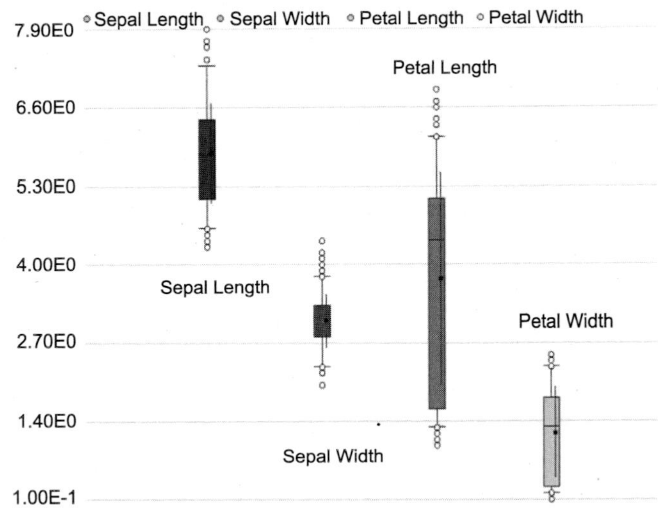

[그림 3.7] 아이리스 데이터셋의 사분위 차트

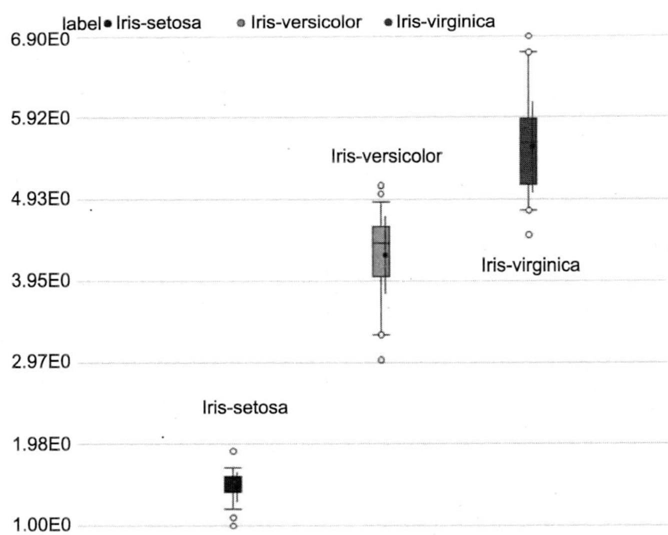

[그림 3.8] 아이리스 데이터에서 클래스 레이블별 꽃잎 길이의 사분위 차트

그림 3.7에서는 아이리스 데이터셋의 모든 변수에 대한 사분위 차트가 나란히 그려져 있다. 꽃잎 길이는 가장 넓게 분포되어 있고 꽃잎 폭은 4개의 변수 중에

서 대체적으로 가장 작은 값을 가지고 있음을 알 수 있다. 여기에서 꽃잎 길이를 선택하여 클래스 레이블별로 사분위 차트를 더 살펴본다. 그림 3.8에서 3개의 종 각각에 대해 꽃잎 길이의 분포를 비교할 수 있다.

분포 차트

꽃잎 길이와 같은 연속형 수치형 변수는 표본에 있는 실제 데이터를 시각화하는 대신에 정규분포 함수로 시각화한다. 연속형 수치형 변수의 정규분포함수는 다음 식과 같다.

$$f(x) = \frac{1}{\sqrt{2\pi\sigma}} e^{-\frac{(x-\mu)^2}{2\sigma^2}} \tag{3.3}$$

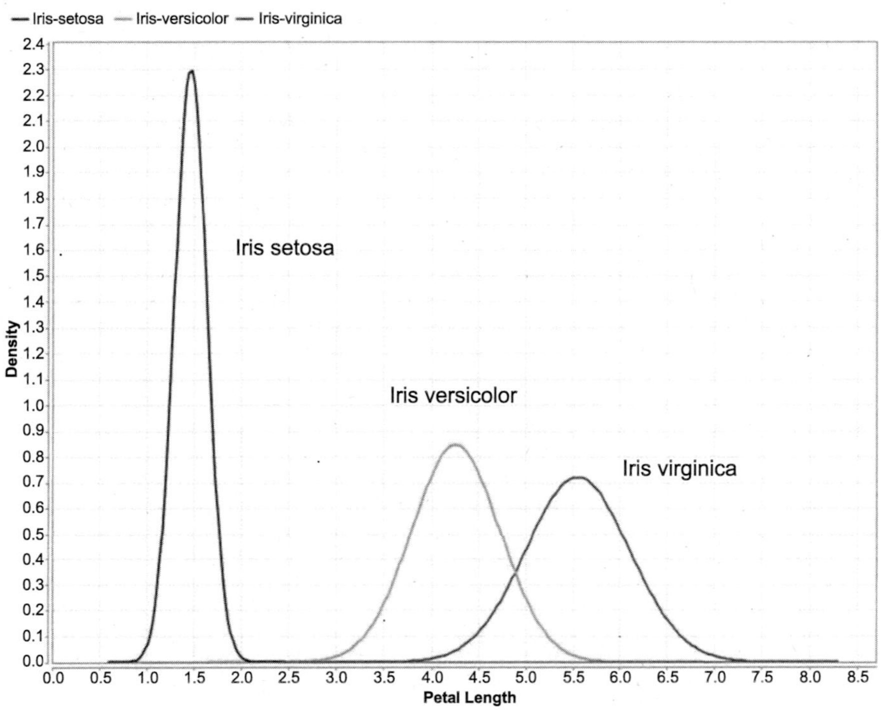

[그림 3.9] 아이리스 데이터셋에서 꽃잎 길이의 분포 차트

여기서 μ는 분포의 평균이며, σ는 분포의 표준편차이다. 꽃잎 길이가 정규분포를 따른다고 하면 실제값 대신 분포로 시각화할 수 있다. 정규분포는 가우스 분포라고 하며, 종 모양을 하기 때문에 종 곡선이라고도 불린다. 정규분포함수는 데이터 포인트가 어떤 범위에 나타날 확률을 알려 준다. 만약 데이터셋이 정규분포를 따른다면 데이터의 68.2%가 평균으로부터 1σ 거리 안에 모여 있고, 95.4%가 평균으로부터 2σ 거리 안에, 99.7%가 평균으로부터 3σ 거리 안에 모여 있게 된다. 범주 유형에 따라 정규분포 곡선을 계층화하면 데이터에 대해 더 깊이 통찰할 수 있다. 그림 3.9는 아이리스 각각의 종에 대해 꽃잎 길이의 정규분포 곡선을 보여준다. 이 분포 차트를 보면 Iris setosa의 꽃잎 길이는 Iris versicolor나 Iris virginica와 뚜렷이 구별되고 결집되어 있음을 알 수 있다. 만일 꽃잎 길이가 1.5cm인 관찰치가 있다면 그것이 Iris setosa임을 예측할 수 있지만, 관찰치가 5.0cm이면 꽃잎 길이만 보고서는 확실한 예측을 할 수 없다. 왜냐하면 그것은 Iris versicolor일 수도 있고 Iris virginica일 수도 있기 때문이다.

3.4.2 데카르트 좌표에서 다변량 데이터 시각화

다변량 데이터 시각화 탐색은 둘 이상의 속성을 동일한 시각화 공간에서 고려한다. 이 절에서 논의되는 기법들은 하나의 속성과 다른 속성과의 관계에 초점을 맞춘다. 이런 시각화는 2개에서 4개까지의 속성들을 동시에 다루는데, 4개 이상의 속성을 다루려면 매우 복잡하다.

산점도

산점도(scatterplot)는 가장 강력하면서도 간단한 플롯으로, 데이터 포인트들이 데카르트 좌표 공간에 표시된다. 일반적으로 변수들은 연속형이며, 하나의 속성을 더 표시하기 위해 데이터 포인트에 색칠할 수도 있다. 산점도로부터 알 수 있는 중요한 정보는 두 변수들 사이의 상관관계 존재 여부이다. 변수 사이에 상

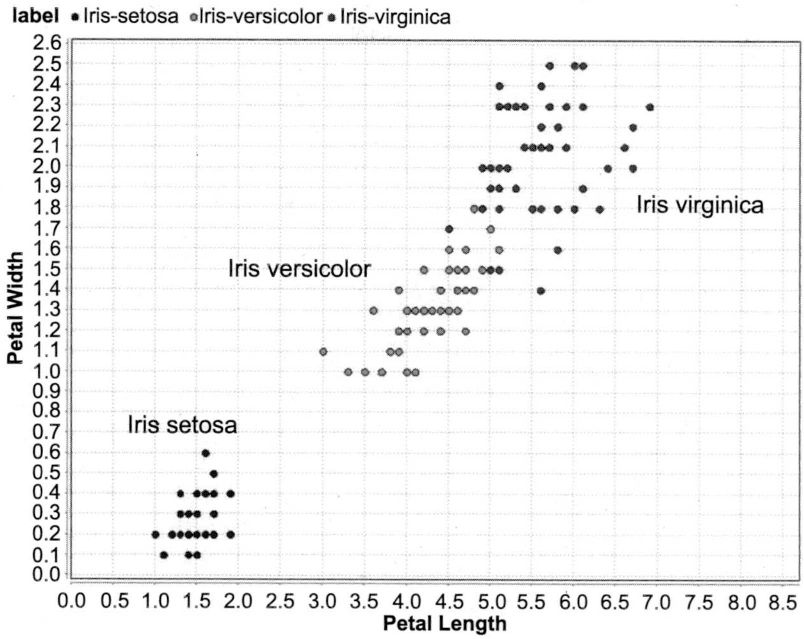

[그림 3.10] 아이리스 데이터셋의 산점도

관관계가 있다면 데이터 포인트들은 하나의 가상적인 직선에 가깝게 모여 있게 되고, 상관관계가 없다면 데이터 포인트들은 흩어지게 된다. 기본적인 상관관계 외에도 산점도는 데이터의 패턴이나 군집을 보여줄 수 있고 특이값을 찾아낼 수 있다. 이것은 저차원의 데이터일 때 특히 유용하다. 11장 이상 탐지에서는 데이터 포인트들 사이의 거리를 계산하여 고차원 공간에서 특이값을 발견하는 기법들을 제공한다.

그림 3.10은 꽃잎 길이(x축)와 꽃잎 폭(y축) 간의 산점도를 보여준다. 일반적으로 이 두 속성은 같은 꽃으로부터 측정되기 때문에 상관관계가 약간 존재한다. 데이터 포인트에 종을 나타내는 색을 표시한다면 더 많은 패턴을 관찰할 수 있다. Iris setosa 군집의 데이터 포인트들은 그림의 왼쪽 아래 부분에 있는데, 이는 작은 꽃잎 길이와 폭을 가진다는 것을 나타낸다. 이 특징은 처음 보는 관찰

치의 종을 예측하는 규칙으로 사용될 수 있다. 산점도의 한계점은 한 번에 두 변수만 사용된다는 것인데, 데이터 포인트에 색(보통은 클래스 레이블)을 표시함으로써 분석할 변수를 추가할 수 있다.

다중 산점도

다중 산점도(scatter multiple)는 단순 산점도를 확장한 것인데 하나의 차트에 셋 이상의 차원을 포함시켜 동시에 분석할 수 있다. 주 변수가 x축 좌표에 사용되고 y축은 나머지 변수들끼리 공유한다. 예에서 y축은 꽃받침 길이, 꽃받침 폭, 꽃잎 폭이 공유한다(그림 3.11). 변수 정보는 데이터 포인트의 색으로 표현된다. 여기에서 꽃받침 길이는 차트의 최상층에 모여 있는 데이터 포인트들로 나타나 있고, 꽃받침 폭은 중간 부분, 꽃잎 폭은 바닥 부분에 모여 있다. y축은 각

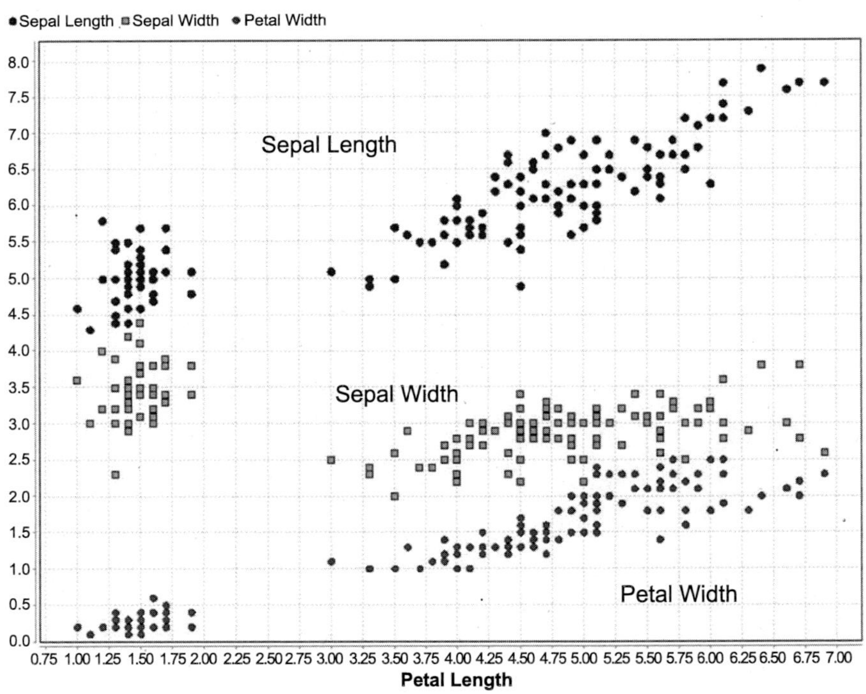

[그림 3.11] 아이리스 데이터셋의 다중 산점도

변수들이 공동으로 사용한다. y축의 각 변수에 대해 데이터 포인트들이 색칠되어 있고, x축은 하나의 변수(꽃잎 길이)로 고정되어 있다. 다중 산점도로 다차원으로 조사할 수는 있지만 한 번에 두 변수만 비교할 수 있으며 그 중 하나는 주 변수이다.

산점도 행렬

다중 산점도로 셋 이상의 변수들을 비교할 수는 있다. 그러나 비교할 때 하나는 반드시 주 변수이어야 하며 y축에 사용되는 변수들 간의 관계는 시각적으로 파

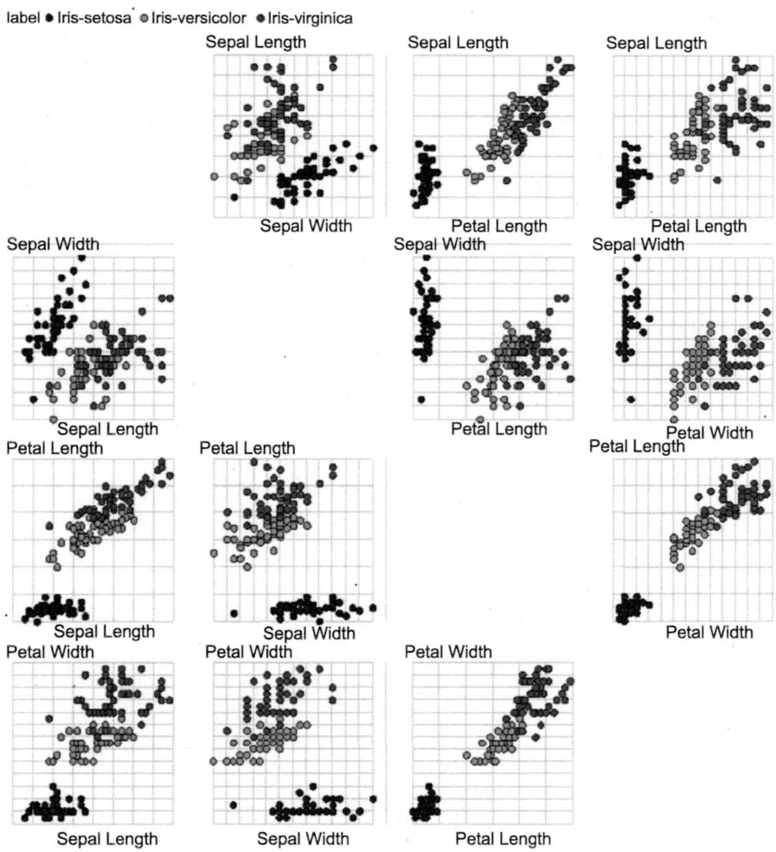

[그림 3.12] 아이리스 데이터셋의 산점도 행렬

악하기가 어렵다. 데이터셋에 많은 변수들이 존재한다면, 산점도를 통해서 모든 변수들의 조합을 살펴보는 것이 중요하다. 산점도 행렬(scatter matrix)은 이 필요성을 해결해주는데, 변수들의 모든 조합에 대해 개별적인 산점도를 구하여 행렬로 배열함으로써 비교가 가능하다.

그림 3.12는 아이리스 데이터셋에서 4개의 모든 변수에 대한 산점도 행렬을 보여주며, 각 꽃의 종을 나타내기 위해 데이터 포인트에 색이 표시되어 있다. 4개의 변수가 있으므로 4개의 행과 4개의 열로 이루어져 있고 전체 16개의 산점도가 있다. 대각선의 차트는 자신과의 비교를 의미하므로 공란으로 두고, 대각선 아래에 있는 차트는 대각선 위의 차트와 대칭이 되기에 실질적으로는 6개의 산점도를 비교하는 것이다. 산점도 행렬은 개별 산점도들을 동시에 제공하여 데이터 비교, 다변량, 고밀도 데이터에 대한 효과적인 시각화를 제시한다(Tufte, 2001).

버블 차트

버블 차트(bubble chart)는 단순 산점도에 하나의 변수를 추가한 것이다. 추가된 변수는 데이터 포인트의 크기로 나타난다. 아이리스 데이터셋에서 꽃잎 길이와 폭은 각각 x축과 y축을 사용하고 꽃받침 폭은 데이터 포인트의 크기를 사용한다. 데이터 포인트의 색은 종을 나타낸다(그림 3.13).

밀도 차트

밀도 차트(density chart)는 산점도와 비슷한데 하나의 변수를 추가하여 배경색으로 나타낸다. 데이터 포인트에 색을 칠하여 변수를 더 추가할 수 있어서 하나의 밀도 차트에 총 4개의 변수를 시각화할 수 있다. 그림 3.14의 예에서는 꽃잎 길이가 x축으로, 꽃잎 폭이 y축으로, 꽃받침 폭이 배경색으로, 클래스 레이블이 데이터 포인트의 색으로 나타나 있다.

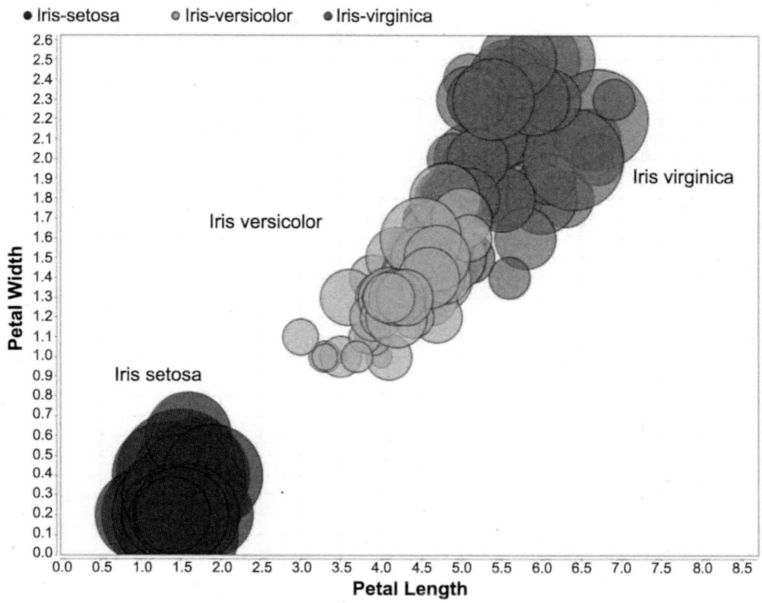

[그림 3.13] 아이리스 데이터셋의 버블 차트

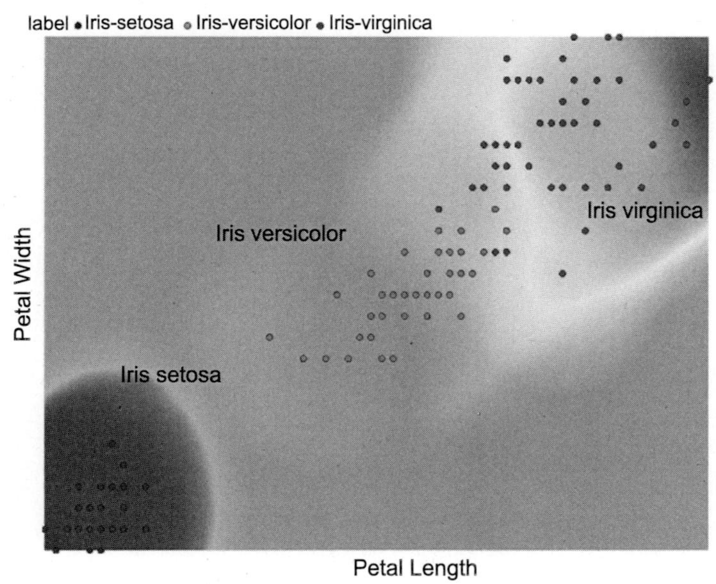

[그림 3.14] 아이리스 데이터셋에서 일부 변수의 밀도 차트

3.4.3 투사를 이용한 고차원 데이터의 시각화

종이와 스크린 같은 2차원 매체에 4개 이상의 속성을 시각화하는 것은 매우 힘들다. 이런 한계점은 변환 기법을 사용하여 극복할 수 있는데, 데이터 포인트들을 병렬 축 공간으로 투사(projection)를 하는 방법이다. 이 방법에서는 여러 개의 변수들이 하나의 데카르트 축을 공유한다.

병렬 차트

병렬 차트(parallel chart)는 다차원 데이터를 2차원에 변환하거나 투사하여 데이터 포인트를 획기적으로 시각화한다. 여기에서는 모든 속성을 하나의 좌표 축(x축)에 일렬로 배치하고 모든 속성 측정치를 다른 좌표 축(y축)에 배치한다. x축이 다변량이기 때문에 각 데이터 포인트는 병렬 공간에서 직선으로 나타난다.

아이리스 데이터셋의 경우 모두 4개의 변수들이 x축을 따라서 배치되고 각 관찰

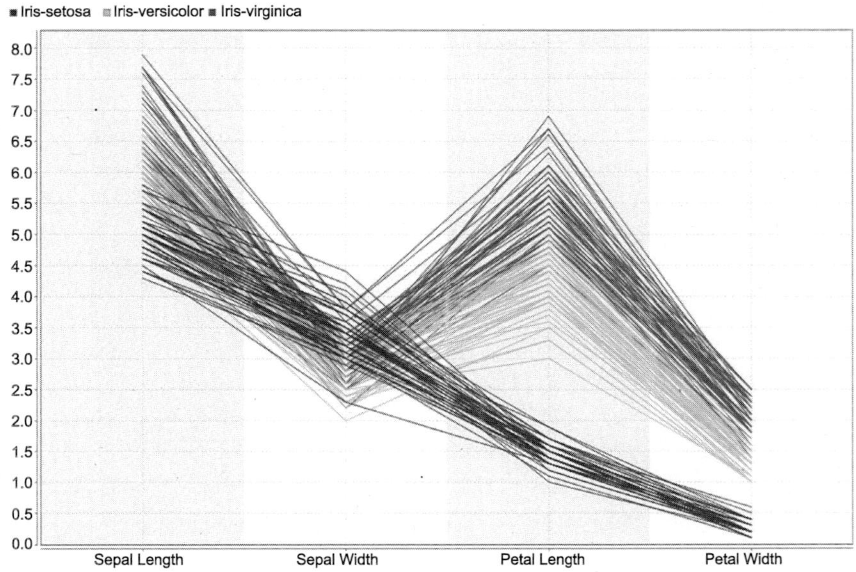

[그림 3.15] 아이리스 데이터셋의 병렬 차트

치는 데이터 포인트로 표현된다. y축은 통상적인 거리를 나타내며 x축 상의 모든 속성들에 '공유'된다. 따라서 병렬 차트는 속성들이 공통 수치 단위를 가질 때만 적용된다. 단위가 다르면 정규화해야 한다. 이러한 시각화를 병렬 축이라 하는데 4개의 모든 속성들이 4개의 병렬 축에 표현되고 y축에 평행이기 때문이다.

이 차트에서는 하나의 차원을 추가하기 위해 각 데이터 선에 색을 칠하여 클래스 레이블을 표현한다. 그림 3.15의 병렬 차트를 살펴보면 꽃받침 폭에 있는 3개의 종들 사이에 중복이 있다는 것을 알 수 있다. 따라서 3개의 종을 구분할 때 꽃받침 폭은 적절한 기준이 되지 못한다. 하지만 꽃잎 길이에서는 종들이 분명히 분리된다. 꽃잎 길이가 2.5cm보다 큰 Iris setosa는 없으며 Iris virginica와 Iris versicolor 사이에는 중첩이 거의 없다. 따라서 처음 보는 관찰치에서 꽃잎 길이만 봐도 무슨 종인지 예측할 수 있다. 분류를 다루는 장에서 이러한 가정을 검토한다.

편차 차트

편차 차트(deviation chart)는 x축 상의 모든 속성에 대해 병렬 축을 가진다는 점에서 병렬 차트와 비슷하다. 편차 차트에서는 모든 데이터 포인트들을 표시하지 않고 평균과 표준편차만 표시한다. 여기에서는 각각의 클래스에 대해 속성의 평균값들을 연결한 평균 직선을 보여주고, 표준편차는 평균 직선의 상하에 띠 모양으로 나타난다. 평균 직선은 데이터 포인트(직선)와는 다르다. 이렇게 하면 정보가 명쾌하게 나타나면서도 병렬 차트의 본질이 유지된다.

그림 3.16에서 아이리스 데이터셋의 편차 차트를 볼 수 있는데 클래스 레이블인 종의 종류는 색으로 나타나 있다. 꽃잎 길이가 클래스 레이블인 종을 나누는 주요 기준이라는 것을 알 수 있는데, 이는 이 종에 대한 평균 직선과 표준편차 띠가 잘 분리되어 있기 때문이다.

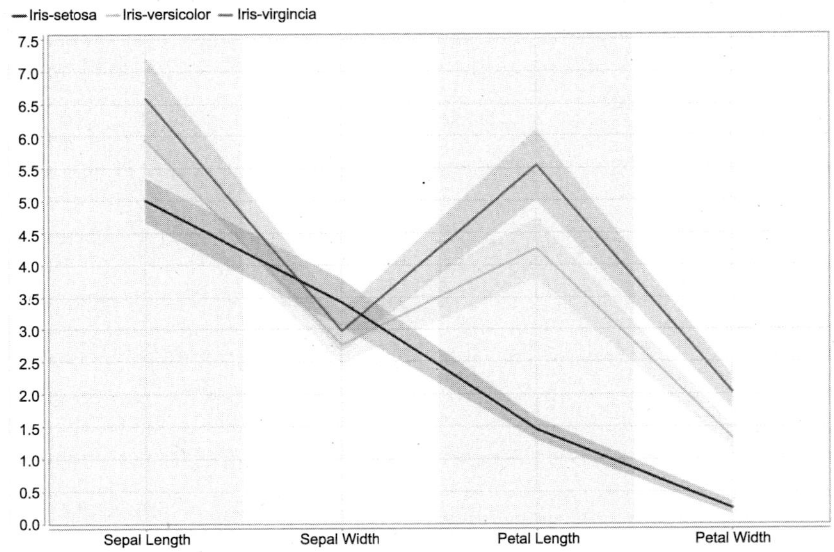

[그림 3.16] 아이리스 데이터의 편차 차트

Andrews 곡선

Andrews 플롯은 고차원 데이터를 벡터 공간으로 투사하여 각 데이터 포인트를 직선이나 곡선의 형태로 나타내는 시각화 기법이다. 여기에서는 차원이 d일 때 각 데이터 포인트 $X = (x_1, x_2, x_3, \ldots, x_d)$는 다음과 같은 Fourier 급수 형태로 표현된다.

$$f_x(t) = \frac{x_1}{\sqrt{2}} + x_2 \sin(t) + x_3 \cos(t) + x_4 \sin(2t) + x_5 \cos(2t) + \cdots \quad (3.4)$$

이 함수를 각 데이터 포인트에 대해 $-\pi < t < \pi$ 범위에서 그린다. Andrews 플롯은 데이터에서 특이값을 발견하거나 데이터 내부의 잠재적인 패턴을 찾아내는 데 유용하다(그림 3.17 참조). 만약에 2개의 데이터 포인트가 비슷하면 그 데이터 포인트들의 곡선은 서로 가깝다. 곡선들이 떨어져 있고 다른 클래스에 속한다면 이 정보를 이용하여 알지 못하는 데이터를 분류할 수 있다(Garcia–

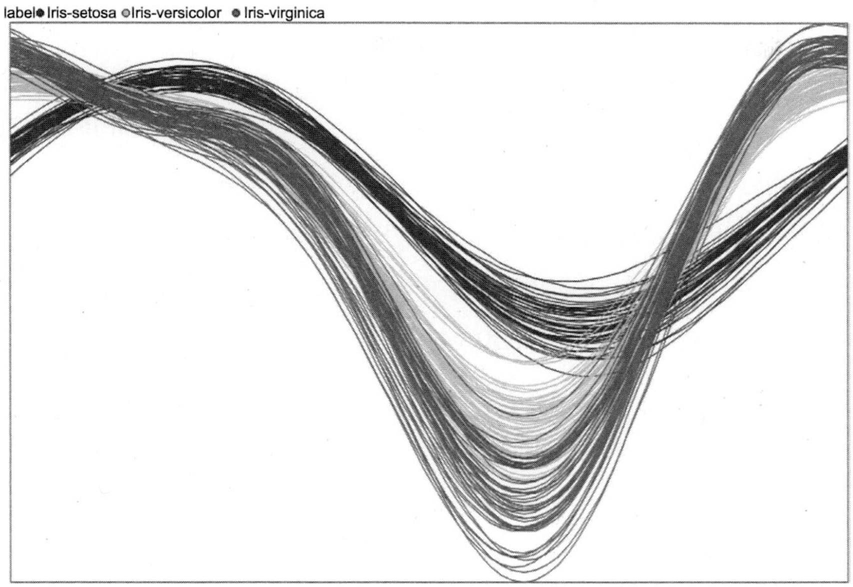

[그림 3.17] 아이리스 데이터셋의 Andrews 곡선

Osorio & Fyfe, 2005).

이 장에서 논의된 많은 차트와 시각화들은 데이터셋 내부의 여러 변수들 간의 관계를 탐색하기 위해 사용되는데, 이들은 데이터 탐색, 사후 처리, 데이터 마이닝 모델의 이해 등에 사용되는 고전적 데이터 시각화 기법들이다. 이 분야의 새로운 기법으로는 네트워크나 데이터 내부의 연결성을 다루는 것이 있다(Lima, 2011). 그래프, 사회 관계망, 통합 응용에서 나오는 데이터를 더 잘 분석하기 위해 연결 차트(connectivity chart)가 사용된다. 시각화 소프트웨어의 대화형 탐색으로 여러 속성들을 동시에 관찰할 수 있지만, 사용되는 속성의 수에는 제한이 있다. 따라서 12장 특징 선택에서 논의되는 기법을 이용한 차원 축소는 고차원의 데이터를 시각화하는 데 도움이 될 수 있다.

3.5 데이터 탐색 로드맵

이전에 조사하지 못했던 새로운 데이터가 있을 때, 데이터를 탐색하고 분석하는 체계적인 방법이 있다면 도움이 될 것이다. 여기에서는 새로운 데이터셋을 조사하는 요약된 로드맵을 제시한다. 모든 단계들이 모든 데이터셋에 적절한 것이 아닐 수도 있으며, 어떤 데이터에 대해서는 순서를 조절해야 할 수도 있기에 이 로드맵을 하나의 지침으로 보면 된다.

1. **데이터셋을 구조화한다**: 데이터셋을 표준적인 행과 열로 구조화한다. 개체나 사례를 행으로, 차원이나 속성을 열로 구조화하면 많은 데이터 분석 도구를 이용하는 데 도움이 된다. 가능하다면 타겟 속성이나 클래스 속성을 지정한다.
2. **각 속성에 대해 중심점을 찾는다**: 각 속성과 클래스 레이블의 평균, 중앙값, 최빈값을 계산한다. 이 3개의 값이 매우 다르다면 각 속성은 특이값, 다봉분포(multimodal distributton), 비정규분포 등의 가능성이 있다.
3. **각 속성의 산포도를 이해한다**: 각 속성에 대해 표준편차와 범위 값을 계산한다. 표준편차와 평균값을 비교하고 최댓값과 최솟값을 파악하여 데이터의 산포도를 이해한다.
4. **각 속성의 분포를 시각화한다**: 속성들에 대한 히스토그램과 분포 차트를 그린다. 클래스별로 계층화하여 같은 작업을 반복한다. 이 경우 플롯은 클래스별로 따로 그릴 수도 있고 이미 그려진 플롯에서 각 클래스에 다른 색을 사용할 수도 있다.
5. **데이터를 피봇한다**: 차원 쪼개기(dimensional silcing)라고도 불리는 피봇(pivot)은 속성의 서로 다른 값들을 이해하는 데 도움이 된다. 이 기법은 클래스별로 계층화할 수 있고 어떤 속성이라도 자세하게 파악할 수 있다.

MS의 엑셀은 일반적인 기업 사용자들을 위해 이 기법을 대중화시켰다.

6. **특이값에 주의한다**: 산점도나 사분위 차트를 이용하여 특이값을 찾아낸다. 특이값이 있으면 평균, 분산, 범위 등에 왜곡이 발생한다. 경우에 따라서는 특이값을 제거한 후에 데이터 분석을 다시 하기도 한다. 이런 경우에는 그 결과가 달라지는지 주의하여 본다. 어떤 문제는 특이값 발견이 분석의 주된 목적인 경우도 있다.
7. **속성들 간의 관계를 이해한다**: 속성들 사이의 상관관계를 측정하여 상관관계 행렬을 작성한다. 어떤 속성들이 서로 종속적이며 왜 그런지 조사한다.
8. **속성들 간의 관계를 시각화한다**: 산점도 행렬을 작성하여 여러 속성들 간의 관계를 한눈에 파악한다. 각각의 두 속성들의 그림을 확대하여 클래스에 따라 계층화된 단순 2차원 산점도를 살펴본다.
9. **고차원 데이터셋을 시각화한다**: 병렬 차트나 Andrews 곡선을 작성하여 각 속성에서 보여주는 범주 차이를 관찰한다. 편차 차트는 각 속성에 대해 각 클래스의 산포도를 빨리 평가할 수 있게 해준다.

참고문헌

Anscombe, F. J. (1973). Graphs in Statistical Analysis. *American Statistician*, 27(1), 17-.21.

Bache, K., & Lichman, M. (2013). *University of California, School of Information and Computer Science*. Retrieved from UCI Machine Learning Repository http://archive.ics.uci.edu/ml.

Few, S. (2006). *Information Dashboard Design: The Effective Visual Communication of Data*. O'Reilly Media.

Fisher, R. A. (1936). The use of multiple measurements in taxonomic problems. *Annals of Human Genetics*, 7, 179-88. http://dx.doi.org/10.1111/j.1469-1809.1936.tb02137.x.

Garcia-Osorio, C., & Fyfe, C. (2005). Visualization of High-Dimensional Data via Orthogonal Curves. *Journal of Universal Computer Science, 11*(11),

1806–819.

Kubiak, T., & Benbow, D. W. (2006). *The Certified Six Sigma Black Belt Handbook*. Milwaukee, WI:ASQ Quality Press.

Lima, M. (2011). *Visual Complexity: Mapping Patterns of Information*. New York: Princeton Architectural Press.

Tufte, E. R. (2001). *The Visual Display of Quantitative Information*. Cheshire, CT: Graphics Press.

Ware, C. (2004). *Information Visualization*: Perception for Design. Waltham, MA: Morgan Kaufmann.

CHAPTER 4

분류

우리는 이제 예측분석의 영역 즉, 과거의 데이터를 이용하여 불확실한 미래를 예측하는 프로세스를 시작하고자 한다. 예측분석의 문제들은 기본적으로 분류(classification)와 수치예측(numeric prediction)의 두 종류의 문제로 나누어진다. 분류 또는 클래스예측에서는 둘 또는 그 이상의 구별되는 클래스로 데이터를 분류하기 위해 예측변수(predictors variable) 또는 독립변수(independent variable)의 정보를 이용한다. 수치예측의 경우에는 전통적인 회귀분석처럼, 수치형 종속변수(dependent variable)를 예측하기 위해 독립변수들을 사용한다.

분류 프로세스를 간단하고 재미있는 예제로 설명해 보자. 대부분의 골퍼들은 날씨에 대한 조건들이 충족이 되어야 골프를 즐길 수 있다. 예를 들어 날씨가 맑더라도 너무 덥거나 너무 습하면 좋아하지 않는다. 반면 흐린 날인 경우는 기온이 다소 떨어진 경우에도, 골프를 하는 데 별 문제가 되지 않는다. 이러한 조건들과 선호 정도 그리고 기온, 습도 수준, 날씨와 관련된 과거 데이터들을 기반으로 하여, 어떤 사람이 골프 치기를 선호하는 아닌지로 분류할 수 있다. 분류의 결과물은 골프 경기를 할 확률이 높은 경우(Play) 또는 하지 않을 경우(Not Play)에 따라 날씨 조건들을 분류하는 것이다. 입력값은 수치형(기온, 습도) 또는 범주형(햇빛, 구름, 바람 등)을 모두 취할 수 있다. 예측분석을 시작하고자 할 때 분류 유형에 따라 사용할 수 있는 예측기법들이 너무 많아 혼돈스러울 수 있다. 이 장에서는 일반적으로 많이 사용되는 데이터 마이닝 기법들을 몇 가지 알아본다. 이러한 기법들을 이용하면 기본적으로 예측변수를 기반으로 규칙,

관계 그리고 모델을 생성하고, 생성한 모델을 적용하여 새로운 데이터를 분류할 수 있다.

간단한 프로세스부터 시작하여 더 정교한 기법들을 소개해 나갈 것이다. 각 기법들의 기본적인 알고리즘에 대한 설명과 함께 간단한 예제를 이용하여 어떻게 수행되는지를 설명한다. 마지막으로 RapidMiner를 이용하여 모델을 구축하는 방법에 대해 상세하게 알아본다.

4.1 의사결정나무

의사결정나무[decision tree 또는 분류나무(classification tree)라고도 불림]는 가장 직관적이며 자주 사용되는 데이터 마이닝 기법 중의 하나이다. 의사결정나무는 분석가 관점에서는 사용하기 쉽고, 비즈니스 사용자 관점에서는 결과를 이해하기 쉽다. 이름에서 알 수 있듯이, 분류나무는 응답(response) 또는 타겟변수의 클래스에 따라 데이터셋을 분할하는 것이다. 일반적으로 응답변수는 2개의 클래스 즉, Yes 또는 No (1 또는 0)를 갖는다. 만일 응답변수가 3개 이상의 클래스들을 갖는 경우에도, 의사결정나무 알고리즘을 변형하여 사용할 수 있다(Quinlan, 1986). 어떤 경우라도 응답 또는 타겟변수가 범주형이면 분류나무를 사용할 수 있다.

회귀나무(regression tree)(Brieman, 1984)는 분류나무와 유사한데, 타겟변수가 수치형 또는 연속형인 경우에 사용된다. 몇 개의 입력값을 기준으로 소비자 상품 가격을 예측하는 것을 예로 들 수 있다. 따라서 회귀나무는 분류유형과 상반되는 예측유형의 문제에 적용시킬 수 있다. 이때 예측 또는 독립변수로는 수치형 또는 범주형 둘 다 사용할 수 있다. 의사결정나무의 유형을 결정하는 것은 타겟변수의 유형이다. 두 유형을 합친 분류회귀나무(Classification And Regression Tree) 알고리즘을 CART라 한다.

4.1.1 기법 원리

의사결정나무 모델은 각 노드(node)마다 속성들을 테스트하는 의사결정흐름도(decision flow chart) 또는 뒤집어진 나무(inverted tree)의 형식을 취한다. 의사결정나무 경로의 맨 끝은 잎 노드(leaf node)라 하는데 바로 여기서 의사결정 경로에 따라 구성된 조건들을 기반으로 타겟변수를 예측할 수 있다. 노드는 데이터셋을 여러 개의 부분집합(subset)으로 나눈다. 의사결정나무의 기본 아이디어는 데이터셋을 데이터의 동질성(homogeneity)을 기준으로 분할하는 것이다. 나이와 체중이라는 두 변수만으로 체육관 회원으로 등록할 것인가 그렇지 않을 것인가를 예측한다고 가정하자. 학습용 데이터셋에서는 40세 이상의 사람들 가운데 90%가 등록한다고 하면, 우리는 데이터셋을 40세 이상과 이하의 두 그룹으로 나눌 수 있다. 속한 그룹으로만 보면, 첫 번째 그룹은 90% 순수하다. 그러나 각 그룹에 속한 데이터의 비율 계산을 기반으로 어떤 기준에 충족하는지 평가하는, 좀 더 엄격한 불순도(impurity) 측정 방법이 필요하다. 이러한 기준들은 다음과 같이 간단하다.

1. 만일 모든 가능한 클래스들이 동일하게 나타난다면, 그 데이터셋의 불순도 척도는 최대가 될 것이다. 체육관 회원 등록 예제의 초기 데이터셋에서 등록하는 고객이 50%이고 등록하지 않은 고객이 50%라면, 분할되지 않은 초기 데이터셋은 최대의 불순도를 갖는다.
2. 데이터셋이 하나의 클래스로만 이루어져 있다면, 그 데이터셋의 불순도 척도는 0일 것이다. 예제에서 회원으로 등록한 사람들만을 포함하는 그룹을 만들 수 있다면, 이러한 부분집합은 100% 순도(purity) 또는 0% 불순도를 갖는다.

이러한 기준은 다음 절에서 설명되는 엔트로피(entropy) 또는 지니계수(Gini index)로 측정할 수 있으며, 의사결정나무를 만들 때 사용한다. 다른 기준을 사용하는 경우 편향(bias)이 다르므로 다른 의사결정나무를 생성할 수 있다. 예를

비즈니스 상황에서 어떻게 예측분석의 불확실성을 줄이는가: 엔트로피 개념

빨강, 노랑, 파랑의 세 가지 색상 중 하나의 공을 담고 있는 상자를 생각해 보자(그림 4.1 참조). 상자를 열어 보지 않고 상자 안 공의 색상을 예측해야 한다면, 우리는 정보 부족 또는 불확실한 상황에 처한다. 불확실성을 감소시켜 정보를 증가시키기 위해서 "예/아니오" 질문을 할 수 있는데 최대로 몇 번의 질문을 할 수 있을까?

1. 빨강색입니까? 아니오.
2. 노랑색입니까? 아니오.

그렇다면 공은 파랑색이 틀림없다. 즉, 두 번의 질문이다. 만일 초록색까지 포함하여 네 가지 색상이 있다면, 예/아니오 질문 최대 횟수는 3회이다. 이러한 논리를 확장하면, 불확실성을 줄이기 위해 필요한 이진(binary, yes/no) 질문의 최대 횟수는 log(T)이다. 여기서 log base는 2이고 T는 나올 수 있는 결과의 수이다(Meagher, 2005). 예를 들어, 오직 한 가지 색만 가지고 있다면 즉, 결과의 수가 1이라면 log(1) =0, 불확실성은 0이다. 실제로 많은 비즈니스 문제는 "불확실성의 감소" 예제를 확장하여 생각할 수 있다. 예를 들면, 우리는 대출 기간, 채무자 직업, 연봉 그리고 이전 신용 행태와 같이 소수의 특성만을 알고 있다. 대출 잠재 위험성의 순위를 매기거나 대출이자율을 예측하기 위해 몇 가지 예측분석기법을 사용할 수 있다. 이것은 앞의 상자 안 공의 문제와 비슷한 불확실성 감소 문제인데 조금 더 복잡할 뿐이다. 의사결정나무는 사용 가능한 속성들과 이들이 샘플의 타겟 클래스 또는 범주에 미치는 영향을 체계적으로 조사함으로써 문제를 해결하게 된다. 이번 절에서는 은행 고객의 신용등급을 예측하는 데 인구통계학적(demographic) 정보와 행태(behavior) 데이터, 그리고 의사결정나무를 사용하는 방법을 자세히 설명한다. 이는 불확실한 상황하에서의 의사결정에 엔트로피 원리를 적용하는 실제적인 예라 할 수 있다.

[그림 4.1] 엔트로피를 이용한 스무고개 게임

들면, 정보이득(information gain)을 이용하면 관측치(사례)가 많은 것을 선호하는 나무를 만들게 되는 반면, 정보이득비율(information gain ratio)을 이용하면 이러한 현상이 줄어든다.

박스 안의 예제에서, 만일 발생 확률(P)이 동일한 T개의 이벤트가 있다고 하면 T=1/P이다. 수학을 기반으로 정보이론(information theory)을 발전시킨 Claude Shannon은 엔트로피를 log(1/P) 또는 −logP로 정의하였다(Shannon, 1948). 여기서 P는 이벤트의 발생확률을 의미한다. 만일 모든 이벤트들의 발생확률이 동일하지 않다면 가중치가 필요하고, 따라서 엔트로피 H를 다음과 같이 수정해야 한다.

$$H = -\sum_{k} p_k \log_2 (p_k) \tag{4.1}$$

여기서 k=1,2,3,…,m이고 m은 타겟변수의 클래스 개수를 나타낸다. p_k는 클래스 k에 해당하는 샘플들의 비율을 의미한다. 앞서 본 체육관 회원 예제를 보면, 클래스는 회원과 비회원 두 가지 클래스로 구성되어 있다. 만일 데이터셋에 100개의 샘플이 존재하고 두 가지 클래스는 각각 50%의 샘플을 가지고 있다고 하면, 이 데이터셋의 엔트로피는 $H = -[(0.5 \log_2 0.5) + (0.5 \log_2 0.5)] = -\log_2 0.5 = -(-1) = 1$이다. 반면 데이터셋을 회원만으로 구성된 50개의 샘플과 비회원만으로 구성된 50개의 샘플로 나눈다면, 각 그룹의 엔트로피는 $H = -1 . \log_2 1 = 0$이다. 데이터셋에서 샘플의 비율이 얼마인지 상관없이 엔트로피는 0에서 1 사이의 값을 갖는다. 지니계수(G)는 엔트로피 측정과 유사하며 다음과 같이 정의된다.

$$G = \sum_{k} (1 - p_k^2) \tag{4.2}$$

[표 4.1] 골프 데이터셋

Outlook	Temperature	Humidity	Windy	Play
sunny	85	85	FALSE	no
sunny	80	90	TRUE	no
overcast	83	78	FALSE	yes
rain	70	96	FALSE	yes
rain	68	80	FALSE	yes
rain	65	70	TRUE	no
overcast	64	65	TRUE	yes
sunny	72	95	FALSE	no
sunny	69	70	FALSE	yes
rain	75	80	FALSE	yes
sunny	75	70	TRUE	yes
overcast	72	90	TRUE	yes
overcast	81	75	FALSE	yes
rain	71	80	TRUE	no

G 값은 0에서 0.5 사이의 값이지만 엔트로피 H와 동일한 속성을 가진다. 따라서 두 가지 공식 중 하나를 사용하여 데이터를 분할하면 된다.

다시 골프 데이터 예제로 돌아가서 의사결정나무를 생성하는 데 적용이 되는 엔트로피의 개념을 살펴보자. 이 예제는 J. Ross Quinlan이 의사결정나무 알고리즘의 기원인 Iterative Dichotomizer 3, 또는 ID3를 소개할 때 사용한 데이터셋과 동일한 데이터셋을 이용한다(Quinlan, 1986). 전체 데이터셋은 표 4.1에 나타나 있다.

의사결정나무 구축 프로세스의 각 단계에서는 다음 두 가지 질문에 답을 해야 한다. 어디서 데이터를 분할(split)할 것인가? 그리고 언제 분할을 멈출 것인가?

골프 사례를 이용한 의사결정나무 구축 방법

어디서 데이터를 분할할 것인가?

골프 데이터셋은 날씨전망, 온도, 습도, 바람의 4개 속성과, 14개의 사례로 구성된다. 예측을 필요로 하는 타겟변수는 운동여부를 나타내는 두 가지 클래스(yes, no)를 포함하고 있다. 이 간단한 데이터셋을 이용하여 어떻게 의사결정나무가 구축되는지 살펴보자.

4개의 속성들 중 하나로 데이터를 분할하는 것부터 시작해 보자. 날씨전망(outlook) 속성부터 고려해 보자. 이 속성은 3개의 범주, 즉 맑음(sunny), 흐림(overcast) 그리고 비(rain)로 구성되어 있다. 속성값이 흐림인 경우는 4개의 사례가 있는데 이들의 타겟변수(Play 여부) 값은 모두 yes이다(그림 4.2 참조). 즉, 이 사례들의 비율은 100% 또는 1.0이다. 따라서 이 데이터셋을 분할한다면

Row No.	Play	Outlook
3	yes	overcast
7	yes	overcast
12	yes	overcast
13	yes	overcast
4	yes	rain
5	yes	rain
6	no	rain
10	yes	rain
14	no	rain
1	no	sunny
2	no	sunny
8	no	sunny
9	yes	sunny
11	yes	sunny

[그림 4.2] 날씨전망 속성 기준 데이터 분할

4개의 사례는 100% 순수하게 Play=yes로 분할된다. 이 분할에 대해서 엔트로피는 식(4.1)을 이용하여 계산할 수 있다.

$$H_{outlook:overcast} = -(0/4)\log_2(0/4) - (4/4)\log_2(4/4) = 0.0$$

이와 유사하게 날씨전망 속성의 나머지 2개의 범주에 대해서도 다음과 같이 계산할 수 있다.

$$H_{outlook:sunny} = -(2/5)\log_2(2/5) - (3/5)\log_2(3/5) = 0.971$$

$$H_{outlook:rain} = -(3/5)\log_2(3/5) - (2/5)\log_2(2/5) = 0.971$$

속성에 대한 총 '정보(information)'량은 각 범주들의 엔트로피 값의 가중합으로 계산된다. 날씨가 흐림인 경우는 4개이므로, 그 비율(가중치)은 $p_{outlook:overcast}$= 4/14이다. 다른 범주인 맑음, 비의 비율은 각각 5/14 이다.

$$I_{outlook} = p_{outlook:overcast} * H_{outlook:overcast} + p_{outlook:sunny} * H_{outlook:sunny} + p_{outlook:rain} * H_{outlook:rain}$$

$$I_{outlook} = (4/14) * 0 + (5/14) * 0.971 + (5/14) * 0.971 = 0.693$$

날씨전망 속성의 세 가지 범주에 따라 데이터를 분할하지 않았다면, 총 정보량은 단순히 타겟변수의 두 가지 클래스에 대한 엔트로피의 가중 평균으로 계산할 수 있다(Play=no의 비율은 5/14, Play=yes의 비율은 9/14).

$$I_{outlook,no\ partition} = -(5/14)\log_2(5/14) - (9/14)\log_2(9/14) = 0.940$$

이러한 분할은 엔트로피 값을 감소시키고 대신 정보는 더 얻게 된다. 따라서, 이것을 '정보이득'라 부른다. 날씨전망 속성의 경우 정보이득은 다음과 같다.

$$I_{outlook,\ no\ partition} - I_{outlook} = 0.940 - 0.693 = 0.247$$

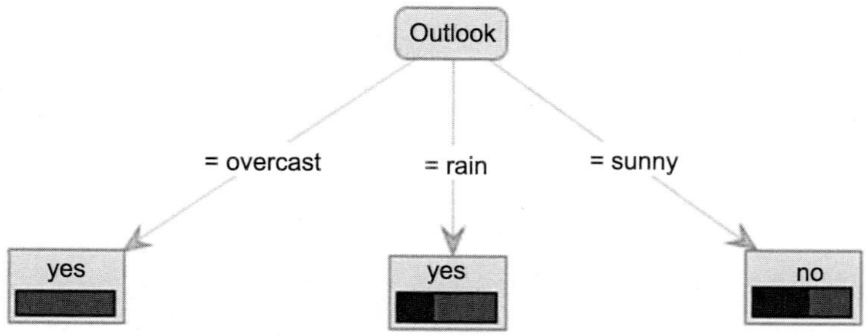

[그림 4.3] 날씨전망 속성으로 골프 데이터셋을 3개의 부분집합 또는 가지(branch)로 분할. 오른쪽과 중간 노드는 추가로 더 분할할 수 있음

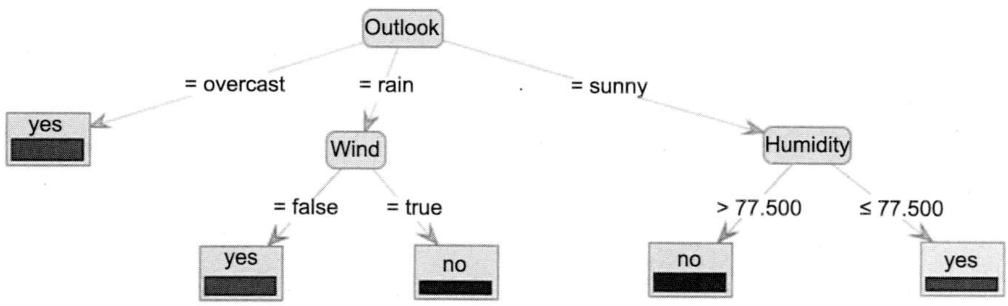

[그림 4.4] 골프 데이터를 이용한 최종 의사결정나무

나머지 세 가지 속성에 대한 정보이득 계산 결과는 표 4.2에 있다.

수치형 변수의 경우는 보통 평균값을 분할 포인트로 사용한다. 습도(humidity) 속성을 예를 들어 보면, 첫 번째 잠재적인 분할 포인트는 구간 [65,70]의 평균인 67.5이다. 다음으로 잠재적인 분할 포인트는 구간 [70,75]의 평균인 72.5이

[표 4.2] 모든 속성에 대한 정보이득 계산값

Attribute	Information Gain
Temperature	0.029
Humidity	0.102
Wind	0.048
Outlook	0.247

다. 또 다른 수치형 속성인 온도(temperature)도 이러한 로직을 사용하여 분할 포인트를 찾는다. 이 알고리즘은 이러한 잠재적인 분할 포인트에서 각각의 정보이득을 계산하고, 정보이득을 최대화하는 분할 포인트를 선택한다. 다른 접근방법은 수치값들을 범위로 구분하여 이산화하는 것이다(discretize). 예를 들면, 온도가 80 이상이면 "더움(Hot)", 온도가 70에서 79 사이일 경우는 "적절함(Mild)" 그리고 70 미만일 때는 "시원함(Cool)"으로 변환한다.

표 4.2를 보면, 날씨전망 속성의 세 가지 범주에 따라 데이터셋을 분할하면 가장 큰 정보이득을 얻는다는 것을 알 수 있다. 그림 4.3에서 보여지듯이, 가장 큰 정보이득은 의사결정나무의 첫 번째 노드, 즉 루트 노드(root node)에서 얻게 된다. 이미 언급했듯이, 날씨전망 범주가 흐림인 잎 노드는 4개의 사례로 구성되어 분류되었고, 모든 경우에 클래스 Play=yes이다. 날씨의 다른 두 가지 범주들은 클래스가 혼합되어 있다. 비인 경우 클래스는 yes가 3개, 맑음인 경우는 클래스는 no가 3개이다.

따라서 최종 분할들이 클래스가 항상 100%로 동일하지는 않다. 각 부분 집합별로 더 순수한 결과를 얻을 때까지 똑같은 프로세스를 반복하여 진행한다. 다시 첫 질문인 "어디서 데이터를 분류할 것인가?"로 돌아가면, 다행스럽게도 우리는 모든 속성들에 대해서 정보이득을 계산하면 해답을 얻을 수 있다. 즉, 단순하게 정보이득이 가장 높은 속성을 이용하면 된다. 이러한 논리에 따라 날씨전망=맑음은 다시 습도로(두 번째로 높은 정보이득) 분류되고, 날씨전망=비는 바람으로(세 번째로 높은 정보이득) 분류된다. 그림 4.4는 이러한 과정을 통해서 완전하게 성장한 최종 의사결정나무를 보여준다.

의사결정나무의 가지치기: 언제 분할을 멈출 것인가?

실제 데이터에서는 골프 데이터셋에서 본 것처럼 100% 동질성을 갖는 단말노드(terminal node)를 얻는 경우는 거의 없다. 따라서 언제 분할을 멈추어야 할지를 결정해야 한다. 다음은 프로세스를 종료하는 세 가지 조건들을 나타낸다.

- 정보이득의 최소임계치(표 4.2 참조)를 충족하는 속성이 하나도 없는 경우
- 나무가 최대 깊이에 도달한 경우: 의사결정나무가 커질수록 결과해석이 어려워질 뿐 아니라 과적합(overfitting)의 문제가 생김
- 현재의 서브트리(subtree)에 포함되는 사례수가 특정 수 이하인 경우: 과적합을 피하기 위한 메커니즘

그러면 정확하게 과적합이란 무엇인가? 과적합은 모델이 입력변수와 결과변수의 관계를 일반화하는 대신, 학습용 데이터셋(training dataset)만을 기억할 때 발생한다. 즉, 모델이 학습용 데이터셋에 대해서만 성능이 좋고, 새로운 데이터셋을 적용했을 경우에는 성능이 좋지 않은 경우를 의미한다. 위에서 언급한 것처럼 과적합은 의사결정나무의 결과 해석을 힘들게 할 뿐 아니라, 새로운 데이터에 대해서는 의미 없는 모델을 제공하는 것이다. 과적합을 방지하기 위해 의사결정나무 성장을 제한하거나 줄여야 할 필요가 있다. 이러한 과정을 가지치기(pruning)라 한다. 위에서 언급한 종료조건은 미리 가지치기(pre-pruning)에 해당된다. 왜냐하면 의사결정나무가 성장하기 전에 가지치기를 하거나 성장하는 중간에 가지치기를 하기 때문이다. 또 다른 방법으로는 가지의 개수나 나무의 깊이(depth)를 데이터가 허용하는 데까지 제한하지 않고 나무를 생성한 후, 나중에 분류 오차율에 영향을 주지 않는 가지를 치거나(prune) 다듬는(trim) 방법이다. 이러한 방법을 나중 가지치기(post-pruning)라 한다. 나중 가지치기는 의사결정나무의 깊이를 최대로 하기 때문에, 속성값들과 클래스들 간의 작지만 잠재적으로 의미 있는 관계를 놓치지 않는다. 그러나 나중 가지치기의 한 가지 단점은 가지치기를 하기 위해 추가적인 계산이 필요하다는 것이다.

의사결정나무 알고리즘을 적용하는 과정은 다음 5단계의 프로세스를 따른다.

1. Shannon entropy를 이용하여, (클래스에 따라) 동질적인(homogenous) 변수와 이질적인(nonhomogenous) 변수로 정리한다. 동질적인 변수들은 낮은 엔트로피 값을 갖고, 이질적인 변수들은 높은 엔트로피 값을 갖는다: $I_{outlook:nopartition}$ 계산을 통해 이루어진다.
2. 타겟 또는 종속변수에 대한 각 독립변수의 영향도를 엔트로피 가중평균(entropy weighted average; joint entropy라고도 함)을 이용하여 계산한다: $I_{outlook}$ 계산을 통해 이루어진다.
3. 정보이득을 계산한다. 기본적으로 타겟변수의 엔트로피는 각 독립변수와의 관계로 인해 감소한다. 1단계에서 계산한 엔트로피에서 2단계에서 계산한 엔트로피 가중평균을 뺀다: $I_{outlook:nopartition} - I_{outlook}$의 계산을 통해 이루어진다.
4. 가장 정보이득이 높은 독립변수가 '루트' 또는 첫 번째 노드가 되어 데이터셋을 분할한다.
5. Shannon entropy가 0이 아닌 각 독립변수에 대해서 이 프로세스를 반복한다. 만일 변수의 엔트로피값이 0이면 이 변수는 '잎 노드'가 된다.

4.1.2 구현 방법

RapidMiner를 이용하여 그림 4.4의 의사결정나무를 소규모 테스트 샘플 데이터에 적용하여 구축해 보자. 그림 4.5는 시험용 데이터셋(test data set)을 보여주는데, 이 시험용 데이터셋은 학습용 데이터셋과 거의 유사하고 속성값들에 약간의 차이가 있을 뿐이다. 학습용 데이터셋으로 의사결정나무를 구축하는데, RapidMiner에서의 의사결정나무 구축 프로세스는 그림 4.6과 같다. 시험용 데이터셋에 의사결정나무를 적용하기 위해서도 동일 프로세스를 사용한다. 그림 4.6의 프로세스를 실행하면, 그림 4.7과 같은 결과 테이블이 생성된다. 이 모델은 14개 중 9개의 예측결과는 정확하고, 5개(점선 박스로 표시)의 예측결과는

ExampleSet (14 examples, 1 special attribute, 4 regular attributes)

Row No.	Play	Outlook	Temperature	Humidity	Wind
1	yes	sunny	85	85	false
2	no	overcast	80	90	true
3	yes	overcast	83	78	false
4	yes	rain	70	96	false
5	yes	rain	68	80	true
6	no	rain	65	70	true
7	yes	overcast	64	65	true
8	no	sunny	72	95	false
9	yes	sunny	69	70	false
10	no	sunny	75	80	false
11	yes	sunny	68	70	true
12	yes	overcast	72	90	true
13	no	overcast	81	75	true
14	yes	rain	71	80	true

[그림 4.5] 골프 데이터셋. 시험용 데이터셋은 학습용 데이터셋의 속성값들과 약간의 차이가 존재함

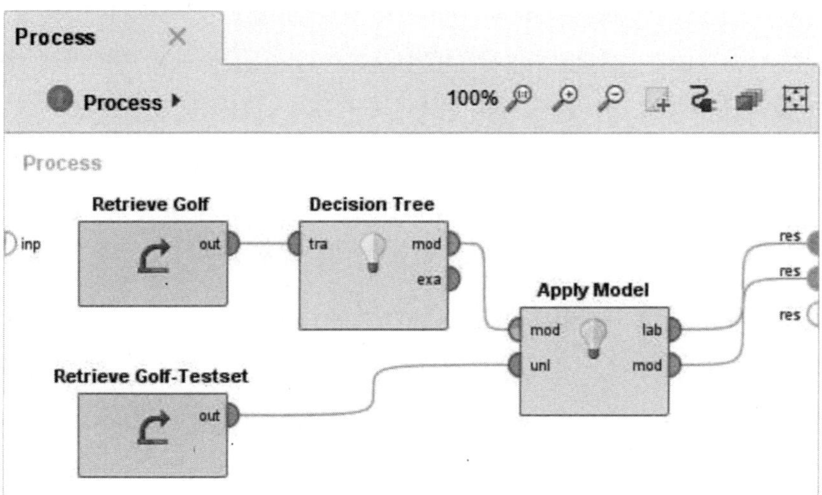

[그림 4.6] 시험용 데이터셋에 의사결정나무 모델 적용

ExampleSet (14 examples, 4 special attributes,

Row No.	Play	prediction(Play)
1	yes	no
2	no	yes
3	yes	yes
4	yes	yes
5	yes	no
6	no	no
7	yes	yes
8	no	no
9	yes	yes
10	no	no
11	yes	yes
12	yes	yes
13	no	yes
14	yes	no

[그림 4.7] 의사결정나무 적용결과

틀리기 때문에 약 64%의 정확도를 가진다고 설명할 수 있다.

비즈니스 문제에 의사결정나무를 적용하는 방법을 좀 더 이해하기 위해, 간단한 비즈니스 사례를 살펴보자. 신용평가(credit scoring)는 가장 일반적인 예측 분석 문제이다. 신용평가를 적용할 수 있는 몇 가지 상황은 다음과 같다.

1. **프로스펙트 필터링**(prospect filtering): 신용한도를 높일 수 있는 고객 선별 및 리스크관리가 가능한 신용한도를 결정
2. **채무 불이행 감지**(default risk detection): 특정 고객의 채무 불이행 여부 결정
3. **불량채권추심**(bad debt collection): 상환할 가능성이 낮은 채무자들 선별

프로스펙트 필터링을 위해서 RapidMiner의 의사결정나무를 어떻게 구축하는지를 알아보기 위해, 잘 알려져 있는 독일 신용 데이터셋을 이용하는데 이 데이터셋은 University of California-Irvine의 기계학습 데이터셋 저장소[1]에서 다운로드 받을 수 있다. 이제 예측모델의 구축을 위한 준비단계를 상세히 설명하고, 지도학습방법에 초점을 맞춘 이번 장과 또 다른 장들에서 부가적인 툴과 개념들을 설명하고자 한다. 데이터를 학습용과 시험용 샘플로 분할하고, 학습된 모델을 시험용(또는 검증용) 데이터에 적용하는 개념들에 대해서 배울 것이다. 구축과 관련한 나머지 부분을 살펴보기 전에, 13장 RapidMiner 시작하기에서 13.1절 GUI 소개와 13.2절 데이터 불러오기와 내보내기 도구를 먼저 살펴보는 것이 유용할 것이다. 이번 절에서는 RapidMiner에서 분류모델 성능을 향상시키는 방법에 대해서는 설명하지 않으나, 예측모델링에서 매우 중요한 부분이기 때문에 다른 장들에서 설명하며 특히 13장의 최적화 절을 참고하기 바란다.

예측모델을 위한 지도학습 알고리즘은 다음 네 가지 단계를 통해 구축할 수 있다.

1. 정제되고 준비된 데이터셋을 읽는다(2장 데이터 마이닝 프로세스 참고). 일반적으로 데이터셋은 스프레드시트 형식이지만, 다른 소스(source)로부터 데이터를 읽는 것도 가능하다.
2. 데이터를 학습용과 시험용으로 분할한다.
3. 학습용 데이터셋으로 의사결정나무를 학습시킨다.
4. 시험용 데이터셋에 모델을 적용하여 모델 성능을 평가한다.

첫 번째 단계는 다소 기초적인 것으로 보이지만, 많은 초보자들에게는 혼돈스러울 수 있기에 이 부분을 좀 더 자세히 설명하고자 한다. 다른 부분들은 이후 단계에서 자세히 설명한다.

---

1 http://archive.ics.uci.edu/ml/datasets/Statlog+%28German+Credit+Data%29.

[표 4.3] 원시(raw) 독일 신용데이터

Checking Account Status	Duration in Month	Credit History	Purpose	Credit Amount	Savings Account/ Bonds	Present Employment Since	Credit Rating
A11	6	A34	A43	1169	A65	A75	1
A12	48	A32	A43	5951	A61	A73	2
A14	12	A34	A46	2096	A61	A74	1
A11	42	A32	A42	7882	A61	A74	1
A11	24	A33	A40	4870	A61	A73	2
A14	36	A32	A46	9055	A65	A73	1
A14	24	A32	A42	2835	A63	A75	1
A12	36	A32	A41	6948	A61	A73	1
A14	12	A32	A43	3059	A64	A74	1
A12	30	A34	A40	5234	A61	A71	2
A12	12	A32	A40	1295	A61	A72	2
A11	48	A32	A49	4308	A61	A72	2

단계 1: 데이터 준비

예제로 표 4.3의 원시데이터(raw data)를 사용한다. 1,000개의 샘플들이 있으며 20개의 속성들과 1개의 레이블(label) 또는 타겟속성으로 구성되어 있다. 7개 속성이 수치형이고, 나머지는 이진형인 타겟변수를 포함하여 범주형 또는 정성적(qualitative) 속성이다. 타겟변수는 신용상태(credit rating)를 나타내며, 1(good) 또는 2(bad)의 값을 갖는다. 이 샘플은 70%가 "good"의 신용상태에 속한다. 대부분의 속성들은 설명이 없어도 쉽게 이해할 수 있다. 그러나, 원시데이터는 정성적 변수들의 값이 코드화가 되어 있는 경우가 있다. 예를 들면, 4번째 속성인 대출 목적(purpose)은 10개의 코드(A40: new car, A41: used car 등)로 구성되어 있다. 자세한 코드 값 정의는 UCI-ML 웹사이트의 "데이터셋 설명(Data Set Description)"을 참조한다.

RapidMiner는 스프레드시트를 쉽고 빠르게 불러들일 수 있는 인터페이스(interface)를 제공한다. 유용한 인터페이스 기능은 왼쪽 패널에 있는 "Operators"

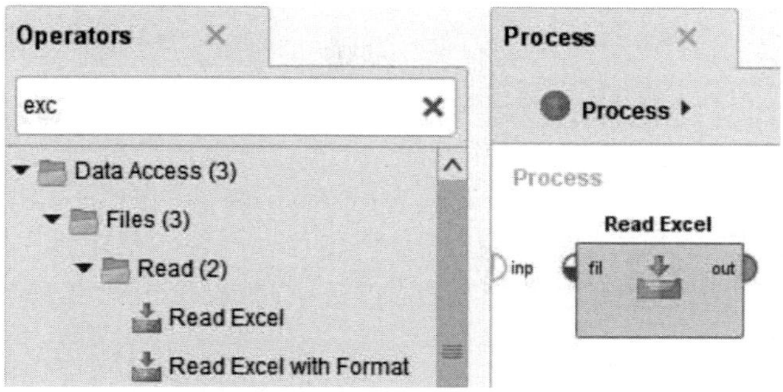

[그림 4.8a] Read Excel 오퍼레이터 사용

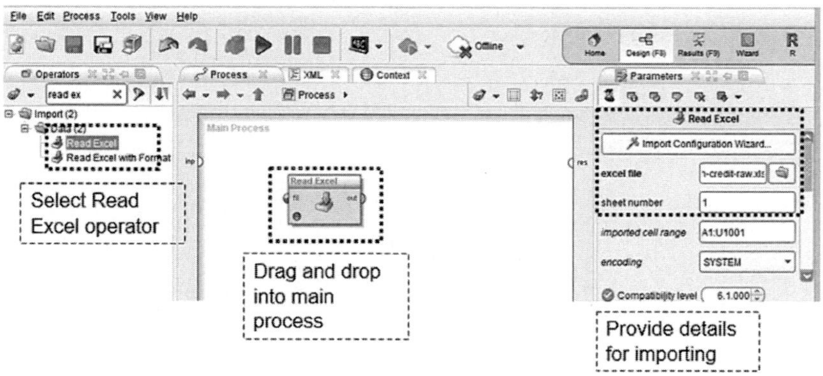

[그림 4.8b] Read Excel 오퍼레이터 설정

이다. Operators 패널 상단의 검색어 입력 창에서 원하는 기능의 관련 검색어를 입력하면, 검색어와 일치하는 모든 오퍼레이터들을 자동으로 보여준다. 엑셀 스프레드시트를 읽는 오퍼레이터가 필요하므로, 간단하게 검색창에 "excel"이라고 입력하면, 엑셀과 관련된 3개의 오퍼레이터들을 그림 4.8a처럼 바로 볼 수 있다. 데이터를 읽기 위한 오퍼레이터 2개, 내보내기를 위한 오퍼레이터 1개를 발견할 수 있다.

"*Read excel* 오퍼레이터"를 두 번 클릭하거나, 메인 프로세스(main process) 화면으로 드래그 앤 드롭(Drag and Drop) 한다. 두 방법은 똑같은 절차이며, 그

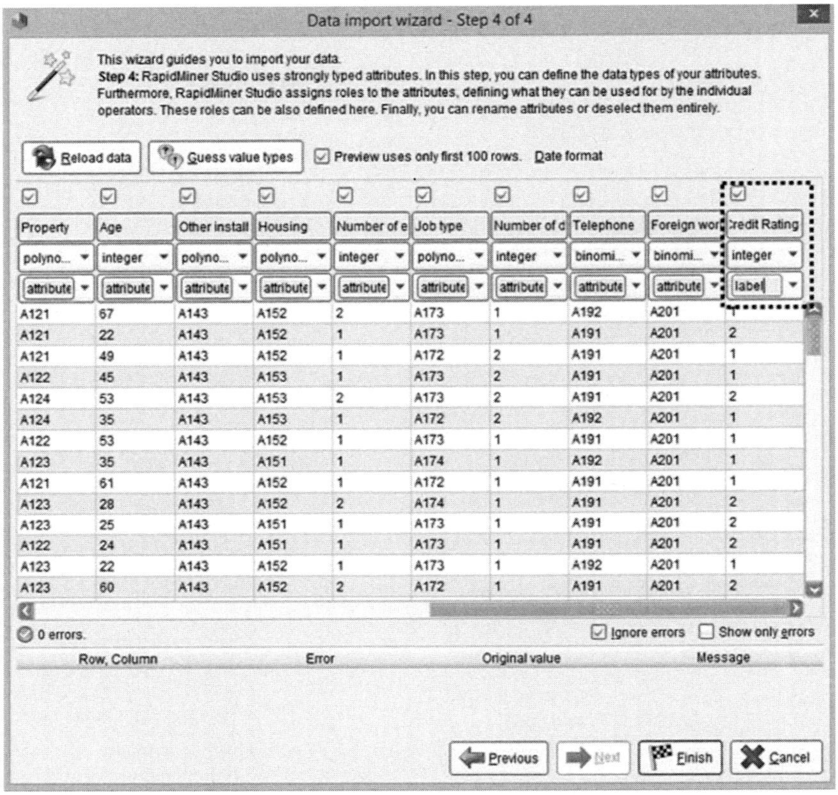

[그림 4.9] 불러들인 데이터를 확인하고, 필요시 속성값 유형 변경

림 4.8b를 참조한다. *Read excel* 오퍼레이터를 메인 프로세스 화면으로 가져온 후 데이터를 불러오는 환경을 설정해야 하는데, 이는 그림 4.8b에서 나타나듯이 파라미터를 정의하는 패널의 "Import Configuration wizard"를 선택해서 진행한다. 즉, 어떤 열을 가져올 것인지, 열에는 어떤 것들이 포함되는지, 그리고 특별한 처리가 필요한 열은 없는지 등을 설정한다.

이와 같이 데이터 불러오기를 위한 기본적인 설정단계가 가장 복잡하고 번거로운 부분일 것이다. RapidMiner는 각 속성값의 유형을 자동으로 감지한다(값 유형을 추측). 그러나 적절하게 열들이 선택(또는 제외)되었는지, 값의 유형은 올바르게 되었는지를 확인하는 작업은 분석가들에게 좋은 학습이다. 만일 속성유형이 적절하지 않다면, 그림 4.9에서와 같이 속성이름 아래의 버튼들을 이용하여 적절한 속성유형으로 변경할 수 있다.

데이터를 불러들인 후에는 분석을 위해서 반드시 레이블로 알려져 있는 타겟변수를 지정해야만 한다. 신용상태가 타겟변수이므로 그림 4.9와 같이 [label]로 지정한다. 모든 열들이 제대로 불러들여졌는지 확인하기 위해서 RapidMiner를 실행한다.

필수는 아니지만 선택적인 단계로, 코드화되어 있는 범주 값들(예: A121, A143,...)을 설명이 포함된 값으로 변환할 수 있는데, 이 과정은 *Replace(Dictionary)* 오퍼레이터를 사용한다. 먼저 사전(dictionary)이 필요한데, 이 예제에서는 comma-separated value(csv) 파일 형식으로 제공된다. 그림 4.10a와 같이 사전을 어렵지 않게 생성할 수 있다. 그림 4.10b와 같이 설정을 하면, RapidMiner가 어떤 열이 기존 값(코드) 또는 새로운 값(설명)을 포함하는지 알 수 있다.

```
File  Edit  Format  View  Help
OldValue,NewValue
A11,"Less than 0 DM"
A12,"0 to 200 DM"
A13,"Greater than 200 DM"
A14,"no checking account"
A30,"no credits taken all credits paid back duly"
A31,"all credits at this bank paid back duly"
A32,"existing credits paid back duly till now"
A33,"delay in paying off in the past"
A34,"critical account other credits existing (not at this bank)"
A40,"new car"
A41,"used car"
A42,"furniture equipment"
A43,"radio television"
A44,"domestic appliances"
A45,"repairs"
A46,"education"
A47,"vacation"
A48,"retraining"
A49,"business"
A410,"others"
A61,"Less than 100 DM"
A62,"100 to 500 DM"
A63."500 to 1000 DM"
```

[그림 4.10a] 사전(dictionary)을 사용하여 속성값 대체

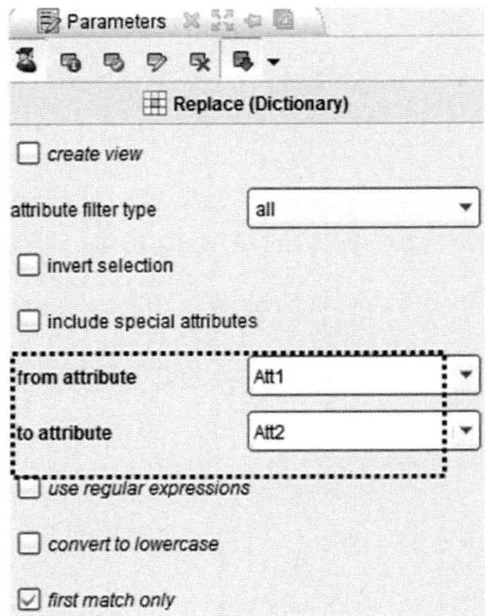

[그림 4.10b] Replace(Dictionary) 오퍼레이터의 설정

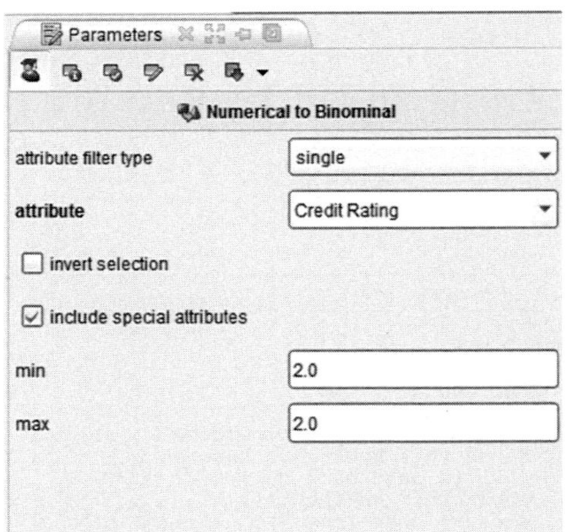

[그림 4.10c] 신용상태 레이블 변수를 이진형(true/false)으로 변환

전처리 단계의 마지막 단계는 수치형인 레이블 속성을(그림 4.9 참조) 이진형(binominal)으로 변환하는 것으로, *Replace (Dictionary)* 오퍼레이터의 "exa" 포트와 *Numerical to Binominal* 오퍼레이터를 연결하면 된다. *Numerical to Bi-*

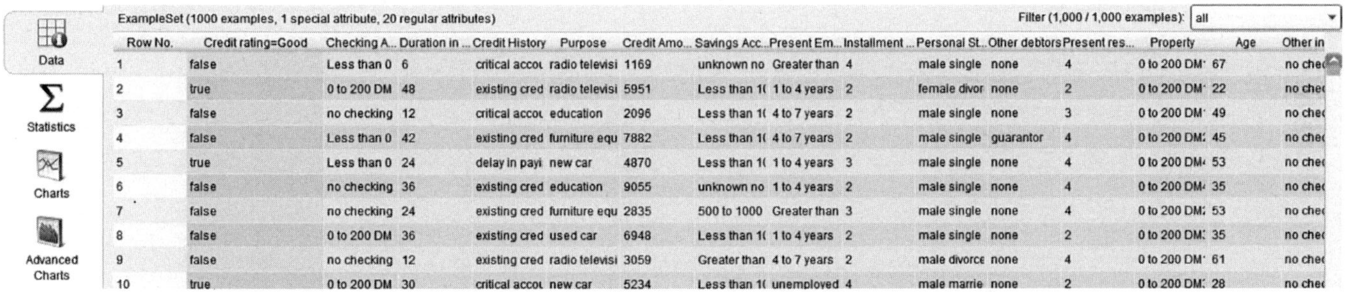

Row No.	Credit rating=Good	Checking A...	Duration in ...	Credit History	Purpose	Credit Amo...	Savings Acc...	Present Em...	Installment ...	Personal St...	Other debtors	Present res...	Property	Age	Other in
1	false	Less than 0	6	critical accou	radio televisi	1169	unknown no	Greater than	4	male single	none	4	0 to 200 DM	67	no chec
2	true	0 to 200 DM	48	existing cred	radio televisi	5951	Less than 1(	1 to 4 years	2	female divor	none	2	0 to 200 DM	22	no chec
3	false	no checking	12	critical accou	education	2096	Less than 1(	4 to 7 years	2	male single	none	3	0 to 200 DM	49	no chec
4	false	Less than 0	42	existing cred	furniture equ	7882	Less than 1(	4 to 7 years	2	male single	guarantor	4	0 to 200 DM	45	no chec
5	true	Less than 0	24	delay in payi	new car	4870	Less than 1(	1 to 4 years	3	male single	none	4	0 to 200 DM	53	no chec
6	false	no checking	36	existing cred	education	9055	unknown no	1 to 4 years	2	male single	none	4	0 to 200 DM	35	no chec
7	false	no checking	24	existing cred	furniture equ	2835	500 to 1000	Greater than	3	male single	none	4	0 to 200 DM	53	no chec
8	false	0 to 200 DM	36	existing cred	used car	6948	Less than 1(	1 to 4 years	2	male single	none	2	0 to 200 DM	35	no chec
9	false	no checking	12	existing cred	radio televisi	3059	Greater than	4 to 7 years	2	male divorce	none	4	0 to 200 DM	61	no chec
10	true	0 to 200 DM	30	critical accou	new car	5234	Less than 1(	unemployed	4	male marrie	none	2	0 to 200 DM	28	no chec

[그림 4.11] 의사결정나무 분석을 위해 변환된 데이터셋

nominal 오퍼레이터의 설정은 그림 4.10c를 참조한다.

마지막으로 타겟변수의 값이 이진형(true/false)으로 전환되었으므로 타겟변수의 이름을 신용상태에서 신용상태=좋음(credit rating=Good)으로 수정함으로써 타겟속성을 이해하기 쉽도록 한다. 속성명을 바꾸는 작업은 *Rename* 오퍼레이터를 이용한다. 이러한 과정을 거치고 난 후의 데이터셋은 그림 4.11과 같다. 그림 4.9의 원시데이터와 비교해 보면, 레이블 속성이 가장 앞에 있고 값은 "true" 또는 "false"로 되어 있음을 확인할 수 있다. 각 개별 속성에 대한 자세한 정보를 얻거나 결측치(missing value)나 특이값 등을 확인하려면 Results의 Statistics tab을 살펴본다. 다시 말하면, 다음 단계를 진행하기 전에 데이터 준비(2.2절)가 올바르게 수행되었는지를 확인해야 한다. 이 예제 데이터셋은 상대적으로 잘 '정제된' (예를 들면, 결측치가 존재하지 않음) 데이터이기에 바로 모델 구축 단계를 진행할 수 있다.

단계 2: 학습용과 시험용으로 데이터셋 분할

지도학습 모델 구축을 위해서는, 데이터는 반드시 2개로 분할되어야 한다. 모델을 구축을 위한 '학습용(training)' 데이터셋과 구축된 모델이 다른 데이터셋에도 적용이 되는지를 확인하는 '시험용(testing) 또는 검증용(validation)' 데이터셋으로 분할한다. 일반적으로 학습용 데이터셋이 전체 데이터셋의 70%에서

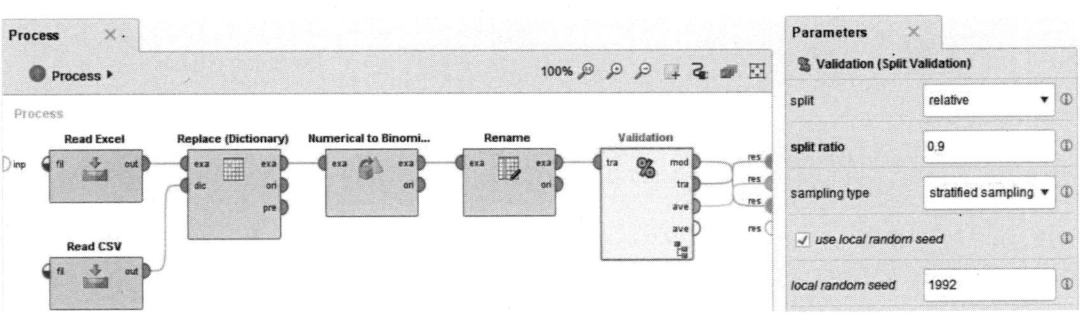

[그림 4.12] 학습용 데이터셋(0.9)과 시험용 데이터셋(0.1)으로 분할

90%의 비율을 차지하고, 나머지 부분이 시험 또는 검증을 위해 사용된다.

그림 4.12는 RapidMiner에서 데이터셋을 분할하는 방법을 보여준다. *Split Validation* 오퍼레이터를 이용하면 데이터셋 분할, 모델링 그리고 모델평가를 모두 한꺼번에 할 수 있다. 데이터 마이닝 경험이 있으면 이 과정에 대해 이해가 쉽겠지만, 초보자는 약간은 혼동스러울 수 있다.

Split Validation 오퍼레이터의 파라미터에서 Split ratio를 0.9(90% 학습)로 설정하고, sampling type은 층화추출(stratified sampling)을 선택하자. 층화추출은 학습용이나 시험용 데이터셋에서 모두 타겟 클래스의 분포를 동일하게 한다. [반드시 필요한 것은 아니지만, local random seed 옵션이 유용할 때가 있다. 랜덤 시드(random seed)를 사용하면, 프로세스 실행 시마다 학습용 (그리고 시험용) 데이터셋에 같은 사례들이 선택되므로 반복하여 생성된 모델들 간의 비교를 가능하게 한다.] 마지막 절차로 *Numerical to Binominal* 오퍼레이터와 *Rename* 오퍼레이터를 연결하고, *Rename* 오퍼레이터는 *Split Validation* 오퍼레이터와 연결한다.[2]

단계 3: 모델링 오퍼레이터 파라미터

이제 이 데이터를 이용하여 의사결정나무 모델을 어떻게 구축하는지 살펴보자. 앞서 언급했듯이, *Split Validation* 오퍼레이터를 사용하여 같은 단계에서 모델을 구축하고 검증용 데이터셋(validation dataset)에 적용한다. 이것은 모델구축과 모델평가를 같은 오퍼레이터를 사용하여 구성하는 것을 의미한다. 즉, *Split Validation* 오퍼레이터는 중첩된 오퍼레이터로, 두 번 클릭하면 내부 프로세스를 설정할 수 있다. RapidMiner의 모든 중첩된 오퍼레이터에는 우측하단에 파

2 여기서는 기본적인 샘플링 방법을 보여 주고 있는데, 올바른 샘플링 방법인지 검증하고 선택하는 것 자체가 많은 작업이 요구된다.

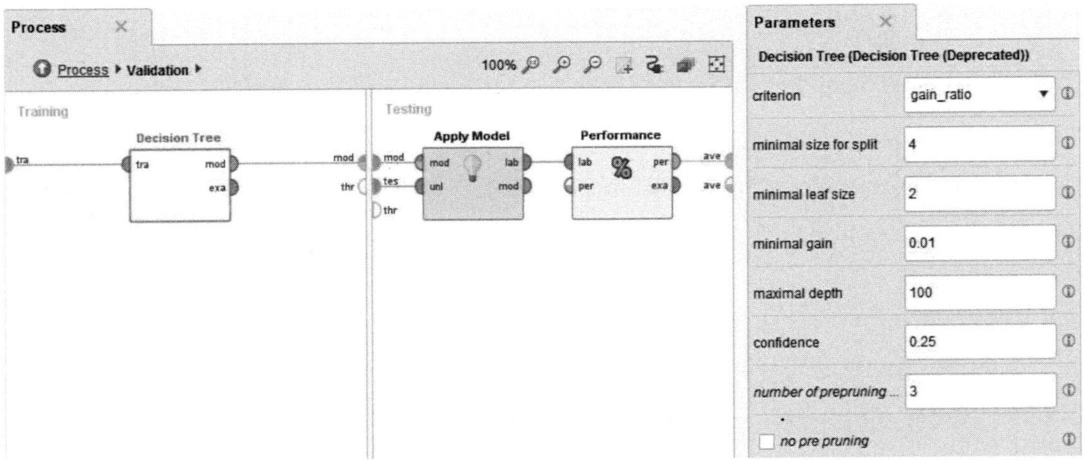

[그림 4.13] Split validation 프로세스 설정하기

란색 창이 겹쳐져 있는 아이콘이 있다. 이 오퍼레이터를 열면, 2개의 창으로 구성되어 있다(그림 4.13 참고). 왼쪽 창에서는 의사결정나무 오퍼레이터를 사용하여 90%의 학습용 데이터셋으로 의사결정나무 모델을 구축한다. 오른쪽 창에서는 *Apply Model* 오퍼레이터를 이용하여 남은 10%의 시험용 데이터셋에 학습된 모델을 적용하고, *Performance* 오퍼레이터를 이용하여 모델의 성능을 평가한다.

의사결정나무 모델 구성

주의를 기울여야 하는 파라미터는 criterion과 minimal gain이다. Criterion은 기본적인 분할 기준으로 정보이득, 지니계수 그리고 정보이득비율(gain ratio)을 제공한다. 앞의 두 기준에 대해서는 이미 설명했으며, 정보이득비율은 다음 절에서 간략히 설명한다.

이 장 초반에 언급했듯이, 의사결정나무는 다섯가지 단계를 거쳐 구축되는데 매 분할마다 줄어든 데이터셋에 포함된 정보는 증가하게 된다. 데이터는 기본적으로 불확실성을 가지고 있으며, 정렬이나 분류를 통하여 체계적으로 불확실성을 줄이고 정보를 늘릴 수 있다. 불확실성을 가장 많이 줄일 수 있을 때, 기본적으로 가장 큰 정보이득을 얻는다. 우리는 왜 엔트로피가 불확실성을 측정하는데 적절한 지수인지 그리고 어떻게 엔트로피를 파악하는 것이 정보를 정량화하는 것인지를 살펴 보았다. 이제 RapidMiner 내에서 의사결정나무 분할을 위해 사용해야 하는 옵션들에 대해서 다시 살펴보자.

1. **정보이득(information gain)**: 간단히 설명하면, 분할 전의 정보량에서 분할 후의 정보량을 뺀 값이 정보이득이다. 값(또는 클래스)의 종류가 많은 속성을 가지고 있지 않다면, 대부분의 경우 잘 적용된다. 하지만 루트 노드에 많은 종류의 값들을 갖는 속성이 선택되면, 정보이득은 편향(bias)이 생긴다. 그러나 이것은 아주 극단적인 경우가 아니면 큰 문제가 아니다. 예를 들면, 고객ID는 고유하므로 당연히 많은 종류의 값들을 갖는 속성(각 ID는 고유한 값을 가짐)이다. 이러한 속성으로 분할되는 의사결정나무는 예측이 불가능하다.
2. **정보이득비율(gain ratio)**: 정보이득의 변형으로 편향성을 줄인 일반적으로 가장 좋은 옵션이다. 정보이득비율은 분할하기 전에 가지(branch)들의 수를 고려함으로써 정보이득의 문제점을 해결한다. 고유 정보량(intrinsic information)을 고려하여 정보이득을 수정한다. 골프 예제를 사용하여 설명하면, 14개의 사례들은 각각 고유한 ID 속성이 있다. 이 경우 ID에 대한 고유 정보량은 $14\times(-1/14\times\log(1/14))=3.807$로 주어진다. 정보이득비율은 정보이득을 고유정보량으로 나눔으로써 얻어진다. 분명히 고유 정보량이 큰 속성(불확실성이 높은 속성)일수록 정보이득이 낮으므로 자동적으로 선택되지 않을 것이다.
3. **지니계수(Gini index)**: 가끔 사용되긴 하지만, 정보이득비율 대비 많은 장점을 갖고 있지는 않다.

4. **정확도(accuracy)**: 성능을 향상시키기 위해서 사용된다. 높은 정확도를 얻기 위해서는 적절한 파라미터들의 값을 선택해야 하는데, 가장 좋은 방법은 최적화를 위한 오퍼레이터들을 사용하는 것이다. 여기에 대해서는 13장에서 다시 다루도록 한다.

또 다른 중요한 파라미터는 최소이득(minimal gain) 값이다. 이론적으로 이것은 0보다 큰 값을 갖는데, 실질적으로 0.2에서 0.3이면 양호한 것으로 본다. 기본값은 0.1이다.

그 외 다른 파라미터들[분할 최소 크기(minimal size for split), 최소 잎 크기(minimal leaf size), 최대 깊이(maximal depth)]은 데이터셋의 크기에 의해 결정된다. 이러한 파라미터들을 선정하는 가장 좋은 방법은 최적화(optimization) 방법을 이용하는 것이다. (13장 RapidMiner 시작하기에서 간단하게 소개할 것이다.)

의사결정나무를 학습하는 마지막 단계는, 그림 4.13의 왼쪽 학습 화면에 나타나 있듯이, 입력 포트인 "tra"("tra"in)와 출력 포트인 "mod"("mod"el)를 연결하는 것으로서 모델은 학습할 준비가 모두 된 것이다. 오른쪽 시험 화면에는 생성한 모델을 새로운 데이터셋에 적용하는 *Apply Model* 오퍼레이터와 성과를 측정하는 *Performance(Binominal Classification)* 오퍼레이터를 추가한다. *Performance(Binominal Classification)* 오퍼레이터에서는 정확도(accuracy), 곡선하 면적(AUC), 정밀도(precision), 리콜(recall) 옵션을 설정할 수 있다.[3]

마지막으로 다음과 같이 포트 연결을 한다.

- 시험 화면(testing window)의 "mod"(model) 포트는 *Apply Model* 오퍼레이터의 "mod"(model) 포트에 연결

---

3 이러한 성능 기준은 8장 모델 평가에서 자세히 설명할 것이다.

- 시험 화면의 "tes"(testing) 포트는 *Apply model* 오퍼레이터의 "unl"(unlabeled) 포트에 연결
- *Apply Model* 오퍼레이터의 "lab"(labeled) 포트는 *Performance* 오퍼레이터의 "lab"(labeled) 포트에 연결
- *Performance* 오퍼레이터의 "per"(performance) 포트는 시험 화면 출력 쪽의 "ave"(averagable) 포트에 연결한다.

모델을 실행하기 전 마지막 단계로, 왼쪽 상단의 파란색 화살표를 클릭하여 메인 프로세스로 되돌아가서(그림 4.13 참조) *Validation* 오퍼레이터의 출력 포트들인 "ave"와 "mod"를 메인 출력 포트인 "res" 포트에 연결한다.

단계 4: 프로세스 실행과 해석

앞서 언급한 것과 같이 모델을 설정하고 실행을 하면, RapidMiner는 결과 화면에 2개의 탭(tab)을 생성한다(관련 용어들은 13장 참조). Performance Vector (performance) 탭에서는 시험용 데이터셋을 기준으로 한 모델 정확도의 혼동

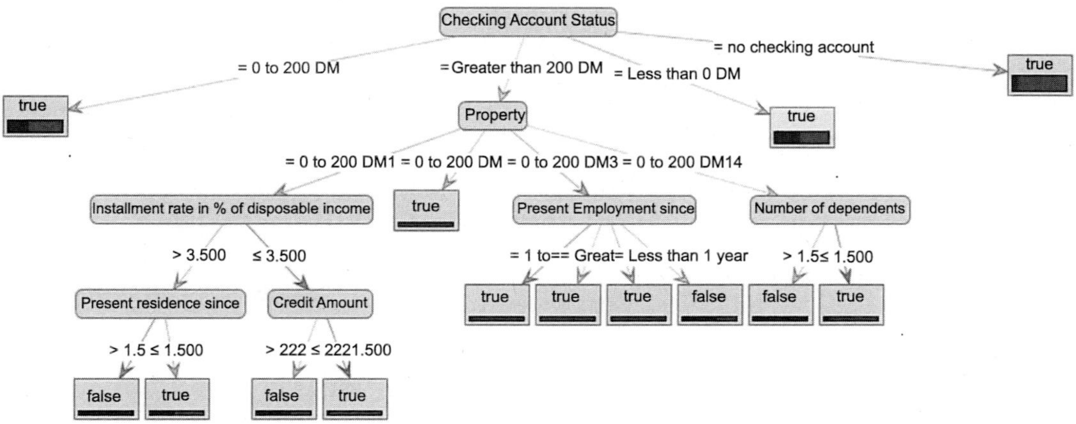

[그림 4.14] Prospect scoring을 위한 의사결정나무

행렬을 확인할 수 있다. 단계 3에서 이용한 *Performance(Binominal Classification)* 오퍼레이터의 옵션 선택에 따라서 보여지는 값이 결정된다. Tree (Decision Tree) 탭에서는 학습용 데이터셋을 기반으로 구축된 나무 그림을 볼 수 있다(그림 4.14 참조). 모델의 성능을 평가하기 전에 몇 가지 중요한 점을 여기에서 확인한다.

1. 루트 노드—Checking Account Status—에서 이 데이터셋 분류의 약 94%가 이루어진다. 이 노드로부터 연결된 3개의 단말노드에 마우스를 올려 놓으면, 각 클래스의 사례 수(Credit Rating=Good: true 또는 false)를 보여준다. 이 노드들은 총 사례 1,000개 중 937개를 포함하고 있으며, 예를 들어 Checking Account Status=no checking account인 경우 Credit Rating=Good이 "true"로 분류될 확률은 88% (=348/394, 그림 4.15 참조)임을 알 수 있다.
2. 그러나 Checking Account Status=Less than 0DM이면, Credit Rating =Good이 "true"인지 "false"인지 명확하게 분류하지 못한다. 단지 51%만이 정확하게 분류했다. 0 to 200DM인 경우에도 유사한 결과가 도출된다.
3. Checking Account Status=greater than 200DM이면, Credit Rating=Good 이 "true" 또는 "false"인지 결정하는 데 다른 파라미터가 중요한 영향을 미친다.

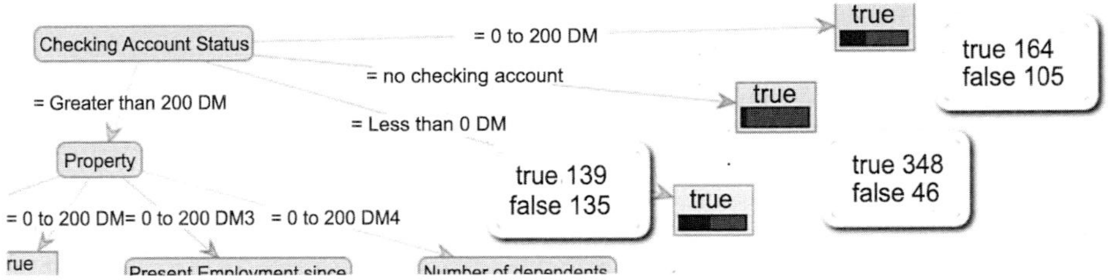

[그림 4.15] 의사결정나무에서 루트 노드의 예측력

accuracy: 72.00%

	true false	true true	class precision
pred. false	2	0	100.00%
pred. true	28	70	71.43%
class recall	6.67%	100.00%	

[그림 4.16] 기본모델의 성능결과

4. 그러나 사실상 많은 단말노드들은 발생 빈도가 2보다 낮기 때문에 (예: "Present Employment since" 노드) 의사결정나무는 과적합의 문제가 발생한다. 앞서 설명했듯이 과적합은 학습용 데이터셋에만 적합한 모델이다. 즉, 모델의 정확도가 학습용 데이터셋에 대해서만 높다. 학습용 데이터셋이 조금만 바뀌어도 모델 성능에 큰 영향을 미친다. 과적합은 단지 의사결정나무에서 뿐 아니라, 모든 지도학습모델의 문제이다. 이러한 상황을 피하기 위한 하나의 방법으로, 예를들어 의사결정나무 기준에서 "Minimal leaf size"을 10으로 둔다(기본값은 2). 그러나 이런 경우 루트 노드를 제외하고는 모든 다른 파라미터들이 분류에 영향을 미치지 못하게 된다. (한번 시도해 보라!)

이제 모델의 성능 결과를 살펴보도록 하자. 그림 4.16을 보면, 시험용 데이터에서 모델의 전체 정확도는 72%이다. 특히 이 모델은 " true" 계층에 대해서는 100% 제시할 수 있다. 즉, 좋은 신용등급을 갖는 고객을 선별하는 데에는 100% 정확도가 있다. 그러나 "false" 계층의 경우는 정확도가 6.67%이다. 즉, 이 모델은 단지 15명 중 1명만을 잠재적 채무 불이행자로 선별할 수 있다.

모델의 성능을 향상시키기 위한 하나의 방법으로 각 사례별로 거짓 부정(false negative)에 대해서 비용을 부가하여 패널티를 주는 방법이 있다. 이를 위해서 "Meta Cost"라고 하는 오퍼레이터를 사용하는데, 이 부분은 5장 로지스틱 회귀분석에서 자세히 설명하기로 한다. 의사결정나무에서 분할기준(splitting criterion), 최소 정보이득비율(minimum gain ratio), 최대 깊이(maximal tree

criterion	gain	tree depth	accuracy	recall
gain_ratio	0.010	12	0.780	0.914
gini_index	0.010	5	0.760	0.871
gini_index	0.039	5	0.760	0.871
gini_index	0.068	5	0.760	0.871
gini_index	0.097	5	0.760	0.871
gini_index	0.126	5	0.760	0.871
gini_index	0.155	5	0.760	0.871
gini_index	0.184	5	0.760	0.871
gini_index	0.213	5	0.760	0.871
gini_index	0.242	5	0.760	0.871
gini_index	0.271	5	0.760	0.871
gini_index	0.300	5	0.760	0.871
gini_index	0.010	18	0.760	0.857
gini_index	0.039	18	0.760	0.857

[그림 4.17] 정확도와 클래스 리콜 향상을 위한 의사결정나무 파라미터들의 최적화

depth)의 세 가지 파라미터를 수정/반복하면서 최적화된 파라미터를 찾는다. 그림 4.17에 나타나 있는 것과 같이 성능이 크게 향상된 것을 볼 수 있다. 13장에서 이와 같은 최적화를 어떻게 설정하는지에 대해서 상세히 설명한다.

최선의 모델(그림 4.17에서 첫 번째 행의 파라미터들로 설정한 의사결정나무)을 실행하면, 그림 4.18과 같은 혼동행렬을 얻을 수 있다.

그림 4.16과 비교해보면, 좀 더 중요한 클래스에 대한 리콜(신용등급이 좋지 않은 즉, 채무 불이행자를 제대로 분류)이 약 7%에서 약 91%로 증가됨을 알 수 있다. 반면 신용등급이 좋은 경우의 리콜은 50% 아래로 떨어졌다. 이 경우는 다음과 같은 특정 상황에서는 받아들여질 수 있다. 예를 들어 신용등급이 좋은

accuracy: 78.00%

	true false	true true	class precision
pred. false	64	16	80.00%
pred. true	6	14	70.00%
class recall	91.43%	46.67%	

[그림 4.18] 채무 불이행자 식별과정에 대한 클래스 리콜 최적화

고객들에게 대출을 거절하여 이윤을 잃는 것보다, 잠재적 채무 불이행자에게 대출을 금지하는 것이 훨씬 의미가 있는 경우이다. 모델의 전체 정확도는 이전 모델보다 좋다.

모델 성능은 정확도와 같은 종합 측정치로 평가할 수도 있고, 추가적으로 gain/lift차트, ROC (receiver operator characteristics) 차트, AUC (area under ROC curve) 차트 등을 이용할 수 있다. 이러한 차트에 대한 설명과 해석은 8장 모델 평가를 참조하자.

앞에서 사용한 의사결정나무 프로세스는 www.LearnPredictiveAnalytics.com에서 다운로드 받을 수 있다. RapidMiner 프로세스 파일(*.rmp file)로 제공되며, File → Import Process를 이용하여 프로세스를 불러들일 수 있다. 추가적으로 이 책에서 사용한 모든 데이터셋 역시 www.LearnPredictiveAnalytics.com에서 다운로드 받을 수 있다.

4.1.3 결론

의사결정나무는 가장 많이 사용되는 예측모델링 알고리즘의 하나이다. 그 이유는 여러 가지가 있다. 많은 분류와 예측 애플리케이션들에서 의사결정나무를 사용할 때의 장점과 함께 한 가지 단점은 다음과 같다.

- 비전문가 사용자들에게도 해석과 설명이 쉽다.

지금까지 몇 가지 예제를 통해 설명하였듯이, 의사결정나무는 매우 직관적이고 대부분의 사용자인 비전문가에게 설명하기 쉽다.

- 의사결정나무는 데이터 준비를 위한 노력이 상대적으로 덜 요구된다.

의사결정나무를 사용하는 전반적인 장점 외에 다음과 같은 특징이 있다. 예를 들어, 다양한 범위의 속성값을 가진 데이터셋의 경우 수익(revenue)은 백만 단위이고 대출기간은 연 단위로 표시 될 때 많은 알고리즘들은 모델 구축 전에 범위를 정규화(normalization)하는 과정을 거친다. 의사결정나무는 이러한 변수 변환과정을 필요로 하지 않는다. 왜냐하면 변환과정과 관계없이 같은 구조를 갖기 때문이다.

또 다른 특징은 데이터 준비 과정 시간을 절약할 수 있다는 것이다. 학습용 데이터셋에서 결측치는 의사결정나무 구축 시 분할과정에 영향을 주지 않는다. 또한 의사결정나무는 특이값에 민감하지도 않다. 왜냐하면 분할은 절댓값을 기준으로 하는 것이 아니라, 분할된 범위 내에서 샘플의 비율을 기준으로 하기 때문이다.

- 파라미터들 사이의 비선형 관계도 의사결정나무 성능에 영향을 주지 않는다.

5장 회귀분석에서 논의하겠지만, 단순회귀 모델은 변수들 사이의 고차원 비선형 관계를 확인할 수 없으므로 의미 없는 모델이 된다. 그러나 의사결정나무는 데이터의 선형성에 대한 어떤 가정도 요구하지 않기 때문에 비선형 관계에서도 사용할 수 있다.

- 의사결정나무는 내부적으로 특징 선택(feature selection) 또는 변수가려내기(variables screen)를 수행한다.

12장에서 예측모델링과 데이터 마이닝에서 왜 특징 선택이 중요한지 설명하면서, 특징 선택과 변수 가려내기에 대해서 몇 가지 일반적인 기법을 소개할 것이다. 그러나 의사결정나무의 경우는 이미 상위 몇 개의 노드들은 주어진 데이터셋에서 분할하는데 가장 중요한 변수들이 선택된 것이므로, 특징 선택을 자동적으로 수행한 것이라 할 수 있다. 사실 RapidMiner는 정보이득비율을 사용하여 특징 선택 및 변수 가려내기를 수행하는 오퍼레이터도 따로 가지고 있다.

그러나 이러한 모든 장점들을 무색하게 하는 의사결정나무의 한 가지 단점이 있다. 그것은 가지치기와 같이 적절하게 나무 성장을 제한하지 않으면, 학습용 데이터셋에만 과적합되는 경향이 있으며 이는 결국 예측력을 감소시킨다.

4.2 규칙 유도

규칙 유도(rule induction)는 데이터셋에서 If-Then 규칙들을 추론해 나가는 데이터 마이닝 프로세스이다. 이러한 상징적인 의사결정 규칙들은 데이터셋에서 속성과 클래스 레이블 사이에 내재된 관계를 설명해 준다. 실생활에서의 많은 경험들은 직관적인 규칙 유도를 기반으로 한다. 예를 들어, "평일 오전 8시에는 고속도로 교통 혼잡이 심할 것이다"와 "일요일 오후 8시에는 교통 혼잡이 덜할 것이다"라는 규칙을 발견할 수 있다. 그러나 이러한 규칙들이 항상 맞는 것은 아니다. 휴가 기간의 평일 오전 8시에는 교통 혼잡이 덜할 것이기 때문이다. 그러나 우리의 일상생활에 대한 관찰을 기반으로 한 실생활의 경험으로부터 추론된 것이기에 일반적으로 이러한 규칙들은 맞다고 할 수 있다. 규칙 유도는 일반 사람들이 쉽게 이해할 수 있는 강력한 분류 방식(classification approach)을 제공한다. 규칙 유도는 예측분석에서 새로운 데이터셋을 분류하기 위해 사용하는 것과 별개로, 데이터의 패턴을 설명하기 위해서도 사용된다. If-Then의 단순한 형식으로 설명할 수 있기 때문에 일반 사용자들도 쉽게 이해할 수 있다.

데이터셋에서 규칙을 추출하는 가장 쉬운 방법은 동일한 데이터셋을 이용하여 생성한 의사결정나무로부터 추출하는 것이다. 의사결정나무는 데이터를 각 노드로 분할(split)하는데, 잎 노드에서 클래스 분류를 할 수 있다. 만일 잎 노드에서 뿌리 노드로 역추적(trace back)할 수 있다면, 특정 규칙을 만들기 위해 필요

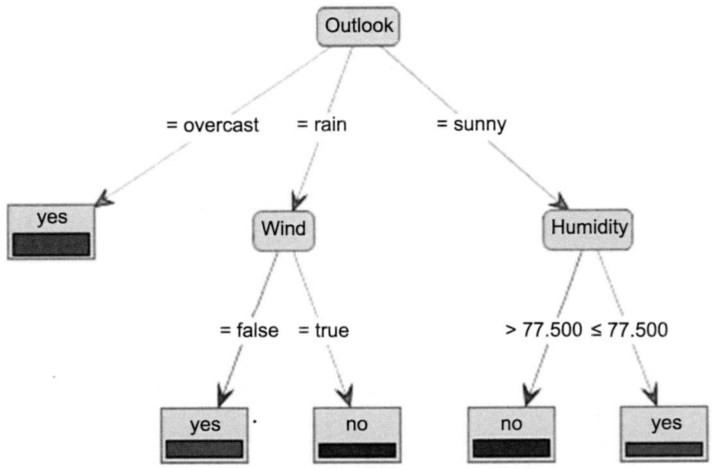

[그림 4.19] 골프 데이터셋을 이용한 의사결정나무 모델

한 모든 분할 조건들을 결합시킬 수 있다. 예를 들어, 4개의 날씨전망 조건들을 기반으로 구성된 골프 데이터셋 표 4.1에서 골프치는 것을 선호하는 경우와 그렇지 않은 경우의 날씨 조건 규칙집합(rule set)을 생성할 수 있다. 의사결정나무 절에서 언급하였듯이, 골프 데이터셋을 이용하여 의사결정나무를 생성할 수 있다. 그림 4.19는 골프 데이터를 이용하여 얻게 되는 의사결정나무를 보여주는데, 5개의 잎 노드와 2개의 레벨로 구성된다. 왼쪽에서 첫 번째 잎 노드를 추적해 보면 "if (outlook = overcast) then play = yes"라는 규칙을 추출할 수 있다. 이와 유사하게 5개의 모든 잎 노드에서 규칙을 추출할 수 있다.

Rule 1: if (Outlook = overcast) then Play = yes
Rule 2: if (Outlook = rain) and (Wind = false) then Play = yes
Rule 3: if (Outlook = rain) and (Wind = true) then Play = no
Rule 4: if (Outlook = sunny) and (Humidity > 77.5) then Play = no
Rule 5: if (Outlook = sunny) and (Humidity ≤ 77.5) then Play = yes

위의 5개 규칙들을 규칙집합(rule set)이라 한다. 각 규칙을 논리합 요소 [역자주: OR 논리연산을 논리합(disjunction)이라고도 하며 피연산자들을 논리합 요소(disjunct)라고 한다.] 또는 분류 규칙(classification rule)이라 한다. 전체 규칙은 다음과 같이 표현된다.

$R = \{r_1 \cup r_2 \cup r_3 \cup .. r_k\}$, k : 규칙집합에서 논리합 요소의 개수

각각의 논리합 요소는 다음과 같이 표현된다.

r_i = if (선행 또는 전제조건) then (결과)

예를 들면, 규칙 r_2는 if (Outlook = rain) and (Wind = false) then Play = yes를 의미한다.

위의 예제에서 (Outlook = rain)과 (Wind = false)는 규칙의 선행(antecedent) 또는 전제조건(condition)이라 한다. 규칙의 조건은 논리연산자 AND로 구분되는 다수의 속성들과 값들을 가질 수 있다. 각 속성과 값을 규칙의 논리곱 요소[역자주: AND 논리연산을 논리곱(conjunction)이라고도 하며 피연산자들을 논리곱 요소(conjunct)라 한다]라 한다. 논리곱 요소의 예를 들면 (Outlook = rain)이다. 규칙의 조건은 논리곱들을 AND 연산자로 묶은 집합이다. 각 논리곱 요소는 그에 상응하는 의사결정나무의 노드와 같다.

골프 데이터셋에서, 데이터셋과 관련한 규칙집합의 몇 가지 특성을 관찰할 수 있다. 먼저 규칙집합은 상호 배타적(mutually exclusive)이다. 이는 어떤 레코드도 하나 이상의 규칙에 적용될 수 없기에 (오로지 하나의 규칙만을 적용하므로) 예측 결과는 명확하다는 것을 의미한다. 그러나 상호배타적이지 않은 규칙집합들이 있을 수 있다. 만일 규칙집합에서 하나의 레코드가 하나 이상의 규칙에 적용되는데 각 규칙에서 예측하는 클래스가 모두 동일하다면 문제가 되지

않는다. 그러나 클래스 예측결과가 다르다면 규칙 유도 모델의 예측결과가 어떤 클래스인지 애매하게 된다. 하나 이상의 규칙으로 클래스 예측결과가 상이할 때, 이를 해결할 수 있는 방법으로 두 가지 기법이 있다. 첫 번째 기법은 한 레코드가 여러 개의 규칙에 적용된다면, 규칙들을 정렬하여 첫 번째 규칙을 우선적으로 선택할 수 있도록 순서 리스트를 만드는 것이다. 두 번째 기법은 각각의 규칙이 클래스 예측결과에 투표(vote)할 수 있도록 하는 것이다. 가장 많은 투표를 받은 클래스가 규칙집합의 최종 예측결과가 된다. 여기서 논의된 규칙집합은 또한 완결적(exhaustive)이다. 즉, 규칙집합은 학습용 레코드에만 한정된 것이 아니라, 모든 레코드 집합의 모든 속성값들의 조합에 대해서 적용될 수 있다. 만일 규칙집합이 완결적이지 않다면, 최종 규칙에 "else Class = Default Class Value"를 포함하여 완결적인 규칙집합을 만들 수 있도록 한다.

4.2.1 규칙집합 생성 방법

규칙들은 데이터셋으로부터 직접 추출하거나, 같은 데이터셋을 이용하여 만든 의사결정나무로부터 얻을 수 있다. 그림 4.20은 데이터셋에서 규칙들을 생성하

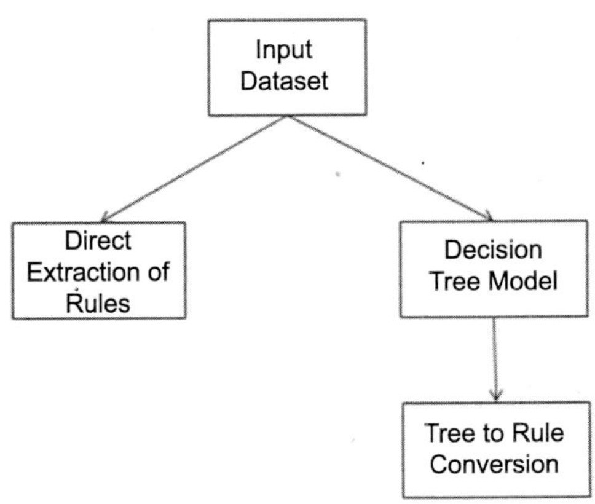

[그림 4.20] 규칙 생성 방식

는 방법을 보여준다. 전자의 방법을 직접적(direct) 방법이라고 하며, 데이터셋에서 속성들과 클래스 라벨 사이의 관계를 활용하여 생성된다. 의사결정나무를 먼저 생성한 후 거기에서 규칙을 추출하는 방법은 수동적(passive) 또는 간접적(indirect) 방법이라 한다. 의사결정나무에 대한 설명은 앞 절에서 이미 하였고 의사결정나무 모델에서 규칙을 추출하는 것은 간단하기 때문에, 여기서 우리는 데이터들 사이의 관계를 기반으로 하는 직접적 규칙 생성에 대해서 집중하여 설명한다. 특히 규칙집합을 만들기 위한 기법 중 순차적 커버링(sequential covering) 기법을 살펴보고자 한다.

기계 고장의 예측과 방지

현장에서 기계 고장은 거의 언제나 제조 공정의 중단으로 이어진다. 이러한 중단은 석유 정제, 화학 플랜트 등의 대규모 공정에서는 회사와 기계 제조사에 심각한 재정적 손실을 입힌다. 예제로 살펴보고자 하는 기계가 모터(motor)라고 가정해보자. 기계가 고장 난 후 대처하기보다는 문제가 발생하기 전에 고장의 문제를 진단하고, 예방하는 것이 훨씬 바람직하다. 대형 기계는 여러 부분에서 실시간으로 수천 건의 측정값들(readings)이 생성된다[스마트한 로직을 기반으로 측정값을 모으고 작동할 수 있는 네트워크에 연결된 기계들을 사물인터넷(internet of things, IoT)이라 한다]. 해결책 중의 하나는 이러한 측정값들의 추세를 파악하여 "실린더 온도가 852℃ 이상으로 계속 되면, 기계는 조만간 고장이 날 것이다"와 같은 규칙 베이스(rule base)를 생성하는 것이다. 이러한 종류의 규칙은 해석하기도 간단하고 향후 조치를 위해서 전문가를 필요로 하지 않으며, 자동화 시스템으로 구현하여 설치할 수 있다.

학습된 규칙(learned rule)을 생성하기 위해서는 기계 고장이 발생하기까지의 모든 측정값들의 이력 분석을 필요로 한다(Langley & Simon, 1995). 이러한 학습된 규칙들은 많은 경우 기계 전문가의 경험에 기초한 방법을 대신한다. 실패 사례와 실패하지 않은 사례의 기존 측정값들을 기초로 한, 학습된 규칙 집합은 기계 고장을 예측할 수 있기에 기계 운영자에게 조만간 발생할 기계 고장에 대해 경고할 수 있다. 이러한 규칙들은 매우 간단하기 때문에 이해하기 쉽고, 따라서 손쉽게 담당자들에게 예방책을 배포할 수 있다. 이러한 사례는 단순히 예측모델뿐 아니라, 사용자들이 모델의 내부 원리를 쉽게 이해할 수 있는 기술적 모델의 필요성을 보여준다. 고객 이탈, 채무 불이행 방지와 같은 경우에도 유사한 방법을 이용할 수 있다.

4.2.2 기법 원리

순차적 커버링 알고리즘은 데이터셋에서 규칙을 추출하는 반복적 프로시져이다. 순차적 커버링 기법은 데이터셋의 모든 규칙들을 하나하나 찾아가는 접근 방식이다. 순차적 커버링 기법의 구현 방법 중 하나로는 RIPPER (Repeated Incremental Pruning to Produce Error Reduction)가 있다(Cohen, 1995). 그림 4.21의 데이터셋은 x와 y축으로 된 2차원 데이터로, "+"와 "−"로 표시된 두 가지 클래스 레이블을 갖고 있다. 순차적 커버링 규칙생성을 위해서는 다음과 같은 단계를 따른다(Ten et al., 2005).

단계 1: 클래스 선택

이 알고리즘은 차례대로 하나씩 클래스 레이블을 선택하는 것으로 시작한다. 규칙집합은 클래스로 정렬되어 있으며, 하나의 클래스에서 다음 클래스로 넘어가기 전에 한 클래스에 해당되는 모든 규칙들을 생성한다. 첫 번째 클래스는 보통 최소빈도의 클래스 레이블이다. 그림 4.21을 보면, 최소빈도 클래스는 "+"이고 이 알고리즘은 "+" 클래스에 대한 모든 규칙들을 생성하는 데 집중한다.

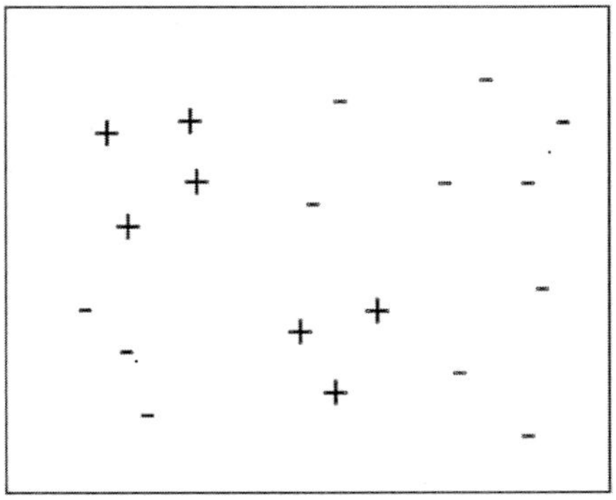

[그림 4.21] 2개의 차원과 2개의 클래스를 가진 데이터셋

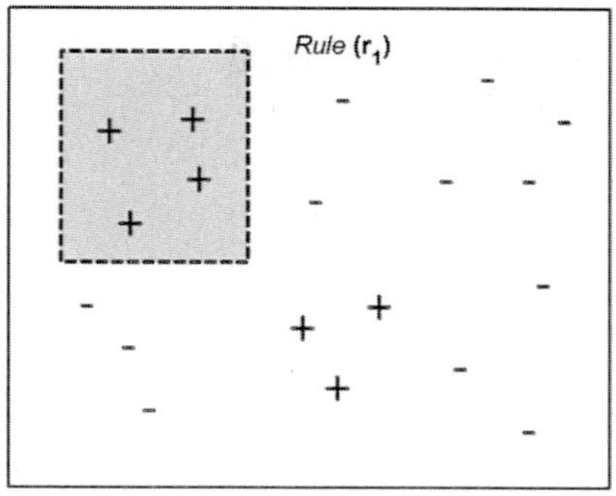

[그림 4.22] 규칙 r_1 생성

단계 2: 규칙 생성

이 단계의 목적은 "−"를 커버하고 있지 않거나 가능한 적은 수의 "−"를 커버하는 분류규칙을 이용하여 모든 "+" 데이터 포인트들을 커버하는 것이다. 예를 들면 그림 4.22에서 규칙 r_1은 왼쪽상단의 4개의 "+" 영역을 의미한다. 이 규칙은 단순한 논리곱 연산을 기반으로 하기 때문에 경계가 수평선 또는 수직선으로 이루어져있다. 규칙 r_1이 정해지면 전체 데이터셋에서 r_1에 해당하는 데이터 포인트들을 제거하고, 그 데이터셋에서 차선의 규칙들을 찾는다. 이 알고리즘은 그리디(greedy) 방식으로 성장하는 Learn−One−Rule 방식으로, 다음 단계에서 설명할 것이다. 초기 설정으로 시작되는 그리디 알고리즘의 결과물 중 하나는 1개의 전역 최적해(global optimum)를 얻는 대신 여러 개의 국소 최적해(local optima)를 얻는다는 것이다. 국소 최적해는 잠재적 솔루션들의 이웃(근처영역)에서는 최적이지만, 전역 최적해보다는 못하다.

단계 3: Learn−One−Rule

각 규칙 r_i는 Learn−One−Rule 방식으로 만들어진다. 각 규칙은 공집합으로 시작하여, 규칙의 정확도를 높일 수 있도록 논리곱 요소들을 하나씩 추가한다. 규칙의 정확도는 규칙에 커버되는 모든 레코드들 중 "+"의 비율로 측정한다.

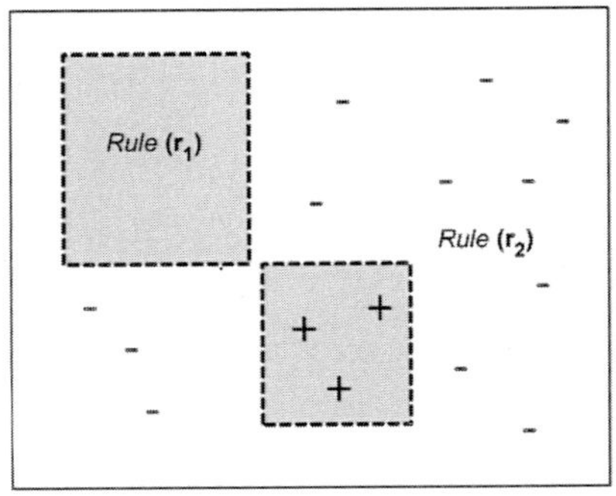

[그림 4.23] r_1의 데이터 포인트들 제거 후 다음 규칙 생성

$$\text{규칙 정확도 } A(r_i) = \frac{\text{규칙에 의해 커버된 정확하게 분류된 레코드들}}{\text{규칙에 의해 커버된 모든 레코드들}}$$

Learn-One-Rule은 공집합인 규칙집합(if { } then class="+")으로부터 시작한다. 당연히 이 규칙의 정확도는 이 데이터셋에서 "+" 데이터 포인트들의 비율과 동일하다. 이후 이 알고리즘은 그리디 방식으로 정확도가 100%에 도달할 때까지 논리곱 요소들을 추가한다. 만일 논리곱 요소를 추가했을 때 정확도가 떨어지면, 이 알고리즘은 다른 논리곱 요소를 찾거나 멈추고 다음 규칙의 반복을 시작한다.

단계 4: 다음 규칙

규칙을 생성한 후, 이 규칙에 의해 커버되는 모든 데이터 포인트들을 데이터셋에서 제거한다. 남은 "+" 데이터 포인트들을 커버하기 위한 다음 규칙을 생성하기 위해 위의 단계들을 반복한다. 그림 4.23에서 규칙 r_2는 규칙 r_1에 의해 커버된 데이터 포인트들을 제거한 후에 생성된다.

단계 5: 규칙집합 생성

모든 "+" 데이터 포인트를 식별하기 위해 규칙집합을 생성한 후, 규칙모델(rule model)은 일반화 오류를 줄이기 위한 가지치기에 사용되는 데이터셋으로 평가

- **기준(criterion)**: 알고리즘은 그리디 전략(greedy strategy)을 취하기 때문에, 새로운 논리곱 요소가 추가되는 것이 규칙에 도움이 되는지 평가하는 기준이 필요하다. 정보이득은 일반적으로 RIPPER에서 사용되는데 의사결정나무의 정보이득과 유사하다. 사용하기 쉬운 또 다른 기준은 순차적 커버링 알고리즘에서 논의되었던 정확도이다.
- **샘플 비율(sample ratio)**: 예제 데이터셋에서 학습용으로 사용되는 데이터의 비율이다. 남은 데이터는 가지치기를 위해 사용된다. 이 샘플 비율은 데이터 준비 단계에서 학습용/시험용의 분할 기준과는 다르다.
- **순수도(pureness)**: 분류 규칙에서 요구되는 최소한의 정확도 비율을 의미한다.
- **최소 가지치기 이익(minimal prune benefit)**: 가지치기를 하기 위해 요구되는 최소한의 가지치기 측정값(prune metric)의 증가율이다.

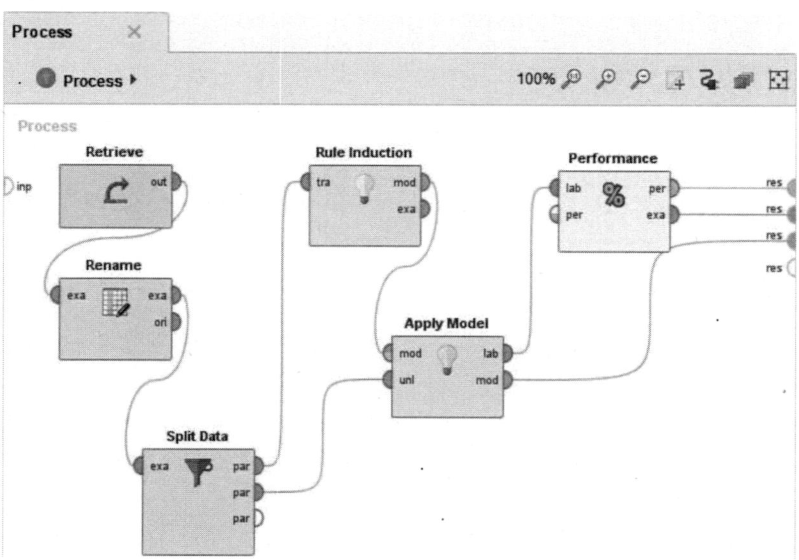

[그림 4.24] 규칙 유도 RapidMiner 프로세스

생성된 규칙을 데이터셋에 적용하기 위해서는, 모델의 결과물과 *Apply Model* 오퍼레이터와 연결한다. *Split Data* 오퍼레이터로 생성된 시험용 데이터셋을 *Apply Model* 오퍼레이터와 연결한다. *Performance(classification)* 오퍼레이터는 *Apply Model*로 생성된 예측 결과 데이터의 성능 벡터를 만들어 낸다. 이 오퍼레이터는 [Validation > Performance > Predictive] 폴더에 존재한다. 이제 출력 포트와 결과 포트를 연결한 후, 프로세스를 저장하고 실행한다. 그림 4.24는 규칙 유도를 위한 RapidMiner의 전체 프로세스 과정을 보여준다. 데이터셋과 완성된 프로세스는 www.LearnPredictiveAnlytics.com에서 다운로드 받을 수 있다.

단계 3: 결과 해석

결과는 규칙 모델(rule model), 예측된 시험용 데이터셋(labeled test data set), 성능 벡터(performance vector) 윈도우로 구성된다. 성능 벡터(performance vector)는 의사결정나무의 성능 벡터와 유사하다. 규칙 모델 윈도우는 그림 4.25와 같이 선행과 결과의 If-Then 규칙들로 구성된다. 그리고 각 분류 규칙 옆의 괄호 안의 숫자는 학습용 데이터셋에서 커버되는 규칙의 클래스 분포를 나타낸다. 이러한 통계량은 시험용 데이터셋이 아닌, 학습용 데이터셋을 기준으로 얻은 것임을 유의해야 한다.

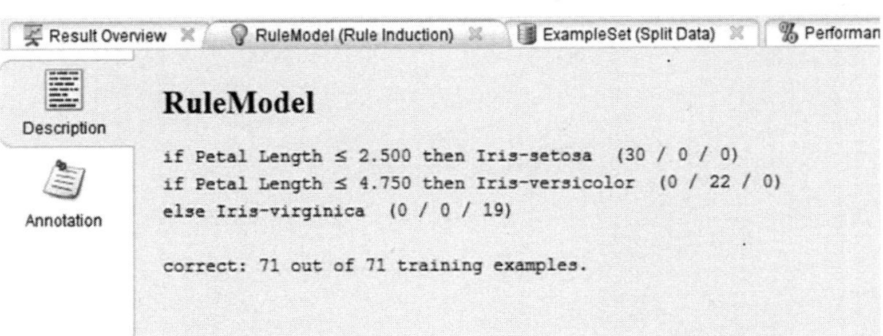

[그림 4.25] 규칙 유도의 규칙결과

성능 벡터 윈도우는 시험용 데이터셋에 규칙 모델을 적용한 예측결과의 정확도 통계량을 제공한다. 이 예제에서 예측 정확도는 92%로, 75개 테스트 레코드 중 69개를 정확하게 예측하였다. 속도, 사용 용이성, 이해 용이성을 고려하면 나쁘지 않은 모델이다.

또 다른 접근 방식: 의사결정나무로부터 도출한 규칙들

상호 배타적이고 완결적인 규칙집합을 생성하는 간접적이지만 쉬운 방법은 의사결정나무를 규칙집합들로 변환하는 것이다. 각 분류 규칙은 잎 노드에서 뿌리노드로 추적해 가면서 얻게 되는데, 그 과정에서의 각 노드는 논리곱 요소(conjoint)가 되고 잎 노드의 클래스 레이블은 결과가 된다. 비록 의사결정나무를 이용한 규칙 생성이 구현하기는 쉬울지라도, 규칙 경로에 반복되는 노드가 많이 존재하기 때문에 규칙 결과를 이해하기에 가장 최적은 아닐 수도 있다.

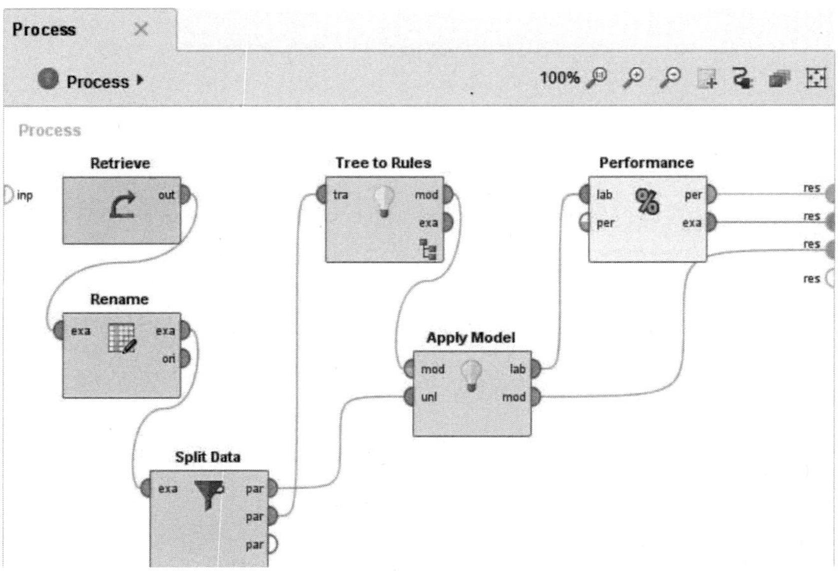

[그림 4.26] Tree to Rules의 프로세스

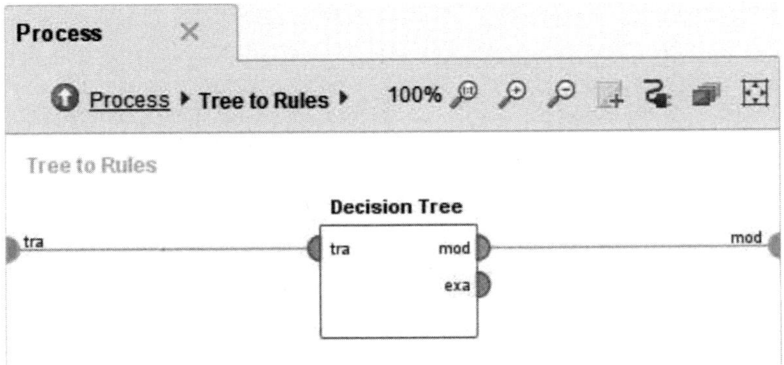

[그림 4.27] Tree to Rules의 서브프로세스: 의사결정나무

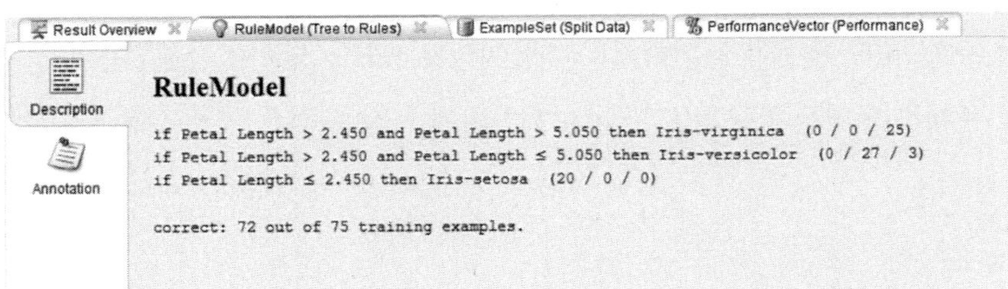

[그림 4.28] 의사결정나무로부터 도출한 규칙들

RapidMiner에서는 앞서 생성한 규칙유도 프로세스에서, *Rule Induction* 오퍼레이터를 *Tree to Rules* 오퍼레이터로 대체하기만 하면 된다. 이 모델링 오퍼레이터는 의사결정나무를 규칙으로 단순히 변환하는 것으로 어떠한 파라미터 설정도 필요하지 않다. 그러나 *Tree to Rules* 오퍼레이터의 서브프로세스에서 의사결정나무에 대한 설정을 해야 한다. *Tree to Rules* 오퍼레이터를 두 번 클릭하면, 그림 4.26과 그림 4.27에서 보이는 것처럼 의사결정나무 오퍼레이터가 들어간 서브 프로세스를 볼 수 있다.

의사결정나무의 파라미터는 4.1절에서 살펴본 것과 동일하다. 이제 완성된 RapidMiner 프로세스를 저장하고 실행한다. 이 규칙집합은 규칙모델들의 집합으로 구성되는데, 보통 규칙의 선행 부분에는 반복적인 논리곱 요소, 즉 의사결정나무로부터 도출된 규칙들이 있다. *Rule Induction* 오퍼레이터와 *Tree to Rules* 오퍼레이터를 이용하여 생성한 규칙들의 차이점을 유의해서 살펴보자. 그림 4.28은 의사결정나무로부터 도출한 규칙들을 보여준다.

4.2.4 결론

규칙을 사용한 분류는 속성들과 클래스 레이블의 관계를 식별할 수 있는 단순한 프레임워크(framework)를 제공한다. 이것은 예측모델로서 뿐만 아니라 기술 모델로도 사용된다. 규칙은 의사결정나무와 밀접하게 연관되어 있다. 규칙은 데이터 공간을 직선 형식으로 나누고, 상호 배타적이고 완결적인 데이터셋을 생성한다. 규칙집합이 상호 배타적이지 않다면, 데이터 공간은 복잡하고 곡선 형태의 분류경계선에 의해 분할될 수 있다. 단일 규칙 학습자(single rule learners)는 데이터 마이닝 모델의 가장 간단한 형태로, 주어진 속성들의 집합에서 가장 강력한 예측값을 보여준다. 규칙 유도는 그리디 알고리즘으로 그 결과가 전역 최적해가 아닐 수도 있고, 의사결정나무와 같이 데이터셋에 대해서 과잉 학습(과적합)이 될 수 있다. 이러한 점은 가지치기에 의해 완화될 수 있다. 규칙의 적용 범위가 넓기 때문에, 규칙 유도는 어떤 데이터 마이닝 알고리즘이든, 그 결과를 표현하는 도구로 널리 사용된다.

4.3 k-최근접이웃

의사결정나무와 규칙 유도(rule induction) 방법을 사용하는 예측 데이터 마이닝은 데이터셋 내부의 관계를 일반화하고 이를 이용하여 처음 보는 데이터의 결과를 예측한다. 신용 점수와 수입 수준, 대출 금액에 근거하여 대출 이자율을 예측할 때 쓰는 한 가지 방법을 소개하면 다음과 같다. 즉, 주어진 데이터에 기초하여 식 $y = f(X)$와 같은 수학적 관계를 개발한 후, 이를 이용하여 새로운 데이터에 대하여 이자율을 예측한다. 이러한 방법을 '부지런한 학습자(eager learner)'라고 부르는데, 이는 입력변수와 타겟변수 간의 실제 관계를 가장 잘 근사시키려고 하기 때문이다. 그러나 간단한 다른 방법도 있다. 신용 점수, 수입 수준, 대출 금액이 주어졌을 때 이자율을 '예측'하기 위해 학습용 데이터셋에서 신용 점수, 수입 수준, 대출 금액의 데이터와 비슷한 레코드를 검색한다. 이런 학습자는 둔한 방법을 사용하는데 학습용 데이터셋을 '학습'하는 데 쓰지 않고 '검색(lookup)'용 테이블로 사용하여 입력변수들과 일치하는 레코드를 찾아서 타겟변수를 예측한다. 이 방법을 '게으른 학습자(lazy learner)'라고 한다.

여기서의 근본적인 아이디어는 '유유상종'이라는 옛날 속담과 비슷하다. 비슷한 레코드들은 n차원 공간에서 가까이 위치하고 타겟변수의 클래스가 같다. 이것이 k-최근접이웃(k-Nearest Neighbours, k-NN) 알고리즘의 기본적인 논리의

숲의 유형 예측하기

위성 영상과 디지털 영상 처리는 지구상의 거의 모든 지역에 대해 풍부한 데이터를 제공한다. 삼림부서, 정부기관, 대학, 연구단체 등은 삼림 조성, 나무의 종과 건강, 생물의 다양성, 밀도, 숲의 상태를 이해해야 한다. 이를 위한 삼림 데이터베이스의 구축과 분류 프로젝트에 대한 현장 연구는 매우 지루하고 비용이 많이 드는 작업이다. 하지만 위성 영상, 제한된 현장 데이터, 고도 모델(elevation models), 항공 사진, 측량 데이터 등을 이용하면 이 과정에 도움을 줄 수 있다(McInerney, 2005). 여기에서의 목적은 지역이 삼림인가 아닌가를 분류하고 나무의 유형(type)이나 종(species)을 예측하는 것이다. 지역을 분류하기 위해서, 사용 가능한 모든 데이터셋을 결합하여 지역을 토지 단위(예를 들어 위성사진에서 픽셀)로 분할하고 각 단위에 대한 측정치들의 벡터를 생성한다. 그 후에 각 단위의 측정치들을 이전에 분류된 단위의 측정치들과 비교한다. 즉, 미리 분류되어 있는 자료에서 예측할 픽셀의 측정치들과 매우 가까운 것을 찾는 것이다. 예를 들어 기존 자료에서 가장 가깝게 발견된 픽셀이 자작나무들에 해당한다고 하자. 그러면 대상 픽셀의 지역은 자작나무 숲이라고 예측한다. 픽셀의 모든 측정치를 미리 분류된 데이터셋의 측정치와 비교하여 유사한 픽셀을 찾은 후 같은 유형의 숲이라고 판단한다. 이것이 지역을 분류하는 데 사용하는 k-NN 알고리즘의 핵심 개념이다(Haapanen et al., 2001).

배경이다. 학습용 데이터셋 전체를 '기억'한 후, 레이블이 없는(클래스를 모르는) 레코드를 분류할 때 이 레코드의 입력변수들을 학습용 데이터 전체와 비교해서 가장 가까운 것을 찾는다. 가장 가까운 학습용 레코드의 클래스 레이블이 시험용 레코드의 예측하고자 하는 클래스 레이블이다. 이것은 비모수적(non-parametric) 방법으로, 일반화나 데이터셋의 분포를 찾으려는 시도를 하지 않는다(Altman, 1992). 학습용 레코드들이 일단 기억되면 시험용 레코드의 분류는 매우 간단하다. 즉 각각의 시험용 레코드와 가장 가까운 학습용 레코드를 찾기만 하면 되는 것이다. 그런데 수학적 일반화나 규칙 생성이 없더라도 새 레코드와 가장 가까운 학습용 레코드를 찾는 것은 까다로운 문제가 될 수 있다. 정확하게 일치하는 학습용 데이터가 없을 때 특히 그렇다.

4.3.1 기법 원리

데이터셋에 있는 어떤 레코드라도 n차원 공간에서 하나의 점으로 시각화할 수 있다. 여기에서 n은 속성의 개수이다. 3차원을 초과하는 경우 인간은 이를 시각화하기는 어렵지만 수학 함수는 어떤 차원에라도 확장할 수 있기 때문에 2차원 공간에서 할 수 있는 모든 연산은 n차원 공간에서도 할 수 있다. 아이리스 데이터셋에서(150개의 레코드, 4개 속성, 1개 클래스 레이블, 그림 3.1, 표 3.1 참조) 꽃잎 길이와 꽃잎 폭의 두 속성을 살펴보자. 두 속성의 산점도가 그림 4.29에 있다. 색상은 타겟변수인 아이리스의 종을 나타낸다. 처음 보는 시험용 데이터 포인트인 A의 값은 (2.1 0.5)인데, 이에 해당하는 종은 Iris setosa임을 시각적으로 예측할 수 있다. 이것은 Iris setosa 종에 속하는 다른 데이터 포인트들의 근처에 데이터 포인트 A가 있다는 사실에 기초한 것이다. 마찬가지로 (5.7 1.0)의 값을 가지는 시험용 데이터 포인트 B는 Iris versicolor 점들의 근처에 있기 때문에 이 데이터 포인트를 Iris versicolor로 분류한다. 그런데 (5.0 1.8)과 같이 데이터 포인트가 두 종 사이에 있다면 주변에 둘 이상의 종이 있기 때문에 분

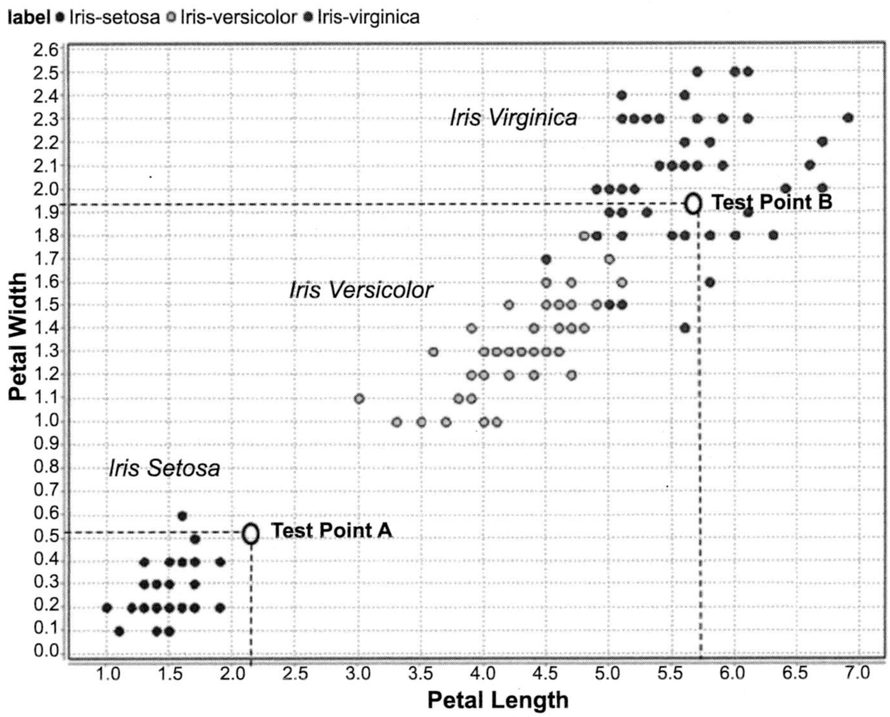

[그림 4.29] 아이리스 데이터셋의 2차원 산점도.
꽃받침 길이와 꽃받침 폭 클래스들의 계층을 색으로 구분

류가 까다로울 수 있다. 이러한 상황을 해결하고 3차원 이상의 데이터 포인트들의 근접도를 측정하는 효율적인 알고리즘이 필요하다. 하나의 방법은 다차원 공간에서 주어진 시험용 데이터 포인트로부터 가장 가까운 학습용 데이터 포인트를 찾아서 해당하는 타겟변수의 클래스를 시험용 데이터 포인트의 클래스로 예측하는 것이다. 이것은 k-NN이 작동하는 원리와 비슷하다.

k-NN에서 k는 클래스를 모르는 시험용 레코드를 예측할 때 고려해야 할 최근접 학습용 레코드의 개수이다. k=1이면 가장 가까운 레코드를 찾아서 그 클래스를 예측치로 간주한다. 그림 4.30은 2차원 학습용 데이터셋을 보여주는데 타겟 클래스가 원과 삼각형으로 표시되어 있다. 클래스를 모르는 시험용 레코

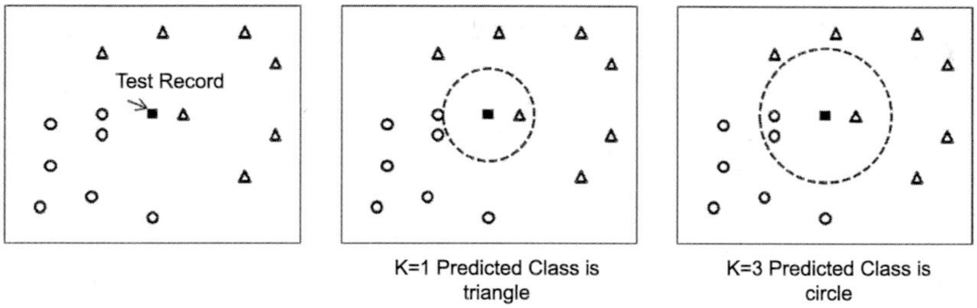

[그림 4.30] (a) 클래스를 모르는 레코드를 포함하는 데이터셋
(b) k=1일 때 클래스를 모르는 레코드 주변의 결정 경계
(c) k=3일 때 클래스를 모르는 레코드 주변의 결정 경계

드는 산점도 중앙에서 검은 정사각형으로 나타나 있다. k=1일 때 시험용 레코드의 예측 클래스는 삼각형이다. 왜냐하면 가장 가까운 학습용 레코드가 삼각형이기 때문이다. 그런데 최근접 학습용 레코드가 특이값이고 클래스가 틀렸다면 어떻게 될 것인가? 그러면 그 특이값 근처에 있는 모든 시험용 레코드들은 모두 잘못 분류될 것이다. 이러한 오분류를 방지하기 위해 k 값을, 예를 들어 3으로 증가시킬 수 있다. k=3이면 최근접 학습용 레코드 3개를 고려한다. 그림 4.30에서 3개의 최근접 학습용 레코드 중 과반수의 레코드인 원형을 시험용 레코드의 클래스로 예측하는 결론을 내린다. 타겟 레코드의 클래스를 투표로 결정하기 때문에 2-클래스 문제인 경우 k는 보통 홀수로 정한다(Peterson, 2009).

k-NN 알고리즘에서의 핵심 과제는 근접성 척도를 사용하여 클래스를 모르는 시험용 레코드로부터 가장 가까운 학습용 레코드를 결정하는 것이다. 일단 최근접 학습용 레코드(들)이 결정되면 그 다음의 투표 과정은 간단하다. 근접도를 측정하는 다양한 방법을 알아보자.

근접성 척도

k-NN 알고리즘의 유효성은 시험용 레코드를 기억된 학습용 레코드와 비교할

때 얼마나 비슷한가를 결정하는 것에 전적으로 달려 있다. 두 레코드 사이의 근접도는 그 속성들의 근접도이다. 두 레코드 사이의 유사도를 수량화하는데 거리, 상관관계, 자카드(jaccard) 유사도, 코사인(cosine) 유사도 등과 같은 다양한 방법들이 있다.

A. 거리

2차원 공간에서 두 점 X (x_1, x_2)와 Y (y_1, y_2) 사이의 거리는 다음 식으로 계산된다.

$$\text{Distance d} = \sqrt{(x_1 - y_1)^2 + (x_2 - y_2)^2} \tag{4.3}$$

이 식은 다음과 같이 n차원 공간으로 일반화 할 수 있다. 즉, $(x_1, x_2, \ldots, x_n)$이고 $(y_1, y_2, \ldots, y_n)$일 때

$$\text{Distance d} = \sqrt{(x_1 - y_1)^2 + (x_2 - y_2)^2 + \bullet\bullet\bullet + (x_n - y_n)^2} \tag{4.4}$$

4차원 아이리스 데이터셋의 처음 2개의 레코드를 예로 들어보자. X=(4.9 3.0 1.4 0.2)와 Y=(4.6 3.1 1.5 0.2) 사이의 거리는

$d = \sqrt{(0.3)^2 + (0.1)^2 + (0.1)^2 + (0)^2} = 0.33\text{cm}$이다. 아이리스 데이터셋의 모든 속성은 측정대상(꽃 부분의 길이)과 측정단위(cm)에 관해서 동질적(homogenous)이다. 그러나 일반적으로 실제 데이터셋에서는 신용점수와 수입과 같이 측정대상과 측정단위가 다른 경우가 보통이다. 거리 방법의 문제점은 거리가 속성들의 크기와 측정단위에 달려있다는 것이다. 예를 들어 두 레코드 사이의 신용점수의 변화량은 수백 점으로 천 단위의 크기를 가지는 수입의 변화량에 비해 매우 작다. 신용점수와 연간 수입을 가지는 데이터 포인트의 두 쌍을 생각하자. 쌍 A는 (500, \$40,000)과 (600, \$40,000)이고 쌍 B는 (500, \$40,000)과 (500, \$39,800)이다. 두 쌍의 첫

데이터 포인트는 같다. 두 번째 데이터 포인트는 첫 번째 데이터 포인트와 하나의 속성이 차이가 있다. 쌍 A에서는 신용점수가 600점으로 500점과 의미 있는 차이가 있다. 반면에 수입은 같다. 쌍 B에서는 수입 차이가 $200인데 겨우 0.5% 차이이다. 따라서 쌍 B의 데이터 포인트들이 쌍 A보다 더 비슷하다고 하는 것이 마땅하다. 그런데 쌍 A에서 두 점간의 거리는 (식 4.4) 100이고 쌍 B에서는 200이다! 수입의 변화량이 신용점수의 변화량을 압도하는 것이다. 속성들이 서로 다른 측정단위와 크기 등으로 측정될 때 이와 같은 현상이 나타날 수 있다. 이런 문제점을 완화하기 위해 보통은 k-NN의 모든 입력값들을 정규화하는데, 데이터 값들을 특정 범위로 크기 조정을 하는 것이다. 모든 속성들을 정규화하면 그들 사이에 공정한 비교가 가능해진다.

정규화에는 여러 방법이 있다. 범위 변환은 모든 속성들의 값을 특정 최솟값과 최댓값, 보통은 0과 1의 사이 값으로 크기 조정을 한다. Z-변환은 각 값에서 평균을 뺀 후 표준편차로 나누는데, 변환된 값들은 평균이 0이

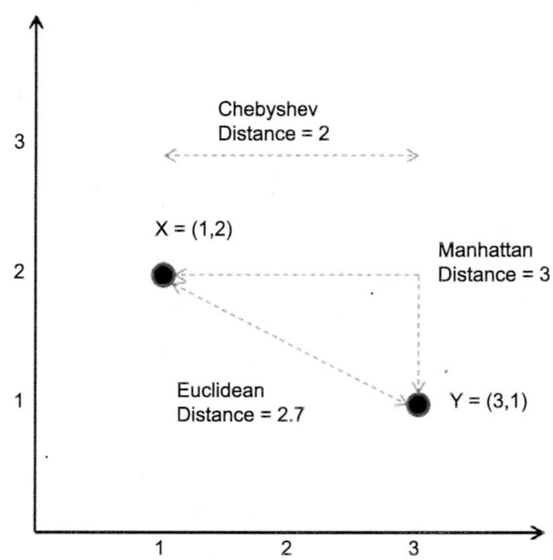

[그림 4.31] 거리 척도의 종류

고 표준편차가 1인 분포를 하게 된다. 예를 들어 Z-변환을 이용하여 아이리스 데이터셋을 정규화할 때 4.3과 7.9 사이의 값을 가지는 꽃받침 길이는 −1.86과 2.84 사이의 값으로 변환되는데, 변환 전의 표준편차는 0.828이지만 변환 후에는 1이 된다. 이제까지 논의된 거리 척도는 유클리드(Euclidean) 거리라 하는데, 수치형 속성에 가장 많이 쓰이는 거리 척도이다. 다른 거리 척도로 맨해튼(Manhattan)과 체비셰프(Chebyshev) 척도가 있다. 그림 4.31과 같은 2개의 포인트 X(1,2)와 Y(3,1)을 생각하자. 이 두 포인트 사이의 유클리드 거리는 직선 거리인데 그 값은 2.7이다. 맨해튼 거리는 개별 속성 사이의 차이의 합인데, X와 Y 사이의 맨해튼 거리는 (3−1) + (2−1) = 3이다. 이 거리는 택시 거리라고도 하는데, 자동차가 도시 블록(city block)의 주변을 돌아서 가로지르는 경로와 비슷하기 때문이다. 그림 4.31에서 택시가 도시 블록을 따라서 X로부터 Y로 움직이는 총 거리는 오른쪽으로 두 구획, 아래쪽으로 한 구획이다. 체비셰프 거리는 데이터셋에 있는 모든 속성들 사이의 차이 중 최대값이다. 이 예에서 체비셰프 거리는 max{(3−1), (2−1)} = 2이다. 그림 4.31이 체스판이라면 체비셰프 거리는 킹(king)이 한 지점에서 다른 지점으로 가는데 필요한 최소한의 이동횟수가 되고, 맨해튼 거리는 루크(rook)가 한 지점에서 다른 지점으로 움직일 때 지나가는 칸의 최소 개수가 된다.

앞에 언급한 3개의 거리 척도는 하나의 식, 민코프스키(Minkowski) 거리 척도로 일반화할 수 있다.. n차원 공간에서 두 점 X $(x_1, x_2, \ldots, x_n)$와 Y $(y_1, y_2, \ldots, y_n)$ 사이의 거리는 다음 식으로 계산한다.

$$d = \left(\sum_{i=1}^{n} |x_i - y_i|^p\right)^{\frac{1}{p}} \tag{4.5}$$

여기에서 p=1이면 맨해튼 거리, p=2이면 유클리드 거리, p=∞이면 체비셰프 거리가 된다. p를 놈(norm)이라고 하며, 식 4.5를 p−놈 거리라고도 한다. 어떤 척도를 선택하느냐 하는 것은 데이터에 달려 있다(Grabusts, 2011). 수치형 자료에는 유클리드 거리가 가장 많이 사용된다. 이진 속성에는 맨해튼 거리 또는 해밍(Hamming) 거리가 사용된다. 사전 지식이 없는 데이터셋에는 거리 척도에 대한 지침이 없다. 처음에는 유클리드 거리를 사용하는 것이 좋고, 그 다음에 다른 척도를 선택하여 성능을 시험한다.

일단 k개의 최근접 이웃이 결정되면 타겟 클래스를 예측하는 것은 간단하다. k개 중 다수를 차지하는 클래스가 예측 클래스이다. 이는 다음 식으로 표현된다.

$$y' = \text{maximum class}\,(y_1, y_2, \cdots, y_k) \tag{4.6}$$

여기에서 y'는 시험용 데이터 포인트의 타겟 클래스에 대한 예측치이고 y_i는 i 번째 이웃인 n_1의 클래스이다.

가중치

k-NN 알고리즘의 전제는 서로 가까이 있는 데이터 포인트들은 비슷하므로 타겟변수가 같은 클래스라는 것이다. k가 1보다 클 때, 최근접 이웃들은 타겟 클래스의 예측에 있어서 먼 이웃보다 발언권이 더 있어야 한다고 주장할 수 있다(Hill & Lewicki, 2007). 최종 클래스를 결정할 때 먼 이웃일수록 영향력이 감소한다. 이것은 모든 이웃들에게 가중치를 할당함으로써 반영할 수 있는데, 주어진 데이터 포인트에 가까울수록 가중치를 크게 한다. 가중치는 예측 클래스를 계산하는 마지막 다중 투표 단계에 포함시킨다. 가중치 w_i는 다음의 두 조건을 만족해야 한다. 이웃들로부터 주어진 데이터 포인트까지의 거리에 반비례하고 모든 가중치의 합이 1이어야 한다. 다음은 가중치 계산 방법 중의 하나인데, 거리에 따라 지수적으로 감소한다.

$$w_i = \frac{e^{-d(x,n_i)}}{\sum_{j=1}^{k} e^{-d(x,n_j)}} \tag{4.7}$$

여기에서 w_i는 i 번째 이웃인 n_i의 가중치, k는 이웃의 수, x는 시험용 데이터 포인트이다.

이 가중치들은 타겟 클래스를 예측할 때 다음과 같이 쓰인다.

$$y' = \text{maximum class}\,(w_1 * y_1, w_2 * y_2, \cdots, w_k * y_k) \tag{4.8}$$

여기에서 y_i는 i 번째 이웃인 n_i의 클래스이다.

이 거리 척도는 수치형 속성에 잘 들어맞는다. 그런데 속성이 범주형(명목형)이면 두 점 간의 거리는 0 또는 1이다. 두 속성의 값이 같으면 거리가 0이고, 다르면 거리가 1이다. 예를 들어 d(흐림, 맑음)=1, d(맑음, 맑음)=0이다. 속성이 순서형이고 3개 이상의 값을 가지면 순서형 값을 0, 1, 2, …, n−1과 같은 정수형으로 변환하고, 거리 계산을 할 때 그 속성을 수치형으로 다룰 수 있다. 순서형을 수치형으로 변환하면, 범주형으로 사용하여 거리가 0 또는 1이 되는 경우보다 더 많은 정보를 보유할 수 있다.

B. 상관관계 유사도

2개의 데이터 포인트 X와 Y 사이의 상관계수는 둘 사이의 선형 관계에 대한 척도이다. Pearson 상관계수는 −1에서 1 사이의 값을 가지는데, 그 값이 −1이면 완전한 음의 상관관계, 1이면 완전한 양의 상관관계, 0이면 상관관계가 없다는 것을 의미한다. 상관계수는 '선형' 관계에 대한 척도이기 때문에 0의 값은 관계가 없다는 것을 의미하는 것은 아니다. 그것은 다만 '선형' 관계가 없다는 것이지, 데이터 포인트들 간에 2차나 고차의 관계는 있을 수 있다. 이제 하나의 데이터 포인트와 다른 포인트 사이의 상관계수를 살펴보자. 이것은 변수들 사이의 상관계수와는 매우 다르다. 2개의 데이터 포인트 X와 Y 사이의 Pearson 상관계수는 다음 식으로 주어진다.

$$\text{Correlation } (X, Y) = \frac{s_{xy}}{s_x * s_y} \tag{4.9}$$

여기에서 s_{XY}는 X와 Y의 공분산이고, s_X와 s_Y는 각각 X와 Y의 표준편차인데, s_{XY}는 다음 식으로 계산한다.

$$s_{xy} = \frac{1}{n-1} \sum_{i=1}^{n} (x_i - \bar{x})(y_i - \bar{y})$$

예를 들어, 2개의 데이터 포인트 X(1,2,3,4,5)와 Y(10,15,35,40,55) 사이의 Pearson 상관계수는 0.98이다.

C. 단순 매칭 계수

단순 매칭 계수(Simple Matching Coefficient, SMC)는 데이터셋이 이진형 속성을 가질 때 사용한다. 예를 들어, X=(1,1,0,0,1,1,0)이고 Y=(1,0,0,1,1,0,0)이라 하자. 이 둘 사이의 유사도의 척도는 전체 발생 횟수에서 0이나 1이 동시에 발생하는 횟수의 비율로 계산한다. 즉,

$$\begin{aligned}\text{Simple matching coefficient (SMC)} &= \frac{\textit{matching occurences}}{\textit{total occurences}} \\ &= \frac{m_{00} + m_{11}}{m_{10} + m_{01} + m_{11} + m_{00}}\end{aligned} \tag{4.10}$$

여기에서 m_{11}은 X=1, Y=1의 발생횟수, m_{10}은 X=1, Y=0의 발생횟수, m_{01}은 X=0, Y=1의 발생횟수, m_{00}은 X=0, Y=0의 발생횟수이다.

예에서는 m_{11}=2, m_{10}=2, m_{10}=1, m_{00}=2이고, SMA는 다음과 같다.

$$\begin{aligned}\text{Simple matching coefficient (SMC)} &= \frac{\textit{matching occurences}}{\textit{total occurences}} \\ &= \frac{m_{00} + m_{11}}{m_{10} + m_{01} + m_{11} + m_{00}} = \frac{4}{7}\end{aligned}$$

D. 자카드 유사도

X와 Y가 2개의 텍스트 문서라면, 각 단어는 문서 행렬(document matrix) 또는 문서 벡터(document vector)라고 불리는 데이터셋에서 하나의 속성이 된다. 문서 데이터셋에서 각 레코드는 하나의 개별 문서 또는 텍스트의 한 부분에 해당한다. 이에 대해서는 9장 텍스트 마이닝에서 더 자세히 설명한다. 여기에서는 속성의 개수가 보통 수천 개인, 매우 큰 경우를 다룬다. 두 문서 X와 Y를 비교할 때 속성값의 대부분은 0이 된다. 이것은 2개의 문서가 같은 단어를 가지는 경우가 매우 드물다는 것을 의미한다. 이러한 상황에서 주목할 것은 같은 단어의 '발생(occurrence)'과 '미발생(non-occurrence)'을 비교해도 그다지 의미 있는 정보를 얻지 못하며 따라서 '미발생'을 무시할 수 있다는 것이다. 자카드 유사도 척도는 단순 매칭 유사도 척도와 비슷한데, 계산할 때 '미발생' 횟수를 제외한다. 앞의 예에서 자카드 유사도 척도는 다음과 같다.

$$\begin{aligned}\text{Jaccard coefficient} &= \frac{\textit{common occurences}}{\textit{total occurences}} \\ &= \frac{m_{11}}{m_{10}+m_{01}+m_{11}} = \frac{2}{5}\end{aligned} \tag{4.11}$$

E. 코사인 유사도

계속해서 문서 벡터의 예를 살펴보자. 속성은 어떤 단어의 존재 또는 부재를 나타내는데, 1 또는 0의 이진값을 가진다. 1과 0으로 표현되는 발생과 미발생 대신에 문서에 나타나는 발생 횟수를 이용하여 더 많은 정보를 가지는 벡터를 만들 수 있다. 문서 데이터셋은 수천 개의 변수(속성)을 가지는 긴 벡터인 경우가 보통이다. 간단한 예로 x(1,2,0,0,3,4,0)와 y(5,0,0,6,7,0,0)를 생각해 보자. 두 점 사이 코사인 유사도 척도는 다음 식으로 계산된다.

$$\text{similarity}(x, y) = \frac{x \cdot y}{\|x\| \|y\|} \tag{4.12}$$

여기에서 $x \cdot y$는 벡터 x와 y의 내적인데, $x \cdot y = \sum_{i=1}^{n} x_i y_i$이고 $\|x\| = \sqrt{x \cdot x}$ 이다. 예에서는 다음과 같이 계산된다.

$$\text{x} \cdot \text{y} = \sqrt{1*5+2*0+0*0+0*6+3*7+4*0+0*0} = 5.1$$
$$\|\text{x}\| = \sqrt{1*1+2*2+0*0+0*0+3*3+4*4+0*0} = 5.5$$
$$\|\text{y}\| = \sqrt{5*5+0*0+0*0+6*6+7*7+0*0+0*0} = 10.5$$
$$\text{similarity}(x, y) = \frac{x \cdot y}{\|x\| \|y\|} = \frac{5.1}{5.5 * 10.5} = 0.08$$

k-NN 실행 시, 거리 척도와 마찬가지로 범주형 속성에 대한 유사도 척도가 여러 개 있다. 코사인 유사도 척도가 가장 많이 사용되지만 적절한 척도는 데이터 구조에 달려 있다. 또한 거리나 유사도 척도의 선택을 모수화(parameterize) 할 수도 있는데, 각각의 척도를 사용하여 다수의 모델을 만든다. 데이터에 가장 잘 적합한, 즉 일반화 오류가 가장 적은 거리 척도가 그 데이터에 적당한 척도가 되는 것이다.

4.3.2 구현 방법

게으른 학습자(lazy learner)를 수행하는 것은 데이터 마이닝 방법 중에 가장 간단하다. 이것의 핵심 기능은 학습용 데이터셋을 참조하거나 검색하는 것이기 때문에, MS 엑셀과 같은 스프레드시트 소프트웨어에서 검색 함수를 사용하여 전체 알고리즘을 실행할 수 있다. 물론 거리 계산이 복잡하거나 속성의 수가 많아지면 데이터 마이닝 도구나 프로그래밍에 의존한다. RapidMiner에서 k-NN 실행은 데이터 준비, 모델링, 성능평가 오퍼레이터를 이용하는 분류나 회귀분석과 비슷하다. 모델링 단계에서는 모든 학습용 레코드를 기억하고 실수형과 명목형 값을 입력으로 받아들인다. 이 모델링 단계의 출력은 모든 학습용 레코드로 이루어진 데이터셋 그 자체이다.

단계 1: 데이터 준비

사례에 사용되는 데이터셋은 150개의 레코드와 4개의 수치형 속성을 가지는 표준 아이리스 데이터셋이다. 우선 *Normalize* 오퍼레이터를 사용하여 모든 속성을 정규화한다. 이 오퍼레이터는 [Cleansing > Normalization] 폴더에 있으며, 수치형 속성을 받아서 변환된 수치형 속성을 출력한다. 사용자는 파라미터 설정에서 다음과 같은 네 가지 정규화 방법 중 하나를 지정한다: Z-변환(가장 많이 사용), 범위 변환, 비례 변환, 4분위수(interquartile) 변환. 이 사례에서는 모든 속성들을 같은 표준편차를 가지도록 표준화하기 때문에 Z-변환을 사용한다.

다음에 *Split Data* 오퍼레이터를 사용하여 데이터셋을 2개로 분할한다. [Blending > Examples > Sampling] 폴더에 있는 이 오퍼레이터는 하나의 데이터셋을 여러 개로 분할하는 데 사용된다. 분할 비율과 샘플링 방법은 파라미터 설정에서 지정한다. 이 사례에서는 랜덤 샘플링을 이용하여 같은 크기로 학습용과 시험용 데이터셋으로 나눈다. 데이터의 절반은 k-NN 모델을 구축하는 학습용으로 사용하고, 나머지 반은 모델의 타당성을 검증하는 데 사용한다.

단계 2: 모델링 오퍼레이터와 파라미터

k-NN 모델링 오퍼레이터는 [Modeling > Predictive > Lazy] 폴더에 있다. 파라미터는 다음과 같이 설정한다.

- **k**: k-NN에서의 k 값을 설정한다. 기본값은 1인데, 이 사례에서는 3으로 둔다.
- **가중치 투표(weighted vote)**: k>1인 경우, 이 설정은 시험용 레코드의 클래스 값을 예측할 때 거리값을 고려할 것인가의 여부를 결정한다.

- **척도 유형(measure types)**: RapidMiner에는 20여 개의 거리 척도가 있는데, 이들은 척도 유형에 그룹화되어 있다. 이 중 하나를 선택하면 그 다음 파라미터인 척도 옵션으로 넘어간다.
- **척도(measure)**: 이 파라미터는 유클리드 거리나 맨해튼 거리 등과 같은 실제 척도를 선택한다. 척도가 선택되면 모델이 받아들이는 입력의 유형에 제한이 따른다. 따라서 입력 데이터가 척도에 적합하지 않은 속성을 포함하면 자료 유형을 변환해야 한다.

단계 3: 평가

다른 분류 모델의 실행과 비슷하게, 모델을 적용하여 데이터셋을 시험하고 모델의 유효성을 평가한다. 그림 4.32는 RapidMiner 프로세스에서 분할 오퍼레이터를 사용하여 초기 아이리스 데이터셋을 분할하는 것을 보여준다. 초기의 150개 레코드 중 임의의 75개는 k-NN 모델을 구축하는 데 사용되고 나머지는 시험용 데이터셋이다. *Apply Model* 오퍼레이터는 시험용 데이터셋에 종의 클래스를 예측하기 위해 k-NN 모델을 적용한다. 이 다음에 *Performance* 오퍼레이터를 사용하여 모든 시험용 레코드에 대해 예측 클래스와 기존의 클래스를 비교

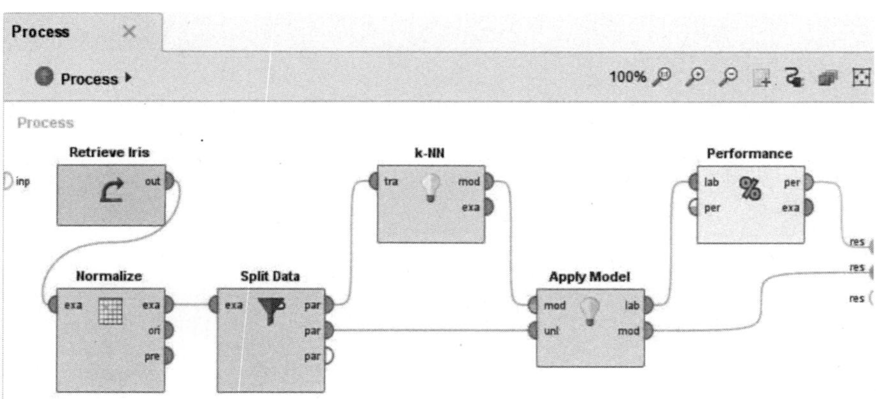

[그림 4.32] k-NN 알고리즘을 수행하는 데이터 마이닝 프로세스

한다. 이 RapidMiner 프로세스의 완성본은 www.LearnPredictiveAnalytics.com에서 다운받을 수 있다.

단계 4: 실행과 해석

Performance 오퍼레이터로부터의 출력을 그림 4.32처럼 결과 포트에 연결한 후에 모델을 실행한다. 결과 출력에서 다음을 알 수 있다.

1. **k-NN 모델**: k-NN 모델은 학습용 레코드셋 그 자체이다. 따라서 학습용 레코드에 대한 통계량 외에는 추가된 정보가 없다. 그림 4.33은 출력 모델을 보여준다.
2. **성능 벡터(performance vetor)**: *Performance* 오퍼레이터의 출력 중에

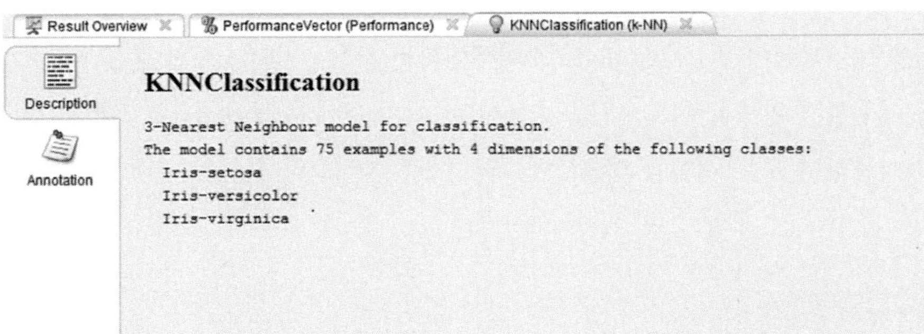

[그림 4.33] k-NN 모델의 출력

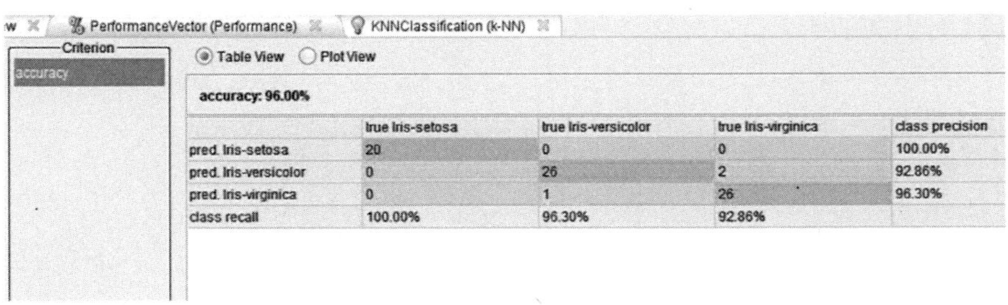

[그림 4.34] k-NN 모델에 대한 성능 벡터

혼동행렬이 있는데 시험용 레코드셋 전체에 대해서 옳은 예측과 틀린 예측을 보여준다. 75개의 시험용 레코드 가운데 그림 4.34는 정확한 예측이 72개(행렬에서 대각원소의 합), 틀린 예측이 3개임을 보여준다.

4.3.3 결론

k-NN 모델에서는 크거나 작은 측정 단위를 가지는 속성이 유발하는 편향(bias)을 피하기 위해 정규화를 해야 한다. 이 모델은 시험용 레코드에서 결측치가 있어도 매우 견고하다(robust). 결측치가 있으면 모델에서 그 속성 전체를 제외하지만; 그래도 상당히 정확하게 작동한다. 사례에서 시험용 레코드의 꽃받침 길이를 모르면, 모델에서 꽃받침 길이를 제외한다. 하나의 속성값이 결측될 경우 k-NN은 정상적인 4차원이 아니라 3차원 모델이 된다.

게으른 학습자 모델은 모든 학습용 레코드를 단지 기억만 하기 때문에 입력과 출력 사이의 관계를 설명할 수 없다. 그 관계에 대한 일반화나 추상화가 없는 것이다. 부지런한 학습자는 관계를 설명하거나 모델을 기술하는 데 더 좋다.

k-NN에서 모델 구축은 단지 '기억하기'이기 때문에 많은 시간이 소요되지 않는다. 그러나 클래스를 모르는 레코드를 분류하려면 시험용 레코드와 모든 학습용 레코드 사이의 거리를 계산해야 한다. 이 과정은 학습용 집합의 크기나 속성의 개수에 따라 고비용이 들 수 있다. 다소 복잡한 k-NN 실행에서는 레코드들의 색인을 만들어 탐색과 거리 계산을 쉽게 할 수도 있다. 또한 실제의 '실수형' 수치를 적당한 범위로 변환하여 색인을 하거나 시험용 레코드와 비교하는 것을 쉽게 할 수도 있다. 그러나 온라인 광고나 실시간 사기 탐지와 같이 시간에 민감한 경우에는 사용하기 힘들다.

k-NN 모델은 범주형 레코드를 다룰 수 있다. 하지만 범주형 속성값 사이의 거리는 속성값들이 다르면 1, 같으면 0이 된다. 순서형 값들을 정수값들로 변환하

여 거리 함수를 더 잘 확장할 수 있다. k-NN 모델이 입력-출력 관계를 일반화하는 데는 좋지 않지만, 학습용 레코드 사이에 존재하는 관계를 확장하는 데 여전히 매우 효과적인 모델이다. 양질의 분석 결과를 내기 위해서는 입력 속성들의 가능한 모든 값들이 포함된 학습용 레코드가 상당히 많아야 한다.

4.4 나이브 베이지안

분류에 사용되는 데이터 마이닝 알고리즘은 매우 다양하지만, 이들의 목적은 타겟변수의 예측으로 모두 동일하다. 각 알고리즘의 예측방법은 여러 학문분야의 다양한 기법으로부터 시작되었다. 나이브 베이지안(naïve Bayesian) 알고리즘은 그 뿌리가 통계와 확률 이론에 있다. 일반적으로 분류 기법은 입력과 출력 변수 간의 관계를 가장 잘 근사시킨 후, 속성값을 이용하여 클래스를 예측한다. 우리는 매일 과거의 증거에 입각하여 수많은 결과를 마음속으로 추정한다. 직장에 통근하는 시간을 추정하는 과정을 생각해 보자. 우선 통근시간은 언제 출근하느냐에 따라 크게 좌우된다. 가장 붐비는 시간이면 통근시간은 대부분 오래 걸릴 것이다. 비, 눈, 짙은 안개 같은 날씨는 통근을 더디게 할 것이다. 여름방학 시기라면 학기 중보다 통근이 빨라질 것이다. 도로공사 중이면 통근은 보통 오래 걸린다. 부정적인 요인이 둘 이상이면 하나만 있을 때보다 통근시간이 더 걸릴 것이다. 이 모든 if-then 지식은 이전의 통근 경험에 근거한 것이다. 우리의 경험은 머리 속에 모델을 만들고, 출발 전에 마음속에서 모델을 실행시키는 것이다!

주택담보대출에서 채무 불이행(default)의 경우를 생각해 보자. 채무 불이행의 전체 평균비율을 2%라고 했을 때 평균적인 사람이 채무 불이행할 확률은 2%이다. 그런데 어떤 특정 개인의 신용이력이 평균 이상이거나 매우 좋다면 채무 불이행 확률은 평균 이하일 것이다. 더욱이 그 사람의 연봉이 대출금 대비 평균 이상이면 채무불이행 확률은 더 떨어질 것이다. 결과에 영향을 주는 요인에 대한 증거가 많을수록 확률이론을 사용하여 결과에 대한 추측을 개선할 수 있다. 나이브 베이지안 알고리즘은 기본적으로 요인(속성)과 클래스 레이블(결과) 간의 확률적 관계를 활용한다. 이것은 속성들이 독립적이라는 강력하지만(strong) 때로는 순진한(naïve) 가정을 한다. 속성들 간의 독립성 가정은 반드시 성립하는 것은 아니다. 어떤 사례에서는 연간 수입과 신용점수가 서로 독립적이라고 가정할 수 있다. 그러나 많은 경우에 꼭 그렇다고 하지는 못한다. 채무불이행 비율에 영향을 주는 요인 중 하나가 주택가치라면, 연간 수입과 주택가치가 상관관계가 있고 따라서 독립이 아닌 경우가 있다. 수입이 많은 주택소유자는 더 비싼 주택을 사는 경향이 있다. 독립성 가정이 반드시 성립하지는 않지만, 알고리즘이 단순해지고 견고(robustness)해지는 것으로 그 가정의 한계점을 상쇄한다.

스팸 메일 예측하고 필터링하기

스팸은 수많은 사용자들에게 전송되는 원하지 않은 대량의 이메일이다. 수신자에게는 성가실 뿐이며 많은 스팸 메일은 허위광고나 피싱(phishing) 사이트 클릭 유도와 같은 악의적인 내용을 숨긴다. 스팸 메일 필터링은 메일 서비스 제공자나 관리자가 제공해야 할 필수적인 기능이다. 여기에서 핵심 도전과제는 정상 메일을 스팸이라고 잘못 분류하는 것(false positive)과 스팸 메시지를 알아채지 못하는 것 사이의 균형이다. 완벽한 스팸 필터링 방법은 없으며 스팸 감시는 일종의 따라잡기 게임이다. 스팸 발송자는 스팸 필터링을 피하기 위해 점점 더 정교한 방법을 이용한다. 메일 관리자는 여러 가지 새로운 스팸 시나리오에 대비하여 필터를 강화한다. 알고리즘에 기초한 자동 스팸 필터링이 해결책을 제시하고 이를 업데이트하는 학습 프레임워크를 제공해 준다(Prosess Software, 2013).

스팸 메일에는 정상적인 메일에 비해 자주 등장하는 단어들이 몇 개 있다. 예를 들어 공짜, 담보대출, 신용, 할인, 비아그라 같은 단어들이다. 만약 이전의 스팸과 정상 메일들을 가지고 있다면 정확한 확률을 계산할 수 있다. 단어 출현 확률에 기초하여 어떤 메일이 스팸일 확률을 계산할 수 있다. 메일에 있는 모든 단어에 대해 각 단어가 스팸에 있을 확률과 정상 메일에 있을 확률을 계산하는 것이다. 이것이 베이지안 스팸 필터링 방법의 근본 개념이다(Zdziarski, 2005). 스팸이 잘못 분류되면 나중에 사용자가 재분류하고 이에 따라 모델을 개선하면서 스팸 필터링을 새로운 기법으로 적응시켜 나간다. 최근의 스팸 감소 기법은 여러 가지 알고리즘을 결합한 것을 사용하지만, 베이지안 기반 필터링은 여전히 스팸 예측 시스템의 기본 요소 중의 하나이다(Sahami et al., 1998).

4.4.1 기법 원리

나이브 베이지안 알고리즘은 Reverend Thomas Bayes의 이름을 따서 명명된 베이즈 정리(Bayes' theorem)를 기반으로 만들어졌다. Bayes의 연구는 그의 사후에 Richard Price가 발간한 학술지 「Philosophical Transactions of the Royal Society of London」에 실려 있는 "Essay Towards Solving a Problem in the Doctrine of Chances"(1763)에 설명되어 있다. 베이즈 정리는 통계와 확률 이론에서 가장 영향력 있고 중요한 개념 중의 하나이다. 그것은 새로운 증거를 설명하기 위해 주관적 믿음의 정도가 어떻게 변하는지를 수학적으로 표현한다. 우선 이 정리에 사용되는 용어를 살펴보자.

X를 증거(evidence, 요인 또는 속성 집합)라 하고 Y를 결과(outcome, 타겟 또는 클래스 레이블)라고 하자. X는 개별 속성이 아니고 집합이다. 따라서 X = $\{X_1, X_2, X_3, \cdots X_n\}$으로 나타낼 수 있다. 여기에서 X_i는 신용등급과 같은 개별 속성이다. 결과 Y의 확률 P(Y)는 '사전 확률(prior probability)'이라고 하는데, 데이터셋으로부터 계산할 수 있다. 그것은 주어진 데이터셋에서 어떤 결과가 나올 확률을 나타낸다. 주택담보대출의 예에서 P(Y)는 채무불이행 비율인 2%이다. P(Y|X)는 '조건부 확률(conditional probability)'이라고 하는데, X 값이 주어졌을 때 어떤 결과가 나올 확률이다. 주택담보대출의 예에서 P(Y|X)는 개인의 신용이력이 알려졌을 때 채무불이행의 평균 비율이다. 만일 신용이력이 '매우 좋음'이면 채무불이행 확률은 2%보다 작을 것이다. $P(Y|X)$를 '사후 확률(posterior probability)'이라고 하기도 한다. 이 사후 확률을 계산하는 것이 베이즈 정리를 이용한 예측분석의 목적이다. 이것은 입력 속성의 값을 알고 있을 때 어떤 결과가 나올 확률이다. 베이즈 정리는 다음 식으로 표현된다.

$$P(Y|\mathbf{X}) = \frac{P(Y) * P(\mathbf{X}|Y)}{P(\mathbf{X})} \tag{4.13}$$

P(X|Y)는 또 다른 조건부 확률인데 '클래스 조건부 확률(class conditional probability)'이라고 한다. 이것은 클래스 레이블이 주어졌을 때 속성이 어떤 특정 값을 취할 확률이다. P(Y)와 마찬가지로 P(X|Y)도 데이터셋으로부터 계산할 수 있다. 학습용 데이터셋에서 채무불이행 데이터를 안다면, 채무불이행이 '그렇다'라고 주어졌을 때 신용등급이 '매우 좋음'의 확률을 계산할 수 있다. 베이즈 정리에서 나타난 것처럼 클래스 조건부 확률은 사후 확률을 계산하는 데 결정적인 역할을 한다. P(X)는 기본적으로 증거가 나타날 확률이다. 주택담보대출의 예에서 이것은 주어진 신용등급을 가지는 개인들의 비율이다. 새로운 레코드를 분류하기 위해 Y의 각 클래스에 대해 P(X|Y)를 계산하여 최댓값을 찾는다. 이 최댓값에 해당하는 클래스 레이블이 주어진 속성 *X*에 대한 예측 클래스가 된다. P(X)는 모든 클래스 값에 대해 동일하기 때문에 계산할 필요가 없으며 상수라고 가정한다. P(Y|X)를 좀 더 일반적으로 표현하면 다음과 같다. 즉, n개의 속성 $X = \{X_1, X_2, X_3, \cdots X_n\}$에 대해

$$P(Y|\mathbf{X}) = \frac{P(Y) * \prod_{i=1}^{n} P(\mathbf{X_i}|Y)}{P(\mathbf{X})} \tag{4.14}$$

클래스 조건부 확률 $P(X|Y) = \prod_{i=1}^{n} P(X_i|Y)$를 계산할 수 있으면 사후 확률 P(Y|X)는 쉽게 계산된다. P(X)는 Y의 모든 값에 대해 동일하기 때문에, 각 클래스 값에 대해 식 4.14의 분자 $P(Y) * \prod_{i=1}^{n} P(X_i|Y)$만 계산해도 된다.

표 4.4에 있는 수정된 골프 데이터셋을 사용하여 나이브 베이지안 알고리즘이 작동하는 방식을 더 살펴보자. 이 표는 4개의 속성과 하나의 클래스 레이블을 가지는 데이터셋을 나타낸다. 설명을 쉽게 하기 위해 명목형 데이터를 사용하고 있다는 것에 유의한다(온도와 습도가 수치형에서 명목형으로 변환되었다). 베이지안 용어로 표현하면 날씨 조건이 증거이고 경기를 '함(Play=yes)'이나 '안함(Play=no)'은 믿음이다. 모두 14개의 레코드가 있는데, 이 중에 5개는

[표 4.4] 온도와 습도를 수정한 골프 데이터셋

No.	Temperature X_1	Humidity X_2	Outlook X_3	Wind X_4	Play (Class Label) Y
1	high	med	sunny	false	no
2	high	high	sunny	true	no
3	low	low	rain	true	no
4	med	high	sunny	false	no
5	low	med	rain	true	no
6	high	med	overcast	false	yes
7	low	high	rain	false	yes
8	low	med	rain	false	yes
9	low	low	overcast	true	yes
10	low	low	sunny	false	yes
11	med	med	rain	false	yes
12	med	low	sunny	true	yes
13	med	high	overcast	true	yes
14	high	low	overcast	false	yes

'Play=no'이고 9개는 'Play=yes'이다. 우리가 예측하고자 하는 것은 날씨에 관련된 약간의 측정치 정보가 주어졌을 때 경기를 할 것인가의 여부로, 이 예측은 표 4.4의 데이터셋으로부터의 학습에 근거한다. 이제 베이지안 모델이 어떻게 작동하는지 단계별로 살펴본다.

단계 1: 사전 확률 P(Y) 계산하기

사전 확률 $P(Y)$는 어떤 결과가 나올 확률이다. 예제에서는 두 가지 가능한 결과, 즉 'Play=yes'와 'Play=no'가 있다. 표 4.4의 14개의 레코드 중 5개는 'no' 클래스이고 9개는 'yes' 클래스이다. 각 결과의 확률은 다음과 같다.

$P(Y = no) = 5/14$
$P(Y = yes) = 9/14$

결과의 확률은 데이터셋으로부터 계산되기 때문에, 샘플링을 사용한다면 데이터 마이닝에 사용되는 데이터셋이 모집단(population)을 대표(representative)

해야 한다는 것이 중요하다. 따라서 클래스 층화추출법(stratified-sampling)은 나이브 베이지안 모델링에 적당하지 않다.

단계 2: 클래스 조건부 확률 $P(X_i \mid Y)$ 계산하기

클래스 조건부 확률은 각각의 결과값(outcome value)에 대해서 각 속성값이 나올 확률이다. 이 계산을 모든 속성에 대해 반복한다. 예제에서는 온도(X_1), 습도(X_2), 날씨전망(X_3), 바람(X_4)과 결과(Y)의 가능한 모든 값에 대해 계산한다. 온도(X_1)의 클래스 조건부 확률을 계산해보자. 온도 속성의 각 값에 대해 표 4.5와 같은 확률 테이블을 만들어 $P(X_1 \mid Y=\text{no})$와 $P(X_1 \mid Y=\text{yes})$를 계산한다. 데이

[표 4.5] 온도에 대한 클래스 조건부 확률

Temperature (X_1)	$P(X_1 \mid Y = no)$	$P(X_1 \mid Y = yes)$
high	2/5	2/9
med	1/5	3/9
low	2/5	4/9

[표 4.6] 습도, 날씨전망, 바람에 대한 조건부 확률

Humidity (X_2)	$P(X_2 \mid Y = no)$	$P(X_2 \mid Y = yes)$
high	2/5	2/9
low	1/5	4/9
med	2/5	3/9
Outlook (X_3)	**$P(X_3 \mid Y = no)$**	**$P(X_3 \mid Y = yes)$**
overcast	0/5	4/9
rain	2/5	3/9
sunny	3/5	2/9
Wind (X_4)	**$P(X_4 \mid Y = no)$**	**$P(X_4 \mid Y = yes)$**
false	2/5	6/9
true	3/5	3/9

터셋에는 5개의 'Y=no' 레코드와 9개의 'Y=yes' 레코드가 있다. 5개의 'Y=no' 레코드 중 온도가 '높음', '보통', '낮음'이 될 확률을 계산하면 각각 2/5, 1/5, 2/5가 된다. 'Y=yes'에 대해서도 같은 계산을 반복한다.

같은 방법으로 다른 속성인 습도(X_2), 날씨전망(X_3), 바람(X_4)에 대해서 클래스 조건부 확률을 계산한다. 이 값들이 표 4.6에 나와 있다.

단계 3: 베이즈 정리를 이용하여 결과 예측하기

클래스 조건부 확률 테이블을 생성했으므로, 이제 이 표를 예측에 사용한다. 클래스를 모르는 새로운 시험용 레코드가 '온도=높음, 습도=낮음, 날씨전망=맑음, 바람=없음'일 때(표 4.7) 클래스 레이블에 대한 예측값은 무엇일까? 즉, 'Play=yes'인가? 아니면 'Play=no'인가? 이에 대한 결과 클래스(outcome class)는 베이즈 정리를 이용하여 예측할 수 있는데, Y의 2개 값에 대한 사후 확률 $P(Y|X)$를 계산한다. $P(Y=\text{yes}|X)$와 $P(Y=\text{no}|X)$가 계산되면 이 중 큰 값을 가지는 결과가 구하고자 하는 예측값이 된다. 식 4.14를 이용하여 2개의 클래스 조건부 확률을 계산하는 과정에서 $P(X)$는 동일하기 때문에, $P(Y) * \prod_{i=1}^{n} P(Xi|Y)$만 계산해도 된다. 계산과정을 살펴보면 다음과 같다.

$$P(Y = yes|\mathbf{X}) = \frac{P(Y = yes) * \prod_{i=1}^{n} P(Xi|Y = yes)}{P(X)}$$

$= P(Y = yes) * \{P(Temp = high|Y = yes) * P(Humidity = low|Y = yes) * P(Outlook = sunny|Y = yes) * P(Wind = false|Y = yes)\}/P(X)$

$= 9/14 * \{2/9 * 4/9 * 2/9 * 6/9\}/P(X)$

$= 0.0094/P(X)$

$P(Y = no|\mathbf{X}) = 5/14 * \{2/5 * 1/5 * 3/5 * 2/5\}/P(X)$

$= 0.0069/P(X)$

이 값들을 (0.0094+0.0069)로 나누어 정규화를 한다.

[표 4.7] 시험용 레코드					
No.	Temperature X_1	Humidity X_2	Outlook X_3	Wind X_4	Play (Class Label) Y
Unlabeled Test	high	low	sunny	false	?

$$\text{Likelihood of (Play = yes)} = \frac{0.0094}{0.0094 + 0.0069} = 58\%$$

$$\text{Likelihood of (Play = no)} = \frac{0.0069}{0.0094 + 0.0069} = 42\%$$

$P(Y = \text{yes} | X) > P(Y = \text{no} | X)$이므로 이 시험용 레코드에 대한 예측값은 'Play=yes'가 된다.

베이지안 모델링은 일단 기호가 파악되면 비교적 이해하기 쉽고 어떤 프로그래밍 언어로도 실행하기가 쉽다. 모델 구축을 위한 계산은 매우 간단하며 확률의 검색 테이블(lookup table)을 만들기만 하면 된다. 그리고 결측치를 다룰 때에도 매우 견고하다(robust). 시험용 레코드에 결측치가 있다면, 가령 온도값이 없다면, 베이지안 모델은 빠진 속성에 해당하는 클래스 조건부 확률을 단순히 빼기만 하면 된다. 의사결정나무나 회귀분석 알고리즘에서는 시험용 데이터셋에 결측치가 있으면 다루기가 어려워진다. 의사결정나무에서 위쪽 노드에 결측치가 발생하거나 회귀분석에서 가중치가 큰 속성에 결측치가 발생하는 경우가 특히 그렇다. 나이브 베이지안 알고리즘이 결측치에 매우 견고하기는 하지만 몇 가지 한계점이 있다. 여기에서 가장 중요한 몇 가지의 한계점과 보완방법을 살펴본다.

문제점 1: 불완전한 학습용 데이터셋

시험용 레코드에 있는 속성값이 학습용 레코드에 없을 때 문제가 발생한다. 표 4.4의 골프 데이터셋에서 시험용 레코드가 '날씨전망=흐림'이라면 *P*(Outlook

= overcast | Y = no) = 0이 된다. 속성의 클래스 조건부 확률값 중 하나만 0이어도 베이즈 정리의 성질 때문에 전체의 사후 확률값은 다음에서 보는 것처럼 0이 된다.

$$P(Y = no|\mathbf{X}) = P(Y = No) * \{P(Temp = high|Y = no) * P(Humidity = low| Y = no) * P(Outlook = overcast|Y = no) * P(Wind = false|Y = no)\}/P(\mathbf{X})$$
$$= 5/14 * \{2/5 * 1/5 * 0 * 2/5\}/P(\mathbf{X})$$
$$= 0$$

이 경우 $P(Y = yes | X) > P(Y = no | X)$이므로 이 시험용 레코드는 'Play=yes'로 분류된다.

또 다른 어떤 속성값에 대해서 그 값을 가지는 학습용 레코드가 없으면, 예를 들어 'Y=yes'에 대해 '온도=낮음'의 레코드가 없으면, $P(Y = yes | X)$와 $P(Y = no | X)$의 값이 둘 다 0이 되고 따라서 예측을 임의로 해야 한다.

이 문제점을 보완하기 위해서 결측 레코드의 확률값을 0 대신에 작은 값을 부여한다. 이렇게 하면 비록 확률이 작은 값으로 줄어들기는 하지만 속성값의 부재가 $P(X | Y)$값을 지워버리지는 않는다. 이러한 기법을 라플라스 수정(Laplace correction)이라고 한다. 이 기법은 모든 클래스 조건부 확률값에 제어 오차(controlled error)를 더해준다.

위의 예에서 '날씨전망=흐림'이면 $P(X|Y = no) = 0$이 된다. 날씨가 취하는 3개의 값에 대한 클래스 조건부 확률값은 각각 0/5, 2/5, 3/5이다. 여기에 제어 오차를 더해주는데, 모든 분자에는 1을 모든 분모에는 3을 더하면 된다. 그 결과 클래스 조건부 확률값은 각각 1/8, 3/8, 4/8가 된다. 이 클래스 조건부 확률값을 모두 더하면 여전히 1이 된다. 일반적으로 라플라스 수정은 다음 식으로 주어진다.

$$\text{corrected probability P (X}_\text{i} \mid \text{Y)} = \frac{0+\mu p_1}{5+\mu}, \frac{2+\mu p_2}{5+\mu}, \frac{3+\mu p_3}{5+\mu} \tag{4.15}$$

여기에서 $p_1 + p_2 + p_3 = 1$이고 μ는 수정값이다.

문제점 2: 연속형 속성

속성이 명목형이 아니고 연속형이면 앞에서 논의한 해결방법은 소용이 없다. 연속형 값을 이산화(discretization)하여 명목형 값으로 변환한 후 앞에 논의된 방법을 사용할 수는 있다. 그러나 이산화 과정은 범위 구분에 주관적인 판단을 해야 하고 정보의 손실을 가져온다. 대신에 우리는 연속형 값을 그대로 유지하고 확률밀도함수(probability density function)를 사용한다. 수치형 속성에 대한 확률분포가 정규분포(가우스 분포)를 한다고 가정한다. 만약 속성값이 포아송(Poisson) 분포와 같이 다른 분포를 한다면 해당 확률밀도함수를 사용하면 된다. 정규분포의 확률밀도함수는 다음과 같다.

[표 4.8] 연속형 속성들을 가지는 골프 데이터셋

No.	Outlook X_1	Temperature X_2	Humidity X_3	Wind X_4	Play Y
1	sunny	85	85	false	no
2	sunny	80	90	true	no
6	rain	65	70	true	no
8	sunny	72	95	false	no
14	rain	71	80	true	no
3	overcast	83	78	false	yes
4	rain	70	96	false	yes
5	rain	68	80	false	yes
7	overcast	64	65	true	yes
9	sunny	69	70	false	yes
10	rain	75	80	false	yes
11	sunny	75	70	true	yes
12	overcast	72	90	true	yes
13	overcast	81	75	false	yes

[표 4.9] 연속형 속성들의 평균과 표준편차

Play Value		Temperature X_2	Humidity X_3
Y = no	Mean	74.60	84.00
	Deviation	7.89	9.62
Y = yes	Mean	73.00	78.22
	Deviation	6.16	9.88

$$f(x) = \frac{1}{\sqrt{2\pi}\sigma} e^{-\frac{(x-\mu)^2}{2\sigma^2}} \tag{4.16}$$

여기에서 μ는 샘플의 평균, σ는 샘플의 표준편차이다.

표 4.8의 수정된 골프 데이터셋에서 온도와 습도는 연속형 속성이다. 여기에서 온도와 습도에 대해 2개의 클래스 'Play=yes'와 'Play=no'에 대한 평균과 표준편차를 계산한다(표 4.9 참조).

클래스를 모르는 시험용 레코드에서 온도가 78이면 식 4.16을 사용하여 두 클래스에 대한 확률밀도를 계산할 수 있다. 'Play=yes'의 경우 확률밀도함수에 x=78, μ=73, σ=6.16을 대입하면 0.0466이 되고, 'Play=no'의 경우에는 x=78, μ=74.6, σ=7.89를 대입하여 0.0461이 된다. 즉, 다음과 같이 정리된다.

P(Temperature = 78 | Y = yes) = 0.0466
P(Temperature = 78 | Y = no) = 0.0461

이 값들은 확률밀도이지 확률값은 아니다. 연속형 분포에서는 한 점에서의 확률값은 0이므로, 온도가 어떤 특정값이 될 확률은 0이다. 대신에 온도가 77.5와 78.5 사이에 있을 확률처럼 어떤 범위에 대한 확률값을 계산한다. 'Play=yes'와 'Play=no'에 대한 확률을 계산할 때 똑같은 범위를 사용하므로 실제 확률을 계산할 필요는 없다. 그러므로 조건부 확률 $P(X|Y)$를 계산할 때 베이지안 공식

4.14에서 위 값들로 대체한다.

문제점 3: 속성들 간의 독립성

나이브 베이지안 모델에서 근본적인 가정의 하나는 속성 간의 독립성이다. 베이즈 정리는 독립적인 속성들에 대해서만 성립한다. 실생활의 많은 경우에 이것은 너무 엄격한 조건이다. 이 기법을 '나이브' 베이지안이라고 부르는 것도 속성들이 독립적이라고 가정하기 때문이다. 그러나 실무에서는 약간의 상관관계가 있어도 나이브 베이지안 모델이 잘 작동한다(Rish, 2001). 독립성의 문제점은 데이터를 전처리함으로써 해결할 수 있다. 나이브 베이지안 알고리즘을 적용하기 전에 상관관계가 큰 속성들을 제거한다. 모든 속성이 수치형인 경우에는 가중 상관행렬(weighted correlation matrix)을 계산하면 된다. 속성 간에 종속관계가 존재하는 데이터셋을 다루기 위해, 베이즈 정리의 고급 응용인 베이지안 빌리프 네트워크(Bayesian belief network)를 작성한다.

2개의 범주형(명목형) 속성 간의 독립성은 카이제곱(chi-square, χ^2) 검정으로 검증할 수 있다. 카이제곱 검정은 표 4.10A와 같은 관측도수(observed frequency)의 분할표(contingency table)를 작성하여 수행한다. 분할표는 두 속성의 간단한 교차 색인표(cross tab)이다.

[표 4.10] **분할표: 관측도수(A)와 기대도수(B)**

Outlook	Wind(A)			Outlook	Wind(B)		
	False	True	Total		False	True	Total
overcast	2	2	**4**	overcast	2.29	1.71	**4**
rain	3	2	**5**	rain	2.86	2.14	**5**
sunny	3	2	**5**	sunny	2.86	2.14	**5**
Total	**8**	**6**	**14**	**Total**	**8**	**6**	**14**

또 다음 식을 사용하여 기대도수(expected frequency)의 분할표(표 4.10B)를 작성한다.

$$E_{r,c} = \frac{(\text{row total} * \text{column total})}{(\text{table total})} \tag{4.17}$$

카이제곱 통계량은 이 2개의 표 사이에 차이값을 계산하여 다음 식으로 구한다.

$$\chi^2 = \sum (O - E)^2/E \tag{4.18}$$

여기에서 O는 관측도수이고, E는 기대도수이다.

카이제곱 통계량(χ^2)이 주어진 신뢰수준에 대하여 카이제곱 분포로부터 계산된 기준값보다 작으면 두 변수는 독립적이라고 간주한다. 이 검정의 전체 과정은 통계 도구나 MS 엑셀 등을 이용하여 수행할 수 있다.

4.4.2 구현 방법

나이브 베이지안 모델은 어떤 프로그래밍 언어로도 쉽게 실행할 수 있는 몇 안 되는 데이터 마이닝 기법 중의 하나이다. 모델 구축 단계에서 조건부 확률 테이블이 준비되기 때문에 모델의 실행은 매우 빠르게 진행된다. 데이터 마이닝 도구들은 모두 나이브 베이지안 분류기를 포함한다. RapidMiner에서는 [Modeling > Predictive > Bayesian] 폴더에서 *Naïve Bayes* 오퍼레이터를 이용할 수 있다. 모델을 구축하고 새로운 데이터에 적용하는 과정은 의사결정나무나 다른 분류기와 비슷하다. 나이브 베이지안 알고리즘에서는 수치형과 명목형 속성 둘 다 이용할 수 있다.

단계 1: 데이터 준비

표 4.8의 골프 데이터셋은 RapidMiner에서 리포지토리(repository)의 [Sample > Data] 폴더에서 이용할 수 있다. 이 데이터셋을 드래그하여 프로세스 화면으로 드롭한다. 같은 폴더에 Golf–Testset 데이터셋이 있는데 이것은 검증용으로 쓰인다. 이 2개의 데이터셋을 메인 프로세스 화면에 추가한다. 베이즈 오퍼레이터는 수치형과 명목형 데이터를 받아들이기 때문에 데이터 변환 과정은 불필요하다. 샘플링은 대규모 데이터셋으로부터 학습용 데이터셋을 추출하는 통상적인 방법이다. 나이브 베이지안 모델링에서는 학습용 데이터셋이 대표성을 가져야 하고 원천 데이터셋에 비례적이어야 하는 것이 특히 중요하다. 따라서 클래스 층화추출법 대신에 랜덤 샘플링을 사용하도록 한다.

단계 2: 모델링 오퍼레이터와 파라미터

이제 [Modeling > Predictive > Bayesian] 폴더에 있는 *Naïve Bayes* 오퍼레이터를 골프 학습용 데이터셋에 연결한다. 이 오퍼레이터는 파라미터 옵션이 하나만 있는데, 라플라스 수정(Laplace correction)을 포함할 것인가의 여부이다. 데이터셋이 작으면 이 옵션을 적극 권장한다. 왜냐하면 이런 데이터셋은 모든 클래스 값에 대하여 속성들의 가능한 모든 값을 포함하기 힘들기 때문이다. 실제로 이 옵션에 대한 기본값은 '선택함'으로 체크되어 있다. 나이브 베이지안 오퍼레이터의 출력은 모델과 기존 학습용 데이터셋이다. 모델을 시험용 데이터셋에 적용하기 위해 모델 출력을 *Apply Model* 오퍼레이터([Scoring] 폴더)에 연결한다. 이 오퍼레이터의 출력은 클래스가 예측되어 레이블이 표시된 시험용 데이터셋(labeled test data set)과 모델이다.

단계 3: 평가

분류 모델의 성능을 평가하기 위해서, 앞 단계에서 레이블이 표시된 데이터셋(labeled data set)을 *Performance(Classification)* 오퍼레이터에 연결한다. 이 오퍼레이터는 [Validation > Performance > Predictive] 폴더에 있다. 그림 4.35는 나이브 베이지안 예측 분류 프로세스의 완성본을 보여준다. 출력 포트를 결과 포트에 연결하고 프로세스를 저장한 후 실행한다. 이 RapidMiner 프로세스도 www.LearnPredictiveAnalytics.com에서 다운받을 수 있다.

단계 4: 실행과 해석

그림 4.35의 프로세스는 다음과 같은 3개의 결과를 출력한다: 모델 설명(model description), 성능 벡터(performance vector), 레이블이 표시된 데이터셋(labeled data set). 레이블이 표시된 데이터셋은 시험용 데이터셋에 열을 추가하여 거기에 예측 클래스를 표시한 것이다. 그것은 또한 각 클래스에 대해 신뢰 수준을 포함하고 있는데 각 클래스 값의 확률을 나타낸다.

모델 설명 부분은 모든 입력 속성들의 클래스 조건부 확률에 대한 정보를 많이 포함하는데, 학습용 데이터셋으로부터 구한 것이다. 여기에서 도표(chart) 탭은 그림 4.36과 같이 속성들의 확률밀도함수를 보여준다. 연속형 속성의 경우, 습

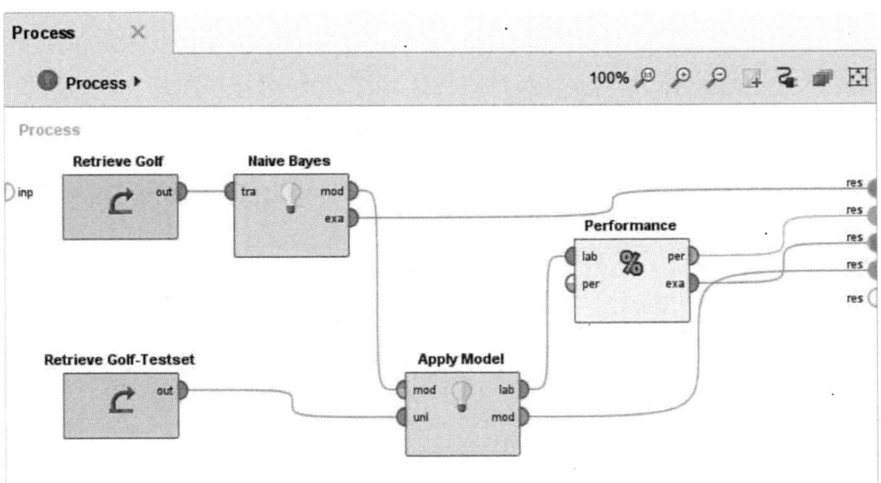

[그림 4.35] 나이브 베이지안 알고리즘을 위한 데이터 마이닝 프로세스

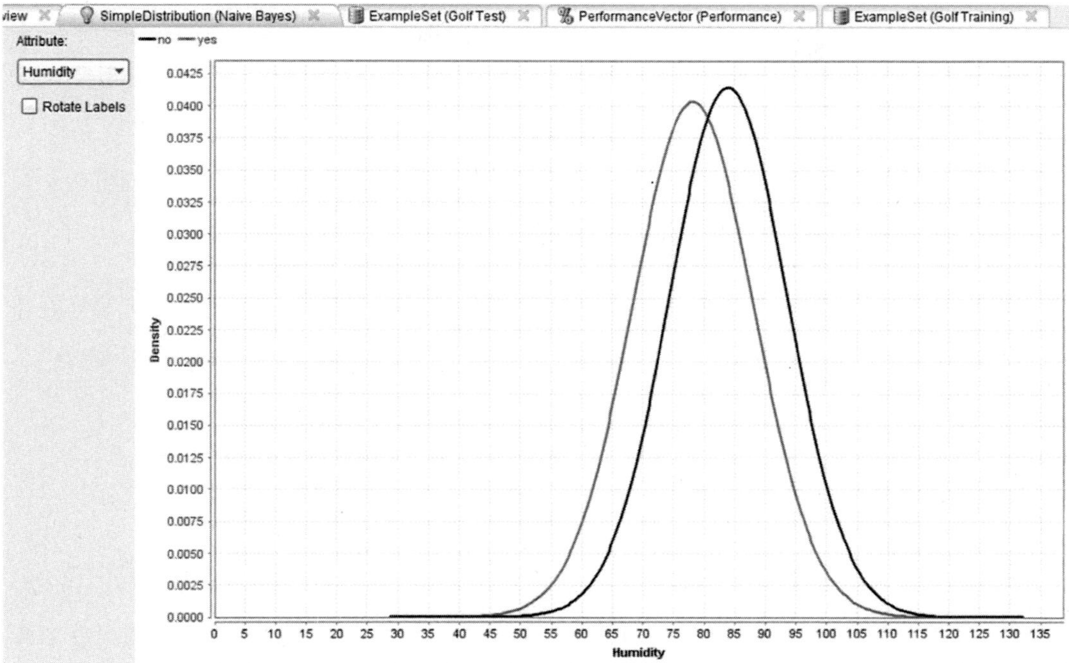

[그림 4.36] 나이브 베이지안 모델의 출력: 습도에 대한 확률밀도함수

Attribute	Parameter	no	yes
Outlook	value=rain	0.392	0.331
Outlook	value=overcast	0.014	0.438
Outlook	value=sunny	0.581	0.223
Outlook	value=unknown	0.014	0.008
Temperature	mean	74.600	73
Temperature	standard deviation	7.893	6.164
Humidity	mean	84	78.222
Humidity	standard deviation	9.618	9.884
Wind	value=true	0.589	0.333
Wind	value=false	0.397	0.659
Wind	value=unknown	0.014	0.008

[그림 4.37] 나이브 베이지안 분포 테이블 출력

도 속성에서 서로 다른 클래스를 구분하는 경계를 파악할 수 있다. 습도가 82를 초과하면 'Play=no'의 확률이 증가하는 것을 알 수 있다. 그림 4.37의 분포 테이블(distribution table)은 모든 속성값들과 해당 확률 척도를 보여준다. 분포 테이블 탭은 표 4.5와 표 4.6과 유사하게 친숙한 클래스 조건부 확률 테이블을 제공한다.

성능 벡터 부분은 이전에 논의된 분류 알고리즘과 비슷하다. 예측된 시험용 데이터셋에 대해 정확도, 정밀도, 리콜 척도를 설명하는 혼동행렬을 보여준다.

4.4.3 결론

베이지안 알고리즘은 분류 문제에 대한 확률적 프레임워크를 제공한다. 데이터를 모델링하는데 간단하면서도 온전한 토대를 가지고 있으며 특이값이나 결측치에 대해 매우 견고하다. 이 알고리즘은 텍스트 마이닝과 문서 분류에서 널리 사용되는데, 이런 문제들은 속성의 수와 계산할 속성값이 매우 많다. 경험상 나이브 베이지안 분류기는 분석의 출발점으로 많이 사용되고 있으며, 분석 프로젝트(analytics project)에서 개념 증명 단계(Proof Of Concept, POC)의 초기 모델로서 잘 작동한다. 그것은 또한 다른 모델과 비교하는 데 좋은 기준점 역할도 한다. 베이지안 모델을 구현하는 것은 매우 간단하기 때문에 데이터 마이닝 툴을 사용하는 것은 선택적이다. 이 모델의 중대한 한계점은 속성들 간의 독립성 가정인데, 이것은 고급 모델링 기법을 사용하거나 속성 간의 종속성을 사전처리를 통해 감소시킴으로써 완화시킬 수 있다. 이 기법의 독특한 점은 새로운 정보가 발생할 때마다 이를 활용하고, 새로운 증거를 고려하여 최선의 예측을 하려고 한다는 점이다. 이런 점에서 인간의 두뇌가 작동하는 방식과 매우 비슷하다. 두뇌에 관하여 이야기하자면, 다음에 나오는 알고리즘이 인간 신경세포의 생물학적 과정을 모방한 것이다!

4.5 인공신경망

예측분석 알고리즘의 목적은 입력과 출력변수 간의 관계를 모델링하는 것이다. 신경망 기법의 접근방법은 뉴런(neuron)의 생물학적 과정을 매우 닮은 수학적 관계를 개발하는 것이다. 이 기법의 개발자들이 신경망 모델링 과정의 내부 작용을 설명하는 데 생물학적 용어를 많이 사용했지만 이 기법은 간단한 수학적 토대를 가지고 있다. 다음과 같은 간단한 선형 모델을 생각해 보자.

$$Y = 1 + 2X_1 + 3X_2 + 4X_3$$

여기에서 Y는 계산된 출력값이고 X_1, X_2, X_3는 입력 속성들이다. 1은 y절편이며 2, 3, 4는 각각 입력 속성 X_1, X_2, X_3의 계수이다. 이 간단한 선형 모델은 그림 4.38과 같이 토폴로지 형태(topological form)로 나타낼 수 있다.

이 토폴로지에서 X_1은 입력값이며 원으로 표시된 하나의 노드(node)를 통과한다. 그 다음에 X_1의 값에 가중치(weight)인 2가 곱해진다. 가중치는 연결선(connector)에 표시되어 있다. 마찬가지로, 다른 모든 속성들(X_2, X_3)도 각각 노드를 통과하여 크기 변환을 한다. 마지막 노드는 특별한 경우인데 입력변수가 없으며 단순히 y절편을 가진다. 최종적으로, 모든 연결선으로부터 나오는 값들을 출력 노드에서 합하여 예측값 Y를 출력한다. 그림 4.38의 토폴로지는 단

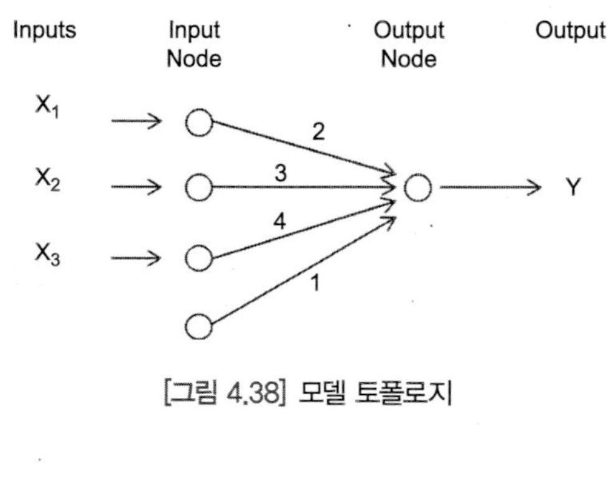

[그림 4.38] 모델 토폴로지

순 선형 모델 $Y = 1 + 2X_1 + 3X_2 + 4X_3$를 나타낸다. 이것은 또한 매우 간단한 인공신경망(Artificial Neural Network, ANN)을 나타낸다. 신경망은 데이터의 복잡한 비선형 관계를 모델링하며 노드 사이의 가중치를 조정하면서 학습한

생물학적 뉴런

신경계에서 세포의 기능단위(functional unit)가 뉴런이다. 노드와 연결선으로 이루어진 인공신경망은 생물학적 신경망과 매우 비슷하다. 각 노드는 하나의 뉴런처럼 작용한다. 인간의 두뇌에는 1,000억 개 가까운 뉴런이 서로 연결되어 있다(그림 4.39 참조). 뉴런 세포는 대부분의 동물들에서 볼 수 있으며 전기와 화학적 신호를 통하여 정보를 전달한다. 하나의 뉴런과 다른 뉴런과의 연결은 시냅스(synapse)를 통하여 이루어진다. 뉴런은 세포체(cell body), 수상돌기(dendrite), 축색돌기(axon)로 구성된다. 수상돌기는 세포체로부터 형성되는 얇은 구조체이며, 축색돌기는 길고 선형인 세포 확장체이다. 뉴런은 하나의 축색돌기와 다수의 수상돌기로 구성된다. 축색돌기는 시냅스를 통하여 다른 뉴런의 수상돌기에 연결되고, 전기화학적인 신호가 하나의 뉴런에서 다른 뉴런으로 전달된다. 인간의 두뇌에는 약 100조 개의 시냅스가 있다.

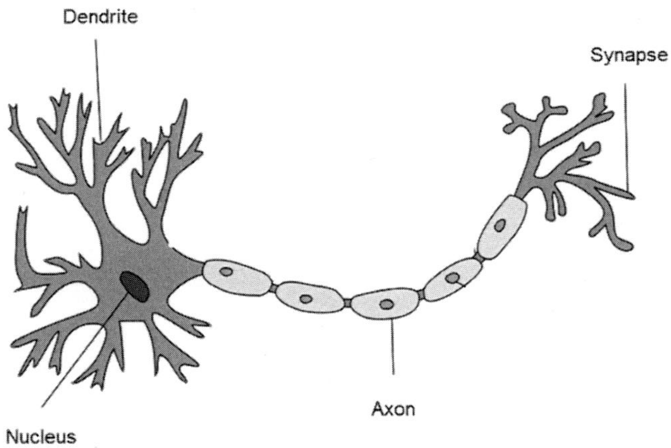

[그림 4.39] 뉴런의 해부학적 구조

(Modified from original "Neuron Hand-tuned." Original uploader: Quasar Jarosz at en.wikipedia.org. Transferred from en.wikipedia.org to Commons by user Faigl.ladislav using CommonsHelper. Licensed under Creative Commons Attribution-Share Alike 3.0 via Wikimedia Commons.[4])

4 http://commons.wikimedia.org/wiki/File:Neuron_Hand-tuned.svg#mediaviewer/File:Neuron_Handtuned.svg

다. ANN은 생물학적 신경계에서 영감을 받은 수학적 모델이다. 따라서 ANN에서 사용하는 용어들은 생물학 분야에서 차용된 것이 많다.

노드는 신경망 용어로 구성단위(unit)라고 한다. 입력에 가장 가까운 노드들의 첫 계층을 입력 계층 또는 입력 노드라고 한다. 마지막 계층은 출력 계층 또는 출력 노드라고 한다. 출력 계층은 합성 기능(aggregation function)을 수행하는데 변환 기능(transfer function)을 수행할 수도 있다. 변환 기능은 출력값을 원하는 범위로 크기를 변환시킨다. 출력 계층은 이외에도 활성화 기능(activation function)을 수행한다. 그림 4.38의 토폴로지와 같이 하나의 입력 계층과 하나의 출력 계층을 가지는 간단한 2계층 토폴로지를 퍼셉트론(perceptron)이라고 하는데, 인공신경망의 가장 간단한 형태이다. 퍼셉트론은 전진형(feed-forward) 신경망으로 입력이 한 방향으로만 움직이며 순환(loop)되지 않는다.

인공신경망은 일반적으로 입력과 출력변수 사이의 비선형이나 복잡한 관계를 모델링하는 데 사용된다. 이것은 토폴로지에서 하나 이상의 은닉 계층(hidden layer)이 존재하면 가능하다. 이 계층은 입력 계층이나 출력 계층과는 별개이며, 전 단계의 계층으로부터 입력을 받아서 활성화함수를 적용한다. 그리고 출력값을 그림 4.40처럼 입력변수들의 복잡한 조합으로 계산한다.

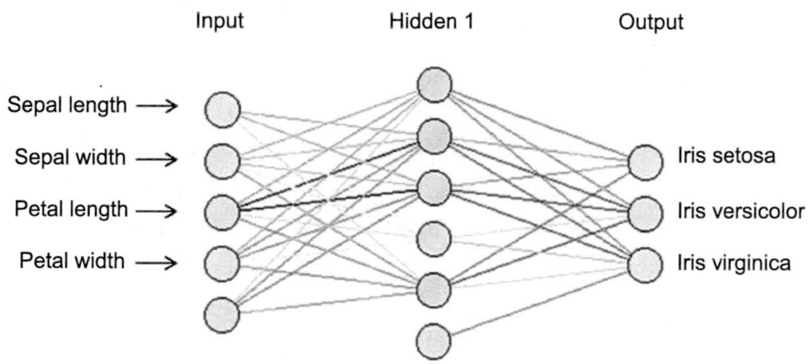

[그림 4.40] 신경망 모델의 토폴로지

아이리스 데이터셋의 예를 생각해 보자. 데이터셋은 4개의 입력변수(꽃받침 길이, 꽃받침 폭, 꽃잎 길이, 꽃잎 폭)와 3개의 클래스를 가진 레이블(Iris setosa, Iris versicolor, Iris virginica)로 이루어져 있다. 이 데이터셋을 기초로 하여 3계층 구조를 가지는 ANN을 구축하는데, 출력 노드는 3개이고 각 출력 노드는 각 클래스에 대응한다. 여기서 계층의 수는 사용자가 지정한다. 아이리스 종(species)의 예측과 같은 범주형 문제의 경우 ANN은 각각의 클래스 유형에 대해 출력값을 제공한다. 이 중에서 가장 큰 출력값을 가지는 클래스가 선택된다. 그림 4.40의 토폴로지는 은닉 계층이 하나인 전진형 신경망이다. 물론 문제에 따라서 다수의 은닉 계층을 사용할 수 있고, 한 계층의 출력이 이전 계층의 입력으로 연결되는 순환(loop)도 사용할 수 있다. 어떤 토폴로지를 사용할 것인가를 결정하는 것은 신경망 모델링에서 어려운 문제 중 하나이며 좋은 근사 모델

광학식 문자인식

문자인식(character recognition)은 손으로 쓴 텍스트를 해석하여 디지털화된 문자로 변환하는 과정이다. 손으로 직접 필기한 노트를 표준 텍스트로 변환하기, 우편번호를 인식하여 우편물을 자동으로 정렬하기, 양식에 쓰여진 지원 내용의 자동 입력, 고전 디지털화하기, 자동차 번호판 인식 등 우리의 일상생활에서 매우 많은 적용 사례를 찾아 볼 수 있다.

문자인식은 기본적으로 디지털화와 학습모델 구축의 두 단계로 이루어진다. 디지털화 단계에서는 모든 문자가 디지털 행렬(matrix)로 변환된다. 이 행렬의 각 칸(cell)을 픽셀(pixel)이라고 하는데, 필기 문자 위에 씌운 투명용지(overlay)를 보고 0 또는 1의 값으로 정한다. 행렬의 크기가 12×12이면 144개의 픽셀로 구성되므로 144개의 이진 속성을 가지며, 이들은 손으로 쓴 문자의 정보를 나타낸다. 손으로 쓴 우편번호를 판독한다고 가정해 보자(Matan & Kiang, 1990). 입력 노드가 144개이고 출력 노드가 10개인 인공신경망 모델을 구축한다. 각 출력은 0에서 9까지의 숫자를 나타낸다. 입력 행렬이 주어지면 출력 중에 가장 큰 신호를 보여주는 것을 찾아 숫자를 예측하도록 모델을 학습시킨다.

신경망은 적응력이 좋고(adaptable) 실행하기가 비교적 쉽기 때문에, 문자인식, 이미지 프로세싱 등에서 점점 널리 사용되고 있다(Li, 1994). 이러한 경우들은 대부분 모델의 설명력(explanatory aspect)이 덜 중요한 경우이다. 이것은 아마도 인간의 두뇌가 어떻게 작용하는지 아무도 정확히 모르기 때문일 것이다. 모델의 성능이 받아들일 만한 수준이라면 왜 그렇게 작용하는지 알고 싶은 기대가 크지 않은 것이다. 하지만 이것은 또한 인공신경망 모델이 설명하기가 쉽지 않기 때문에 이 이유만으로 데이터 마이닝 기법으로 사용 대상에서 제외되는 경우가 많다는 것을 의미한다. 우리는 그렇지 않길 바란다!

(approximating model)을 구하려면 시간이 많이 소요된다.

출력 노드에서 사용되는 활성화함수(activation function)는 합성함수(aggregation function)와 변환함수(transfer function)로 구성된다. 합성함수는 일반적으로 덧셈을 사용한다. 변환함수는 시그모이드(sigmoid), 정규분포함수, 로지스틱(logistic), 쌍곡선(hyperbolic), 선형함수 등 다양하다. 시그모이드와 정규분포함수는 특정 구간의 값들에 대해서는 선형 변환을 하고, 나머지 다른 값들에 대해서는 비선형 변환을 한다. 변환함수와 다수의 은닉 계층 덕분에, 입력과 출력변수 사이의 거의 모든 수학적 관계를 모델링하거나 가깝게 근사시킬 수 있다. 따라서, 다계층(multilayer) 인공신경망을 범용 근사법(universal approximator)이라고 부른다. 그러나 토폴로지, 변환함수, 은닉 계층의 수와 같이 사용자가 결정해야 할 옵션이 여러 개이면 최적의 해답을 찾는 데 매우 많은 시간이 소요된다.

4.5.1 기법 원리

인공신경망은 역전파(back propagation)라고 불리는 기법을 통해 입력 속성과 출력 클래스 레이블 간의 관계를 학습한다. 신경망 토폴로지와 활성화함수가 주어졌을 때, 학습의 핵심 과제는 연결의 가중치(weight)를 정하는 것이다. 그 과정은 상당히 직관적이며 생물학적 뉴런의 신호 전달과 매우 비슷하다. 이 모델에서는 학습용 레코드를 이용하여 출력의 예측값을 구하고, 이것을 실제값과 비교하여 오차를 추정한다. 이 오차를 이용하여 가중치를 조정하는데, 그 다음 학습용 레코드에 대한 오차를 최소화시키도록 한다. 오차가 허용 가능한 범위 안으로 작아질 때까지 이 단계를 반복한다(Laine, 2003). 한 단계에서 수정되는 비율은 적절하게 관리되어야 하며, 모델을 과하게 수정하지(overcorrect) 않도록 한다. 다음은 학습용 데이터셋으로부터 인공신경망을 구축하는 핵심 단계들이다.

단계 1: 토폴로지와 활성화함수 결정

예를 들어, 3개의 수치형 입력 속성(X_1, X_2, X_3)과 1개의 수치형 출력(Y)을 가지는 데이터셋을 생각해 보자. 그 관계를 모델링하기 위해서 2개의 계층으로 이루어진 토폴로지와 간단한 합성 및 활성화함수를 이용한다(그림 4.41 참조). 이 예에서는 변환함수를 사용하지 않는다.

단계 2: 초기화

4개의 연결(link)에 대한 초기 가중치가 1, 2, 3, 4라고 하자. 앞의 모델에서 학습용 레코드의 입력값이 모두 1이고 알려진 출력값이 15라고 하자.

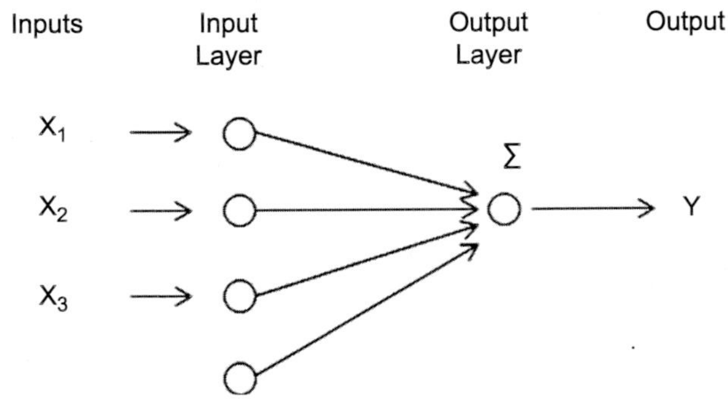

[그림 4.41] 합성함수로 합계를 사용하는 2계층 토폴로지

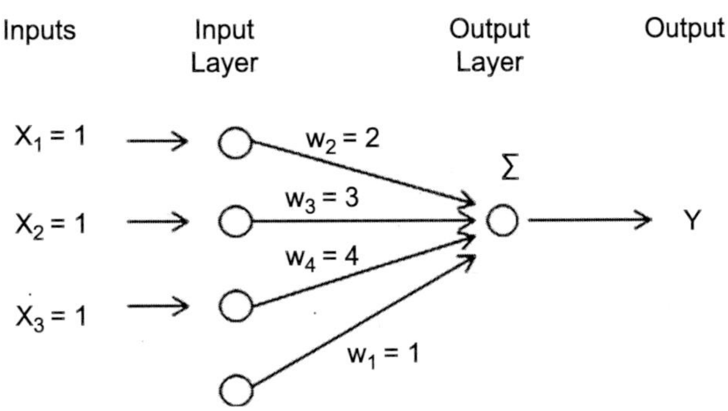

[그림 4.42] 초기화와 첫 번째 학습용 레코드

그러면 $X_1 = X_2 = X_3 = 1$이고 Y = 15이다. 그림 4.42는 첫 번째 학습용 레코드의 초기화를 보여준다.

단계 3: 오차 계산

그림 4.42로부터 레코드의 출력 예측값을 계산할 수 있다. 이것은 입력 속성을 통과하여 출력 예측값을 계산하는 간단한 전진형 과정이다. 출력 예측값 $\overline{Y}$는 현재의 모델에 따라 다음과 같이 계산된다: $1 + 2 \times 1 + 3 \times 1 + 4 \times 1 = 10$

이 예측값과 학습용 레코드의 실제값의 차이가 오차이다: $e = Y - \overline{Y}$

이 예제에서는 오차가 15 − 10 = 5이다.

단계 4: 가중치 조정

가중치 조정은 인공신경망 학습의 가장 중요한 부분이다. 앞 단계에서 계산된 오차는 출력 노드로부터 반대 방향의 다른 모든 노드로 후진 전달된다. 이 오차의 일정 비율만큼 연결(link)의 가중치들을 조정한다. 오차에 적용되는 조정 비율 λ를 학습률(learning rate)이라고 하며, 0과 1 사이의 값을 가진다. 이 값이 1에 가까우면 학습용 레코드를 적용할 때마다 가중치가 크게 변하고, 0에 가까울수록 변화가 작아 수정값도 작아진다. 연결의 새로운 가중치 w는 다음 식으로 계산된다.

$$w = w' + \lambda \times e$$

여기에서 w'는 옛 가중치, λ는 학습률, e는 출력 노드로부터 전달된 오차이다.

ANN의 실행에서 λ의 선택은 까다로운 일이다. 어떤 프로세스에서는 λ를 1에 가까운 값으로 시작하여 학습 사이클이 진행됨에 따라 그 값을 감소시킨다. 이 방법을 사용하면 학습 사이클의 후반부로 갈수록 특이값 때문에 모델의 타당성이 저하되는 현상이 줄어든다. 그림 4.43은 토폴로지에서 오차의 역전파를 보여준다.

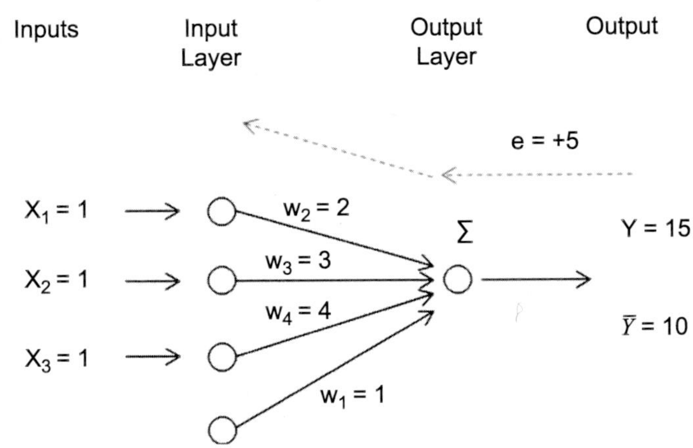

[그림 4.43] 신경망 오차의 역전파

첫 번째 연결의 현재 가중치는 $w_2 = 2$이다. 학습률이 0.5라고 가정하면 새로운 가중치는 $w_2 = 2 + 0.5 \times 5/3 = 2.83$이 된다. 오차를 3으로 나눈 이유는 오차가 3개의 연결로 역전파되기 때문이다. 마찬가지로, 다른 모든 연결에 대한 가중치를 조정한다. 그 다음 사이클에서는 그 다음 학습용 레코드에 대한 오차를 계산한다. 모든 학습용 레코드들이 처리될 때까지 이 사이클을 반복하는데, 오류율이 경계값(threshold)보다 작아질 때까지 같은 학습용 데이터셋에 반복 적용한다.

지금까지 인공신경망의 매우 간단한 예를 살펴보았다. 실무에서는 은닉 계층과 출력 링크가 여러 개인 경우가 많다. 각 출력 링크는 하나의 명목형 클래스 값에 대응된다. 수치계산 때문에 ANN은 입력과 출력이 수치형일 때 작동을 잘한다. 입력이 명목형이라면 전처리(preprocessing) 과정이 필요한데 명목형 속성을 다수의 수치형 속성들로 변환해야 한다. 하나의 명목형 속성값에 대해 하나의 수치형 속성을 대응시킨다. 이 과정은 가변수(dummy variable)를 도입하는 것과 비슷하다. 이에 대해서는 10장 시계열 예측에서 더 자세히 살펴본다. 이러한 전처리 과정에서는 명목형 속성의 경우 신경망의 입력 연결의 수가 늘어나고 따라서 필요한 계산량이 늘어난다. 그러므로, ANN은 수치형 속성에 더 적합하다.

4.5.2 구현 방법

인공신경망은 데이터 마이닝 도구에서 가장 유명한 알고리즘 중의 하나이다. RapidMiner에서 ANN 모델 오퍼레이터들은 [Modeling > Predictive > Neural Nets] 폴더에 있다. 이 모델에는 다음과 같이 3개의 유형이 있다.

- 하나의 입력 계층과 하나의 출력 계층으로 구성된 단순 퍼셉트론(perceptron)
- 완전한 모델 구축을 위한 모든 파라미터를 이용하는 Neural Net로 불리는 융통성 있는 ANN
- 고급 자동 다계층 퍼셉트론(Automatic Multilayer Perceptron, AutoMLP) 알고리즘

자동 다계층 퍼셉트론은 유전(genetic) 알고리즘과 확률적(stochastic) 알고리즘의 개념을 결합한 것이다. 이것은 은닉 계층이나 학습률 같은 파라미터들에 대해 여러 가지 값을 설정하여 얻은 ANN들의 집합체(ensemble group)를 활용한다. 또한 성능이 가장 낮은 모델을 좋은 것으로 교체하여 최적을 유지한다. 여기에서는 Neural Net 모델을 집중적으로 다룬다.

단계 1: 데이터 준비

ANN을 어떻게 실행하는지 보여주기 위해 아이리스 데이터셋을 이용하도록 한다. 아이리스 데이터셋의 4개 속성 모두가 수치형이고 출력은 3개의 클래스를 가진다. 따라서, ANN 모델은 입력 노드가 4개, 출력 노드가 3개가 된다. ANN 모델은 범주형 또는 명목형 데이터에 대해서는 작동을 못한다. 입력이 명목

형이면 데이터 변환을 이용하여 수치형으로 변환시킨다. 이에 대해서는 13장 RapidMiner 시작하기를 참조한다. 아이리스 데이터셋의 4개의 속성들을 명명하기 위해 *Rename* 오퍼레이터를 사용하고, 150개의 레코드를 학습용과 시험용으로 균등하게 분할하기 위해 *Split Data* 오퍼레이터를 사용한다.

단계 2: 모델링 오퍼레이터와 파라미터

학습용 데이터셋을 *Neural Net* 오퍼레이터에 연결한다. 이것은 [Modeling > Predictive > Neural Nets] 폴더에 있다. 이 오퍼레이터는 실수값을 받아들여서 −1과 1 사이의 정규화 값으로 변환한 후 표준 ANN 모델을 출력한다. ANN에는 다음과 같은 파라미터들이 있으며, 사용자가 모델에 맞추어 설정한다.

- **은닉 계층(hidden layer)**: 계층의 수, 각 은닉 계층의 크기, 출력 화면에서 쉽게 확인하기 위한 각 계층의 이름을 결정한다. 은닉 계층의 크기는 기본값이 −1로 나타나 있지만, 사용자가 설정을 하지 않으면 RapidMiner는 자동으로 다음의 계산값을 은닉 계층 크기로 둔다: (속성의 수 + 클래스의 수)/2 + 1.
- **학습 사이클(training cycles)**: 학습 사이클이 반복되는 횟수로 기본값은 500이다. 신경망에서는 학습용 레코드가 하나씩 투입될 때마다 가중치 변화가 크다. 따라서 사이클을 많이 반복하는 것이 필요하다.
- **학습률(learning rate)**: λ 값은 가중치 변화가 바로 이전 사이클의 오차에 얼마나 민감한가를 결정한다. 0에서 1 사이의 값을 취한다. 0에 가까우면 새 가중치가 이전 가중치에 더 의존하고 오차 수정값에는 덜 의존하게 된다. 1에 가까우면 주로 오차 수정값에 의존한다.
- **모멘텀(momentum)**: 이 값은 지역 최대화(local maxima)를 방지하고 전역 최적화를 추구한다. 이전 가중치의 일정 비율을 현재 가중치에 더해준다.

- **감쇠(decay)**: 신경망의 학습과정에서, 오차의 영향이 뒤쪽에 있는 레코드들에서는 최소가 되는 것이 이상적이다. 특이값 때문에 마지막 몇 개의 레코드들에 큰 오류가 나서 모델의 성능을 저하시키는 것은 바람직하지 않다. 감쇠는 학습률을 감소시키는데 마지막 학습용 레코드에 대해서는 학습률이 거의 0이 되도록 한다.
- **섞기(shuffle)**: 학습용 레코드가 정렬이 되면 그것을 섞음으로써(shuffling) 순서를 랜덤화할 수 있다. 순서는 모델에 영향을 주는데, 비선형 특징을 보이는 레코드들이 학습용 데이터셋의 후반부에 같이 모일 때 특히 그렇다.
- **정규화(normalize)**: 시그모이드(sigmoid) 변환함수를 사용하는 노드는 −1과 1 사이의 입력값을 기대한다. ANN 모델에서는 입력값들이 정규화되어야 한다.
- **오차 엡실론(error epsilon)**: ANN 모델의 목적은 오차를 최소화하는 것이지 0으로 만드는 것이 아니다. 오차가 0이라는 것은 학습용 데이터셋을 단지 기억한다는 의미이고 따라서 성능을 저하시킨다. 오차가 오차 엡실론이라 불리는 경계값(threshold)보다 작으면 모델 구축 프로세스를 정지한다.

Neural Net 오퍼레이터의 출력을 *Apply Model* 오퍼레이터에 연결한다. *Apply Model* 오퍼레이터는 모든 예측분석의 워크플로우(workflow)에서 표준이며, 이것은 *Split Data* 오퍼레이터로부터 나오는 시험용 데이터셋을 입력으로 받아들인다. 이 오퍼레이터의 출력은 클래스가 예측되어 레이블이 표시된 시험용 데이터셋(labeled test data set)과 ANN 모델이다.

단계 3: 평가

분류 모델의 성능을 평가하기 위해서, 앞 단계의 레이블이 표시된 데이터셋(la-

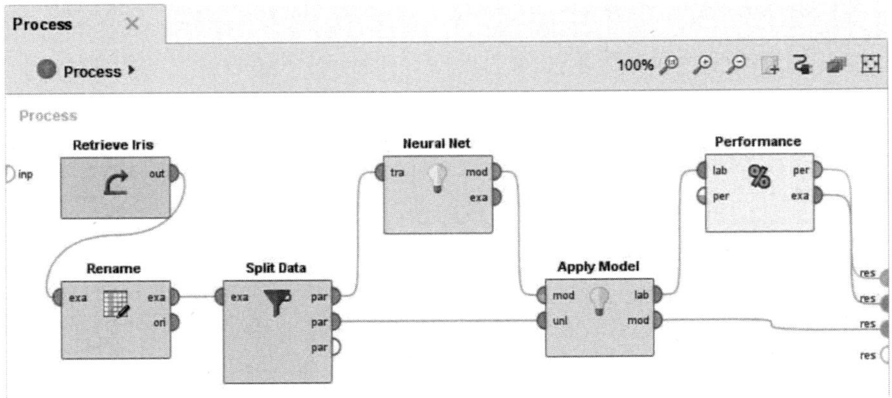

[그림 4.44] 신경망을 위한 데이터 마이닝 프로세스

beled data set)을 *Performance(Classification)* 오퍼레이터에 연결한다. 이 오퍼레이터는 [Validation > Performance > Predictive] 폴더에 있다. 그림 4.44는 인공신경망 예측 분류 프로세스의 완성본을 보여준다. 출력 포트를 결과 포트에 연결하고 프로세스를 저장한 후 실행한다.

단계 4: 실행과 해석

이 모델에 대한 출력 윈도우는 ANN 모델의 토폴로지를 시각적으로 제공한다. 그림 4.45는 모델의 출력 토폴로지를 보여준다. 노드를 클릭하면 그 노드로 들어오는 연결선의 가중치를 볼 수 있다. 연결선의 색상은 상대적인 가중치를 나타낸다. 모델 윈도우의 설명 탭(description tab)은 연결 가중치의 실제값을 제공한다.

출력의 성능 벡터(performance vector) 부분을 살펴보면 아이리스 데이터셋에 대해 구축된 ANN 모델의 정확도를 알 수 있다. 그림 4.46은 모델에 대한 성능 벡터를 보여준다. 모델은 3개의 계층으로 이루어진 ANN으로 파라미터 옵션들이 기본값을 가지며 입력 데이터와 학습용 데이터셋이 균등하게 분할되었다.

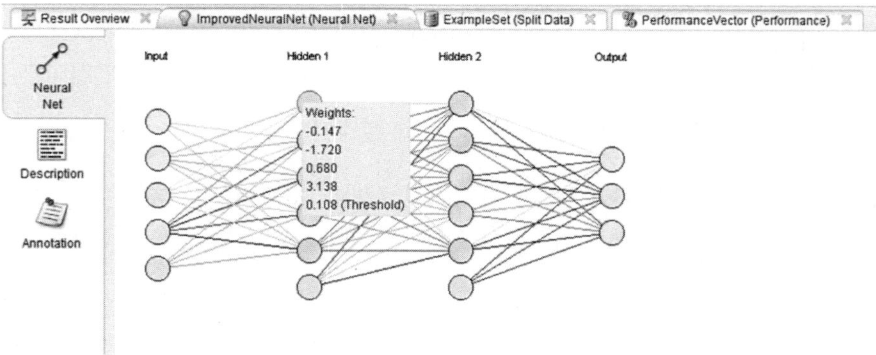

[그림 4.45] 2개의 은닉 계층과 4개의 속성을 가지는 신경망 모델의 결과

ralNet (Neural Net) | ExampleSet (Split Data) | PerformanceVector (Performance)

Table View / Plot View

accuracy: 93.33%

	true Iris-setosa	true Iris-versicolor	true Iris-virginica	class precision
pred. Iris-setosa	20	0	0	100.00%
pred. Iris-versicolor	0	25	3	89.29%
pred. Iris-virginica	0	2	25	92.59%
class recall	100.00%	92.59%	89.29%	

[그림 4.46] 인공신경망에 대한 성능 벡터

정확도는 93%로 75개의 레코드 중 5개만이 잘못 분류되었음을 알 수 있다.

4.5.3 결론

신경망 모델은 엄격한 전처리(preprocessing) 과정이 필요하다. 시험용 데이터셋에 결측치가 있으면 회귀분석이나 의사결정나무처럼 이 모델은 작동하지 못한다. 결측치는 평균이나 오차를 최소화할 수 있는 기본값으로 교체한다. 신경망 모델은 입력과 출력 간의 관계를 명쾌하게 설명할 수 없다. 은닉 계층이 존재하기 때문에 이 모델을 이해하기에는 너무 복잡하다. 하지만, 데이터 마이닝의 많은 사례에서 모델의 설명력은 예측 그 자체만큼 중요하다. 의사결정나무, 규칙 유도, 회귀분석 등은 모델을 훨씬 더 잘 설명한다.

좋은 ANN 모델을 구축하는 파라미터의 최적값을 구하려면 시간이 많이 소요된다. 그것은 학습용 레코드의 수와 반복횟수에 달려있다. 은닉 계층의 수와 각 은닉 계층 내부의 노드의 수에 대한 일관된 가이드라인은 없다. 그러므로 여러 가지 파라미터들을 시도해 보고 최적값을 찾아야 한다. 그러나, 일단 모델이 구축되면 실행하는 것은 간단하여 레코드를 매우 빠르게 분류할 수 있다.

ANN은 범주형 입력 데이터를 다루지 않는다. 데이터가 명목형이면 그것을 이진형이나 실수형으로 변환해야 한다. 이것은 하나의 입력 속성이 다수의 속성들로 폭발적으로 증가하고 이에 따라 노드, 링크, 복잡도가 기하급수적으로 증가한다는 것을 의미한다. 또한 우편번호와 같은 비순서형 명목형 데이터를 수치형으로 변환하면 수치계산이 가능하지만 별 의미가 없다. 상관관계가 있는 중복 속성들은 ANN 모델에서는 별 문제가 되지 않는다. 데이터셋이 크다면 특이값이 모델의 성능을 떨어뜨리지 않는다. 그러나 특이값은 대부분의 ANN 모델이 요구하는 정규화에는 좋지 않은 영향을 준다. 모델 구축에서 증분식으로(incrementally) 오차 수정을 하기 때문에 ANN은 국소 최적화에 빠질 수 있다. 이러한 위험은 수정의 정도에 영향을 주는 모멘텀(momentum) 파라미터를 관리함으로써 완화할 수 있다.

ANN에서 모델을 설명하는 것은 매우 어렵지만, 레코드를 빨리 분류하는 능력은 이상 탐지(anomaly detection)와 분류 문제에 매우 유용하다. ANN은 사기 탐지에 많이 사용되며, 입력과 출력 간의 관계가 비선형인 문제에도 사용된다. 고차원의 비선형 관계를 다루는데 실시간의 빠른 반응시간이 필요한 경우에는 인공신경망이 좋은 옵션이 된다.

4.6 서포트벡터머신

서포트벡터 알고리즘은 다른 많은 기계학습처럼 비교적 최근에 등장한 개념이다. Cortes and Vapnik가 AT&T Bell 연구소에서 광학 문자 인식(optical character recognition)에 대한 알고리즘을 연구하는 중에 이 개념을 처음으로 공식적으로 소개하였다(Cortes, 1995).

'서포트벡터머신(Support Vector Machine, SVM)'이란 용어는 예측분석 알고리즘으로서는 혼란스러운 이름이고, 사실 매우 부적절한 명칭이다. 왜냐하면 실제로는 특화된 하드웨어가 없기 때문이다. 이것은 기계가 아니고 알고리즘이다. 그런데 이 알고리즘은 매우 강력해서 패턴인식에서 텍스트 마이닝에 이르기까지 많은 분야에서 큰 성공을 거두었다. 서포트벡터머신은 컴퓨터과학, 통계학, 수학적 최적화 이론의 3개 분야로부터 주요 개념들을 도출하였다.

이 절의 논의 전개과정은 다음과 같다. 우선 SVM 고유의 기본적 용어 및 정의를 살펴본다. 그리고 간단한 선형 데이터셋에 대한 알고리즘의 작용을 개념적으로 설명한 후에 조금 더 복잡한 비선형 데이터셋을 다룬다. 계속하여 알고리즘의 작용을 수학적으로 간단하게 설명하고, 하나의 사례를 들어 SVM을 실무에서 어떻게 실행하는지 설명한다. 마지막으로 다른 분류 기법과 비교하여 SVM이 어떤 경우에 더 좋은 성능을 보이는지 살펴보고, 일반적인 장단점을 제시하면서 마무리한다.

4.6.1 개념과 용어

서포트벡터머신은 기본적으로는 분류 기법이다. 그것은 같은(하나의 클래스에 속하는) 포인트들이 모여 있는 지역에 경계를 설정하는 원리로 작동을 한다. 학습용 데이터셋에 대해서 일단 경계가 정해지면, 새로운 시험용 데이터셋을 분류할 때에는 그것이 경계 내부에 있는지만 점검하면 된다. SVM의 장점은 일단 경계가 확정되면 대부분의 학습용 데이터는 불필요하다는 것이다. 필요한 것은 오직 경계를 찾고 수정하는 데 관여하는 핵심 포인트들 뿐이다. 이러한 데이터 포인트들이 경계를 '떠받치기' 때문에 '서포트벡터'라고 한다. 그리고 왜 벡터라고 부르는가? 그것은 각 데이터 포인트가 벡터이기 때문이다. 즉, 많은 수의 속성값을 포함하는 데이터로 구성된 하나의 행이기 때문이다.

이 경계는 전통적으로 초평면(hyperplane)으로 불린다. 2차원(2개의 속성)의 경우 이 경계는 직선 또는 곡선이다(그림 4.47 참조). 3차원에서는 평면이거나 불규칙하고 복잡한 면이다. 고차원은 시각적으로 볼 수 없고 따라서 초평면이 경계에 대한 포괄적인(generic) 이름이 된다.

그림 4.47에서 보는 것처럼 동일한 데이터셋에 대해서 수많은 초평면을 생각할 수 있다. 이 중 어느 것이 '적절한' 것인가? 클래스를 분리하는 데 오분류를 최소로 하는 경계가 가장 좋다는 것은 명백하다. 앞의 그림 4.47에서 세 번째에 적용된 알고리즘이 오분류가 없으므로 가장 좋다고 할 수 있다. 그리고 두 구역(클래스) 사이의 평균 거리가 최대가 되도록 하는 경계가 더 좋다는 것을 알 수 있다. 이 거리를 여백(margin)이라고 한다. 그러므로 SVM 알고리즘은 본질적

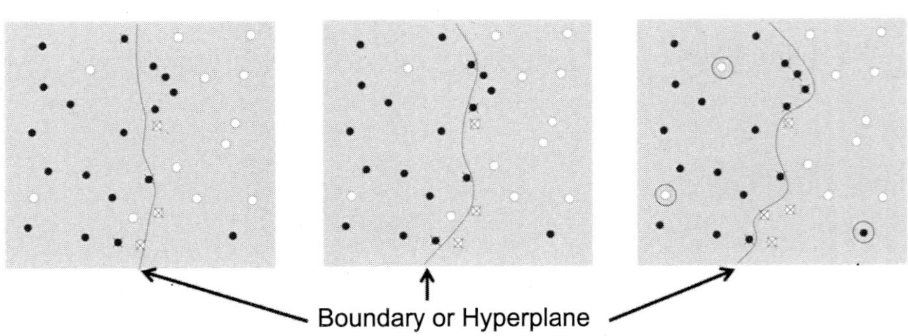

[그림 4.47] 동일한 학습용 데이터셋에 대한 3개의 다른 초평면:
두 클래스를 흰 점과 검은 점으로 표시하였다.

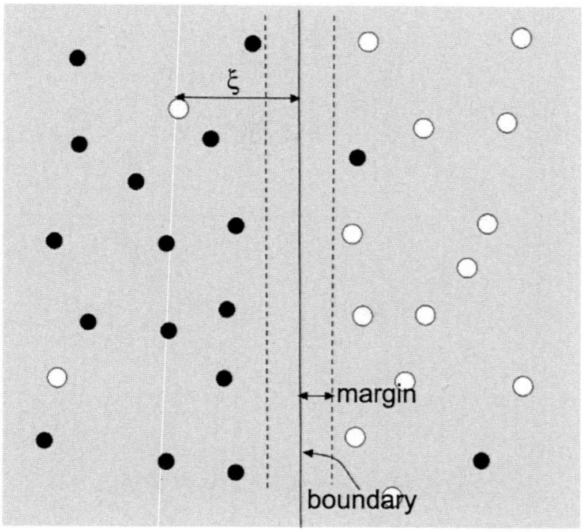

[그림 4.48] SVM 구성의 핵심 개념: 경계, 여백, 벌점, ξ

으로 이 여백을 최대화하는 최적화 기법을 수행한다. "×"로 표시된 점들이 서포트 벡터이다.

그런데 항상 데이터가 깔끔하게 분리되는 것은 아니다. 데이터가 선형 분리가 능(linearly separable)인 경우는 드물다. 선형 분리가 되면, 여백 안에 많은 점들이 있게 된다. 그런 경우에는 여백 안의 점들의 수가 최소가 되는 초평면이 가장 좋다. 그것을 찾으려면 여백 내부의 모든 '오염된(contaminant)' 점들에 벌점(penalty)을 부과한 후 총 벌점이 최소인 초평면을 선택한다. 그림 4.48에서 ξ가 각각의 오류에 부과는 벌점인데, 이런 오류의 총 벌점을 최소화하면 가장 좋은 분리가 된다.

데이터가 (오염 오류가 없음에도) 선형 분리가 가능하지 않다면 어떻게 되는가? 예를 들어 그림 4.49a에서는 데이터 포인트들이 내부 고리 또는 외부 고리의 클래스에 속한다. 이 2개의 클래스는 '선형 분리 가능'이 아니다. 다시 말해서 두 클래스를 분리하는 직선을 그릴 수 없다. 그런데, 타원이나 원과 같은 '초평면'이 두 클래스를 쉽게 분리할 수 있다는 것은 직관적으로 분명하다. 사실상 이 데

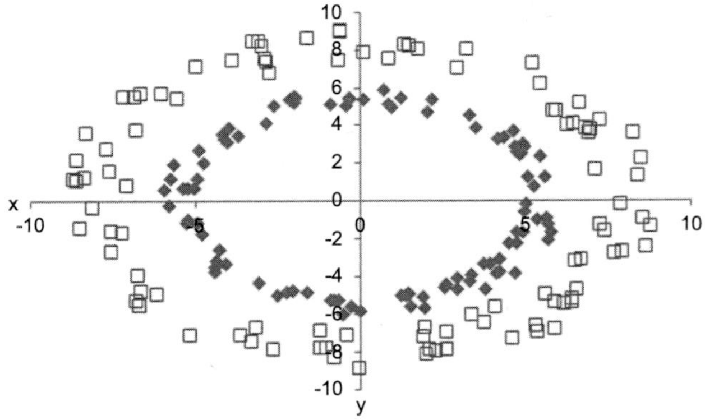

[그림 4.49a] 선형 분리불가능한 클래스

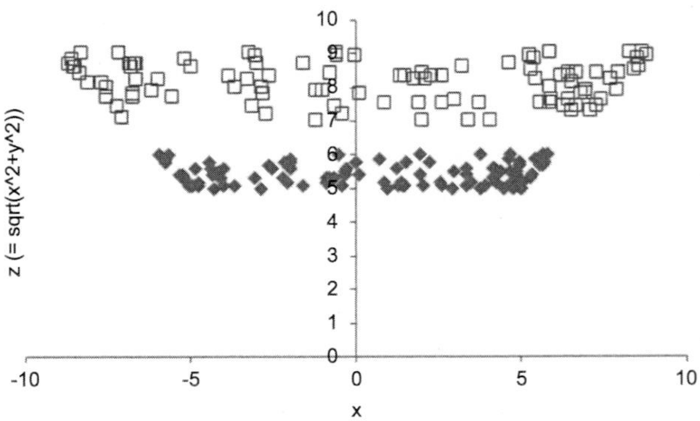

[그림 4.49b] 선형 분리가능으로의 변환

이터에 간단한 '선형' SVM을 실행하면 약 46%의 분류 정확도를 얻게 된다.

선형 분리가 가능하지 않은 복잡한 경우에는 어떻게 분리할 것인가? 간단한 요령 중 하나는 두 변수 x, y를 x(또는 y)와 새 변수 z로 이루어진 공간으로 변환시키는 것이다. 여기에서 $z = \sqrt{x^2 + y^2}$이고, 단순히 원의 방정식을 표현한 것이다. 이 방식으로 데이터를 변환하면 x와 z로 이루어진 공간은 그림 4.49b와 같은 결과가 된다. 두 클래스는 고리의 두 반지름과 대응하는데, 내부 고리의 평균 반지름은 약 5.5이고 외부는 약 8.0이다. 이 문제는 이 절 후반부의 사례

연구에서 더 자세히 다룬다.

이제 (x, z) 차원에서의 새 문제가 선형 분리가능하고 분류하는 데 표준 SVM을 사용할 수 있는 것은 명백하다. 이렇게 변환된 데이터에 선형 SVM을 실행시키면 100%의 분류 정확도를 얻는다. 변환된 공간에서 분류한 후에 원래의 공간으로 역변환을 한다.

커널 함수(kernel functions)는 비선형 공간을 선형으로 변환하는 옵션을 제공한다. SVM을 포함하는 대부분의 패키지는 다항식으로부터 시그모이드 함수에 이르기까지 다양한 비선형 커널 함수를 가지고 있다. 사용자는 변환을 미리 할 필요가 없고 단지 적당한 커널 함수를 선택하기만 하면 된다. 그러면 소프트웨어가 데이터를 변환하고, 분류 결과를 원래의 공간으로 역변환을 해준다.

데이터셋에 많은 속성들이 있으면 유감스럽게도 어떤 커널 함수가 가장 좋은지 알기 어렵다. 가장 많이 사용하는 것은 다항식과 반지름 기반(radial basis) 함수이다. 실무적인 관점에서는 2차식으로 시작하여 원하는 정확도 수준에 이를 때까지 점점 더 복잡한 함수를 이용하는 것이 좋다. SVM의 이런 융통성은 계산량이 많아진다는 단점도 있다.

SVM이 어떻게 작동하는지 직관적으로 이해했으니 이제 공식적으로 수학적인 관점에서 알고리즘의 작용을 살펴본다.

4.6.2 기법 원리

학습용 데이터셋이 주어졌을 때 경계와 초평면을 어떻게 결정할 것인가? 두 속성 x_1, x_2로 이루어지고 선형 분리가능한 간단한 데이터셋의 예를 생각하자. 적당한 커널을 사용하면 결국에는 복잡한 속성 공간을 선형 공간으로 변환할 수 있음을 알 수 있고 따라서 이 방식을 일반적인 데이터셋에도 적용할 수 있다.

게다가 알고리즘을 3차원 이상의 차원에 확장하는 것은 개념적으로 간단하다.

여기에는 3개의 핵심 단계가 있다. 첫 단계는 각 클래스의 경계를 찾는 일이다. 다음 단계에서는 각 경계까지의 여백 또는 거리를 최대화하는 최선의 초평면 H를 찾는다(그림 4.48 참조). 이 두 단계에서는 학습용 데이터셋을 사용한다. 마지막 단계에서는, 주어진 시험용 레코드를 분류하기 위해 그것이 초평면의 어느 쪽에 위치하는지 결정한다.

단계 1: 경계를 찾는다. 데이터셋에서 하나의 클래스에 해당하는 점들을 모두 연결할 때 나타나는 외곽선이 그 클래스의 경계이다. 그림 4.50에서 보이는 이 경계를 컨벡스 헐(convex hull)이라고 한다.

각 클래스는 자기 자신의 컨벡스 헐을 가지고 있는데, 클래스들이 선형 분리가 능이라고 가정했기 때문에 이 헐들은 서로 교차하지 않는다.

단계 2: 가능한 초평면은 무한정으로 많다. 그림 4.51에 이에 대한 2개의 예가 나와 있다. 어느 것이 여백을 최대로 하는지 어떻게 알 수 있는가? 직관적으로 보면 H_0가 H_1보다 큰 여백을 가진다. 그런데 이를 수학적으로 어떻게 결정할

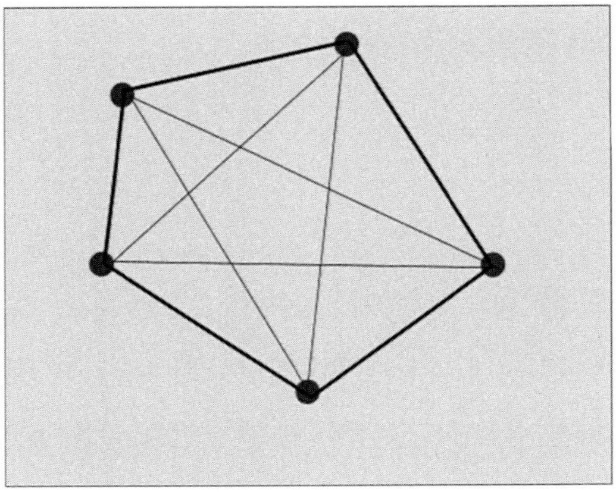

[그림 4.50] 하나의 클래스에 대한 컨벡스 헐(convex hull)

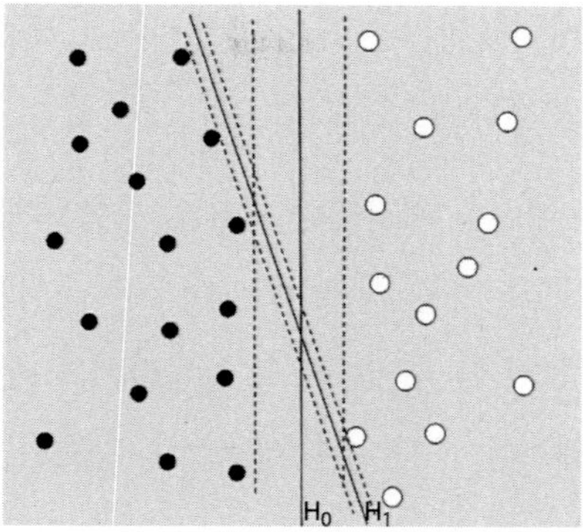

[그림 4.51] 두 초평면은 데이터를 분리할 수 있다. H_0가 더 좋다는 것은 직관적으로 명백하다.

것인가?

우선, 어떤 초평면이라도 다음과 같이 두 속성 x_1, x_2의 식으로 표현할 수 있다.

$$H : b + w \cdot x = 0 \tag{4.19}$$

여기에서 $\boldsymbol{x} = (x_1, x_2)$, $\boldsymbol{w} = (w_1, w_2)$이고 b는 보통 '편향(bias)'이라고 부르는 일종의 절편이다. 이 식은 직선 방정식의 표준형과 비슷하다. 최적 초평면 H_0는 $H_0 : b_0 + \boldsymbol{w_0 x} = 0$으로 나타낸다. 이렇게 초평면을 나타내면, 여백은 다음 식으로 구한다.

$$\text{Margin} = \frac{2}{\sqrt{\boldsymbol{w_0 w_0}}} \tag{4.20}$$

이 값을 최대화하는 것은 2차계획법(quadratic programming) 문제가 되는데, 수리최적화 이론에서는 잘 정립된 과정이다(Fletcher, 1987). $\boldsymbol{w_0}$는 다음과 같이 서포트벡터라고 하는 소수의 학습용 레코드만으로도 표현할 수 있다.

$$w_0 = \sum \alpha_i y_i x_i \tag{4.21}$$

여기에서 y_i는 클래스 레이블이고(이진 분류에서는 1 또는 −1), x_i는 서포트벡터라고 한다. α_i는 서포트벡터에 대해서만 0이 아닌 값을 가지는 계수이다.

단계 3: 일단 경계와 초평면이 결정되면 새로운 시험용 레코드를 분류할 때 초평면의 어느 쪽에 놓여 있는가를 계산한다. 이것은 시험용 레코드 x를 초평면의 수학식에 대입하여 쉽게 할 수 있다. 그 계산값이 +1이면 양의 클래스에 속하고, −1이면 음의 클래스에 속한다. 수학적으로 완벽한 설명을 보려면 Smola (2004) 또는 Cortes (1995)를 참고한다. Hsu (2003)는 SVM 프로그래밍에 대해 좀 더 실무적인 사례를 보여준다.

4.6.3 구현 방법

이제 2개의 간단한 사례를 들어 RapidMiner에서 SVM이 어떻게 분류를 하는지 보여주고자 한다. (먼저 2개의 단순화된 데이터셋을 의도적으로 선택하였다. 더 복잡한 사례 연구는 9장에서 텍스트 마이닝에 SVM을 어떻게 사용하는지 보여준다.)

사례 1: 선형 분리가능한 간단한 사례에 SVM 적용하기

RapidMiner에서 기본적인 SVM 실행은 앞의 수학식에 있는 소위 '내적(dot product)' 계산에 기초한다. 첫 번째 사례에서는 A와 B의 두 클래스로 이루어진 2차원 데이터셋을 이용하여 SVM을 구축한다(그림 4.52 참조). RapidMiner 프로세스는 학습용 데이터셋을 읽어 들이고 기본적인 SVM 모델을 적용한 후에 이 모델에 근거하여 새로운 데이터 포인트를 분류한다.

데이터셋은 17개의 행과 3개의 속성인 x_1, x_2, class로 구성된다. x_1, x_2는 수치형이고 class는 두 클래스 A와 B를 가지는 이진(binary)변수이다. 표 4.11은 전체 데이터셋을 보여주고 그림 4.52는 산점도를 보여준다. 여기에서 모델을 사

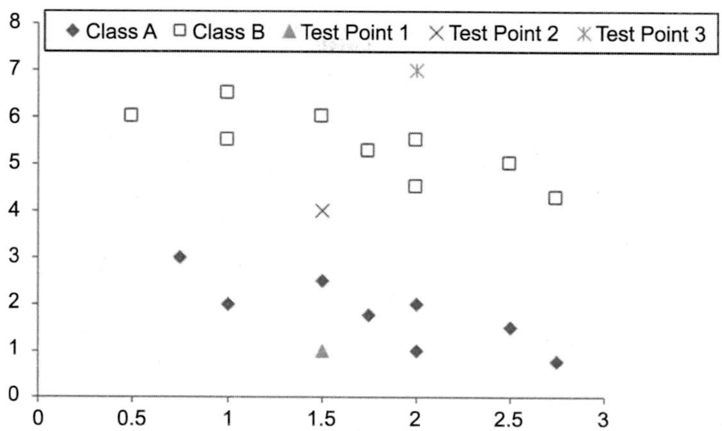

[그림 4.52] 2-클래스 학습용 데이터: 클래스 A(다이아몬드)와 클래스 B(사각형)
1에서 3까지의 시험용 포인트는 SVM의 성능을 검증하는 데 사용된다.

[표 4.11] SVM을 예시하기 위한 간단한 데이터셋

x_1	x_2	class
1.5	2.5	A
2	2	A
1	2	A
0.75	3	A
2	1	A
1.75	1.75	A
2.75	0.75	A
2.5	1.5	A
0.5	6	B
1.5	6	B
2	5.5	B
1	5.5	B
1	6.5	B
2	4.5	B
1.75	5.25	B
2.75	4.25	B
2.5	5	B
1.5	1	Test Point 1
1.5	4	Test Point 2
2	7	Test Point 3

용하여 3개의 레코드 (1.5, 1), (1.5, 4), (2, 7)을 분류하고자 한다.

단계 1: 데이터 준비

- *Read CSV* 오퍼레이터를 이용하여 simpleSVMdemo.csv를 RapidMiner로 읽어 들이거나 Repository 탭에서 Add Data를 이용하여 데이터를 리포지토리(repository)로 불러온다. 이 데이터셋은 다음 사이트에서 다운받을 수 있다: www.LearnPredictiveAnalytics.com
- *class*가 레이블 속성임을 표시하기 위해 *Set Role* 오퍼레이터를 추가하고, 데이터 검색기(retriever)에 연결한다(그림 4.53a 참조).

단계 2: 모델링 오퍼레이터와 파라미터

- Operators 탭에서 "SVM"을 입력하여 검색된 SVM 오퍼레이터를 메인 윈도우로 드래그 앤드 드롭하고 *Set Role*에 연결한다. 이 오퍼레이터의 파라미터는 모두 기본값 그대로 둔다.
- SVM의 "mod" 출력 포트를 *Apply Model* 오퍼레이터에 연결한다.

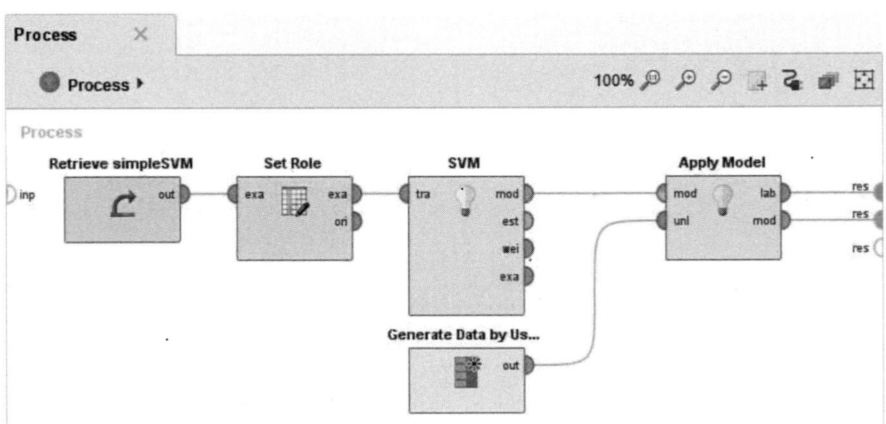

[그림 4.53a] 학습과 시험을 위한 간단한 SVM 설정

- *Generate Data by User Specification* 오퍼레이터를 삽입하고 속성값 파라미터의 Edit List 버튼을 클릭한다. 대화상자가 열리면 Add Entry를 두 번 클릭하고 2개의 시험용 속성 이름 x_1, x_2를 만든다. "attribute value"에서 $x_1 = 2$, $x_2 = 7$로 둔다. 각각의 새 시험용 레코드를 분류할 때마다 속성값을 지정해야 한다.
- 간단한 이 프로세스를 실행시키면 RapidMiner는 학습용 데이터셋에 대하여 SVM을 구축하고 모델을 적용하여 시험용 레코드를 분류한다. 시험용 레코드는 *Generate Data by User Specification* 오퍼레이터를 이용하여 수동으로 입력한다.

단계 3: 프로세스 실행과 해석

좀 더 실무적인 경우에는 커널 모델(Kernel Model) 출력에 그렇게 관심이 없을지도 모른다. 그림 4.53b에서 초평면이 어떻게 보이는지 관찰해보자. 이것은 본질적으로 식 4.19와 같은 형태인데, $b_0 = 0.051$, $w_1 = 0.370$, $w_2 = 1.351$이다.

- 이 사례에서 흥미로운 사항은 *Apply Model* 오퍼레이터의 "lab" (label) 포트의 결과이다. 먼저 시험용 포인트 (2, 7)에 SVM을 적용한 것을 살펴본다.

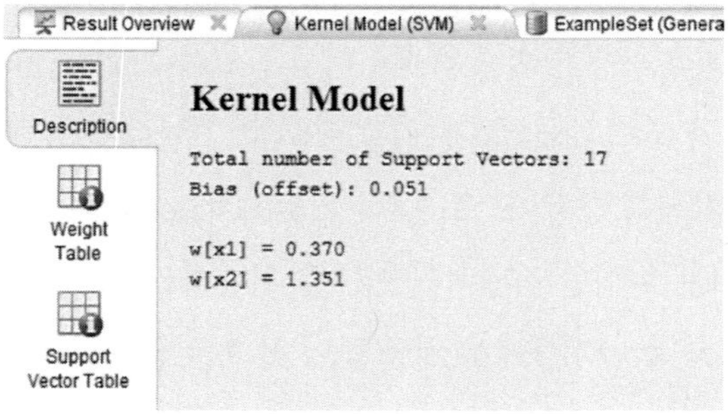

[그림 4.53b] SVM 모델 결과

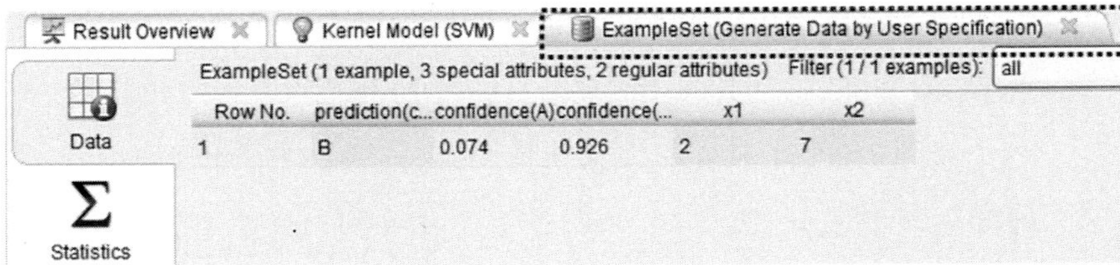

[그림 4.54] [그림 4.52]의 시험용 포인트 1을 분류하기 위한 간단한 SVM의 적용

- 그림 4.54에서 보는 것처럼 이 레코드는 클래스 B에 속하는 것으로 올바르게 분류가 되었다["prediction (class)" 열을 확인한다]. 뿐만 아니라 이 포인트가 클래스 B에 속할 신뢰도는 92.6%이다. 차트를 보아도 이 포인트의 분류에 대해서는 혼동의 여지가 거의 없다.
- 시험용 포인트가 (1.5, 1)이면 클래스 A로 분류되고 그 신뢰도가 88%임을 알 수 있다.
- 그러나 시험용 포인트 (1.5, 4)에 대해서는 다르다. 이 점에 대해서는 독자가 직접 실행하여 살펴본다.

실무에서 SVM의 가장 유용한 출력물은 예측 신뢰도와 함께 클래스가 예측되어 레이블이 표시된 시험용 데이터(labeled test data)이다.

사례 2: 선형 분리불가능한 사례에 SVM 적용하기(2개의 고리)

첫 사례는 선형 분리 가능한 학습용 데이터셋을 보여주었다. 이제 이 절의 초반부에 보았던 2개의 고리(ring) 문제에 같은 SVM 커널을 적용해보자. 데이터셋을 보면 이것은 비선형 문제이므로 내적 커널(dot kernel) 함수는 잘 작동하지 않는다. 여기에서는 이러한 직관적인 이해를 입증하고, 이 문제를 어떻게 용이하게 해결하는지 다음 단계들에서 예를 들어 살펴본다.

단계 1: 데이터 준비

- 새로운 프로세스 윈도우를 열어서 이전과 동일한 절차로 nonlinearSVMdemodata.csv를 읽어들인다. 이 데이터셋은 200개의 레코드와 4개의 속성 x_1, x_2, y, ring으로 구성된다. ring은 2개의 값 '내부'와 '외부'를 가지는 이진형(binomial) 속성이다.
- *Set Role* 오퍼레이터를 데이터에 연결하고 "ring" 변수를 레이블(label)로 설정한다.
- 여기에 *Select Attributes* 오퍼레이터를 연결하고 속성들의 부분집합으로 x_1, x_2, y, ring을 선택한다. Include Special Attributes 체크박스에 체크되어 있는지 확인한다.
- *Split Validation* 오퍼레이터를 연결한다. "split"을 상대적(relative)으로, "split ratio"를 0.7로, "sampling type"를 층화(stratified)로 설정한다.

단계 2: 모델링 오퍼레이터와 파라미터

- *Split Validation* 오퍼레이터를 더블 클릭한다. 중첩된 계층(nested layer)에 들어가면 *SVM* 오퍼레이터를 학습용 패널(training panel)에, *Apply Model* 과 *Performance* (*Classification*) 오퍼레이터를 시험용 패널(testing panel)에 각각 추가한다.
- 마찬가지로, *SVM* 오퍼레이터에 대한 파라미터들은 기본값을 유지한다.
- 메인 윈도우로 돌아가서 또 하나의 *Apply Model* 오퍼레이터를 추가한다. Validation의 "mod" 출력을 *Apply Model* (2)의 "mod" 입력 포트에, Validation의 "tra" 출력을 *Apply Model* (2)의 "unl" 입력 포트에 각각 연결한다. 또한 Validation의 "ave" 출력과 *Apply Model* (2)의 "lab" 출력을 메인 프로세스의 "res" 포트에 연결한다. 프로세스의 완성본은 그림 4.55와 같다.

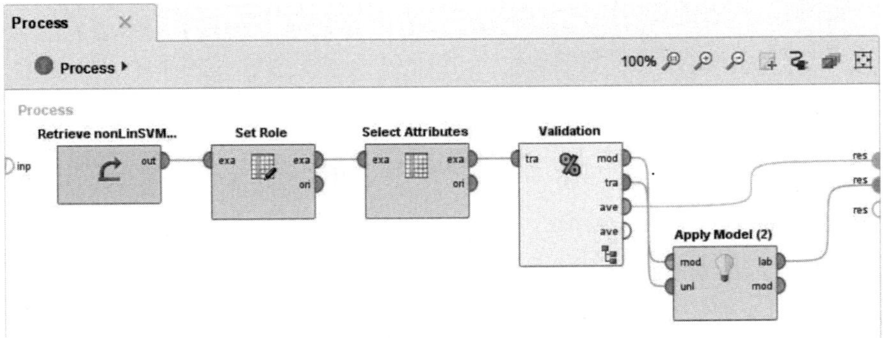

[그림 4.55] 비선형 SVM 시범 모델의 설정

단계 3: 실행과 해석

- 이 모델을 실행시키면 2개의 결과 탭인 ExampleSet (Select Attributes)과 PerformanceVector (Performance)를 얻는다. SVM 분류기의 성능(performance)을 살펴보자. 초기 입력 레코드 중 30%가 분류 정확도를 위한 시험용임을 기억하자. 즉 시험용 레코드가 60개이다.
- 그림 4.56에서 보는 것처럼 선형 SVM은 정분류율이 간신히 50% 정도이다. 이것은 선형 분리불가능한 데이터에 선형 커널 SVM을 사용한 것을 고려하면 충분히 예상된 결과이다.
- 이 결과를 시각적으로 보는 더 좋은 방법은 Scatter 3D Color 차트를 사용하는 것이다. ExampleSet (Select Attributes) 결과 탭을 클릭하고 Plot View를 선택한 후 Scatter 3D Color 도표를 그림 4.57처럼 설정한다.

◉ Table View ○ Plot View

accuracy: 41.67%

	true inner	true outer	class precision
pred. inner	12	17	41.38%
pred. outer	18	13	41.94%
class recall	40.00%	43.33%	

[그림 4.56] 비선형 데이터에 대한 선형 커널 SVM의 예측 정확도

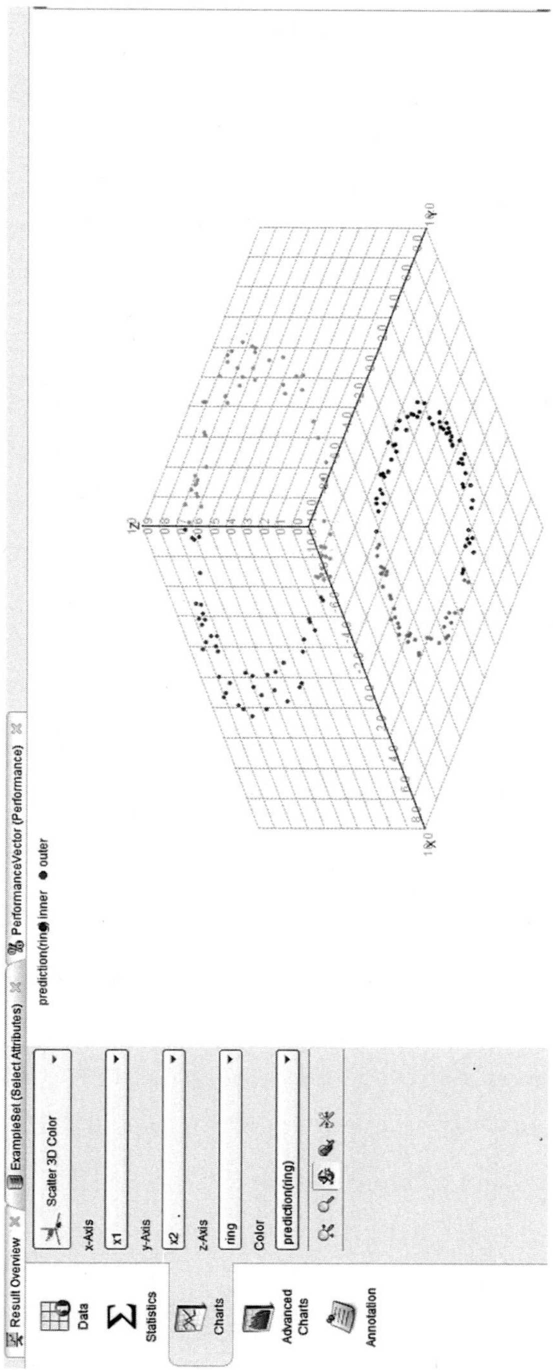

[그림 4.57] 선형 SVM 예측의 시각화

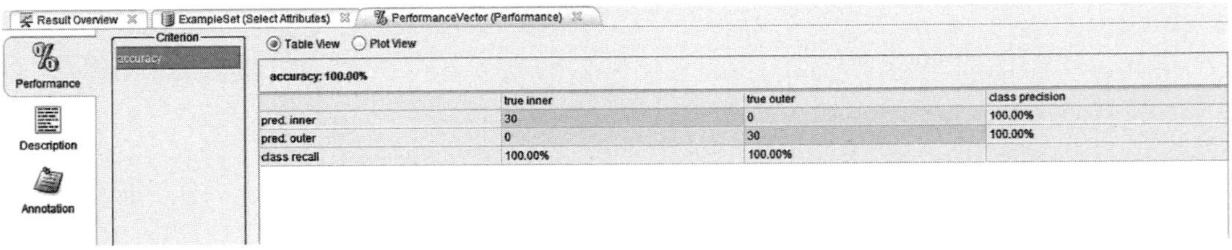

[그림 4.58] 다항식 SVM 커널을 사용하여 2-고리 비선형 문제를 분류하기

상부(외부) 고리에 있는 빨간 레코드들은 '외부' 클래스에 속하는 것으로 올바르게 분류된 반면, 청록색 레코드들은 '내부' 클래스에 속한다고 부정확하게 분류되었다. 마찬가지로, 하부(내부) 고리에 있는 파란 레코드들은 '내부' 클래스에 속하는 것으로 올바르게 분류되었지만, 노란 레코드들은 그렇지 않다. 보다시피 이 분류기는 시험용 레코드의 반 정도만 올바르게 판정하였다.

이 문제를 해결하기 위해서는 SVM 오퍼레이터에서 커널 유형(kernel type)을 다항형(polynomial)으로 바꿔 주기만 하면 된다. 다항형의 기본값은 2이다. 이렇게 하여 다시 실행시키면 그림 4.58에서 보는 것처럼 100%의 정확도로 분류가 된다. 반지름 커널(radial kernel)을 사용해도 같은 결과를 얻는다.

이 사례의 요점은 SVM이 유연성이 있다는 것과 RapidMiner를 사용하여 여러 가지를 쉽게 시도해 볼 수 있다는 것이다. 그런데 유감스럽게도 실제의 데이터셋에 대해서는 어떤 커널 유형이 가장 좋은지를 미리 알 수 없다. 이를 해결하기 위해 *Optimization* 오퍼레이터 내부에 SVM을 중첩하여, 여러 가지 커널 유형과 파라미터에 대해 시도해보고 성능이 비교적 좋은 것을 찾는다. RapidMiner를 이용한 최적화는 13장 RapidMiner 시작하기에서 다룬다.

RapidMiner 파라미터 설정

선택된 커널 함수의 유형에 따라 조정해야 할 다양한 파라미터들이 있다. 그 가운데, SVM 성능을 최적화하는 데 매우 결정적인 파라미터가 하나 있다. 그것은 오분류에 벌점을 부과하는 복잡도 상수(complexity constant) C인데, 이 절의 앞부분에서 설명한 것이다. 대부분의 실제 데이터는 깔끔하게 분리되지 않으며 따라서 이 상수를 사용한다. 초반에는 기본값 설정으로 시작하는 것이 가장 좋다. RapidMiner의 도움 기능에서 C가 성능에 어떻게 영향을 미치는지 자세히 설명하므로 여기에서는 생략한다.

4.6.4 결론

고차원(high order) SVM의 단점은 계산량이다. 일반적으로 SVM은 학습하는 동안 모든 분류에 대해 내적(dot product) 계산을 하므로, 차원이 매우 높거나 속성의 수가 많으면 계산이 매우 느려진다. 하지만 이러한 단점은 일단 SVM이 구축되면, 학습용 데이터의 작은 변화에 대해서는 서포트벡터가 변하지 않는 한 모델 계수에 큰 변화가 없다는 것으로 상쇄된다. 이러한 반 과적합 특징 덕분에 SVM이 가장 다재다능한 기계학습 알고리즘으로 떠오른 것이다.

SVM의 장점을 요약하면 다음과 같다.

- **유연한 적용성(flexibility in application)**: SVM은 이미지 프로세싱에서부터 사기 탐지, 텍스트 마이닝에 이르기까지 다양한 분야에 적용된다.
- **강건성(robustness)**: 데이터의 변화가 작은 경우에는 고비용의 재모델링이 필요하지 않다.
- **반 과적합(overfitting resistance)**: 데이터셋 내부의 클래스 경계는 보통은 소수의 서포트벡터만으로도 적절하게 나타낼 수 있다.

이러한 장점들은 다소 높은 계산비용과 균형을 이루어야 한다.

4.7 앙상블 학습기

데이터 마이닝에서 지도학습의 목적은 입력과 출력 간의 관계를 설명하는 모델을 구축하는 것이다. 모델은 새로운 입력을 예측결과 출력으로 변환하는 가설(hypothesis)로 간주할 수 있다. 주어진 학습용 데이터셋에 대해 관계를 설명하는 가설은 여러 개 있을 수 있으며 정확도가 각각 다르다. 무한한 가설 공간에서 정확한 가설을 발견하는 것은 어렵지만, 최소의 오류로써 관계를 가장 잘 설명하는 가설을 발견할 수 있는 모델링 프로세스를 원한다.

앙상블 방법(ensemble methods) 또는 앙상블 학습기(learners)는 가설 발견 문제를 최적화하는데, 다수의 예측모델들을 채택하여 그것들을 결합한 통합 가설(aggregate hypothesis) 또는 통합 모델을 만든다. 즉, 이 방법은 다수의 가설을 하나로 결합하여 더 좋은 가설을 생성하는 기법이다. 개별 가설은 지역 최적화(local optimization)에 빠지거나 특정 학습용 데이터셋을 과적합할 수 있기 때문에, 여러 가설을 결합하면 메타-가설(meta-hypothesis) 해법에 의해 정확도를 개선시킬 수 있다. 적당한 조건이 만족되면 이 결합 방법의 예측력이 개별 모델의 예측력보다 좋아진다. 개별 모델의 방법들은 해답 공간에서 종종 다른 특성을 가지기 때문에 앙상블 모델은 실무의 많은 분류 문제에서 가장 중요한 기법으로 떠오르고 있다.

4.7.1 집단 지성

앙상블 모델은 같은 입력을 받아들여서 개별적인 출력을 예측하는 베이스 모델들(base models)의 집합이다. 이 모든 베이스 모델들의 출력들을 결합하는데, 보통은 투표(voting)를 하여 앙상블 출력을 만들어낸다. 이 접근방법은 위원회나 이사회의 의사결정과 비슷하다. 여러 모델들의 예측을 함께 끌어내어 정확도를 개선하는 방법을 메타 학습(meta learning)이라고도 한다. 이와 비슷한 의사결정 방법은 고등 법원, 기업 이사회, 입법기관의 다양한 위원회 등에서 볼 수 있다. 각 개인은 편견이나 선택권을 가지고 있는 반면에, 여기서의 사고방식은 집단적 의사결정이 한 개인의 평가보다 좋다는 것이다. 앙상블 방법은 오류율을 개선하고 개별 모델의 모델링 편향(bias)을 극복한다. 이것은 많은 약한 학습기들(weak learners)을 결합하여 하나의 강력한 학습기(strong learner)를 만들어낸다. 그림 4.59는 앙상블 모델의 프레임워크를 보여준다.

예측을 통합하는 마지막 단계는 보통은 투표를 통해 수행된다. 베이스 학습기들 중 가장 많은 득표를 한 예측 클래스가 결합된 앙상블 모델의 출력이 된다. 베이스 모델들은 각각 다른 정확도로 결과를 예측한다. 그러므로 개별 모델의 정확도에 따라 투표에 가중치를 줄 수도 있다. 즉, 높은 정확도를 가지는 베이스 모델은 마지막 통합과정에서 낮은 정확도의 모델보다 높은 대표성을 가진다(Dietterich, 2007).

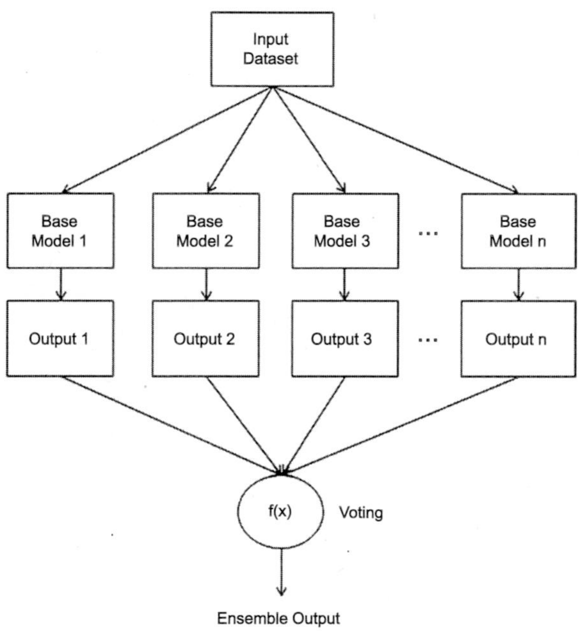

[그림 4.59] 앙상블 모델

가뭄 예측

가뭄이란 어떤 지역이 평균보다 훨씬 적은 물 공급을 겪는 기간을 말한다. 기후 변화가 시작되면서 지구상의 많은 지역에서 가뭄의 빈도와 지속기간이 증가하였다. 고기압이 형성되면 구름이 생기지 않고 결과적으로 강수량과 습도가 낮아져서 가뭄의 원인이 된다. 특정 지역에서의 가뭄 조건들을 예측하는 것은 매우 도전적인 과제이다. 가뭄은 시작 시점과 종료 시점이 명확하지 않다. 가뭄 조건을 유발하는 기후 패턴에 영향을 주는 변수는 매우 많다. 그러므로 가뭄을 미리 잘 예측할 수 있는 강력한 모델은 없다(Predicting Drought, 2013). 가뭄 기간을 미리 예측할 수 있다면 지역 행정기관이 가뭄을 완화할 수 있는 시간을 벌 수 있다.

가뭄의 원인으로는 수많은 요인들이 있는데 지하수위, 대기 흐름, 토지의 수분, 지세(topology), 엘니뇨 또는 라니냐 같은 대규모 지구 기상패턴 등이다(Patel, 2012). 가뭄 조건에 영향을 주는 수천 개의 속성과 많은 미지의 변수들을 가지고 어느 지역에 언제 가뭄이 닥칠지 정확하게 예측할 수 있는 묘책(silver bullet)과 같은 모델은 없다. 우리는 이용 가능한 수천 개의 속성 중 일부를 사용하는 '약한' 모델들을 이용할 수 있을 뿐이다. 이들은 임의로 예측하는 것보다 약간 더 좋을 뿐이다. 이 약한 모델들은 각 모델의 다양한 입력변수에 근거하여 동일한 지역과 시기에 대한 가뭄 예측을 하는데, 예측결과가 서로 다르다. 우리는 개별 모델의 예측을 결합하여 예측을 종합하고 투표로 하나를 뽑는다. 앙상블 모델은 많은 약한 모델들을 하나의 좋은 모델로 결합하는 체계적 방법이다. 실무 현장에 사용되는 대부분의 데이터 마이닝 모델은 앙상블 모델이다. 몇 가지 조건이 만족되면 앙상블 모델은 일반화 오류를 크게 줄여주고 전체 예측 오차를 개선시킨다.

4.7.2 기법 원리

3명의 이사로 구성된 가상적인 기업 이사회의 사례를 들어보자. 각각의 이사가 잘못된 의사결정을 할 확률을 20%라고 가정한다. 이사회는 어떤 중요한 프로젝트 제안에 대한 가부를 결정해야 한다. 만일 이사회의 결정이 매번 만장일치로 이루어진다면 이사회의 오류율은 20%이다. 그런데, 각 이사의 결정이 독립적이고 결과가 서로 상관관계가 없다면, 두 명 이상의 이사가 동시에 오류를 범할 때만 이사회가 오류를 범하게 된다. 즉 이사들의 과반수가 오류를 범할 때만 이사회가 오류를 범하는 것이다. 이 경우에 이항분포를 이용하여 이사회의 오류율을 계산할 수 있다.

이항분포에서 각 시행(trial)의 성공률이 p일 때 n번의 시행 중 성공이 k번일 확률은 다음과 같은 확률질량함수(probability mass function)로 계산된다.

$$P(k) = {}_{n}C_{k}\, p^{k} (1-p)^{n-k} \tag{4.22}$$

위 사례에서 이사회가 오류를 범할 확률은

$$\begin{aligned} P(\text{board wrong}) &= P(k \geq 2) = P(2 \text{ members wrong}) + P(3 \text{ members wrong}) \\ &= \sum_{k=2}^{3} {}_{3}C_{k}\, p^{k} (1-p)^{3-k} \\ &= {}_{3}C_{3}\, 0.2^{3} (1-0.2)^{0} + {}_{3}C_{2}\, 0.2^{2} (1-0.2)^{1} \\ &= 0.008 + 0.096 = 0.104 = 10.4\% \end{aligned}$$

이사회의 오류율(10.4%)은 개인(20%)보다 더 작다! 이것이 집단적 의사결정의 효과이다. 앙상블 오류율의 일반적인 공식은 다음과 같다.

$$P(\text{ensemble wrong}) = P(k \geq \text{round}(n/2)) = \sum_{k=\text{round}(n/2)}^{n} {}_{n}C_{k}\, p^{k} (1-p)^{n-k}$$

그러나 주목해야 할 중요한 조건이 있다.

- 앙상블의 각 멤버는 독립적이어야 한다.
- 이진 분류기의 경우 개별 모델의 오류율은 50%보다 작아야 한다.

베이스 모델의 오류율이 50%보다 크면 예측력은 순전한 우연(pure chance)보다 나빠지고, 따라서 시작하기에 좋은 모델이 아니다. 베이스 모델 간에 독립성을 만족시키는 것은 어렵다. 그러나 베이스 모델들을 가능한 한 다양하게 만드는 기법들이 몇 가지 있긴 하다. 이사회에서처럼, 다양하고 독립적인 멤버들로 앙상블을 구성하는 것은 통계적으로 의미가 있다. 물론 그들은 모두 50% 이상 올바른 의사결정을 해야 한다.

앙상블 모델링의 조건 구축하기

베이스 모델들이 좋을 때만 집단 의사결정을 이용하는 이점이 있다. 메타 학습기(meta learner)는 여러 개의 약한 학습기로부터 하나의 강력한 학습기를 만들지만, 약한 학습기들은 랜덤 추측보다 더 좋아야 한다. 모든 모델들이 동일한 학습용 데이터셋에 근거하여 개발되기 때문에, 모델의 다양성과 독립성을 성취하기 어렵다. 베이스 모델들의 독립성을 완벽하게 달성할 수는 없지만, 독립성을 촉진하는 단계들은 다음과 같이 몇 가지가 있다: (1) 각 베이스 모델에 대해서 학습용 데이터셋을 변경하기 (2) 입력 속성들을 다양하게 하기 (3) 다양한 모델링 기법과 알고리즘을 사용하기 (4) 베이스 모델을 구축하기 위해 사용한 모델링 파라미터들을 변경하기. 베이스 모델의 다양성을 달성하기 위해 베이스 모델이 구축되는 조건들을 설정할 수 있는데, 가장 많이 사용되는 조건들은 다음과 같다.

- **다양한 모델 알고리즘**: 다수의 알고리즘을 사용하는 의사결정나무, 나이브 베이지안, k-최근접 이웃, 인공신경망 등 다양한 분류기에 동일한 학습용 데이터셋을 사용한다. 이 모델들은 고유 특성이 각각 다르기 때문에 오류율이 다르고 다양한 베이스 모델들의 집합을 얻을 수 있다.
- **모델의 파라미터**: 의사결정나무 모델에서 나무의 깊이, 정보이득비율(gain ratio), 최대 분리 수와 같은 파라미터를 변화시키면 다양한 의사결정나무를 얻을 수 있다. 모든 베이스 모델에 동일한 학습용 데이터셋을 사용할 수 있다.
- **학습용 데이터셋 변경**: 학습용 데이터셋이 모델의 오류에 대한 핵심 요인이기 때문에 이것을 변경하면 다수의 독립적인 베이스 모델들을 효과적으로 구축할 수 있다. 학습용 데이터셋을 여러 개로 분할하여 각각을 하나의 베이스 모델을 구축하는 데 사용한다. 그러나 이 기법은 충분히 큰 학습용 데이터셋을 필요로 하기 때문에 거의 사용되지 않는다. 대신 데이터셋으로부터 학습용 데이터셋을 복원 추출하고 다른 베이스 모델

에 대해서도 같은 과정을 반복한다.

- **속성 집합 변경**: 각각의 베이스 모델 구축을 위해서 데이터 샘플을 사용하는 학습용 데이터셋 변경처럼, 각 베이스 모델마다 샘플 속성들을 사용한다. 이 기법은 학습용 데이터셋이 상당히 많은 수의 속성들을 포함할 때 제대로 작동한다.

다음 절에서는 베이스 모델들의 독립성을 촉진하는 위의 방법들을 이용하여 앙상블 모델을 구축하는 구체적인 접근방법을 살펴본다. 앙상블 모델 사용에는 약간의 한계점이 있다. 베이스 모델에 사용하는 알고리즘이 다르면 입력 자료의 유형도 달라진다. 그러므로 앙상블 모델의 입력에 대해 많은 제한사항이 따를 수 있다.

4.7.3 구현 방법

데이터 마이닝 도구에서 앙상블 모델링 오퍼레이터는 메타 학습(meta learning)이나 앙상블 학습(ensemble learning) 그룹에서 볼 수 있다. RapidMiner에서는 이와 관련된 모든 오퍼레이터가 [Modeling > Predictive > Ensembles] 폴더에 있다. 앙상블 모델링 프로세스는 의사결정나무나 신경망과 같은 분류 모델의 구축과 매우 비슷하다. RapidMiner에서 개별적인 분류 프로세스와 모델을 개발하는 단계에 대해서는 이전의 분류 알고리즘을 참조한다. RapidMiner에서 메타 모델링(meta modeling)을 실행하기 위해서는 몇 가지 옵션이 있다. 먼저 간단한 투표 방법을 살펴본 후, 학습용 데이터셋을 변경하여 베이스 모델들을 독립적으로 만드는 몇 가지 기법을 사용하여 앙상블 모델링을 실행하여 보자.

투표에 의한 앙상블

앙상블 분류기를 실행할 때는 먼저 간단한 베이스 분류 프로세스를 구축한다.

예를 들어 4.1절의 아이리스 데이터셋으로 의사결정나무를 구축한다고 하자. 표준 의사결정나무 프로세스는 데이터 검색(retrieval)과 의사결정나무 모델을 포함하는데, 이 모델을 클래스를 모르는 시험용 데이터셋에 적용하고 성능 평가 오퍼레이터를 사용한다. 앙상블 모델을 만들기 위해 *Decision Tree* 오퍼레이터를 [Modeling > Predictive > Ensembles] 폴더에 있는 *Vote* 오퍼레이터로 교체한다. 다른 모든 오퍼레이터는 그대로 둔다. 완성된 앙상블 프로세스는 그림 4.60과 같다.

Vote 오퍼레이터는 내부에 다수의 베이스 모델들을 포함하는 앙상블 학습기이다(Mierswa et al., 2006). 이 프로세스의 출력은 다른 분류 모델과 비슷하며 의사결정나무가 사용될 수 있는 어떤 경우에도 모두 적용될 수 있다. 모델 적용 단계에서는 모든 베이스 모델들에 대해 예측된 클래스를 집계하고 득표수가 가장 많은 클래스가 앙상블 모델의 예측 클래스가 된다.

중첩된 *Vote* 메타 모델링 오퍼레이터를 더블 클릭하면 *Vote* 오퍼레이터 내부에 다수의 베이스 분류 오퍼레이터들을 추가할 수 있다. 이 모든 모델들은 동일한 학습용 데이터셋을 받아들이고, 출력으로 개별 베이스 모델을 제공한다. 이 사

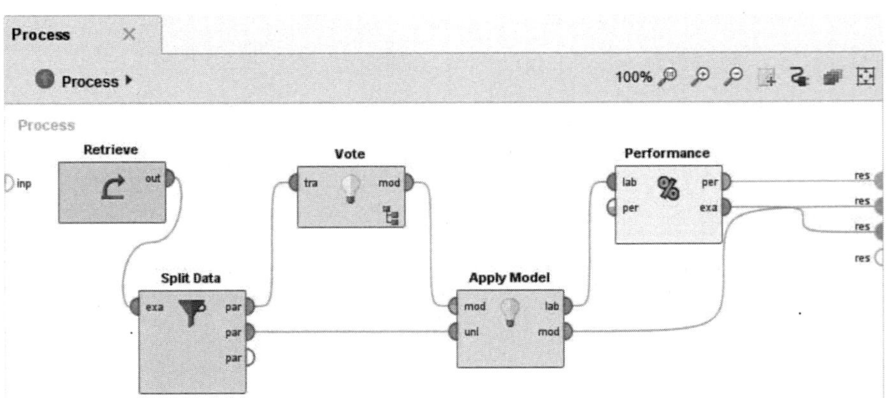

[그림 4.60] 앙상블 모델을 사용한 데이터 마이닝 프로세스

례에서는 의사결정나무, k-NN, 나이브 베이즈의 3개 모델을 추가한다. 그림 4.61은 *Vote* 메타 모델링 오퍼레이터의 내부 프로세스를 보여준다. 이 베이스 학습기들의 모든 예측들을 집계하고 최다 득표를 한 예측을 제공하는 것이 메타 모델인 *Vote* 모델링 오퍼레이터의 일이다. 이것은 앙상블 모델링에서 통합(aggregation) 단계인데, RapidMiner에서는 스태킹(stacking) 모델이라 부른다. 이 모델은 *Vote* 오퍼레이터 안에 만들어지는데 화면에는 보이지 않는다.

Vote 메타 모델을 포함한 앙상블 프로세스를 저장하고 실행시킨다. 프로세스가 실행되면 성능 벡터의 출력 패널은 정규 성능 벡터와 차이가 없다. 이 프로세스가 메타 모델을 포함하므로 결과 윈도우의 모델 패널은 그림 4.62와 같이 새로운 정보를 보여준다. 모델 윈도우는 개별 베이스 모델들과 이들의 결합인 스태킹 모델을 보여준다. *Vote* 메타 모델은 개별 베이스 모델이 사용될 수 있다면

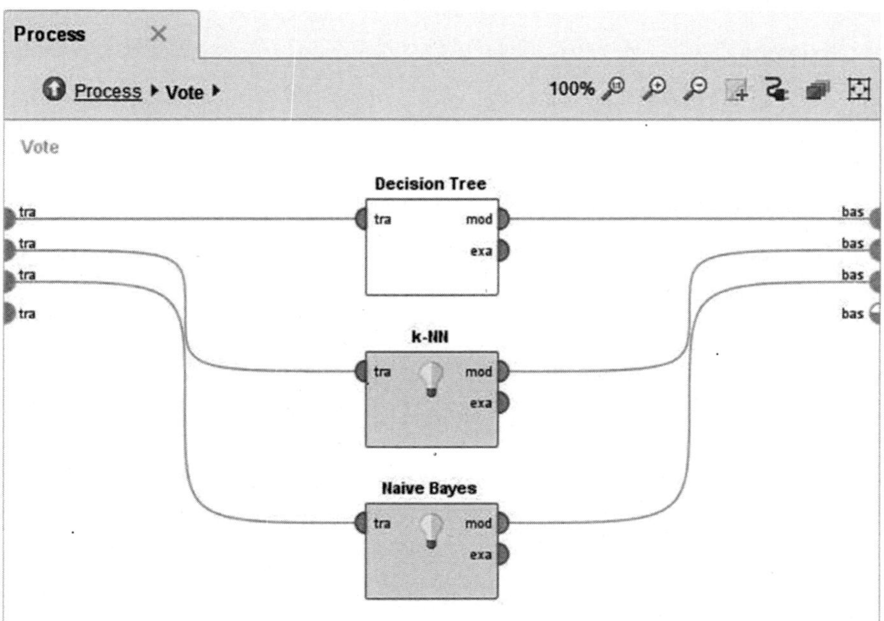

[그림 4.61] Vote 오퍼레이터 내부의 서브 프로세스

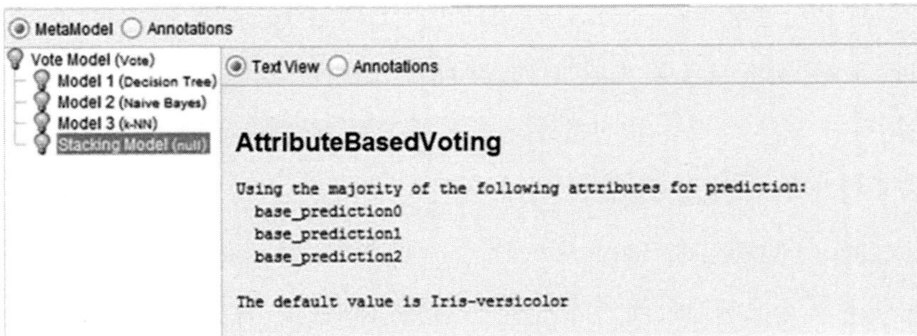

[그림 4.62] 투표에 기초한 앙상블 모델의 출력

어디에서든 사용하기 간단하다. 이 모델의 한계점은 모든 베이스 학습기가 동일한 학습용 데이터셋을 사용하고 입력 데이터 유형이 베이스 모델마다 서로 다르다는 것이다.

부트스트랩 통합과 배깅

배깅(bagging)은 학습용 데이터셋을 변화시켜 각각의 베이스 모델들을 만드는 기법이다. n개의 레코드로 이루어진 학습용 데이터셋 T가 주어졌을 때, 복원 추출(sampling with replacement)로 m개의 학습용 데이터셋을 만든다. 여기에서 각 학습용 데이터셋 T_1, T_2, T_3, ⋯, T_m은 원래의 학습용 데이터셋 T와 같이 n개의 레코드를 포함한다. 복원 추출을 하기 때문에 중복 레코드를 포함할 수 있다. 이것을 부트스트래핑(bootstrapping)이라고 한다. 추출된 각 학습용 데이터셋을 각 베이스 모델을 준비하는 데 사용한다. 부트스트래핑으로 m개의 베이스 모델을 만들고 각 모델의 예측을 앙상블 모델에서 통합한다. 부트스트래핑과 통합(aggregating)의 이러한 결합을 배깅이라고 한다.

원래의 학습용 데이터셋 T와 비교해 보았을 때, 평균적으로 각각의 베이스 학습용 데이터셋 T_i에 포함된 레코드 중 약 63%는 중복이 없다. 즉, n개의 레코드를 복원 추출할 때 중복 없는 레코드의 수는 $1 - (1-1/n)^n$이 된다. 이 값은 n이 충분히 크면 평균적으로 1 – 1/e = 63.2%가 된다. 데이터셋의 나머지 레코드는 이미 추출된 데이터와 중복이 된다. 배깅 프로세스는 불안정한 모델의 안정성(stability)을 개선한다. 의사결정나무나 신경망 같은 불안정한 모델은 학습용 데이터셋의 작은 변화에 크게 좌우된다. 배깅 앙상블이 동일한 데이터셋의 여러 가설들을 결합했기 때문에, 새로운 통합 가설은 이러한 학습용 데이터셋의 변동을 상쇄시키는 데 도움이 된다.

실행

Bagging 오퍼레이터는 [Modeling > Predictive > Ensembles] 폴더에 있다. *Vote* 메타 오퍼레이터처럼 배깅은 내부의 서브 프로세스를 가지는 중첩된 오퍼레이터이다. 그런데 배깅은 *Vote* 프로세스와는 달리 내부 서브 프로세스에 단 하나의 모델만 포함한다. 다수의 베이스 모델들은 학습용 데이터셋을 변경시킴으로써 생성한다. *Bagging* 오퍼레이터에는 다음과 같이 2개의 파라미터가 있다.

- **표본 비율(sample ratio)**: 학습에 사용되는 레코드의 비율
- **반복횟수(iterations, m)**: 생성할 베이스 모델의 수

그림 4.63은 *Bagging* 오퍼레이터에 대한 RapidMiner 프로세스를 보여준다. 그림 4.64는 *Bagging* 오퍼레이터 내부의 서브 프로세스를 보여주는데, 단 하나의 모델에 대한 설정이 있다. 하지만 내부적으로는 Bagging 파라미터에서 설정된 반복횟수(m)에 따라 다수의 베이스 모델을 생성한다. 이 사례에서는 내부의 서브 프로세스에 의사결정나무를 사용한다.

배깅의 RapidMiner 프로세스를 저장하고 실행시킨다. *Vote* 메타 모델과 마찬가지로 *Bagging* 메타 오퍼레이터는 내부에 다수의 베이스 모델을 포함하는 하나의 모델처럼 작동한다. 결과 윈도우는 실행된 데이터셋(practiced example set), 성능 벡터(performance vector), 배깅 모델의 설명(description)을 보여준다. 여기에서 학습용 데이터셋을 이용하여 m회 반복하여 구축된 모든 모델을

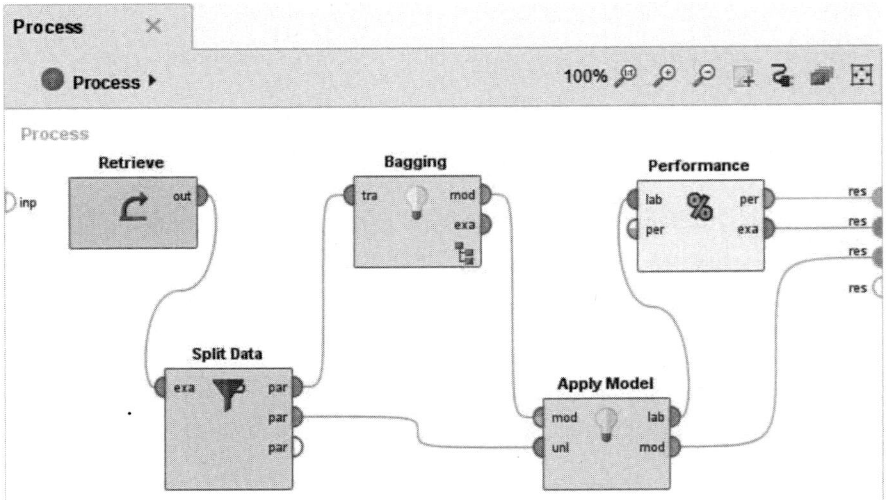

[그림 4.63] 배깅을 이용한 앙상블 프로세스

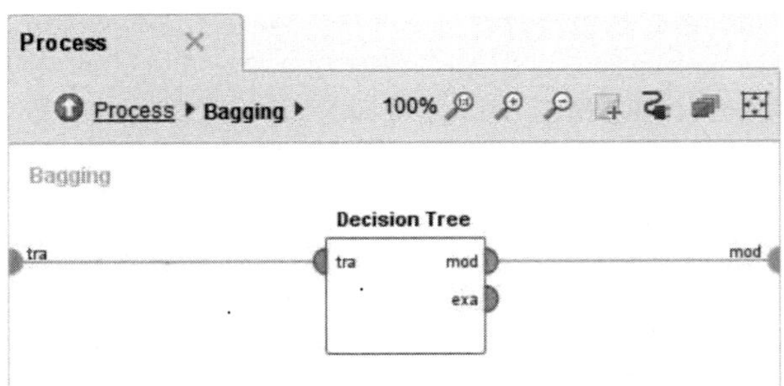

[그림 4.64] 배깅 서브 프로세스

살펴볼 수 있다. 이 사례에서는 $m = 10$이다. 베이스 모델 결과들은 단순 투표(simple voting)를 사용하여 종합한다. 배깅은 개별 모델에 상당한 충격을 주는 이상(anomaly)이 학습용 데이터셋에 있을 때 특히 유용하다. 동일한 데이터 마이닝 알고리즘이 모든 베이스 학습기에 사용되는 경우에도 배깅이 유용한 프레임워크를 제공한다. 그러나 사용된 학습용 데이터셋이 서로 다르기 때문에 각각의 베이스 모델은 서로 다르다. 각각의 베이스 모델이 서로 다른 해답 공간을

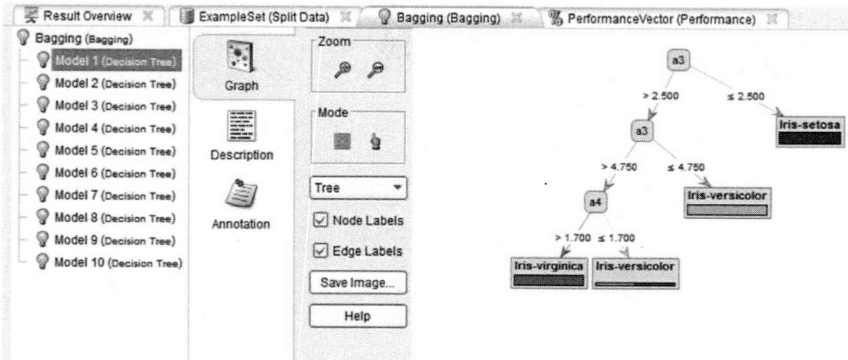

[그림 4.65] 배깅 모델의 출력

탐색하므로 앙상블 모델의 성능은 베이스 모델보다 더 좋을 것이다. 그림 4.65는 의사결정나무들을 포함하는 *Vote* 메타 모델의 출력을 보여준다.

부스팅

부스팅(boosting)은 배깅과 마찬가지로 학습용 데이터셋을 조작하여 앙상블 모델을 구축하는 또 하나의 접근 방법이다. 이것은 배깅처럼 다수의 약한 학습기를 하나의 강력한 학습기로 결합하는 해법을 제공하는데, 학습용 레코드에 발생하는 편향(bias)이나 변동을 최소화한다. 부스팅이 배깅과 다른 점은 베이스 모델을 하나씩 차례로 학습하면서 모든 학습용 레코드에 대한 가중치를 정한다는 것이다. 부스팅 프로세스는 분류하기 어려운 레코드에 집중하여 다음 반복에서 그것들이 부각되게 한다(overrepresent).

부스팅 모델은 반복적이고 순차적인 프로세스에 의해 구축되는데, 모든 학습용 데이터셋을 이용하여 베이스 모델을 구축하고 검증한다. 또한 결과에 근거하여 그 다음의 베이스 모델을 구축한다. 처음에는 모든 학습용 레코드에 동일한 가중치를 부여한다. 이 가중치는 복원 추출할 때 샘플링 비율에 사용된다. 가중치에 근거하여 학습용 샘플을 선택하여 모델 구축에 사용한다. 그 후에 전체의 학습용 데이터셋으로 모델 검증을 한다. 잘못 분류된 레코드에는 큰 가중치를 부여하고 올바르게 분류된 레코드에는 작은 가중치를 부여한다. 따라서 분류하기 힘든 레코드는 다음 반복에서 선택될 가능성이 높아진다. 다음 반복의 학습용 샘플이 이전 반복에서 잘못 분류된 레코드로 채워질 가능성이 매우 높다. 그러므로 다음 모델은 분류하기 힘든 데이터 공간에 집중하게 된다.

부스팅은 각 학습용 레코드에 가중치를 부여하고 분류의 난이도에 따라 가중치를 적응적으로(adaptively) 조정한다. 이렇게 하면 분류하기 쉬운 레코드와 어려운 레코드를 분류하는 데 특화된 앙상블 학습기를 얻을 수 있다. 모델을 적용할 때는 간단한 투표를 통하여 모든 베이스 모델들을 결합한다.

아다부스트

아다부스트(adaBoost)는 부스팅 앙상블 접근방법 중 가장 인기 있는 실행방법이다. 베이스 모델의 정확도에 따라 모델의 가중치(α)를 할당하고 예측의 정확도에 따라 학습용 레코드의 가중치(w)를 변화시킨다. 아다부스트 앙상블 모델의 프레임워크를 단계별로 살펴보면 다음과 같다. 여기에서 베이스 학습기는 m개 있고 학습용 레코드는 $((x_1, y_1), (x_2, y_2), \cdots, (x_n, y_n))$이라고 가정한다.

1. 각 학습용 레코드에 일정한 가중치 $w_i = 1/n$을 부여한다.
2. 학습용 레코드를 샘플링 하여 첫 번째 베이스 학습기 $b_k(x)$를 구축한다.
3. 베이스 학습기의 오류율을 다음 식으로 계산한다.

$$e_k = \sum_{i=1}^{n} w_i \times I(b_k(x_i) \neq y_i) \tag{4.23}$$

   여기에서 $I(x)$는 예측이 맞으면 1이고, 틀리면 0이다.

4. 학습기의 가중치는 다음의 식으로 계산한다,

$$\alpha_k = \ln\left(\frac{1-e_k}{e_k}\right)$$

모델의 오류율이 작으면 가중치가 커지고, 아니면 작아진다.

5. 모든 학습용 레코드를 다음과 같이 갱신한다.

$$w_{k+1}(i) = w_k(i) \times e^{\alpha_k F(b_k(x_i) \neq y_i)}$$

여기에서 F(x)는 예측이 맞으면 −1이고 틀리면 1이다.

위에서 살펴보았듯이 아다부스트 모델은 예측과 베이스 모델의 오류율에 따라서 가중치를 갱신한다. 오류율이 50%보다 크면 레코드 가중치를 갱신하지 않고 다음 반복으로 되돌아간다.

RapidMiner에서의 아다부스트 모델

AdaBoost 오퍼레이터는 [Modeling > Predictive > Ensembles] 폴더에 있다. 이 오퍼레이터는 배깅과 유사하게 작동하며 내부의 서브 프로세스를 가지고 있다. 반복횟수 또는 베이스 모델의 수는 *AdaBoost* 오퍼레이터의 파라미터에서 설정한다. 그림 4.66은 AdaBoost 데이터 마이닝 프로세스를 보여준다. 이 사례에서는 아이리스 데이터셋을 사용하는데 *Split Data* 오퍼레이터로 학습용과 시험용 데이터셋을 생성한다. 아다부스트 모델의 출력을 시험용 데이터셋에 적용하고 *Performance* 오퍼레이터로 성능을 평가한다.

아다부스트에서 사용된 반복횟수는 3인데 파라미터에서 설정된 것이다. 내부 프로세스에서는 모델 유형을 설정할 수 있다. 이 사례에서는 의사결정나무를 사용하였다. RapidMiner 프로세스의 완성본을 저장하고 실행시킨다. 결과 윈도우에는 앙상블 모델, 베이스 모델들, 예측 레코드들이 나타난다. 모델 윈도우는 베이스 분류기로 의사결정나무를 보여준다. 그림 4.67은 아다부스트 모델의 결과 출력을 보여준다.

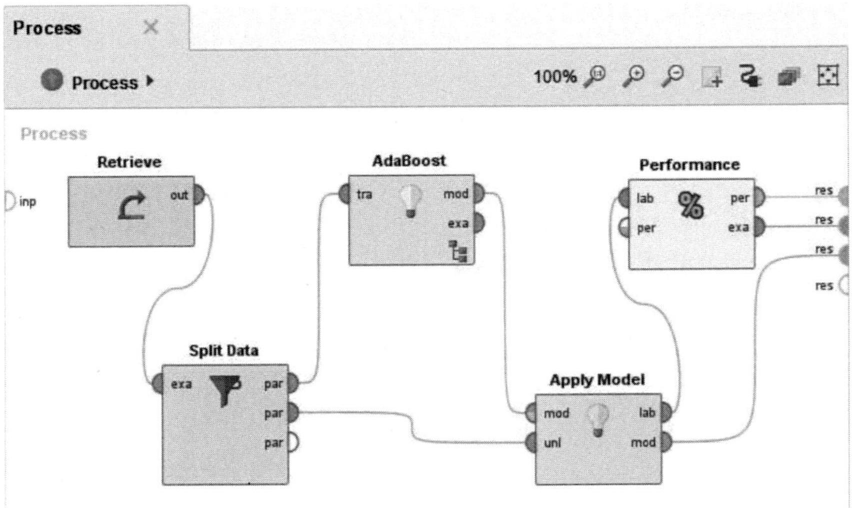

[그림 4.66] 아다부스트를 이용한 데이터 마이닝 프로세스

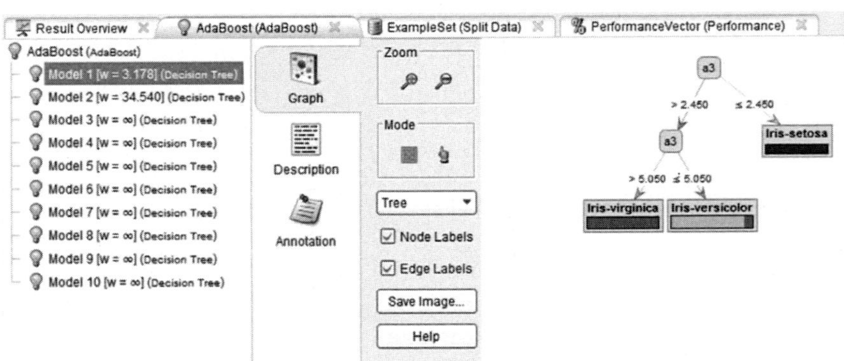

[그림 4.67] 아다부스트 모델의 출력

랜덤 포레스트

배깅 기법에서는 각각의 반복마다 학습용 레코드를 샘플링하여 모델을 구축하였다. 랜덤 포레스트(random forest) 기법도 배깅과 유사한 개념을 사용한다. 의사결정나무에서 각 노드를 분리할 때 랜덤 포레스트는 학습용 데이터셋에서

속성들의 부분집합을 임의로 추출한다. 이 알고리즘은 일반화 오류를 줄이기 위해 두 가지 수준으로 랜덤화를 하는데, 하나는 학습용 레코드의 선택이고 나머지 하나는 속성의 선택이다. 랜덤화는 각 베이스 분류기의 내부 프로세스에서 실행된다. 이 개념은 Leo Breiman와 Adele Cutler가 처음으로 제안하였다(Breiman, 2001).

일반적으로 이 모델은 두 단계로 이루어진다. 학습용 레코드의 수가 n, 속성의 수가 m, 포레스트에 있는 나무의 수가 k라 하자. 각각의 나무에 대해

1. n개의 랜덤 샘플을 복원 추출한다. 이 단계는 배깅과 비슷하다.
2. 노드 분리에 고려되는 속성의 수 D를 선택하는데, $D \ll m$이어야 한다.
3. 의사결정나무 알고리즘을 시작한다. 각 노드에서 최적 분리를 찾을 때, m개의 속성 모두를 고려하지 않고 랜덤으로 선택한 D개의 속성만 고려한다. 이 단계를 모든 노드에서 반복한다.
4. 다른 앙상블 모델과 마찬가지로, 베이스 나무들의 다양성이 커질수록 앙상블의 오류는 작아진다.

일단 모든 나무가 구축되면, 각각의 새 레코드에 대해 모든 나무들이 클래스를 예측하고 투표를 한다. 최다 득표를 한 클래스가 포레스트의 예측 클래스가 된다(Gashler et al., 2008).

실행

Random Forest 오퍼레이터는 [Modeling > Predictive > Trees] 폴더에 있다. 이것은 다른 앙상블 모델과 유사하게 작동하는데, 사용자는 구축할 베이스 나무의 수를 설정해야 한다. 내부의 베이스 모델은 언제나 의사결정나무이기 때문에 내부의 서브 프로세스를 명시적으로 설정하지 않는다. 이와 다르게 배깅이나 부스팅은 명시적으로 설정해야 한다. *Random Forest* 오퍼레이터에서는

잎의 크기, 깊이, 분리 기준과 같은 나무 고유의 파라미터를 모두 설정할 수 있다. 베이스 나무의 수를 설정하는 핵심 파라미터는 Number of Trees이다. 그림 4.68은 아이리스 데이터셋, *Random Forest* 모델링 오퍼레이터, *Apply Model* 오퍼레이터로 구성된 RapidMiner 프로세스를 보여준다. 이 사례에서 베이스 나무의 수는 10으로 설정한다. 이 프로세스는 단순한 의사결정나무 분류기와 유사하게 작동한다.

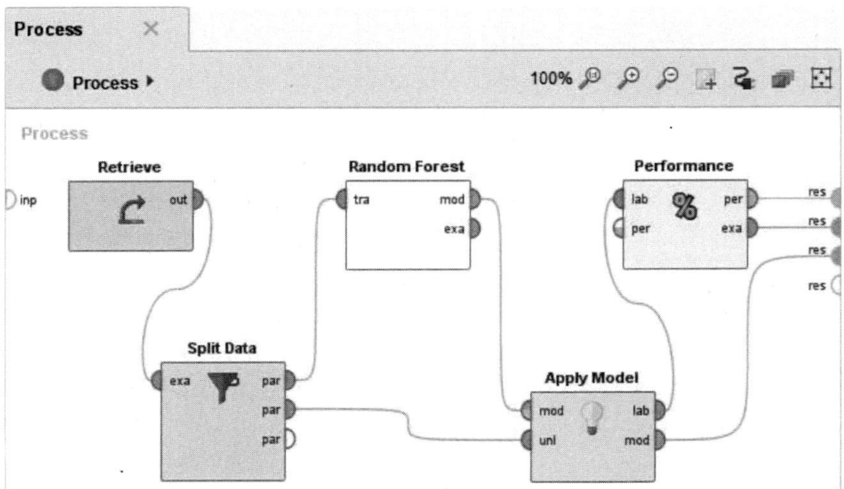

[그림 4.68] *Random Forest* 오퍼레이터를 사용한 데이터 마이닝 프로세스

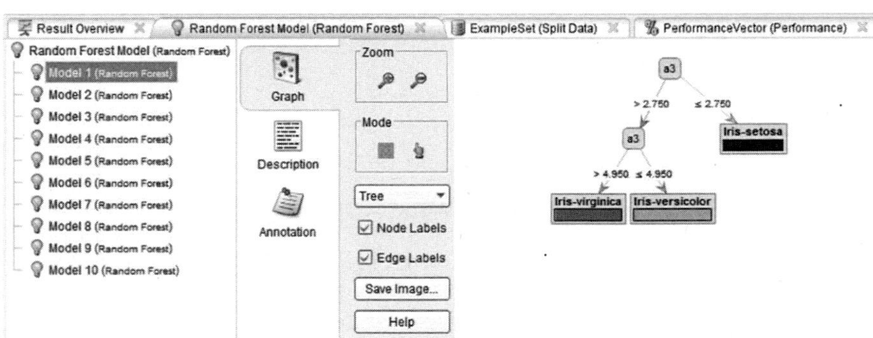

[그림 4.69] 랜덤 포레스트 모델의 출력

프로세스가 실행되면 결과 윈도우에는 모델, 예측 결과, 성능 벡터를 보여준다. 다른 메타 모델의 결과와 마찬가지로 랜덤 포레스트 모델도 베이스 분류기로 모든 나무를 보여준다. 그림 4.69는 *Random Forest* 오퍼레이터에 대한 모델 출력을 보여준다. 노드들이 나무마다 다르다는 점에 주목한다. 각 노드에서 속성들을 랜덤으로 선택하였기 때문에 베이스 나무들은 서로 다르다. 따라서, 랜덤 포레스트 모델은 의사결정나무 모델의 일반화 오류를 줄이는데 도움이 되며, 비교 목적으로 사용되는 기본적인 앙상블 모델로서 매우 유용하다.

4.7.4 결론

현장에 적용되는 데이터 마이닝 모델들은 대부분 앙상블 모델로 구축된다. 그것들은 정치적 예측(Montgomery et al., 2012), 기후 패턴 모델링, 미디어 추천, 웹 페이지 순위결정(Baradaran Hashemi et al., 2010) 등 적용범위가 매우 넓다. 입력과 출력 간의 관계를 모델링하는 알고리즘이 서로 다르기 때문에 다양한 방법의 예측결과들을 종합하는 것은 의미가 있다. 앙상블 모델을 통해서 학습용 데이터셋의 과적합 때문에 발생하는 일반화 오류를 줄일 수 있다. 이 절에서 논의된 4개의 앙상블 기법은 다양한 알고리즘 선택, 파라미터 변경, 학습용 데이터셋 변경, 샘플링, 속성 변경인데 베이스 모델들을 구축하는 근본적인 방법이다. 이 모든 기법들을 하나의 앙상블 모델에서 결합하여 사용할 수 있다. 앙상블 모델링에는 하나의 접근방법만 있는 것은 아니다. 이 장에서 논의된 모든 기법들은 다양성의 특징이 유지되면 베이스 모델보다 더 좋은 성능을 보이는 것이 입증되었다(Polikar, 2006). '집단 사고(group thinking)'가 베이스 모델 사이의 독립성을 촉진하도록 관리되는 한, 데이터 마이닝에서 집단지성(wisdom of crowds)은 의미가 있다.

참고문헌

Altman, N. S. (1992). An Introduction to Kernel and Nearest-Neighbor Nonparametric Regression. *The American Statistician, 46(3)*, 175-185.

Baradaran Hashemi, H., Yazdani, N., Shakery, A., & Pakdaman Naeini, M. (2010). Application of ensemble models in web ranking. *2010 5th International Symposium on Telecommunications*, 726-731. http://dx.doi.org/10.1109/ISTEL.2010.5734118.

Breiman, L. (2001). Random Forests. *Machine Learning, 45*, 5-32.

Brieman, L. F. (1984). *Classification and Regression Trees*. Chapman and Hall.

Cohen, W. W. (1995). Fast Effective Rule Induction. *Machine Learning: Proceedings of the Twelfth International Conference*.

Cortes, C. A. (1995). Support Vector Networks. *Machine Learning*, 273-297.

Cover, T. A. (1991). Entropy, Relative Information, and Mutual Information. In T. A. Cover (Ed.), *Elements of Information Theory* (pp. 12-49). John Wiley and Sons.

Dietterich, T. G. (2007). *Ensemble Methods in Machine Learning*. Retrieved from http://www.eecs.wsu.edu/~holder/courses/CptS570/fall07/papers/Dietterich00.pdf.

Fisher, R. A. (1936). The use of multiple measurements in taxonomic problems. *Annals of Human Genetics, 7*, 179-188. http://dx.doi.org/ 10.1111/j.1469-1809.1936.tb02137.x.

Fletcher, R. (1987). *Practical Methods of Optimization*. New York: John Wiley.

Gashler, M., Giraud-Carrier, C., & Martinez, T. (2008). Decision Tree Ensemble: Small Heterogeneous Is Better Than Large Homogeneous. *2008 Seventh International Conference on Machine Learning and Applications*, 900-905. http://dx.doi.org/10.1109/ICMLA.2008.154.

Grabusts, P. (2011). The Choice of Metrics for Clustering Algorithms. *Proceedings of the 8th International Scientific and Practical Conference, II*(1), 70-76.

Haapanen, R., Lehtinen, K., Miettinen, J., Bauer, M. E., & Ek, A. R. (2001). Progress in adapting k-NN methods for forest mapping and estimation using the new annual Forest Inventory and Analysis data. In Third Annual Forest Inventory and Analysis Symposium (p. 87).

Hill, T., & Lewicki, P. (2007). *Statistics: Methods and Applications* p. 815.

Hsu, C.-W. C.-C.-J. (2003). A practical guide to support vector classification. *Taipei: Department of Computer Science*, National Taiwan University.

Laine, A. (2003). *Neural Networks. In Encyclopedia of Computer Science 4th edition.* John Wiley and Sons Ltd. 1233 - 1239.

Langley, P., & Simon, H. a. (1995). Applications of machine learning and rule induction. *Communications of the ACM, 38*(11), 54 - 64. http://dx.doi.org/10.1145/219717.219768.

Peterson, L. (2009). K-Nearest Neighbors. *Scholarpedia.* Retrieved from http://www.scholarpedia.org/article/K-nearest_neighbor.

Li, E. Y. (1994). Artificial neural networks and their business applications. *Information & Management, 27*(5), 303 - 313. http://dx.doi.org/10.1016/0378-7206(94)90024-8.

Matan, O., et al. (1990). Handwritten Character Recognition Using Neural Network Architectures. *4th USPS Advanced Technology Conference*, 1003 - 1011.

McInerney, D. (2005). Remote Sensing Applications k-NN Classification. *Remote Sensing Workshop.* Retrieved April 27, 2014, from http://www.forestry.gov.uk/pdf/DanielMcInerneyworkshop. pdf/$FILE/DanielMcInerneyworkshop.pdf.

Meagher, P. (2005). *Calculating Entropy for Data Mining.* Retrieved from O'Reilly OnLamp.com PHP Dev Center. http://www.onlamp.com/pub/a/php/2005/01/06/entropy.html?page=1.

Mierswa, I., Wurst, M., Klinkenberg, R., Scholz, M., & Euler, T. (2006). YALE: Rapid prototyping for complex Data Mining tasks. *Proceedings of the ACM SIGKDD International Conference on Knowledge Discovery and Data Mining* (Vol. 2006). 935 - 940. http://dx.doi.org/10.1145/1150402.1150531.

Montgomery, J.M., Hollenbach, F.M., Ward. M.D. (2012). Improving predictions using ensemble Bayesian model averaging. *Political Analysis, 20*(3): 271 - 291.

Patel, P. (2012). Predicting the Future of Drought Prediction. *IEEE Spectrum.* Retrieved April 26, 2014, from http://spectrum.ieee.org/energy/environment/predicting-the-future-of-drought-prediction.

Polikar, R. (2006). Ensemble Based Systems in Decision Making. *IEEE CIRCUITS AND SYSTEMS MAGAZINE*, 21 - 45.

Predicting Drought (2013). National Drought Mitigation Center. Retrieved April 26, 2014, from http://drought.unl.edu/DroughtBasics/PredictingDrought.aspx.

Prosess Software (2013). Introduction to Bayseian Filtering. PreciseMail Whitepapers, 1 - 8. Retrieved from www.process.com.

Quinlan, J. (1986). Induction of Decision Trees. *Machine Learning*, 81 - 106.

Rish, I. (2001). An empirical study of the naive Bayes classifier. *IBM Research*

Report.

Sahami, M., Dumais, S., Heckerman, D., & Horvitz, E. (1998). A Bayesian Approach to Filtering Junk E-Mail. Learning for Text Categorization. Papers from the 1998 Workshop. *AAAI Technical Report*.

Saian, R., & Ku-Mahamud, K. R. (2011). Hybrid Ant Colony Optimization and Simulated Annealing for Rule Induction. *2011 UKSim 5th European Symposium on Computer Modeling and Simulation*, 70-75. http://dx.doi.org/10.1109/EMS.2011.17.

Shannon, C. (1948). A Mathematical Theory of Communication. *Bell Systems Technical Journal*, 379-423.

Smola, A. A. (2004). A tutorial on support vector regression. *Statistics and Computing*, 199-222.

Tan, P.-N., Michael, S., & Kumar, V. (2005). Classfication and Classification: Alternative Techniques. In P.-N. Tan, S. Michael, & V. Kumar (Eds.), *Introduction to Data Mining* (pp. 145-315). Boston, MA: Addison-Wesley.

Zdziarski, J. A. (2005). *Ending spam: Bayesian content filtering and the art of statistical language classification*. No Starch Press.

CHAPTER 5

회귀분석

이 장에서는 가장 일반적으로 쓰이는 예측분석 기법인 함수 적합(function fitting)을 이용하여 데이터를 적합시키는 것을 다룬다. 함수 적합의 기본적인 아이디어는 예측변수 X를 함수 y=f(X)에 결합시켜 종속변수 y의 값 또는 범주를 예측하는 것이다. 함수 적합에는 많은 기법들이 있지만 가장 일반적인 것으로 수치 예측에는 선형 회귀분석(linear regression), 분류에는 로지스틱 회귀분석(logistic regression)이 있다. 이 두 가지가 이 장의 주요 내용이다. 데이터 마이닝에 관한 연례 보고서에 따르면[1] 오늘날 전문가들이 가장 많이 사용하는 3개의 분석도구에 회귀모델이 계속 포함된다고 한다. 나머지 둘은 의사결정나무와 군집화이다.

회귀분석은 비교적 '구식' 기법인데 1830년대부터 1900년대 초반까지의 빅토리아 시대로 거슬러 올라간다. 초반 연구의 대부분은 Charles Darwin의 먼 친척인 Francis Galton경에 의해 이루어졌는데, 아이들의 키를 부모들과 체계적으로 비교하는 중에 '평균을 향해 회귀하는(regressing toward the mean)' 개념을 발견하였다. 키가 큰 부모를 둔 자녀들은 부모보다 약간 작고, 키가 작은 부모를 둔 자녀들은 부모보다 약간 큰 경향이 강하다는 것을 관찰하였다. 부모들의 키가 정규분포의 꼬리 부분에 위치하더라도 자녀들의 키는 분포의 평균을 향하

---

1 2012 Rexer Analytics survey, http://www.rexeranalytics.com

는 경향이 있었다. 따라서 결국에는 모든 표본이 모집단의 평균을 향하여 '회귀한다'는 것이다. 이에 따라 Galton은 이 경향을 '회귀'라 부르고(Galton, 1888), 선형회귀분석에 대한 토대를 만들었다.

이 장의 첫 절에서는 함수 적합 중 가장 간단한 방법인 선형회귀모델에 대한 이론적인 틀을 다룬다. 이것은 가장 널리 그리고 익숙하게 사용되기 때문에 자세한 이론 설명보다는 케이스 스터디에 더 집중하고 회귀모델을 어떻게 만드는가를 설명하고자 한다. 함수 적합의 본질적인 특성 때문에 고려해야 할 한계점은 '차원의 저주(curse of dimensionality)'이다. 예측변수의 개수가 증가하면 좋은 모델을 얻기 어려울 뿐만 아니라 계산과 해석의 복잡성이 증가한다. 예측변수나 요인의 개수를 최소한으로 줄이면서도 좋은 모델을 얻을 수 있는 특징 선택 방법도 소개한다. RapidMiner에서 자료 준비, 모델 수립, 평가를 수행하는 기법도 살펴보고, 마지막으로 선형회귀분석을 올바르게 사용하기 위한 체크 포인트를 기술한다.

둘째 절에서는 로지스틱 회귀분석을 논의한다. 엄격히 말하면 이것은 의사결정나무나 베이지안 방법에 가까운 분류 기법이다. 하지만 함수 적합 방법론에서 선형회귀분석과 중요한 특징들을 공유하기 때문에 분류를 다루는 장보다 이 장에 포함되었다. 우선 선형회귀분석과 어떻게 다른가, 그리고 언제 사용하는 것이 의미 있는가를 논의한다. 그 다음에 로지스틱 회귀분석을 자세히 살펴보고 간단한 기업 분석 사례에 대해 RapidMiner에서 구현하는 방법을 다룬다. 로지스틱 회귀분석의 실행에 관해서 RapidMiner와 다른 툴과의 차이점도 살펴본다. 마지막으로 오분류에 선택적으로 가중치를 부여하는 비용 산출 기능의 사용방법에 대해서도 설명한다.

주택 가격 예측 vs. 주택 가격에 영향을 미치는 요인 설명

주택의 가치를 결정하는 데 어떤 요인들이 중요한가? 예를 들어 방의 수, 주택년수, 학군, 취업 용이성, 주요 고속도로 접근성 등이 대부분의 잠재적 주택 구입자들이 생각하는 중요 고려사항들이다. 그런데 이 중의 어떤 것들이 주택 가격에 가장 큰 영향을 미치는가? 이러한 것들을 결정하는 방법이 있는가? 일단 이것들을 알고 나면, 예측 모델에 포함시킬 수 있는가? 이 장의 뒷부분에서 논의될 사례에서 이러한 문제를 다루는데, 주택의 특징들이 주어졌을 때 다중 선형회귀분석을 이용하여 도시 지역 주택 가격의 중앙값을 예측한다. 모든 기업이 성공하기 위해 다루어야 하는 공통적인 목표는 수익과 이익의 증가이다. 고객들이 이에 대한 키(key)를 쥐고 있다. 그러므로 회사 제품에 대한 사람들의 재구매 가능성을 이해하고 증가시키는 것은 매우 중요하다. 전략적으로 도움이 되는 또 다른 문제로 고객 세분화를 예로 든다면 이전의 구매습관에 대한 자료가 주어졌을 때 고객이 기꺼이 쓰고자 하는 금액을 예측할 수 있느냐이다. 여기에서 매우 중요한 두 가지 점을 구분할 필요가 있다. 고객이 회사 제품을 왜 구입하는가를 이해하는 것은 설명 모델의 영역에 속하는 반면, 고객이 돈을 얼마나 쓸 것인가를 예측하는 것은 예측 모델의 영역에 속한다. 둘 다 과거 자료를 이용하여 행동 규칙을 찾는 '대리(surrogate)' 또는 실증적 모델의 범주에 속한다. 반면 '체계적(system)' 모델은 물리학이나 화학 법칙 같은 근본 원리를 이용하여 규칙을 정한다. 아래 그림은 데이터 마이닝의 분류체계도이다. 이 장에서는 설명력보다 모델의 예측력에 초점을 맞춘다. 통계학의 응용 선형회귀분석의 역사에서는 수많은 모델들이 설명을 위해 사용되었다. 로지스틱 회귀분석의 경우, 모델에 대한 분석과 해석을 잘하면 예측력과 설명력 둘 다 만족시킬 수 있다는 것을 하나의 사례를 통하여 보일 것이다.

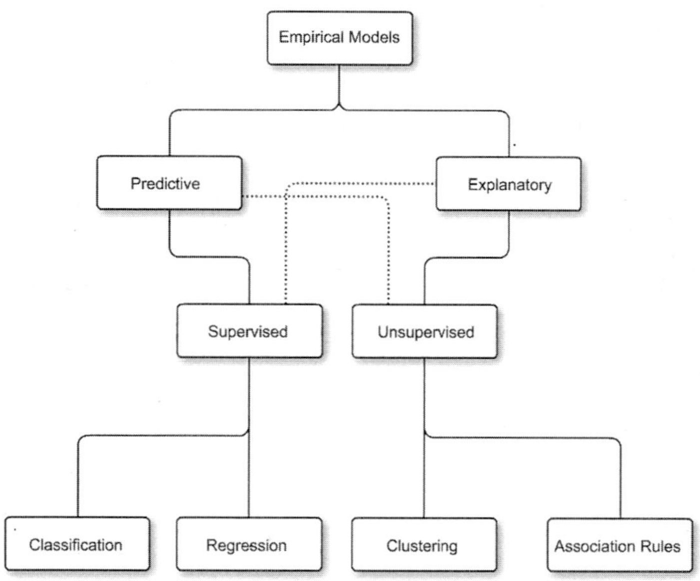

데이터 마이닝의 분류체계도

5.1 선형회귀분석

5.1.1 기법 원리

선형회귀분석은 가장 오래된 예측방법일 뿐 아니라 함수 적합을 가장 쉽게 설명하는 방법이기도 하다. 기본적인 아이디어는 예측변수들의 값이 주어졌을 때 타겟변수의 값을 설명하고 예측 함수를 찾아내는 것이다. 간단한 예제가 그림 5.1에 나와 있다. 문제는 주택의 방의 개수(예측변수)가 판매 가격의 중앙값(타겟변수)에 미치는 영향을 알고자 하는 것이다. 그림의 각 데이터 포인트는 각 주택에 대응된다(Harrison, 1978). 방의 개수가 증가하면 가격의 중앙값도 대체적으로 증가함을 볼 수 있다. 데이터를 통과하는 직선을 그려 보면 이런 추세를 포착할 수 있다. 따라서 선형회귀분석은 이러한 경향을 가장 잘 설명하는 하나

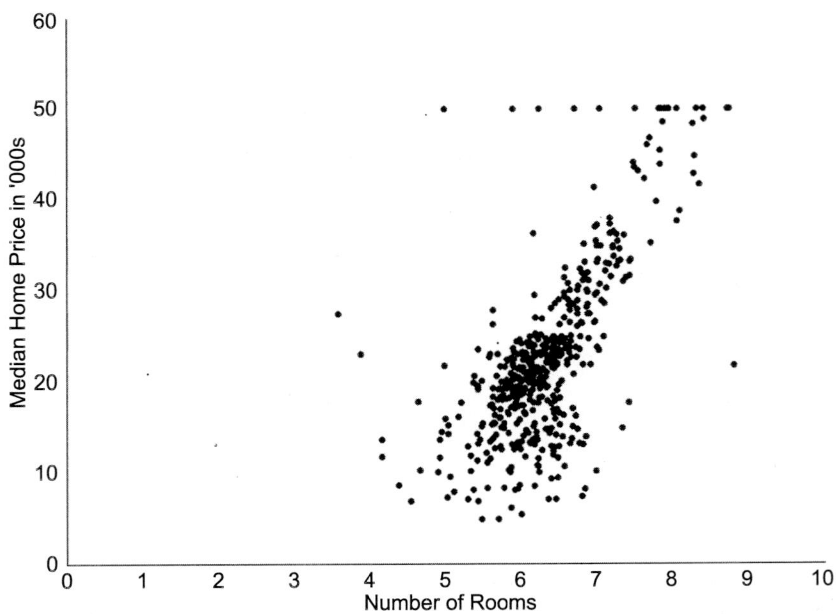

[그림 5.1] 단순회귀모델

의 직선(또는 곡선)을 찾는 것이라 할 수 있다. 예측변수가 둘일 때에는 3차원 공간에서 하나의 면을 발견하는 것이다. 예측변수가 셋 이상이면 시각화가 불가능해서 일반적인 표현으로 나타내야 한다. 즉, 다음과 같이 종속변수(타겟변수)를 독립변수(예측변수)들의 선형결합으로 표현한다.

$$y = b_0 + b_1 x_1 + b_2 x_2 + ... + b_n x_n \tag{5.1}$$

예측변수가 하나인 문제를 생각해 보자. 그림 5.1과 같이 주어진 포인트들을 통과하는 수많은 직선들을 가지고 적합시킬 수 있다. 이 중에서 어떤 직선이 가장 좋다는 것을 어떻게 알 수 있을까? 여기에서 데이터를 통과하는 직선의 적합도를 수량화하는 척도가 필요하다. 이 척도가 정해지면, 가장 좋은 직선을 고르는 문제는 이 척도에 대한 최적값을 찾는 것이 된다.

보통 사용하는 척도는 오차 함수이다. 데이터를 통과하는 직선을 적합시킨다고 하자. 단일 예측변수의 경우 데이터셋에 존재하는 x 값에 대하여 예측치 ŷ는 다음 식으로 구한다.

$$\hat{y} = b_0 + b_1 x \tag{5.2}$$

그러면 오차는 타겟변수의 실제값과 예측값의 차이가 된다.

$$e = y - \hat{y} = y - (b_0 + b_1 x) \tag{5.3}$$

이 식은 데이터셋에서 하나의 위치 (x, y)에 대한 오차를 나타낸다. 전체 포인트들에 대한 오차는 쉽게 계산되며 이로부터 오차 합계를 얻을 수 있다. 어떤 오차는 양이 되고 어떤 오차는 음이 된다. 차이를 제곱하여 부호의 영향을 없애고, 적합 직선이 주어졌을 때 다음 식으로 평균 오차를 구한다.

$$\frac{1}{n}\sum_{i=1}^{n} e_i^2 = \frac{1}{n}\sum_{i=1}^{n}(y_i - \widehat{y_u})^2 = \frac{1}{n}\sum_{i=1}^{n}(y_i - b_0 - b_1 x_i)^2 \tag{5.4}$$

여기서 n은 데이터셋의 포인트들의 개수이다. 주어진 데이터셋에 대해서 오차를 최소화하는 (b_0, b_1)의 최적값을 구할 수 있다. 이것은 고전적인 최소화 문제로 미적분을 이용하여 풀 수 있다. Stigler는 최소 제곱법의 기원에 대해 흥미있는 역사적 사실을 자세히 소개하고 있다(Stigler, 1999). (b_0, b_1)은 다음과 같이 계산된다.

$$b_1 = Cor(y, x) * sd(y) / sd(x) \tag{5.5a}$$

$$b_0 = y_{mean} - b_1 * x_{mean} \tag{5.5b}$$

여기서 Cor(y, x)는 x와 y 사이의 상관계수이고, sd(y), sd(x)는 각각 y와 x의 표준편차이다. 또 x_{mean}, y_{mean}는 각각의 평균이다.

실제의 선형회귀 알고리즘에서는 경사하강법(gradient descent)으로 알려진 최적화 기법을 사용하여 식 5.4에 주어진 오차 함수를 최소화하는 (b_0, b_1)의 값을 찾아낸다(Marquardt, 1963; Fletcher, 1963). 이 방법의 장점은 예측변수가 다수인 경우에도 최적화가 제법 잘 수행된다는 것이다. 이 과정을 앞의 사례에 적용하면 다음과 같은 식을 얻는다.

$$\textit{Median Price} = 9.1 * \textit{Number of Rooms} - 34.7 \tag{5.6}$$

여기서 b_1=9.1, b_0=−34.7이다. 이 식으로부터, 방이 6개인 주택에 대한 주택 가격의 중앙값은 약 20(천달러)임을 알 수 있다. 그림 5.1을 살펴보면 방이 6개인 주택에 대해 실제 가격은 10.5에서 25 사이에 있다. 중앙값의 모든 예측치가 이 범위 안에 들 수 있도록 수많은 직선으로 적합할 수 있겠지만, 이 알고리즘은 독립변수의 모든 값에 대해서 평균 오차를 최소화하는 직선을 선택하였고 따라서 이 직선이 주어진 데이터셋에 대해 가장 좋은 적합이 된다.

그림 5.1에서 일부 포인트들은(차트의 상단의 중앙값이 50인 포인트들) 중앙값이 방의 개수와 독립적인 것으로 보인다. 이것은 주택 가격에 영향을 주는 다

른 요인들 때문일 것이다. 따라서 둘 이상의 예측변수를 모델화할 필요가 있으며 단순선형회귀분석의 확장인 다중선형회귀분석(Multiple Linear Regression, MLR)을 사용한다. 회귀식 5.1의 계수를 구하는 알고리즘은 이차원 이상으로 쉽게 확장할 수 있다.

MLR은 "물건을 얼마에 팔까?"와 같은 수치 예측이 필요한 경우에 적용될 수 있다. 이것은 "살까/말까"나 "실패할까/아닐까"와 같은 범주형 예측을 하는 경우와 대비된다. 범주형 예측에는 의사결정나무(4장)나 로지스틱 회귀모델(5.2절)과 같은 분류 도구를 사용한다. 회귀모델의 유효성을 검증하기 위해서는 몇가지 체크방법들을 실행해야 하는데, 이에 대해서는 5.1.4절에서 좀 더 자세히 설명한다.

5.1.2 RapidMiner를 사용한 케이스 스터디: 목적과 데이터

이 장의 초반에 소개한 주택 사례를 확장하여 더 많은 변수를 포함시킨 사례를 살펴보자. 이는 1970년대 후반에 수행된 도시 지역에서의 연구에서 가져온 것으로(Harrison, 1978), 전체 데이터셋과 정보는 많은 공공 데이터베이스에서 이용 가능하다.[2] 이 사례의 목적은 다음과 같다.

1. 주택 가격의 중앙값을 정확히 예측하는 데 필요한 속성들을 찾아낸다.
2. 가장 중요한 속성들을 사용하여 중앙값을 예측하는 다중선형회귀모델을 구축한다.

데이터 원본은 13개의 예측변수와 하나의 반응변수로 구성된다. 반응변수는 우

---

2 http://archive.ics.uci.edu/ml/datasets/Housing에서 데이터 및 데이터 관련 설명을 다운로드 받을 수 있다.

[표 5.1] 고전적 보스턴 주택 문제 자료 집합의 예

CRIM	ZN	INDUS	CHAS	NOX	RM	AGE	DIS	RAD	TAX	PTRATIO	B	LSTAT	MEDY
0.00632	18	2.31	0	0.538	6.575	65.2	4.09	1	296	15.3	396.9	4.98	24
0.02731	0	7.07	0	0.469	6.421	78.9	4.9671	2	242	17.8	396.9	9.14	21.6
0.02729	0	7.07	0	0.469	7.185	61.1	4.9671	2	242	17.8	392.83	4.03	34.7
0.03237	0	2.18	0	0.458	6.998	45.8	6.0622	3	222	18.7	394.63	2.94	33.4
0.06905	0	2.18	0	0.458	7.147	54.2	6.0622	3	222	18.7	396.9	5.33	36.2
0.02985	0	2.18	0	0.458	6.43	58.7	6.0622	3	222	18.7	394.12	5.21	28.7
0.08829	12.5	7.87	0	0.524	6.012	66.6	5.5605	5	311	15.2	395.6	12.43	22.9
0.14455	12.5	7.87	0	0.524	6.172	96.1	5.9505	5	311	15.2	396.9	19.15	27.1

[표 5.2] 보스턴 주택 문제 데이터셋의 속성들

1. CRIM per capita crime rate by town
2. ZN proportion of residential land zoned for lots over 25,000 sq.ft.
3. INDUS proportion of nonretail business acres per town
4. CHAS Charles River dummy variable (= 1 if tract bounds river; 0 otherwise)
5. NOX nitric oxides concentration (parts per 10 million)
6. RM average number of rooms per dwelling
7. AGE proportion of owner-occupied units built prior to 1940
8. DIS weighted distances to five Boston employment centers
9. RAD index of accessibility to radial highways
10. TAX full-value property-tax rate per $10,000
11. PTRATIO pupil-teacher ratio by town
12. B 1000(Bk – 0.63)^2 where Bk is the proportion of blacks by town
13. LSTAT % lower status of the population
14. MEDV Median value of owner-occupied homes in $1000's

리가 예측하려고 하는 변수이다. 예측변수는 방의 수, 주택년수, 세금, 위치와 같은 주택의 물리적인 특성과 학군, 기업, 지역 구분과 같은 지역적인 특성 등을 포함한다. 자세한 내용은 원본을 참조한다. 반응변수는 주택 가격의 중앙값(MEDV)이며, 단위는 천 달러이다. 표 5.1은 506개의 사례 데이터셋의 일부분, 표 5.2는 데이터셋의 속성에 대한 설명을 보여준다.

5.1.3 구현 방법

이 절에서는 보스턴 주택 데이터셋을 이용하여 다중선형회귀 모델을 만드는 RapidMiner 과정을 설명한다. 구체적으로 다음의 사항들을 설명한다.

1. 선형회귀모델 구축하기
2. 모델 성능 평가하기
3. *Linear Regression* 오퍼레이터에서 일반적으로 사용되는 옵션 이해하기

4. 새로운 자료에 모델을 적용하여 주택 가격의 중앙값 예측하기

단계 1: 데이터 준비

첫 단계로 자료를 학습용 데이터셋과 시험용 데이터셋으로 나눈다. 이는 학습용 데이터셋을 이용하여 모델을 구축하고, 시험용 데이터셋으로 모델 성능을 검증하기 위함이다. *Retrieve* 오퍼레이터를 이용하여 원시 데이터(raw data)를 RapidMiner로 불러온다(데이터 로딩에 대한 상세한 설명은 13장 참조). *Shuffle* 오퍼레이터를 이용하여 데이터 순서를 무작위화하는데 이는 데이터셋을 두 부분으로 나누었을 때 통계적으로 유사성을 유지하기 위해서이다. 그림 5.2와 같이 *Filter Examples Range* 오퍼레이터를 이용하여 데이터셋을 두 부분으로 나눈다. 원시 데이터는 506개의 사례를 포함하는데, 2개의 *Filter Examples Range* 오퍼레이터를 이용하여 학습용 데이터셋(1행 ~ 450행)과 시험용 데이터셋(451행 ~ 506행)으로 나눈다.

Set Role 오퍼레이터를 추가하여 MEDV의 역할을 "label"로 바꾸고 그림 5.3과 같이 출력 포트를 *Split Validation* 오퍼레이터의 입력 포트인 "tra"(training)로 연결한다. 이제 학습용 데이터셋을 다시 학습용과 검증용 데이터셋으로 나눈

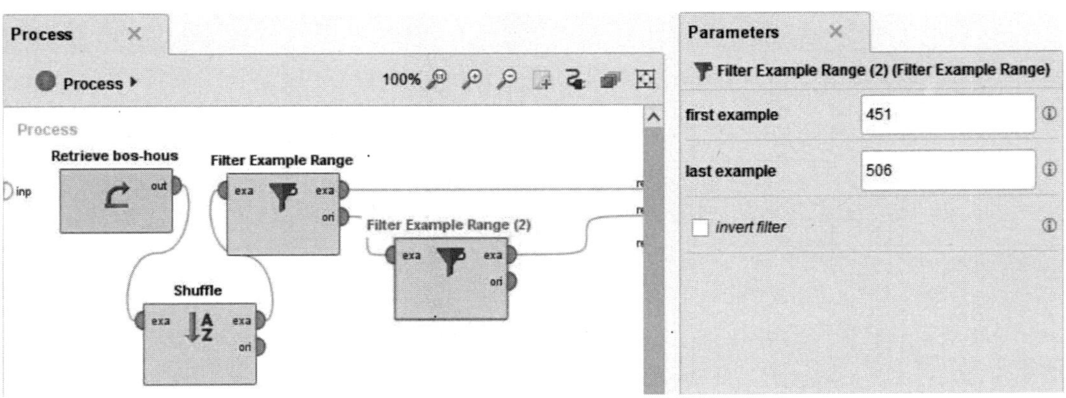

[그림 5.2] 자료를 학습용과 시험용으로 분할하기

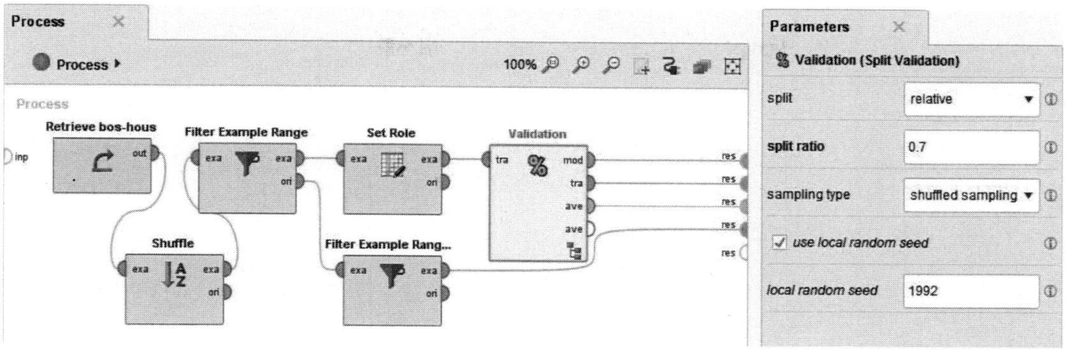

[그림 5.3] Split Validation 오퍼레이터 사용

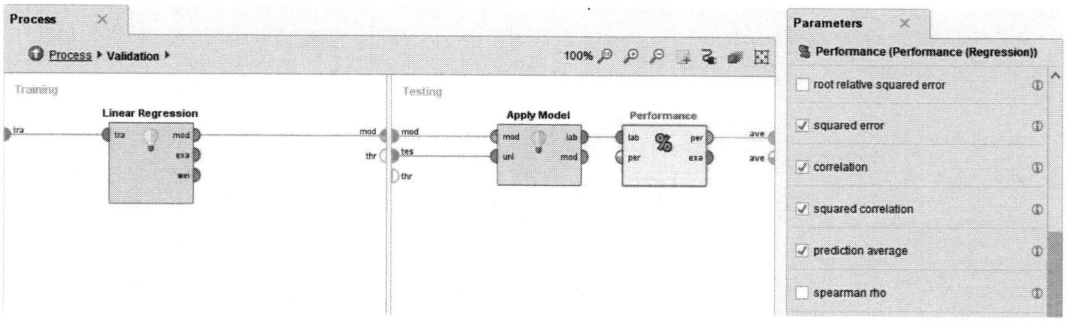

[그림 5.4] Linear Regression 오퍼레이터 사용과 성능 측정

다. 이것은 선형회귀모델의 성능을 측정하기 위해 필요하다(Split Validation 옵션들은 기본 설정 값, 즉 relative, 0.7, shuffled로 설정한다). 또한 지역적 랜덤 시드(local random seed)를 설정하면(기본값: 1992), 실행할 때마다 같은 표본을 사용할 수 있다.

다음 단계로 *Validation* 오퍼레이터를 더블 클릭하여 중첩된 프로세스로 들어간다. 그림 5.4와 같이 왼쪽 창에는 *Linear Regression* 오퍼레이터를, 오른쪽 창에는 *Apply Model* 오퍼레이터와 *Performance* (*Regression*) 오퍼레이터를 삽입한다. *Performance* 오퍼레이터를 클릭한 후 오른쪽의 Parameters 옵션들 중

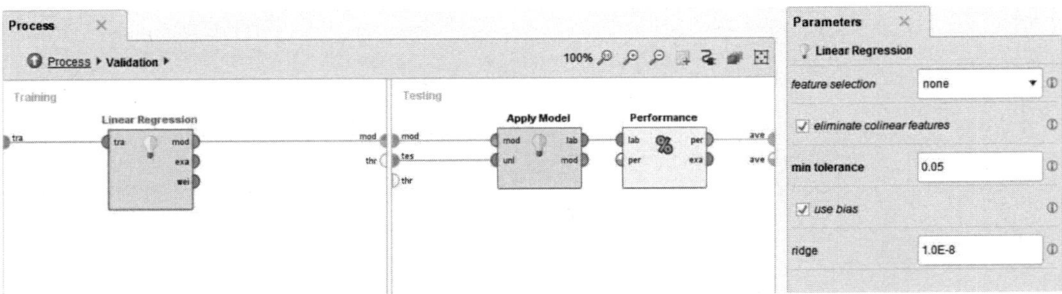

[그림 5.5] Feature selection 옵션 변경하지 않기

squared error, correlation, squared correlation, prediction average에 체크 표시를 한다.

단계 2: 모델 구축

Linear Regression 오퍼레이터를 선택하여 feature selection 옵션을 none으로 바꾼다. eliminate collinear features는 체크 표시를 유지하는데, 이것은 모델링 과정에서 선형 상관관계가 있는 요인들을 제거해 준다. 2개 이상의 속성들이 서로 상관관계가 있다면 모델의 결과에서 계수들을 직관적으로 해석할 수 없고 또한 계수들의 통계적 유의성이 매우 낮아지는 경향이 있다. 다음으로 use bias에 체크하여 y절편(식 5.2의 b_0)을 모델에 포함시킨다. 다른 선택사항은 그대로 둔다(그림 5.5 참조).

Validation 오퍼레이터의 출력 포트 "mod"와 "ave"를 메인 출력 포트로 연결한 후, 이 과정을 실행시키면 그림 5.6과 같은 결과가 나오는데 선형회귀 모델과 검증용 데이터셋에 대한 성능 값들이다.

단계 3: 실행과 해석

선형회귀 결과는 2개의 탭에서 볼 수 있다. 설명(description) 탭은 적합된 함수

(a)

Data | Description | Annotation

LinearRegression

```
- 0.119 * CRIM
+ 0.050 * ZN
+ 0.018 * INDUS
+ 2.433 * CHAS
- 16.919 * NOX
+ 3.670 * RM
- 0.002 * AGE
- 1.575 * DIS
+ 0.296 * RAD
- 0.012 * TAX
- 0.920 * PTRATIO
+ 0.009 * B
- 0.554 * LSTAT
+ 37.281
```

[그림 5.6a] 선형회귀모델의 Description 탭

(b)

Data | Description | Annotation

Attribute	Coefficient	Std. Error	Std. Coeffici...	Tolerance	t-Stat	p-Value	Code
ZN	0.050	0.014	0.128	0.876	3.494	0.001	****
NOX	-16.919	3.973	-0.215	0.804	-4.258	0.000	****
RM	3.670	0.393	0.277	0.574	9.348	0	****
DIS	-1.575	0.212	-0.362	0.839	-7.428	0	****
RAD	0.296	0.069	0.281	0.772	4.301	0.000	****
PTRATIO	-0.920	0.136	-0.214	0.789	-6.775	0	****
LSTAT	-0.554	0.053	-0.431	0.464	-10.520	0	****
(Intercept)	37.281	4.880	?	?	7.639	0	****
CRIM	-0.119	0.038	-0.103	0.843	-3.115	0.002	***
CHAS	2.433	0.894	0.068	0.991	2.721	0.007	***
TAX	-0.012	0.004	-0.216	0.744	-3.097	0.002	***
B	0.009	0.003	0.084	0.905	3.061	0.003	***
INDUS	0.018	0.064	0.014	0.683	0.288	0.776	
AGE	-0.002	0.014	-0.007	0.803	-0.164	0.871	

[그림 5.6b] 표로 표현된 모델: Code 열을 더블 클릭하여 유의성의 순서로 정렬한다.

를 보여주고(그림 5.6a 참조), 데이터(data) 탭은 더 유용한데 선형회귀 함수의 계수는 물론이고 이 계수들의 유의성도 보여준다(그림 5.6b 참조). 이 표를 가장 잘 파악하려면 Code 열을 내림차순으로 정렬한다. Code를 더블 클릭하면 정렬된다. 높은 유의성을 가진 요인에는 4개의 별이 표시된다.

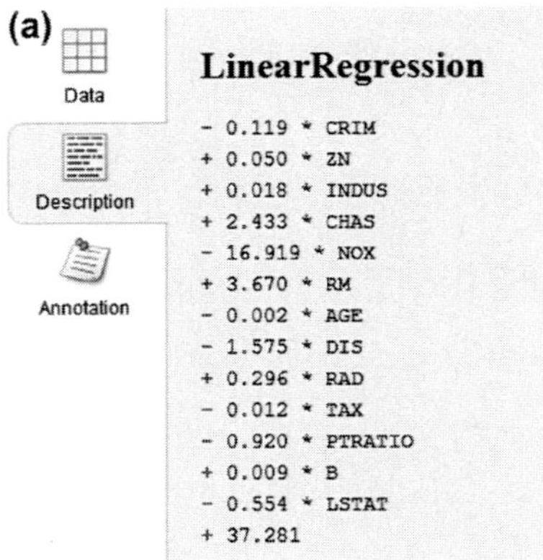

[그림 5.7a] 특징 선택 옵션들을 그대로 사용할 때의 모델

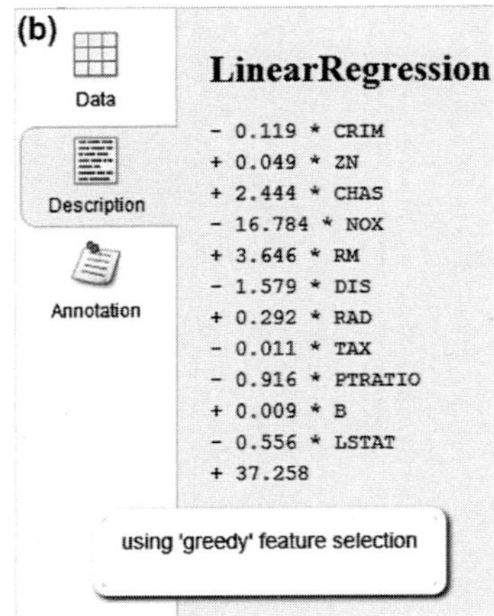

[그림 5.7b] 특징 선택의 "greedy" 옵션을 사용할 때의 모델

이 모델에서 특징 선택 기법은 사용하지 않았다(그림 5.5 참조). 따라서 13개의 모든 요인이 모델에 포함되는데 매우 낮은 유의성을 갖는 AGE와 INDUS도 포함된다(그림 5.7a 참조). 그런데 feature selection의 옵션을(그림 5.5 참조) none이 아닌 다른 것으로 택하여 다시 실행하면 유의성이 가장 낮은 요인들은 모델에서 제거된다. 예를 들어 feature selection의 옵션을 greedy로 두면 그림 5.7b와 같이 유의성이 가장 낮은 INDUS와 AGE가 모델에서 제외된다. 이 모델에서 y절편과 다른 계수들의 값이 약간 달라진 것에 주목한다.

RapidMiner에서 특징 선택을 수행하는데, 위에서 설명한 대로 *Linear Regression* 오퍼레이터 안에서 자동적으로 할 수도 있고 전방 선택과 후방 제거와 같은 외부 "포장(wrapper)" 함수를 이용할 수도 있다. 이에 대해서는 12장에서 별도로 논의한다.

주목해야 할 두 번째 결과는 성능(performance)이다. 회귀모델에서 적합도를 수동으로 알아보려면 상관계수의 제곱 값을 본다. 이 값은 수정 R^2과 같은데, 0과 1 사이의 값을 가지며 1에 가까울수록 좋은 모델이 된다. 앞의 모델들에서

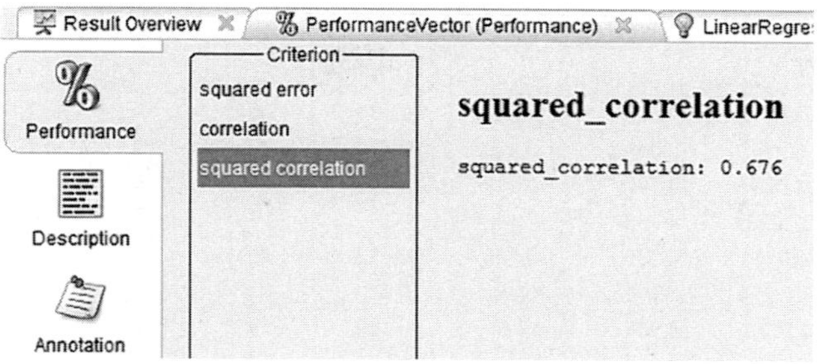

[그림 5.8] 모델에 대한 R^2값

이 값은 모두 약 0.67이다(그림 5.8 참조). 오차의 제곱 값은 그 값 자체로는 별 의미가 없고 2개의 모델을 비교할 때 유용하며, 앞의 사례에서는 그 값이 약 25 이다.

요인들의 순위를 파악하기 가장 쉬운 방법은 p 값에 따라 순서를 정해보는 것이다. 그림 5.9에서 보는 것처럼 RM, LSTAT, DIS가 가장 의미있는 요인들이다. 이 순서는 t통계량의 절댓값에도 반영되어 있다. t 통계량과 p 값은 회귀 계수에 대한 가설 검정의 결과 값이다. 예측분석에서 이의 중요한 시사점은 t 통계량이 크면 '계수가 0이다'라는 귀무가설을 안심하고 기각할 수 있다는 것이다. 대응하는 p 값은 귀무가설이 참인데도 기각할 확률을 의미한다. 앞에서 우리는 방의 수(RM)가 주택 가격의 좋은 예측 요인이라는 것을 이미 파악했다. 그러나 이 요인은 가격의 중앙값 MEDV의 변동을 모두 설명할 수 없었다. 일변량 모델에서 R^2과 오차의 제곱 값은 각각 0.405와 45였다. 독립변수를 하나만(RM, 방의 수) 사용하여 이제까지 논의된 모델을 재실행해 보면 위와 같은 값을 얻을 수 있다. 즉 *Select Attributes* 오퍼레이터를 *Set Role* 오퍼레이터의 전 단계에 삽입하여 속성으로 RM과 MEDV만을 선택한 후 실행하면, 결과화면의 설명(description) 탭에서 이전의 식 5.6을 볼 수 있다. MLR 모델의 R^2과 오차의 제곱 값은 각각 0.676과 25인데, 이들을 일변량 모델과 비교해 보면 변수를 여러 개 사용하는 것이 좋다는 것을 알 수있다.

Result Overview | LinearRegression (Linear Regression)

Attribute	Coefficient	Std. Error	Std. Coeffici...	Tolerance	t-Stat	p-Value	Code
RM	3.646	0.378	0.046	0.581	9.633	0	****
LSTAT	-0.556	0.049	-0.129	0.490	-11.408	0	****
DIS	-1.579	0.197	-0.119	0.823	-8.029	0	****
(Intercept)	37.258	4.785	?	?	7.787	0	****
PTRATIO	-0.916	0.132	-0.868	0.793	-6.935	0	****
NOX	-16.784	3.706	-0.469	0.812	-4.529	0.000	****
RAD	0.292	0.066	0.894	0.769	4.431	0.000	****
ZN	0.049	0.014	0.128	0.877	3.509	0.001	****
TAX	-0.011	0.003	-0.003	0.749	-3.329	0.001	***
CRIM	-0.119	0.038	-0.103	0.843	-3.128	0.002	***
B	0.009	0.003	0.161	0.905	3.059	0.003	***
CHAS	2.444	0.891	1.836	0.991	2.743	0.007	***

Data / Description / Annotation

[그림 5.9] 변수들의 p 값에 의한 순위

이제 우리는 반응변수의 변동의 많은 부분을 설명할 수 있는 더 포괄적인 모델을 얻었다. 마지막으로 계수의 부호에 대해 언급하고자 한다. LSTAT는 지역에서 수입이 낮은 가정의 비율로, 그 값이 작아지면 주택 가격의 중앙값은 커지므로 계수가 음이 된다.

단계 4: 시험용 데이터셋에 적용하기

이제 우리는 모델을 '처음 보는' 데이터셋에 사용할 준비가 되었으며, 이 데이터는 이 절의 시작 부분에서 두 번째 *Filter Examples* 오퍼레이터를 사용하여 만들어진 것이다(그림 5.2 참조). 새로운 오퍼레이터인 *Set Role*을 추가하고 파라미터에서 MEDV의 역할을 "label"로 지정한다. *Apply Model* 오퍼레이터를 추가하여 *Set Role* 오퍼레이터의 출력 포트인 "unl (unlabeled)" 포트로 연결하고, *Validation* 오퍼레이터의 출력 포트 "mod"를 *Apply Model*의 입력 포트 "mod (model)"로 연결한다. 앞에서 준비한 56개 자료의 시험용 데이터셋 모델을 적용한다. 그러면 MEDV의 예측값과 데이터셋의 원래 값을 비교하여 모델이 새로운 데이터셋 얼마나 잘 적합되었는지를 알 수 있다. MEDV의 예측값

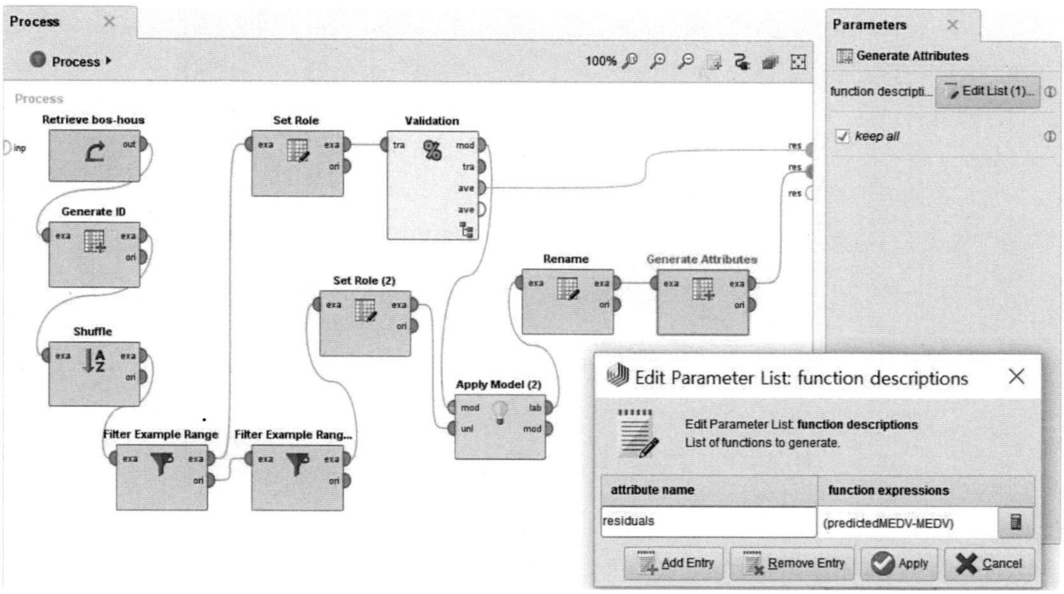

[그림 5.10] 시험용 데이터셋과 모델 예측값의 비교를 위한 설정

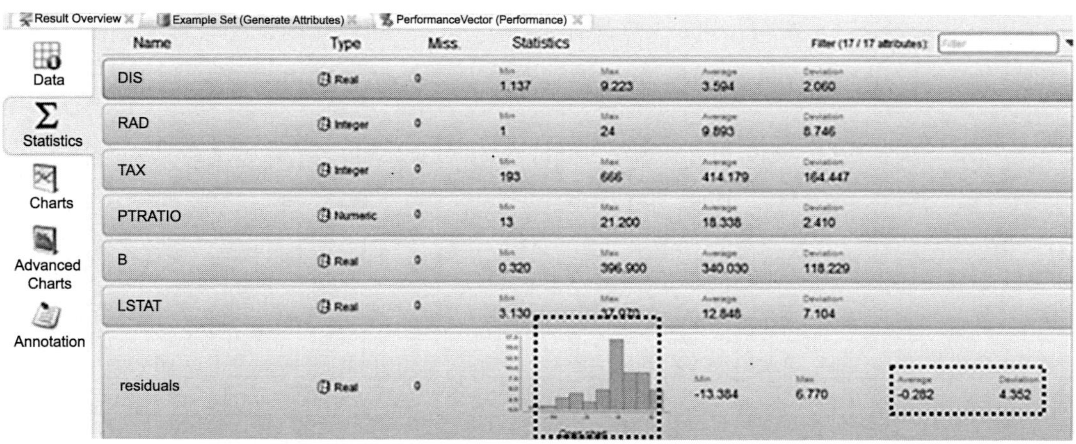

[그림 5.11] 시험용 데이터셋의 잔차 통계량은 모델 최적화가 필요하다는 것을 보여준다.

과 실제값의 차이를 잔차(residual)라 한다. 그림 5.10은 잔차들을 신속히 파악할 수 있는 하나의 방법을 보여준다. 잔차를 계산하는 *Generate Attributes* 오퍼레이터를 사용할 때 혼동을 피하기 위해 *Rename* 오퍼레이터 기능을 사용하여 "prediction (MEDV)"를 "predictedMEDV"로 바꾼다. (이 부분을 이해하려면 *Rename* 오퍼레이터 없이 진행해 본다. *Generate Attributes* 오퍼레이터가 필요한 곳에서 팝업 창이 뜬다.) 그림 5.11은 이 새로운 속성인 '잔차'에 대한 통계량을 보여주는데, 평균은 −0.282로 0에 가깝지만 표준편차가 4.352이므로 그렇게 작지 않다. 히스토그램을 보아도 잔차들이 정규분포를 따르지 않기 때문에 모델을 계속 개선할 필요가 있다.

5.1.4 회귀모델 타당성 검증을 위한 확인 사항

선형회귀분석의 마지막 논의로 모델의 타당성 검증을 위한 몇 가지 확인 사항들에 대해 간단히 언급한다. 이것은 분석과정에서 매우 중요한 단계로, 모든 모델링은 "쓰레기가 들어가면 쓰레기가 나온다(garbage in, garbage out)"라는 GIGO 격언을 따르기 때문이다. 분석가들은 다음과 같은 검증과정을 수행해야만 한다.

확인 사항 1: 회귀모델을 채택하기 전에 고려해야 할 첫 번째 확인 사항은 R^2을 수량화하는 것이다. 이 값은 '결정계수'로도 불리는데 종속변수의 변동이 독립변수들에 의해서 어느 정도 설명이 되는지를 효과적으로 보여준다(Black, 2008). 이 값은 0과 1 사이로 이상적인 범위는 경우마다 다르다. 예를 들어 사회 행동과학 분야에서는 작은 값도 허용되지만, 일반적으로 0.2 미만과 같이 매우 작은 값은 모델의 변수들이 결과를 만족스럽게 설명하지 못한다는 것을 나타낸다. R^2 값을 지나치게 강조하는 것에 대해서도 주의해야 한다. y절편을 0으로 설정하면(RapidMiner에서는 그림 5.5의 "use bias"의 체크표시를 해제) R^2 값은 계산 방식 때문에 부풀려지는 경향이 있다. 따라서 y절편을 0으로 해야 하는 경우에는 잔차의 평균이나 분산과 같은 다른 값을 파악하는 것이 의미가 있다.

확인 사항 2: 다음으로 모델의 오차항이 정규분포인지 파악한다. RapidMiner에서 이를 확인하기 위해서는 MEDV의 예측치와 시험용 데이터셋의 실제 값의 차이인 "error"를 새로운 속성으로 생성하고 *Generate Attributes* 오퍼레이터를 사용하는데, 앞 절의 단계 4에서 수행한 부분이다. 확인 사항 1과 2를 통과하게 되면 독립변수와 종속변수가 상관관계가 있다는 것을 보장한다. 하지만 그렇다고 해서 독립변수가 원인이고 종속변수가 결과라는 것을 의미하지는 않는다. 상관관계가 인과관계인 것은 아니다!

확인 사항 3: 비선형으로 상관관계가 높은 경우 단순회귀모델은 앞의 확인 사항들을 통과하지 못한다. 그렇다고 두 변수가 상관관계가 없다고 할 수는 없다. 이럴 경우 상관관계를 검증하는 좀 더 고급 분석방법이 필요한데, 이에 대해서는 3장 데이터 탐색의 'Anscombe's quartet'로 잘 설명되어 있다.

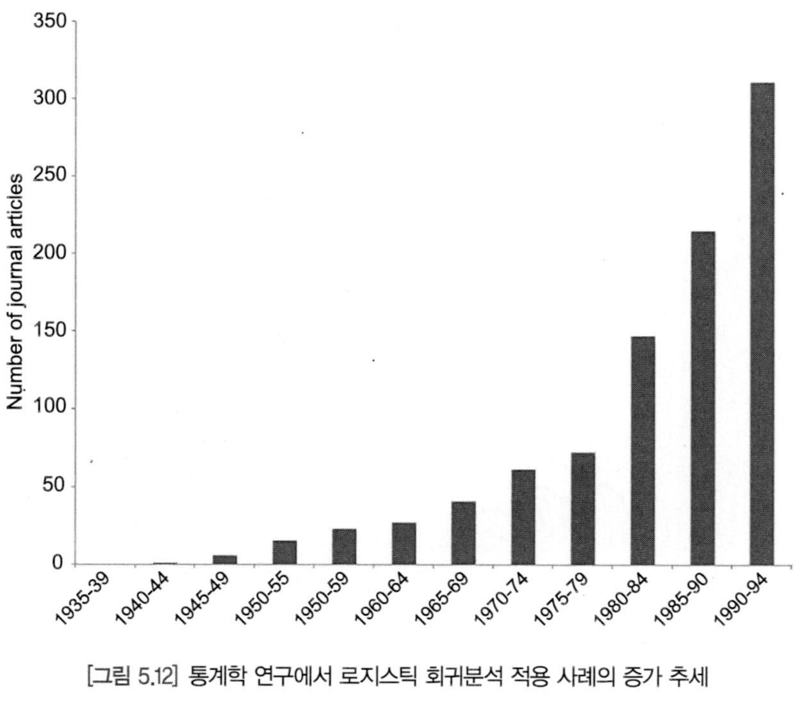

[그림 5.12] 통계학 연구에서 로지스틱 회귀분석 적용 사례의 증가 추세

5.2 로지스틱 회귀분석

예측분석 기법에는 크게 두 가지 유형이 있는데, 그 하나는 회귀분석처럼 통계학에서 진화한 것이고(Cramer, 2002), 다른 하나는 분류 나무처럼 통계학, 컴퓨터 과학, 수학의 융합에서 출현한 것이다. 로지스틱 회귀분석(logistic regression)은 20세기 중반에 개발되었는데, 생체측정학(biometrics) 분야의 로짓(logit) 개념과 이의 계산을 쉽게 해주는 디지털 컴퓨터의 출현의 결과이다. 로지스틱 회귀분석을 이해하려면 먼저 로짓 개념을 살펴볼 필요가 있다. 그림 5.12의 차트는 Cramer (2002)의 자료에서 가져온 것인데, 로짓 개념이 1950년대 중반 처음으로 채택될 때부터 20세기 후반으로 갈수록 이 개념에 대한 참고문헌이 급격히 증가하는 추세를 보여준다. 이 차트는 지난 몇 십 년 동안 과학계나 산업계의 다양한 분야에서 로지스틱 회귀분석이 얼마나 중요하게 되었는지 보여준다.

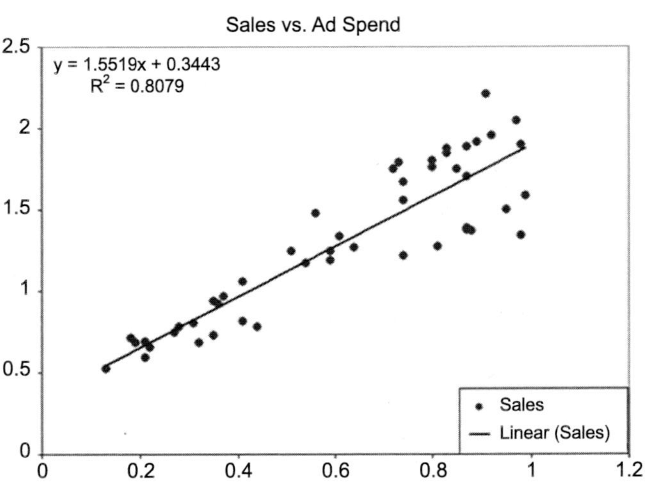

선형회귀모델: 광고지출비가 증가하면 판매도 증가함을 직관적으로 판단할 수 있음

[그림 5.13] 선형회귀분석의 목적

5.2.1 로지스틱 회귀분석에 대한 간단한 설명

먼저 선형회귀분석이 예측을 위한 모델로 사용할 함수를 발견하는 과정이라는 것을 상기하자. 이 함수는 y 값에 대하여 선형으로 변하는 x 값들을 적합한다. 여기서 중요한 가정은 그림 5.13과 같이 예측변수와 타겟변수 둘 다 연속형이라는 것이다. 직관적으로 x 값이 증가하면 y 값은 직선의 기울기를 따라 증가한다고 볼 수 있다.

만약 타겟변수가 연속형이 아니라면 어떻게 될까? 예를 들어 타겟변수가 광고 캠페인에 대한 반응이라고 하자. 일정한 수 이상의 고객이 구매를 하면 반응값이 1이고, 그렇지 않으면 반응값이 0이다. 이 경우 타겟변수(y)는 이산형이다(그림 5.14 참조). 차트에서 보는 것처럼 직선은 더 이상 적절하지 않다. x(광고비)가 증가할 때 y(우편 광고에 대한 반응 여부)도 증가한다는 것을 대략적으로

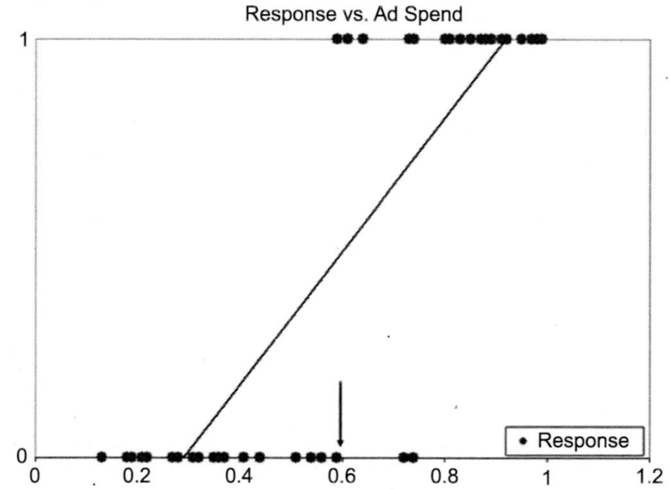

이진형 결과변수에 선형 모형 적합: 광고비 지출이 증가할수록 반응도 증가할 것이라는 것은 직관적으로 판단할 수 있으나, 0.6 주변에서 반응값이 갑작스럽게 변하므로 직선을 사용하여 예측하기는 어렵다.

[그림 5.14] 이산형 데이터에 대한 선형 모델의 적합

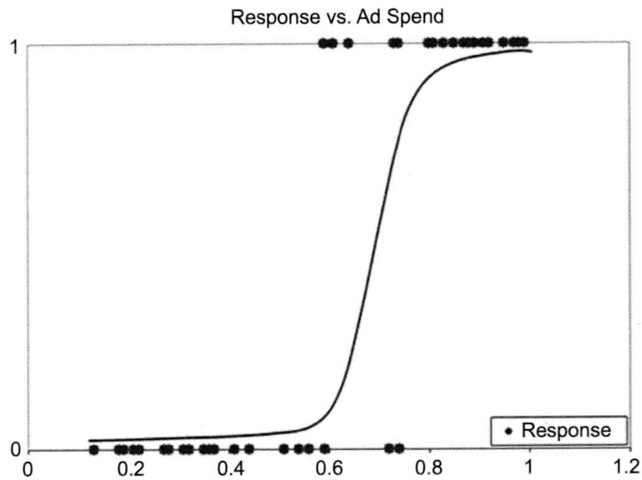

로지스틱 회귀모형: S형의 곡선은 대부분의 데이터를 적합한다.
광고비 지출이 증가할수록 반응도 증가한다고 할 수 있으며,
이 모델을 사용하여 예측 가능하다.

[그림 5.15] 이산형 데이터에 대한 비선형 곡선의 적합

추측할 수는 있지만 점진적인 변화는 아니다. y 값이 0이나 1에서 다른 값으로 갑자기 변하므로 직선은 이 자료에 대해서는 적합하지 않다.

반면 그림 5.15에 있는 S형 곡선을 보자. 주어진 자료에 대해서 이것이 더 적합하다는 것은 분명하다. 만약 이 '시그모이드(sigmoid)' 곡선의 수학식을 알 수 있다면 선형회귀분석에서 직선을 사용하는 것처럼 효과적으로 이 수학식을 사용할 수 있다.

따라서 로지스틱 회귀분석은 타겟변수가 이산형일 때 데이터를 적합시킬 수 있는 적당한 비선형 곡선을 구하는 과정이다. 시그모이드 곡선은 어떻게 구할 것인가? 그 곡선을 예측변수와 어떻게 연관시킬 것인가?

5.2.2 기법 원리

종속변수 y를 다시 살펴보자. 그것이 이진형(binomial)이라면, 즉, 예/아니오, 합격/불합격, 반응/무반응과 같이 2개의 값만을 가진다면, y를 0 또는 1의 값으로 코드화할 수 있다. 이때 어려운 점은 예측변수 x를 결과변수 y에 함수로 연결시키는 수학식을 찾는 것이다. 예측변수 그 자체는 제약이 없어도 된다. 즉, 연속형일 수도 있고 범주형일 수도 있다. 따라서 예측변수가 취하는 값은 제한이 없으며, 이 문제를 해결하려면 연속 함수를 이산형 함수에 연관시켜야 한다. 이 부분에서 로짓 개념이 도움을 준다.

로지스틱 회귀분석에서 시그모이드 곡선을 어떻게 구하는가?

식 5.1에서 본 것처럼 직선은 2개의 파라미터(기울기 b_1과 y절편 b_0)로 표현된다. x 변수들과 y 변수가 서로 연관되는 방식은 b_0, b_1로 쉽게 명시된다. 하지만 S형 곡선은 훨씬 더 복잡해서 그것을 파라미터로 나타내는 것은 간단하지 않다. x 변수들과 y 변수를 연관시키는 수리적인 파라미터들을 어떻게 구할 것인가?

만일 타겟변수 y를 y의 오즈(odds)의 로그 함수로 변환하면, 변환된 y는 예측변수 x와 선형으로 연관된다는 것이 입증되었다. 로지스틱 회귀분석이 필요한 대부분의 경우에 y는 보통 예/아니오 형태의 반응이다. 이는 일반적으로 어떤 사건이 일어나느냐(y=1) 아니냐(y=0)의 확률로 해석이 된다. 이것을 다음과 같이 구분해서 분석해보자.

- y가 어떤 사건이고(반응, 합격/불합격 등)
- p가 그 사건이 일어날(y=1) 확률이면
- (1−p)는 그 사건이 일어지 않을(y=0) 확률이고
- p/(1−p)는 그 사건이 일어날 오즈이다.

오즈의 로그 log(p/(1 – p))는 예측변수 x와 선형 관계가 있는데, 이것을 로짓 함수라고 한다.

선형회귀모델의 식 5.1처럼 로짓은 예측변수 x의 선형함수로 나타낼 수 있다.

$$\log\text{it} = \log(p/(1-p)) = b_0 + b_1 x \tag{5.7}$$

독립변수가 여러 개인 일반적인 경우에는 다음 식으로 표현된다.

$$\text{logit} = b_0 + b_1 x_1 + b_2 x_2 + ... + b_n x_n \tag{5.8}$$

로짓은 $-\infty$에서 $+\infty$까지의 어떤 값도 취할 수 있다. 이제 자료 집합의 예측변수의 각 행에 대해 로짓 값을 계산할 수 있다. 그리고 이 로짓 값으로 다음 식을 이용하여 반응변수 y의 확률을 쉽게 계산할 수 있다.

$$p = e^{\text{logit}}/(1 + e^{\text{logit}}) \tag{5.9}$$

식 5.8의 로지스틱 회귀모델은 x에 특정 값이 주어졌을 때 식 5.9에 의해 y가 발생할(y=1) 확률을 계산해 준다. 이런 의미에서 로지스틱 회귀분석은 다수의 독립적인 설명변수들과 하나의 이진형의 종속변수 간의 관계를 설명하기 위해 가장 적합하면서도 가장 비제한적인 모델을 선택하는 수학적 모델링 방법이다. 가장 비제한적인 이유는 식 5.8의 우변항이 $-\infty$에서 $+\infty$까지의 어떤 값도 가질 수 있기 때문이다. Cramer (2002)는 로짓 함수의 역사에 대해 좀 더 많은 배경 지식을 제공한다.

주어진 데이터셋에서 x 값들을 알고, 식 5.8과 5.9를 이용하여 p 값을 계산할 수 있다. 그런데 이를 수행하려면 우선 식 5.8의 계수들을 결정해야 하는데, 어떻게 결정할까? 그 전에 b 계수들에 대한 어떤 값(시험값)이 정해지고, 학습용 데이터셋이 주어졌을 때 다음 값을 계산해 본다.

간단하지만 비극적인 사례

1912년 북대서양에서 타이타닉이 빙산에 부딪치면서 난파되어 수백 명의 사람이 목숨을 잃었다(Hinde, 1998). 자료를 냉정하게 분석해 보면 몇 가지 기본적인 패턴이 나타난다. 여성의 75%와 일등석 승객의 63%가 살아남았다. 만약 어떤 승객이 여자이고 일등석으로 여행한다면 그녀가 생존할 확률은 97%인 것이다! 그림 5.16의 산점도를 보면 쉽게 이해할 수 있다(오른쪽 하단의 군집 참조). 어떤 데이터 마이닝 경연 사이트에서는 이 사건의 정보를 이용하여 분석가들이 승객들을 생존자와 비생존자로 분류할 수 있는 알고리즘을 개발하게 하였다(참조: https://www.kaggle.com/c/titanic). 여기에서는 그 사이트에서 제공된 학습용 데이터셋을 사용하여, 예측을 하고 모델의 계수들을 해석하는 데 로지스틱 회귀분석이 어떻게 사용되는지 하나의 사례로 보여준다.

표 5.3은 축소된 데이터셋의 일부인데 다음과 같이 3개의 변수만 있다. 승객 여행 등급(pclass=1, 2, 3), 승객의 성별(남자 0, 여자 1), 레이블(타겟) 변수인 "생존(survived)" (참, 거짓). 891개의 데이터에 로지스틱 회귀분석을 적합하면 다음과 같이 "survived=false"인 범주를 예측하는 식을 얻을 수 있다(전반적인 설정 과정에 대한 상세 설명은 다음 절에서 한다).

$$\text{logit} = -0.6503 - 2.6417 * \text{sex} + 0.9595 * \text{pclass} \tag{5.11}$$

식 5.8과 비교하면 $b_0 = -0.6503$, $b_1 = -2.6417$, $b_2 = 0.9595$임을 알 수 있다. 이 계수들을 어떻게 해석할 것인가? 이를 위해 식 5.9를 다시 보자.

$$p = e^{\text{logit}}/[1 + e^{\text{logit}}]$$

이 식은 로짓 값이 큰 값으로 증가하면 승객이 생존하지 못할(survived=false) 확률이 1로 접근한다는 것을 보여준다. 좀 더 구체적으로 살펴보면, 로짓 값이 −∞로 접근할 때 p는 0에 접근하고, 로짓 값이 ∞로 접근할 때는 p가 1에 접근하는 것이다. 성별 변수의 계수가 음이라는 것은 여성(sex=1)의 경우 이 확률이 감소한다는 뜻이고, pclass 변수의 계수가 양이라는 것은 여행 등급의 숫자가 올라갈수록 생존하지 못할(survived=false) 확률이 증가한다는 뜻이 된다. 이것은 그림 5.16의 산점도에서 파악할 수 있는 직관적인 이해를 뒷받침한다.

다음 식으로 주어진 '오즈(odds)'에 대해서도 살펴본다.

$$\text{odds (survived} = \text{false)} = e^{-0.6503} * 2.6103^{\text{pclass}} * 0.0712^{\text{sex}} \tag{5.12}$$

로짓은 단순히 log (odds)이기 때문에 이 식은 본질적으로 식 5.12와 같다. 여기서 주목할 점은 로짓 모델에서 양의 계수는 오즈 모델에서는 1보다 큰 계수로 바뀌었고 (이 식에서 2.6103은 $e^{0.9595}$이다), 로짓 모델에서 음의 계수는 오즈 모델에서는 1보다 작은 계수로 바뀌었다(이 식에서 0.0712는 $e^{-2.6417}$이다)는 것이다. 여기서 생존하지 못할 오즈는 여행 등급에 따라 증가하고 여성에 대해서 감소한다는 것을 다시 확인할 수 있다.

여성 승객(sex=1)을 생각하자. 그녀가 일등석인 (pclass=1) 경우와 이등석인 경우의 생존 가능성의 비율을 계산할 수 있다.

$$\text{odds } (\textit{survived} = \text{false2nd class}) / \text{odds } (\textit{survived} = \text{false1st class}) = 2.6103\hat{}2/2.6103\hat{}1 = 2.6103$$

따라서 여성 승객이 이등석일 때 생존하지 못할 승산은 일등석일 때보다 약 2.6배로 늘어난다. 마찬가지로 그녀가 삼등석일 때 생존하지 못할 승산은 거의 7배로 늘어난다! 다음 절에서는 로지스틱 회귀분석의 매커니즘에 대해서 논의하고 또 RapidMiner를 이용하여 간단한 분석을 실행하는 과정도 살펴본다.

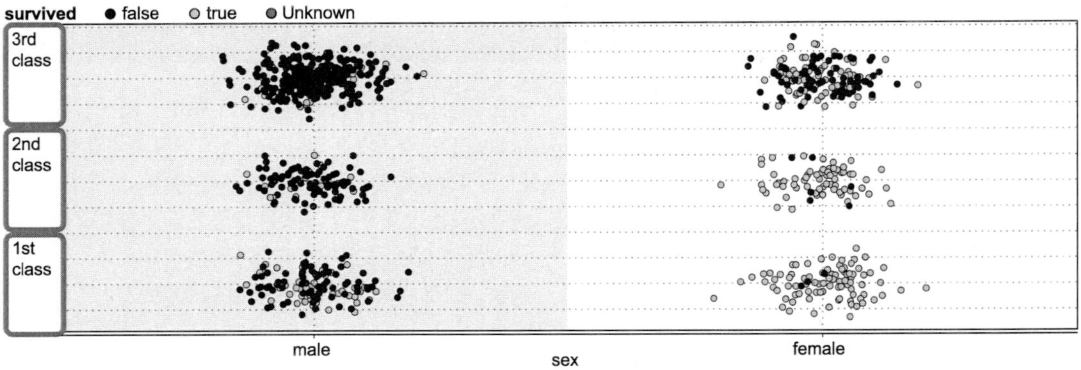

[그림 5.16] 타이타닉 침몰에서 성별과 여행 등급에 근거한 생존 확률

[표 5.3] 타이타닉 사례에서 가져온 데이터의 일부

pclass	sex	survived?
3.0	male	0.0
1.0	female	1.0
3.0	female	1.0
1.0	female	1.0
3.0	male	0.0
3.0	male	0.0
1.0	male	0.0
3.0	male	0.0
3.0	female	1.0
2.0	female	1.0
3.0	female	1.0
1.0	female	1.0
3.0	male	0.0
3.0	male	0.0
3.0	female	0.0
2.0	female	1.0
3.0	male	0.0

$$p^y * (1 - p)^{(1 - y)} \tag{5.10}$$

여기서 y는 0이나 1의 값을 가지는 원래의 결과변수이고, p는 로짓 함수인 식

5.9로 추정된 확률이다. 이 값은 우도함수(likelihood function)의 간소화된 형태이다. 특정한 학습용 표본에 대해, 만약 실제 결과가 y=0인데 모델에서 p의 추정값이 크다면(예를 들어 0.9) 즉, 모델이 '틀렸다면' 위의 식의 값은 0.1로 작게 된다. 만약 모델에서 p의 추정치가 작다면(예를 들어 0.1) 즉, 모델이 '좋다면' 이 값은 0.9가 된다. 그러므로 위의 식의 값은 좋은 추정치에 대해서는 최대화되고 나쁜 추정치에 대해서는 최소화된다. 모든 학습용 데이터에 대하여 이 값들의 합이 값이 크면 좋은(잘 적합된) 모델이고 작으면 잘 적합하지 못한 모델이다.

실제로 b 계수값들을 구하기 위해 비선형 최적화 기법(예: generalized reduced gradient search)을 사용하는데, 목적함수는 추정을 바르게 할 확률(모든 학습용 표본에 대해 식 5.10을 이용하여 계산된 값들을 더한 값)을 최대화하는 것으로 둔다. 실제 응용에서는 우도 추정량(likelihood estimates)에 대한 좀 더 정교한 식을 사용한다(Eliason, 1993). RapidMiner와 같은 소프트웨어 패키지를 사용하여 이와 같은 최적화를 수행할 때, 모델을 어떻게 해석하고 적용하는지 살펴보자. 다음 절에서는 RapidMiner를 사용하여 단계별 프로세스를 거쳐 모델을 구축한다.

5.2.3 구현 방법

여기서 사용하는 데이터는 신용평가 예제[3]에서 가져온 것이다. 이 예제의 목적은 대출 경과 기간과 채무 불이행 일수라는 두 예측변수에 근거하여 채무 불이행(DEFAULT, Y or N)을 예측하는 것이다. 표 5.4에 100개의 표본이 있다.

---

3 http://chem-eng.utoronto.ca/~datamining/dmc/datasets/credit_scoring.txt에서 데이터 및 데이터 관련 설명을 다운로드 받을 수 있다.

[표 5.4] 대출 상환 불이행 데이터셋의 표본

[BUSAGE]	[DAYSDELQ]	[DEFAULT]
87.0	2.0	N
89.0	2.0	N
90.0	2.0	N
90.0	2.0	N
101.0	2.0	N
110.0	2.0	N
115.0	2.0	N
115.0	2.0	N
115.0	2.0	N
117.0	2.0	N

단계 1: 데이터 준비

스프레드시트를 RapidMiner로 로드한다. DEFAULT 열을 "label"로 설정한다. *Split Validation* 오퍼레이터를 사용하여 데이터를 학습용과 시험용으로 나눈다.

단계 2: 모델링 오퍼레이터와 파라미터

Split Validation 오퍼레이터 내부의 학습(training) 프로세스에 *Logistic Regression* 오퍼레이터를, 시험(testing) 프로세스에 *Apply Model* 오퍼레이터를 추가한다. 파라미터들은 기본값을 사용한다. *Split Validation* 오퍼레이터 내부의 시험 프로세스에 *Performance* (*Binominal*) 오퍼레이터를 추가한다. 파라미터 설정에서 정확도(Accuracy), 곡선하 면적(Area Uner the Curve, AUC), 정밀도(Precision), 리콜(Recall) 상자에 체크 표시를 한다. 그림 5.17과 같이 모든 포트를 연결한다.

단계 3: 실행과 해석

모델을 실행하여 결과를 보는데, 특히 커널모델을 살펴본다. 이것은 두 예측변수의 계수와 y절편을 보여준다. 편향(bias, offset)은 −1.820, 계수는

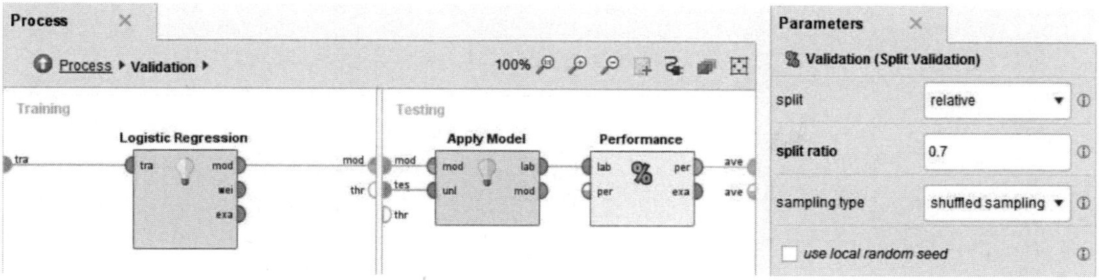

[그림 5.17] RapidMiner에서 로지스틱 회귀모델에 대한 설정

w[BUSAGE]=0.592, w[DAYSDELQ]=2.045이다. 또한 혼동행렬(confusion matrix)에서 정확도, 정밀도, 리콜 값들을 살펴본다. 마지막으로 ROC 곡선을 보고 그 곡선하 면적을 살펴본다. 8장 모델 평가에서 이와 같은 중요한 성능 척도들을 자세히 다룬다.

30%의 시험용 데이터셋을 기준으로 한 모델의 정확도는 83%이다. ROC 곡선의 AUC는 0.863이다. 다음 단계는 커널모델을 검토하여 이 모델을 배포(deploy)할 준비를 하는 것이다. 이 숫자들을 채택할 수 있을까? 특히 클래스 리콜에 주의한다(그림 5.18의 혼동행렬의 마지막 행). 누군가가 채무 불이행자가 아니라고 예측할 경우에는 이 모델은 매우 정확하다(91.3%). 그러나 누군가가 채무 불이행자라고 예측할 경우에는 모델의 성능이 의심된다. 대부분의 예측 문제에서 각 범주의 예측이 틀릴 때 비용은 일정하지 않다. 즉, 거짓 긍정(false positive, FP; 이 예에서는 채무 불이행자가 아닌데도 채무 불이행자라고 하는 오류)의 비용은 거짓 부정(false negative, FN; 이 예에서는 채무 불이행자인데도 채무 불이행자가 아니라고 하는 오류)의 비용보다는 적을 것이다. 오분류 비용에 가중치를 주는 방법은 여러 가지가 있는데, RapidMiner에서는 *MetaCost* 오퍼레이터를 이용한다.

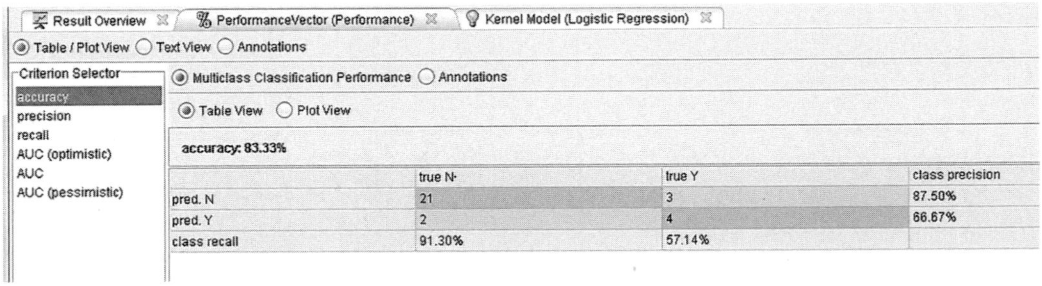

[그림 5.18] 시험용 표본에 대한 오분류 행렬

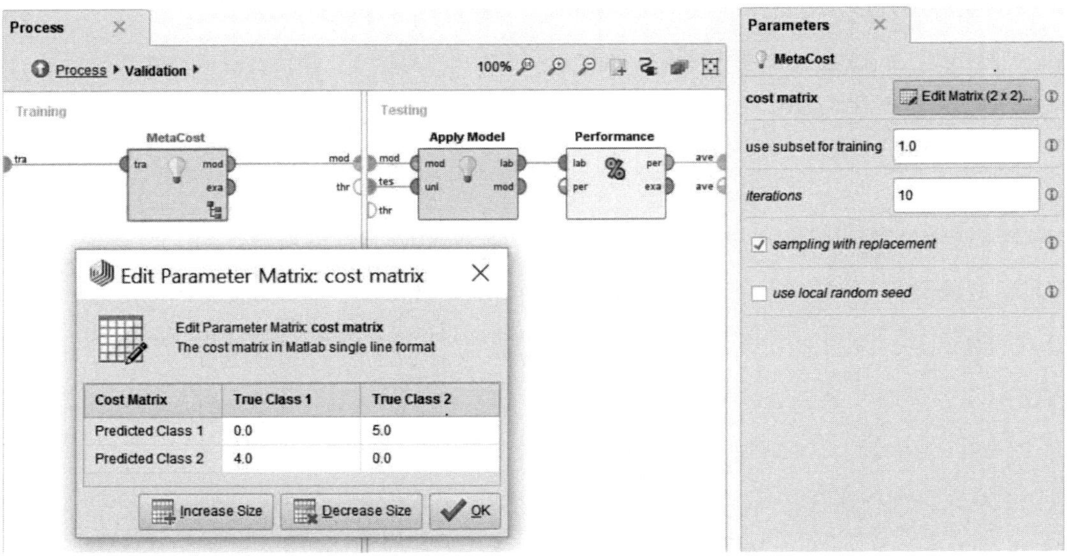

[그림 5.19] MetaCost 오퍼레이터에서 범주 리콜 성능을 개선하기 위한 설정

단계 4: MetaCost 사용

클래스 리콜을 개선하기 위해 *MetaCost* 오퍼레이터 내부에 *Logistic Regression* 오퍼레이터를 포함시킨다. *MetaCost* 오퍼레이터는 *Split Validation* 오퍼레이터의 내부 프로세스에 둔다. *MetaCost* 오퍼레이터 환경 설정을 그림 5.19처럼 한다. 이 비용들의 실제값은 최적화 과정을 통해 최적화할 수도 있다. 13장에서 일반

accuracy: 83.33%

	true N	true Y	class precision
pred. N	20	2	90.91%
pred. Y	3	5	62.50%
class recall	86.96%	71.43%	

[그림 5.20] MetaCost 오퍼레이터를 사용하여 개선된 분류 성능

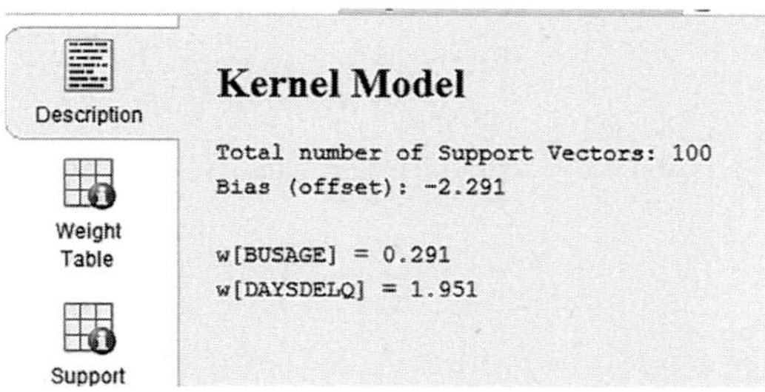

[그림 5.21] RapidMiner에서 기본적인 로지스틱 회귀모델은 SVM에 근거한다.

적인 경우의 최적화에 대해 논의한다.

이 과정을 실행하면 그림 5.20과 같은 새로운 혼동행렬을 얻는다. 전체적인 정확도는 많이 변하지 않았다. "Default=Yes"라는 범주에 대한 클래스 리콜이 57%에서 71%로 증가한 반면, "Default=No"라는 범주에 대한 클래스 리콜은 91%에서 87%로 감소했다는 사실에 주목한다. 이것은 채택될 수 있는가? 이에 대해 답하려면 실제 비용을 살펴봐야 한다. 혼동행렬을 해석하고 분류 모델을 평가하는 좀 더 자세한 사항은 8장 모델 평가에서 다룬다.

단계 5: 새로운 데이터셋에 모델 적용

RapidMiner에서 로지스틱 회귀분석은 수정손실함수를 가지는 서포트벡터 머신(Support Vector Machine, SVM)을 생성하여 수행된다(그림 5.21 참조). SVM은 4장 분류에서 소개되었다. 만일 표준 로지스틱 회귀분석을 원한다면, RapidMiner에서 Weka를 추가하여 *W-logistic* 오퍼레이터를 로지스틱을 사용한

다. Weka는 데이터 마이닝 알고리즘의 또 다른 오픈 소스인데 여기의 많은 기능들을 RapidMiner에서 이용할 수 있다. *W-logistic* 오퍼레이터를 사용하여 타이타닉 사례를 분석하였는데, 계수에 대한 해석이 중요한 경우 특히 이 오퍼레이터를 사용할 것을 강력하게 권고한다. 더욱이 어떤 경우에는 Weka의 기능이 SVM에 기반한 RapidMiner 고유 기능보다 더 빠르다. SVM 모델의 매커니즘과 해석의 상세 설명은 4장을 참조한다.

5.2.4 정리

- 로지스틱 회귀분석은 타겟변수가 이산형일 경우 선형회귀분석을 사용하는 것과 같다. 원칙적으로 반응변수는 이진형(binomial)이다. 이진 반응변수는 예/아니오, 채택/거부, 채무 불이행/채무 이행 등과 같이 2개의 범주를 가진다. 로지스틱 회귀분석은 실패/성공이나 반응/미반응과 같이 타겟변수가 이진인 비즈니스 분석 문제에 이상적으로 적합하다. RapidMiner에서는 이런 변수를 이진형이라 부른다.
- 로지스틱 회귀분석은 '로짓'이라는 개념에서 출발한다. 로짓은 반응변수 y의 오즈의 로그 값인데, 독립변수(예측변수) x와 상수항으로 표현된다. 예를 들면 다음과 같다. $\log(\text{odds of } y = \text{Yes}) = b_1 x + b_0$
- 앞의 로짓은 "Yes" 사건의 오즈이지만, 확률을 알고 싶으면 다음의 변환식을 사용한다. $p(y = \text{ yes"}) = 1/(1 + e^{(-b_1 x - b_0)})$
- 표준 로지스틱 회귀분석에서 예측변수는 수치형이나 범주형 둘 다 가능하다. 하지만 RapidMiner에서는 예측변수가 수치형만 가능한데, 그것은 SVM 식을 기준으로 하기 때문이다.

결론

이 장에서는 가장 흔히 쓰이는 함수적합 방법 중 2개를 살펴보았다. 함수적합 방법은 지도학습 개념에 기초한, 가장 오래된 예측 모델링 기법 중의 하나이다. 다중선형회귀모델은 수치형 예측변수와 수치형 타겟변수에 효과적이므로, 수치적 예측 문제에 필요한 방법이다. 로지스틱 회귀모델은 수치형/범주형 예측변수와 범주형(보통은 이진형) 타겟변수에 효과가 있다. 미적분을 이용하여 단순선형회귀모델을 개발하는 과정을 설명하였고 특징 선택이 모델의 계수에 어떻게 영향을 주는지도 논의하였다. t 통계량과 p 값을 이용하여 계수들의 유의성을 어떻게 해석하는지 설명하였으며 마지막으로 좋은 모델을 수립하기 위해 준수해야 할 몇 가지 확인 사항들을 정리하였다. 그리고 함수적합의 두 방법의 비슷한 구조적 성질을 비교하여 로지스틱 회귀분석을 소개하였다. 시그모이드 곡선이 예측변수들을 이진 타겟변수에 어떻게 잘 적합시키는지 논의하였고 로짓 개념을 소개하였다. 로짓을 사용하면 복잡한 함수를 좀 더 쉽게 알아볼 수 있는 선형 형태로 변환할 수 있다. 로지스틱 회귀분석의 계수들이 어떻게 해석되는지 모델의 분류 성능을 어떻게 측정하고 개선시키는지도 논의하였다. 마지막으로 표준 로지스틱 회귀분석과 RapidMiner 로지스틱 회귀분석의 실행상의 차이점을 언급하였다.

참고문헌

Black, K. (2008). Multiple Regression Analysis. In K. Black (Ed.), *Business Statistics* (pp. 601–610). Hoboken: John Wiley and Sons.

Cramer, J. (2002). The origins of logistic regression. *Tinbergen Institute Discussion Paper*, 1–15.

Eliason, S. (1993). *Maximum Likelihood Estimation: Logic and Practice*. Newbury Park, CA: Sage Publishers.

Fletcher, R. A. (1963). A Rapidly Convergent Descent Method for Minimization. *The Computer Journal*, 163 - 168.

Galton, F. (1888). Co-relations and their measurement, chiefly from anthropometric data. *Proceedings of the Royal Society of London*, 135 - 145.

Germano, T. (n.d.). Retrieved from http://davis.wpi.edu/~matt/courses/soms/.

Harrison, D. A. (1978). Hedonic prices and the demand for clean air. *J. Environ. Economics & Management*, 81–102.

Hinde, P. (1998). Encyclopedia Titanica. Retrieved from http://www.encyclopedia-titanica.org/.

International Monetary Fund. (n.d.). Retrieved from http://www.imf.org/external/pubs/ft/weo/2012/02/weodata/index.aspx.

Marquardt, D. (1963). An Algorithm for Least-Squares Etimation of Nonlinear Parameters. *Journal of the Society for Industrial and Applied Mathematics*, 431–441.

Stigler, S. (1999). *Statistics on the Table: The History of Statistical Concepts and Methods*. Cambridge: Harvard University Press.

Telecom, F. (n.d.). Retrieved from http://perso.rd.francetelecom.fr/lemaire/cours/AnalyseExploratoireKohonen.pdf

CHAPTER 6

연관성 분석

맥주와 기저귀 사례는 연관성 분석에서 매우 잘 알려진 이야기이다(Power, 2002). 기본적인 개념은 슈퍼마켓에서 기저귀를 구매하는 고객이 맥주도 함께 구매하는 경향이 있다는 것이다. 맥주와 기저귀의 관계는 슈퍼마켓의 구매거래 데이터로부터 흔치 않으면서(unusual) 알려지지 않은(unknown) 독특한 정보를 학습할 수 있다는 것을 보여준다. 그러면 슈퍼마켓에서 어떻게 이러한 제품들 사이의 관계를 알 수 있을까? 그 답은 데이터 마이닝이며, 좀 더 구체적으로는 연관성 분석을 이용하면 된다.

연관성 분석은 한 항목(item)과 다른 항목 간의 동시 발생의 정도(strength)를 측정한다. 이러한 데이터 마이닝 알고리즘의 목적은 분류나 회귀분석처럼 항목 발생의 예측이 아니고, 항목들의 동시발생에서 의미 있는 패턴을 찾는 데 있다. 연관규칙 학습(association rules learning)은 자율학습 프로세스 중 하나로 쉽게 이해할 수 있는 규칙의 형태로 데이터 속에 숨겨져 있는 패턴을 찾는 것이다.

연관성 알고리즘은 소매업의 거래데이터 분석, 추천 엔진 그리고 웹 페이지의 온라인 클릭스트림 분석 등에 다양하게 사용된다. 이러한 기법이 사용된 애플리케이션 중 가장 유명한 것은 장바구니 분석(market basket analysis)으로, 구매 거래에서 하나의 소매물품과 다른 소매물품의 동시구매를 찾아내는 것이다(Agrawal et al., 1993). 만일 동일한 거래 데이터에서 유아 유동식과 기저귀를 동시에 구매하는 패턴을 발견했다면, 소매업자는 그 연관성을 번들 가격, 제품 배치, 심지어 상점에서 선반공간 배치의 최적화 등을 결정할 때 이용할 수 있다. 이와 유사하게 온라인 비즈니스에서도 실시간 교차판매(cross selling), 추천, 카트 오퍼(cart offers), 구매 후 마케팅 전략 등에 사용될 수 있다. 소매업의 경우, 예를 들어 햄버거와 감자튀김 또는 유아 유동식과 기저기와 같은 연관규칙은 이미 너무나 잘 알려져 있지만, 흔치 않은 관계들은 비즈니스의 기회로 이용될 만큼 중요한 발견이다. 연관성 분석의 단점은 항목들 사이의 허위(spurious) 관계들을 산출할 때도 있다는 것이다. 수십 억 건의 거래데이터를 다루다 보면, 항목집합들이 이상한 조합을 이룰 수 있는 거래데이터(예: 금연용 반창고와 담배)를 발견할 수도 있다. 연관성 분석의 결과를 성공적으로 적용하기 위해서는 분석기술(analytical skills)과 업무지식(business knowledge)이 필요하다. 연관성 분석의 결과는 아래와 같이 일련의 규칙으로 표현할 수 있다.

{Item A} → {Item B}

이 규칙은 모든 거래 이력을 바탕으로 만일 항목 A가 거래 또는 장바구니에서 발견되면, 동일 거래에서 항목 B도 같이 구매할 가능성이 높음을 나타낸다. 여기서 항목 A를 규칙의 선행(antecedent) 또는 전제(premise)라 하고 항목 B를 결과(consequent) 또는 결론(conclusion)이라 한다. 규칙의 선행과 결론은 {Item A and Item C}와 같이 2개 이상의 항목을 포함할 수 있다. 데이터로부터 이러한 종류의 규칙들을 파악하기 위해서는, 고객의 모든 이전 구매를 분석할 필요가 있다. 소매업에서는 하루에 수천 개의 제품 또는 항목의 고유식별자(unique identifier)인 재고관리 단위(Stock Keeping Units, SKU)를 사용하여 수백만 건의 거래가 일어난다. 따라서 연관성 분석에서 주요한 두 가지 고려사항은 컴퓨터 계산시간과 리소스이다. 하지만 이러한 문제를 해결하기 위해 지난 20여 년 동안 더 새롭고 더 효율적인 알고리즘들이 개발되고 있다.

교차판매: 다른 고객들이 이 제품과 함께 구매한 제품

온라인 상에서 다양한 종류의 제품을 판매하는 전자상거래 웹사이트를 생각해 보자. 전자상거래 비즈니스의 목적 중 하나는 웹사이트 방문당 평균 주문액(order value)을 높이는 것이다. 검색엔진 마케팅, 온라인 광고, 제휴 마케팅으로 획득한 트랙픽에 대해 비용을 지불해야 한다면, 주문량(order size)을 최적화시키는 것은 더욱 중요해진다. 고객과 관련이 되는 제품을 교차판매 및 상향판매함으로써 주문액을 높일 수 있는데, 많은 경우에 고객들이 구매한 또는 현재 거래에서 구매하고 있는 제품을 기반으로 관련 제품을 찾는다(패스트푸드의 경우: 햄버거와 함께 감자튀김도 원하시나요?). 여기서 주의해야 할 것은 매우 관련성 있는 제품을 제안하는 것의 혜택이 이미 주문을 하고 있는 고객을 화나게 만들 수 있는 위험보다 큰지를 비교해야 한다. 제품이 제한적인 비즈니스의 경우(예: 패스트푸드 산업), 교차판매는 너무나 쉽고 당연한 것이다. 그러나 제품의 개수가 수천 개, 수백만 개일 경우에는 고객이 하나의 제품을 보고 있을 때 관련제품(affinity product) 집합을 결정하는 것은 아주 까다로운 일이다.

제품 간의 관련성에 대해서 더 잘 알기 위해서는 과거 구매 기록을 살펴보아야 한다. 하나의 제품이 다른 제품과 관련성(affinity)을 가지게 되는 것은 동일한 거래에 두 제품이 동시에 존재한다는 사실을 기반으로 한다. 고객이 두 제품을 함께 구매한다면 고객이 같은 시기에 그 제품들을 필요로 한다는 것으로 추측할 수 있다. 만일 상당히 많은 수의 고객들이 두 제품을 여러 번 동시에 구매하였다면, 분명히 두 제품 간에는 관련성 패턴이 존재한다. 이후의 새로운 거래에서, 고객이 관련제품 중의 하나를 구매한다면 동일한 거래에서 나머지 다른 제품도 함께 선택할 가능성이 높다.

관련성 분석(affinity analysis)을 위해 필요한 주요 입력값은 제품 정보를 포함한 과거 거래목록이다. 과거 거래를 분석하면, 가장 빈번하게 함께 구매되는 제품들이 무엇인지 알 수 있다. 한 쌍의 제품이 한두 번 같이 구매되었다고 패턴으로 간주할 수 없기 때문에 빈번하다(frequent)는 것에 대한 임계치(threshold)를 정의해야 한다. 관련성 분석의 결과는 "제품 A가 판매되면, 동일 거래에서 제품 B도 함께 판매될 가능성이 높다"와 같은 규칙들이다. 이러한 규칙들은 제품 A에 대한 페이지에서 교차판매를 위한 제품 추천에 사용될 수 있다. 관련성 분석은 "다른 고객들이 이 제품과 함께 구매한 제품"을 보여주는 웹 위젯(web widget)에서 사용되는 기본 개념이다.

6.1 연관규칙 생성의 개념

기본적인 연관성 분석은 단순히 한 항목이 다른 항목과 함께 발생(occurrence)하는지를 본다. 좀 더 복잡한 분석들은 발생의 양, 가격 그리고 발생 순서 등을 고려할 수 있다. 데이터 마이닝을 이용하여 이러한 연관규칙을 찾는 방법은 다음과 같은 순차적 단계를 따른다.

단계 1: 거래(transaction) 형식의 데이터를 준비한다. 연관성 입력데이터로 특별한 형식의 데이터를 필요로 한다.

단계 2: 자주 발생하는 항목집합들(항목들의 조합)로 후보자 명단(short-list)을 만든다. 연관성 알고리즘은 가장 자주 발생하는 항목들로 분석을 제한하므로 마지막 단계에서 추출된 최종 규칙집합들이 좀 더 의미가 있다.

단계 3: 항목집합에서 관심 척도 기준으로 관련성이 있는 연관규칙들을 생성하고 선택한다.

뉴스, 정치, 금융, 연예, 스포츠 그리고 예술의 카테고리로 구성된 BBC나 야후 뉴스와 같은 미디어 웹사이트를 생각해 보자. 이 예제에서 하나의 세션(session) 혹은 거래(transaction)는 웹사이트 방문(visit)인데, 이는 한 사용자가 특정 세션 기간 내에 여러 다른 카테고리들의 콘텐츠에 접근하는 것을 의미한다. 보통 새로운 세션은 비활성화된 지 30분이 지난 후 시작된다. 세션은 전통적인 굴뚝기업(brick and mortar)의 거래들과 유사하고 엑세스한 페이지들은 구매한 항목과 같다. 온라인 뉴스사이트에서 항목은 뉴스, 금융, 연예, 스포츠 그리고 예술과 같은 카테고리에 대한 방문이다. 표 6.1은 세션 리스트와 각각의 세션동안 엑세스한 미디어 카테고리를 보여준다. 여기서 데이터 마이닝 업무의 목적은 미디어 카테고리 간의 연관성을 찾는 것이다.

[표 6.1]

Session ID	List of media categories accessed
1	{News, Finance}
2	{News, Finance}
3	{Sports, Finance, News}
4	{Arts}
5	{Sports, News, Finance}
6	{News, Arts, Entertainment}

[표 6.2] 클릭스트림 데이터셋

Session ID	News	Finance	Entertainment	Sports	Arts
1	1	1	0	0	0
2	1	1	0	0	0
3	1	1	0	1	0
4	0	0	0	0	1
5	1	1	0	1	0
6	1	0	1	0	1

이러한 미디어 카테고리의 연관성 분석을 위해서는 특별한 거래 형식의 데이터셋이 필요하다. 연관성 분석을 시작하기 위해서는 표 6.2에서 나타난 형식으로 데이터를 변형시킨다.

이진(binary) 형식은 기사 카테고리의 존재 유무를 나타내며, 페이지를 보는 시간 엑세스 순서와 같이 순차분석에서 중요할 수 있는 것들은 무시된다. 지금부터는 기본적인 연관성 분석에 집중하고 연관규칙에 사용되는 용어들을 살펴볼 것이다.

6.1.1 항목집합

지금까지 살펴 본 연관규칙들 예제에서는 규칙들의 선행(antecedent)과 결과(consequent)에 오로지 하나의 항목만을 포함했다. 그러나 앞서 언급하였듯이 다중 항목들도 포함될 수 있으며 다음과 같은 종류의 규칙을 예로 들 수 있다.

{뉴스, 금융} → {스포츠}

이 규칙은 과거 거래데이터를 기준으로 살펴보았을 때, 동일 세션에서 뉴스와 금융 기사를 엑세스한 사용자가 스포츠 기사를 엑세스할 가능성이 높다는 것을 의미한다. 뉴스와 금융의 조합을 항목집합이라고 한다. 항목집합은 규칙의 선행 또는 결과 부분에서 나타날 수 있으나, 이 두 집합은 분리되어져 있어야 한다. 이는 규칙의 양쪽에 어떠한 공통의 항목들도 있어서는 안됨을 의미한다. 예를 들어, "뉴스와 금융 페이지를 방문한 사용자들은 뉴스와 스포츠 페이지를 방문할 가능성이 높다"와 같은 규칙은 실용적인 관련성(practical relevance)이 없다. 대신 "금융 페이지를 방문한 사용자들은 뉴스와 스포츠 페이지를 방문할 가능성이 높다"는 규칙은 조금 더 의미가 있다. 1개 이상의 항목을 포함하는 규칙집합은 관계의 강도를 높이기 위해 규칙을 다양하게 치환(permutation)할 수 있게 된다.

연관규칙의 강도는 일반적으로 규칙의 지지도(support)와 신뢰도(confidence)로 정량화될 수 있다. 향상도(lift)와 확신도(conviction)도 있는데 이는 특별한 경우에 사용된다. 이러한 모든 측정 방법들은 학습용 데이터셋의 특정 항목집합의 상대적 발생빈도를 기준으로 한다. 따라서 규칙 생성에 사용되는 학습용 데이터셋은 편중되지 않고(unbiased), 거래의 일반성을 나타내는 것이 중요하다. 다음 절에서는 각각의 빈도 측정 척도를 살펴본다.

지지도

항목의 지지도(support)는 단순히 거래집합에서 해당 항목집합의 상대적 발생빈도를 나타낸다. 표 6.2에서 {뉴스}의 지지도는 6개의 거래 중 5번 발생하였기에 5/6=0.83이다. 유사하게 항목집합 {뉴스, 금융}의 지지도는 전체 거래에서 뉴스와 금융 두 항목이 동시에 발생한 거래의 비중이다.

지지도({뉴스}) = 5/6 = 0.83
지지도({뉴스, 금융}) = 4/6 = 0.67
지지도 ({스포츠}) = 2/6 = 0.33

규칙의 지지도는 규칙에 있는 모든 항목들이 전체 거래에서 얼마나 나타나는지를 측정한다. 예를 들면, {뉴스} → {스포츠} 규칙에서 뉴스와 스포츠는 전체 거래 6번 중 2번 나타나기에 규칙 {뉴스} → {스포츠}의 지지도는 0.33이다. 지지도는 규칙을 고려할 만한 가치가 있는지를 나타내며, 발생빈도가 높은 항목들을 선호하여 활용 및 조사가치가 있는 패턴을 발견한다. 이는 비즈니스에서 특히 관심이 많은데, 많이 팔리는 항목들에 대해 패턴을 이용하면 수익을 더욱 증가시킬 수 있기 때문이다. 낮은 지지도의 규칙은 드물게 발생하는 항목들이거나 우연히 항목관계가 생성된 것이므로, 허위 규칙을 만들어 낼 수 있다. 연관성 분석에서 발생빈도가 드문 규칙을 제외하기 위해 지지도 임계치를 명시한다. 지지도 임계치를 초과한 규칙일 경우에 추가 분석의 고려 대상이 된다.

신뢰도

규칙의 신뢰도(confidence)는 선행 조건을 포함하는 모든 거래들 중 규칙의 결과가 발생할 가능성을 측정하는 것이다. 신뢰도는 규칙이 믿을 만한지(reliability) 측정한다. 규칙 (X→Y)의 신뢰도는 다음과 같이 계산한다.

$$\text{신뢰도}(X \rightarrow Y) = \frac{\text{지지도}(X \cap Y)}{\text{지지도}(X)} \tag{6.1}$$

규칙 {뉴스, 금융} → {스포츠} 의 경우, 신뢰도 측정은 "뉴스와 금융 두 가지를 모두 포함한 거래에서 스포츠도 함께 발생할 가능성은 어느 정도인가?"라는 질문에 대한 답변이다.

$$\begin{aligned}\text{신뢰도}(\{\text{뉴스, 금융}\} \rightarrow \{\text{스포츠}\}) &= \frac{\text{지지도}(\{\text{뉴스, 금융, 스포츠}\})}{\text{지지도}(\{\text{뉴스, 금융}\})} \\ &= \frac{2/6}{4/6} = 0.5\end{aligned}$$

뉴스와 금융을 포함하는 거래들 중 절반은 스포츠도 포함하고 있다. 이는 뉴스와 금융 페이지를 방문하는 사용자들 중 50%는 스포츠 페이지도 방문한다는 것을 의미한다.

향상도

규칙의 신뢰도가 널리 사용되고 있지만, 규칙의 결과(결론) 부분의 발생빈도가 거의 무시되고 있다. 따라서 어떤 거래 항목집합에서는 결론에 발생빈도가 드문 항목을 포함하기 때문에 허위 규칙집합을 제공하게 된다. 이러한 문제를 해결하기 위해, 신뢰도 계산식의 분모 부분에 결론의 지지도를 포함한다. 이러한 측정치를 규칙의 향상도(lift)라 한다. 규칙의 향상도는 아래와 같이 계산한다.

$$\text{향상도}(X \rightarrow Y) = \frac{\text{지지도}(X \cap Y)}{\text{지지도}(X) \times \text{지지도}(Y)} \tag{6.2}$$

예제의 경우 향상도 값은 다음과 같이 계산된다.

$$\begin{aligned}
&\text{향상도}(\{\text{뉴스, 금융}\} \rightarrow \{\text{스포츠}\}) \\
&\quad = \frac{\text{지지도}(\{\text{뉴스, 금융, 스포츠}\})}{\text{지지도}(\{\text{뉴스, 금융}\}) \times \text{지지도}(\{\text{스포츠}\})} \\
&\quad = \frac{0.333}{0.667 \times 0.333} = 1.5
\end{aligned}$$

향상도는 {뉴스+금융}과 {스포츠}가 각각 독립적일 때 예상되는 지지도와 {뉴스+금융}과 {스포츠}의 관측된 지지도의 비율을 의미한다. 향상도 값이 1에 가깝다면 규칙의 선행과 결과가 독립적이라는 것을 의미하므로, 이 규칙은 흥미롭지 않다. 향상도 값이 클수록 좀 더 흥미로운 규칙이다.

확신도

규칙 (X→Y)의 확신도(conviction)는 Y에도 불구하고 발생하는 X의 기대 빈도수(expected frequency)와 잘못된 예측의 관측 빈도수(observed frequency)의 비율이다. 확신도는 규칙의 방향을 고려하므로, (X→Y)의 확신도와 (Y→X)의 확신도는 동일하지 않다. 규칙(X→Y)의 확신도는 다음과 같이 계산한다.

$$확신도(X\rightarrow Y) = \frac{1-지지도(Y)}{1-신뢰도(X\rightarrow Y)} \tag{6.3}$$

예제의 경우 확신도 값은 다음과 같이 계산된다.

$$확신도(\{뉴스, 금융\}\rightarrow\{스포츠\}) = \frac{1-0.333}{1-0.5} = 1.32$$

확신도 값 1.32는 만일 {뉴스, 금융}과 {스포츠}의 관계가 순전히 우연이라면 규칙 {뉴스, 금융} → {스포츠}이 잘못될 확률이 32%임을 의미한다.

6.1.2 규칙생성 프로세스

데이터셋에서 의미 있는 연관 규칙을 생성하는 과정은 다음 두 가지 기본 작업으로 나눌 수 있다.

1. 모든 빈발항목집합(frequent item sets) 찾기: n개 항목들의 연관성 분석을 위해서 널(null) 항목집합을 제외하고 $2^n - 1$개의 항목집합을 찾을 수 있다. 항목의 개수가 증가할수록 항목집합의 개수는 기하급수적으로 증가한다. 따라서 거래에서 빈도가 작은 항목을 정리하기 위해 최소 지지도 임계치를 정의하는 것이 중요하다. 그림 6.1에서 보여지는 다이어그램과 같이 모든 가능한 항목집합을 격자형태로 나타낼 수 있다. 이 그림에서 {예술} 항목은 항목집합생성에서 제외되었다. 연관성 분석은 관련 있는 중요한 항목들의 부분 집합에만 집중하기에 항목들을 제외하는 것이 특별한 상황은 아니다. 슈퍼마켓 예를 들면, 쇼핑백(grocery bags)과 같은 항목은 분석에

서 제외할 수 있다. 항목집합 트리(또는 격자형태)는 빈발항목집합을 쉽게 찾아낼 수 있도록 도와준다.

2. 빈발항목집합에서 규칙 추출하기: n개 항목들을 가진 데이터셋으로부터 $3^n - 2^{n+1} + 1$개의 규칙들을 발견할 수 있다(Tan et al., 2005). 이 단계에서는 최소 신뢰도 임계치보다 높은 값을 가지는 모든 규칙들을 추출한다.

위의 두 단계 과정을 통해 수십 개의 항목들을 가진 작은 데이터셋일지라도 수백 개의 규칙들을 생성할 수 있다. 따라서 검색 공간에서 발생빈도가 적고 관련이 적은 규칙들을 걸러낼 수 있는 적정한 지지도와 신뢰도의 임계치를 설정하는 것이 중요하다. 생성된 규칙들은 지지도, 신뢰도, 향상도 그리고 확신도와 같은 척도들로 평가된다. 계산시간을 고려하면 지지도 임계치 이상의 모든 빈

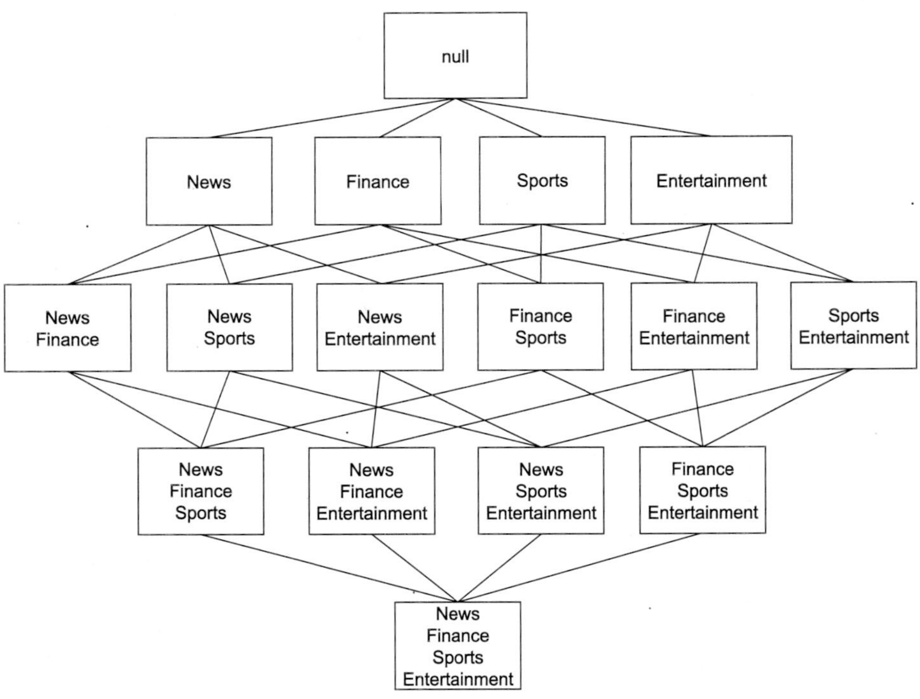

[그림 6.1] 항목집합 트리

발항목집합을 찾는 것은 규칙을 추출하는 것보다 더 많은 시간을 필요로 한다. 다행스럽게도 효과적인 빈발항목집합을 찾는 알고리즘 접근법이 존재한다. 선험적(apriori) 알고리즘과 빈발패턴성장(Frequent Pattern-Growth) 알고리즘이 가장 인기 있는 연관분석 알고리즘이다.

6.2 선험적 알고리즘

모든 연관규칙 알고리즘은 모든 가능한 항목집합에서 빈발항목집합을 효과적으로 찾아내기 위한 것이다. 선험적 알고리즘(Apriori algorithm)은 격자형태의 항목집합(항목집합 트리)에 단순한 기본원리를 적용하여 지지도 척도로 검사받을 항목집합을 줄인다(Agrawal & Srikant, 1994). 선험적 원리(Apriori principle)는 "항목집합이 빈발하면, 그 항목집합의 모든 부분집합도 빈발하다(Tan et al, 2005)"라는 것이다. 임계치보다 높은 지지도를 갖는 항목집합이면 '빈발' 하다고 한다.

예를 들면, 데이터셋에서 항목집합 {뉴스, 금융, 스포츠}는 표 6.2에서 보여진 바와 같이 빈발항목집합이다. 즉, 지지도 측정값(0.33)이 지지도 임계치 k (예: 0.25)보다 높기 때문에 해당 항목집합 또는 그 모든 부분집합 항목들은 빈발항목일 것이다. 부분집합 항목들은 부모 항목집합보다 지지도가 높거나 같다. 그림 6.2는 빈발항목트리로 선험적 원리를 적용한 것을 보여준다. {뉴스, 금융, 스포츠}의 부분 집합의 지지도 값은 아래와 같다.

지지도 {뉴스, 금융, 스포츠}=0.33 (지지도 임계치보다 높음)
지지도 {뉴스, 금융} = 0.67
지지도 {뉴스, 스포츠} = 0.33
지지도 {금융, 스포츠} = 0.33

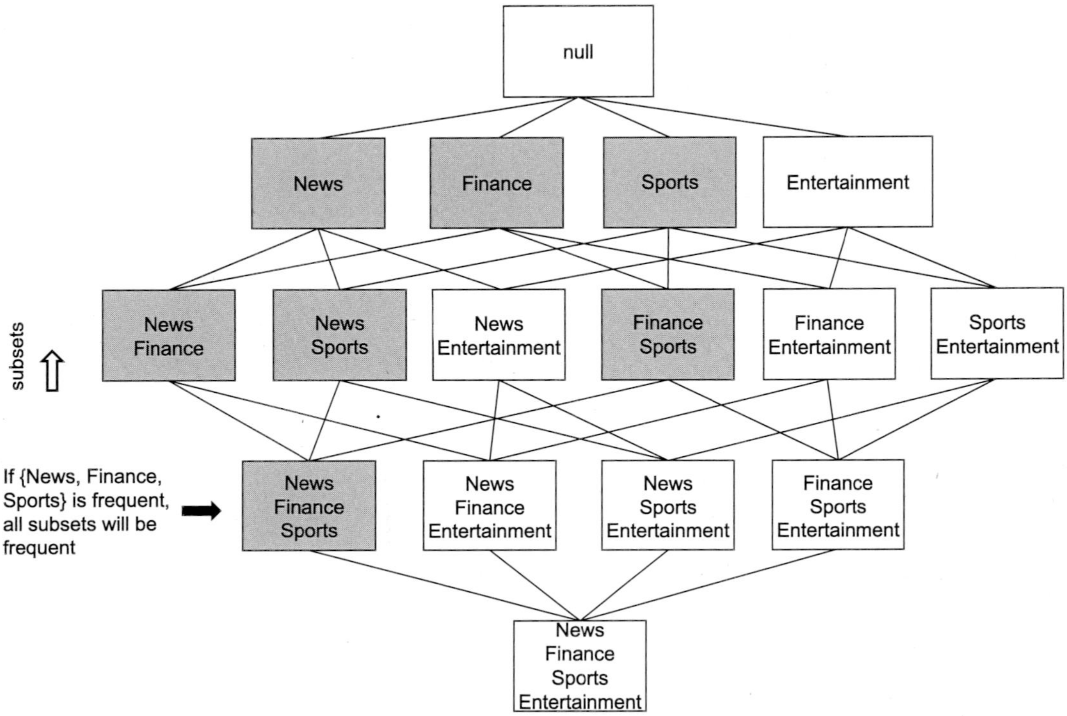

[그림 6.2] 선험적 알고리즘을 이용한 빈발항목집합

지지도 {뉴스} = 0.83

지지도 {금융} =0.67

지지도 {스포츠} = 0.33

역으로 항목집합의 빈발하지 않다면 모든 상위집합 역시 빈발하지 않다. 위의 예에서, 연예의 지지도는 0.17이고 연예를 포함하는 상위집합의 지지도는 0.17보다 작거나 같다. 지지도 임계치를 0.25라 하면 이 항목은 빈발하지 않은 항목이다. 그림 6.3은 빈발하지 않은 항목의 상위집합을 제외한 것을 보여준다.

선험적 원리는 지지도 계산과 지지도 임계치 검사를 모든 항목집합에서 하지 않기에 유용하다. 따라서 빈발항목집합은 빈발하지 않은 항목 또는 항목집합들

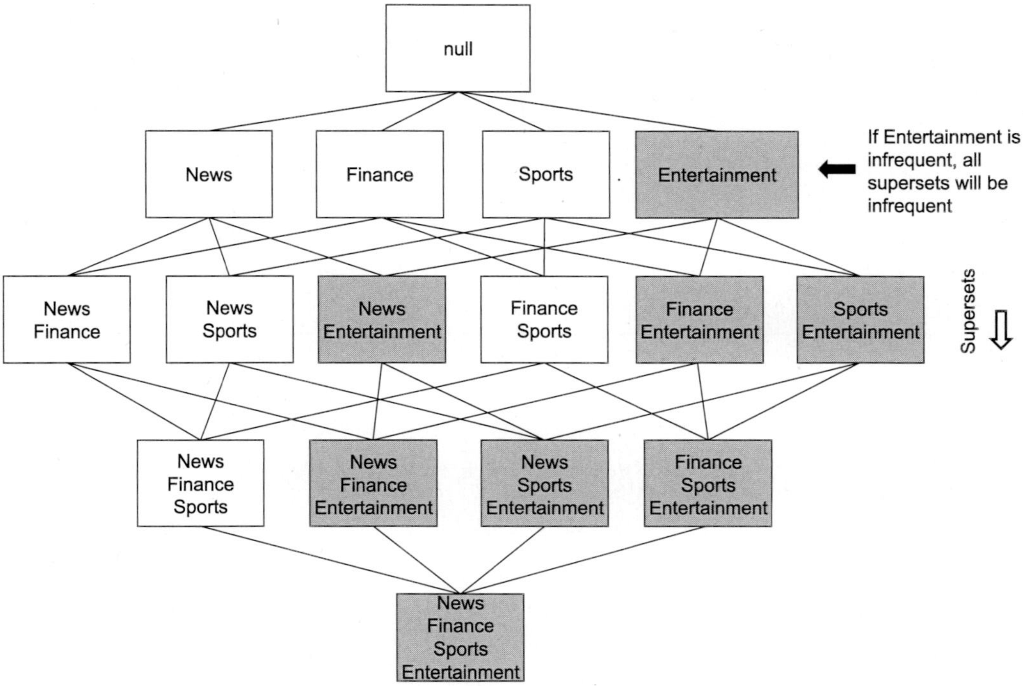

[그림 6.3] 선험적 원리를 이용한 빈발항목집합: 제외

을 제거함으로써 효율적으로 만들어 낼 수 있다(Bondon, 2005).

6.2.1 선험적 원리를 이용한 빈발항목집합 생성

표 6.3의 데이터셋은 앞서 살펴본 예제 데이터셋을 정리해 놓은 것이다. 이 데이터셋에는 6개의 거래가 존재하는데, 만일 지지도 임계치를 0.25라 하면 모든 항목들이 적어도 6번 중 2번은 발생한다고 기대할 수 있다.

이제 모든 항목집합(들)의 지지도 개수(support count)와 지지도 값을 계산해 보자. 지지도 개수는 해당 거래의 절대적 개수이고, 지지도는 전체 거래의 개수 대비 지지도 개수의 비율이다. 지지도 개수 임계치(예제에서는 2개)보다 적은 항목

[표 6.3] 클릭릭스트림 데이터셋: 요약

Session	News	Finance	Entertainment	Sports
1	1	1	0	0
2	1	1	0	0
3	1	1	0	1
4	0	0	0	0
5	1	1	0	1
6	1	0	1	0

은 다음 프로세스에서 제외된다. 표 6.4는 각 항목의 지지도 개수와 지지도를 계산하여 정리한 것이다. {연예}의 지지도 개수는 임계치보다 적으므로, 항목집합 생성 다음 단계에서는 제외된다. 다음 단계는 {뉴스}, {금융} 그리고 {스포츠} 중 2개 항목으로 구성된 집합을 생성하는 단계로, {뉴스, 금융}, {뉴스, 스포츠} 그리고 {금융, 스포츠}와 같이 3개의 항목집합을 만들 수 있다. 만일 {연예} 항목을 제외하지 않았다면, 이번 단계에서 6개의 항목집합을 생성해야 한다. 그림 6.4는 {연예} 항목을 제외한 항목집합을 시각적으로 나타내었다.

[표 6.4] 빈발항목집합의 지지도 계산

Item	Support Count	Support
{News}	5	0.83
{Finance}	4	0.67
{Entertainment}	1	0.17
{Sports}	2	0.33
Two–Item Sets	**Support Count**	**Support**
{News, Finance}	4	0.67
{Newe, Sports}	2	0.33
{Finance, Sports}	2	0.33
Three–Item Sets	**Support Count**	**Support**
{News, Finance, Sports}	2	0.33

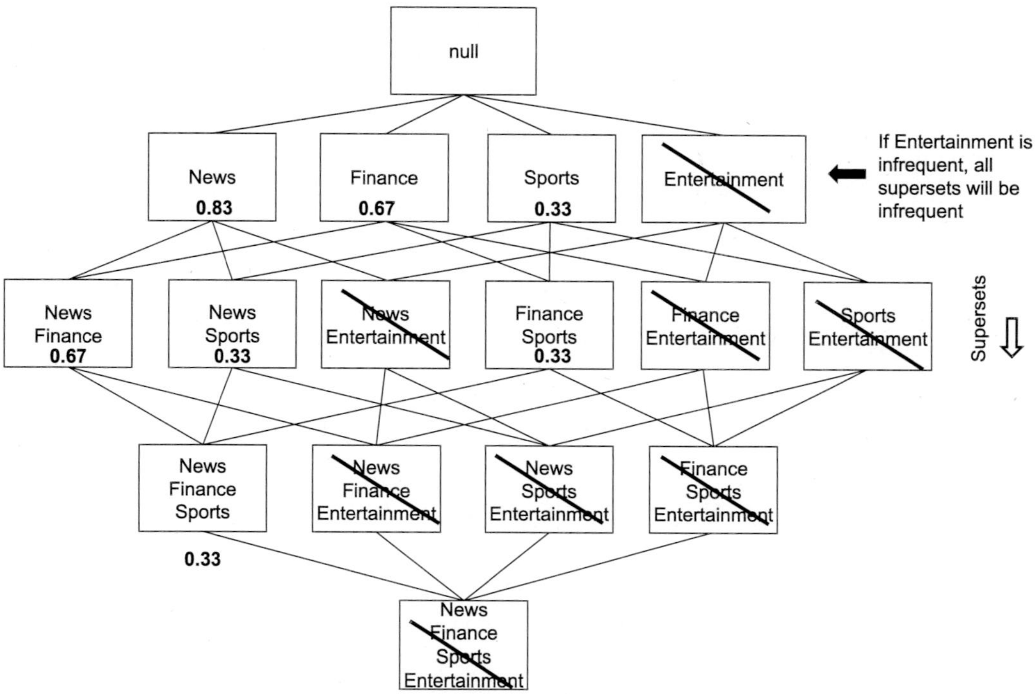

[그림 6.4] 빈발항목집합과 지지도

이 프로세스는 이전 집합의 모든 n-항목집합들이 고려될 때까지 진행된다. 결론적으로 지지도 임계치의 조건을 만족하는 7개의 빈발항목집합이 생성된다. 가능한 모든 항목집합은 15 (= 2^4 - 1)개이다. {연예} 항목 하나가 첫 번째 단계에서 제외되어, 지지도 임계치를 만족하지 못할 8개의 추가적인 항목집합이 생성되지 않은 것이다(Written & Frank, 2005).

6.2.2 규칙 생성

빈발항목집합을 생성한 후, 연관분석의 다음 단계는 명확한 선행(전제)과 결과(결론)를 갖는 아래와 같은 형식의 의미 있는 규칙을 생성하는 것이다.

{Item A} → {Item B}

유용한 규칙은 신뢰도, 향상도, 확신도와 같은 객관적인 척도에 의해 평가될 수 있다. 규칙의 신뢰도는 식 6.1에서와 같이 개별 항목의 지지도 점수에 의해 계산된다. n개의 항목들에 대한 각각의 빈발항목집합은 $2^n - 2$개의 규칙을 생성할 수 있다. {뉴스, 스포츠, 금융}으로 생성할 수 있는 규칙과 각 규칙의 신뢰도 점수는 다음과 같다.

규칙과 신뢰도 점수

{뉴스, 스포츠} → {금융} : 0.33/0.33 = 1.0
{뉴스, 금융} → {스포츠} : 0.33/0.67 = 0.5
{스포츠, 금융} → {뉴스} : 0.33/0.33 = 1.0
{뉴스} → {스포츠, 금융} : 0.33/0.83 = 0.4
{스포츠} → {뉴스, 금융} : 0.33/0.33 = 1.0
{금융} → {뉴스, 스포츠} : 0.33/0.67 = 0.5

모든 지지도 점수는 이미 항목집합 생성 단계에서 계산되었기에, 신뢰도 계산을 위해 다른 계산은 필요하지 않다. 그러나 신뢰도 값이 낮을 것 같은 규칙은 동일한 선험적 방법(apriori method)으로 가지치기가 가능하다. 주어진 빈발항목집합이 {뉴스, 금융, 스포츠}인 경우, 규칙 {뉴스, 금융} → {스포츠}의 신뢰도가 낮다면, 이 규칙의 선행의 부분 집합에 포함된 모든 규칙들이 낮은 신뢰도를 갖는다고 결론을 내릴 수 있다. 따라서 규칙 선행의 부분집합인 {뉴스} → {스포츠, 금융}과 {금융} → {뉴스, 스포츠]와 같은 규칙을 제거할 수 있다. 그 이유는 신뢰도 점수 계산식 식 6.1에서 알 수 있듯이 3개의 규칙은 모두 동일한 분자값 0.33을 갖기 때문이다. 분모 계산은 선행 부분의 지지도에 의해 결정된다. 부분 집합의 지지도는 항상 그 부모집합의 지지도보다 크거나 같기에, 선행의 부분 집합에 속하는 규칙들은 모두 신뢰도가 낮을 것이고 따라서 다음 단계에서 무시될 수 있다.

특정 신뢰도 임계치를 충족하는 모든 규칙들은 지지도와 신뢰도 두 측정값과 함께 최종 결과물의 후보로 검토된다. 그리고 이러한 규칙들은 유용한 관계를 보여주는지, 우연히 발생한 규칙인지 또는 이미 알고 있는 직관적인 규칙인지 판별할 수 있는 합리적인 타당성을 위해 한번 더 평가되어야 한다.

6.3 빈발패턴성장 알고리즘

빈발패턴성장(FP-Growth) 알고리즘은 빈발패턴나무(FP-Ttree)라고 불리는 특별한 그래프 데이터 구조를 사용하여 거래 레코드들을 압축(compress)함으로써 빈발항목집합을 계산한다. 빈발패턴나무는 데이터셋을 그래프 형식으로 변환한 것이라고 생각할 수 있다. 빈발패턴성장 알고리즘은 선험적 알고리즘의 생성-평가와 같은 방법보다는, 먼저 빈발패턴나무를 만들고 이렇게 압축된 나무(compressed tree)를 이용하여 빈발항목집합을 생성한다. 빈발패턴성장 알고리즘의 효율성은 빈발패턴나무를 얼마나 압축하여 만들 수 있느냐에 달려 있다(Han, Pei & Yin, 2000).

6.3.1 빈발패턴나무 생성

표 6.5에 나타난 데이터셋, 즉 뉴스, 금융, 스포츠, 연예의 4개 항목을 포함하는 6개의 거래를 살펴보자. 이 데이터셋을 나무 다이어그램(그림 6.7 참조) 형식으로 시각화하기 위해서는 거래 리스트를 나무맵(tree map)으로 변환해야 하는데, 나무맵은 모든 정보를 보유하면서 빈발경로들(frequent paths)을 나타낸다. 이 데이터셋의 빈발패턴나무(FP-Tree)를 생성하는 과정을 단계별로 살펴보자.

[표 6.5] 거래 리스트: 세션과 항목들

Session	Items
1	{News, Finance}
2	{News, Finance}
3	{Sports, News, Finance}
4	{Sports}
5	{News, Finance, Sports}
6	{News, Entertainment}

1. 첫 번째 단계는 각 거래의 모든 항목들을 빈도수(또는 지지도 개수)를 기준으로 내림차순으로 정렬한다. 예를 들면, 표 6.5의 데이터를 기준으로 뉴스는 가장 빈발한 항목이고, 스포츠는 가장 빈발하지 않은 항목이다. 세 번째 거래 {스포츠, 뉴스, 금융}은 {뉴스, 금융, 스포츠}로 재배열해야 한다. 이는 다음 단계에서 빈발경로를 맵핑하는 것을 단순화시키는 데 도움이 된다.
2. 거래에 속한 항목들이 재배열되고 나면, 거래를 빈발나무에 맵핑할 수 있다. 널(Null) 노드에서 시작하고, 첫 번째 거래 {뉴스, 금융}은 그림 6.5와 같이 표현될 수 있다. 항목명 옆의 괄호 안의 숫자는 해당 경로를 따르는 거래의 개수를 의미한다.
3. 두 번째 거래 {뉴스, 금융}은 첫 번째 거래와 동일하므로, 같은 경로를 따

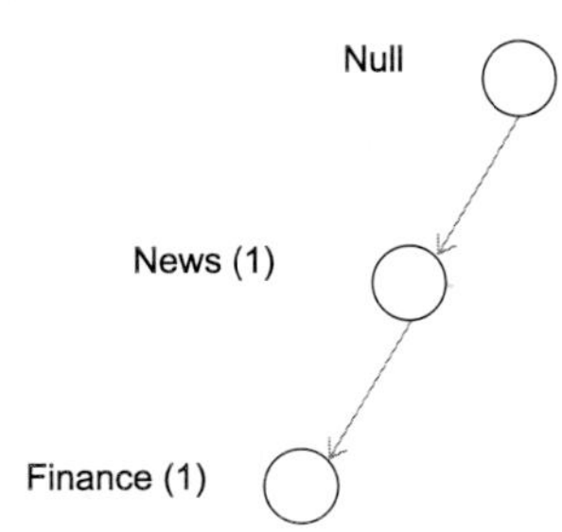

[그림 6.5] 빈발패턴나무: 거래 1

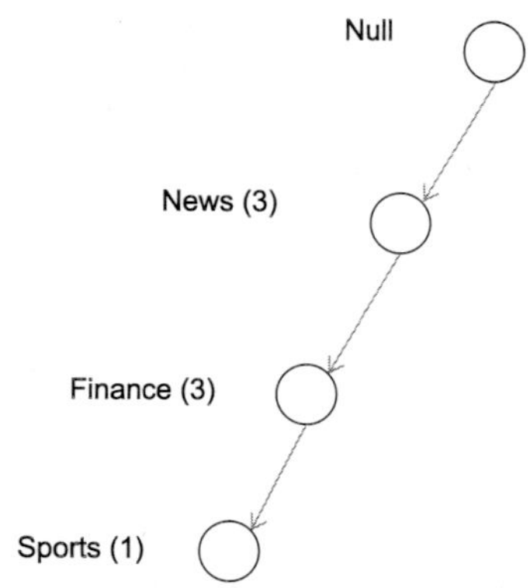

[그림 6.6] 빈발패턴나무: 거래 1, 2, 3

르며 괄호 안의 숫자만 늘어나게 된다.

4. 세 번째 거래는 {뉴스, 금융, 스포츠}이다. 이 나무는 스포츠로 확장된 것이며, 경로마다 숫자가 하나씩 늘어난다(그림 6.6 참조).
5. 네 번째 거래는 {스포츠} 항목만을 포함한다. 스포츠는 뉴스와 금융을 선행으로 필요로 하지 않기에 널(Null) 항목에서 시작하여 새로운 경로를 만들어야 하고, 항목 개수에 주목해야 한다. 이 스포츠 노드는 (뉴스와 금융 동시발생 시) 금융 다음에 오는 스포츠 노드와는 다르다. 그러나 두 노드

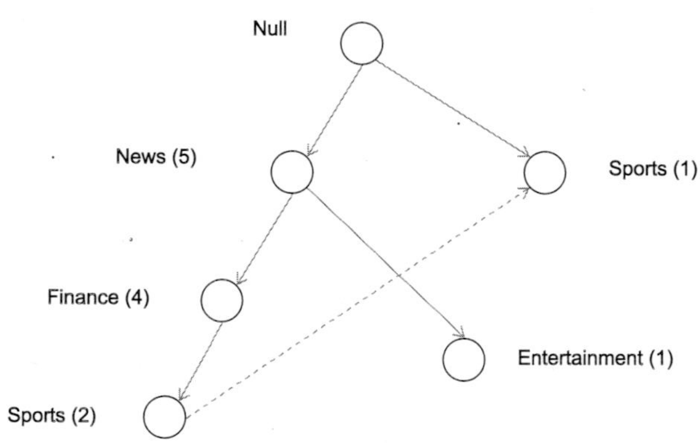

[그림 6.7] 빈발패턴나무: 거래 1~6

는 동일 항목을 나타내므로 점선으로 연결한다.

6. 이러한 프로세스는 모든 거래가 포함될 때까지 계속되고, 마지막 결과로 모든 거래 레코드들은 축약된(compact) 빈발패턴나무로 표현된다(그림 6.7 참조).

빈발패턴나무의 압축(compression)은 주어진 거래 집합에서 경로가 얼마나 많이 발생하는가로 결정된다. 왜냐하면 연관성 분석의 주요 목적은 이러한 공통적인 경로를 식별하는 것이고, 우리가 분석에서 사용하는 데이터셋은 많은 빈발경로를 포함한다. 가장 나쁜 경우는 모든 거래가 각각 유일한 항목집합 경로를 갖는 것이고 이러한 경우 어떠한 압축도 있을 수 없다. 이러한 경우에는 규칙 생성 자체가 연관성 분석으로 의미가 적다.

6.3.2 빈발항목집합 생성

거래 집합을 축약된 빈발패턴나무로 표현하고 나면, 빈발패턴나무로부터 가장 빈번한 항목집합을 효과적으로 생성할 수 있다. 빈발항목집합을 생성하기 위해서 빈발패턴성장 알고리즘은 최소 빈발 항목에서 시작하여 모든 항목집합을 생성하는 상향식(bottom-up) 접근방법을 사용한다. 트리 구조는 지지도 개수

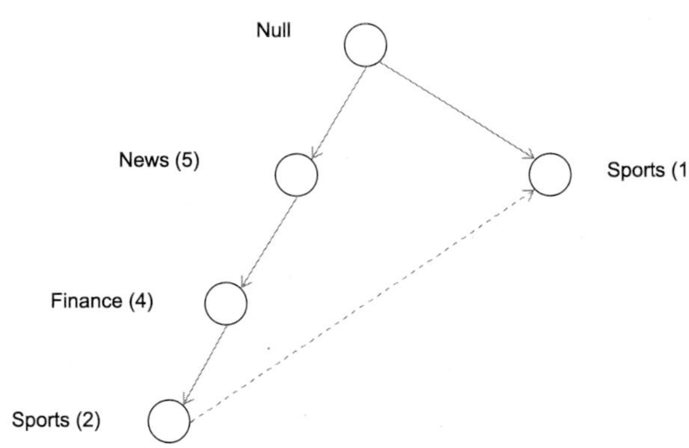

[그림 6.8] 정리된(trimmed) 빈발패턴나무

로 정렬되기 때문에, 최소 빈발 항목은 트리의 잎(leaf)에서 발견될 수 있다. 그림 6.7에서 최소 빈발항목들은 지지도 개수가 1(거래수 1)인 {연예}와 {스포츠}이다. 만일 {연예}의 지지도 값이 지지도 임계치보다 높아서 {연예}가 빈발항목이면, 이 알고리즘은 상향식 방법으로 경로를 따라가면서 {연예}, {뉴스, 연예}와 같이 연예로 끝나는 모든 항목집합들을 찾는다. 지지도 개수가 노드에 매핑되기 때문에 {뉴스, 연예}에 대한 지지도 계산도 즉시할 수 있다. 만일 {연예}가 빈발패턴이 아니라면 이 항목을 무시하고 다음 항목 {스포츠}로 간다. 그리고 스포츠로 끝나는 모든 가능한 항목집합들, 즉 {스포츠}, {금융, 스포츠}, {뉴스, 스포츠}, {뉴스, 금융, 스포츠}를 찾는다.

특정 항목 수로 끝나는 항목집합 전체를 찾는 것은 한 항목의 접두(prefix) 경로와 그림 6.9와 같은 조건부(conditional) 빈발패턴나무를 생성함으로써 가능하다. 한 항목의 접두 경로는 그 항목을 포함하는 경로만을 갖는 부분 트리이다. 한 항목(예: 스포츠)의 조건부 빈발패턴나무는 기존 빈발패턴나무와 유사하나 {스포츠} 항목이 제외되어 있다. 이 알고리즘은 조건부 나무를 기준으로 잎 노드를 찾아가는 과정을 반복한다. 스포츠 조건부 나무의 잎 노드들은 {스포츠}와 공존하기 때문에, 이 알고리즘은 금융과의 관련성을 찾아내고 {금융, 스포츠} 규칙을 생성한다.

빈발패턴성장 알고리즘의 규칙생성은 선험적 알고리즘과 매우 유사하다. 그 목

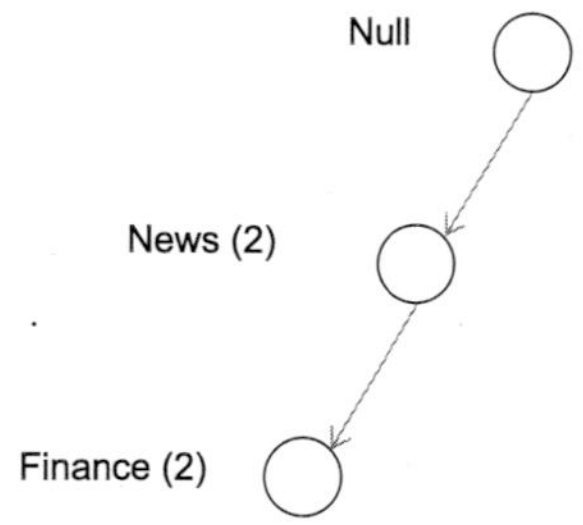

[그림 6.9] 조건부 빈발패턴나무

적이 빈발하게 발생하는 항목을 찾는 것이기 때문에 당연히 많은 거래들이 본질적으로 동일한 경로를 가진다. 따라서 실제 적용에 있어서 압축 비율이 매우 높고, 이러한 시나리오 상에서 빈발패턴성장 알고리즘은 효과적인 결과를 얻게 된다. 빈발패턴성장 알고리즘은 빈발항목들 사이의 관계를 그래프를 이용하여 매핑하기 때문에, 연관성 분석 이외에 문서 군집화, 텍스트 마이닝 그리고 감성(sentiment) 분석의 전처리 과정에도 사용되고 있다(Akbar & Angryk, 2008). 실행방법에 차이가 있지만, 빈발패턴성장 알고리즘과 선험적 알고리즘의 결과는 유사하다. 왜냐하면 빈발항목집합으로부터 규칙을 생성하는 것이 선험적 알고리즘과 유사하기 때문이다. 빈발패턴성장 알고리즘은 개념과 설명에 있어 그래프 분석이 포함되어 있긴 하지만 프로그램 언어로 쉽게 개발될 수 있고, 특히 일반적으로 거래들을 저장하는 관계형 데이터베이스의 SQL과 PL/SQL 프로그램으로 개발되어 사용된다(Shang et al., 2004).

6.3.3 구현 방법

RapidMiner에서 연관성 분석은 반발패턴성장 알고리즘을 이용하여 구축할 수 있다. 대부분의 연관성 알고리즘의 모델링 파라미터와 결과는 동일하므로 우리는 여기서 연관성 분석의 입력값, 프로세스, 결과를 살펴보기 위해서 빈발패턴성장 알고리즘에 집중하고자 한다.

단계 1: 데이터 준비

연관성 분석 프로세스는 특정 형식의 거래 데이터를 필요로 한다. 입력 그리드(input grid)는 거래를 행으로, 항목을 열로 나타내는 참/거짓(true/false)의 이진형 데이터(binominal data)를 포함한다. 만일 데이터셋에 거래 ID 또는 세션 ID가 존재한다면, RapidMiner에서는 무시되거나 특별한 속성(special attribute)으로 표시된다. 다른 형식의 데이터셋은 데이터 변환 오퍼레이터를 이용하여 앞

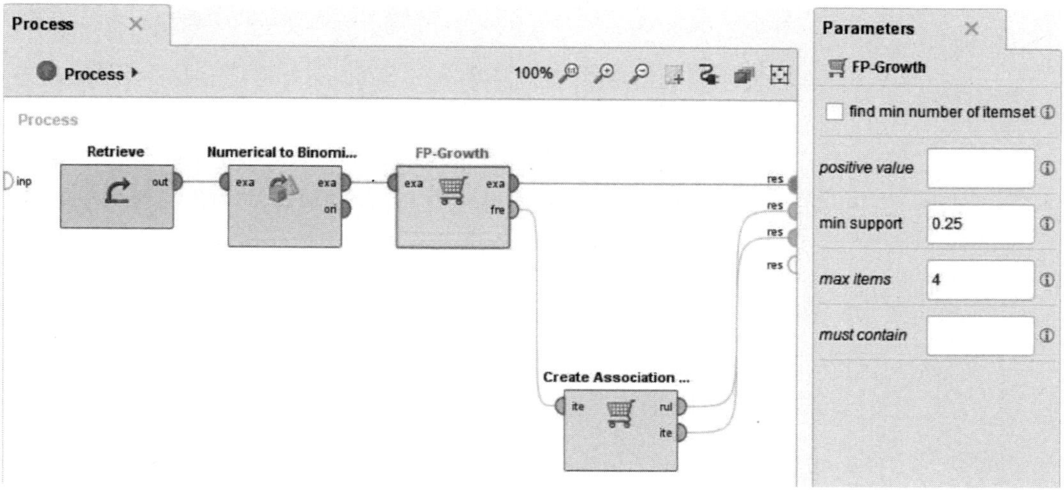

[그림 6.10] 빈발패턴성장 알고리즘을 위한 데이터 마이닝 프로세스

에서 언급한 형식으로 변환되어야만 한다. 다음 예제에서 표 6.3의 데이터를 사용하는데, 각 행에 세션 ID가 있고 열은 엑세스된 콘텐츠들로 구성되며 거래 데이터는 1과 0으로 나타낸다. 정수형(integer) 형식은 *Numeric to Binominal* 오퍼레이터를 이용하여 이진형으로 변환시켜야 한다. 빈발항목집합을 생성하기 위하여 *Numeric to Binominal*의 결과와 *FP-Growth* 오퍼레이터를 연결한다. 연관성 분석의 예제에 필요한 데이터셋과 RapidMiner 프로세스는 이 책의 웹사이트인 www.LearnPredictiveAnalytics.com에서 다운로드 받을 수 있다. 그림 6.10은 RapidMiner에서 빈발패턴성장 알고리즘을 이용한 연관분석의 프로세스를 보여준다.

단계 2: 모델링 오퍼레이터와 파라미터

RapidMiner에서 빈발패턴성장 알고리즘은 입력 데이터셋에서 특정 파라미터 기준을 충족시키는 모든 빈발항목집합을 생성한다. 이 모델링 오퍼레이터는 [Modeling > Associations] 폴더에 있다. 이 오퍼레이터는 두 가지 모드로 작동하는데, 하나는 높은 지지도값을 가지는 항목집합의 수를 지정하는 것(디폴트)이며 다른 하나는 최소 지지도 기준을 설정한다. 오퍼레이터에서 다음의 파라미터를 설정함으로써, 모델의 행동에 영향을 줄 수 있다.

- **최소 지지도(min support)**: 지지도 임계치. 임계치 기준을 통과한 모든 빈발항목집합이 결과화면에 보여진다.
- **최대 항목 수(max items)**: 하나의 항목집합에 속하는 최대 항목의 개수. 이 파라미터는 하나의 항목집합에서 너무 많은 항목이 포함되는 것을 제한하기 위해 사용된다.
- **항목 지정(must contain)**: 반드시 포함하고자 하는 항목들을 지정하기 위해 사용하는 정규 표현식(regular expression). 이러한 옵션을 사용하여 항목들을 걸러 낼 수 있다.
- **최소 항목 집합 발견(find minimum of item sets)**: *FP-Growth* 오퍼레이터에서 이 옵션은 주어진 지지도 임계치로 생성된 항목집합이 몇 개 되지 않은 경우에 지지도 임계치를 낮추도록 허용해 준다. 재시도할 때마다 지지도 임계치가 20%씩 감소된다.
  - **최소 항목 집합 개수(Min Number of Item Sets)**: 생성할 항목집합의 최소 개수

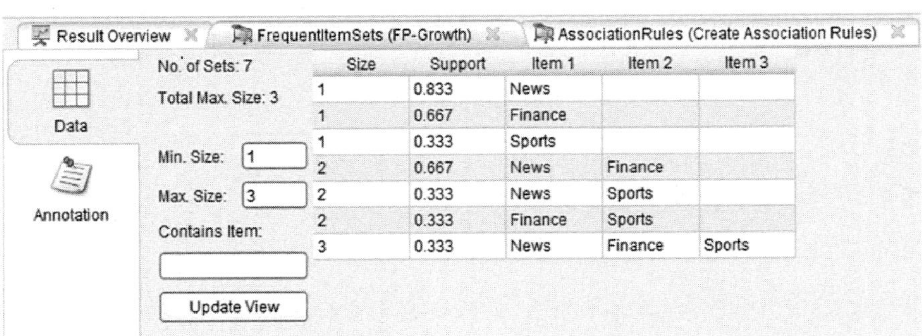

[그림 6.11] 빈발항목집합 결과

- **최대 반복 횟수(Max Number of Retries)**: 최소 항목집합을 얻기 위해 허용된 반복 수

이 예제에서는 최소 지지도를 0.5로 설정한다. *FP-Growth* 오퍼레이터의 결과는 생성된 항목집합들인데, 결과 페이지에 항목의 개수로 필터링하거나 지지도 임계치 기준으로 정렬할 수 있는 옵션이 있다. 그림 6.11은 빈발항목집합 결과물로서, 임계치보다 높은 지지도를 가진 모든 가능한 항목집합들을 보여준다.

단계 3: 연관 규칙 생성

연관성 분석의 다음 단계는 *FP-Growth* 오퍼레이터에서 만들어진 빈발항목집합으로부터 가장 흥미로운 규칙을 찾아내는 것이다. *Create Association Rules* 오퍼레이터에서 빈발항목집합에서 의미 있는 규칙들을 생성한다. 이 오퍼레이터에서는 분석 중인 데이터셋에 알맞는 기준을 제공함으로써 규칙의 관심척도를 설정할 수 있다. *Create Association Rules* 오퍼레이터의 입력은 *FP-Growth* 오퍼레이터의 빈발항목집합이고, 그 결과로 관심 척도 기준을 충족시키는 모든 연관규칙을 생성한다. 다음의 파라미터들은 *Create Association Rules* 오퍼레이터의 기능을 제어한다.

- **기준(criterion)**: 연관규칙을 필터링 할 수 있는 관심 척도를 선택하기 위해 사용된다. 척도 선택에 따라 모든 다른 파라미터들이 변경된다. 신뢰도, 향상도, 확신도가 일반적으로 사용되는 관심 척도이다.
- **최소 기준값(min criterion value)**: 임계치를 설정하고 이를 만족하지 못하는 규칙은 제외된다.
- **Gain theta**와 **Laplace** 파라미터는 관심 척도로 gain 또는 Laplace를 사용할 때 명시하는 값이다.

이 예제에서는 신뢰도를 기준으로 사용하고 있으며, 신뢰도 임계치를 0.5로 설정한다. 그림 6.10은 연관성 분석을 위해 완성된 RapidMiner 프로세스를 보여준다. 완성된 프로세스를 저장하고 실행한다.

단계 4: 결과 해석

입력 거래 데이터로부터 추출되어 선정된 연관 규칙들은 결과 윈도우에서 보여진다(그림 6.12 참조). 연관 규칙들은 테이블 형태로 보여지는데, 규칙의 전제와 결론뿐 아니라 규칙의 지지도, 신뢰도, 정보이득(gain), 향상도 그리고 확신도가 열로 나타난다. 사용자는 화면의 왼쪽 편에 있는 대화식 컨트롤 윈도우(interactive control window)를 이용하여 선택한 항목들을 포함하는 규칙만을 필터링하여 볼 수 있고, 신뢰도 또는 다른 기준들의 임계치를 증가시킬 수 있는 슬라이드 바(slide bar)가 있어 더 적은 수의 규칙들만을 볼 수도 있다.

연관성 분석의 주 목적은 항목들 사이의 관계를 이해하는 것이다. 항목들은 규칙의 전제와 결론의 역할을 할 수 있기 때문에, 규칙을 통하여 모든 항목들 사이의 관계를 시각화로 표현하는 것은 분석을 이해하는 데 도움이 된다. 그림 6.13은 선택된 항목들에 대해서 규칙을 텍스트 형식과 상호 연결된 그래프 형

(FP-Growth) | AssociationRules (Create Association Rules) | ExampleSet (Numerical to Binominal)

No.	Premises	Conclusion	Support	Confidence	LaPlace	Gain	p-s	Lift	Conviction
1	Finance	Sports	0.333	0.500	0.800	-1	0.111	1.500	1.333
2	Finance	News, Sports	0.333	0.500	0.800	-1	0.111	1.500	1.333
3	News, Finance	Sports	0.333	0.500	0.800	-1	0.111	1.500	1.333
4	News	Finance	0.667	0.800	0.909	-1	0.111	1.200	1.667
5	Finance	News	0.667	1	1	-0.667	0.111	1.200	∞
6	Sports	News	0.333	1	1	-0.333	0.056	1.200	∞
7	Sports	Finance	0.333	1	1	-0.333	0.111	1.500	∞
8	Sports	News, Finance	0.333	1	1	-0.333	0.111	1.500	∞
9	News, Sports	Finance	0.333	1	1	-0.333	0.111	1.500	∞
10	Finance, Sports	News	0.333	1	1	-0.333	0.056	1.200	∞

[그림 6.12] 연관규칙 결과

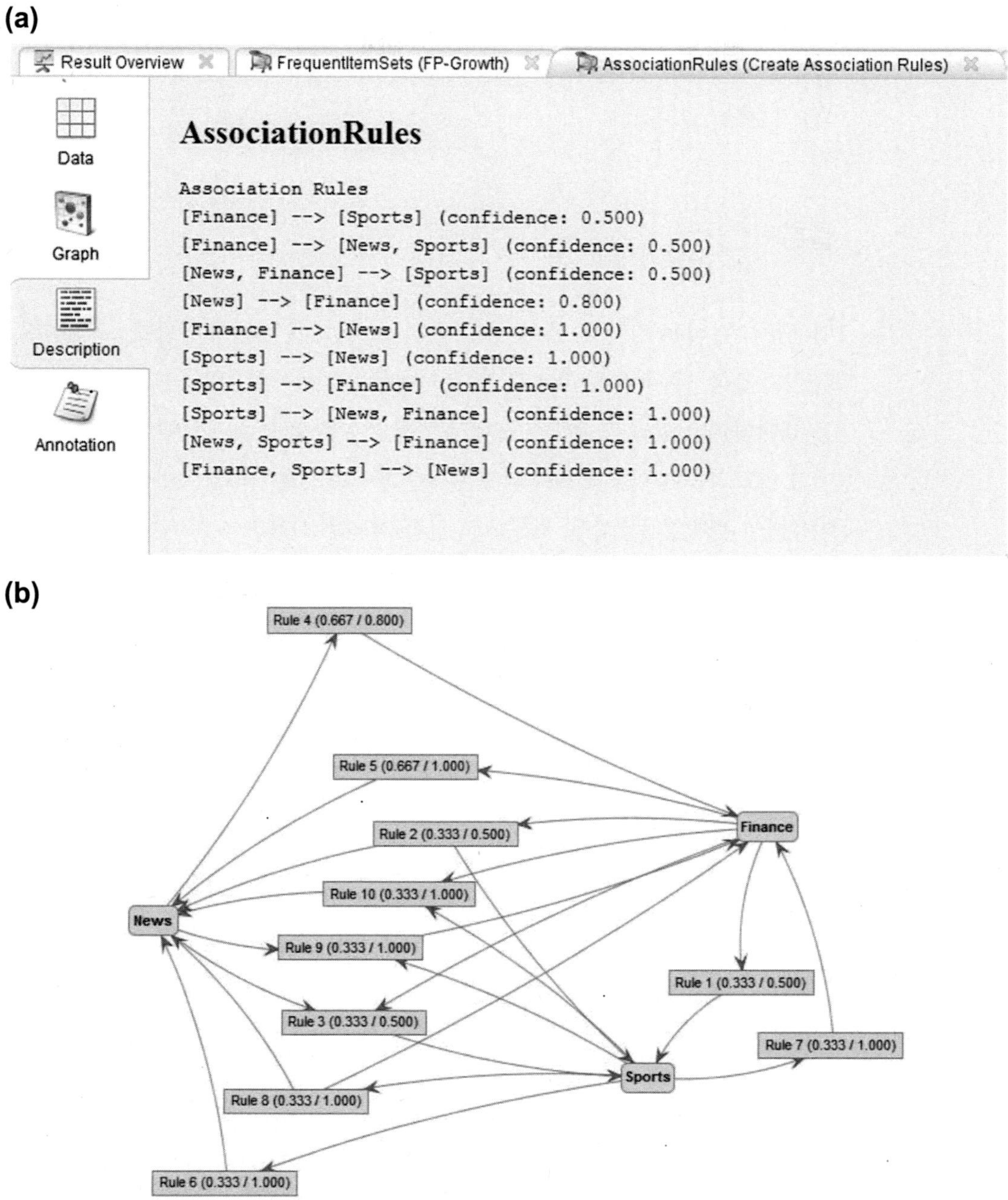

[그림 6.13] 연관규칙 결과: (a) 텍스트뷰, (b) 그래프뷰

식으로 나타내는 것을 보여준다. 기본 옵션으로 선택된 항목들은 규칙들과 화살표로 연결되어 있다. 규칙으로 들어오는 항목은 규칙의 전제이고 나가는 항목은 규칙의 결론이다.

결론

연관규칙 분석은 지난 20여 년 동안 특히 소매업, 온라인 교차판매, 추천엔진, 텍스트 분석, 문서 분석 그리고 웹 분석에서 인기를 얻고 있다. 일반적으로 상용 데이터 마이닝 소프트웨어 툴에서 연관성 분석 기능을 제공한다. 각각의 툴에서 알고리즘이 어떻게 구축되었는지는 차이가 있을지라도, 지지도 임계치를 이용하여 빈발항목집합을 생성하고 관심 척도를 사용하여 그 항목집합으로부터 규칙을 생성하는 것은 동일하다. 많은 수의 항목들과 실시간 의사결정이 필요한 애플리케이션을 위해서는 효율적이고 확장가능한 분석이 가능하도록 새로운 접근이 요구된다(Zaki, 2000). 연관성 분석은 또한 빅데이터 기술, 데이터 스트림 그리고 대용량 데이터베이스에 적용되는 일반적인 알고리즘 중의 하나이다(Tanbeer et al., 2008).

참고문헌

Agrawal, R., Imieliński, T., & Swami, A. (1993). Mining association rules between sets of items in large databases. *SIGMOD '93 Proceedings of the 1993 ACM SIGMOD International Conference on Management of Data*, 207-216.

Agrawal, R., & Srikant, R. (1994). Fast Algorithms for Mining Association Rules. *The International Conference on Very Large Databases*, 487-499.

Akbar, M., & Angryk, R. (2008). Frequent pattern-growth approach for document organization.*Proceeding of the 2nd international workshop on Ontologies and information systems for the semantic web, ACM*, 77-82.

Retrieved from http://dl.acm.org/citation.cfm?id=1458496.

Bodon, F. (2005). A trie-based APRIORI implementation for mining frequent item sequences.*Proceedings of the 1st International Workshop on Open Source Data Mining Frequent Pattern Mining Implementations* - OSDM '05, 56-65. http://dx.doi.org/10.1145/1133905.1133913.

Han, J., Pei, J., & Yin, Y. (2000). Mining frequent patterns without candidate generation. *SIGMOD '00 Proceedings of the 2000 ACM SIGMOD International Conference on Management of Data*, 1-12.

Power, D. J. (2002, Nov 10). DSS News. Retrieved Jan 21, 2014, from Desicion Support Systems (DSS) http://www.dssresources.com/newsletters/66.php.

Shang, X., Sattler, K. U., & Geist, I. (2004). *SQL Based Frequent Pattern Mining without Candidate Generation2004 ACM Symposium on Applied Computing - Poster Abstract*. 618-619.

Tan, P.-N., Steinbach, M., & Kumar, V. (2005). Association Analysis: Basic Concepts and Algorithms. In *Introduction to Data Mining* (pp. 327-404). Boston, MA: Addison Wesley.

Tanbeer, S. K., Ahmed, C. F., Jeong, B.-S., & Lee, Y.-K. (2008). Efficient frequent pattern mining over data streams. *Proceeding of the 17th ACM Conference on Information and Knowledge Mining - CIKM '08*, 1, 1447-1448. http://dx.doi.org/10.1145/1458082.1458326.

Witten, I. H., & Frank, E. (2005). Algorithms: The Basic Methods: Mining Assciation Rules. In *Data Mining: Practical Machine Learning Tools and Techniques* (pp. 112-118). San Francisco, CA:Morgan Kaufmann.

Zaki, M. J. (2000). Scalable algorithms for association mining. *IEEE Transactions on Knowledge and Data Engineering*, 12(3), 372-390. http://dx.doi.org/10.1109/69.846291.

CHAPTER 7

군집화

군집화(clustering)는 데이터 안에 존재하는 의미 있는 그룹을 찾아내는 작업이다. 군집화의 목표는 타겟 클래스 변수를 예측하는 것이 아니라 단순히 데이터 안에서 자연적으로 생성될 수 있는 그룹을 찾아내는 것이다. 예를 들면, 한 회사의 고객들은 구매 행태에 의하여 그룹핑 될 수 있다. 최근에는 정치분야에서 군집화가 선거에 활용되고 있다(Pearson & Cooper, 2012). 전체 유권자들을 몇 개의 다른 그룹으로 군집화할 수 있으면 선거 후보자들은 각각의 그룹에 적합한 선거 유세용 문구를 작성할 수 있다. 여기서, 분류와 군집화의 차이를 살펴보기 위해 예를 들어 보자. 특정 유권자가 학부모인지 아닌지를 판별하는 것은 지도학습에 속하는 분류작업이다. 반면, 인구통계학적인 특성에 따라 유사한 유권자가 동일한 그룹에 속하도록 하여 여러 개의 다른 그룹으로 분리하는 것이 자율학습인 군집화 작업이다. 즉, 임의의 데이터 포인트가 이미 알려진 특정 그룹에 속하는지 판별하는 것은 분류이고, 데이터를 의미 있는 그룹들로 나누는 것은 군집화이다.

군집화는 대부분의 경우 어떤 그룹으로 나누어질 것인가를 미리 알 수 없으며 결과로서 찾아낸 그룹을 설명하기 어려울 수도 있다. 군집화의 결과로서 찾아낸 각 그룹을 군집이라고 한다. 군집화는 두 가지로 응용될 수 있다. 첫째, 주어진 데이터셋을 설명하거나 둘째, 다른 예측 알고리즘들의 전처리 단계로 사용된다.

데이터를 설명하기 위한 군집화

데이터 탐색을 위해 군집화를 가장 많이 활용하는데, 이를 통해 모든 가능한 의미 있는 그룹을 찾고자 한다. 회사의 고객들을 군집화한 결과를 보면 동일한 그룹에 속하는 고객들은 다른 그룹에 속하는 고객들보다 유사하다. 군집화 기법에 따라 그룹 또는 군집의 수는 사용자가 사전에 정하거나 군집화 알고리즘에서 자동적으로 결정될 수 있다. 군집화는 미리 정의된 의미 있는 특정 그룹(예: 자주 대량으로 구매하는 그룹)에 대한 멤버십을 예측하는 것이 아니다. 그보다는 그룹으로서의 의미를 가질 수 있도록 한 그룹 안의 고객들의 유사성에 대하여 면밀히 검토하는 것이다. 군집화는 데이터에 내재되어 있는 자연적인 구조를 설명하기 위한 기법이며 응용분야는 다음과 같다.

1. **마케팅**: 과거의 고객 행태, 잠재적인 고객 속성, 구매 패턴 등을 기반으로 고객들을 그룹핑한다. 이런 작업에서는 고객들을 몇 개의 그룹으로 분할한 후 고객 프로토타입(각 그룹에 속한 전형적인 고객에 대한 설명)들을 찾아내며 각 그룹마다 적합한 마케팅 전략을 다르게 세울 수 있다.
2. **문서 군집화**: 일반적인 텍스트 마이닝 작업 중 하나는 문서(또는 말뭉치)들을 각각 유사한 주제를 가지는 그룹들로 자동적으로 그룹핑하는 것이다. 문서 군집화 기법을 이용하여 문서 전체를 읽지 않고도 군집화된 문서 그룹에 대하여 주요 주제를 찾아내며 이해 및 요약할 수 있다. 문서 군집화는 고객지원요청, 온라인 콘텐츠 인터넷사이트, 범죄과학수사 등에 응용된다.
3. **세션 그룹핑**: 웹 분석 분야에서 군집화는 클릭스트림 패턴을 이해하고 클릭스트림의 프로파일(profile)을 발견하는 데 유용하게 사용된다. 예를 들어, 이미 원하는 것이 무엇인지 알고 바로 해당 제품을 구매하는 고객, 제품에 대해 먼저 조사하고 평을 읽은 후 그 다음 세션에 구입하는 고객에 대한 프로파일이 있을 수 있다. 전자 상거래 회사에서 웹세션을 프로파일

에 따라 군집화할 경우 각 고객 프로파일에 적합한 기능이 무엇인지 파악할 수 있다.

전처리 작업을 위한 군집화

군집화 작업에서는 데이터셋의 모든 속성을 고려하여 정보를 군집으로 '축소'시킨다. 군집은 하나의 속성(레코드가 속하는 군집명)으로 간주될 수 있고 군집화는 데이터 압축 기법으로 활용된다. 군집의 결과로서 군집명이 산출되며 다른 예측 데이터 마이닝 작업의 입력 변수로 사용될 수 있다. 그러므로 군집화는 다른 데이터 마이닝 작업의 전처리 기법으로 활용될 수 있다. 일반적으로 군집화는 다음 두 가지 형태의 전처리에 이용된다.

1. **차원(dimension) 축소를 위한 군집화**: n차원의 데이터셋(n은 속성의 수)을 처리하는 경우 계산복잡도는 n에 비례하게 된다. 군집화에 의하여 n개의 속성들은 하나의 명목형 속성(즉, 군집명)으로 변환 또는 축소되며 계산 복잡도가 줄어든다. 물론 이 과정에서 1개의 속성으로 차원이 축소되므로 어느 정도 정보의 손실이 발생한다. 12장에서 특징 선택 기법에 대하여 자세히 다룰 것이다.
2. **객체(object) 축소를 위한 군집화**: 어느 회사의 고객 수가 백만 명 단위이고 군집의 수가 100개라고 가정하자. 100개의 군집들 각각에 대하여 그 그룹의 모든 고객의 특성을 나타내는 대표고객을 찾아낼 수 있다. 이 대표고객은 그 그룹에 속한 고객들이 가지는 전형적인 특성을 가진 실제 또는 가상의 고객일 수 있다. 군집의 프로토타입은 그 군집에 속한 모든 데이터 객체들을 나타내는 대표로 각 속성에서 그 군집에 속한 모든 객체들의 평균적인 값(명목형 변수인 경우 최고 빈도의 값)을 가지는 새로운 객체로 간주될 수 있다. 수백 만의 고객 레코드들을 100개의 프로토타입 고객 레코드로 줄이는 것은 명백한 이점이 되므로 다음에 실행될 수 있는 분

류나 회귀분석에서는 수백만의 레코드를 처리하는 대신 단지 프로토타입 레코드들만을 처리하면 된다. 이 경우 처리하여야 할 레코드의 수를 크게 줄일 수 있으므로 계산 복잡도가 레코드 수에 따라 증가하는 k-NN과 같은 알고리즘에서 유용하게 활용될 수 있다.

7.1 군집화 기법의 종류

모든 군집화 작업에서는 동일 군집 안에 포함된 2개의 데이터 포인트들이 서로 다른 군집에 포함된 데이터 포인트보다 더 '유사(similar)'하도록 데이터셋에 포함된 객체들을 그룹핑한다(Witten, Frank, 2005). 일반적으로 유사도를 측정하는 방법은 n차원 공간에서의 유클리드 거리 척도이며 이 방법은 많은 군집화 알고리즘에서 사용된다. 그림 7.1을 보면 군집 2에서의 모든 데이터 포인트들은 군집 1보다는 군집 2의 데이터 포인트에 더 근접해 있다.

군집화를 구현하는 방법을 공부하기에 전에, 다양한 종류의 군집화에 대하여 살펴보도록 하자. 개별 데이터 포인트들이 군집에 포함되는 기준에 따라 다음과 같이 구분된다.

- **배타적 또는 엄격하게 분할된 군집(exclusive or strictly partitioning clusters)**: 각 데이터 객체는 그림 7.1의 예에서처럼 오직 하나의 배타적 군집에 속한다. 가장 일반적인 형태의 군집이다.
- **중복을 허용하는 군집(overlapped clusters)**: 군집들은 서로 배타적이지 않으며 각 데이터 객체들은 1개 이상의 군집에 속할 수 있다. 다관점(multiview) 군집이라고도 부른다. 예를 들어 한 회사의 고객들은 고이윤(high-profit) 군집과 대량구매(high-volume) 군집의 두 그룹에 동시에 포함될 수 있다.

- **계층적 군집(hierarchical clusters)**: 각각의 자식 군집(child cluster)은 부모 군집(parent cluster)으로 통합될 수 있다. 예를 들어, 최고이윤 고객 군집은 장기(long-term) 고객군집과 대량구매 고객군집으로 나누어질 수 있다.
- **퍼지 또는 확률적 군집(fuzzy or probabilistic clusters)**: 각 데이터 포인트는 모든 군집에 대하여 0과 1 사이에서 가변적인 척도의 멤버십을 가진다. 예를 들어, 데이터셋 내에 A, B, C, D 군집이 존재하는 경우 하나의 데이터 포인트가 A = 0.5, B = 0.1, C = 0.4, D = 0 의 정도로 모든 군집에 대하여 연관될 수 있다. 각 데이터 포인트에 대하여 1개의 군집에 전적으로 연관시키는 대신 퍼지 군집은 멤버십 확률을 각 군집에 연관시킨다.

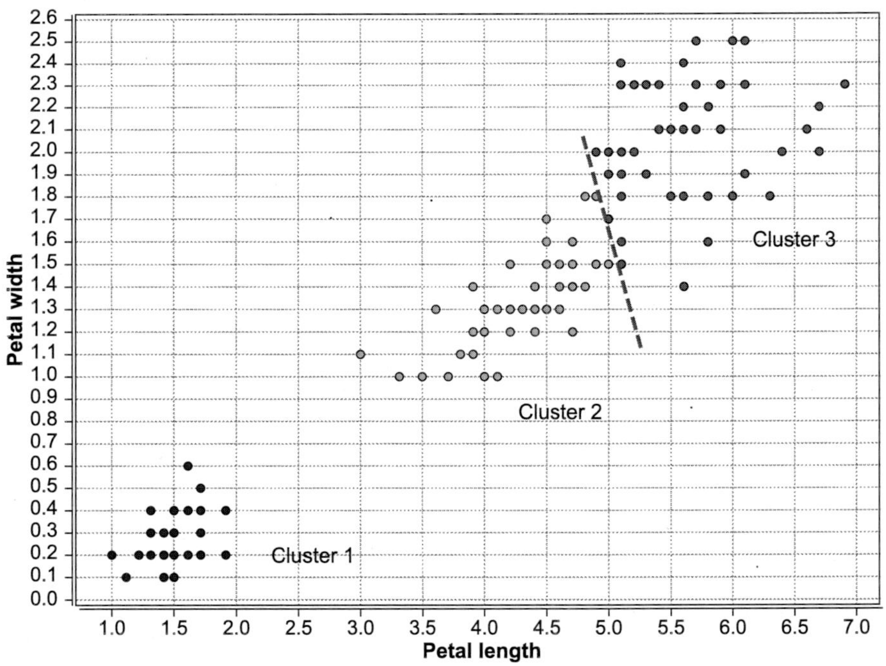

[그림 7.1] 아이리스 데이터셋에 대한 군집화 예

또한 군집화 기법은 알고리즘의 접근 방법에 따라 분류될 수 있다. 군집화 알고리즘들은 데이터 객체 간의 어떠한 관계를 이용하느냐에 따라 다음과 같이 구분된다.

- **프로토타입 기반 군집화(prototype-based clustering)**: 프로토타입 기반 군집화에서는 군집의 중앙에 위치한 프로토타입이라고 불리는 데이터 객체가 그 군집을 대표한다. 각 군집의 프로토타입은 그 군집의 중앙이며, 이러한 군집 방법은 중심 군집화 또는 중앙기반(center-based) 군집화라고도 불린다. 예를 들어, 고객 세분화를 위한 군집화에서 각 고객군집은 중앙에 위치한 프로토타입 고객과 유사한 속성을 가지는 고객들을 포함한다.
- **밀도 군집화(density clustering)**: 그림 7.1을 보면 군집들이 차지한 영역에는 데이터 포인트들이 조밀하게 분포되어 있고 군집들은 데이터 포인트들이 희박한 영역에 의하여 분리되어 있다. 군집은 데이터 객체가 희박한 저밀도 영역으로 둘러 싸여져 있으며 데이터 객체가 집중되어 조밀한 영역으로 정의될 수 있다. 각각의 조밀한 영역에 대하여 군집이 지정될 수 있고 저밀도 영역은 잡음으로 간주되어 무시된다. 이러한 종류의 군집화에서는 잡음 객체들은 어떤 군집에도 포함되지 않으므로 군집에 할당되지 않는 객체가 있을 수도 있다.
- **계층적 군집화(hierarchical clustering)**: 계층적 군집화에서는 데이터 포인트들 간의 거리에 의하여 군집이 계층적으로 생성되어 나간다. 계층 군집화의 결과는 덴드로그램(dendrogram)이다. 덴드로그램은 나무구조를 가지며 사용자에 의해서 지정되는 수준에서의 군집 결과를 보여준다. 군집 계층구조를 생성하기 위하여 두 가지 접근방법을 취할 수 있다. 상향식 접근방법(bottom-up approach)에서는 처음에는 각각의 데이터 포인트들이 군집으로 간주되고 이후 군집들이 병합되어 나가는 과정을 거쳐 결국에는 하나의 큰 군집을 이루게 된다. 하향식 접근방법(top-down approach)에

서는 처음에는 데이터셋 전체가 하나의 군집으로 간주되고 군집들이 재귀적으로(recursively) 부분군집(subcluster)으로 분할되는 과정을 거쳐 결국에는 각 개별 데이터 객체들이 개별 군집으로 정의된다. 계층적 군집화는 데이터의 크기가 제한되어 있을 때 유용하다. 배타적 군집의 집합을 산출하기 위해서는 덴드로그램 트리(dendrogram tree)를 적절한 위치에서 절단하면 된다.

- **모델 기반 군집화(model-based clustering)**: 모델 기반 군집화는 통계 및 확률 분포모델에 근거한다. 이 기법은 분포기반(distribution-based) 군집화라고도 불린다. 여기서 군집은 동일한 확률분포에 속하는 데이터 포인트들의 그룹으로 간주된다. 그래서 각 군집은 분포모델(Gaussian 또는 Poisson과 같은)을 이용하여 나타낼 수 있고 분포의 파라미터들은 군집 데이터와 모델에 의하여 반복적으로 최적화될 수 있다. 이와 같은 접근 방법에서는, 전체 데이터셋이 분포모델의 혼합으로 나타난다. 가우시안 혼합(mixture of Gaussian)은 모델 기반 군집화 기법의 한 종류로, 최초에 정해진 수의 분포의 혼합으로서 초기화되고 군집데이터를 적합하기 위하여 파라미터들이 최적화된다.

이 장에서는 일반적인 군집화 방법들에 대하여 설명한다. 첫째로 소개되는 k-평균(k-means) 방법은 프로토타입 기반 군집화 방법 중 하나이다. 다음으로 DBSCAN (Density-Based Spatial Clustering of Applications with Noise) 방법에서는 밀도 군집화에 대한 개념을 소개하며 마지막으로 새로운 방법인 자기조직화지도(Self-Organizing Map, SOM)에 대하여 설명한다.

고객 레코드의 분할

모든 기업은 고객들과의 거래를 기록한다. 이러한 기록에는 금전거래, 고객서비스, 고객 위치와 세부 사항, 온라인에서의 상호작용, 제품사용, 보증과 서비스 정보에 대한 것뿐만 아니라 많은 다른 정보도 포함된다. 통신회사를 예로 들어 보자. 현재 통신회사들은 유무선전화, 인터넷서비스, 데이터통신, 기업 기간망, 연예콘텐츠, 보안 등 다양한 서비스를 제공하고 있으며 복수의 서비스를 하나의 패키지로 통합한 상품을 고객에게 서비스한다. 수백만에 이르는 고객을 더 잘 파악하기 위해서는 고객과 고객 간의 상호작용에 대한 여러 가지 데이터셋을 각 상품과 연관지어 분석할 필요가 있다. 데이터 크기의 방대함과 속성의 다양함은 고객을 더 잘 파악할 수 있는 기회이자 도전이 된다(Berry & Linoff, 2000). 고객을 이해하기 위한 하나의 논리적인 방법으로는(거주자, 기업, 정부 등의) 고객형태나 (고, 중, 소액의) 매출액 기준과 같은 단순한 분류를 넘어서 고객들을 사용 패턴, 인구통계학적, 지리적, 행동 패턴 기반으로 분할하는 것이다.

고객 분할 작업에서 각 레코드(행)가 각 고객과 연관되도록 하고 각 열들은 인구통계학적, 주소, 사용하는 상품, 매출의 상세현황, 상품사용의 상세현황, 통화량, 통화의 종류, 통화지속시간, 통화발생시간 등과 같은 고객에 대한 모든 속성을 포함하도록 데이터를 준비해야 한다. 표 7.1은 정리된 고객 데이터셋 구조의 예를 보여준다. 이러한 데이터셋을 준비하는 데는 많은 시간이 걸린다. 고객을 분할하기 위한 쉬운 방법 한 가지는 이미 존재하는 속성 중 한 가지를 기준으로 고객을 계층화(stratification)하는 것이다. 예를 들면, 고객의 지리적인 위치를 기준으로 분할할 수 있다.

군집화 알고리즘은 이러한 모든 속성을 고려하여 비슷한 패턴을 가진 고객들을 군집으로 묶는다. 이러한 데이터를 기반으로 하여, 통화 사용, 데이터 패턴, 월간 요금 청구서 등에 근거하여 군집화가 실행된다. 군집화 결과로 얻게 되는 군집 가운데 하나는 데이터 사용량이 적으면서도 많은 요금을 내며 약한 전파 신호 지역에 위치한 고객 그룹일 수 있으며 이러한 그룹은 불만족한 고객들을 나타내게 될 것이다.

군집화 알고리즘은 군집의 이유를 분명하게 제공하지 않고 군집 그룹들에 대하여 직관적으로 이름을 붙여 주지도 않는다. 군집화는 많은 수의 속성에 대하여 수행할 수 있지만, 데이터 마이닝 실무자는 군집화와 관계된 속성들을 세심하게 선택할 필요가 있다. 자동화된 특징 선택 방법(12장 특징 선택)을 사용할 경우 군집화 작업을 위하여 차원을 축소할 수 있다. 군집화 작업은 고객 데이터셋에서 속성을 선택하거나 제거해 나가는 과정을 반복하면서 진행된다.

[표 7.1] 고객 분할 예제에 사용된 데이터셋

Customer ID	Location	Demographics	Call Usage	Data Usage	Monthly Bill
01	San Jose, CA	Male	1400	200MB	$75.23
02	Miami, FL	Female	2103	5,000MB	$125.78
03	Los Angeles, CA	Male	292	2,000MB	$89.90
04	San Jose, CA	Male	50	40MB	$59.34

7.2 k-평균 군집화

k-평균 군집화(k-means clustering)는 프로토타입 기반의 군집화 방법이며 데이터셋이 k개의 군집으로 분할된다. k-평균 군집화는 가장 간단하면서도 널리 활용되는 군집화 알고리즘으로 사용자가 군집의 숫자(k)를 지정한다. k-평균 군집화의 목적은 각 군집의 프로토타입 데이터 포인트를 찾기 위한 것이다. 이 방법에서는 각 데이터 포인트가 가장 가까운 프로토타입에 할당되는 방식으로 군집이 형성된다. 프로토타입은 군집의 가운데 위치를 나타내며 중심이라고 불린다. 군집의 중심은 k-평균 방법에서처럼 군집에 포함된 모든 데이터 객체의 평균(mean)일 수도 있고 k-중앙값(k-medoid) 방법에서처럼 데이터를 가장 잘 나타내는 데이터 객체(medoid)일 수도 있다. 군집의 중심 또는 평균 데이터 객체는 데이터셋의 실제 데이터 포인트가 아닌, 군집내의 모든 데이터 특성을 나타내는 가상의 데이터포인트일 수도 있다.

k-평균 군집화 알고리즘은 Stuart Lloyd와 E.W. Forgy가 제안했으며(Lloyd, 1982), Lloyd-Forgy 알고리즘 또는 Lloyd 알고리즘으로도 불린다. 시각적으로 k-평균 알고리즘은 데이터 공간을 k개의 구획으로 나누며 각 구획의 중심은 군집의 프로토타입이 된다. 한 구획 내부에 존재하는 데이터 객체들은 해당 군집에 속하게 된다. 이런 구획들은 보로노이 구획(Voronoi partition)이라고 불리며, 각 프로토타입은 보로노이 구획의 시드(seed)가 된다. 보로노이 구획은 공간을 여러 개의 시드 주변영역으로 나누는 과정이다. 각 데이터 포인트는 가장 가까운 시드에 할당되며 시드에 할당된 포인트들로 구획이 형성된다. 그림 7.2는 검정색 점으로 표시된 시드들 주변에 만들어진 보로노이 구획의 예이다.

k-평균 군집화에서는 n차원 공간에 k개의 구획이 생성되는데, 여기에서 n은 데이터셋에서 속성의 수이다. 데이터셋을 분할하기 위해서 근사성 척도(proximity measure)를 정의할 필요가 있다. 수치형 속성에 대한 척도로서 가장 많이

[그림 7.2] 보로노이 구획("유클리드 보로노이 다이어그램", Raincomplex-개인작품. Licensed under Creative Commons Zero, Public Domain Dedication via Wikimedia Commons.[1])

사용되는 것은 유클리드 거리이다. 그림 7.3은 꽃잎 길이(Petal length)와 꽃잎 너비(Petal width)의 두 속성만을 가지고 아이리스 데이터셋을 군집화한 결과이다. 이 아이리스 데이터셋은 2차원이며 수치형 속성을 포함하며 k는 3으로 지정되어 있다. k-평균 군집화의 결과를 보면 군집 1은 명확하게 하나의 영역으로 분리되어 있고 군집 2와 군집 3간의 간격이 좁은 것을 알 수 있다.

7.2.1 기법 원리: 개념

주어진 데이터셋에서 k개의 클러스터를 찾는 방법은 매우 간단하고 항상 같은 결과로 수렴한다. 그러나 대부분의 경우 최종결과는 지역적으로 최적화되어(locally optimal) 있고 전역적으로는 최상의 결과(global best solution)가 아니다. k-평균 군집화 과정은 보로노이를 반복하는 것과 비슷하며 이 과정의 목적은 포인트들 주변의 영역들로 공간을 나누는 것이다. 차이점은 보로노이 반복 방법은 공간을 나누는 것인데 비해서 k-평균 군집 방법에서는 데이터 공

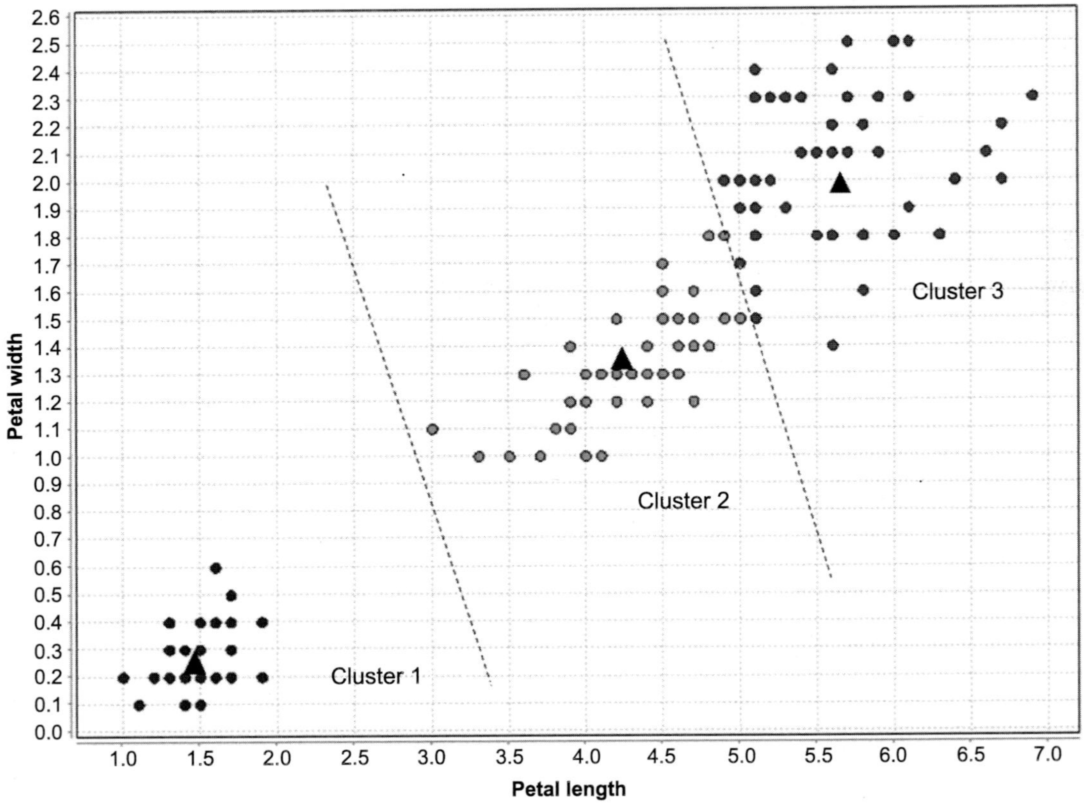

[그림 7.3] 프로토타입 기반 군집화와 경계

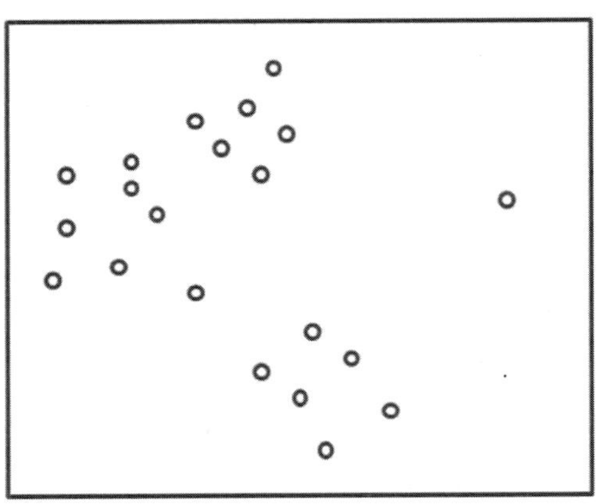

[그림 7.4] 2차원 데이터셋

간(data space)의 데이터 포인트를 나누는 것이다. 2차원 데이터셋의 예(그림 7.4)를 들어 3개의 군집을 찾아나가는 과정을 차례로 따라가 보기로 하자(Tan, Michael & Kumar, 2005).

단계 1: 중심 초기화

k-평균 알고리즘의 첫 번째 단계는 k개의 중심을 임의의 값으로 초기화하는 것이다. 군집의 수 k는 사용자에 의하여 미리 지정되어야 한다. 이 예제의 경우에서는 데이터 공간에 3개의 중심을 설정한다. 그림 7.5에서 최초의 중심들은 각각 원에 둘러싸여 있는 삼각형, 사각형, 마름모꼴의 다각형 모양(다른 데이터 포인트와 구별하기 위하여 원으로 둘러쌈)으로 표시되어 있고 각 중심에 할당되는 데이터 포인트들은 단순히 다각형 모양으로만 표시된다.

단계 2: 데이터 포인트의 할당

중심이 설정된 후 모든 데이터 포인트들은 각각 최근접 중심에 할당되어 군집을 형성한다. 여기에서 '최근접'이라는 것은 거리 척도에 의하여 계산된다. 유

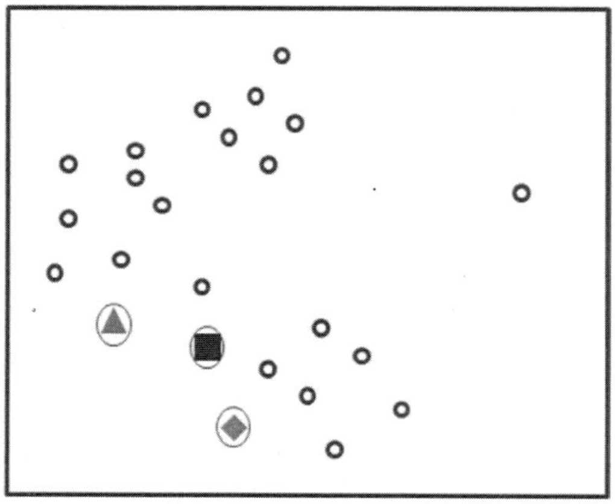

[그림 7.5] 초기의 무작위 중심들

클리드(Euclidean) 거리 척도가 가장 많이 사용되는 거리 척도이며 맨해튼 척도(Manhattan measure)와 자카드 계수(Jaccard coefficient)와 같은 척도도 사용된다. 속성의 수가 n일 때 데이터 포인트 X ($x_1, x_2, \dots x_n$)와 중심 C ($c_1, c_2, \dots c_n$)의 유클리드 거리는 아래와 같이 계산된다.

$$거리=\sqrt{(x_1-c_1)^2+(x_2-c_2)^2+\ldots+(x_n-c_n)^2} \tag{7.1}$$

그림 7.6과 같이, 각 중심에 할당된 모든 데이터 포인트들은 중심과 같은 종류의 다각형 모양을 가지게 된다. 이 단계에서는 그림에서 보이는 경계선으로써 데이터 공간을 보로노이 구획으로 분할하게 된다.

단계 3: 새로운 중심 계산

각 군집에 대하여 새로운 중심을 계산한다. 이 중심들은 각 군집의 프로토타입이기도 하다. 새로 계산된 중심들은 군집 안에 포함된 모든 데이터 포인트들을 가장 잘 대표하는 데이터 포인트이다. 수학적으로 이 단계에서는 군집 내의 모든 데이터 포인트로부터 중심까지의 오차의 제곱의 합(Sum of Squared Error,

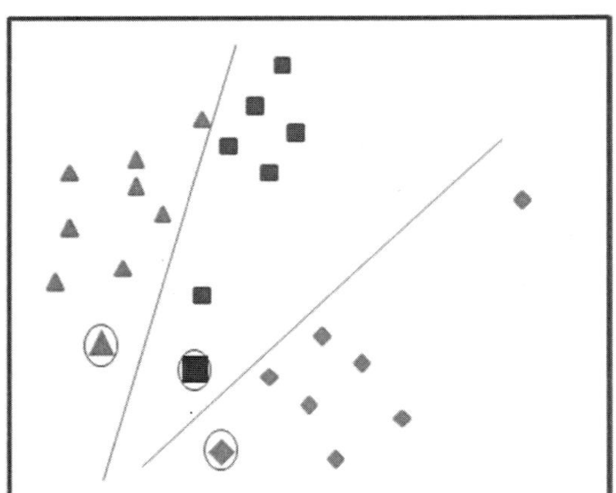

[그림 7.6] 최근접 중심에 데이터 포인트를 할당함

SSE)을 최소화한다. 이 단계에서의 목표는 각 군집에서 오차의 제곱의 합을 최소화시키는 것이다. 군집의 SSE는 식 7.2에 의하여 계산될 수 있다.

$$\text{SSE} = \sum_{i=1}^{k} \sum_{x_j \in C_i} \| x_j - \mu_i \|^2 \tag{7.2}$$

위의 식에서 C_i는 i번째 군집이고, x_j는 군집 C_i에 포함된 j번째 데이터 객체이며 μ_i는 군집 C_i의 중심이다. i번째 군집 C_i에 대하여 SSE를 최소로 하는 중심은 그 군집에 포함된 데이터 객체들의 새로운 평균값이다. 군집에 대한 평균값은 아래의 식에 의하여 계산될 수 있다.

$$\mu_i = \frac{1}{j_i} \sum_{x \in c_j} x \tag{7.3}$$

위의 식에서 x는 데이터 객체를 나타내는 벡터 $(x_1, x_2, \ldots x_n)$이고 j_i는 군집 C_i가 포함하는 데이터 객체의 수이다. k–평균 방법의 경우에서는 새로운 중심은 모든 데이터 포인트들의 평균이고, k–평균 방법으로부터 변형된 k–중앙값

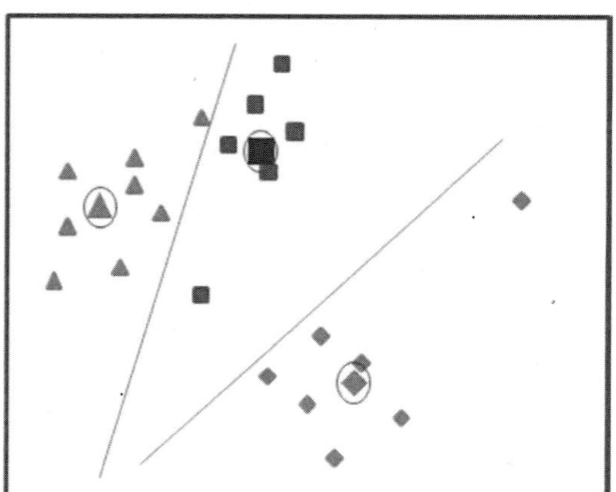

[그림 7.7] 새로운 중심들

방법의 경우에서는 평균 대신 중앙값(medoid)이 계산된다. 그림 7.7에서는 새로운 중심들의 위치가 나타나 있다.

단계 4: 할당과 중심계산의 반복

새로운 중심을 계산하고 각 데이터 포인트들을 최근접 중심에 할당하는 것을 반복하여 모든 데이터 포인트를 새로운 중심에 할당한다. 그림 7.8을 보면 3개의 데이터 포인트가 이전 단계에 속했던 군집과 다른 군집에 할당된 것을 알 수 있다.

단계 5: 종료

단계 3의 새로운 중심 계산과 단계 4의 데이터 포인트를 중심에 할당하는 과정을 모든 데이터 포인트들이 더 이상 새로운 중심에 할당되지 않거나 또는 중심에 큰 변화가 없을 때까지 반복한다. 알고리즘이 종료되었을 때의 중심은 프로토타입 데이터 객체(데이터 벡터)로 지정되며 전체 군집 모델을 설명하기 위하여 사용된다. 각 데이터셋에서 데이터 포인트들은 소속된 군집을 나타내는 새로운 군집 ID 속성을 가지게 된다.

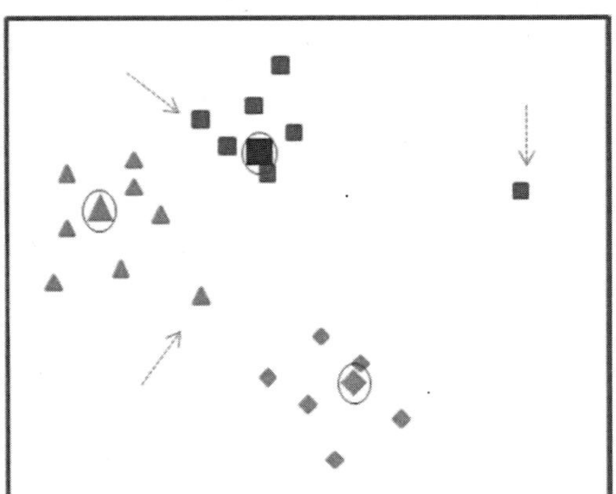

[그림 7.8] 데이터 포인트를 새로운 중심에 할당함

특수한 경우

k–평균 방법은 간단하고 구현이 용이하지만 가장 큰 단점은 지역적인 최적값(locally optimal solution)이 구해지며 이 값이 전역적인 최적값(globally optimal solution)으로 보장되지 않는다는 것이다. 이 방법에서 알고리즘은 최초에 주어진 중심 위치들로부터 시작하여 지속적으로 최초의 중심들에 대하여 가능한 최선의 해답을 찾는 것이다. 이 해답은 최초의 중심들에 대하여서만 최적(즉, 지역적 최적)이기 때문에 최초의 중심 위치가 바뀐다면 더 나은 최적 해답이 있을 수 있다. 즉, 지역적 최적 해답이 주어진 군집화 문제에 대하여 최선의 최적 해답(즉, 전역적 최적)이 아닐 수 있다. 그러므로 k–평균 군집화 방법의 성패는 최초의 중심위치를 어떻게 정하느냐에 달려 있다. 이런 이유로 최초의 중심위치를 무작위로 설정하여 군집화를 여러 번 실행한다. 각 실행 결과에 대하여 성능측정 기준(performance criterion)에 따라 군집들의 응집력을 측정한다. 여러 번의 군집화 결과 중 성능이 가장 좋은 결과가 최종 결과로 선택된다. 군집화에 대한 성능 측정에 대해서는 다음 절에 설명하기로 한다. 다음은 k–평균 군집화에서 고려해야 할 중요한 문제들이다.

- **초기화**: 최종적인 군집 결과는 최초의 무작위 중심점 위치와 데이터셋의 특성에 달려 있다. 중심점에 대하여 무작위 초기화(initiation)를 사용할 경우, 무작위 중심위치들의 집합을 여러 개 생성하여 각 집합에 대하여 전체 군집화 과정을 반복하여 실행한 후 전체 SSE 합이 최소인 결과를 선택한다. 다른 방법으로는 계층적 군집화를 활용하는 것인데, 여기에서는 각 군집이 다시 여러 개의 군집으로 나누어지며 최소 SSE가 보장된다. 계층적 군집화 방법은 군집화가 어떻게 출발하느냐에 따라 두 가지 접근 방법으로 나뉘어지는데 첫 번째는 병합식(agglomerative) 또는 상향식 군집화 방법(bottom–up), 두 번째는 분리식(divisive) 또는 하향식(top–down) 군집화 방법이다. 병합식 군집화에서는 각 데이터 포인트를 개별 군집으

로 두고 시작하여 점차 데이터 포인트들을 결합하여 군집을 만들어 나가는 방식이다. 분리식 군집화는 전체 데이터셋을 하나의 큰 군집으로 간주하고 이를 점차로 여러 개의 군집으로 분리해 나간다.

- **빈 군집**: k-평균 군집화 과정에서는 데이터 객체를 포함하지 않는 빈 군집이 형성될 수 있다. 빈 군집이 형성된 경우에는 최대의 SSE를 가지는 군집 내에 새로운 중심을 추가하여 그 군집을 분리하거나 다른 중심보다 가장 멀리 떨어진 지점에 새로운 중심을 선택할 수도 있다.
- **특이값**: k-평균 군집화에서는 SSE가 목표함수로 사용되기 때문에 특이값의 영향을 많이 받는다. 특이값은 중심을 군집의 대표 데이터 포인트 위치로부터 벗어나게 한다. 그러므로 프로토타입은 더 이상 군집의 최선의 대표 데이터 포인트가 아니다. 특이값들은 전처리 기법에 의하여 제거될 수 있지만 사기적인 거래를 탐지하는 응용분야에서는 특이값이나 특이값 그룹을 찾아내는 것이 군집화의 목표가 될 수 있다.
- **후처리**: k-평균 군집화에서는 지역적인 최적해법을 찾지만 SSE가 더 작은 새로운 결과를 찾기 위하여 몇 가지 후처리 기법을 실행해 볼 수 있다. 군집의 수 k를 증가시킴으로써 SSE가 더 작아지는 결과를 얻을 수 있다. 이러한 기법은 데이터셋에 과적합한 결과를 생성할 수 있어서 유용성이 낮은 정보가 추출될 수 있다. SSE가 최대인 군집을 둘로 나누거나 SSE가 약간 증가할지라도 두 군집을 하나로 통합하는 것과 같은 몇 가지 방법을 실행해 볼 수 있다.

군집의 평가

k-평균 군집화를 평가하는 것은 회귀나 분류 알고리즘을 평가하는 것과는 다른데 그 이유는 군집 결과를 비교하기 위해 이미 알려진 별도의 레이블이 없다는 것이다. 따라서 원래의 데이터셋으로부터 평가에 대한 파라미터를 구해야 한다. 이러한 방법을 자율적 또는 내부적(internal) 평가방법이라고 한다. 간단

한 평가 방법으로는 SSE 총합을 구하는 방법이 있다. 좋은 모델일수록 각 군집 안에서 SSE가 낮고 모든 군집에 대한 전체 SSE의 합도 낮게 된다. SSE는 평균 군집 내 거리라고도 하며 각 군집마다 계산한 후 그 평균값을 사용한다.

많이 사용되는 다른 평가 척도로는 데이비스-볼딘 지수(Davies-Bouldin index; Davies & Bouldin, 1979)가 있다. 데이비스-볼딘 지수는 군집들의 특성에 대한 척도로서 군집의 응집도(데이터 포인트와 군집 중심과의 거리)와 군집 간의 분리도를 고려한 것이다. 이 지수는 군집 내의 분리도와 군집 간의 분리도의 비율로 정의된다. 데이비스-볼딘 지수가 낮을수록 더 좋은 군집화 결과이다. 그러나 SSE와 데이비스-볼딘 지수 모두 한계가 있어서 낮은 값이 나오더라도 좋은 결과를 보장할 수 없는 경우가 있다.

7.2.2 구현 방법

RapidMiner에서 k-평균 군집화는 모델링을 위한 오퍼레이터와 자율적 평가 방법을 위한 오퍼레이터로서 간단하고 쉽게 구현되어 있다. 모델링 단계에서 군집의 수에 대한 파라미터 k가 지정될 수 있다. 출력 모델에서는 각 군집의 중심을 나열한 리스트와 군집 ID(cluster ID)가 새로운 속성으로서 원래 입력 데이터셋에 추가된다. 군집 레이블(cluster label)은 원래 데이터셋의 각각의 데이터 포인트에 추가되고 군집화 후에는 시각적으로 나타날 수 있다. 모델평가 단계에서는 평균 군집 거리와 데이비스-볼딘 지수가 계산된다.

여기서는 예제로서 4개의 속성과 150개의 데이터 객체를 포함하는 아이리스 데이터셋(Fisher, 1936)을 사용한다. 클래스 레이블이 군집화에는 필요하지 않지만, 레이블되어 있지 않은 데이터셋에 대한 군집화 결과와 원래 데이터셋의 품종그룹이 얼마나 비슷한지 알기 위해서 레이블을 유지하기로 한다.

단계 1: 데이터 준비

k-평균 군집화는 수치형과 명목형 데이터를 모두 입력으로 받아들일 수 있다. 그러나 거리 척도는 수치형 데이터에 대하여 더 효과적이다. 속성의 수는 군집화 공간의 차원을 증가시킨다. 이 예제에서는 그림 7.9에서와 같이 *Select Attribute* 오퍼레이터를 사용하여 꽃잎 너비(a3)와 꽃잎 길이(a4)만을 선택하여 속성의 수를 2개로 하였다. 군집의 결과를 2차원 그래프로 나타내면 k-평균 알고리즘이 동작하는 방법을 쉽게 가시화해 볼 수 있다.

단계 2: 군집 오퍼레이터와 파라미터

k-means 오퍼레이터는 [Modeling > Segmentation] 폴더에서 찾을 수 있다. 다음과 같은 파라미터들을 모델 오퍼레이터에서 설정할 수 있다.

- **k**: k는 원하는 군집의 수이다.
- **군집을 속성으로 추가하기(add cluster as attribute)**: 원래의 데이터셋에 군집 레이블(ID)을 추가한다. 추후의 분석을 위하여 이 옵션을 선택하는

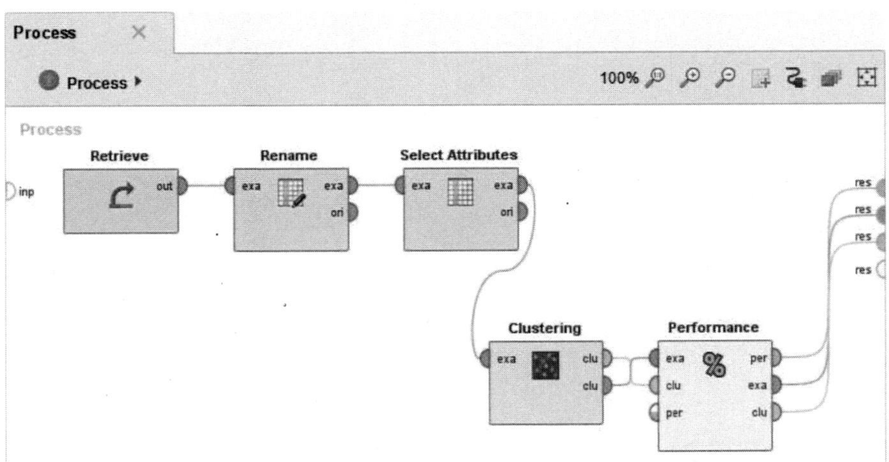

[그림 7.9] k-평균 군집화의 데이터 마이닝 과정

것이 좋다.

- **최대 실행 회수(max runs)**: k-평균 군집 결과의 유효성은 최초의 무작위 중심 위치에 달려 있으므로 군집을 여러 번 실행하여 최소 SSE를 나타내는 군집 결과를 선택한다.
- **척도의 종류(measure type)**: 거리 척도(proximity measure)를 선택하는데, 가장 일반적인 척도인 유클리드 거리(L2)가 기본값이다. 다른 옵션으로는 맨해튼 거리(L1), 자카드 계수, 코사인 유사도(cosine similarity) 등이 있다. 4장 분류의 k-NN에 관한 절에서 거리 척도에 대한 설명을 참조한다.
- **최대 최적화 단계(max optimization steps)**: 데이터 객체를 중심에 할당하고 새로운 중심을 계산하는 과정의 반복 횟수를 지정한다.

모델링 단계의 출력은 k개의 중심 데이터 객체들과 초기 데이터셋에 군집레이블이 포함된 군집 모델로 구성된다. 군집레이블은 일반적으로 cluster_0, cluster_1, …, cluster_k − 1으로 이름 붙여진다.

단계 3: 평가

데이터셋의 속성은 수치형이므로 SSE와 데이비스-볼딘 지수에 근거하여 군집 그룹핑의 유효성을 평가한다. RapidMiner에서는 군집 그룹핑의 성능을 측정하기 위해서 [Validation > Performance > Segmentation]의 *Cluster Distance Performance* 오퍼레이터를 사용할 수 있다. *Performance* 오퍼레이터는 모델링 단계에서의 두 가지 출력[즉, 군집 중심벡터(모델)와 군집레이블이 추가된 데이터셋]을 입력으로 한다. 평가 단계에서는 평균 군집 거리와 데이비스-볼딘 지수가 군집의 성능 척도로 출력된다.

단계 4: 실행과 분석

Performance 오퍼레이터의 출력이 결과 포트에 연결되면 데이터 마이닝 과정이 실행되고 다음과 같은 출력 결과를 얻게된다.

- **군집 모델(군집화)**[cluster model (clustering)]: 모델 출력은 k개의 군집의 중심(속성값)을 포함한다. 그림 7.10과 같이 텍스트뷰(text view)와 폴더뷰(folder view) 부분에서 모든 데이터 객체는 각 군집에 할당된다. 중심 플롯뷰(centroid plot view)에는 중심에 대한 병렬 차트뷰(parallel chart view, 3장 데이터 탐색)를 보여준다. 중심들 간의 거리가 멀수록 바람직한데 이유는 간격이 멀도록 구분된 군집들이 데이터셋을 명확하게 분리해 주기 때문이다.
- **레이블된 데이터셋**(labeled example set): 레이블이 추가된 데이터셋은 가장 중요한 군집 결과이다. 150개의 데이터 객체가 포함된 아이리스 데이터셋은 3개의 그룹으로 군집되어 있다. 군집 레이블이 새로운 명목형 속성으로 추가되며 레이블 포맷을 가진다. 출력 데이터셋에 대한 산점도 뷰(scatter plot view)에서 x, y축을 각각 원래 데이터셋의 속성인 꽃잎 길이와 꽃

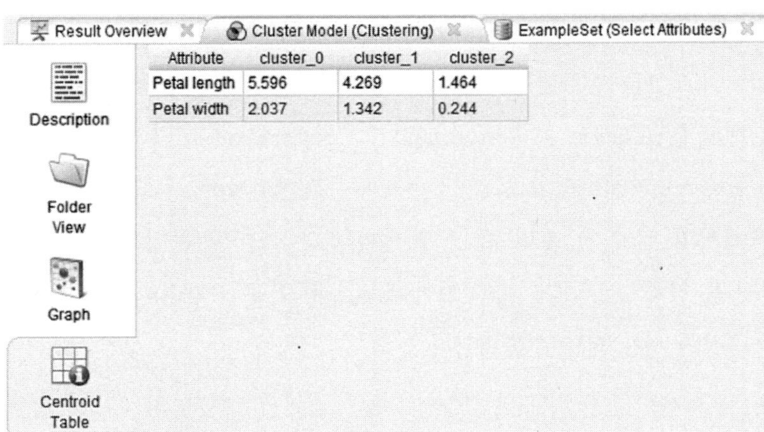

[그림 7.10] k-평균 군집화 결과에서의 중심들

잎 너비로 설정할 수 있다. 색상 열(color column)은 군집 레이블로 설정될 수 있다. 그림 7.11에서 알고리즘이 군집을 어떻게 찾아냈는지 알 수 있다. 여기서 색상 열을 품종 레이블로 변경함으로써 원래의 레이블(아이리스의 품종)과 모델의 군집화 결과를 비교해 볼 수 있다. 이 그림에서 versicolor와 virginica 품종의 경계에 있는 5개의 데이터 포인트들만이 제대로 군집화되지 않은 것을 볼 수 있다. k-평균 군집화 과정은 데이터셋에서 다른 품종들을 거의 정확하게 가려낸다.

- **성능 벡터(performance vector)**: 성능 측정의 결과는 평균 거리와 데이비스-볼딘 지수를 포함한다(그림 7.12 참조). 이 단계에서는 서로 다른 파라미터로 실행된 여러 번의 군집화 결과를 비교할 수 있다. 고급 과정에서는 최고의 성능 벡터를 나타내는 실행결과를 근거로 k의 값을 결정할 수 있다. 여러 번의 군집화 실행결과들 중에서 군집내부의 평균 중심거리(average-within-centroid distance)와 데이비스-볼딘 지수가 모두 낮은

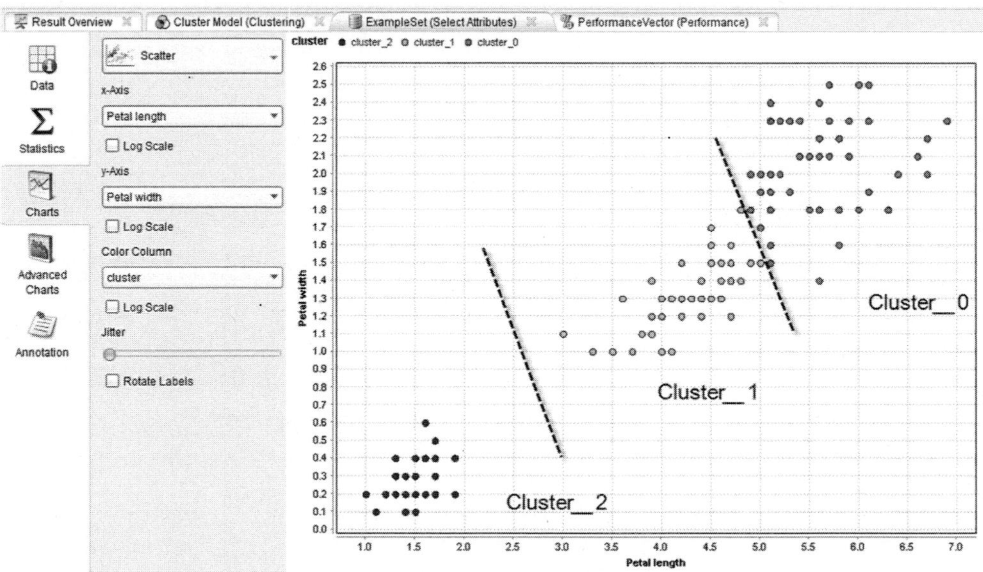

[그림 7.11] k-평균 군집화의 시각적인 결과

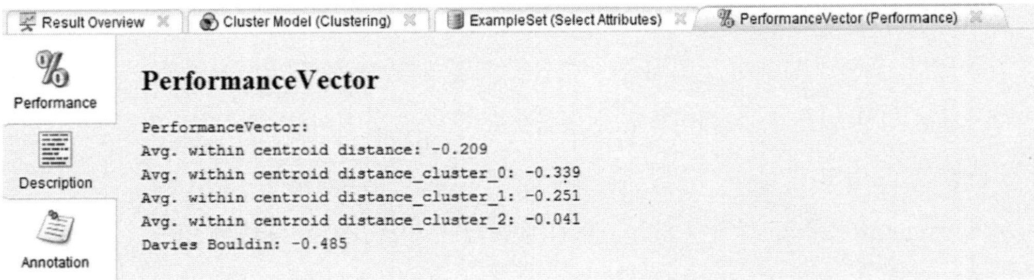

[그림 7.12] k-평균 군집화의 성능 척도

경우가 좋은 군집결과인데 이유는 두 가지 성능 척도가 곧 군집의 응집력을 나타내기 때문이다.

k-평균 군집화 알고리즘은 간단하고 구현이 용이하며 결과를 쉽게 해석할 수 있다. 알고리즘이 효과적으로 n차원 데이터셋을 처리할 수 있지만, 반복횟수와 실행횟수가 커지게 되면 실행 시간이 증가하게 된다. k-평균 방법의 단점은 사용자가 k 값을 설정해 주어야 한다는 것이다(Berry & Linoff, 2000). 일반적으로 데이터셋에 대한 k 값이 미리 알려져 있지 않으므로, 임의로 값을 설정하는 경우 데이터셋에 대하여 적절한 군집의 수를 찾기 어려울 수 있다. k에 대하여 적절한 값을 예측하기 위한 여러 가지 방법이 있는데, 베이지안 정보 척도(Baysian Information Criterion, BIC) 또는 군집에 할당되는 데이터 포인트들이 가우시안 분포를 가질 때까지 k 값을 증가시켜 나가는 계층적인 방법 등이 있다(Hamerly & Elkan, 2003). 기본적인 방법으로는 k를 작은 값에서 시작해서 적절한 결과가 나올 때까지 증가시키는 것이다. 밀도 방법을 사용하는 군집을 먼저 실행해서 군집 수에 대한 대략적인 예측을 하여 k-평균 군집의 k 값으로 사용하는 방법이 있다.

중심 프로토타입 접근 방법이 사용될 경우, k-평균 방법은 데이터셋에서 구(globe) 형태의 군집을 찾는 경향이 있다. 그러나 본래의 군집은 어떠한 모양이나 크기라도 가질 수 있다. 특이값의 존재는 k-평균 군집 모델링에서 어려운 점이 될 수 있다. 결론적으로 k-평균 군집화 기법은 간단하므로 구형의 군집을 찾아내는 경우에 좋은 방법이 될 수 있고 예측모델링, 차원 축소를 위한 전처리 기법으로 사용할 수 있다.

7.3 DBSCAN 군집화

군집은 데이터 객체가 분산된(저밀도) 영역에 둘러싸여 있으며 데이터 객체가 집중되어 있는(고밀도) 영역으로 정의할 수 있다. 밀도 군집화 알고리즘은 n차원 공간에서 밀도 분포의 척도에 근거해서 군집을 찾아낸다. 중심 방법과는 달리, 밀도기반 알고리즘에서는 군집의 수(k)를 지정할 필요가 없다. 따라서 밀도기반 군집화는 중요한 데이터 탐색 기법으로 사용된다. DBSCAN(Density-Based Spatial Clustering of Application with Noise: 밀도기반 공간 군집)은 널리 사용되는 밀도 군집화 알고리즘의 하나이다(Ester et al., 1996). 이 알고리즘이 어떻게 작동되는지 알기 위해서 먼저 데이터 공간의 밀도 개념에 대하여 정의하도록 하자.

밀도는 n차원 공간에서 단위 공간에 포함된 데이터 포인트의 수로 정의될 수 있다. 차원 n은 데이터셋에 포함된 속성의 수이다. 이 모델이 어떻게 작동하는지 시각적으로 이해하기 위해서 2개의 속성을 가지는 데이터셋 또는 2차원 데이터 공간을 고려해 보자. 그림 7.13을 보면, 좌측 상단 부분은 우측 상단, 좌측 하단, 우측 하단 부분들보다 밀도가 높은 것을 확인할 수 있다. 기술적으로는 밀도는 단위 공간에 포함된 데이터 포인트의 수와 관계된다. 저밀도 공간에 둘러싸여 있으며 상대적으로 고밀도인 공간이 있을 경우 군집이 존재한다.

그림 7.14에서처럼 데이터 포인트 주변의 구형 공간에서 밀도를 측정할 수 있다. 데이터 포인트 A 주변의 반지름 ε(epsilon)인 구형 공간에는 6개의 데이터

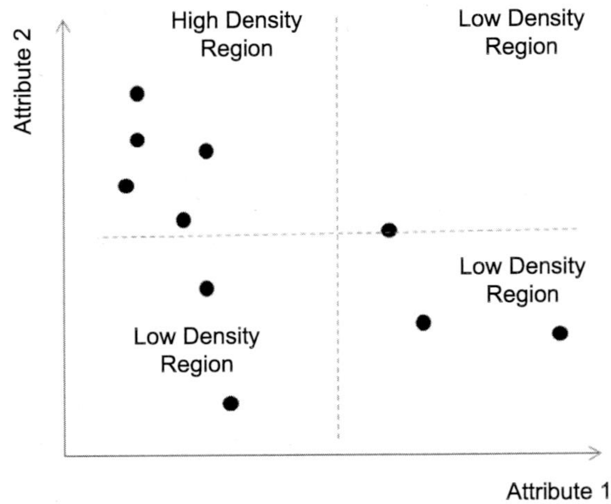

[그림 7.13] 2개의 속성을 가지는 데이터셋

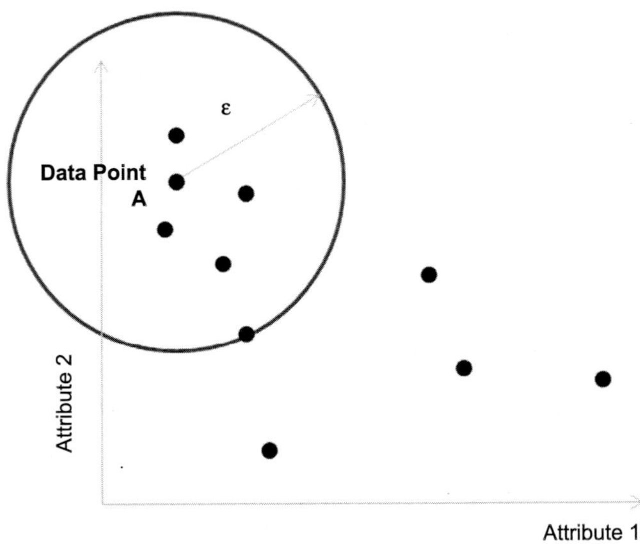

[그림 7.14] 임의의 데이터 포인트로부터 반지름이 ε인 영역의 밀도

포인트가 있다. 고려되는 공간이 구형이고 데이터 포인트가 중심에 있기 때문에 이러한 밀도 척도를 중심기반 밀도(center-based density)라고 한다.

7.3.1 기법 원리

DBSCAN 알고리즘은 데이터셋에서 고밀도와 저밀도 공간을 구별함으로써 군집을 생성한다. k-평균 군집화 방법과 같이 거리가 계산되므로, 수치형 데이터를 사용하는 것이 바람직하다. 알고리즘은 임계 밀도 정의, 데이터 포인트의 분류, 군집화의 3단계로 요약될 수 있다(Tan, Michael & Kumar, 2005).

단계 1: Epsilon과 MinPoints의 정의

먼저 DBSCAN 알고리즘은 데이터셋에서 미리 정해진 반지름 ε을 이용하여 모든 데이터 포인트들에 대하여 밀도를 계산한다. 데이터 포인트 주변이 고밀도 또는 저밀도 인지를 결정하기 위해서, 데이터 포인트에 대하여 임계값(MinPoints)을 설정한다. 즉, 임계값 이상이면 고밀도 영역이다. 그림 7.14에서 각 데이터 포인트를 중심으로 반지름 ε인 구형 공간 내의 데이터 포인트의 수가 밀도로서 정의된다. 만일 MinPoints가 5로 정의되면 A를 중심으로 한 원형 공간은 고밀도 영역으로 간주된다. ε과 MinPoints는 사용자가 정의할 수 있는 파라미터로서 데이터셋에 따라 다르게 설정할 수 있다.

단계 2: 데이터 포인트의 분류

데이터셋에서 주어진 ε과 MinPoints에 따라 모든 데이터 포인트들을 다음과 같이 세 가지로 분류한다(그림 7.15 참조).

- **핵심포인트(core points)**: 최소한 하나 이상의 고밀도 영역 내부에 포함되는 모든 데이터 포인트들은 핵심포인트로 간주된다. 고밀도 영역은 임의의 데이터 포인트로부터 반지름 ε인 영역 내에 최소한 MinPoints 이상의 데이터 포인트를 포함하는 공간이다.
- **경계포인트(border points)**: 경계포인트는 임의의 데이터 포인트로부터 반

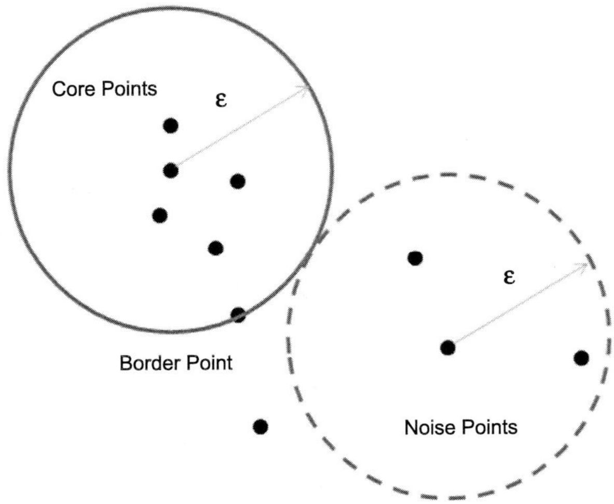

[그림 7.15] 핵심, 경계, 잡음 포인트들

지름 ε인 원주상에 존재하는 데이터 포인트이다. 경계포인트는 고밀도와 저밀도 공간의 사이의 경계이다. 경계 포인트는 고밀도 공간에 포함된다.

- **잡음포인트(noise points)**: 핵심포인트, 경계포인트가 아닌 데이터 포인트는 잡음포인트이다. 잡음포인트는 고밀도 영역 주변의 저밀도 영역을 구성한다.

단계 3: 군집화

데이터셋의 모든 데이터 포인트들이 세 종류의 밀도포인트들로 분류되고 난 후 군집화는 간단해진다. 핵심포인트 그룹들은 군집을 형성한다. 만일 두 핵심포인트가 서로 거리 ε 내에 있다면 두 핵심포인트는 동일한 군집에 포함된다. 이런 모든 핵심포인트들은 하나의 군집을 형성하며 이 군집은 저밀도의 잡음포인트들에 둘러싸이게 된다. 모든 잡음포인트들은 고밀도 군집 주변에 저밀도 영역을 형성하며 잡음포인트들은 어느 군집에도 포함되지 않는다. DBSCAN은 부분 군집화(partial clustering) 알고리즘이므로 소수의 데이터 포인트들은 레이블

되지 않은 채로 남겨지거나 디폴트(default) 잡음군집에 할당된다.

파라미터의 최적화

밀도 알고리즘의 주요한 장점 중 하나는 군집의 수(k)를 지정할 필요가 없다는 것이다. 군집은 데이터셋 안에서 자동적으로 발견된다. 그러나 고밀도 영역을 구별하기 위한 거리 파라미터 ε와 MinPoints를 선택해야 하는 일이 남는다. DBSCAN 군집화 알고리즘에 대한 최적 파라미터를 추정하는 방법 중 하나는 k-최근접이웃 알고리즘을 활용하는 것이다. k-거리(k번째 최근접 이웃까지의 거리)에 대한 분포 그래프(k-distribution graph)를 그려서 파라미터에 대한 초기값을 추정할 수 있다. 사용자가 지정한 k 값(예를 들어 네 번째 데이터 포인트)에 대하여, 임의의 데이터 포인트에 대한 k번째 최근접 이웃까지의 거리를 계산할 수 있다. 만일 그 데이터 포인트가 고밀도 영역 내의 핵심포인트라면 k번째의 최근접 이웃까지의 거리는 더 작아질 것이다. 잡음포인트라면 더 커지게 된다. 비슷한 방법으로 데이터셋 안의 모든 데이터 포인트에 대한 k-거리를 구한다. k-거리의 분포 그래프는 각 데이터 포인트에 대한 k-거리 값을 내림차순으로 정렬하여 그릴 수 있다(그림 7.16 참조). 이 그래프는 파레토 차트(Pareto chart)와 비슷하다. 차트의 오른쪽에 있는 데이터 포인트들은 군집 내에 포함될 데이터 포인트인데 이유는 거리가 작기 때문이다. 대부분의 데이터셋에서 k-거리 값은 특정한 값을 지나면 급격히 증가한다(역자주: 오른쪽에서 왼쪽으로 진행하는 경우). 차트에서 거리가 급격하게 커지기 시작하는 지점이 ε의 최적값이 되고 k 값은 MinPoints의 값으로 사용될 수 있다.

특수한 경우: 밀도가 가변적인 경우

DBSCAN 알고리즘은 정해진 임계 밀도를 기준으로 데이터를 분할한다. 이러한 접근 방법은 데이터셋이 데이터 밀도가 가변적인 영역을 포함하는 경우 문제를 일으킬 수 있다. 그림 7.17의 데이터셋에는 4개의 구별되는 영역이 나타나 있

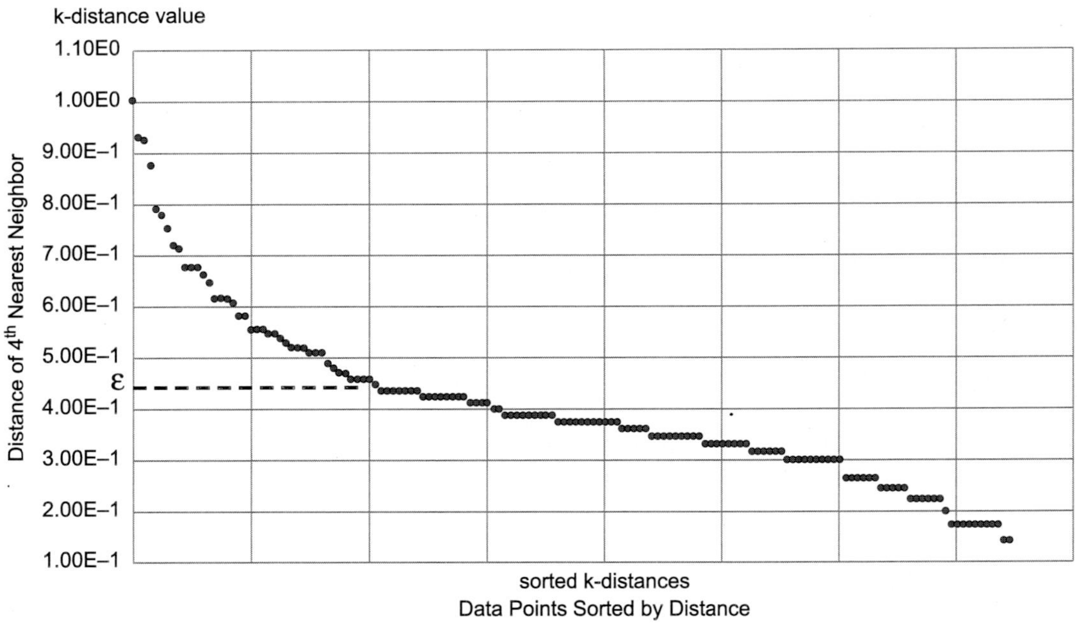

[그림 7.16] k = 4인 경우 아이리스 데이터셋에서의 k–분포 차트(k–distribution chart)

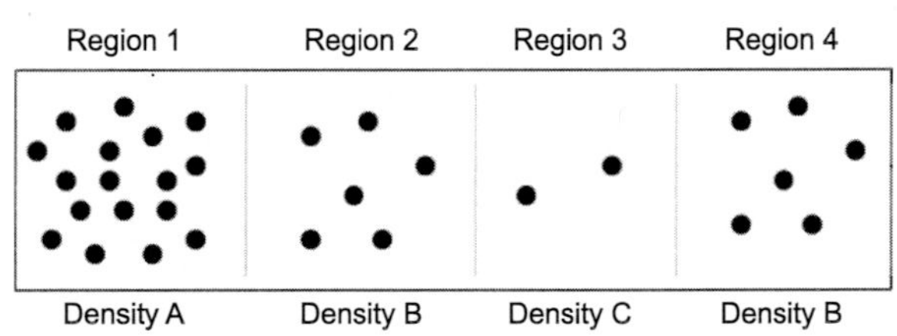

[그림 7.17] 가변적인 밀도를 가지는 데이터셋

고 각 영역은 1부터 4까지의 번호가 붙어 있다. 영역 1은 고밀도 영역으로 밀도가 A이며 영역 2와 4는 중간밀도 영역으로 밀도가 B이다. 그 사이는 영역 3으로 저밀도 영역으로서 밀도 C이다. 만일 밀도에 대한 임계 파라미터가 영역 1을 군집으로 구별하도록 설정된다면 영역 2 와 영역 4는 영역 3과 마찬가지로 잡음으로 간주될 것이다. 밀도가 B인 영역 4는 매우 저밀도인 영역과 이웃에 있고 육안으로는 명확하게 군집으로 보이지만 DBSCAN 알고리즘은 영역 2, 3, 4를 모두 잡음으로 간주한다. 가변적인 밀도를 가지는 데이터셋을 분할하는 경우에는 k-평균 군집 알고리즘이 더 효과적일 수 있다.

7.3.2 구현 방법

DBSCAN 알고리즘은 RapidMiner에서 DBSCAN 모델링 오퍼레이터로 지원된다. *DBSCAN* 오퍼레이터는 수치형 및 명목형 데이터셋을 입력으로 받아들일 수 있고 사용자가 ε과 MinPoints 파라미터를 지정해 주어야 한다. 다음은 수행 단계들이다.

단계 1: 데이터 준비

k-평균에서와 같이 *Select Attribute* 오퍼레이터를 사용하여 데이터셋에서 A3와 A4(꽃잎 길이와 꽃잎 너비)를 선택하고 속성의 수를 2개로 줄여보자. 이는 군집을 가시화할 수 있게 하여 군집화 과정을 더 잘 이해할 수 있을 것이다.

단계 2: 군집 오퍼레이터와 파라미터

모델링 오퍼레이터는 [Modeling > Segmentation] 폴더에서 찾을 수 있고 DBSCAN으로 이름 붙여져 있다. 다음과 같은 파라미터들이 모델 오퍼레이터에서 설정되어야 한다.

- **Epsilon(ε)**: 고밀도 이웃영역의 크기, 기본값은 1.
- **최소 포인트(MinPoints)**: 군집으로 간주되기 위해 ε 이웃영역 내에서 필요한 최소 데이터 객체 수.
- **거리 척도(distance measure)**: 근접성 계산을 위한 척도의 종류. 기본값은 가장 일반적으로 사용되는 유클리드 거리. 다른 옵션은 맨해튼 거리,

자카드 계수, 문서 데이터를 위한 코사인 유사도 등이 있다. 여러 가지 거리척도에 대한 설명은 그림 4.31을 참조한다.

- **군집을 속성으로 추가하기(add cluster as attributes)**: 군집 레이블을 원래 데이터셋에 추가한다. 추후 분석을 위해 이 옵션을 선택하는 것을 추천한다.

단계 3: 평가(최적)

k-평균 군집화를 수행할 때와 같이 군집 내부의 평균 거리를 이용하여 군집화 결과의 유효성을 평가할 수 있다. RapidMiner에서는 Density 알고리즘에 의하여 생성된 군집 그룹들에 대한 성능 측정을 위해 [Validation > Performance > Segmentation] 아래에 있는 *Cluster Density Performance* 오퍼레이터를 사용한다. 군집모델과 레이블 데이터셋은 군집결과의 평가를 위해 *Performance* 오퍼레이터와 연결된다. 계산의 편의를 위해서 *Performance* 오퍼레이터는 부가적으로 유사도 척도(similarity measure) 객체를 입력으로 받아들인다. 유사도 척도 벡터(similarity measure vector)는 모든 데이터 객체에 대한 다른 데이터 객체와의 거리 척도이다. 유사도 척도는 *Data to Similarity* 오퍼레이터를 사용하면 계산할 수 있다.

단계 4: 실행과 해석

그림 7.18과 같이 *performance* 오퍼레이터의 출력을 결과 포트에 연결하여 모델을 실행하면 다음과 같은 결과가 출력된다.

1. **모델(model)**: 군집모델 출력은 데이터셋에서 발견된 군집들(Cluster 1, Cluster 2, …)의 수와 잡음포인트로 분류된 데이터 객체들(Cluster 0)에 대한 정보를 포함한다. 그림 7.19에서처럼 출력 윈도우의 폴더뷰(folder view)와 그래프뷰(graph view)에서는 서로 다른 군집으로 분류된 데이터 포인트들을 가시화할 수 있다.

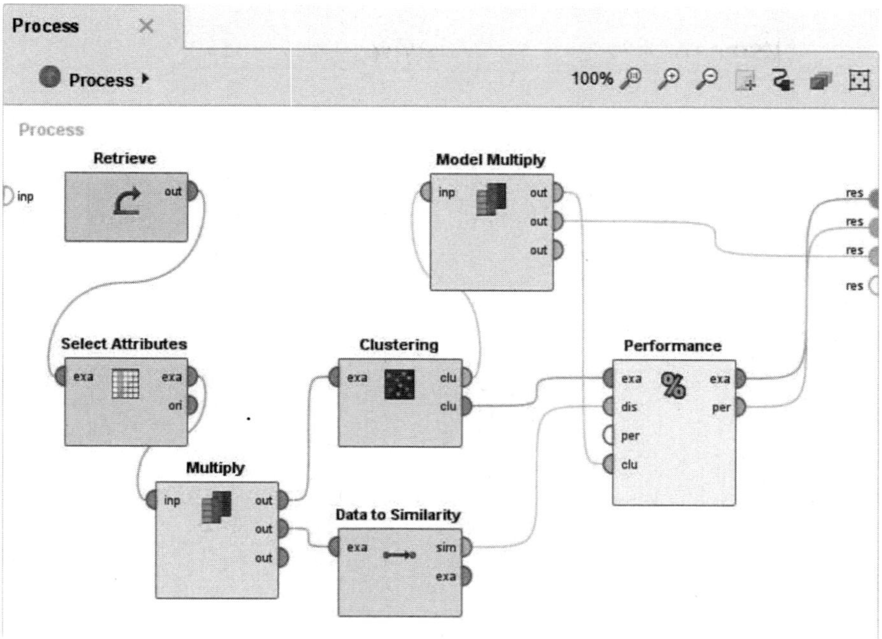

[그림 7.18] 밀도 군집화의 데이터 마이닝 프로세스

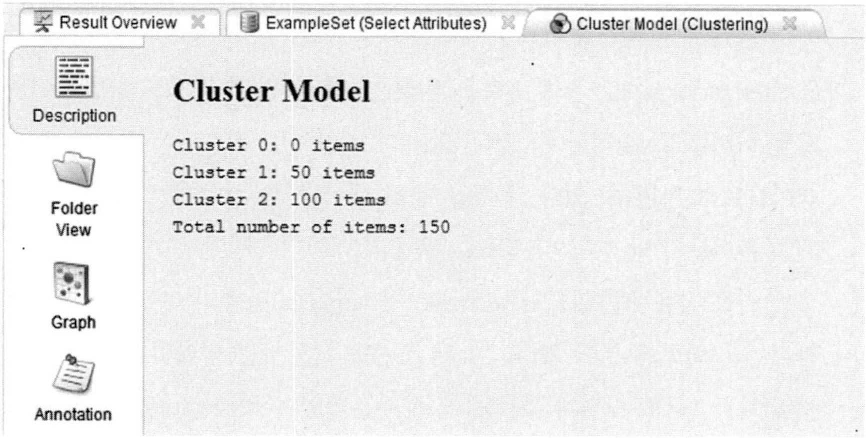

[그림 7.19] 밀도 군집화의 모델 결과

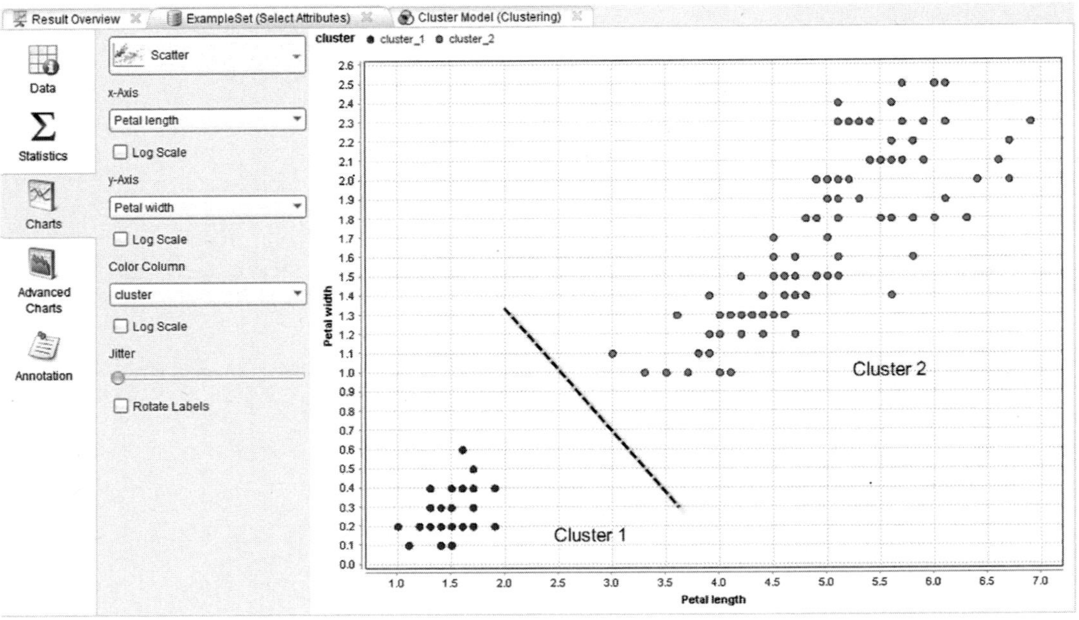

[그림 7.20] 밀도 군집화 결과의 가시화

2. **군집화된 데이터셋(clustered example set)**: 데이터셋에는 군집 레이블이 추가되며 추후의 분석과 가시화에 사용될 수 있다. 데이터셋의 산점도(scatter plot) 뷰에는 x축, y축을 원래 데이터셋의 속성(즉, 꽃잎 길이와 꽃잎 너비)으로 설정할 수 있다(그림 7.20 참조). 색상 열은 새로운 군집 레이블로 설정될 수 있다. 플롯을 통해 데이터셋에서 2개의 군집이 어떻게 구분되는지 알 수 있다. setosa 품종의 데이터 객체들은 명확하게 고밀도 영역을 점유하고 있으나 versicolor와 virginica 품종의 데이터 포인트들 간에는 뚜렷한 구분이 없다. 이 두 품종을 분할하는 명확한 저밀도 영역이 없다. 그러므로 원래 두 품종으로 구분되었던 versicolor와 virginica는 하나의 군집으로 통합되었다. epsilon과 MinPoints 파라미터를 변경할 경우 다른 군집결과를 얻을 수 있다.

3. **성능 벡터(performance vector)**: Performance vector 윈도우는 각 군집내부의 평균 거리를 보여준다. 평균거리는 군집내부의 모든 데이터 포인트들 간의 거리의 합을 데이터 포인트의 수로 나눈 것이다. 이 척도는 모델을 여러 번 실행한 경우 결과들을 비교하는 데 이용된다.

7.3.3 결론

DBSCAN 군집화의 주요 장점은 k 값(구별해야 할 군집의 수)을 지정할 필요가 없다는 것이다. 고객, 유권자 집합의 분할에서와 같이 현실에서는 대부분의 경우 찾아야 할 군집의 수를 미리 알 수 없다. DBSCAN은 데이터의 구조에서 데이터 포인트의 집중을 발견하기 위해서 데이터 분포의 밀도에서의 변화를 이용한다. 이러한 군집들은 형태에 있어서 제한이 없고 k-평균 방법에서와 같이 구형 구조에 국한되지 않는다. 그러나 밀도 알고리즘은 2개의 군집 영역이 서로 근접해 있는 경우 두 영역 사이의 간격을 고밀도 영역으로 간주하고 두 영역을 통합해 버리는 단점이 있다.

밀도 군집화 기법은 부분 군집화 방법이다. DBSCAN은 잡음과 특이값 데이터 포인트를 무시하고 최종 결과에서 이런 데이터 포인트들은 군집에 포함되지 않는다. 가변적인 밀도를 포착해내지 못하는 것은 DBSCAN 군집화 기법의 주요한 단점 중 하나이다. 중심 군집화 방법은 데이터셋에서 가변적인 밀도 패턴을 발견해내는 데 더 효과적이다. 데이터의 차원이 높을수록 밀도 척도의 정확성이 낮아지므로 속성의 수가 많은 데이터셋은 밀도 방법으로 처리하는 것이 어려울 수 있다. k-평균 방법과 DBSCAN 방법의 장단점이 서로 상보적이므로 데이터셋에 두 가지 방법을 모두 적용하여 결과를 비교 분석해 볼 필요가 있다.

7.4 자기조직화지도

자기조직화지도(Self-Organizing Map, SOM)는 신경망(neural network)과 프로토타입 기반 군집화가 결합된 기법으로서 강력한 시각적 군집화 기법이다. SOM은 출력이 조직화된 시각행렬인데 시각행렬이란 열과 행을 가지는 2차원의 격자구조(lattice)를 말한다. 이 신경망의 목적은 n개의 속성(n차원)을 가지는 모든 입력 데이터 객체를 서로 이웃한 객체들이 서로 밀접하게 연관되도록 출력 격자구조에 전달하는 것이다. 그림 7.21은 SOM 구조의 두 가지 예를 보여준다. 이러한 2차원 행렬은 시각적인 관찰에 의해서 서로 연관된 객체들을 찾아내기 위한 도구이다. 신경망과의 주요한 차이점은 SOM의 경우 최적화 또는 예측해야 할 출력 목표함수가 없다는 것이며 자율 학습 알고리즘인 것이다. SOM은 저차원 공간에 데이터 포인트를 효과적으로 배열할 수 있으므로 고차원 데이터를 저차원의 공간에 가시화할 수 있다.

일반적으로 SOM에서의 출력은 데이터 객체 간의 유사도에 근거해서 데이터 객체를 이웃에 배열하는 2차원 격자구조이므로 SOM은 군집화에 응용될 수 있다. SOM은 데이터 객체에 명확한 레이블이 부여되지 않는다는 점에서 다른 군집화 기법과 다르다. 데이터 객체는 속성에 대한 유사성에 따라 배열되며 군집화는 사용자의 시각적 분석에 맡겨진다. 그러므로 SOM은 시각적 군집화와 데이터 탐색 기법에 이용된다(Germano, 1999).

SOM은 Kohonen이 최초로 제안하였고 Kohonen networks라고도 불린다(Kohonen, 1982). 구체적으로 자기조직화특성지도(self-organizing feature map)라고도 한다. SOM 방법은 데이터 객체를 n차원의 데이터 공간으로부터 격자공간으로 투사하는 것이다. 다른 출력 구조도 가능하지만, 가장 일반적인 형태의 SOM 출력은 그림 7.21처럼 (a) 육각격자 또는 (b) 사각격자 구조이다. 데이터 셋의 각 데이터 포인트는 출력 격자에서 하나의 셀(cell) 또는 노드를 차지하게

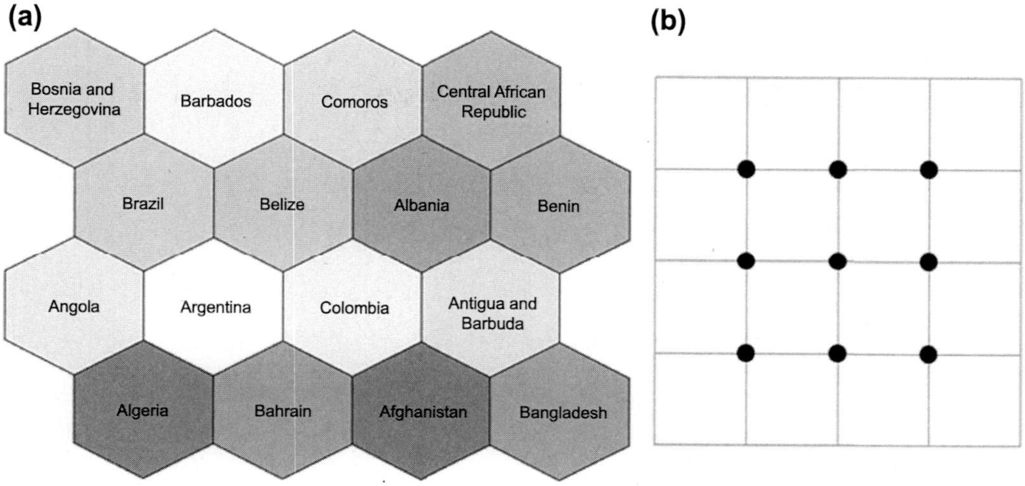

[그림 7.21] (a) 육각격자에 나타낸 GDP 데이터에 의한 국가들의 SOM 지도, (b) 사각격자

되는데 데이터 포인트의 유사성에 의하여 배열이 조절된다. SOM 격자에서 각 셀은 뉴런(neuron)이라고도 불리며 한 그룹의 데이터 포인트들과 대응된다. 육각, 사각 구조에서 각 뉴런은 각각 6개, 4개의 이웃을 갖게 된다.

일반적으로 SOM은 많은 수의 수치형 속성을 가지는 데이터 포인트를 비교하는 데 사용된다. 이런 분석의 목적은 데이터 객체들의 위치가 서로를 연관시켜 주도록 설정된 단순한 2차원 공간 안에서 데이터 객체들의 상대적인 특성을 비교하는 데 있다. 그림 7.21(a)에서 SOM은 유사한 GDP 프로파일을 가지는 국가들을 동일한 셀 또는 이웃한 셀에 배치하는 방식으로 여러 국가들의 상대적인 GDP 데이터를 비교하고 있다. 특정 셀 주변의 모든 유사한 객체들(국가들)은 군집에 속하지는 않지만(멤버십을 가지지는 않지만), 이러한 객체들을 이웃하도록 배치하면 시각적인 데이터 분석에 도움이 된다.

7.4.1 기법 원리: 개념

SOM 알고리즘은 중심기반 군집화와 비슷하지만 신경망에 근거를 두고 있다. SOM은 신경망이므로 수치형 속성을 입력으로 받아들이지만, 자율 학습 모델이므로 타겟변수가 없다. 알고리즘의 목적은 토폴로지의 제약조건(topological constraints)을 가지면서 군집을 대표하는 중심(즉, 뉴런)의 집합을 찾아내는 것이다. 토폴로지란 출력 격자구조에서 중심들의 배열을 의미한다. 데이터셋의 모든 데이터 객체는 각각의 중심에 할당된다. 격자구조에서 근접한 중심들은 멀리 있는 다른 중심보다 더 밀접하게 연관되어 있다. SOM은 숫자들을 데이터 공간으로부터 연결 토폴로지 관계를 가지는 격자공간으로 변환한다.

단계 1: 토폴로지 설정

SOM의 첫 단계는 출력에서의 토폴로지를 지정하는 것이다. 2차원 이상의 다차원 출력 형태도 가능하지만, 시각적으로 군집을 발견하기 쉽도록 행과 열로 구분되는 2차원의 사각 또는 육각격자가 일반적으로 사용된다. 육각격자를 사용하는 것의 장점은 각 노드 또는 중심이 사각격자보다 2개 더 많은 6개의 이웃을

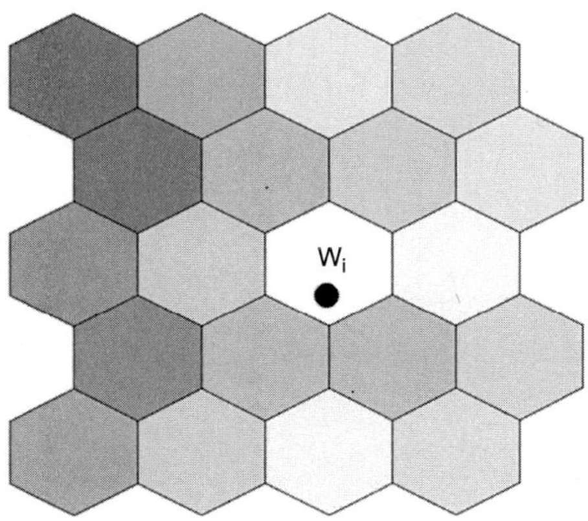

[그림 7.22] 중심의 가중치가 업데이트됨

가진다는 것이다. 그래서 데이터 포인트 간의 연결이 사각격자에서보다 더 정밀하게 이루어질 수 있다는 것이다. 중심의 수는 행과 열의 수를 입력함으로써 지정할 수 있는데, 행과 열의 수를 곱한 숫자이다. 그림 7.22는 육각격자를 가지는 SOM이다.

단계 2: 중심 초기화

SOM은 중심들을 초기화하면서 시작한다. 초기 중심들은 k-평균 방법에서처럼 데이터셋에서 무작위로 선택한다.

단계 3: 데이터 객체의 할당

중심들이 선택되어 격자구조에서 행과 열의 교차점에 배치되고 난 후 각각의 데이터 객체들은 최근접 중심에 할당된다. 최근접 중심은 수치형 데이터인 경우 유클리드 거리, 문서나 이진형 데이터인 경우 코사인 척도와 같은 거리함수를 이용하여 계산할 수 있다. 4.3.1절에 거리와 유사도 척도에 대하여 자세히 설명되어 있다.

단계 4.: 중심의 업데이트

중심의 업데이트는 SOM 알고리즘에서 가장 중요하고 구별되는 단계이며 각 데이터 객체에 대하여 반복된다. 중심에 대한 업데이트는 다음과 같이 2개의 소단계로 나눌 수 있다.

첫 번째 소단계는 최근접 중심을 업데이트하는 것이다. 각 데이터 객체에 대하여 최근접 중심의 데이터 값을 데이터 객체와 중심과의 차이에 비례하는 양만큼 업데이트한다. 이와 같은 방법은 신경망에서의 역전파 알고리즘(back propagation)에서 가중치를 업데이트하는 방법과 유사하다. 4장 분류의 신경망에 대한 절에서, 예측값과 실제값의 오류 차이에 비례하는 양만큼 뉴런의 가중치를 업데이트하는 방법을 설명하였다. 이와 유사한 방법으로, SOM에서는 중심에 대한 값이 업데이트 된다. 실제로 중심은 SOM에서 뉴런에 해당된다. 이러한 업데이트를 통하여 최근접 중심은 데이터 공간에서 데이터 객체와 더 근접하도록 이동하게 된다.

중심에 대한 업데이트 과정은 일반적으로 수천 번 반복된다. t는 반복 횟수를 나타내고(즉, t번째 반복) $d(t)$는 t번째 업데이트에서 선택되는 데이터 포인트라고 하자. 또한, $w_1, w_2, w_3, \ldots, w_k$가 격자구조에서 모든 중심을 나타낸다고 하자. 그림 7.22는 중심의 가중치가 표시된 격자구조이다. r과 c를 각각 격자구조에서의 행과 열 번호라고 하자. 그러면 k는 $r \times c$가 될 것이다. w_i가 데이터 객체 $d(t)$와 최근접한 중심이라고 하자. t번째 반복에서 최근접 중심은 식 7.4와 같이 업데이트된다.

$$w_i(t+1) = w_i(t) + f_i(t) * [d(t) - w_i(t)] \tag{7.4}$$

업데이트의 효과는 데이터 공간에서 중심과 데이터 포인트의 차이와 이웃함수 $f_i(t)$에 의하여 결정된다. 이웃함수는 마지막 반복에서 큰 변화가 발생하지 않도록 반복횟수가 증가함에 따라 감소된다. 최근접 중심을 업데이트하면서 최근

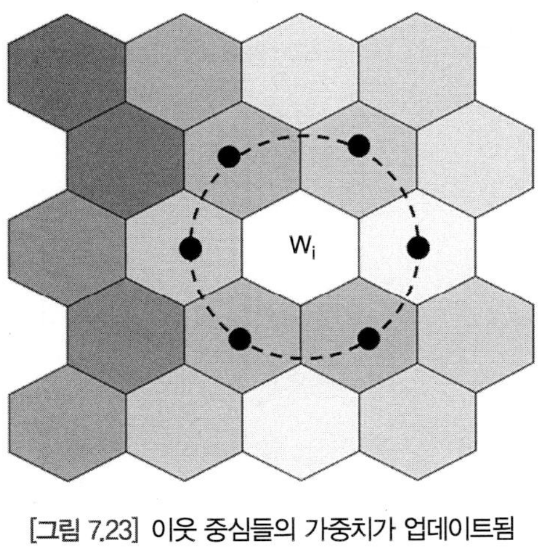

[그림 7.23] 이웃 중심들의 가중치가 업데이트됨

접 중심 주변의 다른 중심들도 업데이트 된다. 이 과정은 다음의 소단계에서 더 자세히 설명하기로 한다.

두 번째 소단계는 모든 격자공간에서 이웃에 위치한 중심들을 업데이트하는 것이다(그림 7.23). 이웃에 대한 업데이트의 양은 최근접 중심과 이웃과의 거리에 비례한다. 업데이트 함수는 거리가 가까울수록 더 큰 값을 가진다. 시간적인 감쇠(time decay)와 이웃 중심까지의 거리를 고려하여 일반적으로 아래와 같이 $\boldsymbol{f_i}(t)$에 가우시안 함수(Gaussian function)가 사용된다.

$$f_i(t) = \lambda_i(t)e^{-\frac{(g_i - g_j)^2}{2\sigma^2}} \tag{7.5}$$

여기에서 $\lambda_i(t)$는 학습률 함수(learning rate function)이며 0과 1 사이의 값을 가질 수 있고 반복횟수가 커질수록 감쇠된다. 보통은 선형함수나 시간에 반비례하는 함수를 사용한다. 지수 부분의 $(g_i - g_j)$는 현재 업데이트되고 있는 중심과 최근접 중심과의 격자공간에서의 거리이다.

변수 σ는 중심의 업데이트 또는 이웃에 대한 영향력에 대한 반경을 결정한다. 격자구조에서 중심의 이웃 전체를 업데이트함으로써, SOM은 중심 격자구조를 스스로 구성(self-organize)한다. SOM은 데이터를 데이터 공간으로부터 위치적인 제약을 가지는 격자공간(location-constrained grid space)으로 변환한다.

단계 5: 종료

전체 알고리즘은 중심에 대하여 유의미한 만큼의 업데이트가 없거나 미리 정해진 최대 반복회수에 도달할 때까지 계속 반복된다. 데이터셋의 크기가 작을 경우에는 하나의 데이터 객체가 여러 번 선택될 수 있다. 다른 데이터 마이닝 알고리즘과 같이, SOM은 대부분의 경우에 수렴하게 되지만 최적해를 보장하지는 않는다. 이러한 문제를 해결하기 위하여 다양한 초기화 조건으로 여러 번 실행하여 결과를 비교한다.

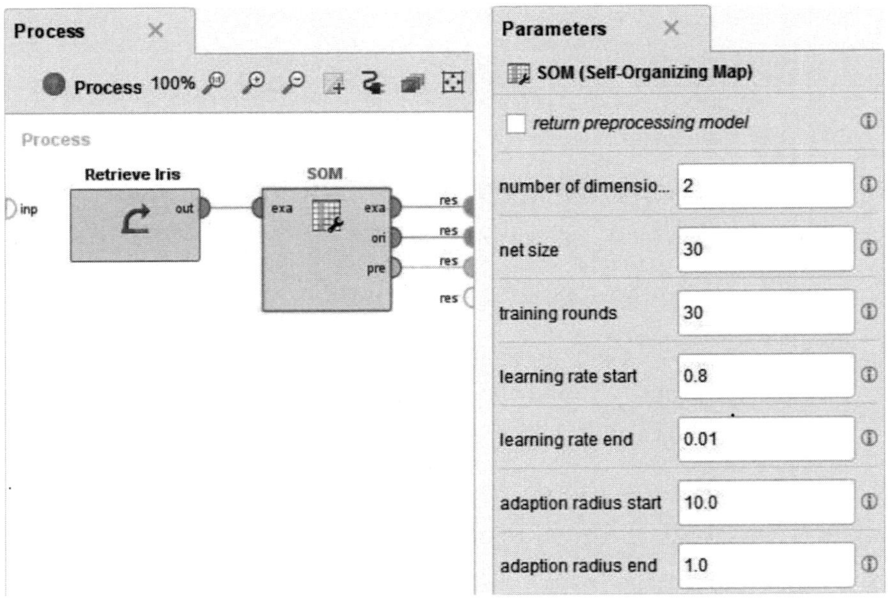

[그림 7.24] Data transformation 폴더의 SOM

단계 6: 새로운 데이터 객체의 매핑

SOM 모델 자체는 데이터 객체 간의 관계를 기술하는 중요한 가시화 도구이며 시각적 군집화의 도구로 활용될 수 있다. 원하는 수의 중심을 가지는 격자구조가 구축된 다음에는, 새로운 데이터 객체에 대해서는 그 객체와 중심까지의 거리에 근거하여 격자구조상의 위치가 빠르게 주어질 수 있다. 새로운 데이터 객체에 대한 특성은 그 이웃들을 조사함으로써 알아낼 수 있다.

7.4.2 구현 방법

RapidMiner에서 SOM은 몇 가지 다른 방법으로 구현될 수 있는데, 방법에 따라 다양한 기능과 결과를 가진다.

- **데이터 탐색 차트(data exploration chart)**: 3장 데이터 탐색에서 SOM 차트를 데이터 탐색 기법의 하나로서 살펴 봤다. RapidMiner에서는, 결과 포트에 연결된 데이터셋은 Chart 탭 아래에 SOM 차트 기능을 가진다. 이것은 행과 열의 수를 지정하여 SOM 차트를 그릴 수 있는 빠르고 쉬운 방법이다.
- **Cleansing > Dimensionality Reduction > SOM 오퍼레이터**: Cleansing 폴더에 있는 SOM 오퍼레이터는 데이터셋의 차원을 감소시키는 데 사용된다. 이것은 데이터셋의 차원을 줄여 주는 주성분 분석을 적용하는 것과 비슷하다(12장 특징 선택). 이론적으로 SOM은 데이터의 차원을 원래의 차원 이하의 어떠한 차원으로도 축소시켜 줄 수 있다. 이 오퍼레이터에서는 그림 7.24에서처럼 사용자가 원하는 출력차원의 수를 파라미터를 통해 지정될 수 있다. Net size 파라미터는 SOM 차원 각각에 대한 다른 값을 지정할 수 있다. 이 오퍼레이터에서는 시각적인 출력은 없고 *SOM data transformation* 오퍼레이터에서 2차원으로 사각 토폴로지만 가능하다.
- **Extensions > SOM 모델링 오퍼레이터**: SOM 모델링 오퍼레이터는 SOM extension (Motl, 2012)에 포함되어 있으며 풍부한 시각적인 기능을 제공한다. 이 절의 나머지 부분에서는 SOM extension을 사용할 것이므로, 독자들도 계속하기 전에 SOM extension을 설치하기 바란다.

> RapidMiner는 extension이라고 불리는 marketplace 플랫폼을 제공한다. 여기서는 제3자 개발자들이 새로운 오퍼레이터, 데이터 마이닝 알고리즘, 데이터 변환 오퍼레이터, 시각적 탐색도구를 개발할 수 있다. Extension은 마이크로소프트의 오피스 프로그램의 add-in과 비슷하다. Extension은 [Help > Updates and Extensions]에서 설치하거나 제거할 수 있다. SOM은 텍스트 마이닝, R extension, Weka extension과 같이 extension 중의 하나이다.

이 절에서 사용할 데이터셋은 국제 통화 기금(International Monetary Fund)에서 출간한 World Economic Outlook Database의 2012년 10월호에 실린 국가

Row No.	Country	Current account balance	General government revenue	Gross national savings	Total investment
1	Afghanistan	3.877	21.977	30.398	26.521
2	Albania	-11.372	25.835	14.509	25.886
3	Algeria	7.489	36.458	48.947	41.428
4	Angola	9.024	43.479	21.692	12.668
5	Antigua and	-13.109	22.430	16.194	29.303
6	Argentina	0.658	37.199	22.595	24.451
7	Armenia	-14.653	20.970	16.660	31.313
8	Australia	-2.870	31.846	23.925	26.794
9	Austria	3.009	48.105	24.611	21.602
10	Azerbaijan	28.423	45.652	46.955	18.532
11	Bahrain	3.578	27.174	34.544	30.965

[그림 7.25] 국가별 GDP 데이터셋

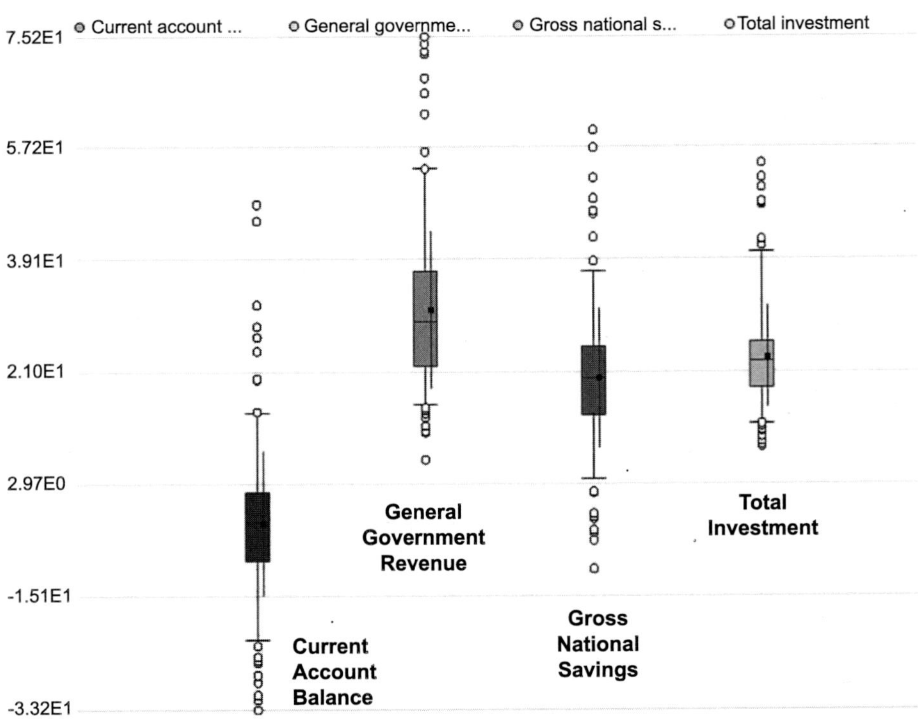

[그림 7.26] 국가별 GDP: 모든 4개의 속성에 대한 상자수염(box-whisker) 플롯

별 국민총생산(Gross Domestic Product, GDP) 데이터이다(IMF, 2012). 이 데이터셋은 각 국가마다 186개의 레코드로 구성되어 있고 GDP의 백분율로 나타낸 4개의 속성(상대적인 GDP 투자: relative GDP invested, 상대적인 GDP 저축: relative GDP saved, 정부 매출: government revenue, 경상수지: current account balance)으로 구성되어 있다. 그림 7.25는 실제 데이터의 몇 개 행을, 그림 7.26은 모든 속성에 대한 사분위 플롯을 보여준다.

군집화의 목적은 GDP 중 투자와 저축 비율, 정부 매출, 경상수지에 근거하여 국가들을 비교하기 위한 것이다. 여기에서는 절대적인 GDP가 아닌 투자, 국가 저축, 경상수지, 국가의 GDP 대비 정부의 크기를 근거로 경제규모를 비교할 것이다. 이 모델링 예제의 목표는 투자, 저축, 정부의 크기, 경상수지의 측면에서 유사한 특성을 가지는 국가가 격자구조에서 서로 이웃하게 배열되도록 하는 것이다. 여기에서 4차원의 정보가 2차원의 지도 또는 격자구조로 압축된다. 데이터셋과 RapidMiner 프로세스는 관련 사이트인 www.LearnPreditiveAnalytics.com에서 다운로드 받을 수 있다.

단계 1: 데이터 준비

SOM은 신경망의 한 종류로서 중심의 업데이트와 거리 계산이 오직 숫자 값에만 적용되므로 명목형 속성을 입력으로 사용할 수 없다. 명목형 데이터는 정보의 손실을 감수하고 제거하거나 RapidMiner에서 *Nominal to Numerical* 오퍼레이터를 사용하여 수치형 속성으로 변환한다. 국가별 GDP 데이터셋에는 데이터가 없는 레코드(각 레코드는 하나의 국가를 나타냄)가 있다. 신경망은 결측치를 처리할 수 없으므로 *Replace Missing Value* 오퍼레이터를 써서 0, 최소, 또는 평균값으로 대체한다. 이 예제에서는 결측치에 대한 기본값으로 평균값을 사용하였다.

단계 2: SOM 모델링 오퍼레이터와 파라미터

SOM *modeling extension* 오퍼레이터는 동일한 이름으로 [Extensions > SOM > Self-Organizing Map] 폴더에 있다. SOM 폴더는 SOM extension이 설치될 경우에만 보인다. 다음과 같은 파라미터들이 모델 오퍼레이터 안에서 설정될 수 있다. 모델링 오퍼레이터는 숫자 데이터와 레이블 속성을 가지는 데이터셋만을 입력으로 받아들인다. 예제 데이터셋에서 국가명은 레이블 속성을 가진다. 그림 7.27은 SOM 모델을 생성하기 위한 RapidMiner 프로세스를 보여 준다.

- **Training Rounds**: 기본값은 1,000으로 데이터 객체를 선택하는 과정의 반복횟수이다.
- **Net Size**: 격자구조의 크기를 사용자가 지정할 것인지 시스템이 자동으로 설정할 것인지를 표시한다. 이 예제에서는 X, Y에 대하여 사용자가 입력하는 것으로 지정하였다.
- **Net Size X**: 격자구조에서 열의 수(수평방향)를 지정한다. 이 값은 출력

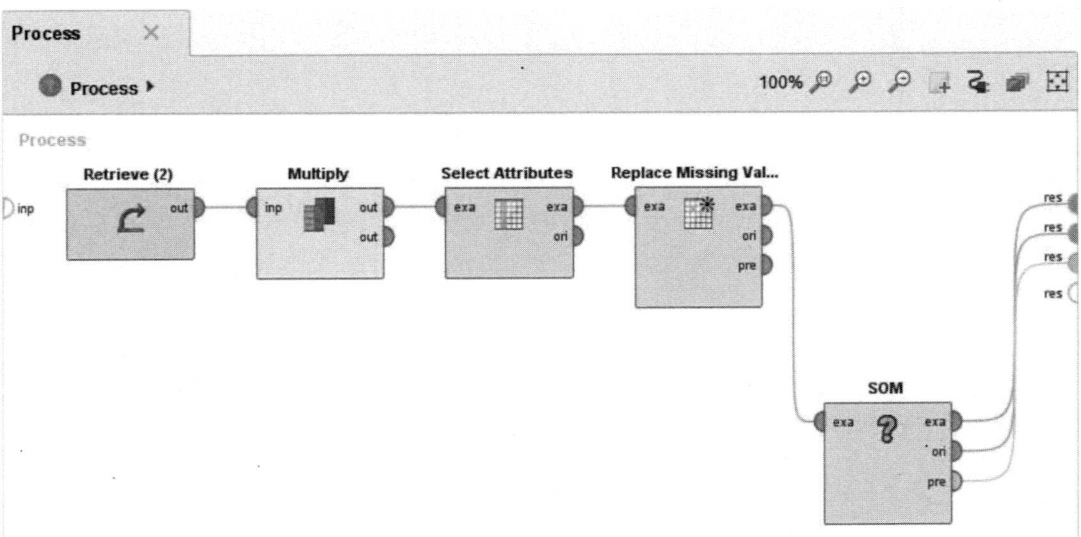

[그림 7.27] SOM을 이용한 군집화

격자구조에서 SOM_0 속성에 대하여 가능한 값과 같다. 이 예제에서는 10으로 지정되었다.

- **Net Size Y**: 격자구조에서 행의 수(수직방향)를 지정한다. 이 값은 출력 격자구조에서 SOM_1 속성에 대한 값과 같다. 이 예제에서는 10으로 지정되었다.
- **Learning Rate**: 신경망의 학습 파라미터 λ이며, 0과 1 사이의 값을 취한다. λ 값은 가중치의 변화량이 이전의 가중치를 얼마나 반영하도록 할 것인지 결정한다. 0에 가까운 값은 새로운 가중치가 이전 가중치를 더 반영하도록 만들고 1에 가까운 값은 오류에 대한 수정분을 더 반영하도록 만든다. 이 예제에서는 초기 λ 값을 0.9로 부여하였다(4장 분류의 4.5절 신경망 참조).
- **Learning Rate function**: 신경망에서의 learning rate function은 학습과정에서의 시간에 대한 감쇠함수(time decay function)이다. 기본값은 가장 보편적으로 사용되는 감쇠함수인 시간의 역수(inverse of time)이다.

단계 3: 실행과 해석

RapidMiner의 프로세스를 저장하고 실행한다. SOM 모델링 오퍼레이터의 출력은 시각적인 모델과 격자구조 데이터셋으로 구성된다. 시각적 모델은 중심들과 매핑된 데이터 포인트를 포함한 격자그래프이다. 격자구조 데이터셋 결과는 격자그래프에서의 각 레코드들의 위치좌표로 레이블된 데이터셋이다.

시각적 모델

SOM의 시각적 모델(visual model)은 육각격자 포맷에서 가장 알아보기 쉬운 형태의 SOM 지도(map)를 보여준다. 격자의 크기는 신경망 크기에 대한 입력 파라미터 X와 Y에 의하여 설정된다. 시각화 결과 윈도우(Visualization results window)에서 사용할 수 있는 몇 가지 고급 시각화를 위한 스타일이 있다.

SOM의 시각적 결과는 다음과 같은 파라미터에 의하여 변경될 수 있다.

- **Visualization Style**: 이 옵션은 SOM 육각격자의 시각적인 배치와 배경색을 조절한다. 선택된 척도의 값은 배경 단계색(background gradient color)으로 나타난다. 기본적인 값인 U-Matrix를 선택하는 경우, 중심 데이터 포인트까지의 거리에 비례하는 배경 단계색이 인접한 육각형들에 나타난다. P-Matrix 옵션을 선택하는 경우, 단계적인 배경색이 데이터 포인트의 수를 나타낸다. Visualization Style에서 개별 속성의 명칭을 선택하면 선택된 속성의 값에 비례하는 배경 단계색을 나타내며 육각형에 할당된 데이터 포인트를 재배열하지는 않는다.
- **Label**: 이 옵션은 육각형들에 선택된 속성값을 나타낸다.
- **Color Schema**: 단색 또는 컬러 도표를 선택한다.

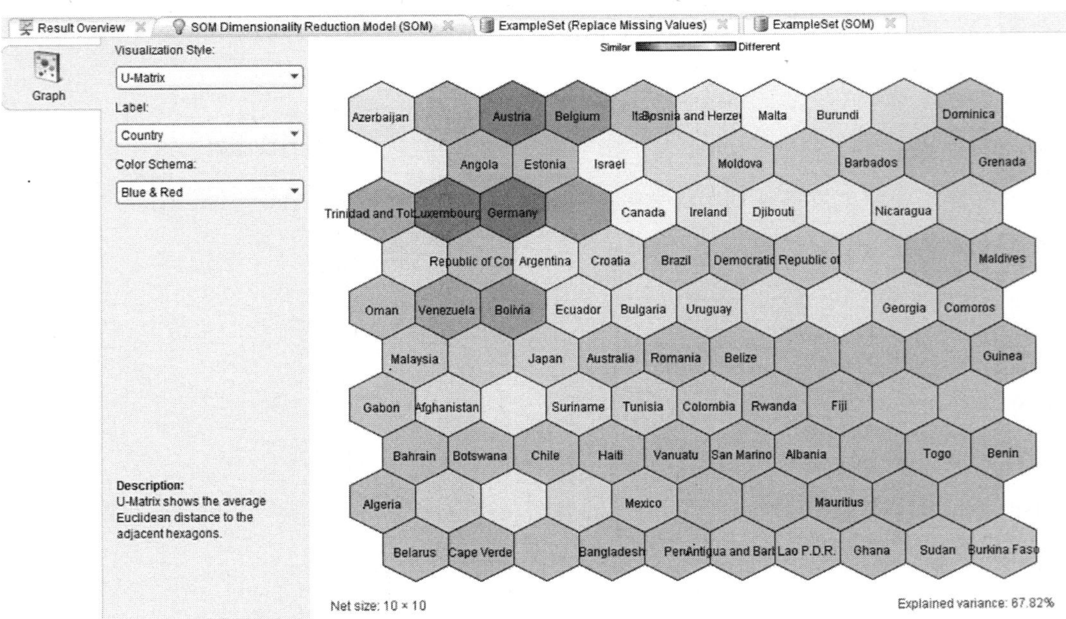

[그림 7.28] 육각격자에서의 SOM 결과

그림 7.28은 Label과 Visualization Style을 각각 기본값인 Country와 U-matrix로 선택했을 경우의 SOM 지도를 보여준다. GDP와 관련된 네 가지의 경제적 지표로 평가된 대로 국가들이 서로 간의 관계에 따라 격자구조 상에서 어떻게 배열되었는지 관찰할 수 있다. 격자구조에서 유사한 속성을 가지는 국가들은 서로 가깝게 위치해 있다. 만일 하나 이상의 국가가 하나의 중심(육각형)에 속하면 중심에 더 근접한 하나의 국가 레이블만 표시된다. 모든 국가에 대한 격자구조에서의 위치가 결과 윈도우에 나열된다. Visualization Style을 바꾸면 데이터 안에 내재되어 있는 몇 가지 흥미 있는 패턴을 발견해 낼 수 있다. 그림 7.29에서는 GDP에 대한 정부 매출의 백분율이 사용되었는데 정부 매출의 백분율이 높은 국가들이 격자구조의 좌측 상단 쪽에 나타나 있고(예: Belgium 40%), 낮은 국가들이 격자구조의 하단에 위치해 있는 것을 볼 수 있다.

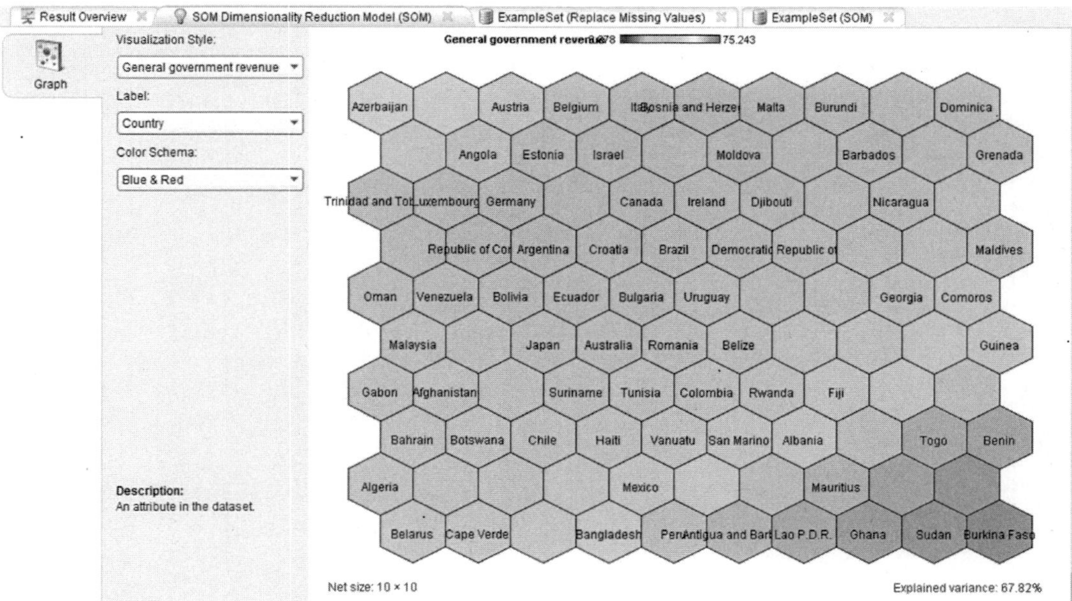

[그림 7.29] 정부 매출과 색상 오버레이(color overlay)를 연관시킨 SOM 결과

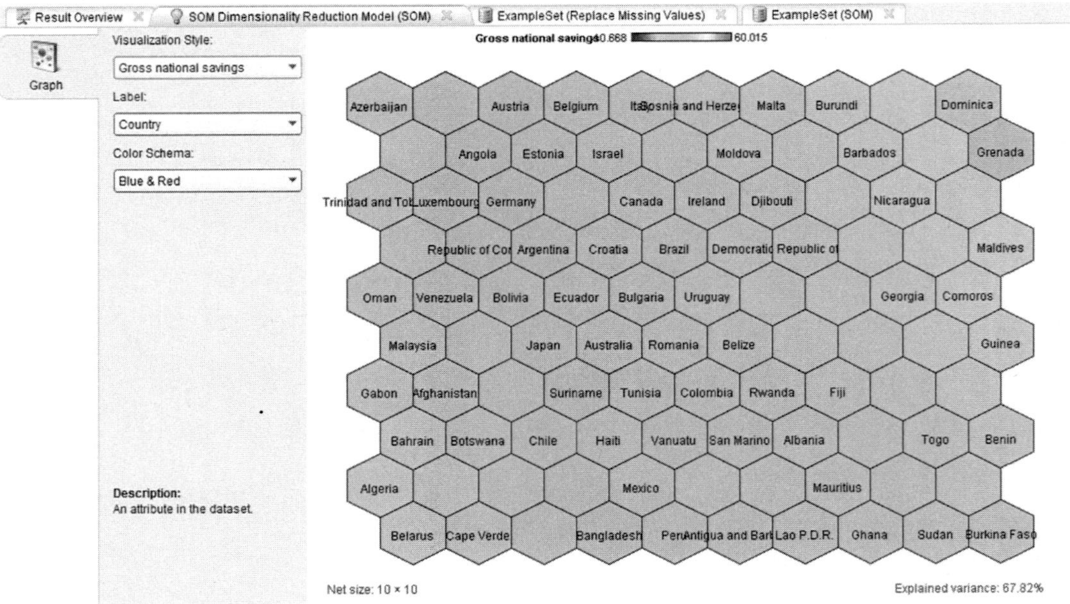

[그림 7.30] 국가 저축률과 색상 오버레이(color overlay)를 연관시킨 SOM 결과

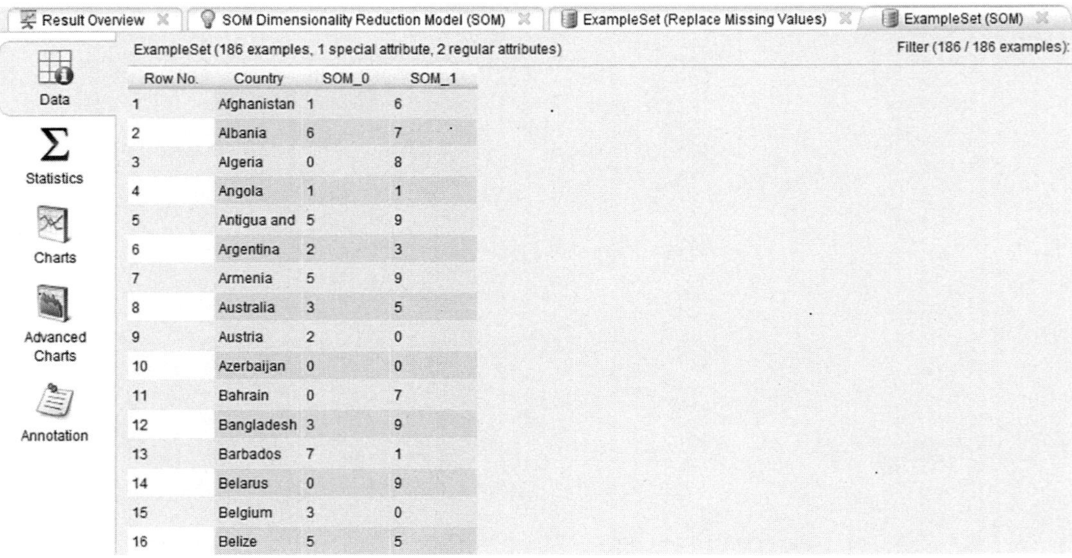

Row No.	Country	SOM_0	SOM_1
1	Afghanistan	1	6
2	Albania	6	7
3	Algeria	0	8
4	Angola	1	1
5	Antigua and	5	9
6	Argentina	2	3
7	Armenia	5	9
8	Australia	3	5
9	Austria	2	0
10	Azerbaijan	0	0
11	Bahrain	0	7
12	Bangladesh	3	9
13	Barbados	7	1
14	Belarus	0	9
15	Belgium	3	0
16	Belize	5	5

[그림 7.31] 위치좌표를 포함한 SOM 결과

그림 7.30에는 국가별 저축률이 SOM 지도로 가시화되어 있다. 저축이 높은 국가(Algeria 49%)들은 좌측에 집중되어 있고 저축률이 낮은 국가(Maldives −2%)들은 SOM 지도의 우측에 집중되어 있다.

위치 좌표

SOM 오퍼레이터의 두 번째 출력은 SOM_0와 SOM_1으로 표시된 격자구조의 X와 Y축의 위치 좌표(location coordinate)를 포함한다. 위치 좌표 값은 모델 파라미터에서 설정된 것과 같이 범위는 0부터 신경망 크기 (−1)까지이며 각 데이터 객체들(이 예제에서는 국가들)은 격자구조에서 특정한 위치 좌표에 위치해 있다. 그림 7.31은 이러한 결과를 보여주는데 격자공간에서의 국가 간의 거리 계산과 같은 추후의 처리과정에서 사용할 수 있다.

7.4.3 결론

자기조직화지도(SOM) 방법은 신경망과 프로토타입 군집화 방법을 기반으로 하며, 고차원 데이터를 이해하기 위한 효과적인 시각적 군집화 방법이다. 데이터셋의 특성들을 두세 개로 축소하고 축소된 특성들을 배치하기 위한 토폴로지로 사용한다. 그러므로 SOM은 시각적인 탐색과 데이터 탐색 기법으로 널리 사용된다. 최근 SOM은 다른 데이터 마이닝과 분석 기법과 결합되어 사용된다. SOM은 그래프 마이닝(Resta, 2012), 텍스트 마이닝(Liu et al., 2012), 음성인식(Kohonen, 1988) 등의 분야에서 활용된다.

참고문헌

Bache, K., & Lichman, M. (2013). *University of California, School of Information and Computer Science.* Retrieved from UCI Machine Learning Repository. http://archive.ics.uci.edu/ml.

Berry, M. J., & Linoff, G. (2000). Converging on the Customer: Understanding the Customer Behavior in the Telecommunications Industry. In M. J. Berry, & G. Linoff (Eds.), *Mastering Data Mining: The Art and Science of Customer Relationship Management* (pp. 357-394). John Wiley & Sons, Inc.

Berry, M. J., & Linoff, G. (2000). Data Mining.Techniques and Algorithms. In M. J. Berry, & G. Linoff (Eds.), *Mastering Data Mining: The Art and Science of Customer Relationship Management* (pp. 103-107). John Wiley & Sons, Inc.

Davies, D. L., & Bouldin, D. W. (1979). A Cluster Separation Measure. *IEEE Transactions on Pattern Analysis and Machine Intelligence,* 1(2), 224-227.

Ester, M., Kriegel, H.-P., Sander, J., & Xu, X. (1996). A density-based algorithm for discovering clusters in large spatial databases with noise. In: *Proceedings of 2nd International Conference on Knowledge Discovery and Data Mining KDD-96.* (Vol. 96, pp. 226-231). AAAI Press.

Fisher, R. (1936). The use of multiple measurements in taxonomic problems. *Annual Eugenics,* 179-188.

Germano, T. (1999, March 23). *Self-Organizing Maps.* Retrieved Dec 10, 2013, from http://davis.wpi.edu/~matt/courses/soms/.

Hamerly, G., & Elkan, C. (2003). Learning the k in k-means. *Advances In Neural Information Processing Systems, 17,* 1-8 http://dx.doi.org/10.1.1.9.3574.

IMF (2012, Oct). *World Economic Outlook Database.* Retrieved Mar 15, 2013, from International Monetary Fund. http://www.imf.org/external/pubs/ft/weo/2012/02/weodata/index.aspx.

Kohonen, T. (1988). The "neural" phonetic typewriter. Computer,. *IEEE, 21*(3), 11-22. http://dx.doi.org/10.1109/2.28.

Kohonen, T. (1982). Self-Organized Formation of Topologically Correct Feature Maps. *Biological Cybernetics,* 43, 59-69.

Liu, Y., Liu, M., & Wang, X. (2012). Application of Self-Organizing Maps in Text Clustering: A Review. In M. Johnsson (Ed.), *Applications of Self-Organizing Maps* (pp. 205-220). InTech.

Lloyd, S. (1982). Least squares quantization in PCM. *IEEE Transactions on Infor-*

mation Theory, 28, 129 – 137.

Motl, J. (2012). *SOM Extension for Rapid Miner*. Prague: Czech Technical University.

Pearson, P., & Cooper, C. (2012). Using Self Organizing Maps to Analyze Demographics and Swing State Voting in the 2008 U.S. Presidential Election. In N. Mana, F. Schwenker, & E. Trentin (Eds.), *Artificial Neural Networks in Pattern Recognition ANNPR'12 Proceedings of the 5th INNS IAPR TC 3 GIRPR conference* (pp. 201 – 212). Berlin: Heidelberg: Springer Berlin Heidelberg. http://dx.doi.org/10.1007/978-3-642-33212-8.

Resta, M. (2012). Graph Mining Based SOM: A Tool to Analyze Economic Stability. In M. Johnsson (Ed.), *Applications of Self-Organizing Maps* (pp. 1 – 26). InTech. Retrieved from http://www.intechopen.com/books/applications-of-self-organizing-maps.

Tan, P.-N., Michael, S., & Kumar, V. (2005). Clustering Analysis: Basic Concepts and Algorithms. In P.-N. Tan, S. Michael, & V. Kumar (Eds.), *Introduction to Data Mining* (pp. 487 – 555). Boston, MA: Addison-Wesley.

Witten, I. H., & Frank, E. (2005). Algorithms: The Basic Methods. In *Data Mining: Practical Machine Learning Tools and Techniques* (pp. 136 – 139). San Francisco, CA: Morgan Kaufmann.

CHAPTER 8

모델 평가

이 장에서는 예측모델을 평가하기 위하여 일반적으로 사용하는 방법들을 본격적으로 소개하려고 한다. 지금까지는 데이터를 학습용과 시험용으로 분할하는 여러 가지 평가 방법들을 소개하였다. 그리고 RapidMiner에서 평가와 관련하여 자세한 설명없이 몇 가지의 *Performance* 오퍼레이터를 사용하였다. 여기서는 예측모델에 대한 여러 가지 성능평가 방법들을 자세히 다루기로 한다.

분류 모델의 특성을 평가하기 위한 주요 도구로는 혼동행렬, 향상도 차트, ROC 곡선 세 가지가 있다. 이러한 도구들에 대하여 정의하고 도구들이 구성된 방법을 설명한다. 그리고 RapidMiner를 사용하여 성능평가를 어떻게 수행하는지도 보여줄 것이다. 회귀모델에서의 수치적 예측에 대한 성능평가를 위해서는 5장 회귀분석에서 설명한 대로 기존의 여러 가지 통계방법을 사용할 수 있다(Black, 2008).

8.1 혼동행렬

분류에 대한 성능은 혼동행렬(confusion matrix)을 이용하여 가장 잘 나타낼 수 있다. 혼동행렬을 이해하기 위해서는 몇 가지 용어에 친숙해져야 한다. 이 용어들에 대하여 설명하기 전에 이진 분류에 대한 기본적인 혼동행렬을 먼저 살펴보자. 이진 분류란 2개의 클래스가 있는 경우이다(즉, Y 또는 N). 임의의 레코

유력구매자 평가부터 예측모델 비교까지

다이렉트 마케팅(Direct Marketing, DM) 회사는 상품을 구매할 가능성이 높은 '유력구매자(prospect)'들에게 상품을 소개하는 광고 우편물을 보내고 그들로부터 응답을 기대한다. 이런 회사들은 예측분석 기법을 응용하는 데 있어서 선구자 역할을 했다. 이런 회사의 마케팅 업무에서 주요한 성능 지표는 물론 예측모델을 적용한 결과 순이익이 얼마나 개선되었느냐 하는 것이다.

직접 우편을 이용한 판매 프로모션에서 전형적인 평균 응답률(response rate)이 10%라고 가정하자. 더 나아가서 우편물 하나의 발송 비용 = $1, 응답 하나에 대한 잠재적인 매출 = $20로 가정하기로 하자. 만일 10,000명의 사람들에게 광고 우편을 보낸다면, 10,000명 x 10% x $20 = $20,000의 잠재적인 매출(revenue)과 $10,000의 순수익(net profit)을 기대할 수 있다(역자주: 순이익 = 매출액 - 우편발송비용). 대개 비용을 일정기간으로 분산하기 위하여 광고 우편물들을 묶음 단위로 발송한다. 그러므로 이 예제에서는 1,000개 단위로 광고 우편물들이 발송된다고 가정하자. 여기서 생길 수 있는 첫 번째 의문은 광고 우편물의 수취인들을 어떻게 분할하고 우편물을 보내는 것이 좋을까 하는 것이다(역자주: 순이익을 높이기 위해서는 구매 가능성이 높은 유력구매자들에게 먼저 우편물을 보내는 전략이 좋을 것이다). 광고 우편에 대한 평균 응답률이 10%라면, 응답할 10%의 유력구매자들에게만 한 묶음의 우편물을 보내고 프로모션을 끝내는 것이 좋지 않겠는가? 이렇게 하면 많은 시간과 비용이 절약될 것이고 순이익도 $19,000으로 뛰어 오를 것이다(역자주: 19,000 = 20,000 - 1,000).

과연 10%의 유력구매자들을 찾아낼 수 있겠는가? 물론 비현실적일 수도 있다. 하지만 광고 우편물에 응답할 가능성에 따라 유력구매자들에 대하여 등수 또는 점수를 매기는 분류기법을 사용해 볼 수 있다[역자주: 등수, 점수를 매기는 것을 각각 랭킹(ranking), 스코어링(scoring) 이라고도 함]. 예측분석은 결국 미래의 불확실성을 사용할 수 있는 확률로 만드는 것이다(Taylor, 2011). 따라서 예측방법을 이용하여 이러한 확률을 구하고 순서를 정렬하여 특정한 임계값 이상의 점수(예를 들어 85%의 응답확률)를 받은 사람들에게만 광고 우편을 보낼 수 있다.

이러한 문제를 해결하는 데는 다른 기법들이 더 나을 수도 있다. 그러면 서로 다른 기법들의 성능을 어떻게 비교할 수 있을까? 로지스틱 회귀방법이 서포트벡터머신 방법보다 더 좋을까? 최선의 방법을 선택하기 위하여 사용해 볼 수 있는 척도는 무엇일까? 이러한 내용을 이 장에서 더 자세히 다룰 것이다.

드에 대한 분류 결과는 다음과 같이 네 가지 중 하나의 경우로 귀착될 것이다.

- 예측된 클래스는 Y이고, 실제 클래스도 Y → 이 결과는 "참긍정(True Positive)" 또는 TP라고 부른다.
- 예측된 클래스는 Y이고, 실제 클래스는 N → 이 결과는 "거짓긍정(False Positive)" 또는 FP라고 부른다.
- 예측된 클래스는 N이고, 실제 클래스는 Y → 이 결과는 "거짓부정(False

Negative)" 또는 FN라고 부른다.

- 예측된 클래스는 N이고, 실제 클래스도 N → 이 결과는 "참부정(True Negative)" 또는 TN라고 부른다.

[역자주: 위의 네 가지 분류 결과로 구분하기 위해서는 두 가지 중 하나의 클래스를 긍정(positive) 클래스로 간주한다. 위에서는 Y 클래스가 긍정클래스이다. 그러면 나머지 하나는 부정(negative) 클래스가 된다. 참긍정부터 참부정까지의 용어에 대해서는 분류결과의 정오에 따라 참(true), 거짓(false)의 접두사가 붙고 그 뒤는 분류결과(실제 클래스가 아닌)에 따라 긍정, 부정이라고 이름 붙인다.]

기본적인 혼동행렬은 표 8.1에서처럼 전통적으로 2×2 행렬로 나타낸다. 예측된 클래스는 행 기준으로 수평적으로 배열되며, 실제 클래스는 열 기준으로 수직적으로 배열된다. 그러나 이와는 반대로 배열될 수 있다(Kohavi & Provost, 1998). (역자주: 이 책에서는 RapidMiner의 규칙을 따를 것이며 표 8.1에서와 같이 예측 클래스를 행 단위로 배열할 것이다. 이와는 반대로 예측, 실제 클래스를 각각 열, 행 방향으로 배열하는 경우가 있으니 주의하기 바란다.) 혼동행렬을 읽는 방법은 좌상단부터 우하단까지 대각선 방향으로 읽어나가는 것이다. 이상적으로 분류된 결과(즉, 완벽한 분류 결과)에 대한 혼동행렬에서는 이런 주대각 요소만이 0이 아닌 값을 가지고 있고, 비대각 요소들은 0의 값을 가질 것이다.

[표 8.1] 혼동행렬

		실제 클래스	
		Y	N
예측된 클래스	Y	**TP** (true positive: 참긍정) 정분류	**FP** (false positive: 거짓긍정) 오분류
	N	**FN** (false negative: 거짓부정) 오분류	**TN** (true negative: 참부정) 정분류

분류의 성능을 이해하고 용어들을 설명하기 위하여 앞서 언급한 네 가지 경우가 사용된다. 앞서 설명한 대로, 완벽한 분류기에서는 FP와 FN에 해당되는 분류 결과는 없다(즉, FP와 FN에 해당되는 분류 결과의 수는 0이다).

민감도(sensitivity)는 분류기가 선택해야 할 모든 케이스(레코드)를 선택하는 능력이다. 완벽한 분류기는 실제의 모든 Y를 선택할 것이고 실제의 Y를 하나도 안 놓칠 것이다. 즉, 거짓부정은 하나도 없다. 실제로는 어떤 분류기라도 몇 개의 Y를 놓쳐서 몇 개의 거짓부정의 결과를 가질 것이다. 민감도는 다음과 같은 비율(혹은 백분율)로 나타낸다: TP/(TP + FN). 그러나 민감도만으로 분류기를 평가하는 것은 충분치 않다. 신용카드 사기(fraud)의 경우, 실제 사기 거래의 비율이 0.1%밖에는 되지 않는데, 임의의 분류기가 모든 거래를 정당한 거래로 분류하는 경우 그 분류기는 99.9%의 민감도를 나타낼 수 있다. 그래서 부당 또는 사기 거래, 즉 TN을 검출하는 능력도 역시 필요하다. 이것은 특이도(specificity)로 나타내며 아래에 설명한다.

특이도는 거부(reject)해야 할 모든 케이스를 거부하는 능력을 나타낸다. 완벽한 분류기는 실제의 N을 거부하고 기대하지 않은 결과를 선택하지 않는다. 말하자면 거짓긍정은 하나도 없다. 실제로는 보통의 분류기는 거부되어야 할 몇몇의 케이스(레코드)를 선택하여 거짓긍정의 결과를 포함한다. 특이도는 다음과 같이 비율(또는 백분율)로 나타낸다: TN/(TN + FP).

관련성(relevance)은 문서 검색 분야에서 사용되는 용어이다. 특정 단어를 검색한 결과 100개의 문서가 결과로 반환되었다고 가정하고, 이 결과 중에 70% 만이 실제 검색과 관련되어(relevant) 유용했다고 가정하자. 또한 검색에서 실제로 유용한 문서 40개를 놓쳤다고 가정하자. 이런 맥락에서 용어들을 더 설명해 보자.

정밀도(precision)는 결과 중에서 실제로 관련이 있는 케이스의 비율이다. 위의 사례에서 유용한 케이스는 70개이고 정밀도는 70/100으로 70%이다. 즉, 70개의 문서는 TP이고, 남은 30개는 FP이다. 정밀도는 TP/(TP + FP)로 정의된다.

[표 8.2] 평가 척도		
용어	정의	계산식
민감도	선택되어야 할 것을 선택하는 능력	TP/(TP + FN)
특이도	거부되어야 할 것을 거부하는 능력	TN/(TN + FP)
정밀도	찾아낸 결과 중 실제로 관련이 있는 객체의 비율	TP/(TP + FP)
재현율	모든 관련된 객체 중 실제로 찾아내어진 객체의 비율	TP/(TP + FN)
정확도	분류기 성능의 종합적 척도	(TP + TN)/(TP + TN + FP + FN)

재현율(recall)은 모든 관련된 케이스 가운데 실제로 검색된 케이스의 비율이다. 위의 사례에서 110개(= 검색된 70개 +놓친 40개)의 관련된 케이스 중에서 70개만을 검색해 냈으므로 재현율은 70/110 = 63.63%이다. 재현율은 민감도와 동일하며 TP/(TP + FN)으로 정의된다.

정확도(accuracy)는 분류기가 선택해야 할 모든 케이스를 선택하고 거부해야 할 모든 케이스를 거부하는 능력이다. 100%의 정확도를 가지는 분류기에서는 FN = FP = 0이다. 위의 문서 검색 사례에서, TN을 표시하지 않았는데 이 수치는 매우 클 수도 있다. 정확도는 (TP + TN)/(TP + FP + TN + FN)으로 정의된다.

마지막으로 오류율은 정확도의 보수이며 (1 – 정확도)로 계산할 수 있다.

표 8.2는 주요한 용어의 정의를 요약한 것이다. 다행스럽게도 데이터 분석 전문가들은 이 공식들을 암기할 필요가 없다. 이런 공식은 모든 분석 도구에서 자동으로 계산된다.

8.2 수신자 조작특성(ROC) 곡선과 곡선하 면적(AUC)

정확도와 정밀도는 데이터셋에 대한 분류기의 평균적인 성능을 나타낸다는 의미에서 기본적으로 종합적이다. 분류기는 임의의 데이터셋에 대하여 매우 높은 정확도를 가질 수 있지만, 클래스에 대한 재현율과 정밀도에 대해서는 매우 저조할 수 있다. 사기 탐지를 위한 모델에서 사기 사례[즉, 사기 사례를 긍정(yes) 클래스로 간주]에 대한 TP를 탐지하는 능력이 낮은 것은 좋지 않다. 따라서 여러 가지 성능 척도에 대한 측정값을 살펴보고 타협점이 있는지 고려해 볼 필요가 있다. 예를 들어 클래스 재현율을 큰 폭으로 증가시킬 수 있다면 전체적인 정확도를 조금 희생시킬 수도 있을 것이다. 또한 모델이 TP를 탐지하는 비율과 FP를 탐지하는 능력을 대비시켜 볼 수도 있다. 원래는 신호처리 분야에서 개발된 수신자 조작특성(Receiver Operator Characteristic, ROC) 곡선은 이러한 필요성을 만족시킬 수 있다(Green, 1966). ROC 곡선은 참긍정의 비율(TP rate: True Positive rate, 참긍정도)과 거짓긍정의 비율(FP rate: False Positive rate, 거짓긍정도)을 플롯팅함으로써 생성할 수 있다. 이런 값들의 표를 만들고 나서 수평축에 거짓긍정도, 수직축에 참긍정도(민감도, 재현율과 동일함)를 플롯한다. 거짓긍정도는 (1 – 특이도)로 계산할 수 있다.

웹사이트 방문자가 배너광고를 클릭할 것인지의 여부를 예측하는 분류기를 생각해 보자. 이러한 분류기 모델은 방문한 페이지, 특정 페이지에서 머문 시간, 웹사이트 방문자에 대한 여타 다른 특성 등을 입력데이터로 삼고 클릭률을 타겟 데이터로 삼아서 구축할 수 있다. 이 모델에 대한 성능을 평가하기 위하여 표 8.3과 같은 표를 생성할 수 있다.

표의 첫 번째 열, "실제 클래스(Actual Class)"는 특정 사례(이 경우에는 배너광고를 클릭한 방문자)에 대한 실제 클래스를 나타낸다. 다음 열, "예측 클래스(Predicted Class)"는 모델의 예측이며, 세 번째 열 "응답의 신뢰도(Confidence of "response")"는 이 예측에 대한 신뢰도를 나타낸다. ROC 차트를 생성하기 위하여, 먼저 표에 나타나 있는 것과 같이 예측된 데이터를 신뢰도의 내림차순으로 정렬한다. 실제 클래스 열과 예측 클래스 열의 비교는 예측의 종류(Type 열)에서 확인해 볼 수 있다. 예를 들어, 스프레드시트의 2행부터 5행까지는 모두 참긍정(TP)이며 6행은 최초의 거짓긍정이다. "TP의 누적개수(Number of

[표 8.3] ROC 곡선을 생성하기 위한 분류기의 성능 데이터

Actual Class	Predicted Class	Confidence of "response"	Type?	Number of TP	Number of FP	Fraction of FP	Fraction of TP
response	response	0.902	TP	1	0	0	0.167
response	response	0.896	TP	2	0	0	0.333
response	response	0.834	TP	3	0	0	0.500
response	response	0.741	TP	4	0	0	0.667
no response	response	0.686	FP	4	1	0.25	0.667
response	response	0.616	TP	5	1	0.25	0.833
response	response	0.609	TP	6	1	0.25	1
no response	response	0.576	FP	6	2	0.5	1
no response	response	0.542	FP	6	3	0.75	1
no response	response	0.530	FP	6	4	1	1
no response	no response	0.440	TN	6	4	1	1
no response	no response	0.428	TN	6	4	1	1
no response	no response	0.393	TN	6	4	1	1
no response	no response	0.313	TN	6	4	1	1
no response	no response	0.298	TN	6	4	1	1
no response	no response	0.260	TN	6	4	1	1
no response	no response	0.248	TN	6	4	1	1
no response	no response	0.247	TN	6	4	1	1
no response	no response	0.241	TN	6	4	1	1
no response	no response	0.116	TN	6	4	1	1

TP)"과 "FP의 누적개수(Number of FP)" 열에는 맨 위부터 현재의 행까지의 TP와 FP의 수를 각각 기입하였으며 TP와 FP의 비율도 계산하여 "TP의 비율(Fraction of TP) 비율", "FP의 비율(Fraction of FP)"에 기입하였다.

TP의 누적과 FP의 누적을 보면, 모델은 6개의 TP와 4개의 FP를 발견해 내었고(남아 있는 10개의 사례들은 모두 TN이다) 모델이 실패해서 최초의 FP를 만날 때까지(위에서부터 6번째 행) 모든 TP의 67% 정도를 찾아내었음을 알 수 있다. 다음의 FP를 만나기 전에 모든 TP가 찾아지고 TP의 비율은 1이 된다. FP의 비율(거짓긍정도)과 TP의 비율(참긍정도)을 플롯한다면 그림 8.1과 같은 ROC 차트를 그릴 수 있을 것이다. 명백히 이상적인 분류기는 100%의 정확도(그러므로

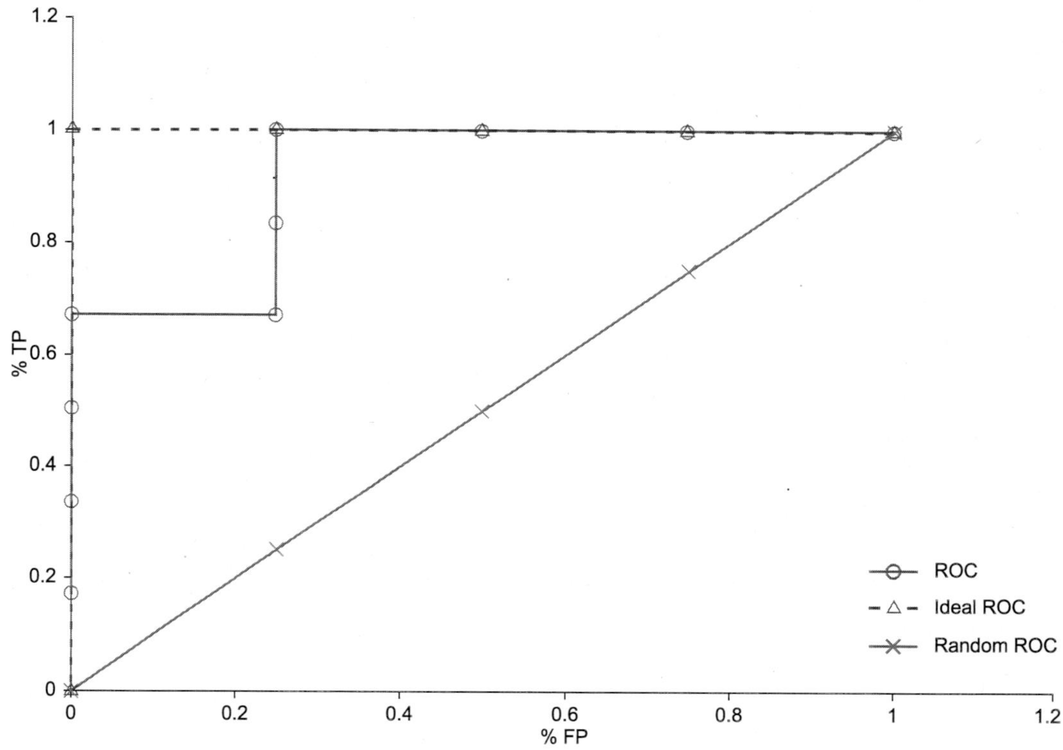

[그림 8.1] 표 8.3의 예제 데이터에 대한 무작위 분류기와 이상적인 분류기의 ROC 곡선 비교

모든 TP의 100%를 찾아내었다)를 가질 것이다. 마지막으로 일반적인 무작위 분류기(random classifier: 무작위로 예측하는 분류기, 50%만의 정확도를 가짐)는 TP를 하나 찾을 때마다 하나씩의 FP를 찾을 것이며 ROC 곡선은 그림에서 보여주는 것처럼 45°도의 기울기를 가지는 직선이 될 것이다. 평가용 사례들의 수가 많아짐에 따라, ROC 곡선은 더 매끄러워(smooth)질 것이다. 무작위 분류기의 ROC 곡선은 (0, 0)부터 (1, 1)까지를 잇는 직선으로 표시될 것이다(계단의 단계들이 매우 작아진다). 이 곡선 아래의 면적은 기본적으로 직각 삼각형(너비와 높이가 각각 1을 가지는)의 넓이로서 0.5이다. 이것의 면적을 곡선하 면적(Area Under Curve, AUC)이라고 한다. 이상적인 분류기의 AUC는 1.0이다. 따

라서 분류기의 성능은 AUC로 정량화될 수 있다. 0.5보다 큰 AUC의 경우는 무작위 분류보다 더 좋고, 1.0에 가까울수록 이상적인 분류기에 가까워진다. 이 숫자가 클수록 성능이 더 좋다고 할 수 있다. 실제로는 ROC 곡선이 이상적인 분류기와 가장 근접하면서 AUC가 0.8 이상인 분류기를 선택하는 것이 일반적이다. AUC와 ROC의 일반적인 용도는 동일한 데이터셋에 대하여 서로 다른 분류 알고리즘을 비교하는 것이다.

8.3 향상도 곡선

향상도 곡선(lift chart) 또는 향상도 차트는 다이렉트 마케팅에서 유력구매자에 대하여 판촉 전화를 걸거나 판촉 광고를 보내는 것이 가치가 있는가라는 문제를 해결하기 위한 도구이다. 이 장의 서두에서 제시한 분류모델 사례에서 유력구매자들이 판촉 프로모션에 응답할 가능성을 점수로 매길 수 있다고 했다. 유력구매자들을 이러한 점수에 따라 정렬하면(즉, 응답 가능성의 내림차순으로), 맨 위에 있는 가장 가치 있는 유력구매자를 선택하여 이득을 최대화할 수 있는 기법을 쓸 수 있다. 그러므로 무작위로 유력구매자 그룹을 선택하여 광고를 보내는 대신, '가장 응답 가능성이 큰' 유력구매자들을 골라서 광고를 보낼 첫 번째 그룹으로 선택하고 계속하여 그 다음 유력 구매자들을 다음 그룹으로 선택하는 방법을 취할 수 있다.

분류예측을 하지 않았다면, '가장 응답 가능성이 큰' 유력구매자들은 데이터셋 전체에 무작위로 분산되어 있을 것이다. 200명의 유력구매자로 구성된 데이터셋이 주어져 있고 40명의 응답자 또는 TP가 그 안에 포함되어 있다고 가정하자. 만일 이러한 데이터셋을 10개의 동일 크기의 그룹(decile: 십분위)으로 분할하였다면, 각 그룹에서 TP를 찾을 가능성은 20%(각 분위마다 4개의 사례가 TP이므로)이다. 그러나 유력구매자들을 분류하는 예측모델을 사용할 경우 좋은 모델은 이러한 '가장 응답 가능성이 큰' 유력구매자들을 상위에 있는 십분위에 집중시킬 수 있다. 위에 언급했던 간단한 예제에서는 첫 2개의 십분위 그룹들에 모두 40개의 TP가 포함되어 있고 나머지 8개의 십분위 그룹들에는 하나도 포함되어 있지 않다.

향상도 차트는 이러한 것들을 그래프로 나타낸 것이다(Rud, 2000). 향상도 차트에서는 참긍정 사례들에 초점이 맞추어져 있으므로 민감도와 특이도의 관계를 보여주는 ROC 곡선과는 달리 모델의 민감도를 나타낸다고 할 수 있다.

향상도 차트를 생성할 때 기본(basis, 역자주: 기본은 무작위 선택의 경우의 결과임)은 무작위로 x%의 데이터(연락할 유력구매자)를 선택할 경우 x%의 목표를 산출한다는 것이다. 향상도는 무작위 선택(random selection)에 비하여 분류기가 가진 점수와 순위를 매길 수 있는 능력으로 잠재적으로 산출할 수 있는 향상의 정도를 나타낸다. 표 8.3에 있는 데이터의 예제에서, 20개의 평가 사례 가운데 모두 6개의 TP가 포함되어 있음을 볼 수 있다. 만일 점수가 매겨지기 이전 상태의 데이터에서 25%의 사례를 무작위로 선택한다면, 선택된 사례들 중 25%만이 TP(또는, 6개의 25% = 1.5개)라고 기대할 수 있다. 그러나 데이터에 점수를 매기고 신뢰도에 따라 정렬하면 이것을 더욱 향상시킬 수 있다. 표 8.4에 보이는 것처럼 정렬된 데이터에서 최초의 25%(또는 사분위)의 데이터가 4개의 TP를 포함할 수 있다. 이것을 향상도로 나타낸다면 4 / 1.5 = 2.67이 된다. 비슷하게 점수가 매겨지지 않은 데이터의 두 번째 사분위에서 50%(또는 3개)의 TP를 기대할 수 있다. 표 8.4에 보이는 것처럼, 점수가 매겨진 데이터에서 50%의 데이터가 6개의 TP를 포함하는 데, 이 경우 향상도는 6 / 3 = 2.00이다.

향상도 차트를 그리기 위한 단계는 다음과 같다.

[표 8.4] 예측에 대하여 신뢰도 점수를 산출하고 신뢰도로 정렬: 향상도 차트를 그리기 위한 데이터를 준비함

Actual Class	Predicted Class	Confidence of "response"	Type?	Number of TP	Number of FP	Quartile	Gain	Lift
response	response	0.902	TP	1	0	1st	67%	2.666667
response	response	0.896	TP	2	0	1st		
response	response	0.834	TP	3	0	1st		
response	response	0.741	TP	4	0	1st		
no response	response	0.686	FP	4	1	1st		
response	response	0.616	TP	5	1	2nd	100%	2
response	response	0.609	TP	6	1	2nd		
no response	response	0.576	FP	6	2	2nd		
no response	response	0.542	FP	6	3	2nd		
no response	response	0.530	FP	6	4	2nd		
no response	no response	0.440	TN	6	4	3rd	100%	1.333333
no response	no response	0.428	TN	6	4	3rd		
no response	no response	0.393	TN	6	4	3rd		
no response	no response	0.313	TN	6	4	3rd		
no response	no response	0.298	TN	6	4	3rd		
no response	no response	0.260	TN	6	4	4th	100%	1
no response	no response	0.248	TN	6	4	4th		
no response	no response	0.247	TN	6	4	4th		
no response	no response	0.241	TN	6	4	4th		
no response	no response	0.116	TN	6	4	4th		

1. 학습된 모델을 사용하여 시험용 데이터셋에 포함된 모든 데이터 포인트(유력구매자)에 대하여 점수를 매긴다.
2. 유력구매자를 응답에 대한 신뢰도 또는 점수에 따라 내림차순으로 정렬한다.
3. 데이터셋에서 첫 25%(사분위), 그 다음은 첫 50%(두 번째 사분위를 추가하여), …에 대하여 계속하여 각각 TP의 수를 센다. 표 8.4의 "TP의 누적 개수(Number of TP)"와 "사분위(Quartile)" 열을 참조하라.
4. 각 사분위 수준에서 이득(gain)은 전체 데이터셋에서의 TP의 수(위의 예제에서 6개)에 대한 해당 사분위까지 누적된 TP 수의 비율이다. 첫 사분위에서의 이득은 4 / 6 = 67%이며, 두 번째 사분위에서의 이득은 6 / 6 =

100%이다.

5. 향상도는 주어진 사분위에서 무작위 선택했을 때의 기대값에 대한 이득의 비율이다. 무작위 선택했을 경우 x번째 사분위의 기대값은 25x%이다. 위의 예제에서 첫번째 사분위에서는 기대값은 6의 25% = 1.5이고, 두 번째 사분위에서는 기대값이 50% 또는 3이다. 이런 방법으로 세 번째, 네 번째 사분위수의 기대값을 계산한다. 향상도는 첫 번째 사분위에서의 4 / 1.5 = 2.667이고, 두 번째 사분위에서의 6 / 3= 2.00, … 이다.

그림 8.2에 위의 예제에 대한 향상도 차트가 나타나 있다. 대개 향상도 차트는 사분위가 아닌 십분위를 기준으로 산출된다. 여기서 사분위를 선택하였는데 이유는 20개의 간단한 데이터셋을 이용하여 개념을 설명하기 위해서는 사분위가 적당하기 때문이다. 십분위 혹은 다른 그룹핑에서도 역시 동일한 원리가 적용될 수 있다[역자주: 다른 문헌에서는 그림 8.2의 막대그래프들의 위쪽 끝을 차례로 연결한 선을 향상도 곡선(차트)이라고 하기도 한다. 또한 십분위를 사용하는 경우, 이 막대 그래프들을 십분위 차트(decile chart)라고도 한다].

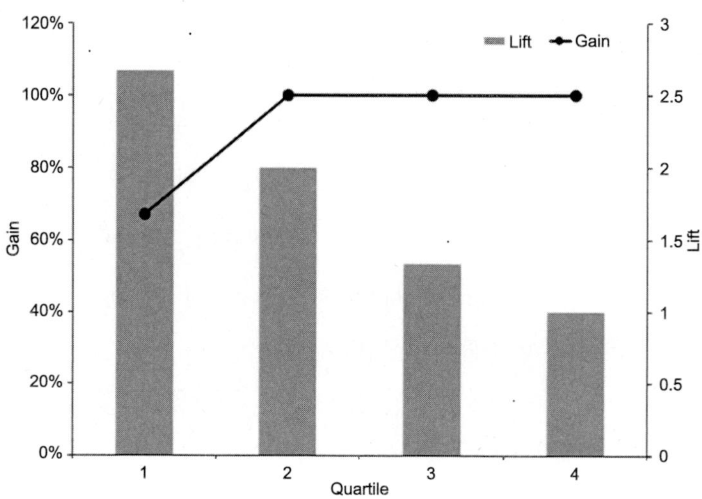

[그림 8.2] 향상도와 이득곡선

8.4 예측 결과 평가하기: 구현 방법

위에서 언급한 세 가지의 분류 성능에 대한 측정 방법(혼동행렬, ROC/AUC, 향상도/이득 차트)을 시연하기 위해 RapidMiner에 내장된 데이터셋을 사용한다. 그림 8.3에 나타난 과정에서는 *Generate Direct Mailing Data* 오퍼레이터를 사용한다. 모델링(단순 베이지안)의 목표는 임의의 고객이 다이렉트 우편 판촉 프로모션에 응답하겠는지를 인구 통계학적인 속성(나이, 라이프스타일, 소득, 차량의 종류, 가족관계, 스포츠에 대한 기호)에 근거해서 예측하는 것이다.

단계 1: 데이터 준비

반복성(repeatability)를 보장하기 위하여 지역적인 랜덤 시드(random seed; 기본값 = 1992)를 설정하고 *Generate Direct Mailing Data* 오퍼레이터를 사용하여 10,000개의 사례를 포함하는 데이터셋을 만든다. 그림과 같이 적절한 오퍼레이터를 사용하여 레이블 속성을 다중명목형에서 이진형(binominal)으로 변환한다. 이렇게 하면 특정한 이진 분류 성능 척도를 사용할 수 있다.

데이터를 다음과 같이 2개의 구획으로 분할한다. 모델의 생성과 검증용(validation)으로 80%의 데이터를 하나의 구획에 포함시키고, 모델의 시험용으로 나머지 20%를 다른 구획에 포함시킨다. 여기서 중요한 점은 데이터의 분할은 정확성을 요구하는 것이 아니며 이 비율은 데이터에 따라 달라질 수 있다.

Split Data 오퍼레이터로부터 출력 중 80%(상위의 출력 포트)를 *Split Validation* 오퍼레이터와 연결한다. 파라미터 split은 relative, ratio는 0.7(학습을 위해), sampling은 shuffled(혼합 추출)을 선택한다.

단계 2: 모델링 오퍼레이터와 파라미터

Split Validation 오퍼레이터 내부의 Training 프로세스에는 *Naïve Bayes* 오퍼

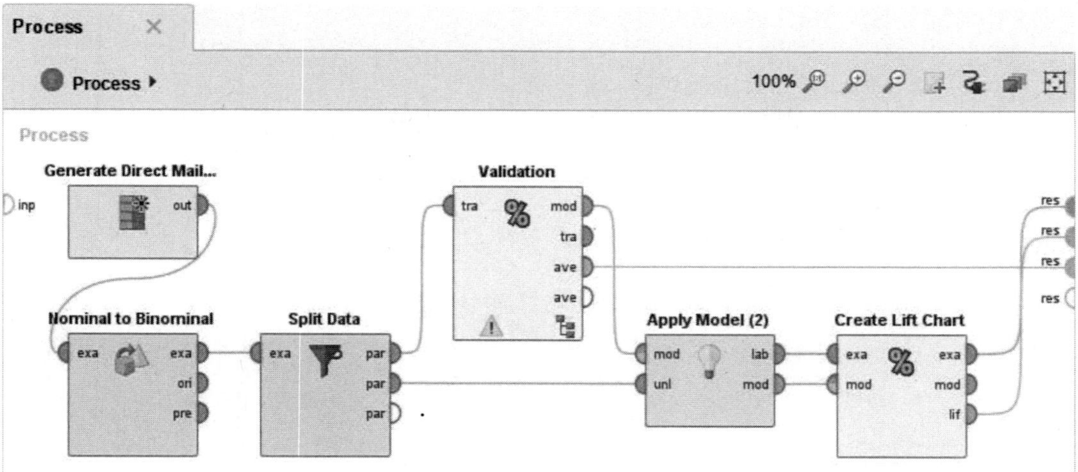

[그림 8.3] 일반적인 분류 성능 척도를 시연하기 위한 프로세스

레이터를, Testing 프로세스에는 *Apply Model* 오퍼레이터와 *Performance* (*Binominal Classification*) 오퍼레이터를 추가한다. *Performance* 오퍼레이터에서 다음 옵션들을 선택한다: accuracy, false positive, false negative, true positive, true negative, sensitivity, specificity, AUC.

단계 3: 평가

Split Validation 오퍼레이터의 외부에 또 하나의 *Apply Model* 오퍼레이터를 추가하고, 2,000개의 시험용 데이터 집합을 "unl" 포트에 연결하고 모델을 "mod" 입력 포트에 연결한다. *Create Lift Chart* 오퍼레이터에서 다음과 같은 옵션을 추가한다: target class = response, binning type = frequency, number of bins = 10. 포트의 연결이 그림 8.3과 같도록 만든다.

단계 4: 실행과 해석

위의 프로세스가 수행될 때, 혼동행렬과 검증용 사례(원래의 80%의 30% =

	true no response	true response	class precision
pred. no response	1231	146	89.40%
pred. response	394	629	61.49%
class recall	75.75%	81.16%	

[그림 8.4] 다이렉트 마케팅 데이터셋의 시험용 데이터셋에 대한 혼동행렬

2,400개의 사례)에 대한 ROC 곡선과 시험용 샘플(2,000개의 사례)에 대한 향상도 곡선을 생성하고자 한다. 시험용 사례에 대하여 또 다른 하나의 *Performance (Binominal Classification)* 오퍼레이터를 추가하고 검증용 사례에 대하여 향상도 차트를 생성해 볼 수 있다. (이것은 독자에게 연습으로 남긴다. *Create Lift Chart* 오퍼레이터가 *Split Validation* 오퍼레이터 내부에 삽입될 때 출력을 어떻게 전달할 것인가?)

그림 8.4의 혼동행렬은 표 8.4에 나오는 평가 척도를 계산하기 위하여 사용된다. 이 척도들을 RapidMiner의 출력값과 비교해 보라.

TP = 629, TN = 1231, FP = 394, FN = 146

Term	Definition	Calculation
Sensitivity	TP/(TP+FN)	629/(629+146) = 81.16%
Specificity	TN/(TN+FP)	1231/(1231+394) = 75.75%
Precision	TP/(TP+FP)	629/(629+394) = 61.5%
Recall	TP/(TP+FN)	629/(629+146) = 81.16%
Accuracy	(TP+TN)/(TP+TN+FP+FN)	(629+1231)/(629+1231+394+146) = 77.5%

RapidMiner가 정밀도와 재현율을 계산할 때 두 클래스를 구별한다. 예를 들어 "no response" 클래스의 재현율을 계산하기 위해서는 긍정 클래스는 "no response"가 되고 여기에 대응되는 TP와 FN는 각각 1,231개와 394개이다. 따라서 "no response"에 대한 클래스 재현율은 1231 / (1231 + 394) = 75.75%이다. 위의 표는 "response"를 긍정 클래스로 가정하고 계산한 결과이다. 클래스 재현율은 매우 불균형(unbalaced)한 데이터에 대처하는 데 있어서 중요한 평가

척도이다. 데이터에 포함된 두 클래스의 비율이 편중되어 있을 때 그 데이터는 불균형적이다. 모델이 불균형적인 데이터로 학습되면, 결과로 나오는 클래스 재현율도 편중되는 경향이 있다. 예를 들어, 2%만이 "response" 클래스인 데이터를 학습 데이터로 사용했을 때, 결과로서 생성되는 모델은 "no response" 클래스에 대하여 매우 높은 재현율을 가질 수 있다. 이런 편중성은 전체적인 모델 정확도에서는 나타나지 않으며 모델을 새로운 데이터에 사용했을 경우에는 오분류가 매우 많아지게 된다.

이러한 문제에 대한 해결책은 학습용 데이터에서 클래스 간의 비율이 비슷해지도록 학습용 데이터의 균형을 맞추거나 5장 회귀분석에서 설명한 대로 *Meta-cost* 오퍼레이터를 사용하여 오분류에 대한 벌점(penalty)이나 비용을 설정하는 것이다. 데이터 균형 맞추기는 13장 RapidMiner 시작하기에 더 자세히 설명되어 있다. 그림 8.5는 ROC 곡선과 AUC를 보여준다. 앞서 언급한 대로, 1에 근접한 AUC 값은 좋은 모델임을 나타낸다. ROC는 예측에 대한 정렬된 신뢰도를 보여준다. 사례에 대한 예측이 옳다면 곡선은 한 걸음 위쪽으로 올라가고(TP가 증가), 예측이 틀리다면 한 걸음 오른쪽으로 진행한다(FP의 증가). RapidMiner는 추가적으로 "낙관적(optimistic)"과 "비관적(pessimistic)"인 두 가지 AUC를 더 보여줄 수 있다. 낙관적 곡선과 비관적 곡선의 차이는 동일한 예측 신뢰도를 가지면서 한 사례에 대한 예측결과는 맞거나 틀린 것으로 나타날 때 발생한다. 낙관적 곡선은 맞는 예측결과가 먼저 선택되어 곡선이 더욱 위로 경사지는 경우의 가능성을 보여주고 비관적 곡선은 틀린 예측결과가 먼저 선택되어 곡선의 경사가 낮아지는 경우의 가능성을 보여 준다. 마지막으로 RapidMiner의 향상도 차트의 출력은 앞의 예제처럼 향상도 값을 직접적으로 나타내 주지는 않는다. 단계 5에서 차트를 그리기 위해 10개의 구간을 선택하여 각 구간에 200개의 사례가 포함되도록(십분위)하였다. 그림 8.6에서 보이는 것과 같이 향상도 차트를 생성하기 위하여 모든 예측결과를 긍정 클래스("response")의 신뢰도에 따라 정렬하였다.

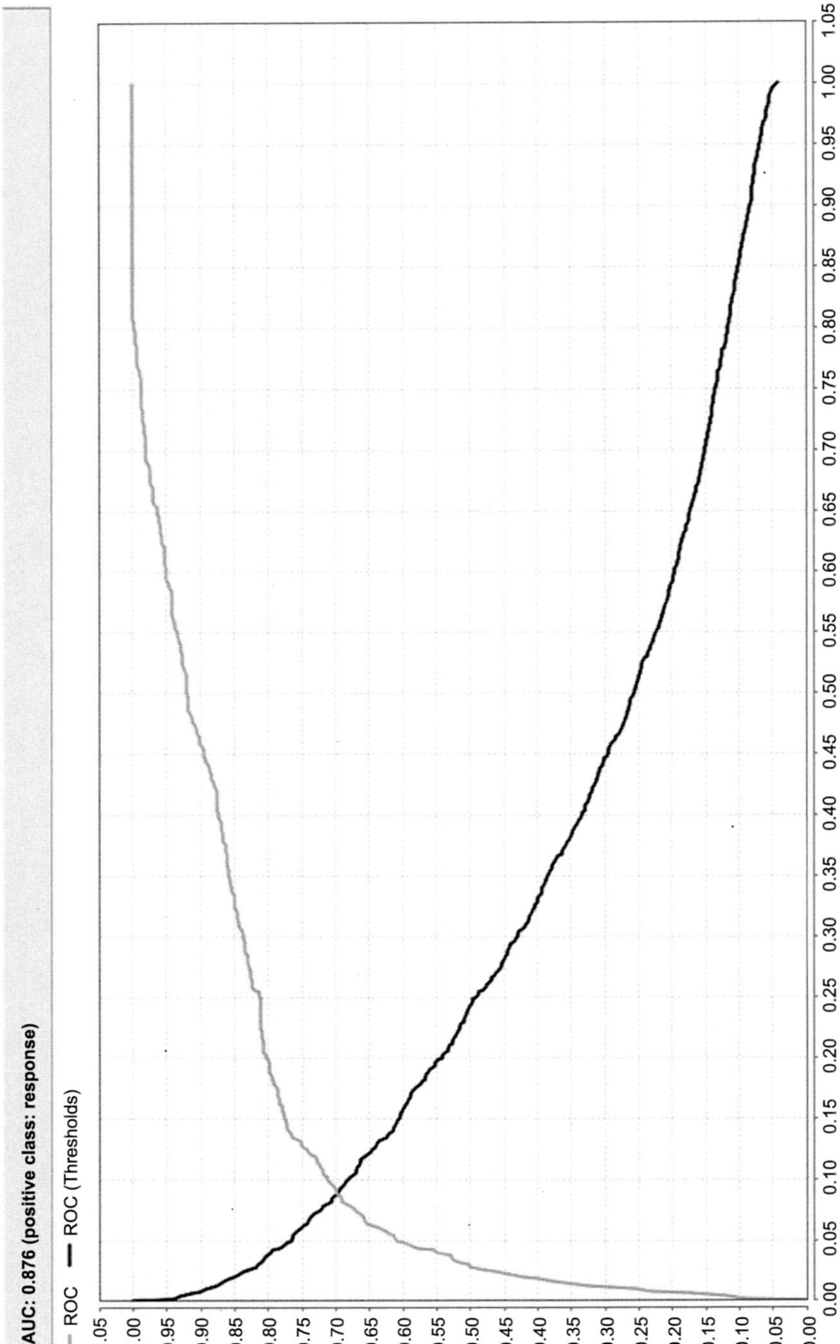

[그림 8.5] ROC 곡선과 곡선하 면적

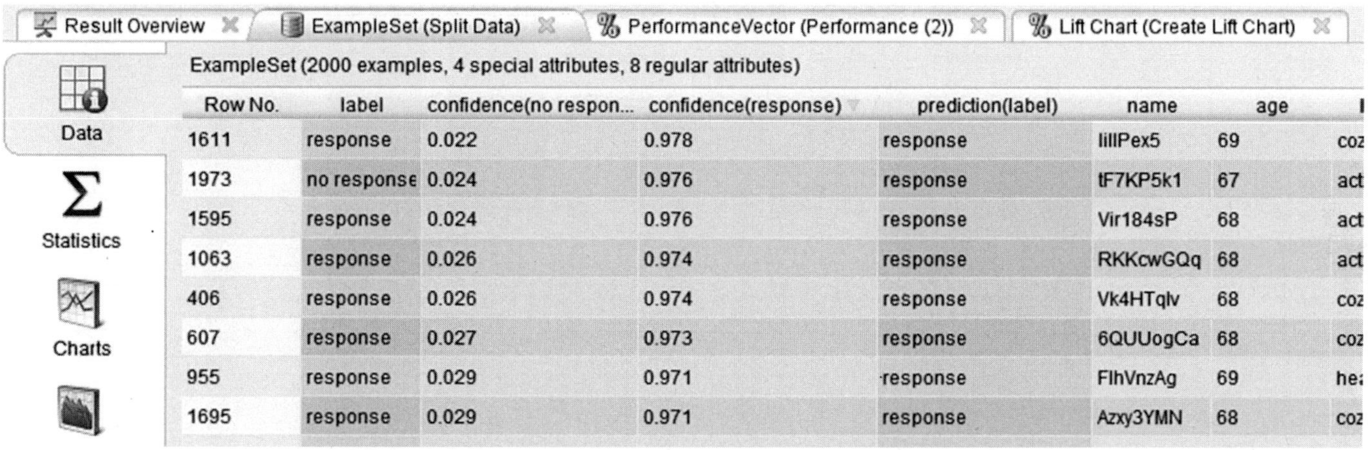

[그림 8.6] 향상도 곡선을 생성하기 위한 스코어링(점수가 매겨진)된 response의 표

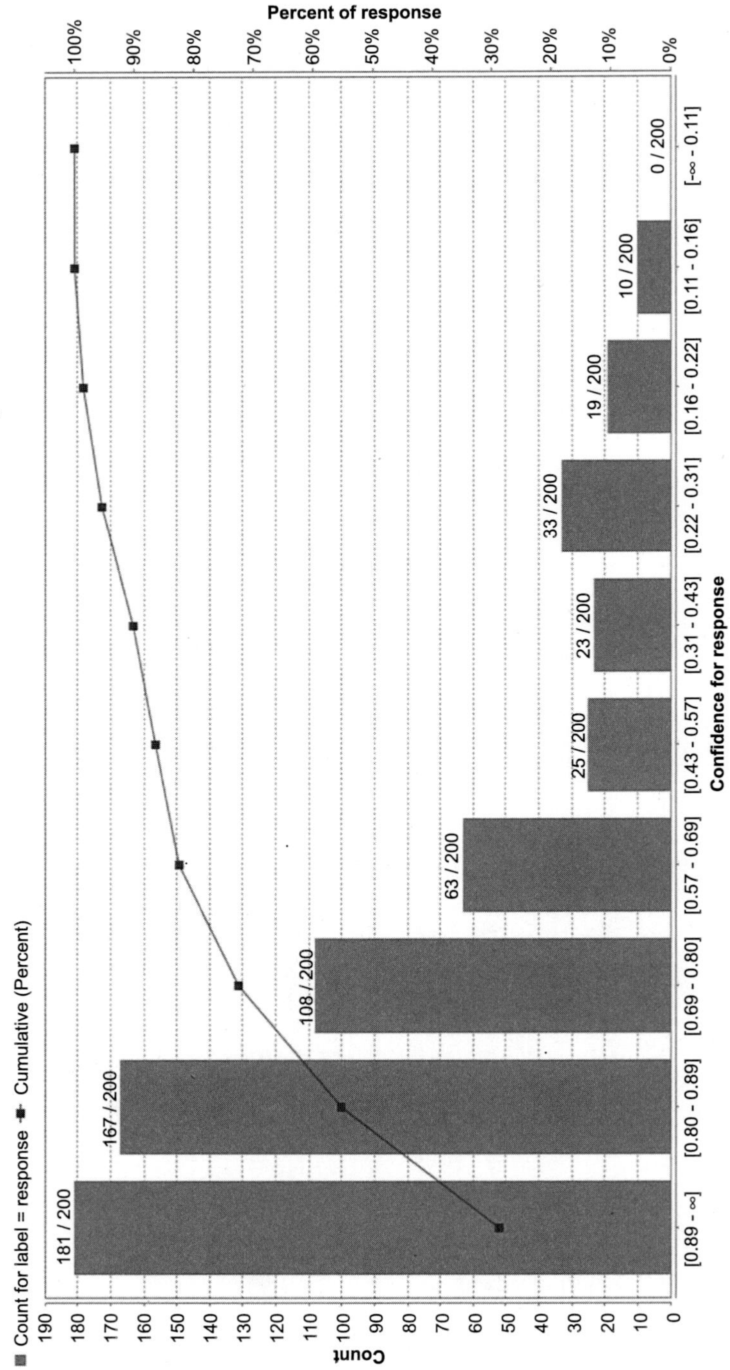

[그림 8.7] RapidMiner에서 생성된 향상도 차트

그림 8.7의 향상도 차트에서 첫 번째 막대는 정렬 후 200개의 사례를 포함하는 첫 번째 구간에 대응된다. 이 막대는 181개의 TP가 이 구간에 포함되어 있음을 나타낸다(그림 8.6의 표에서 두 번째 사례, 즉 Row No. 1973은 FP다). 앞의 혼동행렬에서 이 데이터셋에 629개의 TP가 포함되어 있음을 알 수 있다. 무작위 분류기는 첫 200개의 사례들 중에서 10%(62.9개)의 TP를 발견해 낼 수 있다. 따라서 첫 십분위에서의 향상도는 181 / 62.9 = 2.87이다. 계속하여 처음 2개의 십분위에서는 (181+167) / (2×62.9) = 2.76이다. 이런 방식으로 다음의 십분위들에서도 계속 향상도를 구할 수 있다. 첫 십분위에는 181 / 629 = 28.8%의 TP들, 처음 2개의 십분위에는 (181 + 167) / 629 = 55.3%의 TP들이 포함되어 있다. 이것은 향상도 차트 출력의 누적(퍼센트) 이득(gain) 곡선에 나와 있고 단위는 오른쪽 y축에 나타나 있다.

위에서 설명한 대로, 좋은 분류기는 처음 몇 개의 십분위에 모든 TP들을 누적해 놓고 소수의 FP들만을 위쪽에 포함한다. 이런 경우 처음 몇 개의 십분위 안에서 100%에 빨리 도달하는 이득 곡선이 생성된다.

결론

이 장에서는 분류방법에 대하여 일반적으로 사용되는 기본적인 성능평가 도구들에 대하여 다루었다. 혼동행렬의 기본적인 요소들에 대한 설명으로부터 민감도, 특이도, 정확도 등 혼동행렬을 이해하기 위해 필요한 개념들을 살펴보았다. 수신자 조작 특성(ROC) 곡선을 설명하였는데 이것은 신호 검출 이론에서 유래되었으며 데이터 마이닝 분야에서 사용하게 되었다. 또한 곡선하 면적(AUC)이라는 통합적인 척도의 유용함에 대해서도 설명하였다. 마지막으로 다이렉트 마케팅에서 유래된 두 가지의 유용한 도구, 향상도와 이득 차트에 대해서도 설명하였다. 이러한 곡선들을 생성하는 일반적인 방법과 RapidMiner를 사용하여 곡선을 생성하는 방법에 대해서도 논의하였다. 요약하면 이러한 도구들은 예측 모델을 평가하는 데 일반적으로 사용되므로, 이러한 도구를 개발하는 기술이나 익숙하게 사용하는 요령들은 데이터 마이닝 전문가가 가져야 할 필수 요건이라고 할 수 있다.

좋은 예측모델을 개발하기 위해 중요한 조건은 어떤 척도를 어떤 경우에 사용할지를 아는 것이다. 위에서 언급한 대로 한 가지의 단일 척도에만 의존하는 것은 문제가 있다. 매우 불균형한 데이터셋의 경우 정확도 외에 재현율이나 특이도와 같은 여러 가지 척도를 사용해야 한다. ROC 곡선은 여러 가지 알고리즘을 나란히 비교하기 위하여 자주 사용된다. 좀 더 첨언하자면 동일한 면적을 가지는 무수히 많은 삼각형 모양들이 존재할 수 있으므로, 모델을 평가하기 위하여 AUC만을 사용해서는 안 된다. 모델의 성능을 측정하기 위하여 AUC와 ROC가 함께 사용되어야 한다. 마지막으로 향상도와 이득 차트는 데이터셋에 포함된 사례들이 특정 범주에 속할 가능성을 기준으로 등수를 정하기 위해 점수를 매기는 경우에 자주 사용된다.

참고문헌

Berry, M. A. (1999). *Mastering Data Mining: The Art and Science of Customer Relationship Managemen.* New York: John Wiley and Sons.

Black, K. (2008). *Business Statistics for Contemporary Decision Making.* New York: John Wiley and Sons.

Green, D. S. (1966). *Signal Detection Theory and Psychophysics.* New York: John Wiley and Sons.

Kohavi, R., & Provost, F., (Editors) (1998). Glossary of Terms. *Machine Learning 30*, 271 - 274.

Rud, O. (2000). *Data Mining Cookbook: Modeling Data for Marketing, Risk and Customer Relationship Management.* New York: John Wiley and Sons.

Taylor, J. (2011, October 13). *Decision Management Systems: A Practical Guide to Using Business Rules and Predictive Analytics.* IBM Press.

CHAPTER 9

텍스트 마이닝

이번 장에서는 정돈된 데이터가 아닌 비구조적인 자연어(natural language)를 대상으로 하여 어떻게 패턴을 추출하고, 지금까지 배운 기법들을 적용하여 어떻게 새로운 지식을 발견할 수 있는지 알아보고자 한다. 이것은 광범위하고 빠르게 성장하는 텍스트와 웹 마이닝 영역에 속한다. 지금까지 설명한 기법들은 행과 열로 구성된 테이블 형태의 정제되고 정리된 데이터 유형을 입력 데이터로 하여 알고리즘을 적용하였다. 이 알고리즘의 결과물은 새로운 데이터셋의 결과를 예측하거나 데이터 내의 패턴을 찾는 모델이다. 그러나 입력 데이터가 일반적인 문서 유형인 경우, 이 기법들을 어떻게 적용하여 패턴을 찾고 결과를 예측할 수 있을까? 처음에는 당황스럽겠지만, 이번 장에서 "정상적인(normal)" 데이터에 적용했던 알고리즘을 텍스트에 적용하는 방법에 대하여 살펴보고자 한다.

먼저 텍스트 마이닝 분야의 역사를 간략하게 소개하는 것으로 시작한다. 다음 절에서는, 앞 장에서 소개된 알고리즘들을 적용할 수 있도록 일반적인 텍스트를 반정형(semi-structured) 형식으로 변환하는 기법들을 설명한다. 마지막으로 RapidMiner에서 이러한 변환을 위해 사용할 수 있는 툴킷(tookit)을 소개하고, 이를 다음의 두 가지 케이스에 적용해 보고자 한다: 자율학습모델(예: 군집화)과 지도학습모델(예: 서포트벡터머신). 그리고 텍스트 마이닝 수행 시 유의해야 하는 주요 사항들을 살펴보면서 이 장을 마무리 한다.

자연어 처리, My Dear Watson!

텍스트 마이닝에서 가장 유명한 애플리케이션은 아마도 제퍼디(Jeopardy) 쇼에서 사람과 경쟁하여 놀랄 만한 성과를 올린 IBM의 Watson 프로그램일 것이다. Watson은 어떻게 텍스트 마이닝을 이용했을까? Watson은 어떻게 위키피디아(Wikipedia) 전체 내용을 포함하여 수억 건의 정형/비정형 문서를 즉각적으로 액세스할 수 있었을까?
Watson은 문제가 제시되면 이 문제의 단어와 가장 잘 매치되는 문서에 점수를 주어 후보 문서들을 찾아낸다. 여기서 사용하는 검색 및 비교 방법은 검색엔진에서 사용하는 것과 유사하며, 이번 장에서 논의할 n-grams와 stemming과 같은 많은 기법들을 포함한다. 후보 문서를 식별하고 나면, 다시 순위를 정하기 위해 다른 텍스트 마이닝[자연어 처리 또는 NLP (Natural Language Processing)이라고도 함]를 이용한다. 예를 들어, 만일 답이 REGARDING THIS DEVICE, ARCHIMEDES SAID, "*GIVE ME A PLACE TO STAND ON, AND I WILL MOVE THE EARTH*"라고 하면, Watson의 데이터베이스 검색 결과는 "lever"이라는 용어가 포함되어 있는 몇 가지의 후보 문서를 보여준다. Watson은 답변 텍스트에 단어 "lever"를 삽입하고, 다시 용어들의 새로운 조합들이 존재하는 다른 결과들이 있는지 보기 위해 새로운 검색을 실행한다. 문장에서 검색 결과 조건에 맞는 경우가 많다면, 삽입한 용어에는 높은 점수가 할당된다.
Watson과 같이 광범위하고 비도메인 중심의 프로그램은 텍스트 마이닝과 NLP에 주로 의존하는데 거의 100%의 정확도로 오픈 퀴즈쇼 질문에 대답할 수 있다면, 이 특화된 NLP 프로그램이 얼마나 성공적인지 상상할 수 있다. 실제로 IBM은 건강관리센터에서의 의사결정을 지원을 하기 위해 Watson과 같은 유형의 프로그램을 성공적으로 설치했다(Upbin, 2013).
또한, 몇 가지만 예를 들면 텍스트 마이닝은 이메일 스팸 필터링, 소비자 심리 분석, 특허 마이닝과 같은 다양한 비즈니스 활동에서 사용할 수 있다. 이 장에서도 몇 가지를 살펴볼 것이다.

텍스트 마이닝은 예측분석과 마이닝의 새로운 영역이다. Eric Siegel은 저서 「Predictive Analytics」(Siegel, 2013)에서 흥미로운 비유를 제시했다. 만일 이 세계의 모든 데이터가 지구상의 물이라면, 텍스트 데이터는 대부분을 차지하는 해양과 같다. 텍스트 분석은 수치형이나 범주형 데이터와는 다르게 인간의 자연어 처리 필요성에 의해 주도되었다. 자연어는 행과 열로 구성된 '정형화된' 형식으로 존재하지 않는다. 따라서 텍스트 마이닝은 비정형 데이터 마이닝 영역에 속한다.

초기 텍스트 마이닝 애플리케이션들은 사람들이 문서를 정리할 때 만들어졌다(Cutting, 1992). Hearst (Hearst, 1999)은 텍스트 분석은 인공 지능(artificial intelligence)을 요구하지 않지만, "계산기반(computationally-driven)과 사용자 가이드(user–guided) 분석의 혼합"이라고 하였으며, 이는 지금까지 논의한 예측분석에 사용된 지도학습 모델의 핵심이다.

데이터 웨어하우징(data warehousing)이나 비즈니스 인텔리전스(business intelligence) 영역의 사람들은 텍스트 마이닝을 약간 다른 맥락에서 받아들일 수 있다. 이 영역의 목적은 새로운 추세나 패턴을 발견한다기보다는 정제된 데이터를 비즈니스 데이터베이스에 저장하는 것이다. 예를 들어, 고객관계관리(Customer Relationship Management, CRM) 소프트웨어에 사람들이 수동으로 항목을 입력해야 한다면 많은 입력 오류가 생길 것이다. 예를 들어 영업사원의 이름 "Osterman"이 어떤 경우에는 "Ostreman"으로 틀린 철자로 입력되는 경우가 있다. 이러한 경우에 텍스트 마이닝은 "올바른" 철자를 식별하고, 입력 오퍼레이터에서 올바른 철자를 확인할 수 있도록 제시하여 데이터 일관성을 유지하게 하는 데 사용된다. 유사한 애플리케이션 로직으로는 콜센터 서비스 데이터를 식별하고 체계화시키는 것이 있다(McKnight, 2005).

텍스트 마이닝은 데이터 마이닝에서 어떤 다른 기법보다 마이닝(채굴) 비유에 적합하다. 전통적으로 '마이닝'은 광산에서 다이아몬드를 찾아내는 것으로 지저분한(정제되지 않은) 데이터에서 가치 있는 정보를 추출하는 프로세스이다. 텍스트 마이닝의 경우는 많은 종류의 단어들로부터 가치 있는 키워드를 분류하고자 하는 것이고, 의미 있는 키워드로 의미 있는 패턴을 식별하고 예측을 하는 데 사용한다.

9.1 기법 원리

텍스트 마이닝의 기본적인 단계는 텍스트를 반정형 데이터로 변환하는 것이다. 비정형 텍스트를 반정형 데이터 형태로 변환만 하면 분류, 군집화 예측을 위해 어떠한 분석기법도 문제없이 적용할 수 있다. 비정형 텍스트는 반정형 데이터셋으로 변환해야 패턴을 발견할 수 있고 더 나아가 타겟을 알지 못하는 새로운 텍스트에 모델을 적용하여 패턴을 인식하게 한다. 그림 9.1은 프로세스의 주요 단계들을 개괄적으로 보여준다.

이제부터 각 주요 단계를 상세히 설명하려는데, 이를 위해 필요한 용어와 개념을 소개하고자 한다. 먼저 텍스트 마이닝을 위해 필수적인 몇 가지 핵심적인 아이디어들부터 정의한다.

9.1.1 단어빈도-역문서빈도(TF-IDF)

사용자가 키워드를 입력하고 검색엔진이 키워드가 포함되어 있는 모든 문서들(웹 페이지)을 추출하는 웹 검색을 생각해 보자. 검색엔진은 웹 페이지에 그 키워드가 포함되어 있는지 어떻게 알 수 있을까? 검색엔진은 네트워크 순위 또는

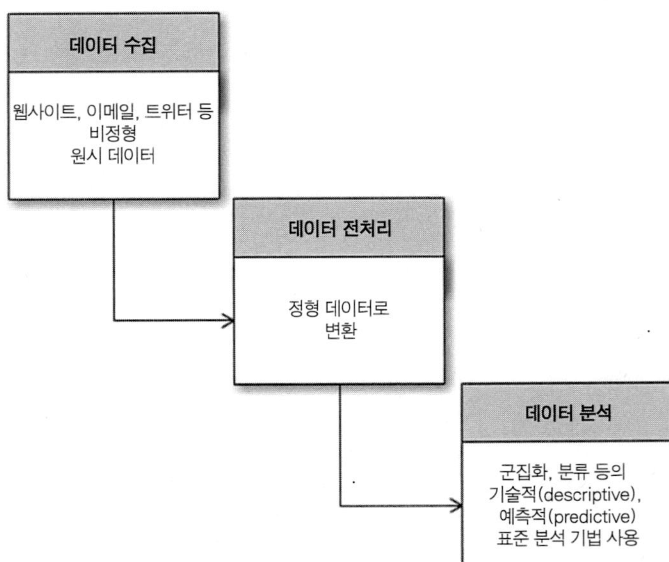

[그림 9.1] 텍스트 마이닝을 위한 상위 레벨 프로세스

페이지 순위 이 외에도 가장 관련 있는 웹 페이지들을 식별하기 위하여 텍스트 마이닝을 수행한다. 예를 들어, 사용자가 다음과 같이 입력을 했을 때를 가정해 보자. "RapidMiner books that describe text mining." 이 경우에 검색엔진이 수행하는 기본 논리는 다음과 같다.

1. 상대적으로 '희귀한(rare)' 키워드들에 높은 가중치를 부여한다.
2. '희귀한' 키워드를 많이 포함한 웹 페이지에 높은 가중치를 부여한다.

앞의 문장에서 '희귀한' 단어들은 무엇인가? 분명히 "that", "Books", "describe", "text"는 많은 웹 페이지에서 사용되지만, "RapidMiner"와 "mining"은 상대적으로 적은 수의 웹 페이지에서 사용된다. (실제로, "books"라는 키워드에 대해서 382,000,000건의 웹 페이지가 검색되었고, "RapidMiner"는 74,000건의 웹 페이지가 검색되었다.) 따라서 이러한 '희귀한' 키워드에 대해서 위의 논리 1번에 따라서 높은 비중을 준다. 다음으로 희귀한 키워드를 포함하는 모든 페이지 중에서 희귀한 키워드들을 많이 갖고 있는 웹 페이지가 사용자에게 더 적합하므로 위의 논리 2번에 의해 높은 가중치를 부여한다. 결국 가장 높은 가중치를 가지는 웹 페이지는 이 두 가중치가 높은 것이다. 따라서 '희귀한' 키워드들을 포함할 뿐 아니라, 이러한 키워드들을 많이 포함하는 웹 페이지가 검색 결과의 상단에 나타난다.

이러한 가중치 산출기법을 TF–IDF (Term Frequency–Inverse Document Frequency)라 한다.

여기서 단어빈도(TF)를 계산하는 방법은 아주 단순하다. 주어진 문서에서 관련 키워드가 나온 비중이다.

$$\mathrm{TF} = \mathbf{n}_k/\mathbf{n} \tag{9.1}$$

$\mathbf{n}_k$: 주어진 문서 내의 키워드 개수(k : 키워드), $\mathbf{n}$: 문서 내의 총 단어수

위의 예제를 생각해 보면, "that"과 같은 단어는 꽤 높은 TF 점수가 산출될 것이고, "RapidMiner"와 같은 단어는 훨씬 낮은 TF 점수가 산출될 것이다.

역문서빈도(IDF)는 아래와 같이 정의된다.

$$IDF = \log_2 (\mathbf{N}/\mathbf{N}_k) \tag{9.2}$$

N: 고려 중인 총 문서 개수(검색엔진에서 **N**은 인덱스된 모든 웹 페이지의 수를 말함). 대부분의 텍스트 마이닝에서 **N**은 마이닝하려는 문서의 개수이다.
$\mathbf{N_k}$: 키워드 k가 들어간 문서의 개수

다시 앞의 예제를 생각해 보면, 단어 "that"은 모든 문서에서 대부분 나타나기에 비율($\mathbf{N}/\mathbf{N_k}$)이 1에 가까우므로 "that"의 IDF 점수는 0에 가까울 것이다. 이에 반해, 단어 "RapidMiner"가 들어 있는 문서의 수는 상대적으로 적을 것이므로 비율 ($\mathbf{N}/\mathbf{N_k}$)은 1보다 훨씬 클 것이다. 따라서 다소 일반적이지 않은 키워드의 IDF 점수가 높게 된다.

마지막으로 TF−IDF는 다음과 같은 간단한 식으로 표현된다.

$$TF - IDF = n_k/n \times \log_2 (N/N_k) \tag{9.3}$$

위의 예제로 다시 돌아가서, "that" 은 TF 점수는 높지만 이에 비해 IDF는 매우 낮은 점수이므로 TF−IDF는 매우 낮게(또는 0) 된다. 반면 "RapidMiner"는 TF는 낮고 IDF는 꽤 높으므로 결국 TF−IDF는 상대적으로 높게 된다.

일반적으로 문서에서 모든 단어들의 TF−IDF 점수를 산출하는 것은 그림 9.1에서 설명한 텍스트 마이닝 프로세스의 전처리 단계에 속한다. 이러한 계산 결과를 가지고 이 책의 앞장에서 살펴본 표준 데이터 마이닝 기법을 적용할 수 있다. 다음 절에서는 텍스트 마이닝에서 자주 사용되는 다른 개념들을 설명하고자 한다.

9.1.2 용어

다음의 두 문장 "This is a book on data mining"과 "This book describes data mining and text mining using RapidMiner"를 살펴보자. 우리의 목적은 두 문장을 비교하거나 유사성을 매핑하는 것인데, 이때 각 문장은 분석 대상이 되는 텍스트의 하나의 단위이다.

이 두 문장은 이메일의 메시지, 2개 웹 페이지의 문장, 2개의 텍스트 파일, 또는 1개의 텍스트 파일에 있는 2개의 문장일 수 있다. 텍스트 마이닝에서 각 문장은 각각 하나의 문서로 간주한다. 가장 단순한 경우로, 단어들은 특수 문자인 빈칸으로 구분된다. 이때의 각 단어들을 토큰(token)이라 하며, 문서 내에서 단어들을 분리하는 과정을 토큰화(tokenization)라고 한다. 각 문서는 맥락(context)에 따라 영향을 받겠지만, 여기서 각 문장은 하나의 문서로 고려한다. 지금부터 문서는 단순히 토큰들의 순차적인 집합이라 할 수 있다.

Document 1	This is a book on data mining.
Document 2	This book describes data mining and text mining using RapidMiner.

표 9.1과 같이, 두 문서에서 발견된 모든 토큰들을 열로 구성하고 토큰이 나온 횟수를 테이블의 셀에 저장하는 행렬 형태로 변환함으로써, 원시데이터를 정형데이터로 만들 수 있다.

토큰은 일반적인 데이터 마이닝 용어로 속성을 의미하며, 문서는 사례라고 할 수 있다. 따라서 정형화된 사례셋을 가진다. 이제 비정형 원시데이터에서 인간이 인식할 수 있는, 더 중요하게는 기계학습 알고리즘이 학습시킬 수 있는 데이터 테이블 형태로 변환되었다. 이 테이블을 문서벡터(document vector) 또는 단어문서행렬(Term Document Matrix, TDM)이라 하며, 텍스트 마이닝을 위한 전

ExampleSet (2 examples, 0 special attributes, 12 regular attributes)

Row No.	RapidMiner	This	a	and	book	data	describes	is	mining	on	text	using
1	0	0	0.577	0	0	0	0	0.577	0	0.577	0	0
2	0.447	0	0	0.447	0	0	0.447	0	0	0	0.447	0.447

[그림 9.2] 단어문서행렬(TDM)에서 TF-IDF 점수 계산

처리 과정의 기반이 된다. 이제 세 번째 문장 "RapidMiner is offered as an open source software program"을 추가해 보자. 이 새로운 문장은 하나의 행으로 추가된다(Document 3). 새롭게 추가된 단어 또는 토큰이 7개이므로 7개의 열이 추가된다. 세 번째 행의 셀들의 값은 0으로 기록되는 칼럼들이 많이 존재한다. 즉, 잘 사용하지 않는 문장을 추가할수록 우리는 희소행렬을 만들게 된다.

각 토큰에 대하여 단순히 발생 건수를 사용하지 않고 단어빈도(TF) 값을 사용할 수도 있지만 여전히 이 행렬은 희소행렬이 된다. 표 9.1의 각 행을 문서의 전체 단어수로 나눔으로써, 표 9.2[1]와 같이 TF를 얻을 수 있다.

이와 유사하게 TF-IDF 점수를 산출하여, 그림 9.2와 같이 문서벡터를 생성할 수 있다.

2개의 샘플 텍스트 문서에서 "a" ,"this", "and" 그리고 이와 유사한 일반적인 단어들이 존재한다. 이러한 단어들은 많은 문서에 존재하기에, 특별한 의미를 갖지 않는다. 따라서 추가적인 분석을 하기 전에 관사, 접속사, 전치사, 대명사와 같이 대부분의 문법을 위한 단어들을 필터링할 필요가 있다. 이러한 단어들을 불용어(stopword)라 하며 대부분의 관사, 접속사, 전치사, 대명사들을 포함한다. 불용어 필터링은 일반적으로 토큰화 직후에 두 번째 단계로 진행된다. 표준

---

1 RapidMiner는 TF 계산 시 "double normalization"을 수행한다. 예를 들어, 문서 1의 경우, "data"에 대한 TF 값은 $(0.1428)/\sqrt{(0.1428^2 + 0.1428^2 + \ldots + 0.1428^2)} = (0.1428)/\sqrt{7*0.1428^2} = 0.3779$이다. TF 값의 차이는 TF-IDF 값에도 반영이 된다. 이러한 double normalization은 SVM과 같은 알고리즘을 쉽게 적용할 수 있도록 해준다.

[표 9.1] 비구조화 원시 텍스트로부터 단어행렬 생성

	this	is	a	book	on	data	mining	describes	text	RapidMiner	and	using
Document 1	1	1	1	1	1	1	1	0	0	0	0	0
Document 2	1	0	0	1	0	1	2	1	1	1	1	1

[표 9.2] 단어 발생건수(term counts) 대신 단어빈도(term frequency)를 이용한 단어문서행렬(TDM)

	this	is	a	book	on	data	mining	describes	text	RapidMiner	and	using
Document 1	1/7 = 0.1428	0.1428	0.1428	0.1428	0.1428	0.1428	0.1428	0	0	0	0	0
Document 2	1/10 = 0.1	0	0	0.1	0	0.1	0.2	0.1	0.1	0.1	0.1	0.1

Row No.	RapidMiner	book	data	describes	mining	text	using
1	0	1	1	0	1	0	0
2	1	1	1	1	2	1	1

[그림 9.3] 불용어 필터링 후 크기가 작아진 단어문서행렬

영어 불용어 필터링(standard English stopword filtering)을 적용하고 나면 문서 벡터의 크기가 확연하게 줄어든 것을 알 수 있다(그림 9.3 참조).

불용어뿐 아니라 다른 특수한 단어들도 필터링할 필요가 있다. 예를 들어, 자동차 산업의 텍스트 문서를 분석한다면, "car", "automobile", "vehicle"과 같은 단어들은 그 산업에서 일반적인 단어이므로 필터링해야 한다. 즉, 상황에 따른 특정 단어 사전을 만들고, 용어 필터링(term filtering)을 적용하여 분석할 데이터에서 제거해야 한다. [Lexical substitution은 절(clause)의 문맥에 맞는 대체 단어를 찾는 것으로 분석할 영역 또는 주제에 따라 같은 용어를 쓰도록 변환한다. 이것은 임상 현장과 같이 특정 용어를 사용하는 분야에서 중요한 역할을 한다.]

또한 "recognized", "recognizable", "recognition"과 같이 다르게 사용되었지만, 문맥상으로 같은 의미를 가지는 단어들이 있다. 예를 들면 "Einstein is a well-recognized name in physics"; "The Physicist went by the easily recognizable name of Einstein", "Few other physicists have the kind of name recognition that Einstein has"와 같은 문장을 생각해 보자. 여기서 강조된 단어들의 기본 어근은 "recognize"이다. 어근이 되는 단어들만 고려하면 문서의 단어 수를 줄일 수 있으므로, 간단하게 비정형 텍스트에서 정형으로 변환시킬 수 있다. 이러한 과정을 어간추출(stemming)이라 한다. 영어로 된 텍스트 마이닝에서 가장 기본적인 어간추출기법은 Porter Method (Porter, 1980)이다. Porter 어간추출은 접두사(suffix)를 대체하거나 없애는 규칙으로 작동한다. 예를 들면, 'ies'로 끝나는 단어는 'y'로 대체하는 것이다. 즉, "anomalies"는 "anomaly"으로 대체할 수 있다. 또 다른 규칙으로는 단어가 's'로 끝나는 경우 's'를 제거하는

방법이 있다. 즉, "algorithms"는 "algorithm"으로 대체된다. Porter 어간추출방법은 매우 효과적이지만, 꽤 큰 실수를 저지를 수도 있다. 예를 들어, "arms"와 "army"는 모두 "arm"으로 어간추출이 될 수 있는데 이는 문맥상 의미가 다른 두 단어를 동일한 단어로 만들어 낸다. 또 다른 어간추출법으로는 특정 영역에서 경험에 의해 일상적으로 쓰이는 것을 사용하는 방법이 있다. 어간추출은 일반적으로 단어 필터링 다음에 이루어진다. [경고: 어간추출은 언어가 사용되었던 시대에도 절대적으로 영향을 받는다. 언어의 사용은 시대마다 매우 다양하기에(예: 셰익스피어와 현대 문학) 시대가 다른 텍스트 비교 시 문제가 생길 수 있다.]

구어체든 문어체든 일반적으로 같이 쓰는 단어들이 있다. 예를 들어, "Good"은 보통 "Morning", "Afternoon", "Evening", "Night"과 함께 쓰이고, 호주에서는 "Day"와 함께 쓰인다. 이러한 단어들을 n-grams라고 하고, 이를 통계적으로 분석함으로써 새로운 통찰력을 발견할 수 있다. 검색엔진은 자동번역, 음성인식패턴, 맞춤법 검사, 개체명 인식, 정보추출 등과 같이 다양한 애플리케이션에서 단어 n-gram 모델을 사용한다. 구글은 1조 개 이상의 단어들(1,024,908,267,229개, 2006년 기준)을 처리했고, 적어도 40번 이상 나타난 5개 단어시퀀스(sequence) 1,176,470,663개의 발생을 발표했다(Franz, 2006). 대부분의 텍스트 마이닝 애플리케이션은 5-grams 까지는 필요하지 않으며 bigram, trigram이 많이 사용된다. 마지막 전처리 과정은 n-grams를 구성하고 문서벡터에 저장하는 것이다. n-grams를 제공하는 대부분의 알고리즘들은 계산 비용이 많이 들고 결과가 방대하기 때문에, 실제로는 문서들과 텍스트 집합(말뭉치, corpus)의 크기를 기초로 "n"의 값을 다양하게 사용한다.

그림 9.4는 앞서 본 예제에서 bigram을 이용하여 단어빈도를 계산한 문서벡터이며, "data mining", "text mining", "using RapidMiner"와 같은 단어들은 이 문맥에서 꽤 의미가 있다. 표 9.3은 비정형 데이터를 반정형으로 변환하는 전처리 과정 단계를 요약해 보여준다.

Row...	label	RapidMiner	book	book_data	book_descr...	data	data_mining	describes	describes_data	mining	mining_text	mining_usi...	text_0	text_mining	using	using_RapidMiner
1	text1	0	0.447	0.447	0	0.447	0.447	0	0	0.447	0	0	0	0	0	0
2	text2	0.243	0.243	0	0.243	0.243	0.243	0.243	0.243	0.485	0.243	0.243	0.243	0.243	0.243	0.243

[그림 9.4] TF-IDF 점수가 높은 의미 있는 n-grams

[표 9.3] 텍스트 마이닝 전처리 과정의 일반적인 순서

단계	활동	결과
1	토큰화	문서에 포함 된 각 단어들을 개별 속성으로 변환
2	불용어제거	일반적으로 많이 사용되는 문법을 위한 토큰/단어들 제외
3	필터링	그 외 매우 일반적인 토큰들 제외
4	어간추출	각 토큰을 최소의 필수적인 형태로 잘라내기
5	n-grams	일반적으로 같이 나타나는 토큰들로 2개나 3개로 조합(2개 이상)

보통 토큰화하기 전에 특수 문자 제거, 대소문자 변경, 또는 간단한 맞춤법 검사와 같은 전처리 과정을 수행한다. 텍스트 마이닝에서 데이터 품질은 다른 영역에서와 같이 매우 중요하기 때문이다.

9.2 군집화와 분류를 이용한 텍스트 마이닝 구현

앞서 기본적인 텍스트 마이닝 프로젝트를 위해 필요한 몇 개의 개념들을 소개했다. 이번 절에서는 텍스트 마이닝을 이용하는 두 가지 사례를 보이고자 한다. 첫 번째 예제는 문서(웹 페이지)의 키워드들을 유사한 키워드들로 군집화하는 것이고, 두 번째 예제는 블로그 작가의 성별 분류 작업을 수행한다. 남녀 작가가 쓴 몇 개의 블로그(문서)를 학습용 데이터셋으로 이용한다. 기사 키워드들을 속성으로 사용하면서 작가의 문체 특성을 인식하기 위한 분류 모델로 SVM을 적용하여, 새로운 블로그의 작가가 여자인지 남자인지를 분류한다.

9.2.1 사례 1: 키워드 군집화

첫 번째 예제에서는, RapidMiner의 몇 가지 웹 마이닝 기능을 소개한 후 웹 사이트의 키워드 데이터로 군집화 모델을 생성한다. 이 예제의 목적은 주어진 웹 사이트에서 몇 개의 페이지를 스캔하여, 각 페이지의 특징을 파악하기 위해 페이지에서 가장 자주 나오는 단어들을 이용한다. 그러고 나서 군집화 모델을 이용하여 가장 자주 나오는 단어들을 식별한다. 여러 문서들을 그룹화하기 위해서는, 각 문서에서 가장 공통적으로 나오는 단어들에 플래그를 사용함으로써 좀 더 종합적인 문서 군집화 문제로 확장할 수 있다. 이 예제의 목적은 웹 페이지를 구별하는 모델을 이용하여 임의로 선택된 페이지가 2개의 범주 중 어떤 범주에 속하는지 결정(예측)하는 것이다.

예제에서 사용하는 사이트(http://www.nytimes.com)는 미국의 대표적인 일간지인 뉴욕타임즈로 world, business, politics, arts, tech 등의 카테고리별 페이지로 구성되어 있다. 우리의 목적은 각 페이지의 특성을 파악하고 각 페이지에서 나타난 상위 키워드들을 식별하는 것이다. 이를 위해서 각 카테고리의 페이지를 크롤링(crawling)하여 콘텐츠를 추출하고 키워드로 이루어진 구조화된 문서벡터로 변환한다. 마지막으로 k-중앙값(k-memoids) 군집화 프로세스를 수행하여 키워드의 순위를 정한다. 중앙값 군집화는 7장에서 설명하고 있는 k-평균 군집화와 유사하다. '중앙값'은 군집에서 가장 중앙에 위치한 객체를 말한다(Park, 2009). k-중앙값은 k-평균보다 노이즈와 특이값에 덜 민감하다. 왜냐하면, k-평균의 유클리드 거리보다 비유사성(dissimilarity)을 최소화하기 때문이다.

RapidMiner에서 웹 페이지 군집화를 시작하기 전에, 웹 마이닝과 텍스트 마이닝이 설치되었는지 확인한다. (메인 메뉴의 [Extensions > Marketplace (Updates and Extensions)]에서 web mining extension과 text mining extension을 선택하여 쉽게 설치할 수 있다.) RapidMinerr에서는 웹 사이트를 크롤링하

여 콘텐츠를 얻는 세 가지 방법을 제공한다. *Crawl Web* 오퍼레이터는 단순한 크롤링 규칙들을 설정하고 이 규칙에 따라 크롤링된 페이지들을 그 다음 프로세스를 위하여 저장한다. *Get Page* 오퍼레이터는 한 페이지씩 검색하고 콘텐츠를 사례로 저장한다. *Get Pages* 오퍼레이터도 유사한데, 입력파일에 포함되어 있는 URL 주소에서 다수의 페이지를 가져온다. 이 예제에서는 *Get Pages*를 이용한다. *Get Page(s)* 오퍼레이터에서 콘텐츠를 검색하기 위해 GET 또는 POST HTTP request 방법 중 하나를 선택할 수 있다.[2]

단계 1: 비정형 데이터 수집

첫 번째 단계는 *Get Pages* 오퍼레이터로 스캔할 URL 리스트들을 포함하고 있는 입력파일을 생성하는 과정이다. *Read CSV* 오퍼레이터를 이용하는 것으로 전체 프로세스를 시작한다. 그림 9.6a에서는 이해를 돕기 위해 Read CSV를 Read URL list (text file)로 오퍼레이터명을 변경하였다. 그림 9.5에서 보이는 것과 같이 텍스트 파일은 1) *Get Pages* 오퍼레이터의 속성 링크(link attribute) 파라미터로 사용할 머리글과 2) 크롤링 대상인 2개의 URL로[3] 총 3개의 줄로 구성된다. 첫 번째 URL은 웹 사이트의 "Business" 카테고리 페이지이며, 두 번째 URL은 "Tech" 카테고리 페이지이다. 이렇게 만든 텍스트 파일을 "pages.txt"로 저장한다.

Get Pages 오퍼레이터의 결과는 URL과 추출한 HTML 콘텐츠를 포함하는 사례셋이 된다. 또한, 이 예제에서는 필요로 하지 않지만, 콘텐츠 길이, 날짜 등과 같은 몇 가지 메타데이터 정보 속성이 추가되어 있다. *Select Attributes* 오퍼레

---

2 두 방법의 차이나 언제 어떤 방법을 사용하는지에 관한 보다 자세한 정보는 www.w3shools.com의 튜토리얼을 참고한다.

3 웹 사이트는 그 구조나 콘텐츠가 자주 바뀌기 때문에, 이 예제의 결과들은 책을 쓸 당시의 크롤링 결과이다. 따라서 크롤링한 시점에 따라 결과가 상이할 수 있다.

[그림 9.5] URL Read List 생성

이터를 이용하여 불필요한 정보는 골라낼 수 있다.

단계 2: 데이터 준비

다음으로 단계 1의 결과를 *Process Documents from Data* 오퍼레이터와 연결한다. 이 오퍼레이터는 중첩된 오퍼레이터로 모든 데이터 전처리 과정을 수행할 다른 내부 프로세스를 포함한다. 데이터 전처리 과정의 첫 번째 단계는 *Extract Content* 오퍼레이터를 이용하는데, 모든 HTML 태그들을 제거하고 실제 필요한 콘텐츠만을 찾아내는 작업을 한다. 이 오퍼레이터는 그림 9.6a와 그림 9.6b에서 보이듯이, *Process Documents from Data* 오퍼레이터의 내부에 포함되어 데이터 전처리 과정을 위해 필요한 다른 오퍼레이터들과 연결된다. 어떤 오퍼레이터들이 사용되는지 알려면, 데이터 전처리 과정의 일반적인 순서를 정리한 표 9.3을 참조한다. 이 사례에서는 군집화를 위해 단어 발생 건수를 필요로 하기에 *Process Documents from Data* 오퍼레이터의 벡터 생성(Vector Creation) 파라미터 옵션에서 단어발생건수(Term Occurrence)를 선택하여 사용한다.

단계 3: 군집화(기술적 분석) 기법 적용

Process Documents from Data 오퍼레이터의 결과물은 (1) 단어 리스트와 (2) 문서 벡터 또는 TDM으로 구성된다. 단어 리스트는 군집화할 때는 필요하지 않지만, 문서벡터는 필요하다. 문서벡터에서 각 단어는 속성으로 간주되고, 각 행 또는 사례는 각각의 문서(이번 사례는 크롤링된 웹 페이지)를 나타낸다는 것을 기억하자. 문서벡터에서 셀들의 값은 단어 발생 건수, TF 또는 TF-TDF 값이다. 그러나 단계 2에서 언급했듯이, 이번 사례에서는 셀의 값을 단어 발생 건수로 한

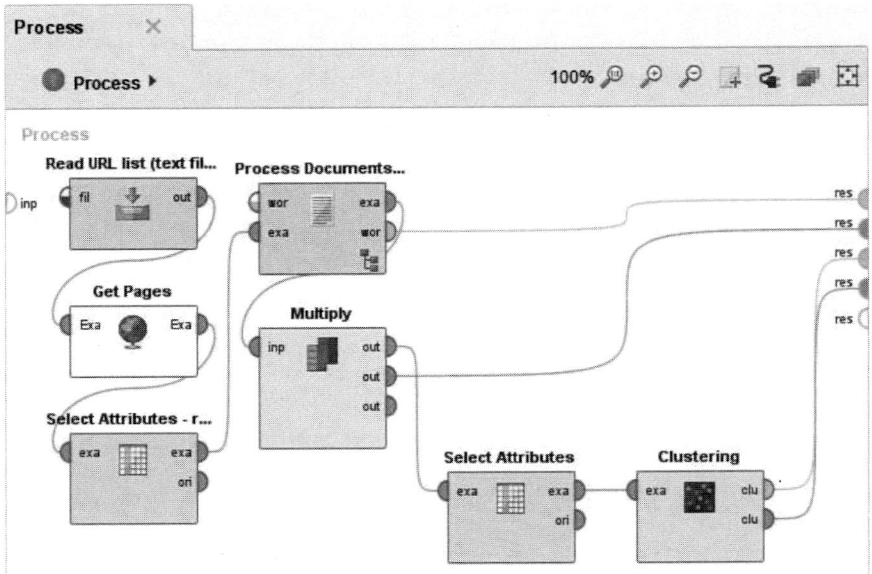

[그림 9.6a] 웹 사이트의 키워드 군집화 전체 프로세스

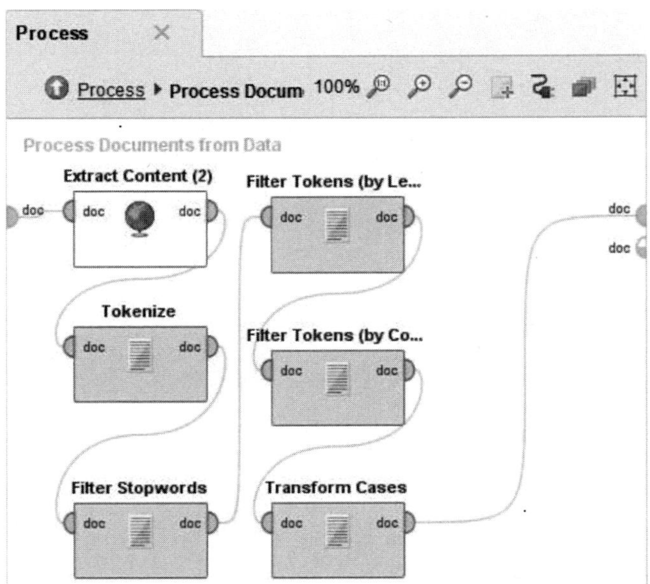

[그림 9.6b] Process Documents from Data 오퍼레이터의 내부 프로세스 오퍼레이터 설정

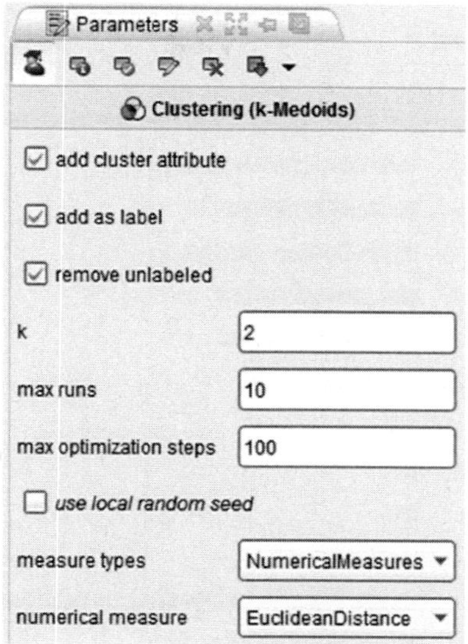

[그림 9.6c] k–중앙값 군집화 오퍼레이터의 파라미터 정의

다. *Process Documents from Data* 오퍼레이터의 결과물에서(*Select Attributes* 오퍼레이터를 이용) 네 번 이하로 나오는 단어를 제거한다. 여기서 RapidMiner는 두 문서 모두에서 단어 발생건수가 네 번 이하인 단어들을 제거한다는 것을 기억하자. 예를 들어, "Business"라는 단어가 Business 카테고리에서는 많이 나오지만, Tech 카테고리에서 단지 두 번 나온다면 제거되지 않는다. 마지막으로 그림 9.6c와 같이 정제된 데이터셋을 K–medoids 오퍼레이터에 연결한다.

앞서 구축한 프로세스를 실행시키면, RapidMiner는 주어진 2개의 URL으로부터 콘텐츠를 크롤링하고 각각의 작업을 수행한 후 마지막으로 두 군집을 생성하게 된다. 군집화의 결과를 보는 방법은 군집화 모델 결과 탭[Cluster Model (Clustering) results tab]에서 중심 테이블(Centroid Table)을 선택하면 테이블 형태로, 플롯(Plot)을 선택하면 그래프 형태로 볼 수 있다. 이를 통해 크롤링한 두 페이지 각각의 상위 키워드들을 볼 수 있다. 그림 9.7을 보면, 각 군집을 구별할 수 있는 상위 몇 개의 키워드를 알 수 있다. 따라서 이 모델을 사용하여 임

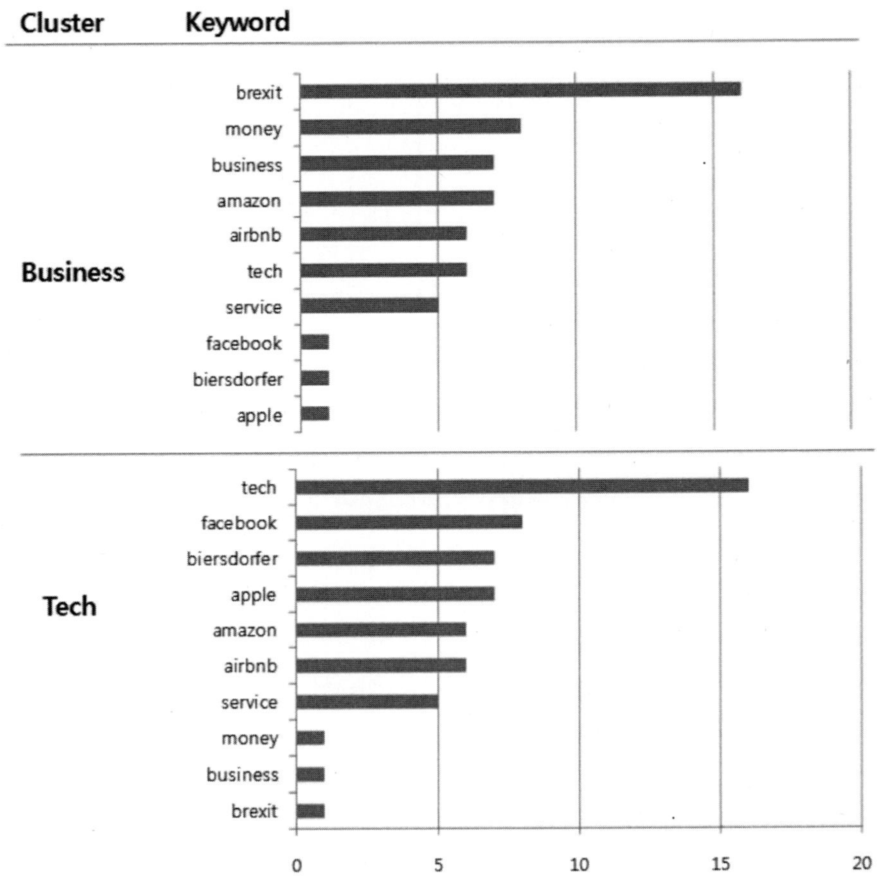

[그림 9.7] 키워드 군집화 결과

의의 페이지가 어떤 카테고리에 속하는지 식별할 수 있다.

9.2.2 사례 2: 블로그 작가의 성별 예측

이 사례의 목적은 블로그 콘텐츠를 기반으로 하여 블로그 작가의 성별을 예측하는 것이다.

단계 1: 비정형적 데이터 수집

이 사례의 데이터셋[4]은 전 세계 남성과 여성이 만든 3,000개 이상의 개인 블로그이다(Mukherjee, 2010). 표 9.4의 샘플데이터를 보면 3,227개의 행과 2개의 열로 구성된 단일 스프레드시트이다. 첫 번째 열은 블로그 콘텐츠이고, 두 번째 열은 작가의 성별 정보를 나타낸다.

이 사례의 목적을 달성하기 위해서 원시데이터를 50%씩 2개로 나누어야 하는데, 하나는 타겟값을 알고 있는 학습용 데이터로 사용하고 나머지 50%는 학습 알고리즘의 성능을 테스트하기 위한 용도로 사용된다. 비정형 텍스트 분석에서 사용하는 일반적인 과정으로, 많은 양의 데이터를 이용하여 모델을 개발할 때는 전체 프로세스를 몇 가지 구분되는 프로세스로 나누어 각 프로세스에서 사용되는 중간 과정의 데이터, 모델, 결과를 저장하고 다음 단계에서 다시 사용한다. RapidMiner는 *Store*와 *Retrieve*라는 특별한 오퍼레이터를 제공함으로써, 이러한 기능들을 가능하게 한다. *Store* 오퍼레이터는 데이터 리포지토리에 I/O 객체를 저장하고, *Retrieve* 오퍼레이터는 데이터 리포지토리에서 이 객체를 읽는 작업을 한다. 이 오퍼레이터들의 사용 방법은 다음 절에서 소개한다.

단계 2: 데이터 준비

데이터를 다운로드 받아 압축을 풀면 하나의 MS 엑셀파일이 생성되는데, *Read Excel* 오퍼레이터를 사용하여 RapidMiner 데이터베이스로 가져올 수 있다. 원시 데이터에서 290개 사례는 레이블(타겟)을 갖고 있지 않으며, 하나의 사례는

---

4 이 데이터셋의 압축버전은 Opinion Mining, Sentiment Analysis and Opinion Spam Detection 웹 사이트(www.cs.uic.edu/~liub/FBS/sentiment-analysis.html)에서 다운로드 받을 수 있다(Blog Author Gender Classification dataset associated with the paper; Mukherjee & Liu, EMNLP-2010). 이 사이트는 시카고 일리노이 대학의 Bing Liu 교수가 관리하는데, 다른 유용한 데이터셋뿐 아니라 텍스트 마이닝과 감성 마이닝(sentiment mining)에 대한 많은 정보들을 찾을 수 있을 것이다.

[표 9.4] 블로그 분류 사례의 원시데이터

BLOG	GENDER
This game was a blast. You (as Drake) start the game waking up in a train that is dangling over the side of a cliff. You have to climb up the train car, which is slowly teetering off the edge of the cliff, ready to plummet miles down into a snowy abyss. From the snowy beginning there are flashbacks to what led Drake to this predicament. The story unfolds in a very cinematic manner, and the scenes in between levels, while a bit clichéd by Hollywood standards, are still just as good if not better than your average brainless Mel Gibson or Bruce Willis action movie. In fact, the cheese is part of the fun and I would venture to say it's intentional	M
My mother was a contrarian, she was. For instance, she always wore orange on St. Patrick's Day, something that I of course did not understand at the time, nor, come to think of it do I understand today. Protestants wear orange in Ireland, not here, but I'm pretty sure my mother had nothing against the Catholics, so why did she do it? Maybe it had to do with the myth about Patrick driving the snakes, a.k.a. pagans, out of Ireland. Or maybe it was something political. I have no idea and since my mother is long gone from this earth, I guess I'll never know.	F
LaLicious Sugar Soufflé body scrub has a devoted following and I now understand why. I received a sample of this body scrub in Tahitian Flower and after one shower with this tub of sugary goodness, I was hooked. The lush scent is deliciously intoxicating and it ended up inspiring compliments and extended sniffing from both loved ones and strangers alike. Furthermore, this scrub packs one heck of a punch when it comes to pampering dry skin. In fact, LaLicious promises that this body scrub is so rich that it will eliminate the need for applying your post-shower lotion. This claim is true — if you follow the directions.	F
Stopped by the post office this morning to pick up a package on my way to the lab. I thought it would be as good a time as any to clean up my desk and at the very least make it appear that I am more organized than I really am (seriously, it's a mess). It's pretty nice here on the weekends, it's quiet, there's less worry of disturbing undergrad classes if I do any experiments in the daytime.	M

[표 9.4] 계속

BLOG	GENDER
Anyway, it turns out the t–shirt I ordered from Concrete Rocket arrived! Here's how the design looks: See here's the thing: Men have their neat little boxes through which they compartmentalize their lives. Relationship over? Oh, I'll just close that box.	F
Our relationships are not just a section of our lives–they run through the entire fabric, a hot pink thread which adds to the mosaic composing who we are. Take out a relationship and you grab that thread and pull. Have you ever pulled a thread on a·knit sweater? That's what it's like. The whole garment gets scrunched and disfigured just because that one piece was removed. And then you have to pull it back apart, smooth it out, fill in the gaps. See here's the thing: men have their neat little boxes through which they compartmentalize their lives. Relationship over? Oh, I'll just close that box. It's not that easy for women.	
I had pretty bad vision since I was in 3rd grade. About 5 years ago, after watching many people around me get Lasik, I decided to take the plunge. Because this was an elective surgery that in rare cases, could cause damage to my eyes, I decided to find the absolute best doctor for the job. I chose Dr Coleman Kraff and he was amazing to watch. Very confident, poised, fast, and focused.... well like a laser.	M
Then there's my work life. I had an incredible review from my boss 2 weeks ago, and have been slowly adding more and more to my occupational plate as opportunities have been presenting themselves. I'm now going to be the head coach for 7th/8th grade girls' volleyball in the fall. I'm working at the Harlem School of the Arts this summer, just two mornings a week, but they've tentatively asked me if I'd be interested in working their Saturday program during the school year. I have three new piano students for the fall – kids who are my students at school and will now also be my private piano students. I had my first lesson today with one of them, and it was incredible.	F
We had problems in the past with contacts due to dryness and the hassle of always taking them out when I sleep. With Acuvue Oasys soft contact lenses I've had more comfort then ever. The dryness is gone. I can wear them longer. I can even sleep in them and not have to take them out every night. I just put in drops when I wake up and I'm good for the day. It's an ideal product for someone who is always on the go and has no energy to do anything but go to bed in the evening. At an affordable price you can't beat them, especially when you use up a new box less often.	F

[표 9.4] 계속

BLOG	GENDER
This camcorder is really good for the price and it has an easy button for people who are not good with camcoders. There is also a touch screen in the camcorder ang you can turn the screen so you can see yourself. It also has a built in lens cover and you don't have to worry about losing it.	M
At the time Debbie and I moved to Rapid City our family started to grow by one boy and four girls. I'd like to introduce You to my "little kids". On the top row starting left to right, my son Brian and my daughter Leslie. On the bottom row; left-to-right, my youngest daughter Shelley, my eldest daughter Christy and my next eldest daughter Suzanne. They are all adults and they all live in Rapid City.	M
Ideally, the process for buying a laptop would involve a single question: "Which laptop should I buy?" The answer would then spring forth from the heavens or your favorite technology Web site. Unfortunately, finding the right laptop for your budget and needs involves answering not one but a series of questions. Fear not, laptop buyer, we know which questions to ask, the answers to those questions, along with the current market trends and where laptops are headed.	M
Ok, so how stinkin' cute IS this bunny?? I saw an adorable Easter sign at Hobby Lobby a few weeks ago and thought it would make a great card. I can't find the adapter that allows me to download photos from my camera phone, so I can't show you the inspiration piece. But it was an Easter bunny peeking over the top of an Easter egg.	F
Slept until 11am. Time change seems to have no effect. In fact filled my tires with air and went for a bike ride around the complex like 5 times. Legs were hurting so stopped and came inside. Time change no effect as of yet but being cautious. Feeling pretty up and positive. Need to get gas for car and then run a few errands. Laundry is going to wait again. Goal for next week is to complete all of it. It is at least in a semi organized piles and ready to be washed. Need to find a laundry shop to complete. Also need to register for IML volunteer and start working on getting taxes filed and the $5,000.00 medical bill from last hospitalization. That is approximate including Doctors which I have yet to receive. Funny they are charging me over $3,000 for the CPAP. that is the price of a new machine. I plan on fighting that charge to see what happens. Will be using health advocate to see what, if anything can be done. Last night did not sleep right away so created contracts for my support system alerting them if what they should be on the look out for and what actions to take if they see me doing those actions.	M

[표 9.4] 계속

BLOG	GENDER
We celebrated St. Patty's Day with Ethan, Carys, and Molly and..... a dinner made 'o green! We had green pancakes with shamrock-shaped whip cream on top, green vanilla yogurt (green food coloring and I were special friends today) topped with green sprinkles, and honey dew. For dessert, we had a magically delicious treat I referred to as Pots o' Gold – halved orange peels filled with "gold" (yellow jello squares) and garnished with gold coins (chocolate Easter candy)! As for beverages, we had Sprite in clear cups with green Sprite ice cubes to color our drinks. It really was so much fun to get into the spirit of St. Patty's Day.	F
I'm so excited about the gorgeous weather we've been having lately. I feel like spring has crept up early, quickly and unexpectedly this year. But maybe that's just because I was prepared for it to be especially late in coming up here in Sudbury. I'm not getting my hopes up though that it's here to stay, because we'll likely have some more winter before it's gone for good.	F
I own a 9 1/2 year old German Shepherd mix. We believe his father was a black lab with chow mix. His mother was a full-blooded German Shepherd. Fred is a great dog. He weighs 110 lbs. So you can't ever pick him up and his meds cost a fortune, but he's worth every time. I watch a lot of Court TV and I feel much more secure having Fred in the house with me!He's settled down a lot over the years. He used to be much more high strung and jumped on people, etc. Now he just barks a lot. He's definitely the alpha dog of our family.	F
Yesterday we had dense fog, heavy rain last night and fog again this morning. It is supposed to transition (whatever happened to just saying "change"?) to rain beginning around ten this morning. And yes, today is the day we load carts onto the Bookmobile, unload them, reload them, unload them, reload them – all day long. This will be my first experience dealing with that in the rain. I understand that we have some flimsy tarps to put over the carts, but the word is that they are not all that helpful. At least it is supposed to get up to about 53 (11.6 C).	M
Apparently if the rain we are getting this weekend were snow, it would be about three feet deep. It is also pretty windy. Therefore the streets are awash with dead umbrellas rolling like tumbleweed across streets and frightening the dogs. The corpses are flung every which way including upside down. A few are neatly disposed of in garbage receptacles. Others look positively dangerous.	F

블로그 콘텐츠를 갖고 있지 않고 레이블만 가지고 있다! 이러한 사례들은 정제되어야 한다. RapidMiner로 읽기 전에, 이러한 엔트리들을 지우는 것이 좋다. 간단하게 스프레드시트에서 결측치를 갖고 있는 엔트리의 행을 지우고 파일로 저장하면 된다. 그림 9.8과 같이 *Read Excel* 오퍼레이터에서 첫 번째 열의 데이터 타입이 "다항형(polynominal)"이 아닌 "텍스트(text)"인지를 확인한다. *Read Excel* 오퍼레이터의 결과를 *Filter Examples* 오퍼레이터에 연결하면, 결측치를 가지고 있는 엔트리가 제거된다. (만일 레이블의 값이 결측치인 엔트리들을 시험용 데이터로 사용하고자 한다면, *Filter Examples* 오퍼레이터에서 Invert Filter 박스를 체크한 후 결과를 저장하면 된다. 이 사례에서는 레이블의 값이 결측치인 경우는 분석에서 제외한다.) 정제된 데이터를 *Split Data* 오퍼레이터를 사용하여 50/50으로 나눌 수 있다. 분할된 첫 번째 데이터셋은 학습용으로 사용하므로 *Process Documents from Data* 오퍼레이터와 연결시키고, 남은 데이터셋(1,468개의 샘플)은 시험용 데이터셋으로 사용하기 위해 *Write Excel* 오퍼레이터에 연결하여 파일로 저장한다.

앞서 언급했듯이 모든 전처리 과정은 중첩된 오퍼레이터에서 이루어진다. 이 오퍼레이터는 비정형 데이터를 정형으로 변환시킨다. 그림 9.9b와 같이 각각의 오퍼레이터를 연결한다. 여기서 유의할 점은 *Filter Stopword (Dictionary)* 오퍼레이터는 콘텐츠에 들어간 "nbsp" (" ": 줄바꿈 없는 공백)를 제거하는 데 사용된다. 키워드가 들어가 있는 간단한 텍스트 파일을 만들어서 사전(dictionary)을 만들고, 이 사전을 RapidMiner에서 인지할 수 있도록 오퍼레이터를 구성한다. *Process Documents from Data* 오퍼레이터를 설정하기 위해서는 그림 9.9c와 같은 옵션들을 사용한다.

단계 2의 결과물은 단어 리스트와 문서벡터이다. 단어 리스트는 다음 단계에서 바로 사용되지는 않지만, 문서벡터와 같이 저장하는 것이 좋다. 최종 프로세스

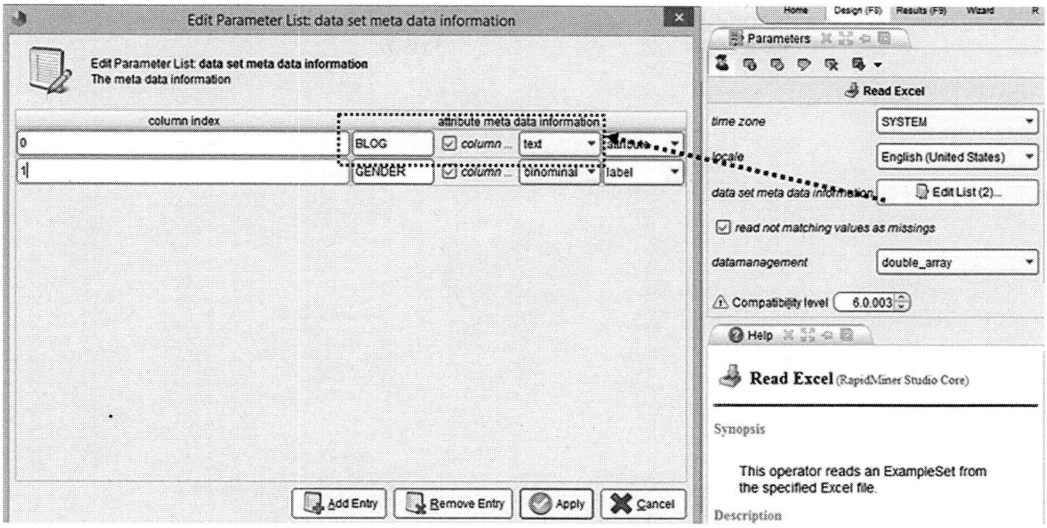

[그림 9.8] Read Excel 오퍼레이터에서 데이터 타입을 텍스트(text)로 설정[다항형(polynominal)이 아닌]

는 그림 9.9a와 같다.[5]

단계 3.1: 주요 특징 파악

단계 2를 통해 생성된 문서벡터는 1,468개의 행과 레이블 속성을 포함하여 2,117개의 속성들(또는 열)로 구성된 정형화된 테이블이다. 이 문서벡터는 학습용 데이터셋으로 각 블로그가 하나의 행이 되며, 문서 내의 토큰들은 *Process Documents from Data* 오퍼레이터의 전처리 과정, 즉 필터링, 어간추출 과정을 거쳐 속성으로 변환된 것이다. 2,117개의 속성, 또는 변수들을 사용하여 알고리즘을 훈련하는 작업은 굉장히 힘든 작업이다. 따라서 특징 선택 방법을 사용하여 속성들을 필터링하는 것이 적절하다.

---

5 그림 9.9a 프로세스의 *Write Excel* 오퍼레이터에서 xlsx 형식으로만 저장이 되는 경우가 있으므로 유의하자.

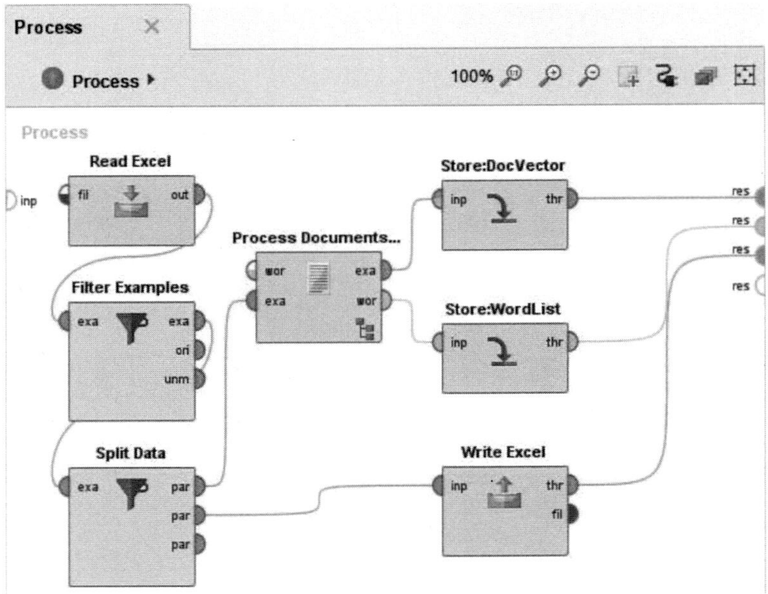

[그림 9.9a] 블로그 작가 성별 분류를 위한 전체 프로세스

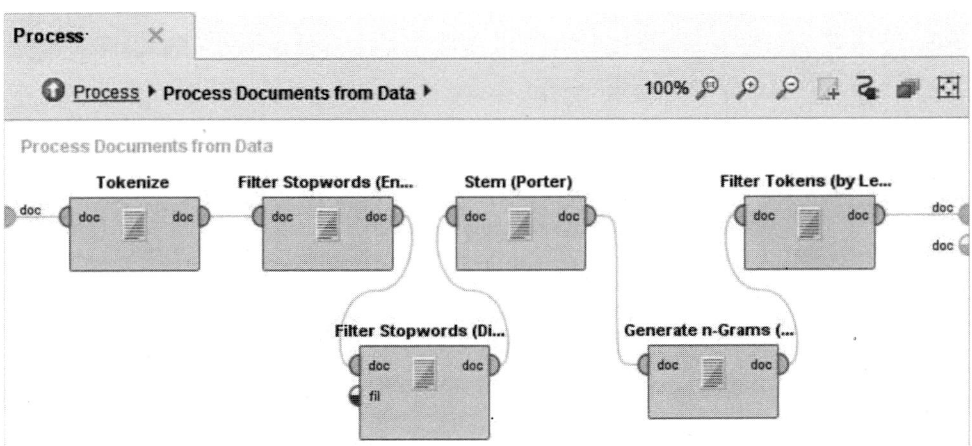

[그림 9.9b] Process Documents from Data 오퍼레이터의 데이터 전처리 과정

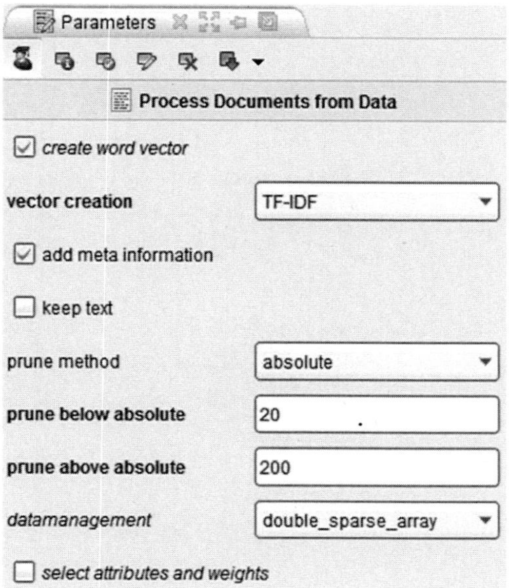

[그림 9.9c] Process Documents from Data 오퍼레이터의 파라미터 설정

*Weight by Information Gain*과 *Weight by SVM* 오퍼레이터를 이용하여 의미 있는 2개의 속성(특징)을 선별한다. *Weight by Information Gain* 오퍼레이터는 정보이득비율(information gain ratio)에 적절한 가중치를 적용하여 (자세한 설명은 12장 참조) 레이블 속성(여기에서는 성별)과 관련성 순위를 정한다. *Weight by SVM* 오퍼레이터는 속성의 가중치로서 SV hyperplane의 계수(coefficient)들을 설정한다. 이러한 기법들을 이용하여 순위를 정하면, 몇 개의 속성(예: 상위 20개)만을 이용하여 모델을 구축한다. 이러한 작업은 모델링 비용을 상당히 줄여준다.

중간 과정의 결과로, 각 특징 선택 방법에 대응하는 2개의 가중치 테이블을 생성한다. 단계 2에서 저장된 문서벡터를 불러오고, 단계 3.2를 위해서 가중치 테이블을 저장하는 것으로 프로세스를 마친다(그림 9.10 참조).

이 사례와 동일한 데이터를 이용하는 Mukherjee & Liu (Mukherjee, 2010)의 연

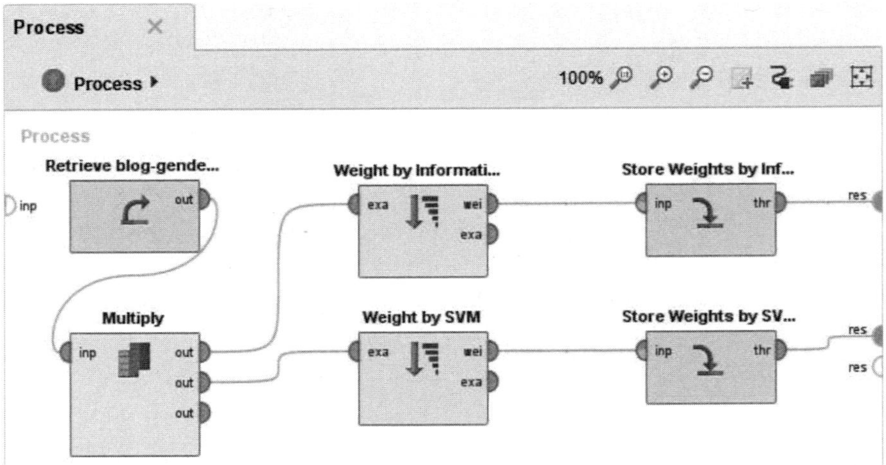

[그림 9.10] TDM에서 속성 필터링을 위한 특징 선택 방법

구를 보면, 저자들이 개발한 새로운 알고리즘을 포함하여 몇 개의 다른 특징 선택 알고리즘들을 소개하는데 이 사례에서 사용하는 알고리즘보다 예측 정확도가 높다.

단계 3.2: 예측모델 생성

문서벡터와 속성 가중치들을 생성했으면, 가장 예측 정확도가 높은 알고리즘을 찾기 위해 몇 개의 다른 기계학습 알고리즘을 가지고 실험해 본다. 그림 9.11a와 9.11b에 나타난 프로세스는 모델을 생성하고 저장하여(성능 결과도 같이 저장) 향후에 다른 애플리케이션에 적용할 수 있다. 이것은 RapidMiner의 주요 장점 중 하나이다. 모델링에 필요한 데이터를 생성하고 나면 다양한 알고리즘을 비교해야 하는데, 적용하려고 하는 알고리즘의 오퍼레이터를 드래그 앤 드롭으로 연결하기만 하면 된다. 그림 9.11b에서 볼 수 있듯이 *X-Validation* 오퍼레이터의 내부 프로세스에는 5개의 알고리즘들이 있다. 이 알고리즘들을 필요에 따라 연결하여 사용하면 된다. *LibSVM (Linear)*와 *W-Logistic*은 Weka ex-

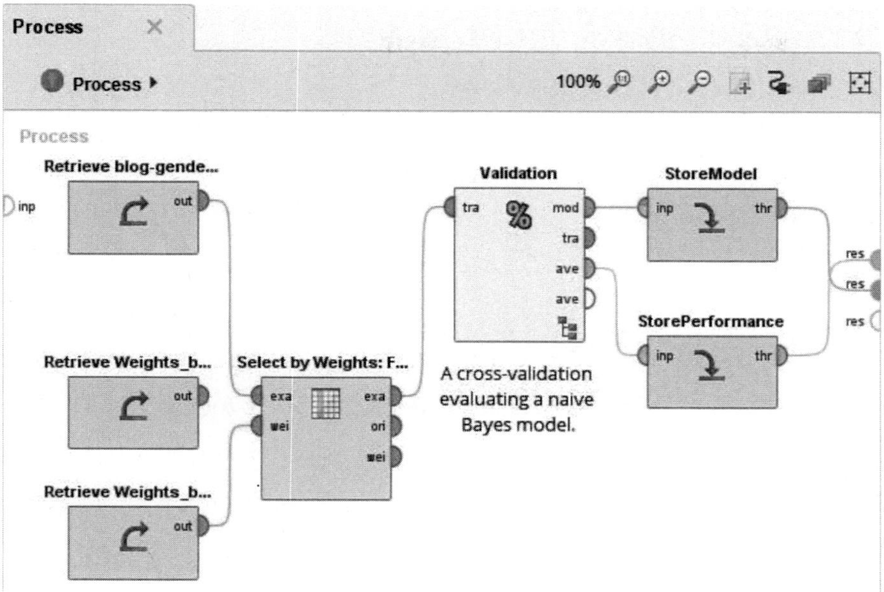

[그림 9.11a] 블로그 작가 성별 분류를 위한 학습과 시험 예측모델

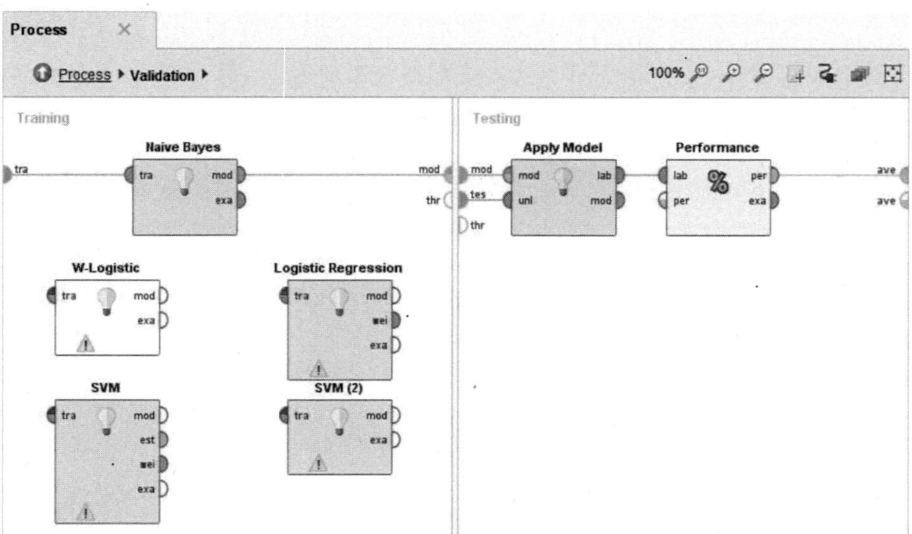

[그림 9.11b] 알고리즘 교환

[표 9.5] 블로그 작가 성별 분류에 사용한 알고리즘의 성능 비교

Algorithm	Class Recall (M)	Class Recall (F)	Accuracy
Lib(SVM)	88	51	71
W-Logistic	85	59	83
Naïve Bayes	86	53	71
SVM(polynomial)	95	29	65

tension을 설치하여 사용할 수 있다([Extensions > Marketplace (Updates and Extensions)] 메뉴 이용). 표 9.5를 보면 *Naïve Bayes*와 *W-Logistic*이 가장 좋은 성과를 보인다는 것을 알 수 있다. Mukherjee & Liu의 연구 결과를 보면, 이보다 더 좋은 성과를 내는 유전(genetic) 알고리즘들이 있다. 성과를 높이기 위해서는 최적화 과정을 이용할 수 있는데, 이에 대해서는 13장에서 다룬다.

단계 4.1: 시험용 데이터 준비

알고리즘 테스트를 목적으로 원시 데이터 중 50%를 저장해 놓은 것을 기억하자. 이 데이터를 이용하여, 블로그 작가 성별 분류를 위한 최적의 알고리즘 성과를 평가할 수 있다. 여기서 테스트를 위해 저장해 놓은 데이터셋은 원시 데이터이므로, 우선 문서벡터로 변환시켜야 한다. 단계 2에서 사용한 *Process Documents from Data* 오퍼레이터를 복사해서 사용하면 된다(*Filtering*과 *Split Data* 오퍼레이터는 제외한다. 다른 방법으로는 전처리 과정 수행 후 데이터셋을 분할하면 된다). 문서벡터는 다음 단계에 사용하기 위해 저장한다. 이러한 과정은 그림 9.12를 보면 알 수 있다.

단계 4.2: 구축한 모델을 시험용 데이터에 적용

마지막 단계에서는 단계 3.2에서 생성한 모델과 단계 4.1에서 생성한 새로운 문서벡터를 이용하여, 모델을 이 시험용 데이터셋에 적용한다. 이 프로세스와 결과가 그림 9.13a와 9.13b에 나타나 있다. *Set Role* 오퍼레이터를 추가하여 사용

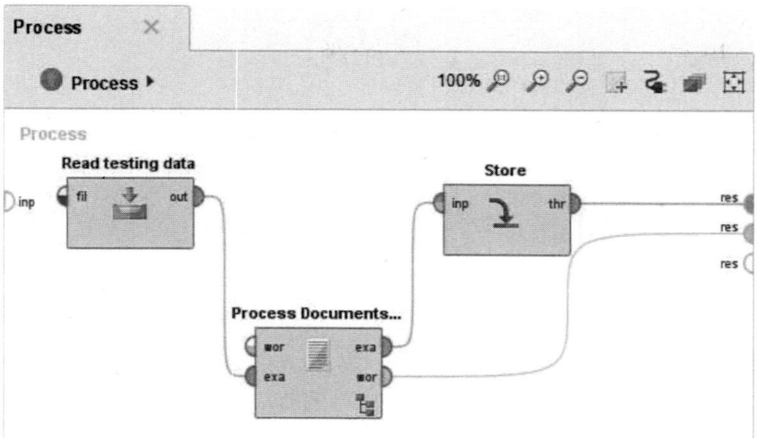

[그림 9.12] 모델을 적용할 시험용 데이터셋 준비

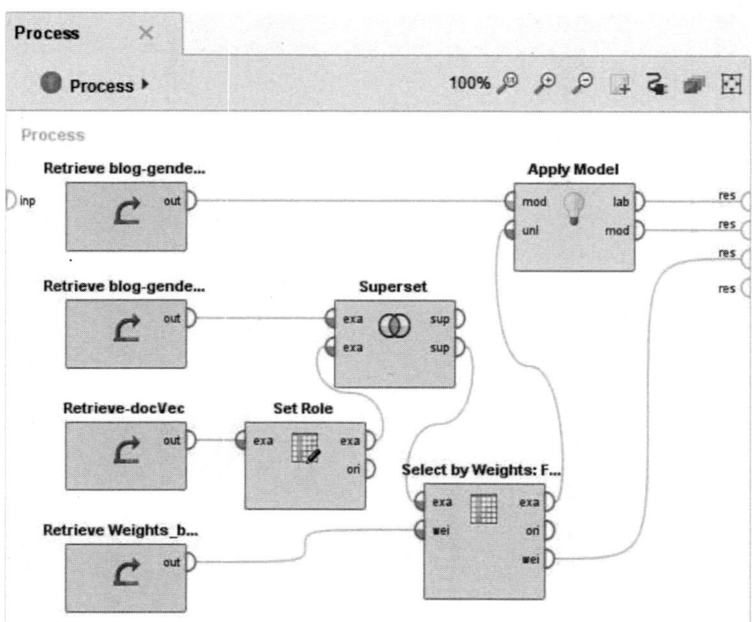

[그림 9.13a] 단계 3에서 생성한 모델을 시험용 데이터에 적용

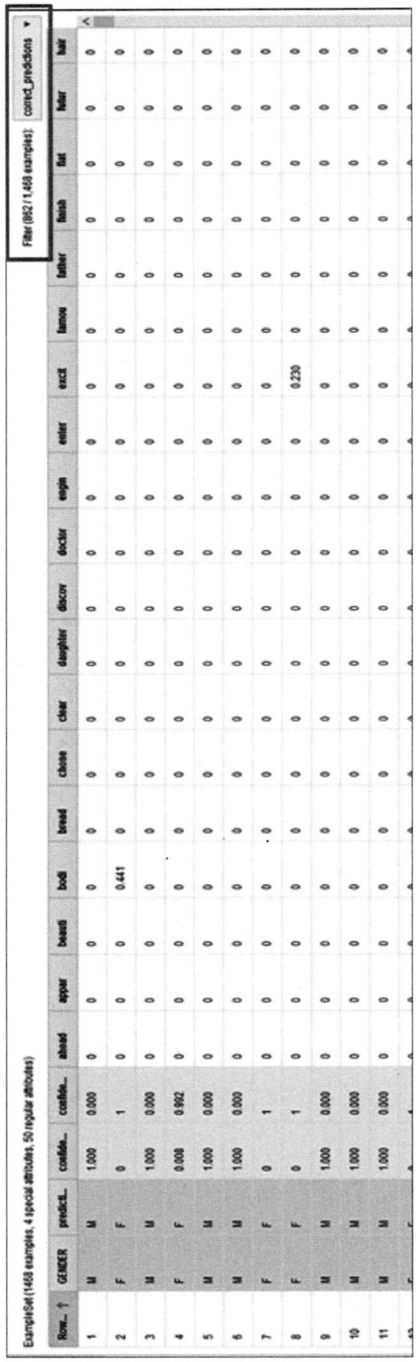
ExampleSet (1458 examples, 4 special attributes, 50 regular attributes)
Filter (852 / 1,458 examples): correct_predictions

[그림 9.13b] 결과 뷰

하면 레이블 변수를 지정하는 데 유용하다. 결과 메인화면(results perspective)에서 뷰 필터(View Filter)를 사용하면 모델을 적용한 결과 중 "올바른 예측"과 "틀린 예측"을 구분해서 볼 수 있다.

Naïve Bayes 모델을 적용했을 때, 1,468개의 사례 중 862개의 사례만을 정확하게 예측한 것을 알 수 있다. 즉, 정확도가 58.7%로 예측력이 좋지는 않다. 다른 모델들의 성과는 더 좋지 않다. 따라서 이 모델과 프로세스를 최적화시키는 과정이 필요하다. RapidMiner의 *Optimization* 오퍼레이터들을 이용하면 쉽게 이러한 기본적인 정확도를 향상시킬 수 있다. *Optimization* 오퍼레이터에 대한 일반적인 설명은 13장을 참조한다. 좀 더 모험을 원한다면, Mukherjee & Liu의 연구에서 제시한 특징 선택 알고리즘을 RapidMiner에 적용해볼 수 있다.

결론

텍스트 데이터의 주된 비중인 비정형 데이터는 3년마다 그 양이 두 배로 증가하고 있다(Mayer–Schonberger, 2013). 따라서 이와 같은 디지털 데이터를 자동적으로 분석하고 정보를 찾아내는 것은 미래의 중요한 기술이 될 것이다. 이러한 기술들은 이 책에서 소개하는 다른 기법들과 마찬가지로 분류, 예측에 사용될 수 있고, 단지 대상을 텍스트 문서, 심지어 음성을 텍스트로 변환하여 분석할 수 있다.

9장에서는 이 책에서 설명한 알고리즘들을 사용하여 비정형 데이터를 어떻게 분석하는지에 대해서 설명하였다. 이러한 기법들을 적용하기 위해 가장 중요한 것은 비정형 데이터를 반정형 데이터 형식으로 바꾸는 것이고, 이를 위한 3단계 프로세스를 소개하였다. 토큰화, 어간추출, n–grams, 불용어 제거와 같은 변환을 위한 주요 툴에 대해서도 설명하였다. 그리고 나서, 일반적인 기계학습 알고리즘을 적용할 수 있도록 텍스트를 숫자 행렬로 변환하기 위해 필요한 TF-IDF와 같은 개념을 설명하였다. 마지막으로 2개의 사례를 들어 RapidMiner를 이용한 텍스트 마이닝 방법을 설명하였다.

참고문헌

Cutting, D. K. (1992). Scatter/gather: A cluster-based approach to browsing large document collections. *Proceedings of the 15th Annual International ACM SIGIR Conference on Research and Development in Information Retrieval*, 318-329 Copenhagen.

Franz, A. A. (2006, August 3). *All our N-gram are Belong to You.* Retrieved November 1, 2013, from Research Blog, http://googleresearch.blogspot.com/2006/08/all-our-n-gram-are-belong-to-you.html.

Hearst, M. (June 20-26, 1999). *Untangling Text Data MiningProceedings of Association for Computational Linguistics, 37th Annual Meeting 1999.* University of Maryland.

International Monetary Fund (n.d.). Retrieved from http://www.imf.org/external/pubs/ft/weo/2012/02/weodata/index.aspx.

Mayer-Schonberger, V. A. (2013). *Big Data: A Revolution That Will Transform How We Live, Work and Think.* London: John Murray and Co.

McKnight, W. (2005, January 1). *Text Data Mining in Business Intelligence.* Retrieved November 1, 2013, from Information Management, http://www.information-management.com/issues/20050101/1016487-1.html#Login.

Park, H. S., Jun, C. H. (2009). A simple and fast algorithm for K-medoids clustering. *Expert Systems with Applications.* 36(2), 3336-3341.

Porter, M. F. (1980). An algorithm for suffix stripping. *Program.* 14(3), 130-137.

Mukherjee, A. L. (2010). Improving Gender Classification of Blog Authors. *Proceedings of Conference on Empirical Methods in Natural Language Processing (EMNLP-10)* Cambridge, MA.

Siegel, E. (2013). *Predictive Analytics: The Power to Predict Who Will Click, Buy, Lie or Die.* Hoboken,NJ: John Wiley and Sons.

Upbin, B. (2013, February 8). IBM's Watson gets its first piece of business in Healthcare. *Forbes.*

CHAPTER 10

시계열 예측

시계열 예측은 오래 전부터 알려진 예측분석 기법이다. 엄밀하게 말하자면 예측분석이라는 용어를 사용하기 전부터 널리 사용되던 기법이다.

지도학습모델 구축이란 이 책에서 지금까지 임의의 시스템에서 다양한 속성을 수집하여 원하는 수치나 타겟변수를 예측하기 위하여 함수를 적합하는 것을 의미하였다. 예를 들어, 부동산 시장과 관련된 시스템의 속성들은 주택의 가격, 면적, 방의 개수, 층 수, 주택년수 등이 될 것이다. 다른 변수(예측변수)들이 주어졌을 때 가격(타겟변수)을 예측하기 위하여 다중선형회귀모델이나 신경망 모델을 구축할 수 있을 것이다. 예측모델의 공통점은 타겟변수(가격이나 비용)에 잠재적으로 영향을 미치는 예측변수 혹은 독립변수들이 타겟변수를 예측하는 데 사용된다는 것이다. 그러나 시계열 예측은 조금 상이하다. 미래의 특정한 속성값 예측을 위하여 동일한 속성이 과거에 가졌던 정보를 사용한다. 일반적으로 시계열 분석이 지도학습 예측 모델은 두 가지 다른 점이 있다.

첫째, 시계열 분석은 특정한 변수 값이 과거의 시간의 흐름에 따라 어떻게 변화했는지를 알고 있다는 가정하에 그 변수가 미래에 가질 값을 예측하는 데 관심을 둔다. 지금까지 설명한 예측모델에서는, 데이터의 시간적인 요소는 무시되거나 사용할 수 없었다. 이러한 데이터를 횡단면 데이터(cross-sectional data)라고 한다(그림 10.1 참조).

둘째, 타겟변수에 잠재적으로 영향을 미칠 만한 다른 속성들에 대해서는 관심

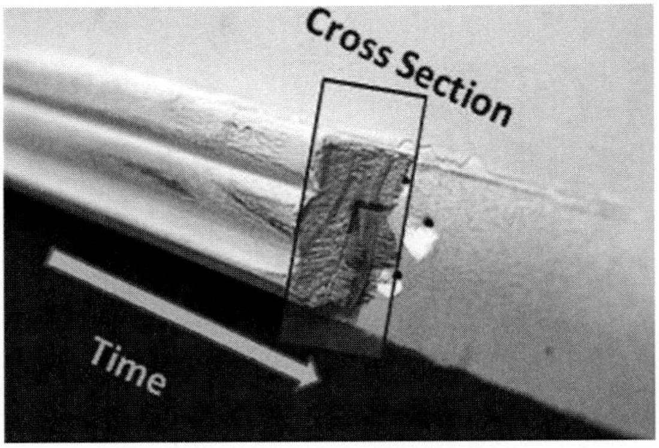

[그림 10.1] 횡단면 데이터는 시계열 데이터의 일부분이다. (사진은 Wikimedia Commons 원본을 변형한 것임. Creative Commons Attribution.)

이 없다(또는 지금까지는 관심이 없었다)는 것이다. 즉, 일변량(univariate) 시계열 예측에는 독립(예측)변수들이 반드시 필요하지는 않다는 것이다[그러나 다변량(multivariate) 시계열 예측에서는 반드시 필요하다].

예측변수와 타겟변수 사이에 구분이 없는 경우의 시계열 분석 방법을 데이터 기반 예측방법(data–driven forecasting method)이라고 한다. 예측변수는 동시에 타겟변수가 된다. 평균화(averaging) 또는 평활화(smoothing) 등의 기법은 시계열 예측의 데이터 기반 접근 방법이다. (역자주: 평활화란 곡선 등에서 급격한 변화를 부드럽고 매끈하게 만드는 기법을 말한다. 그러나 수평선 또는 직선으로 만드는 것이 아니다.)

또 다른 시계열 분석 기법의 하나로 모델 기반 예측방법(model–driven forcasting method)이 있다. 모델 기반 기법들은 이전의 예측모델들과 비슷한데 이 모델들은 독립, 종속변수를 포함한다. 그러나 달라진 점은 독립변수가 시간이라는 점이다. 가장 간단한 방법은 물론 다음과 같은 형식을 가지는 선형회귀모델이다.

$$y(t) = a + b \times t \tag{10.1}$$

위의 식에서 y(t)는 시간 t에서의 타겟변수의 값이다. 학습용 데이터가 주어지는 경우, 미래의 y값을 예측하기 위해서 계수 a와 b의 값들을 추정한다. 모델 기반 기법들은 함수의 형태를 선택하는 데 있어 매우 복잡해질 수 있다. 일반적으로 많이 사용되는 함수로서는 지수(exponential), 다항식(polynomial) 그리고 멱(power law) 함수 등이 있다. 스프레드시트 프로그램에서는 추세선 함수(trend line function)를 사용할 수 있는데, 여기에도 다양한 함수를 선택할 수 있게 되어 있다. 기본적으로 모델 기반 시계열 예측은 독립변수를 선택하는 데 있어서 보통의 함수를 적합하는 예측모델과는 다르다.

더욱 고차원적인 모델 기반 기법은 자기상관(autocorrelation)의 개념에 근거를 두고 있다. 자기상관이란 인접한 시구간(time period)의 데이터는 서로 상관관계가 있다는 것을 의미한다. 이러한 기법 중 가장 잘 알려진 것은 ARIMA(Autoregressive Integrated Moving Average)인데, 이후의 절에서 설명할 것이다. 이제 데이터 기반 기법과 모델 기반 기법을 사용하는 시계열 예측의 개념에 대하여 설명한다.

시계열 기법에서 시계열 분석(time series analysis)이라고 할 때는 광의적으로 기술적 모델링(descriptive modeling)으로 구분되며, 시계열 예측이라고 할 때는 예측 모델링(predictive modeling)으로 구분된다. 두 가지 모두 분해(decomposition)라는 기법에 의존하는데, 이 기법에서는 데이터가 추세 요소(trend component), 계절 요소(seasonal component), 잡음 요소(noise component)로 나뉜다. 추세와 계절성은 예측 가능하지만[시스템적 요소(systematic component)라고 불린다], 잡음은 정의상 무작위(random)인 것으로 간주한다[비시스템적 요소(nonsystematic component)라고 불린다]. 이 장에서는 시계열 분석 기법에 대해서만 집중할 것이다. 시계열 분해(time series decomposition)에 대한 상세한 설명을 원한다면 Hyndman (2014)과 같은 시계열 분석 관련 책을 참조하면 된다.

제품수요에 대한 예측

시계열을 가장 일반적으로 잘 응용하고 있는 분야는 제품수요에 대한 예측이다. 가스, 원유 파이프라인에 사용하는 왁스테이프를 생산하는 제조회사가 있다. 이 회사는 10개 정도의 생산라인에서 약 12종의 왁스테이프를 생산한다. 이 제품들에 대한 수요는 여러 가지 요인에 따라 변한다. 예를 들어, 정기적인 파이프라인에 대한 보수관리는 통상적으로 따뜻한 계절에 한다. 그래서 수요에는 계절적인 쏠림이 있다. 그리고 지난 몇 년간 신흥국들의 성장에 따라 이 회사의 제품에 대한 수요도 증가해왔다. 마지막으로 향후 가격의 변화(회사가 사전에 미리 발표하는)는 고객들의 가수요를 촉발하여 갑작스러운 수요 증가를 발생시킨다. 그러므로 가격 데이터에는 추세와 계절적 요인들이 있다(그림 10.2). 제한된 자원과 예산에 근거하여 생산 계획을 세울 수 있도록 회사의 제품에 대하여 월간, 분기별, 연간 수요를 예측할 필요가 있으며 각 제품 라인에 대하여 잠재적인 수요를 예측하기 위하여 시계열 예측을 활용할 수 있다. 계절적인 패턴과 성장 추세를 조사하여, 더 효율적으로 제조라인을 준비시킬 수 있다. 예를 들어, 추운 기후에 많이 쓰이는 2번 왁스테이프의 판매에 대한 계절성을 고려해 보면, 여름에 시작되는 보수관리 기간에 대비해서 3, 4월에 고객들이 가장 많이 주문을 한다는 것을 알 수 있다. 따라서 제조회사의 공장장은 3, 4월에 제조라인 대부분을 2번 테이프의 제조에 전담하도록 대비시킬 수 있다. 시계열 분석을 하지 않으면 이러한 것을 알아내기 힘들다.

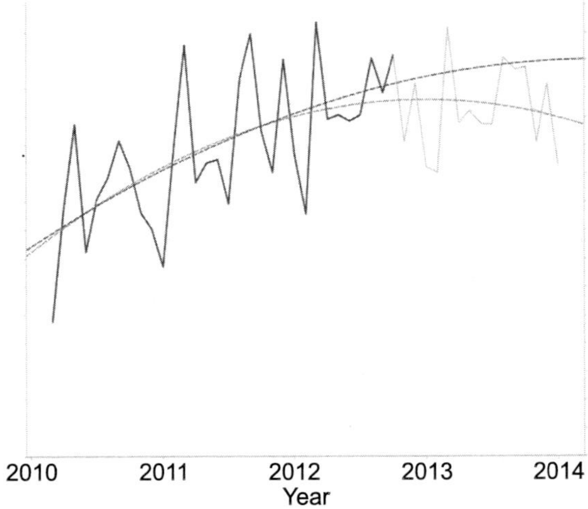

[그림 10.2] 시계열 분석은 추세와 계절적 패턴을 추출한다.

10.1 데이터 기반 접근 방법

시계열에 대한 여러 가지 방법론을 이해하기 위해 먼저 기본적인 용어들을 정의해 보도록 하자. 아래는 중요한 척도들이다.

- **시구간(time period)**: t = 1, 2, 3, …, n. 시구간은 문제에 따라 초, 일, 주, 월, 연의 단위를 가진다.
- **위의 각 시구간에 대응하는 데이터 계열(data series)**: $y_1, y_2, y_3, \ldots y_n$.
- **예측(forecast)**: $F_{n+h} \rightarrow$ n 이후 h번째 시구간에 대한 예측. 보통 h = 1로서, 마지막 데이터 포인트 직후의 시구간이다. 그러나 h는 1보다 클 수 있으며, 시계(horizon)라고 불린다.
- **예측 오류(forecast error)**: 주어진 시간, t에 대하여 $e_t = y_t - F_t$.

여러 가지 방법을 설명하기 위하여, 간단한 시계열 데이터 함수 Y(t)를 사용할 것이다. Y는 임의의 시간 t에서 시계열의 값을 나타낸다. 그림 10.3에서 데이

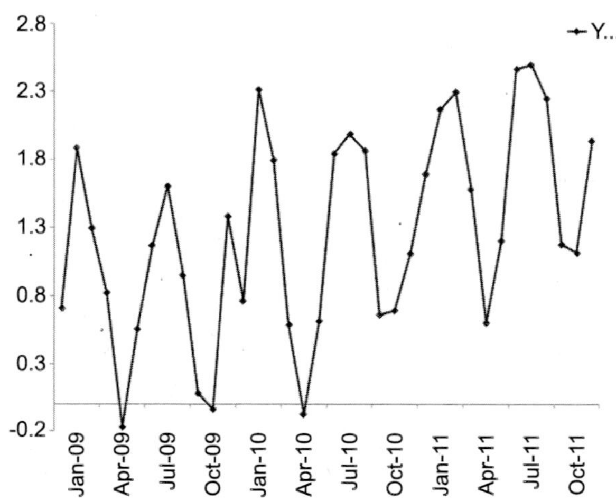

[그림 10.3] 단순한 시계열 Y(t)

터는 36개월 동안의 Y 값을 나타낸다(데이터와 관련 모델은 www.LearnPredictiveAnalytics.com 사이트에서 얻을 수 있다). 그림에서 보듯이, Y(t)는 주기적인(또는, 계절적인) 요소와 무작위(잡음)요소로 이루어져 있다고 간주할 수 있다. 또한 이 그림에서 시구간들은 동일 간격으로 나열되어 있다. 그러나 시구간 사이의 간격은 가변적인 데이터가 있을 수 있다. 이러한 경우에는 보간법(interpolation)을 사용하여 시간적으로 동일 간격을 가지는 데이터 포인트들을 계산할 수 있다.

10.1.1 단순 예측

가장 단순한 예측(naïve forecast)은 '모델' 그 자체이다. 여기에서는 계열의 다음 시구간에 대한 예측 즉, F_{n+1}은 계열에서 마지막 데이터 포인트 y_n과 같다고 가정한다(수식 10.2).

$$F_{n+1} = y_n \tag{10.2}$$

10.1.2 단순 평균

수준을 한 단계 높인 예측에서는 다음 시구간의 데이터 포인트를 계열의 모든 데이터 포인트의 평균으로 계산할 수 있다. 즉, 이 모델에서는 예측값 F_{n+1}을 다음과 같이 계산한다.

$$F_{n+1} = \text{AVERAGE}\,(y_n, y_{n-1}, y_{n-2}, \ldots, y_1) \tag{10.3}$$

1월부터 12월까지의 월간 데이터가 있다면, 다음 해 1월 (n + 1)의 값을 예측하기 위하여, 간단하게 1월(n = 1)부터 12월(n = 12)까지의 값을 평균한다.

10.1.3 이동 평균

단순 평균의 문제는 평균 계산에 있어서 몇 개의 데이터 포인트를 사용하는가 하는 것이다. 데이터가 커짐에 따라(즉, n이 커짐에 따라), n개의 모든 시구간을 다음 예측값을 구하는 데 사용하는 것이 좋을지는 의문이다. 이러한 문제에 대처하기 위해서, 평균을 계산하기 위해서 마지막 k개의 구간을 포함하는 윈도우를 선택할 수 있다. 데이터가 시간에 따라 커짐에 따라 항상 마지막 k개의 표본(즉, n, n - 1, ..., n - k + 1)의 평균을 구한다. 즉, 평균을 취하는 윈도우는 앞으로 전진하므로 이동하는 평균(moving average)을 계산하게 된다. 위의 간단한 예제에서 k = 3인 윈도우를 사용하기로 하자. 1월의 데이터를 예측하기 위하여, 마지막 3개월의 데이터를 이용하여 3개월의 평균을 계산한다. 1월에 대한 실제 데이터가 들어오면 1월(n), 12월(n - 1), 11월(n - 2)의 값을 사용하여 2월의 값을 계산할 수 있다. 이 모델은 데이터에 계절성이 있을 때(예를 들어, 소매에서는 12월, 건강보험에서는 1월), 평균을 왜곡하게 되는 문제가 발생한다(역자주: 12월은 크리스마스 세일 시즌이며, 1월에 건강보험을 가입하는 비율이 높다).

10.1.4 가중이동평균

어떤 경우에는 가장 최근의 값이 이전의 값들보다 더 큰 영향을 끼친다. 대부분의 지수적인 증가가 이러한 효과 때문에 발생한다. 다음 구간의 예측은 다음과 같은 모델로 계산할 수 있다.

$$F_{n+1} = (a \times y_n + b \times y_{n-1} + c \times y_{n-2}) / (a + b + c) \tag{10.4}$$

위의 식에서 일반적으로 $a > b > c$이다. 그림 10.4에서는 앞서 언급되었던 간단한 시계열 데이터에 대한 예측 결과를 비교한다. 위에서 설명한 모든 방법들은

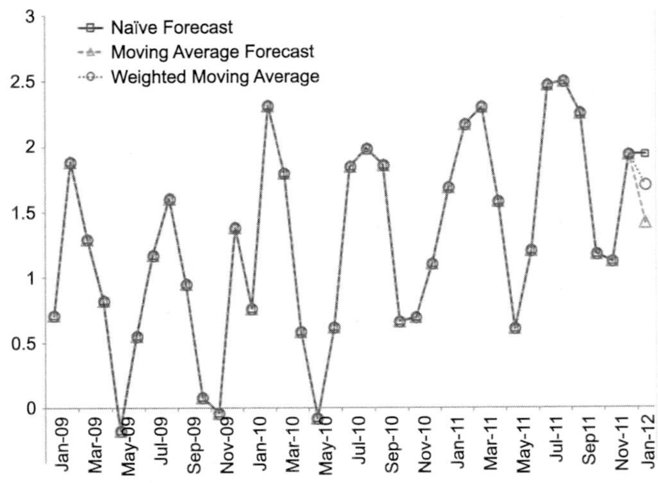

[그림 10.4] 한 단계 앞선 예측에 대한 기본적인 데이터 기반 방법들의 비교

특성상 오직 한 단계 앞선 예측밖에는 할 수 없다. 가중치를 나타내는 계수 a, b, c는 대부분의 경우에 시계열에 대한 사전 지식에 의하여 결정된다.

다음은 지수 평활화인데, 가중이동평균(weighted moving average)과는 약간 다르다.

10.1.5 지수 평활화

다음 구간의 값을 예측하기 위하여 주어진 구간에 대한 예측값을 사용한다면 어떻겠는가? 월간 데이터 예제에서, 2월의 예측값을 구하기 위하여 1월의 실제값뿐만 아니라 1월에 대한 이전 예측값을 사용한다면 새로운 예측을 하는 데 있어서 데이터를 더 잘 학습할 수 있을 것이다. 이런 생각이 지수 평활화(exponential smoothing) 방법의 기본적인 개념이다(Brown, 1956).

$$F_{n+1} = \alpha \times y_n + (1-\alpha) \times F_n \tag{10.5}$$

위의 식에서 α는 일반적으로 0과 1 사이의 값이다. α가 1에 가깝다면 이전의 예측값은 마지막 구간의 실제값보다 더 작은 가중치를 가지게 되고, α가 0에 가깝다면 그 반대의 경우가 될 것이다. α가 1이라면 식 10.2와 같은 단순 예측이 될 것이다. 그림 10.5의 차트에 나온 대로, 더 큰 α를 사용할 경우 실제값에 가중치를 더 주게 되어 결과로 나오는 곡선은 실제값에 더 근접하게 된다. 그러나 더 작은 α를 사용할 경우 이전의 예측값을 더 강조하게 되어 곡선은 더 매끈해지지만 덜 적합하게 될 것이다. α에 대한 일반적인 값은 경험적으로 0.2부터 0.4이다.

이와 같이 간단한 지수 평활화방법은 많은 데이터 기반 예측방법의 기초가 된다. 위와 같은 모델에는 파라미터가 하나, 즉 α밖에 없다. 이 모델은 시계열 데이터를 평활화시키므로 예측하는 것이 더 용이해진다. 식 10.5를 보면, 한 단계 앞밖에는 예측할 수 없다는 것을 알 수 있다. 왜냐하면 (n + 1)단계의 예측을 하기 위해서는 이전 단계의 데이터가 필요하기 때문이다. 위에서 설명한 세 가지 방법들(이 방법들에서는 단순히 $F_{n+h} = F_{n+1}$라고 가정했다)로는 몇 단계 앞선

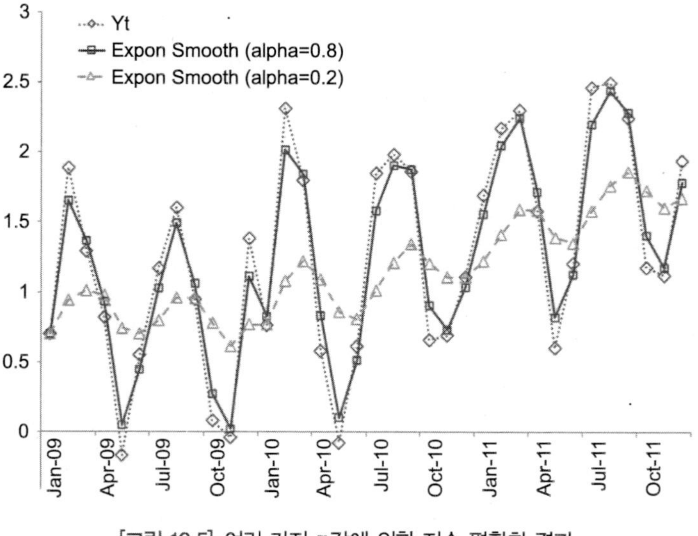

[그림 10.5] 여러 가지 α값에 의한 지수 평활화 결과

즉, (n+h)단계 예측은 불가능하다. 여기서 "h"는 시계(horizon)라고 불린다. 이러한 방법들은 사용이 명백히 제한적이다. 더 긴 시계(즉, h >> 1)에 대한 예측을 하기 위하여, 추세와 계절성 정보를 고려할 필요가 있고 단순 지수 평활화 방법은 더 복잡해질 것이다.

시계열은 소위 비정상적인(nonstationary) 데이터로 구성되어 있다. '비정상적'이란 시계열이 일반적으로 '일상적인' 변동(fluctuation)과 함께 추세와 계절성 패턴을 포함한다는 것이다(Hyndman, 2014). 앞서 언급했던 바와 같이, 대부분의 시계열은 추세, 계절성, 무작위 잡음과 같은 요소들로 구성되어 있다(그림 10.6 참조). 추세와 계절성을 포착하기 위하여, 지금까지 설명했던 것보다 더 복잡한 기법이 필요하다. 다행스럽게도 이와 같은 목적에 사용할 수 있게 잘 만들어진 데이터 중심 방법들이 많이 있다. 추세와 계절성을 포착한 다음에는, 겨우 한 단계 앞뿐만 아니라 미래의 어떤 시점의 값이라도 예측할 수 있다. 이제부터는 그런 방법들에 대하여 전체적인 윤곽을 살펴보도록 하자.

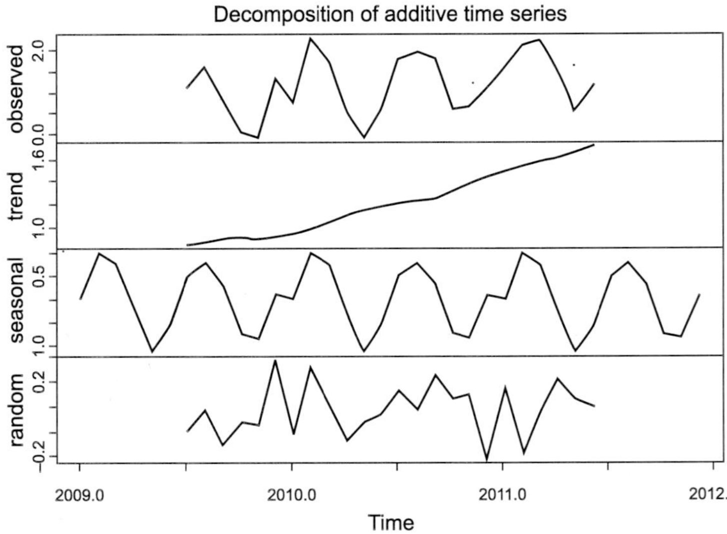

[그림 10.6] 시계열에 대한 분해(decomposition)의 일반적인 예

10.1.6 홀트의 2개 파라미터를 포함하는 지수 평활화

산점도 위에 추세선을 생성하기 위해서 스프레드시트를 사용해 본 사람은 추세가 무엇인지 알고 있을 것이다. 추세는 시계열에 대한 장기간 동안의 평균적인 경향이다. 앞서 언급되었던 단순 지수 평활화 모델은 추세를 포착하는 데 있어서 그다지 효율적이지 않다. 홀트(Holt)가 이 기법을 확장하여 2개의 파라미터를 포함한 지수 평활화를 제안하였다.

지수적 평활화법의 공식(식 10.5)은 단순히 (n + 1)단계에서의 시계열의 평균값을 계산한다. 만일 계열이 추세를 가지고 있다면, 이 계열의 평균적인 기울기도 추정할 필요가 있다. 이것이 홀트의 2개의 파라미터를 포함한 지수 평활화에서 β파라미터를 이용하여 하는 일이다. 식 10.5와 같은 평활화 공식은 (n + 1)에서의 평균적인 추세를 계산하기 위해서 만들어져 있다. 2개의 파라미터, α와 β를 이용하면 추세를 가진 어떤 시계열도 모델링할 수 있고 또한 예측도 가능하다. 예측은 두 가지 요소 즉, 계열 L_n의 평균값 또는 수준(level)과 추세 T_n의 합이며, 재귀적으로 다음과 같이 정의된다.

$$F_{n+1} = L_n + T_n \tag{10.6}$$

위의 식에서 $L_n = \alpha \times y_n + (1 - \alpha) \times (L_{n-1} + T_{n-1})$이며 $T_n = \beta \times (L_n - L_{n-1}) + (1 - \beta) \times T_{n-1}$이다.

10.1.7 홀트의 3개 파라미터를 포함하는 지수 평활화

시계열이 추세와 함께 계절성을 포함하는 경우, 시계열의 계절적 요소를 추정하기 위하여 또 하나의 파라미터 γ(gamma)가 필요하다(Winters, 1960). 값(또는 수준)에 대한 추정은 계절 지수(seasonal index)에 의하여 수정되는데, 이러한 추정은 γ를 포함하는 세 번째 공식에 의하여 계산된다. 이 알고리즘에 대하여 자세한 것을 알고 싶다면, 시계열 예측에 관한 책을 참고하기 바란다(Shmueli, 2011; Hyndman, 2014; Box, 2008).

10.2 모델 기반 예측방법

시계열 예측에 대한 모델 기반 예측방법은 일부 데이터 기반 방법이 한 단계 앞만을 예측할 수 있다는 단점을 극복할 수 있다. 이 장의 서두에서 언급한 대로 모델 기반 방법들은 시간이 예측변수 또는 독립변수이며 시계열 값은 종속변수이다. 모델 기반 방법들은 일반적으로 시계열이 '전역적(global)' 패턴인 경우 선호된다. 왜냐하면 모델 파라미터들은 이러한 패턴들을 포착할 수 있으므로 패턴들이 반복된다는 가정하에서는 미래의 어떤 구간도 예측할 수 있기 때문이다. 지역적(local) 패턴을 포함하는 시계열에서는 모델 기반 방법을 사용하기 위해서 어떻게 그리고 언제 이 패턴이 변화하는지 지정해 줄 필요가 있지만 이것은 용이하지 않다. 그러한 계열에 대해서는 데이터 기반 방법이 적합할 것이다. 왜냐하면 이런 방법들은 앞서 본 것처럼 보통 가장 최근의 지역적 패턴 추정에 의존하기 때문이다.

그림 10.7은 두 가지 시계열을 보여준다. 그림 10.7a는 남서 인도에서 5년 동안의 연평균 몬순 강우량을 보여준다(Krishnakumar, 2009). 그림 10.7b는 SPDR S&P 500(SPY) 지수의 수정된 월말 종가(adjusted month-end closing prices)를 보여준다. 확실히 강수량 계열 데이터에는 모델 기반 예측방법이 효과적으로 작동하였다. 그러나 금융 시계열에서는 패턴에 대한 정확한 시작과 끝을 알 수 없다. 두 번째 계열을 예측하기 위해서는 데이터 기반 방법을 사용하는 것이 선호된다.

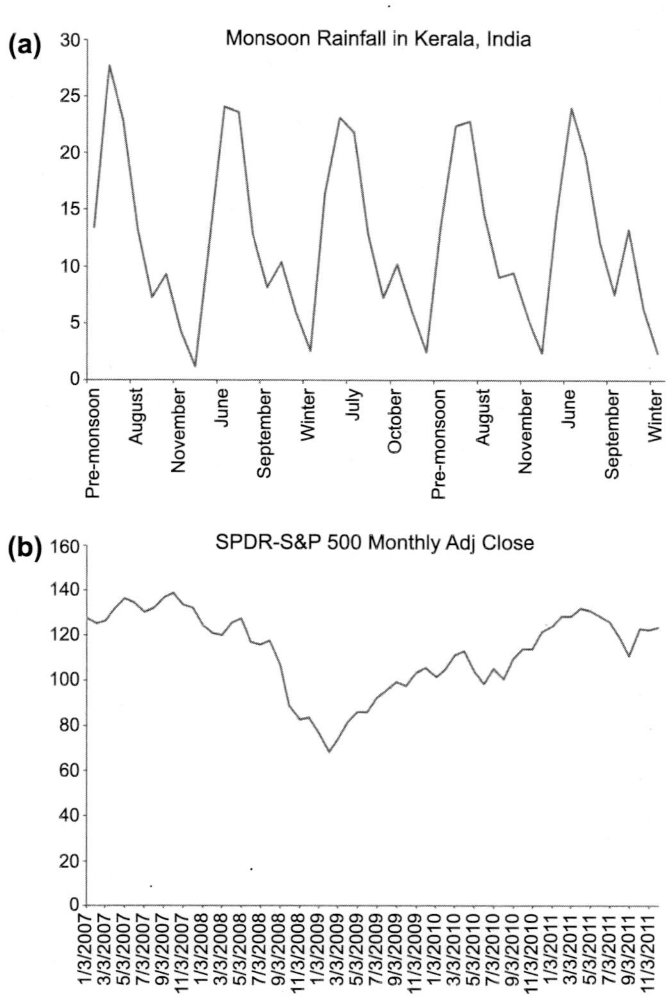

[그림 10.7] (a) 모델 기반, (b) 데이터 기반 방법을 사용하는 것이 선호되는 경우의 데이터 예제

10.2.1 선형회귀

시계열을 분석하기 위한 가장 간단한 모델 기반 방법은 선형회귀(linear regression)이다. 이 장의 서두 부분에서 언급했듯이, 시구간은 독립변수이고 시계열 값을 예측하기 위해서 시구간을 사용한다. 지금까지 예로 들었던 간단한 36개

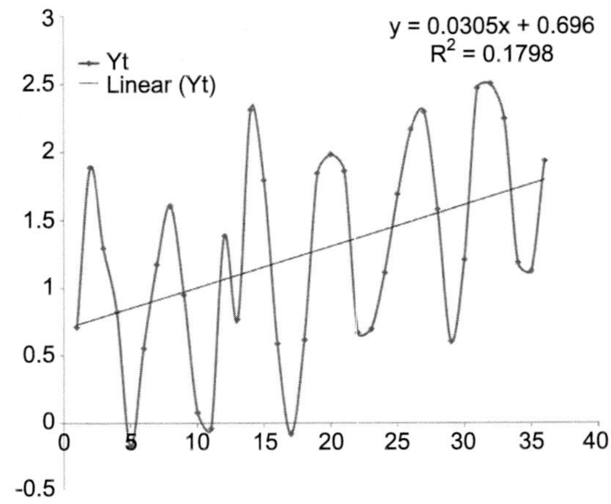

[그림 10.8a] 단순선형회귀모델

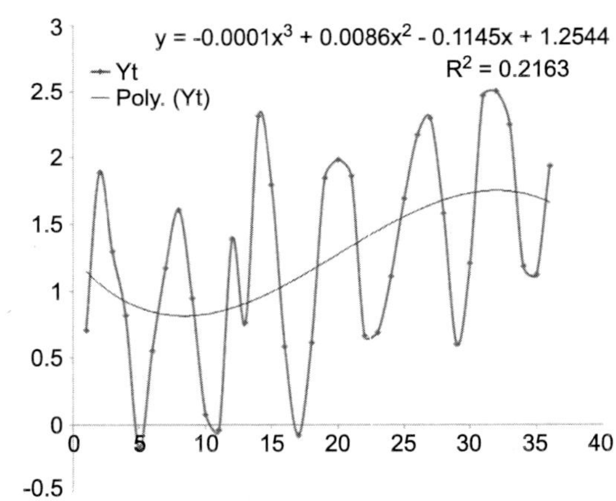

[그림 10.8b] 다항회귀모델

월 동안의 데이터셋에 대하여 선형회귀 방법으로 적합한 결과가 그림 10.8a에 나타나 있다. 그림에서 보다시피, 선형회귀모델은 계열의 장기간 경향을 포착할 수 있었다. 그러나 데이터를 적합하는 데 있어서는 결과가 매우 좋지 않았다. 이것은 R^2 값을 확인해도 알 수 있다.

10.2.2 다항회귀

더 복잡한 다항회귀(polynomial regression)를 사용하면 결과를 개선시킬 수 있다. 다항회귀는 선형회귀와 비슷하나 독립변수에 관한 고차 함수(2, 3차)를 사용한다는 점이 다르다. 그런데 그림 10.8b에서 보는 바와 같이, 3차 다항식을 사용했을 때 결과가 뚜렷이 좋아진다고 말할 수는 없다. 그러나 두 경우 모두 간단한 평활화(데이터 기반) 방법에서처럼 한 단계 앞만을 예측한다는 제한에서는 벗어나게 된다.

10.2.3 선형회귀로 계절성 분석하기

선형회귀에서 계절성(seasonality)을 고려한다면 적합정도를 월등하게 개선시킬 수 있다. 이렇게 하기 위해서는 계열 데이터의 각 월에 더미변수(dummy variable)를 도입하면 된다. 더미변수는 표 10.1에서와 같이 0 또는 1의 값을 가진다. 간단하게 선형회귀모델에 새로운 예측변수를 도입함으로써 월등히 좋은 적합 결과를 가져온다(그림 10.9 참조). 모델 방정식이 매우 복잡하게 보이지만, 실제로는 단순한 13개의 변수를 갖는 선형회귀이다. 즉, 시구간과 1년의 각 월을 나타내는 12개의 더미변수를 포함한다. 시간–독립변수는 추세를 포착하고 12개의 더미변수들은 계절성을 포착한다. 이 선형회귀 방정식은 (n + 1)단계를 넘어선 어떠한 미래의 값을 예측하는 데도 사용할 수 있으므로 간단한 데이터 기반 방법들보다 월등한 효과가 있다.

추세와 계절성을 포착하기 위해 선형회귀만 사용할 이유는 없다. 계절성을 모델링하기 위한 사인, 코사인 함수와 함께 다항식을 사용하여 더 복잡한 모델들을 만들 수 있다. 이런 모델들은 동일한 효과를 가진다.

[표 10.1] 계절성 모델링을 위하여 생성된 데이터

Month	t	Dummy_1	Dummy_2	Dummy_3	Dummy_4	Dummy_5	Dummy_6	Dummy_7	Dummy_8	Dummy_9	Dummy_10	Dummy_11	Dummy_12	Yt
Jan	1	1	0	0	0	0	0	0	0	0	0	0	0	0.709
Feb	2	0	1	0	0	0	0	0	0	0	0	0	0	1.886
Mar	3	0	0	1	0	0	0	0	0	0	0	0	0	1.293
Apr	4	0	0	0	1	0	0	0	0	0	0	0	0	0.822
May	5	0	0	0	0	1	0	0	0	0	0	0	0	−0.173
Jun	6	0	0	0	0	0	1	0	0	0	0	0	0	0.552
Jul	7	0	0	0	0	0	0	1	0	0	0	0	0	1.169
Aug	8	0	0	0	0	0	0	0	1	0	0	0	0	1.604
Sep	9	0	0	0	0	0	0	0	0	1	0	0	0	0.949
Oct	10	0	0	0	0	0	0	0	0	0	1	0	0	0.08
Nov	11	0	0	0	0	0	0	0	0	0	0	1	0	−0.04
Dec	12	0	0	0	0	0	0	0	0	0	0	0	1	1.381

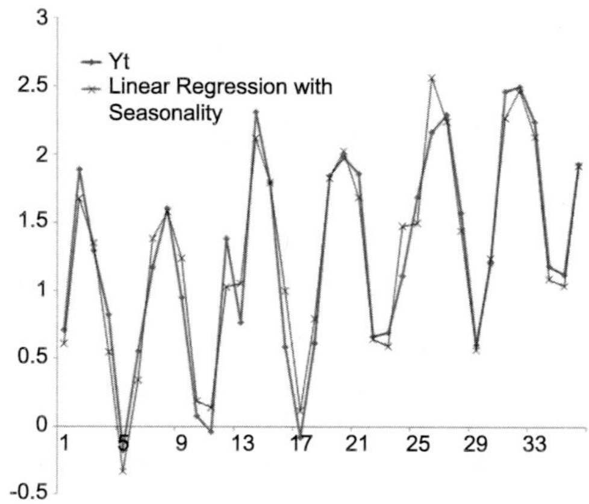

[그림 10.9] 선형회귀를 이용한 계절성 모델링

10.2.4 자기회귀모델과 ARIMA

표 10.2의 두 번째 열은 간단한 시계열을 보여준다. 세 번째 열에 첫 해(2009)의 일곱 번째 월부터 열두 번째 월까지의 값을 모아 놓았다. 또한 네 번째 열에

[표 10.2] 자기상관 개념

Month	Yt	Lag 6-1	Lag 6-2
Jan-09	0.709	1.169	0.761
Feb-09	1.886	1.604	2.312
Mar-09	1.293	0.949	1.795
Apr-09	0.822	0.08	0.586
May-09	-0.173	-0.04	-0.077
Jun-09	0.552	1.381	0.613
Jul-09	1.169		
Aug-09	1.604		
Sep-09	0.949		
Oct-09	0.08		
Nov-09	-0.04		
Dec-09	1.381		
Jan-10	0.761		
Feb-10	2.312		
Mar-10	1.795		
Apr-10	0.586		
May-10	-0.077		
Jun-10	0.613		

는 열세 번째 월부터 열여덟 번째 월까지의 값을 모아 놓았다. 이렇게 만들어진 새로운 계열을 "지연계열"이라고 하는데, 행별로 하나씩의 지연계열이 만들어진다. 이것들을 자세히 살펴보면, 같은 행에 속한 값들은 강한 상관관계를 가진다는 것을 알 수 있다. 예를 들어, 모든 다섯 번째 월(May-2009, Nov-2009, May-2010)에는 값이 0 이하로 떨어진다. 이러한 현상은 자기상관관계(autocorrelation)라고 불리며 분석과정에서 활용할 수 있다. 자기회귀모델(autoregression model)은 기본적으로 지연계열(lag series)에 적용되는 회귀모델이다. 여기서 각각의 지연계열은 종속변수 Y_t의 값을 적합시키는 데 사용되는 새로운 예측변수가 된다. 실제 값에 대한 지연계열 외에 예측오류에 대한 지연계열도 생성하여 또 다른 예측변수로 사용할 수 있다.

ARIMA 방법은 원래 Box와 Jenkins에 의해서 1970년대에 개발되었으며(Box, 1970), 자기상관관계를 이용하는 모델링을 할 수 있도록 해준다. ARIMA는 복잡한 기법이며 좋은 예측 결과를 산출하기 위해서는 많은 경험이 필요하다. RapidMiner에는 지연 과정을 수행하기 위한 도구가 포함되어 있지만, ARIMA 모델 구현 방법을 제공하는 것은 아니기에 ARIMA에 대한 정보와 응용에 대해서는 온라인 및 오프라인의 참고자료를 참고하기 바란다(예: Alnaa, 2011). 다음 몇 개의 절에서는 RapidMiner를 이용하여 시계열 분석과 예측을 수행하는 것에 집중할 것이다.

10.2.5 구현 방법

시계열에 대한 RapidMiner의 접근 방법은 두 가지의 주요한 데이터 변환과정에 기본을 두고 있다. 첫 번째는 시계열을 일반적인 데이터셋으로 변환하기 위한 윈도윙(windowing)인데 이 단계에서는 시계열 안에서 윈도우의 마지막 행을 레이블이나 타겟변수로 변환한다. 타겟변수를 예측하기 위해서는 어떠한 학습 알고리즘이라도 적용할 수 있으므로 시계열에서 다음 시구간에 대한 예측을

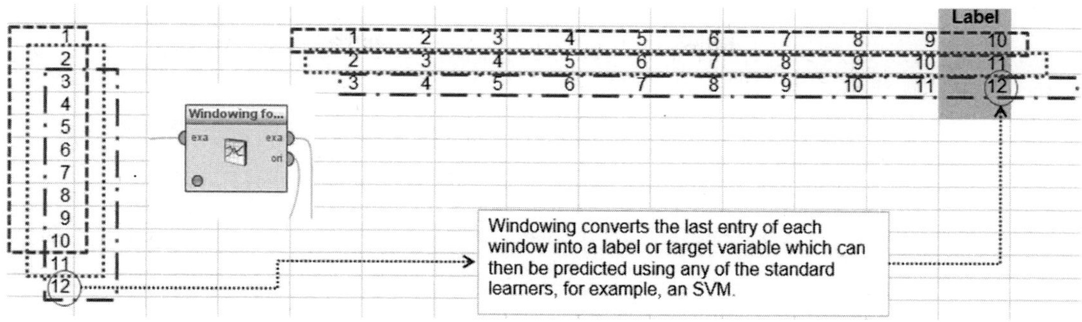

[그림 10.10] 윈도윙 변환의 개념

할 수 있다. 일반적인 시계열과 그것을 변환한 구조(윈도윙 후)는 그림 10.10에 개념적으로 나타나 있다.

Windowing 오퍼레이터의 파라미터들은 윈도우의 크기(size of windows)(점선으로 그려진 사각형, 그림 10.10의 왼쪽 부분), 연속된 윈도우들 간의 중복 크기(step size), 그리고 예측에 사용되는 예측시계의 크기(prediction horizon)를 조절할 수 있다. 예측시계는 원래 데이터 계열의 어느 행이 변환된 계열에서 레이블 변수가 될 것인지를 결정한다. (예를 들어, 위의 예제에서 예측시계는 0이다. 다음 절에서 더 자세하게 설명한다.) 계열 데이터를 일반적인 횡단면 데이터로 변환하면 RapidMiner에 포함된 알고리즘을 횡단면 데이터에 적용하여 예측할 수 있게 된다.

RapidMiner에서의 시계열 분석을 수행할 때 중요한 다음 과정은 사용 가능한 학습 알고리즘을 적용하여 회색 사각형에 나타난 레이블 변수를 예측하는 것이다(그림 10.10 참조). 이러한 학습 알고리즘에 필요한 데이터셋은 그림에서 나타난 '수평적인' 데이터셋이며 타겟 또는 레이블 변수는 회색 사각형으로 표시되어 있다. 대부분의 *Performance* 오퍼레이터들은 데이터에 대한 학습모델의 적합도를 평가하는 데 사용할 수 있다.

이 절에서는 RapidMiner를 이용하여 10.1절에서 언급된 간단한 시계열 Y(t)를 모델링하는 과정을 보여줄 것이다. 이 데이터셋은 2009년 1월부터 2010년 6월까지 특정 제품에 대한 월별 이익에 대한 이력을 보여준다. 이 데이터는 표 10.1에 나와 있다(Y_t로 레이블된 열). 이 예제에서의 목적은 다음 12개월 동안의 이익을 예측해 보고 전통적(평균화 또는 평활화 같은) 예측 알고리즘 대신 기계학습 알고리즘을 사용하는 경우의 장점을 보여주기 위한 것이다.

이 과정은 다음의 세 단계로 구성되어 있다. (1) 윈도윙 설정하기 (2) 여러 가지 학습 알고리즘으로 모델 학습하기 (3) 예측 생성하기

단계 1: 윈도윙 설정하기

그림 10.11의 프로세스 윈도우에는 윈도윙에 필요한 오퍼레이터들이 나타나 있다. 모든 시계열은 날짜를 나타내는 열들을 포함하며 이것들은 주의해서 다루어야 한다. 데이터 중 하나의 열이 날짜이며 "id"로 간주해야 한다고 RapidMiner에 알려주어야 한다. 이것은 *Set Role* 오퍼레이터로 할 수 있다. 만일 입

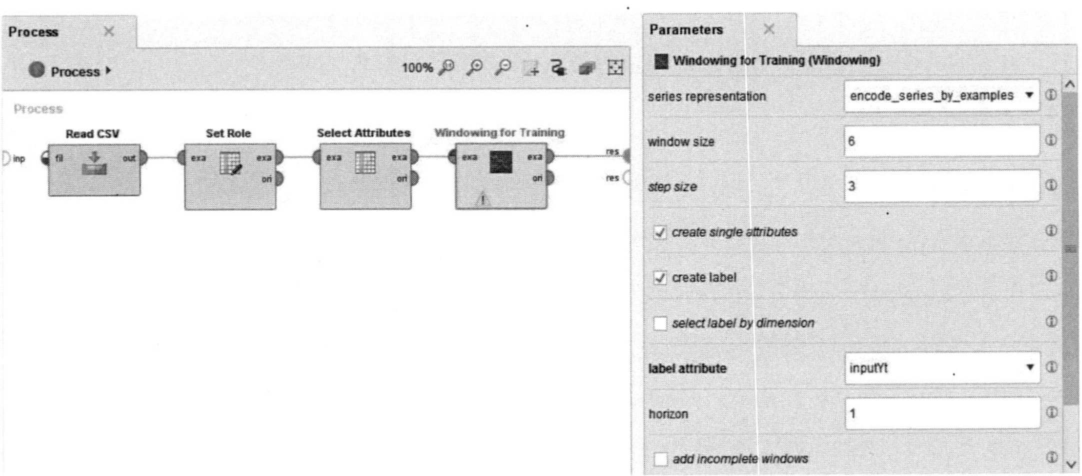

[그림 10.11] 원래 시계열 데이터에 윈도윙 적용하기

력 데이터에 여러 개의 제품이 있다면, 예측하기를 원하는 속성을 선택하기 위해서 *Select Attribute*를 사용해야 한다. 이 예제의 경우에는, 계열이 하나이므로 이 오퍼레이터가 필요하지는 않다. 그러나 일반적인 수행과정을 보여주기 위하여 포함하였고 "inputYt"를 선택하였다. 마지막 오퍼레이터는 *Windowing* 오퍼레이터이다(이 오퍼레이터는 Series extension을 설치를 해야 한다. 설치하지 않았다면 [Extensions > Marketplace (Updates and Extensions)]을 참조한다).

추가적으로 결측치를 포함하는 속성을 제거하기 위하여 *Filter Examples* 오퍼레이터를 사용할 수도 있다. 윈도윙 과정에서 고려해야 할 파라미터는 다음과 같다.

- **윈도우 크기(window size)**: 횡단면 데이터에서 몇 개의 '속성'이 생성되어야 하는지를 결정한다. 윈도우의 너비(window width) 안에 포함된 원래 시계열의 각 행이 새로운 속성이 된다. 이 예제에서는 w = 6으로 설정하였다.

Date	inputYt
Jan 1, 2009	0.709
Feb 1, 2009	1.886
Mar 1, 2009	1.293
Apr 1, 2009	0.822
May 1, 2009	-0.173
Jun 1, 2009	0.552
Jul 1, 2009	1.169
Aug 1, 2009	1.604
Sep 1, 2009	0.949
Oct 1, 2009	0.080
Nov 1, 2009	-0.040
Dec 1, 2009	1.381
Jan 1, 2010	0.761

Date	label	inputYt-5	inputYt-4	inputYt-3	inputYt-2	inputYt-1	inputYt-0
Jun 1, 2009	1.169	0.709	1.886	1.293	0.822	-0.173	0.552
Jul 1, 2009	1.604	1.886	1.293	0.822	-0.173	0.552	1.169
Aug 1, 2009	0.949	1.293	0.822	-0.173	0.552	1.169	1.604
Sep 1, 2009	0.080	0.822	-0.173	0.552	1.169	1.604	0.949
Oct 1, 2009	-0.040	-0.173	0.552	1.169	1.604	0.949	0.080
Nov 1, 2009	1.381	0.552	1.169	1.604	0.949	0.080	-0.040
Dec 1, 2009	0.761	1.169	1.604	0.949	0.080	-0.040	1.381
Jan 1, 2010	2.312	1.604	0.949	0.080	-0.040	1.381	0.761
Feb 1, 2010	1.795	0.949	0.080	-0.040	1.381	0.761	2.312
Mar 1, 2010	0.586	0.080	-0.040	1.381	0.761	2.312	1.795
Apr 1, 2010	-0.077	-0.040	1.381	0.761	2.312	1.795	0.586
May 1, 2010	0.613	1.381	0.761	2.312	1.795	0.586	-0.077

Window size = 6
Step size = 1
Horizon = 1

Using data from 6 rows (Jan 2009 – Jun 2009) of the window, a learner can be trained to predict the label which is the value of the time series in the next time step (Jul 2009) and so on.

[그림 10.12] 윈도윙 변환의 출력 [설명: 윈도우의 6개 행의 데이터(Jan 2009–Jun 2009)를 사용하여 다음 단계(Jul 2009)와 그 이후의 단계를 예측하도록 학습한다.]

- **단계 크기(step size)**: 윈도우를 어떻게 전진시킬 것인지를 결정한다. 여기서는 s = 1로 설정하였다.
- **시계(horizon)**: 얼마나 멀리까지 예측할 것인지를 결정한다. 윈도우 크기가 6이고 시계가 1이라면, 원래 시계열의 7번째 행이 레이블 변수의 첫 번째 사례가 된다. 여기서는 h = 1로 설정한다.

그림 10.12는 원래 데이터와 윈도윙 과정에서 변환된 결과를 보여주고 변환 단계를 자세하게 설명해 준다. 중요한 점은 선택된 윈도우(사각형으로 표시된)에 대한 타겟 또는 반응변수 값은 2009년 7월 1일(Jul 1, 2009)로부터 나온 값이라는 것이다. 이 데이터에 학습 알고리즘을 적용하는 경우, inputYt−5부터 inputYt−0의 속성이 독립변수들이 된다. 이 부분은 단계 2의 출력에 나타난다(그림 10.13 참조).

단계 2: 모델 학습하기

윈도윙이 끝나면 시계열 분석을 위하여 예측분석 알고리즘을 적용하는데, 이때 RapidMiner의 장점이 발휘된다. 시계열은 횡단면데이터로 재배열(변환)되어 있으므로 회귀, 신경망, 서포트벡터머신 등과 같은 RapidMiner에 포함된 기계학습 알고리즘을 사용할 수 있다. 이 예제에서는 선형회귀를 사용하였으며 inputYt−5부터 inputYt−0까지의 변수를 독립변수로 삼고 레이블 변수를 종속변수로 가진다.

모델 적합이 끝나면 다음 단계는 예측을 실행한다. 이 경우에서와 같이 윈도우 크기와 시계가 정해지면 다음 단계에 대해서만 예측이 가능하다. 이 예제에서, 변환된 데이터셋의 마지막 행은 Nov. 1, 2011에 해당된다. 독립변수들의 값은 June 2011부터 November 2011까지의 값들이며 타겟 또는 레이블 변수는 December 2011부터이다. 회귀 공식과 Nov. 1, 2011 행의 값을 이용하면 January 2012의 값을 생성할 수 있다. July부터 December까지의 값을 회귀 공식에 대입

(a)

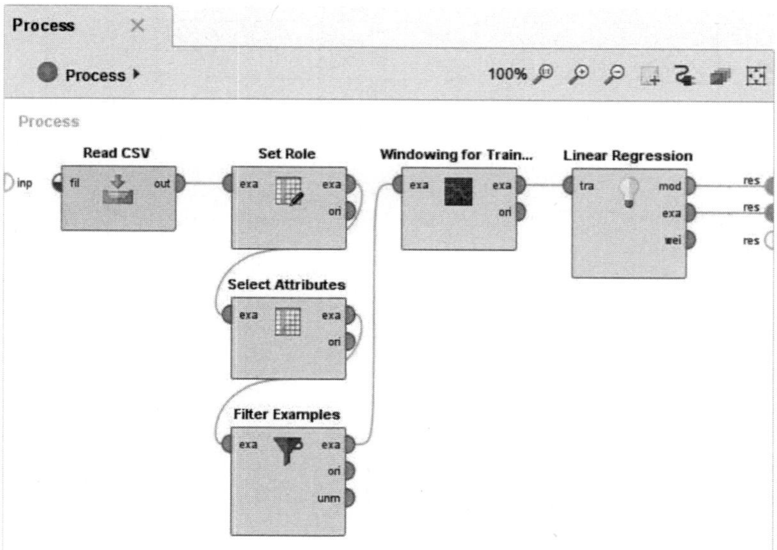

(b)

Linear Regression

0.488 * inputYt-5
+ 0.286 * inputYt-4
+ 0.108 * inputYt-3
- 0.137 * inputYt-2
+ 0.292 * inputYt-0
+ 0.112

(c)

Date	label	inputYt-5	inputYt-4	inputYt-3	inputYt-2	inputYt-1	inputYt-0
Mar 1, 2010	0.060	0.060	-0.040	1.381	0.761	2.312	1.795
Apr 1, 2010	-0.077	-0.040	1.381	0.761	2.312	1.795	0.585
May 1, 2010	0.613	1.381	0.761	2.312	1.795	0.585	-0.077
Jun 1, 2010	1.845	0.761	2.312	1.795	0.585	-0.077	0.613
Jul 1, 2010	1.984	2.312	1.795	0.585	-0.077	0.613	1.845
Aug 1, 2010	1.851	1.795	0.585	-0.077	0.613	1.845	1.984
Sep 1, 2010	0.651	0.586	-0.077	0.613	1.845	1.984	1.861
Oct 1, 2010	0.692	-0.077	0.613	1.845	1.984	1.861	0.661
Nov 1, 2010	1.108	0.613	1.845	1.984	1.861	0.661	0.692
Dec 1, 2010	1.688	1.845	1.984	1.861	0.661	0.692	1.108
Jan 1, 2011	2.157	1.984	1.861	0.661	0.692	1.108	1.688
Feb 1, 2011	2.285	1.861	0.661	0.692	1.108	1.688	2.167
Mar 1, 2011	1.577	0.661	0.692	1.108	1.688	2.167	2.295
Apr 1, 2011	0.601	0.692	1.108	1.688	2.167	2.295	1.577
May 1, 2011	1.201	1.108	1.688	2.167	2.295	1.577	0.601
Jun 1, 2011	2.456	1.688	2.167	2.295	1.577	0.601	1.201
Jul 1, 2011	2.497	2.167	2.295	1.577	0.601	1.201	2.455
Aug 1, 2011	2.245	2.295	1.577	0.601	1.201	2.455	2.497
Sep 1, 2011	1.179	1.577	0.601	1.201	2.455	2.497	2.245
Oct 1, 2011	1.119	0.601	1.201	2.455	2.497	2.245	1.179
Nov 1, 2011	1.934	1.201	2.455	2.497	2.245	1.179	1.119

[그림 10.13] (a)의 프로세스에서, 선형회귀를 통하여 6개의 종속변수를 사용하여 "label" 변수가 적합된다(b). 각 행의 레이블은 다음 행의 inputYt-0에 해당된다(c).

Prediction	Attribute-6	Attribute-5	Attribute-4	Attribute-3	Attribute-2	Attribute-1
v7*	v1	v2	v3	v4	v5	v6
v8*	v2	v3	v4	v5	v6	v7*
v9*	v3	v4	v5	v6	v7*	v8*
...	...	...	...	...	...	...

(n+1)th forecast: without looping this is the last value that windowing can predict.

Row No.	Date	prediction(label)	inputYt-5	inputYt-4	inputYt-3	inputYt-2	inputYt-1	inputYt-0
1	Nov 1, 2011	1.694	1.201	2.466	2.497	2.245	1.179	1.119
2	Dec 1, 2011	2.597	2.466	2.497	2.245	1.179	1.119	1.694
3	Jan 1, 2012	2.693	2.497	2.245	1.179	1.119	1.694	2.597
4	Feb 1, 2012	2.196	2.245	1.179	1.119	1.694	2.597	2.693
5	Mar 1, 2012	1.457	1.179	1.119	1.694	2.597	2.693	2.196
6	Apr 1, 2012	1.457	1.119	1.694	2.597	2.693	2.196	1.457
7	May 1, 2012	2.087	1.694	2.597	2.693	2.196	1.457	1.457
8	Jun 1, 2012	2.784	2.597	2.693	2.196	1.457	1.457	2.087
9	Jul 1, 2012	2.807	2.693	2.196	1.457	1.457	2.087	2.784
10	Aug 1, 2012	2.265	2.196	1.457	1.457	2.087	2.784	2.807
11	Sep 1, 2012	1.720	1.457	1.457	2.087	2.784	2.807	2.265
12	Oct 1, 2012	1.816	1.457	2.087	2.784	2.807	2.265	1.720
13	Nov 1, 2012	2.433	2.087	2.784	2.807	2.265	1.720	1.816
14	Dec 1, 2012	2.974	2.784	2.807	2.265	1.720	1.816	2.[illegible]3
15	Jan 1, 2013	2.911	2.807	2.265	1.720	1.816	2.433	2.974

Looping allows forecasting to march ahead.

[그림 10.14] Windowing process(윈도윙 프로세스)에서 Loop function을 사용하면 한 단계 이상의 예측을 할 수 있다. [설명: 루핑(looping)은 예측을 앞으로 나아가도록 해준다.]

하면 January 2012에 대한 예측을 할 수 있다. 이것은 (n + 1)번째 단계에 대한 예측이므로 윈도윙과 방정식 적합을 사용하는 것이 10.1절에 설명한 간단한 평활화 알고리즘과 다를 것이 없다. 여기에서 이 방법을 (n + 1)번째를 넘어선 미래의 값을 예측하도록 확장하는 것은 매우 간단하다. 다음으로 회귀 공식을 사용하여 February를 예측하려면 August부터 January까지의 데이터 행을 생성할 필요가 있다. 이 행에 필요한 August부터 December까지의 (실제) 데이터는 이미 주어져 있고, January에 대한 예측값은 생성되어 있다. February 값을 예측하기만 하면, September부터 December까지의 실제값과 January와 February의 예측값을 이용하여 March 값을 예측할 수 있다.

이러한 과정은 RapidMiner로 쉽게 수행할 수 있다. 이 과정은 다음과 같이 두 부분으로 나눌 수 있다. 먼저 마지막 예측값의 행(이 경우에는 December 2011)을 취하고, inputYt−5(현재 값은 1.201)을 제거하고, inputYt−4의 이름을 inputYt−5로, inputYt−3의 이름을 inputYt−4로, inputYt−2의 이름을 inputYt−3으로, inputYt−1의 이름을 inputYt−2로, InputYt−0은 InputYt−1로, 마지막으로 예측된 label(현재 값은 1.934)은 InputYt−0으로 변경한다. 이 새로운 행 데이터를 가지고, 회귀모델을 적용하여 계열의 다음 날짜에 대한 예측을 할 수 있다. 다음에는 이 전체 과정을 *Loop* 오퍼레이터에 넣으면, 필요한 만큼 미래의 시구간에 대해서 이러한 단계들을 반복할 수 있다.

이 과정의 결과는 그림 10.14에 예시되어 있고 수행과정은 단계 3에 설명되어 있다.

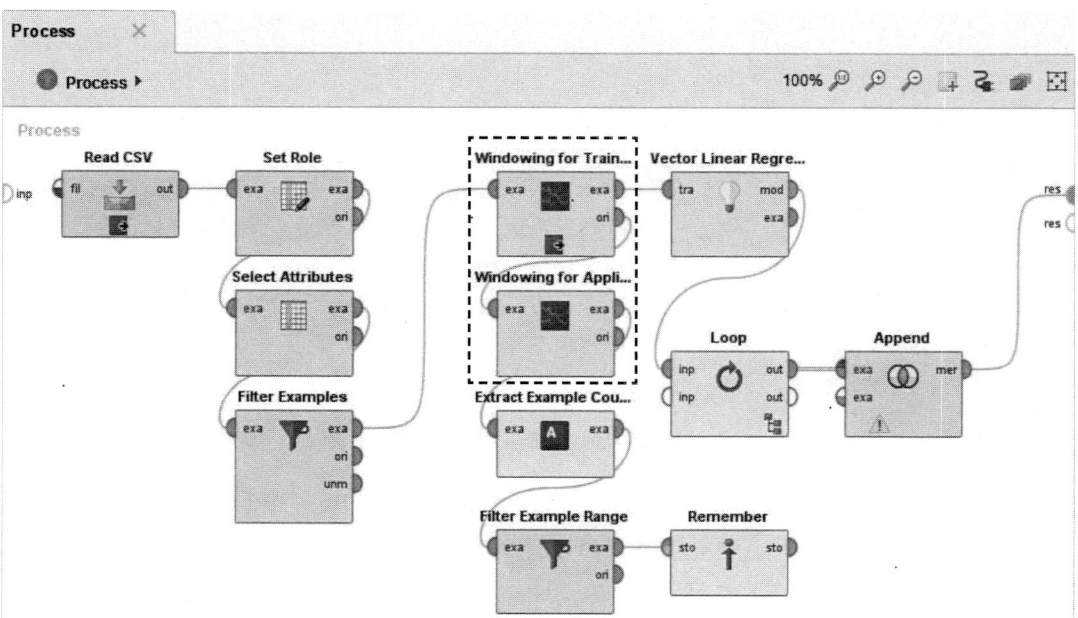

[그림 10.15] 예측을 생성하기 위한 바깥쪽 프로세스. 2개의 Windowing 오퍼레이터가 필요하다. 하나는 모델을 학습시키기 위한 것(위 쪽)이고 다른 하나는 학습된 모델을 입력시키기 위한 것이다.

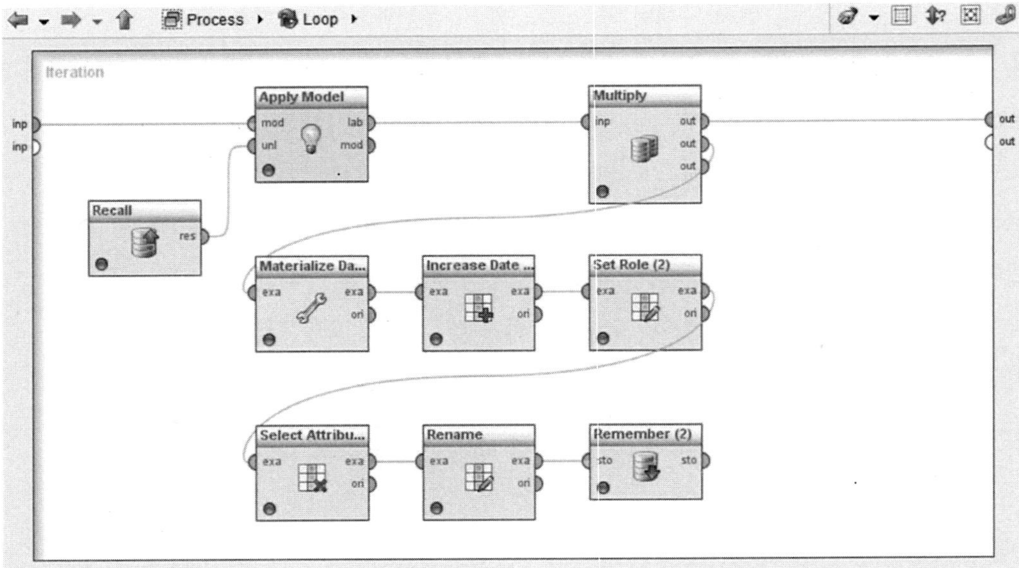

[그림 10.16] 예측을 생성하기 위한 안쪽 loop 프로세스

단계 3: 예측 생성

첫 번째 부분의 외부 프로세스가 그림 10.15에 나타나 있다. 또 다른 *Windowing* 오퍼레이터를 추가할 수 있는데, 이 오퍼레이터는 입력을 변환하고 마지막으로 예측된 행을 수집하여 loop의 내부 프로세스에 입력으로 전달해 준다(그림 10.16 참조). *Loop* 오퍼레이터는 반복 수행을 위한 이름 변경을 수행하고, *Loop* 오퍼레이터의 iterations 파라미터에 예측할 미래의 개월들의 수(시계)를 설정한다. 이 예제에서는, futureMonths라는 변수로 정의되어 있는데 이 변수의 값은 프로세스의 수행이 시작되기 전에 사용자에 의해서 설정되어야 한다. set iteration macro 체크박스를 클릭하면 매크로(macro)에서 반복횟수를 읽어내는 것이 가능하다. RapidMiner에서의 매크로는 프로세스 안에서 다른 오퍼레이터에 의하여 호출될 수 있는 변수에 불과하다. set iteration macro 체크박스를 선택하고 macro name에 이름을 지정하면, 그 이름으로 변수가 생성되며 그 변수값은 반복이 한 번 수행될 때마다 업데이트된다. 이 매크로의 초기값은

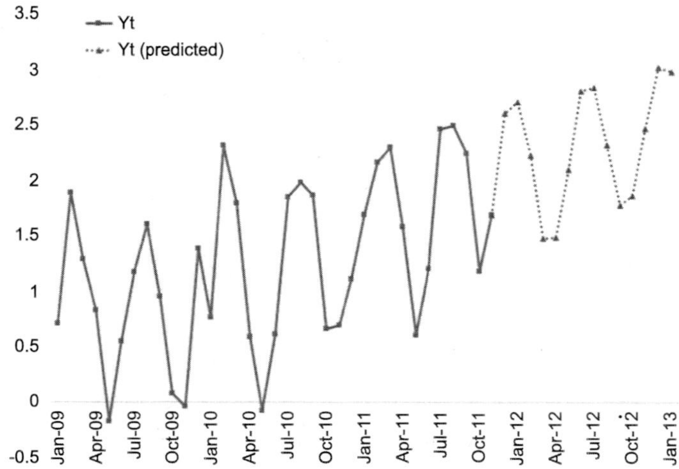

[그림 10.17] 예측 프로세스의 결과

macro start value 옵션에 의해서 설정된다. 반복은 timeout을 설정함으로써 종료시킬 수 있는데 이것을 활성화하기 위해서는 limit time 박스를 체크하면 된다. 매크로 변수는 모든 오퍼레이터에서 숫자 값 자리에 %{macro name}의 형식으로 기입하여 사용할 수 있다.

그러나 반복을 시작하기 전에 마지막 예측 행을 별도의 자료 구조에 저장할 필요가 있다. 이것은 Extract Example Set으로 명명한 매크로로 실행할 수 있다. *Filter Example* 오퍼레이터는 데이터셋에서 마지막에 예측된 행 외에 변환된 모든 행을 지운다. 마지막으로 *Remember* 오퍼레이터는 이것을 메모리에 저장하고 반복 안에서 한 번 저장된 값을 읽어올 수 있다.

Loop 파라미터인 iterations는 내부 프로세스를 반복할 횟수를 결정한다. 한번 반복할 때마다, 모델이 마지막 예측행에 적용되고 다음 달 예측을 위한 모델 적용 준비를 위해 정리연산을 수행한다. 이 과정에서는 월(날짜)을 1만큼 증가시키고, 예측된 레이블의 역할을 보통의 속성의 역할로 바꾸며, 마지막으로는 단계 2의 마지막 부분에 언급한 것처럼 모든 속성에 대한 이름을 바꾼다. 새로 이름이 바뀐 데이터는 저장된 후, 다음 차례의 반복이 시작되기 전에 다시 읽혀 들여진다. 이러한 과정의 결과가 그림 10.17에서 실제 데이터에 부가되어 나타나 있다(이 결과는 이미 표 형식으로 그림 10.14에 나타나 있다). 그림에서 보는 바와 같이, 단순한 선형회귀모델이 원래 데이터의 추세와 계절성을 충분히 포착한 것으로 보인다. 시계열 예측에 대한 RapidMiner의 진짜 장점은 모델링 구조를 쉽게 바꿀 수 있다는 것이다. 단계 2에서 다른 프로그래밍이나 프로세스의 변경 없이 *Linear Regression* 오퍼레이터를 *Support Vector Machine* 오퍼레이터로 수정하여 성능을 평가해 볼 수 있다. 결론적으로 사용자는 큰 노력을 들이지 않고도 최고의 성능을 가지는 모델을 선택할 수 있다.

시계열 예측에서 중요한 점은 '포인트' 예측에 너무 중점을 두면 안 된다는 것이다. 주식 가격이나 제품에 대한 수요량과 같은 복잡한 수치들은 너무 많은 요인의 영향을 받으므로 이틀 후의 정확한 주식의 값이나 세 달 후의 정확한 수요량을 예측한다는 것은 비현실적이다. 그러나 주식 가격이나 수요량에서의 최근의 기복(undulation)이 효과적으로 포착되고 예측될 수 있다는 사실은 매우 가치가 있다. 이러한 응용에서 모델링 기법과 실험을 쉽게 바꿀 수 있는 RapidMiner의 장점이 빛난다.

결론

이 장에서는 시계열 모델링 분야에 대하여 전체적으로 살펴봤다. 서두에서는 시계열에 대한 예측모델과 횡단면 데이터에 대한 예측모델의 주요한 차이를 예제로 시작하였다. 그리고 시계열 예측의 접근 방법의 두 가지 종류에 대하여 설명했으며 RapidMiner가 소위 '하이브리드(hybrid)' 접근 방법을 어떻게 사용하는지를 보여주었다. 마지막으로 실제 시계열 모델링과 예측 문제를 RapidMiner만을 써서 구현하는 방법을 시연하였다.

일변량의 시계열 예측에서는 예측을 단일변수(single-variable) 문제로 취급한다. 반면에 다변량 시계열은 여러 개의 동시발생 계열을 이용하여 예측한다. 시간상으로 나열된 포인트들의 계열이 주어진다면, 전통적인 예측방법에서는 다음의 몇 개의 포인트들이 어디에 위치할지 예측하기 위하여 평활화와 평균화를 사용한다. 그러나 경제나 주식시장과 같은 복잡한 시스템에서는 시스템이 수백 내지 수천 개 변수의 함수이므로 포인트 예측은 신뢰성이 낮다. 여기서는 포인트를 예측하는 것보다 추세를 예측하는 능력이 더 가치 있고 유용한 일이다. 수치들에 대하여 값이나 수준을 예측하는 것보다 더 큰 신뢰성과 확실성이 있는 추세를 예측할 수 있다(즉, 수치가 상승 또는 하강 추세인가?). 이런 이유 때문에 어떤 경우에는 인공신경망, 서포트벡터머신, 더 나아가 다항회귀식을 이용하면 매우 정확한 추세 예측이 가능하다. R extension에 포함된 전통적인 예측방법을 사용하면 ARIMA와 같은 여러 가지 평활화 함수들이나 모델링 기법을 활용할 수 있다.

변동성이 심하지 않은(그리고 예측 가능한) 시계열에 대한 전통적인 시계열 예측법은 내재되어 있는 변동성의 구조를 더 잘 이해할 수 있게 해준다. 이런 경우에 추세나 계절성 요소들은 무작위 요소(random component)보다 더 큰 특징을 나타낸다. R은 어떠한 시계열에 대해서도 이러한 요소들로 분리하는 데 좋은 성능을 보여준다. 만일 시계열 분석 프로젝트가 데이터를 추세와 계절성으로 분리하는 것을 포함한다면, RapidMiner의 R extension을 사용하는 것이 최선의 방법일 것이다.

참고문헌

Alnaa, S. A. (2011). ARIMA approach to predicting inflation in Ghana. *Journal of Economics and International Finance*, 3(5), 328-336.

Box, G. A. (1970). *Time Series Analysis: Forecasting and Control*. San Francisco:

Holding Day.

Box, G. J. (2008). *Time Series Analysis: Forecasting and Control.* Wiley Series in Probability and Statistics.

Brown, R. G. (1956). *Exponential Smoothing for Predicting Demand.* Cambridge, MA: Arthur D. Little.

Gardener, E. (1986). Exponential Smoothing: The state of the art. *J. Forecasting,* 4(1), 1-28.

Hyndman, R. A. (2014). *Forecasting: Principles and Practice.* Otexts.org.

Krishnakumar, K. P. (2009). Rainfall trends in the twentieth century over Kerala, India. *Atmospheric Environment,* 43(11), 1940-1944.

Shmueli, G. (2011). *Practical Time Series Forecasting: A hands on guide.* statistics.com.

Winters, P. (1960). Forecasting Sales by Exponentially Weighted Moving Averages. *Management Science,* 6(3), 324-342.

CHAPTER 11

이상 탐지

이상 탐지(anomaly detection)는 데이터셋에서 특이값(outliers)들을 찾아가는 과정을 말한다. 특이값은 데이터셋에서 두드러지면서 예상되는 행동을 하지 않는 데이터 객체이다. 이상 탐지 알고리즘은 특이값 탐지 결과가 중요하게 활용될 수 있는 비즈니스, 과학 그리고 보안 영역에서 광범위하게 적용된다. 이상 탐지를 위해서 앞 장에서 언급한 분류, 회귀분석, 군집화를 이용할 수 있다. 이미 알려진 비정상을 가지는 객체들을 포함하는 학습용 데이터셋이 있다면, 이상 탐지를 위해 지도학습 알고리즘들을 사용할 수 있다. 그리고 지도학습 알고리즘뿐 아니라, 분류 표시가 있는 학습용 데이터셋을 사용하지 않고 특이값을 찾아내는 특별한 자율학습 알고리즘도 있다. 이상 탐지 자율학습 알고리즘은 다른 데이터 포인트들로부터의 거리 또는 데이터 포인트 근방의 밀도를 측정한다. 이상 탐지를 위해 군집화 기법도 활용할 수 있다. 특이값은 다른 데이터 포인트들로부터 멀리 떨어져 있기 때문에, 일반적으로 다른 군집으로부터 분리된 형태일 것이다. 특이값 감지를 위해 앞서 배운 몇몇의 기법들을 다시 살펴볼 것이다. 알고리즘에 대한 논의에 앞서 특이값 또는 이상(anomaly)이라는 용어를 정의하고 데이터셋에서 이러한 데이터 포인트들이 왜 발생하는지에 대하여 알아본다.

11.1 이상 탐지 개념들

특이값이란 데이터셋에서 다른 객체들과는 눈에 띄게 다른 데이터 객체이다. 따라서 특이값은 언제나 데이터셋에서 다른 객체의 맥락(context)에 따라 정의된다. 고소득 계층의 개인은 중산층 데이터셋에서는 특이값이 되지만, 최고급 차량 소유자들 데이터셋에서는 특이값이 아니다. 또한 발생 자체의 특성상 특이값은 드물게 나타나고 따라서 다른 데이터 포인트들 사이에서 눈에 띄게 된다. 예를 들어, 대부분의 컴퓨터 네트워크 트래픽은 합법적인 것이고, 하나의 악성 네트워크 공격은 특이값이 되는 것이다.

11.1.1 특이값의 원인

데이터셋에서 특이값은 데이터 오류 또는 정당한 고유 변동성에 의해서 발생한다. 특이값이 발견되었을 때 어떤 조치를 취해야 하는지 도움을 줄 수 있기 때문에 특이값의 원인을 이해하는 것은 중요하다. 그러나 정확하게 특이값의 원인을 찾는 것은 지루한 작업이며 너무 많은 경우가 존재하기에 데이터셋에서 특이값의 원인을 정확하게 찾는 것은 불가능하다. 데이터셋에서 특이값이 발생하는 가장 일반적인 이유를 정리해 보면 다음과 같다.

- **데이터 오류**: 특이값은 측정 오차, 사람의 실수, 데이터 수집 시 발생하는 오류로 인해 발생하는 데이터의 일부분이라 할 수 있다. 예를 들어, 사람의 키 데이터셋에서 1.70cm는 명백한 오류이고 대부분의 경우는 시스템에 잘못 입력된 것이다. 이러한 데이터들은 데이터 마이닝 작업의 결과에 영향을 주기 때문에 자주 무시된다. 특이값 탐지는 회귀분석과 신경망과 같은 알고리즘에서는 전처리 단계로서 수행된다. 사람의 실수로 인한 데이터 오류는 의도적인 오류이거나, 입력오류 또는 상당한 편향(significant bias)으로 인한 비의도적 오류이다.

- **데이터셋에서 정상 변동**: 정규분포에서는 데이터 포인트들의 99.7%은 평균으로부터 3표준편차 내에 존재한다. 다르게 표현을 하면, 370개의 데이터 포인트 중에서 1개 또는 0.26%만이 평균으로부터 3표준편차 범위 밖에 존재한다. 정의상으로 이러한 데이터들은 자주 발생하지는 않지만, 적법한 데이터의 일부이다. 연소득이 10억 달러이거나 키가 7피트(약 2m) 이상인 사람은 연봉 데이터셋과 사람 키 데이터셋 각각에서 특이값 범주에 속한다. 이러한 특이값들은 평균과 같은 기술 통계량 일부를 왜곡한다. 그럼에도 불구하고 이들은 데이터셋에서 적법한 데이터 포인트들이다.
- **다른 분포 유형의 데이터**: 고객 대면 웹 사이트에서 사용자 IP 주소로부터의 일일 페이지 뷰의 수는 일반적으로 하나에서 수십 개의 범위를 갖고 있다. 그러나 일일 페이지 뷰의 수가 수십만인 몇몇 IP 주소를 찾는 것이 흔치 않은 일은 아니다. 이러한 특이값은 합법적이든 악의적이든지 사이트의 콘텐츠들을 긁어오거나 사이트의 유틸리티(utiltiies) 중 하나에 접근하는 컴퓨터의 자동화 프로그램[봇(bot)이라고도 함]에 의한 것일 수 있다. 이러한 값들이 특이값이라 할지라도, 웹 사이트에 수천 페이지 뷰의 값은 봇에서는 상당히 정상적(normal)인 것이다. 모든 봇 트래픽은 사람 사용자 그룹의 일반적인 브라우저로부터의 트래픽 분포가 아닌 다른 분포(프로그램에 의한 트래픽 분포)를 보여준다.
- **분포 조건들**: 특이값 데이터 포인트들은 데이터 또는 분포에 대해 옳지 않은 조건들로부터 시작된다. 예를 들어, 학교 도서관 사용을 측정한 데이터가 있다고 하자. 시험 기간에는 도서관 사용량이 급증하므로 특이값이 발생한다. 비슷한 예로 미국에서 추수감사절 다음날은 소매 매출액이 급증하므로 특이값이 발생한다. 이러한 경우 특이값은 이미 예상되는 것으로, 전형적인 측정치 데이터 포인트로 보지 않는다.

특이값이 발생하는 원인을 이해하는 것은 특이값 감지 후 어떤 행동을 취해야 할지 결정하는 데 도움을 줄 수 있다. 예를 들어 신용카드 거래사기 모니터링에서 특이값을 분리시키고 행동을 취하는 것이 목적일 수 있다. 이러한 경우 대부분의 정상적인 거래와는 다른 행동들을 (예: 높은 사용빈도, 높은 사용액, 또는

온라인 광고의 클릭사기 탐지

온라인 광고의 증가는 많은 경우 인터넷 비즈니스 모델과 기업의 성공을 보증한다. 온라인 광고는 웹 검색, 뉴스 콘텐츠, 소셜 네트워크, 모바일 애플리케이션 그리고 많은 다른 실행 가능한 서비스와 같은 무료 인터넷 서비스를 가능하게 만든다. 온라인 광고의 핵심 과제 중 하나는 클릭사기(click fraud)를 줄이는 것이다. 클릭사기는 광고주, 발행인 또는 광고네트워크 등에서 악의적인 의도로 일반 사용자의 클릭 행동을 사람 또는 자동화된 프로그램이 모방하는 프로세스이다. 클릭사기는 광고 예산을 소모하거나 사이트의 명성을 손상시키고자 하는 경쟁자와 같은 계약 당사자(contracting parties) 혹은 제3자(third parties)에 의해 수행될 수 있다. 클릭사기는 광고의 경제성을 왜곡하고 온라인 광고에 관련된 모든 당사자들에게 큰 위협이 된다(Haddadi, 2010). 클릭사기의 감지, 제거, 또는 감소는 전체 시장을 신뢰할 수 있게 하고, 심지어 모든 당사자들에게 경쟁우위를 제공한다.

클릭사기를 감지하는 것은 전형적인 클릭스트림 데이터와 비교했을 때, 비전형적인 웹브라우징 패턴을 보인다는 사실을 이용한다. 사기 트래픽은 일반 트래픽 데이터에서 보여지는 논리적인 행동을 따르지 않으며 반복적인 패턴을 보인다(Sadagopan & Li, 2008). 예를 들면, 대부분의 사기 트래픽은 다음과 같은 특성을 하나 또는 여러 개 보여준다. 사기 트래픽은 매우 높은 클릭 깊이를 가진다(웹 사이트에서 깊게 엑세스한 웹 페이지의 수). 각 클릭 사이의 시간이 매우 짧다. 일반 사용자와 비교해서 하나의 세션에서 광고에 대한 클릭수가 매우 높다. 접근하는 IP 주소가 광고의 타겟 시장과 많이 다르다. 광고주의 타겟 웹 사이트에서 소요되는 시간은 매우 짧다 등으로 나타난다. 정상적인 트래픽과 사기 트래픽을 구분하는 것은 특성 하나가 아니라 여러 특성들의 조합이다. 클릭사기 감지는 지속적으로 진화하는 프로세스이다. 클릭사기 가해자는 점점 정상적인 웹 브라우징 사용자의 특성을 모방하는데 정교해지고 있다. 따라서 클릭사기가 완전히 제거될 수는 없지만, 사기 트래픽을 식별할 수 있는 새로운 알고리즘을 끊임없이 개발함으로써 억제될 수 있다. 클릭사기 특이값을 탐지하기 위해서는 우선 데이터 마이닝을 사용하여 사기 감지를 쉽게 할 수 있는 클릭스트림 데이터를 준비해야 한다. 관계형 행과 열의 데이터셋으로 준비할 수 있는데, 방문은 각 행으로, 클릭 깊이, 클릭 사이의 시간, 광고 클릭, 타겟 웹 사이트에서 소요한 시간 등과 같은 특성은 열로 구성된다. 이러한 다차원 데이터셋은 데이터 마이닝을 이용한 특이값 탐지를 위해 사용될 수 있다. 클릭스트림의 특성 또는 속성을 데이터셋에 신중하게 고려, 평가, 변환, 추가되어야 한다. 다차원 데이터 공간에서, 사기 트래픽(데이터 포인트)은 한 세션에서 광고 클릭수와 같은 속성 때문에 다른 방문 레코드들과 거리가 멀다. 정상적인 방문은 보통 한 세션에서 한두 번의 광고클릭을 보여주지만, 사기 방문은 수십 번의 클릭을 보여준다. 이와 유사하게 다른 속성들도 특이값을 좀 더 정확하게 식별하는 데 도움을 줄 수 있다. 이 장에서 살펴볼 특이값 탐지 알고리즘은 모든 클릭스트림 데이터 포인트에 특이값 스코어(또는 부정 스코어: fraud score)를 지정하고, 높은 점수를 갖는 레코드들을 특이값으로 예측한다.

지역적으로 꽤 멀리 있는 곳에서의 연속적인 거래 발생) 보이는 신용카드 거래들을 분리시켜 경고하고, 신용카드 고객에게 즉시 연락하여 거래 승인에 대하여 확인해야 한다. 다른 경우로는 특이값이 최종 결과물을 왜곡시킬 수 있기 때문에 제외되어야 한다. 여기서 이상 탐지는 다른 데이터 마이닝 또는 분석 업무를 위해 수행되어야 하는 전처리 기술로서 사용된다. 예를 들어, 한 국가의 연봉 패턴을 일반화하기 위해 최상위 연봉자는 제외해야 할 것이다. 여기서 특이값은 정상 데이터 포인트지만, 결론의 일반화를 위하여 의도적으로 제외해야 하는 것이다.

11.1.2 이상 탐지 기법들

사람들은 자연스럽게 특이값에 관심을 갖는다. 우리가 매일 듣는 뉴스는 주로 특이한 사건을 보도한다. 누가 가장 빠른지, 누가 가장 많이 버는지, 누가 가장 좋은 점수를 내었는지 또는 누가 가장 좋은 메달을 획득했는지에 대한 관심은 어느 정도는 특이값에 대한 우리의 관심이 크기 때문이다. 만일 데이터가 개인 과세소득과 같이 일차원이라면, 단순하게 정렬 기능을 통해 특이값을 식별할 수 있다. 또한 산점도, 히스토그램 그리고 상자–수염(box–whisker) 그래프로 데이터를 시각화하는 방법은 데이터셋에서 단일 속성별로 특이값을 식별하는 데 도움을 줄 수 있다. 좀 더 고급 기법으로는 데이터를 분포 모델(distribution model)에 적합시키는 것과, 데이터 마이닝 기법을 이용하여 특이값을 탐지하는 것이 있다.

통계방법을 사용한 특이값 탐지

데이터에서 특이값은 데이터의 통계적 분포 모델을 생성하고 모델에 적합하지 않는 데이터 포인트들 또는 분포의 꼬리 쪽에 위치하는 데이터 포인트들을 식별함으로써 찾아낼 수 있다. 많은 실제 데이터셋들은 가우시안(정규) 분포를 기반으로 한다. 정규분포를 만들기 위해 필요한 파라미터들(예: 평균과 표준편차)을 데이터셋으로부터 추정할 수 있고, 정규분포 곡선은 그림 11.1에서와 같이 그려질 수 있다.

특이값은 데이터 포인트들이 표준정규분포 곡선에 어떻게 분포되는지를 기준으로 탐지될 수 있다. 특이값 분류 임계치로 예를 들면 평균으로부터 3표준편차 범위를 설정할 수 있다. 3표준편차 밖에 위치하는 데이터 포인트들은 특이값으로 구분될 수 있다. 이러한 방법으로 특이값을 식별하는 것은 한 번에 1개의 속성 또는 한 차원만을 고려한다. 좀 더 고급 통계적 기법들은 다차원을 고려하고, 일변량분포(univariate distribution)에서 평균으로부터의 표준편차 대신에 마할라노비스 거리(Mahalanobis distance)를 계산한다. 마할라노비스 거리는 다변량분포(multivariate distribution)의 평균으로부터 데이터 포인트가 얼마나 떨어져 있는지, 즉 표준편차의 몇 배인지 찾아내는 다변량 일반화라 할 수 있다.

통계적 방법을 사용한 특이값 탐지는 분포모델을 세우고 평균으로부터의 변동을 기준으로 특이값을 찾아내기 위한 단순한 프레임워크를 제공한다. 특이값을 발견하기 위해 분포모델을 사용할 때의 제약사항은, 대부분의 경우 데이터셋의

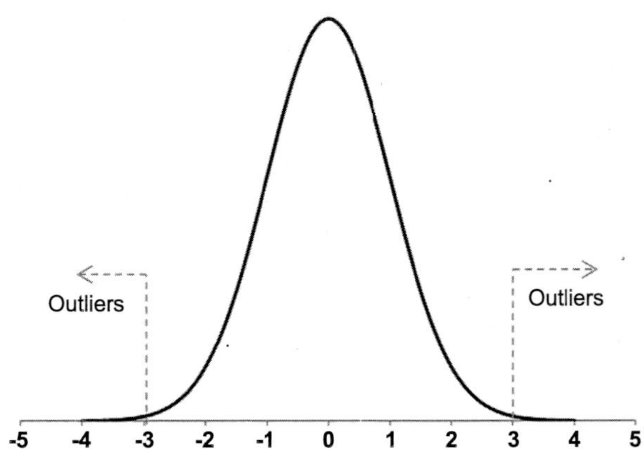

[그림 11.1] 표준정규분포와 특이값

분포를 미리 알 수 없다는 것이다. 또 분포를 안다고 할지라도 실제 데이터가 항상 그 모델에 적합한 것은 아니라는 것이다.

데이터 마이닝을 사용한 특이값 탐지

특이값은 이상 탐지에 사용할 수 있는 일련의 특성을 보여준다. 다음은 특이값들의 독특한 특성들을 이용하여 특이값을 식별할 수 있도록 개발된 기법들이다(Tan et al., 2005). 이러한 기법들은 다수의 파라미터를 가지므로 한 알고리즘에서 특이값으로 지정하여도 다른 알고리즘에서는 특이값이 아닐 수 있다. 따라서 특이값으로 지정하기 전에 여러 알고리즘을 고려하는 신중함이 있어야 한다.

- **거리기반(distance based)**: 본래 특이값들은 데이터셋의 다른 데이터 객체들과 차이가 있다. 다차원 데카르트 공간(Cartesian space)에서는 그림 11.2처럼 다른 데이터 포인트들로부터 떨어져 있다. 만일 근접한 N개 이웃들의 평균 거리를 측정한다면, 특이값들은 다른 정상적인 데이터 포인트들보다 높은 값을 가질 것이다. 거리기반 알고리즘은 데이터 내에서 특이값을 식별하기 위해 이러한 특성을 활용한다.
- **밀도기반(density based)**: 한 데이터 포인트의 근처의 밀도는 거리 개념과는 반대의 개념이다. 특이값들은 낮은 밀도 영역을 차지하는 반면, 정상적인 데이터 포인트들은 보통 높은 밀도 영역에 모여 있다. 이러한 기

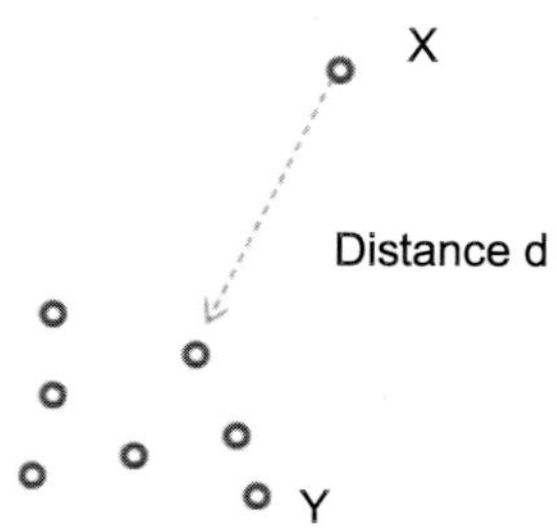

[그림 11.2] 거리기반 특이값

준은 정상적인 데이터 포인트들의 빈도수와 비교하면 특이값의 발생빈도가 상대적으로 낮다는 사실로부터 비롯된다.

- **분포 기준(distribution based)**: 특이값은 발생 확률이 낮고 분포 곡선의 꼬리 쪽에 위치하는 데이터 포인트들이다. 따라서 통계모델에 데이터셋을 적합시키면, 이러한 비정상 데이터 포인트들은 눈에 띄게 되어 식별할 수 있다. 단순한 정규분포도 평균과 표준편차를 계산하여 데이터셋의 모델으로 사용할 수 있다.
- **군집화(clustering)**: 정의상 특이값은 데이터셋의 정상적인 데이터 포인트들과 유사하지 않다. 특이값들은 일반적인 데이터 포인트로부터 떨어져 있는 드문 데이터 포인트들로 일반적으로 밀집된 군집을 형성하지 않는다. 대부분의 군집화 알고리즘들은 군집을 생성하기 위한 데이터 포인트들의 최소 임계치를 가지고 있으므로, 단독의 데이터 포인트들인 특이값은 군집이 형성되지 않는다. 특이값들이 따로 군집을 형성했을지라도 그 군집은 다른 군집들로부터 멀리 떨어져 있다.
- **분류 기법(classitication techniques)**: 이미 분류된 데이터가 존재한다면, 특이값을 식별하는 데 거의 모든 분류 기법들을 사용할 수 있다. 특이값 탐지를 위한 분류 기법들은 클래스 레이블 중 하나가 특이값인 시험용 데이터셋이 필요하다. 이러한 시험용 데이터셋을 이용하여 만든 특이값 탐지 분류 모델을 통하여 알려지지 않은 데이터의 특이값 여부를 예측할 수 있다. 분류 모델을 사용하는 데 있어서 어려운 점은 이전에 레이블된 데이터의 가용성(availability)이다. 특이값 데이터는 매우 드물기에 데이터로 사용하기 어려울 것이다. 이 문제는 특이값 레코드들을 정상적인 데이터들보다 오버샘플링하는 층화추출법으로 부분적으로 해결될 수는 있다.

우리는 이미 앞 장에서 지도학습 분류 방법들에 대해서 논의했고, 다음 절에서는 자율학습 특이값 탐지 방법에 대해서 설명하고자 한다. 다음 절에서는 특히 거리와 밀도기반의 탐지 기법을 중심으로 살펴본다.

11.2 거리기반 특이값 탐지

거리 또는 근접성(proximity) 기준 특이값 탐지는 이상 탐지의 가장 기본적인 알고리즘 중의 하나로 특이값이 다른 데이터 포인트들로부터 떨어져 있다는 사실에 기반한다. 근접성은 실수(real value)인 경우는 유클리드(Euclidean) 거리로, 이진형이거나 범주형인 경우는 코사인(cosine) 또는 자카드(jaccard) 유사성으로 측정할 수 있다. 향후 논의를 목적으로 우리는 수치형 속성 데이터셋과 근접성을 측정하기 위해서 유클리드 거리를 고려하도록 하자. 그림 11.3은 샘플 데이터셋의 2차원 산점도이다. 특이값들은 회색점으로 표시된 데이터 포인트들이며, 시각적으로 데이터 그룹에서 떨어져 있는 것을 알 수 있다. 그러나 좀 더 많은 속성들을 갖는 다차원 데이터셋에서는 시각화 기법이 한계가 있음을 바로 알게 된다.

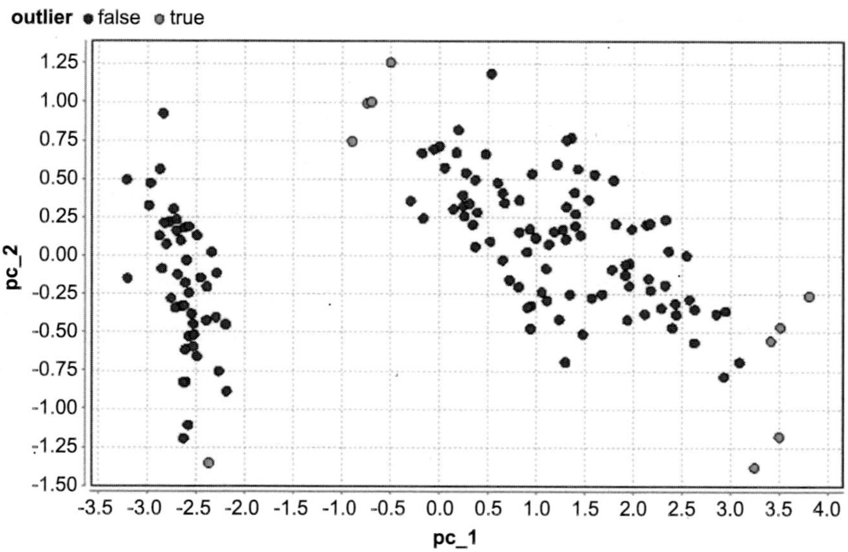

[그림 11.3] 특이값을 포함하는 데이터셋

11.2.1 기법 원리

거리기반 특이값 탐지의 기본 개념은 데이터셋의 모든 데이터 포인트들에 대해서 거리 스코어(distance score)를 지정하는 것이다. 거리 스코어는 한 데이터 포인트가 다른 데이터 포인트들로부터 얼마나 떨어져 있는가를 반영해야 한다. 우리는 이미 4장의 k-최근접이웃(k-NN) 분류기법에서 유사한 개념을 살펴보았다. 여기서 거리 스코어는 k번째 가장 근접한 데이터 객체까지의 거리로 지정할 수 있다. 예를 들면, 모든 데이터 객체의 스코어를 세 번째 근접 데이터 객체까지의 거리로 지정할 수 있다. 만일 데이터 객체가 특이값이라면 다른 데이터 객체에서 떨어져 있기에 특이값에 대한 거리 점수는 정상적인 데이터 객체들보다 높을 것이다. 따라서 거리 스코어로 데이터 객체를 정렬하면, 가장 높은 점수의 데이터 객체들이 잠재적 특이값이다. k-NN 또는 거리를 이용하는 알고리즘에서는 수치형 속성들을 정규화하는 것이 중요하다. 정규화를 통해 연봉과 같이 절대적으로 높은 척도를 가진 속성이 신용도와 같은 낮은 척도의 속성을 지배하지 않아야 한다.

거리기반 특이값 탐지에서는 k-NN 분류기법과 같이 k값이 큰 영향을 미친다. 만일 k=1이라면, 다른 데이터 포인트들과는 떨어져 있어도 2개의 특이값들이 인접해 있다면 특이값으로 탐지하지 못한다. 반면 k 값이 큰 경우에는, 데이터 포인트들의 수가 k보다 작고 그 군집이 다른 객체들과 떨어져 있다면 응집성 군집(cohesive cluster)을 형성하는 정상적인 데이터 그룹이라도 특이값으로 잘못 지정될 수 있다. k 값을 정하고 거리 스코어를 계산한 후에는, 데이터의 성격과 애플리케이션에 따라 특이값 식별을 위한 거리 임계치를 설정하거나 최대 거리를 갖는 상위 n개의 객체들을 선택할 수 있다. 그림 11.4는 아이리스 데이터셋을 이용하여 거리를 기준으로 하는 두 가지의 다른 특이값 탐지 알고리즘의 결과를 보여준다. 그림 11.4a는 k=1인 경우의 특이값 탐지 결과이며, 그림 11.4b는 k=5일 때의 결과이다.

11.2.2 구현 방법

상용 데이터 마이닝 툴은 모델링 또는 데이터 정제 부분에서 패키지의 일부로 특이값 탐지 알고리즘과 솔루션을 제공한다. RapidMiner에서는 자율학습 특이값 탐지 오퍼레이터를 [Cleansing > Outliers]에서 찾을 수 있다. 이 프로세스에서 우리가 사용할 예제 데이터셋은 4개의 수치형 속성과 150개 예제로 구성된 아이리스 데이터셋이다.

단계 1: 데이터 준비

아이리스 데이터셋의 모든 4개의 속성이 같은 수량(길이)과 같은 척도(센티미터)로 측정되었을지라도, 정규화는 거리를 계산하는 기법에서 중요한 단계로 포함된다. *Normalize* 오퍼레이터는 [Cleansing > Normalization]에 있다. 속성들은 Z−변환을 이용하여 평균값이 0이고 표준편차 값이 1인 균일 척도(uniform scale)로 변환시킨다.

이를 보여주기 위한 목적으로 2개 속성의 2차원 산점도는 특이값을 시각화하

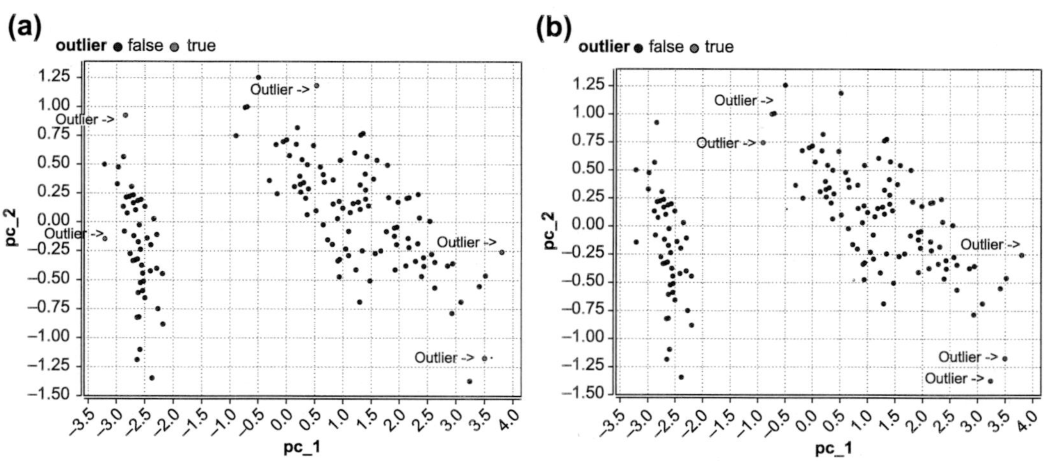

[그림 11.4] 아이리스 데이터셋의 상위 5개 특이값. (a) k=1, (b) k=5

는데 도움을 줄 수 있다. 하지만, 아이리스 데이터셋은 4개 속성을 가지고 있기에, 주성분 분석(Principal Component Analysis, PCA) 오퍼레이터를 이용하여 4개의 수치형 속성을 2개의 속성으로 줄일 수 있다. PCA 오퍼레이터의 사용은 선택적인 것이며 특이값 탐지 분석에서 반드시 필요한 것은 아니다. PCA 분석을 포함하든 포함하지 않든 특이값 탐지의 결과는 대부분의 경우 바뀌지는 않을 것이다. 그러나 결과의 시각화를 위해서는 2차원 산점도가 용이하다. PCA에 대해서는 12장에서 좀 더 상세히 다루기로 한다. 여기서는 PCA 오퍼레이터의 분산 임계치(variance threshold)를 0.95로 설정했다. 0.95 이상의 분산 임계치를 가지는 주성분들은 결과셋에서 제외된다. PCA 오퍼레이터는 결과물로 2개의 주 성분요인을 생성한다.

단계 2: 특이값 탐지 오퍼레이터

Detect Outlier (Distances) 오퍼레이터는 데이터 입력 포트와 특이값이라 불리는 속성이 추가된 데이터를 출력값으로 가진다. 출력 데이터의 특이값 속성은 참(true) 또는 거짓(false)의 값을 가진다. *Detect Outlier (Distances)* 오퍼레이터에는 다음과 같이 사용자가 설정할 수 있는 파라미터가 3개 있다.

- **Number of neighbors(이웃의 개수)**: 알고리즘에서 k의 기본값은 10이다. 만일 값이 낮게 설정되었다면, 프로세스는 적은 수의 데이터 포인트들로 구성된 작은 특이값 군집을 생성한다.
- **Number of outliers(특이값의 개수)**: 개별 특이값 스코어는 사용자에게 보이지 않는다. 대신 알고리즘은 가장 높은 특이값 스코어를 갖는 데이터 포인트들을 찾아낸다. 찾고자 하는 특이값 데이터 포인트들의 개수는 이 파라미터를 사용하여 설정할 수 있다.
- **Distance function(거리 함수)**: k-NN 알고리즘에서와 같이 거리측정함수를 설정해야 한다. 일반적으로 사용되는 함수는 유클리드 거리와 코사인이다.

이 예제에서 k값은 1, 특이값 개수는 10, 거리 함수는 유클리드로 설정한다. 이 오퍼레이터의 출력값은 특이값 속성이 추가된 데이터셋이다. 그림 11.5는 데이터 추출, PCA 차원 축소 그리고 특이값 탐지 오퍼레이터로 구성된 프로세스이다. 완성된 프로세스를 저장하고 실행시킨다.

단계 3: 실행과 해석

결과 데이터셋은 참 또는 거짓 값으로 구성된 특이값 속성으로 정렬할 수 있다. *Detect Outlier* 오퍼레이터의 파라미터에서 특이값의 개수를 10으로 설정했기에, 결과 데이터셋에서 10개의 특이값을 찾을 수 있다. 특이값을 탐색하는 데 효과적인 방법은 결과 데이터셋의 차트뷰(Chart View)에서 산점도를 이용하는 것이다. X축과 Y축은 주성분 요인으로 지정하고, 특이값 속성은 색상으로 설정할 수 있다. 그림 11.6과 같이 산점도는 모든 정상적인 데이터 포인트들과 함께 특이값 포인트들을 보여준다.

거리기반 특이값 탐지는 간단한 알고리즘으로, 구축이 용이하고 수치형 속성이 많은 경우에 널리 사용된다. 데이터셋에 많은 속성들과 레코드들을 포함하고 있다면, 고차원 공간에서 다른 데이터 포인트들 간의 거리를 계산해야 하기 때문에 실행하는 데 많은 비용이 들게 된다.

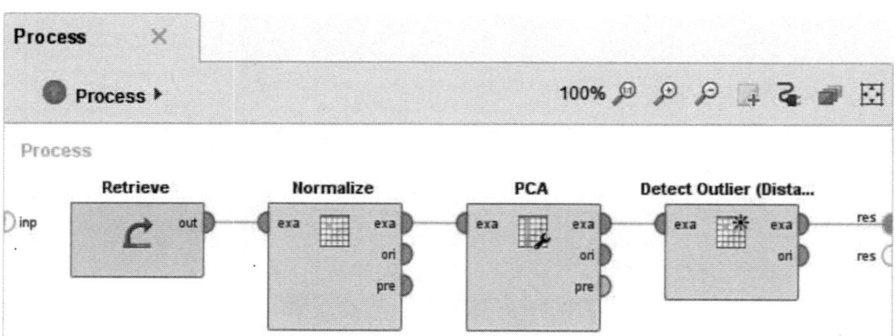

[그림 11.5] 거리기반 특이값 탐지 프로세스

11.3 밀도기반 특이값 탐지

정의상 특이값은 정상적인 데이터 포인트들과 비교하여 발생 빈도가 낮다. 이는 데이터 공간에서 특이값은 낮은 밀도 영역을 차지하고, 정상적인 데이터들은 높은 밀도 영역을 차지한다는 것을 의미한다. 밀도는 정규화된 공간의 데이터 포인트들의 개수를 의미하고, 데이터 포인트들 간의 거리 개념과는 반비례한다. 밀도기반 특이값 탐지 알고리즘의 목적은 낮은 밀도 지역의 데이터 포인트들을 식별하는 것이다. 데이터 포인트들에 특이값 스코어를 지정하기 위한 몇 가지 구축방법이 있다. 모든 k개 이웃들의 평균 거리의 역수를 이용할 수 있다. 데이터 포인트들 사이의 거리와 밀도는 반비례한다. 또한 정규화된 단위 거리로부터 데이터 포인트들의 수를 계산함으로써 주변 밀도를 계산할 수 있다. 밀도기반 특이값 탐지 방법은 밀도기반 군집화와 k-NN 분류 알고리즘의 접근 방법과 유사하다.

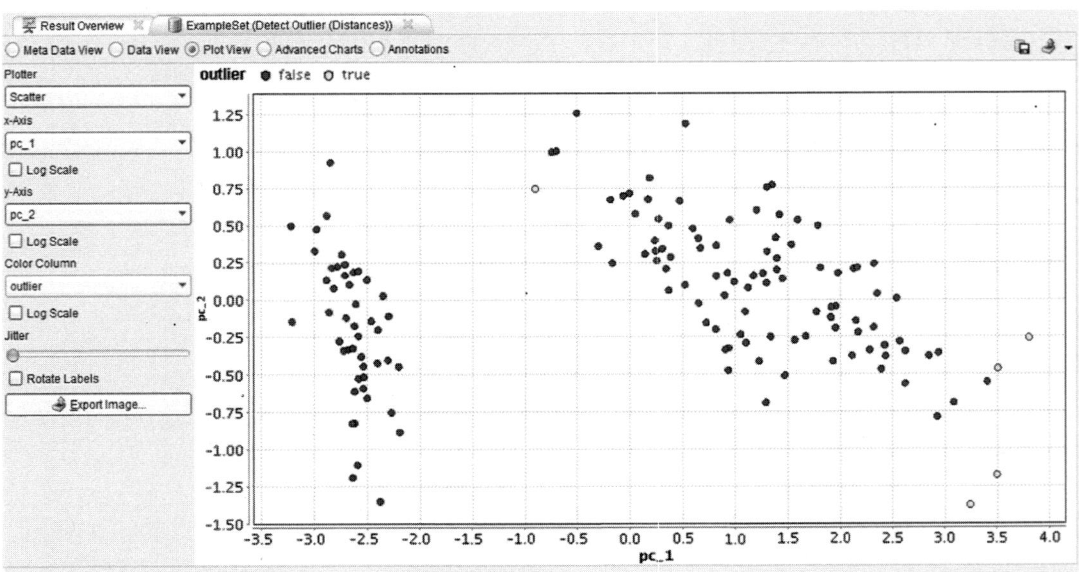

[그림 11.6] 거리기반 특이값 탐지 결과

11.3.1 기법 원리

거리는 밀도의 역수이므로, 밀도기반 특이값에 대한 접근은 거리(distance, d)와 데이터 포인트들의 비율(proportion, p)의 2개의 파라미터로 설명할 수 있다. 예를 들어, 포인트 X에 대하여 그 포인트로부터 거리 d보다 멀리 위치한 포인트들의 비율이 p 이상이라면, 포인트 X는 특이값으로 간주할 수 있다(Knorr & Ng, 1998). 그림 11.7은 특이값 탐지를 시각적으로 표현한 것이다. 앞의 정의에 의하면, 포인트 X는 낮은 밀도 영역에 있어야 한다. 파라미터 p는 95% 이상의 높은 값으로 설정한다. 구축 시 주요 이슈 중의 하나는 거리(d)의 설정이다. 특히 속성들이 다른 측정기준과 단위들을 포함하고 있다면, 거리가 의미가 있기 위해서는 속성들을 정규화하는 것이 중요하다. 만일 d가 너무 낮게 설정되었다면 더 많은 특이값들이 탐지될 것이고, 이는 반대의 경우도 역시 마찬가지이다. 즉, 정상 포인트들이 특이값으로 분류될 수 있는 위험도 있다.

11.3.2 구현 방법

RapidMiner에서 밀도기반 특이값 탐지 프로세스는 거리기반 특이값 탐지와 매

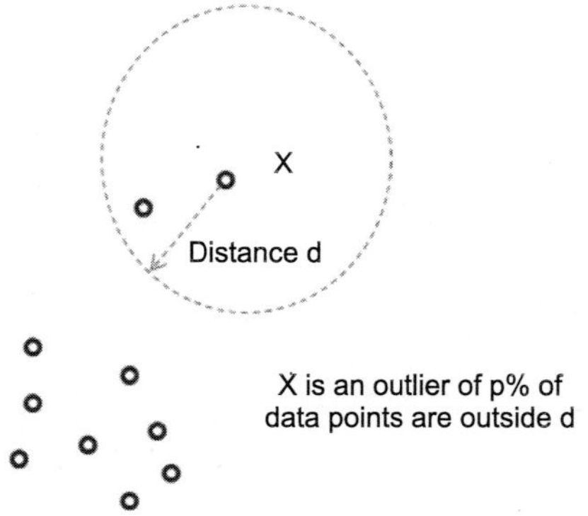

[그림 11.7] 거리와 성향(propensity) 기반의 특이값 탐지

우 유사하다. 거리기반 특이값 탐지를 위해 만든 프로세스를 그대로 사용할 수 있으며, *Detect Outlier* (*Distances*) 오퍼레이터를 *Detect Outlier* (*Distances*)로 대체하기만 하면 된다.

단계 1: 데이터 준비

이 단계에서는 *Detect Outlier* (*Densities*) 오퍼레이터가 의미 있는 결과를 낼 수 있도록 데이터를 준비시키는 과정이다. 거리기반의 특이값 탐지에서와 같이 정규화된 아이리스 데이터를 이용하며, 결과의 시각화를 용이하게 하기 위해서 PCA 오퍼레이터를 이용하여 속성을 2개로 줄인다.

단계 2: 특이값 탐지 오퍼레이터

Detect Outlier (*Densities*) 오퍼레이터는[Cleansing > Outliers]에 있으며, 다음과 같은 3개의 파라미터를 가진다.

- **거리(Distance, d)**: 특이값을 발견하기 위해 사용할 거리 임계치를 의미한다. 이 예제에서는 거리를 1로 설정한다.
- **비율(Proportion, p)**: 하나의 데이터 포인트에서 반지름이 d인 영역 외부에 존재하는 데이터 포인트들의 비율로, 그 이상이면 특이값으로 간주되는 값을 의미한다. 이 예제에서는 95%로 설정한다.

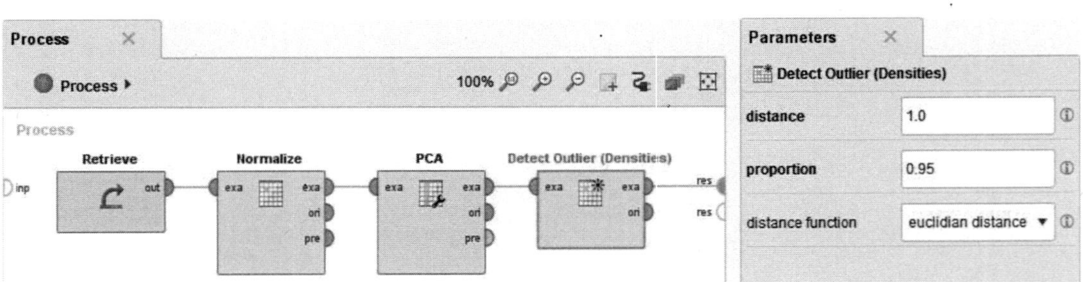

[그림 11.8] 밀도기반 특이값 탐지 프로세스

- **거리 측정(Distance measurement)**: 유클리드(Euclidian), 코사인(cosine) 또는 제곱거리(squared distance)와 같은 측정 파라미터. 기본값으로 유클리드를 사용한다.

데이터 포인트로부터 거리 d 외부에 있는 다른 데이터 포인트들이 95% 이상 존재하면, 그 데이터 포인트는 특이값으로 간주된다. 그림 11.8은 정규화, PCA 그리고 *Detect Outlier* 오퍼레이터로 구성되는 프로세스를 보여준다. 완성된 프로세스를 저장하고 실행시킨다.

단계 3: 실행과 해석

이 프로세스는 데이터셋에 특이값 속성이 추가되는데, 그림 11.9와 같이 산점도를 이용하여 시각화할 수 있다. 특이값 속성은 데이터 포인트가 특이값으로 예측되는지 아닌지를 나타내는 1과 0의 값(boolean)을 갖는다. 산점도에서 특이값으로 표시된 몇 개의 데이터 포인트들을 찾을 수 있다. *Detect Outlier* 오퍼

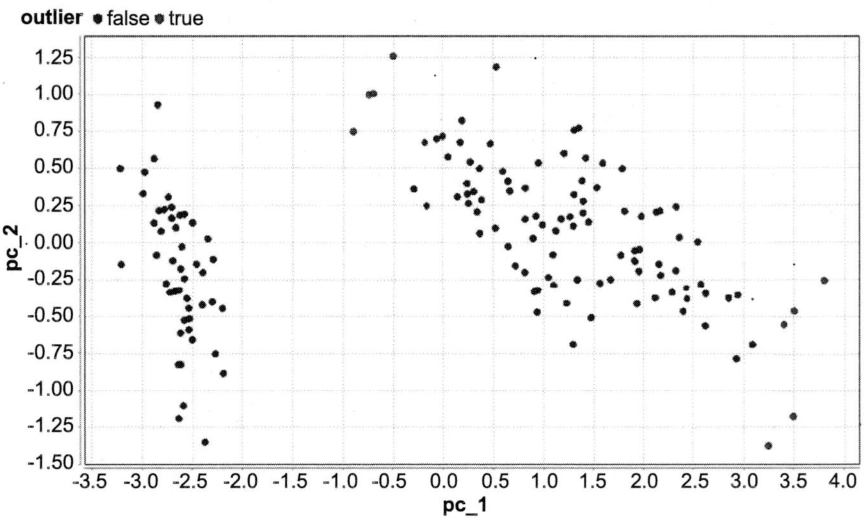

[그림 11.9] 밀도기반 특이값 탐지 결과

레이터의 파라미터 d와 p는 원하는 특이값 탐지 수준에 의해 조정될 수 있다.

밀도기반 특이값 탐지는 거리기반 특이값 탐지와 매우 유사하므로, 동일한 장단점을 보여준다. 밀도기반 특이값 탐지의 주요 결점은 가변 밀도(varying density)를 다룰 수 없다는 것이다. 다음에 설명할 방법인 지역 특이값 요인(LOF)은 이러한 데이터셋을 위해 설계되었다. 특별히 데이터의 특성을 미리 알지 못할 때, 파라미터 d와 p를 설정하는 것은 쉽지 않은 일이다.

11.4 지역 특이값 요인

지역 특이값 요인(Local Outlier Factor, LOF) 기법은 밀도기반 특이값 탐지의 변형으로, 제약 사항 중의 하나인 가변 밀도에서 특이값을 탐지하는 문제를 해결해 준다. 가변 밀도는 DBSCAN 군집화(7장 군집화 참조)를 포함하여 대부분의 단순 밀도기반 방법에서 문제가 된다. LOF 기법은 논문 *LOF: Identifying Density-Based Local Outlier* (Breunig et al., 2000)에서 제안되었다. LOF는 데이터 포인트들의 밀도와 그 이웃의 밀도도 함께 고려한다. LOF의 주요 특성은 특이값 스코어에 데이터 포인트의 상대적 밀도를 고려한다는 것이다. 일단 데이터 포인트의 특이값 스코어가 계산되고 나면, 데이터셋에서 특이값을 찾기 위해 데이터 포인트들을 정렬할 수 있다. LOF의 핵심은 상대 도수를 구하는 것이다. k 이웃을 갖는 데이터 포인트 x의 상대도수는 식 11.1과 같이 구할 수 있다.

$$\text{Relative density of x} = \frac{\text{density of x}}{\text{average density of all data points in the neighborhood}} \tag{11.1}$$

여기서 x의 밀도는 가장 근접한 k개의 데이터 포인트들의 평균 거리의 역수이고, 파라미터 k는 또한 이웃의 지역(locality)을 형성한다. 이웃의 모든 데이터들의 밀도를 비교하여, 해당 데이터 포인트의 밀도가 이웃의 밀도보다 낮은지 알 수 있다. 이러한 시나리오는 특이값이 존재하는지 보여준다.

11.4.1 구현 방법

LOF 기반의 데이터 마이닝 프로세스는 RapidMiner의 다른 특이값 탐지 프로세스와 유사하다. *Detect Outlier (LOF)* 오퍼레이터는 [Cleansing > Outliers]에 있다. LOF 오퍼레이터의 결과 데이터셋에는 수치형 속성의 특이값 점수가 추가되어 있다. LOF 알고리즘은 명백하게 특이값으로 명시하지 않고, 대신 스코어를 보여준다. 이 스코어는 특이값으로 간주하는 기준인 임계치와 비교하기 위해 시각화하는 데 사용할 수 있다. 스코어 자체를 보여주는 것은 데이터 마이닝 전문가가 스코어링 프로세스를 다시 실행시킬 필요없이 임계치만 변경함으로써, 특이값 기준을 조정할 수 있게 해준다.

단계 1: 데이터 준비

거리와 밀도기반 특이값 탐지 프로세스와 유사하게 데이터셋은 *Normalize* 오퍼레이터를 이용하여 정규화시켜야 하고, 데이터 시각화를 용이하게 하기 위해서 PCA 오퍼레이터를 이용하여 4차원 속성의 아이리스 데이터셋을 2차원으로 축소시킨다.

단계 2: 특이값 탐지 오퍼레이터

LOF 오퍼레이터는 파라미터로 minimal points (MinPts) lower bound와 upper bound를 가진다. minimal points lower bound는 k 값으로, 이웃의 수를 설정하는 것이다. 또한 LOF 알고리즘은 좀 더 안정적인 결과를 제공하기 위해 minimal points upper bound를 고려한다(Breunig et al., 2000). 그림 11.10은 RapidMiner에서의 LOF 프로세스를 보여준다.

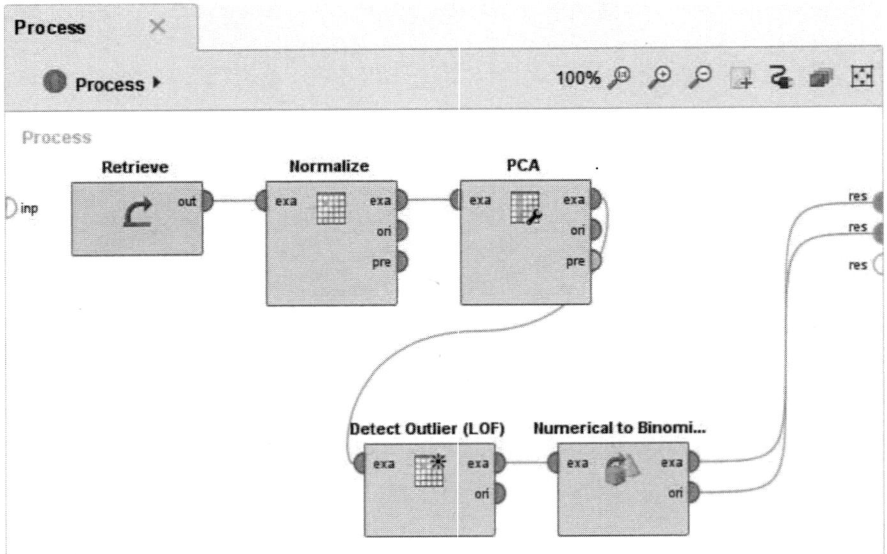

[그림 11.10] LOF 특이값 탐지를 위한 RapidMiner 프로세스

단계 3: 결과 해석

Detect Outlier 오퍼레이터를 사용하면 결과 데이터셋에 특이값 스코어가 추가된다. 그림 11.11에서는 데이터 포인트 색상으로 데이터셋의 특이값 스코어를 보여준다. 결과 화면에서 특이값 스코어를 이용해서 데이터 포인트들의 색상이 정해진다. 산점도에서는 푸른색에 가까울수록 정상적인 데이터 포인트로, 붉은색에 가까울수록 특이값으로 예측됨을 보여준다. 만일 특이값의 여부를 나타내는 추가적인 플래그(이진형 플래그)를 필요로 한다면, *Numeric to Binominal* 오퍼레이터를 추가하면 된다. *Numeric to Binominal* 오퍼레이터는 수치형 특이값을 파라미터에서 설정한 임계치를 기준으로 한 이진형 데이터(true 또는 false)로 변환시킨다.

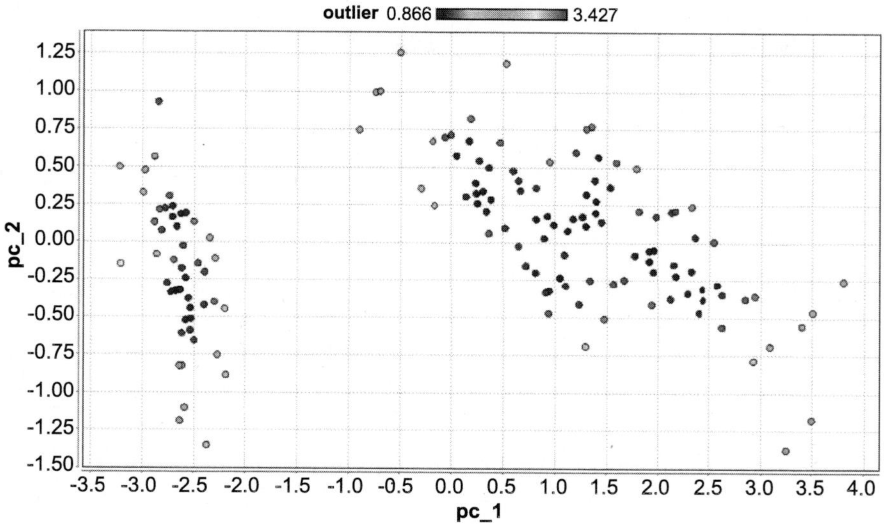

[그림 11.11] LOF 특이값 탐지 결과

결론

특이값 탐지를 위해 논의된 세 가지 데이터 마이닝 기법 외에도 RapidMiner Anomaly Detection extension (RapidMiner Extension: Anomaly Detection, 2014)을 이용하면 특이값 탐지를 위한 더 많은 알고리즘을 이용할 수 있다. Rapid Miner Extension은 [Extension > Marketplace (Updates and Extensions)]에서 설치할 수 있다.

이론상, 특이값 탐지를 위해서는 어떠한 분류 알고리즘도 이용할 수 있다. 일반화된 분류 모델은 데이터 포인트의 클래스 레이블을 분류하는 방법과 동일하게 특이값을 예측한다. 그러나 분류 모델을 이용할 때 유의해야 할 중요한 이슈가 있다. 특이값의 발생확률은 매우 낮기 때문에(예: 0.1% 이하) 모든 데이터 포인트들을 '정상'으로 예측하여도 99.9%의 정확성을 갖는다. 이러한 방법은 재현율 측정값이 0%(8장 참조)이므로 특이값 탐지를 위해 적합하지 않다. 대량의 트랜잭션 네트워크에서 네트워크 침입(network intrusion) 탐지 또는 사기 예방(fraud prevention)과 같은 실제적인 애플리케이션에서는 특이값을 탐지 못했을 경우의 비용이 매우 크다. 이 모델은 심지어 허용할 만한 수준의 (정상적인 데이터를 특이값으로 분류하는) 거짓 경보를 보낸다. 따라서 특이값 탐지 방법을 개선하기 위해서는 더욱 특별한 관리와 준비가 필요하다.

층화추출 방법은 학습용 데이터셋에서 특이값 레코드의 발생 빈도를 늘리고, 정상적인 데이터 포인트들의 상대적 발생 빈도를 줄이는 데 사용된다. 이와 유사한 방법으로, 특이값과 정상 레코드가 동일한 수의 레코드를 가질 수 있도록 복원추출(sampling with replacement)을 하는 것이다. 층화추출은 특이값 탐지 방법의 정확도와 재현율을 높이기 위한 시도로, 시험용 데이터셋에서 정상적 데이터 포인트에 대비하여 특이값 레코드의 수를 증가시킨다. 어떤 경우에도 특이값 탐지 알고리즘에 편향(bias)이 존재한다는 것을 아는 것과 모델을 효과적으로 만들 수 있도록 학습용 데이터셋을 준비하는 것은 중요하다. 실제 애플리케이션에서는 시간에 따라 특이값의 특성이 변경되기 때문에, 특이값 탐지 모델은 자주 갱신되어야 하고, 따라서 특이값과 정상적인 레코드의 관계 역시 변화되어야 한다. 계속되는 실시간 데이터 스트림에서 특이값 탐지는 데이터의 동적인 분포와 동적인 관계로 인해 추가적인 어려움이 있다(Sadik & Greunwald, 2013). 특이값 탐지는 금융거래 모니터링, 사기 방지, 그리고 보안 측면에서 이상행동 초기 식별을 통해 많은 사람들에게 영향을 주는 데이터 마이닝의 가장 심오한 애플리케이션 중의 하나이다.

참고문헌

Breunig, M. M., Kriegel, H., Ng, R. T., & Sander, J. (2000). LOF : Identifying Density-Based Local Outliers. *Proceedings of the ACM SIGMOD 2000 International Conference On Management of Data*, 1-12.

Haddadi, H. (2010). Fighting Online Click-Fraud Using Bluff Ads. *ACM SIGCOMM Computer Communication Review*, 40(2), 21-25.

Knorr, E. M., & Ng, R. T. (1998). *Algorithms for Mining Distance-Based Outliers in Large Datasets.* New York, USA: Proceedings of the 24th VLDB Conference. pp. 392-403.

RapidMiner Extension: Anomaly Detection (2014). German Research Center for Artificial Intelligence, DFKI GmbH. Retrieved from http://madm.dfki.de/RapidMiner/anomalydetection.

Sadagopan, N., & Li, J. (2008). Characterizing typical and atypical user sessions in clickstreams. *Proceeding of the 17th International Conference on World Wide Web - WWW'08*, 885. http://dx.doi.org/10.1145/1367497.1367617.

Sadik, S., & Gruenwald, L. (2013). Research Issues in Outlier Detection for Data Streams. *ACM SIGKDD Explorations Newsletter*, 15(1), 33-40.

Tan, P.-N., Steinbach, M., & Kumar, V. (2005). Anomaly Detection. In *Introduction to Data Mining* (pp. 651-676). Boston, MA: Addison Wesley.

CHAPTER 12

특징 선택

이 장에서는 예측분석에서 데이터셋 준비의 중요한 요소인 특징 선택(feature selection)에 초점을 맞춘다. 데이터 마이닝 분야에서 자주 강조되는 말이 있는데 분석 작업의 80%가 데이터 정제 및 준비에 투입되고 20%만이 모델링에 쓰인다는 것이다. 이런 면에서 이 책에서 12개의 장 이상을 모델링 기법에 집중하고 데이터 준비에는 단 2개의 장만 다루는 것은 이상하게 보인다. 하지만 데이터 정제와 준비는 책을 통해서 보다는 경험을 통해서 더 잘 배울 수 있다. 초기 단계에서 사용되는 많은 기법들을 잘 다루는 것은 필수적이다. 이 장에서는 데이터 정제보다는 데이터셋을 필수적인 특성이나 특징으로 축소하는 것에 집중한다. 자료 정제는 2장 데이터 마이닝 프로세스에서 부분적으로 다루었다. 데이터 축소는 특징 선택, 차원 축소, 변수 가려내기, 중요 파라미터 식별, 속성 가중치 부여 등 여러 가지 용어로 불린다. (기술적으로 차원 축소와 특징 선택 사이에는 미묘한 차이점이 있다. 차원 축소는 원시 데이터셋의 속성의 수를 줄이기 위해 실제의 속성들을 결합하거나 합치는 것인데, 대표적인 방법으로 주성분 분석이 있으며 12.2절에서 다룬다. 그리고 특징 선택은 일부 속성들을 제거하는 필터와 같다.)

논의를 전개하는 데 있어서 먼저 특징 선택에 대해 간단히 소개하고 이와 같은 전처리의 필요성에 대해 언급한다. 특징 선택에는 기본적으로 두 가지 유형이 있는데 필터(filter) 유형과 래퍼(wrapper) 유형이다. 필터 유형은 어떤 기준을 만족하는 순위를 매겨 상위 속성들만 선택하는 방법이다(Blum, 1997; Yu,

특징 선택의 동기

예측분석에서 특징 선택은 정확한 예측에 필수적인 가장 중요한 변수나 속성 몇 개를 찾아내는 과정이다. 오늘날의 빅데이터와 고속 컴퓨팅 분야에서 이런 의문을 제기할 수도 있다. 왜 귀찮은 일을 하지? 컴퓨팅 능력이 충분한데도 속성들을 걸러 내는 이유가 뭐지? 예를 들어 데이터에 모델을 '적합시키는' 것은 불필요하다고 주장한다. 오히려, 주먹구구식이지만 빠른 방법을 사용하여 데이터를 샅샅이 조사하고 의미있는 상관관계를 찾아낸 후 여기에 근거하여 의사결정을 해야 한다고 한다(Bollier, 2010).

그러나 모델은 여러 가지 이유로 여전히 유용하다. 모델은 의사결정을 개선시키고 고급 지식을 얻는 데 도움을 준다. 미래 상태를 예측하는 데 상관관계에 맹목적으로 의존하는 것은 몇 가지 결함이 있다. 지금은 고전인 "티보는 내가 동성애자라고 생각한다(My TiVo thinks I'm gay.)"의 사례에서는 티보가 대규모 데이터와 상관관계에 의존하여 방송 프로그램을 추천해 주는데 우스운 불일치의 예를 보여준다. 모델을 사용하는 것이 필요하다면 특징 선택은 중요한 역할을 한다. 왜냐하면 그것은 데이터 마이닝 알고리즘의 성능을 최적화시키고, 분석가들이 모델링 결과를 쉽게 해석할 수 있게 해주기 때문이다. 이것은 우리가 다루어야 하는 속성이나 특성의 개수를 감소시킴으로써 가능하다.

2003). 래퍼 유형은 알고리즘의 성능을 개선시키는 속성들만을 선택하는데, 피드백 과정을 통해 반복적으로 수행한다(Kohavi, 1997). 필터 유형 방법은 데이터 유형에 따라 수치형과 명목형으로 분류할 수 있다. 래퍼 유형 중 가장 흔한 것은 다중선형회귀분석에서 쓰는 방법인 단계적 회귀분석, 전방 선택, 후방 제거 방법이다. 이 장에서는 다음과 같은 수치형 필터 유형 방법들을 다룬다. 먼저 주성분 분석(Principal Component Analysis, PCA)인데 이것은 엄격히 말하면 차원 축소 방법이다. 다음으로 정보이득 기반 필터링을 다룬다. 마지막으로 범주형 필터 유형 방법인 카이제곱 기반 필터링을 다룬다. 래퍼 유형은 두 가지 방법을 다루는데 RapidMiner로 구현하는 방법을 통해 간단히 논의한다.

12.1 특징 선택 방법의 분류

데이터 마이닝 과정에 특징 선택을 포함시켜야 하는 중요한 기술적인 두 가지 동기가 있다. 첫째로, 데이터셋이 상관관계가 높은 속성들을 포함할 수 있다.

예를 들어 팔린 품목의 수와 매출액이다. 이 속성들을 다 포함시키면 보통은 새로운 정보를 얻지 못한다. 게다가 다중 회귀 유형 모델의 경우 둘 이상의 독립변수(예측변수)들이 상관관계가 있다면 계수 추정은 불안정하고 직관에 반대되는 경향이 있다. 이것이 5.1절에서 논의된 다중 공선성(multicollinearity)이다. 나이브 베이지안 같은 알고리즘의 경우 속성들은 서로 독립이어야 한다. 더욱이 알고리즘의 실행속도는 일반적으로 속성의 수에 영향을 받는다. 그래서 상관관계가 있는 속성들 중에서 하나만 사용하면 성능이 개선된다.

두 번째로, 데이터셋이 예측에 직접적인 영향이 없는 불필요한 정보를 포함할 수 있다. 예를 들어 고객 고유번호는 그 고객의 매출액과 관련이 없다. 그런 속성들은 모델링 과정을 시작하기 전에 제거하는 것이 좋다. 그러나 속성들의 모든 상관관계를 그렇게 명쾌하게 미리 알 수 있는 것은 아니다. 그런 경우에는 직접 계산을 하여, 새로운 정보를 주지 못하는 속성들을 찾아내어 제거한다. 여기서 중요한 점은 종속변수와 강한 상관관계를 가지는 속성들을 포함시키는 것이다.

요약하면 서로 상관관계가 강한 독립변수들을 제거하고, 종속변수와 강한 상관관계를 가지는 독립변수들을 유지하는 데 특징 선택이 필요하다.

특징 선택에는 두 가지 방식이 있는데 필터 유형과 래퍼 유형이다. 모델링 과정을 시작하기 전에 특징 선택을 적용하여 중요하지 않은 속성들을 걸러 내는 것이 필터 방식이고, 데이터 마이닝 과정 내부에서 특징 선택을 반복적으로 적용하는 것이 래퍼 방식이다. 필터 방식은 학습 알고리즘이 필요 없지만, 래퍼 방식은 특정 학습 알고리즘에 대해 최적화된다. 다르게 말하면 필터 방식은 '자율적(unsupervised)'이고 래퍼 방식은 '지도식(supervised)' 특징 선택이라 할 수 있다. 필터 방식은 보통 다음과 같은 경우에 사용된다.

- 특징이나 속성의 개수가 매우 클 때
- 컴퓨팅 비용이 중요한 요인일 때

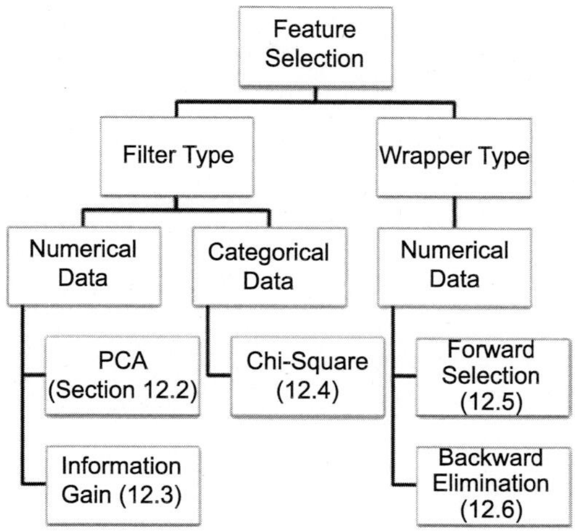

[그림 12.1] 특징 선택 방법의 분류체계와 이 장의 각 절에서 다룰 내용

그림 12.1의 도표는 특징 선택 방법들을 상위 레벨로 분류하여 보여주는데 이후의 절들에서 차례로 살펴본다. 이 도표가 분류를 포괄적으로 보여주는 것은 아니지만 데이터 마이닝에서 공통적으로 채택되고 이 장에서 다룰 기법들을 간단히 보여준 것이다.

12.2 주성분 분석

주성분 분석(Principal Component Analysis, PCA)의 추정값들을 산출하는 수학적 기초를 설명하기 전에 개념적인 소개를 먼저 한다. 그리고 RapidMiner를 사용하여 표본 데이터셋에 PCA를 어떻게 적용하는지 보인다. m개의 속성(변수)을 가지는 데이터셋이 있다고 하자. 속성의 예로는 제품 가격, 주간 매출액, 조립라인 작업자의 작업시간 등을 들 수 있는데, 간단히 말해 타겟변수의 성능에 영향을 줄 수 있는 비즈니스 파라미터들이다. PCA는 다음과 같은 문제를 근본적으로 해결하는 데 도움을 준다. m개의 속성들 중에서 어느 것이 데이터셋의 변동을 의미있게 설명하는가? PCA는 본질적으로 80/20의 법칙을 적용한다. 즉, 속성들의 일부(20%)가 데이터에 있는 변동의 80% 이상을 설명한다는 것이다. 이런 종류의 변수 가려내기 또는 특징 선택을 하게 되면 다른 예측 모델링 기법을 쉽게 적용할 수 있고 결과를 좀 더 쉽게 해석할 수 있다.

PCA는 데이터셋에 있는 변동을 가장 많이 포함하는 속성들을 찾아낸다. 이를 위해 현재의 변수들을 '주성분' 또는 새 변수들로 변환시키는데, 새 변수들은 다음과 같은 성질을 가진다(van der Maaten et al., 2009).

- 주성분들은 서로 상관관계가 없다.
- 주성분들은 자료 내부에 있는 변동의 대부분을 포함하거나 설명한다.
- 주성분들은 가중치를 통하여 원래의 변수들과 관련지을 수 있다.

주성분에서 가중치가 매우 작은 원래의 변수들은 데이터셋에서 사실상 제거된다. 그림 12.2의 개념적인 도식은 m개의 변수를 가지는 가상적인 데이터셋에서 차원 축소를 하는데 PCA가 도움을 줄 수 있다는 것을 보여준다.

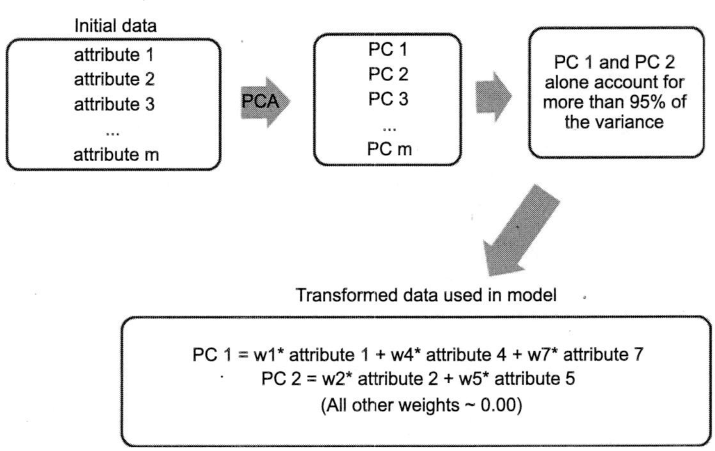

[그림 12.2] 특징 선택에서 PCA 사용의 효과를 보여주는 개념도. 최종 자료 집합은 PC1과 PC2만 포함한다.

12.2.1 기법 원리

주요 과제는 앞에서 설명한 특성들을 가지는 주성분 z_m을 계산하는 일이다. 2개의 변수 v_1과 v_2에 대해서 생각하자. 산점도를 그리면 그림 12.3과 같은 것을 볼 수 있다.

이 그림을 살펴보면 v_1과 v_2는 상관관계가 있다. 그런데 v_1과 v_2를 새로운 두 변수 z_1과 z_2로 변환시키면 주성분에 대한 성질들을 만족한다. 이는 간단한 선형 변환으로 얻을 수 있는 효과이다. 그림에서 보는 것처럼 이것은 새로운 2개의 축 z_1, z_2를 따라 점들을 그리는 것과 마찬가지이다. z_1축은 최대의 변동을 포함한다. 따라서 z_1이 데이터 변동의 대부분을 설명하며 첫 번째 주성분이라고 해도 무방하다. z_2는 z_1과 직교하는데 두 번째로 큰 변동을 포함한다. z_1과 z_2를 가지고 데이터의 전체 변동을 모두 설명할 수 있다. 게다가 z_1과 z_2는 상관관계가 없다. v변수들의 개수가 많을 때 소수의 최초 주성분만으로도 데이터 전체의 변동을 충분히 표현할 수 있다. 주성분 z_m은 다음과 같이 원래의 v변수들의 선형 결합으로 표현된다.

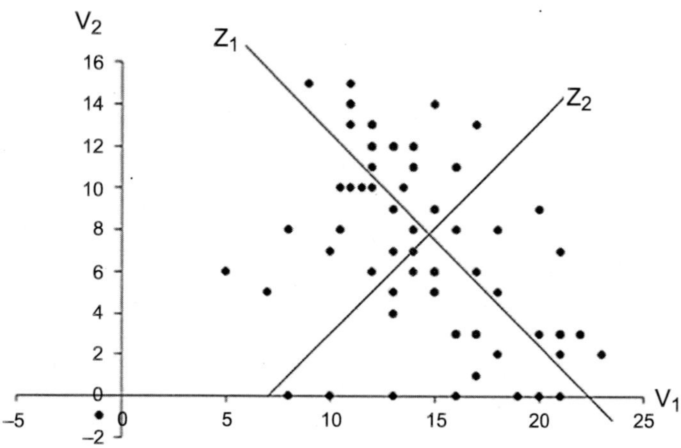

[그림 12.3] 변수들을 새로운 기저로 변환하는 것이 PCA의 핵심이다.

$$z_m = \sum w_i \times v_i \tag{12.1}$$

이 논리를 셋 이상의 변수들로 확장할 때 문제는 원래의 변수들을 사용하여 어떻게 주성분으로 변환하는가이다. 이것은 원래 속성들의 공분산 행렬의 고유치 분석을 하면 쉽게 해결이 된다. 가장 큰 고유치에 대응하는 고유벡터가 첫 번째 주성분이 되고, 두 번째로 큰 고유치에 대응하는 고유벡터가 두 번째 주성분이 되며, 같은 방식으로 계속 주성분을 구한다. 공분산은 두 변수가 각각 자신의 평균값에 관하여 어떻게 변하는지 설명한다. 두 변수가 자신의 평균값의 같은 쪽에 머무는 경향이 있으면 공분산의 값은 양수가 되고, 그렇지 않으면 음수가 된다. 통계학에서는 공분산이 상관계수를 계산할 때에도 쓰인다.

$$Cov_{ij} = E[V_i V_j] - E[V_i]E[V_j] \tag{12.2}$$

여기서 E[V]는 기댓값이며 다음 식으로 구한다: $E[V] = \sum_k v_k P(V = v_k)$

고유치 분석에서는 변수들의 모든 쌍에 대한 이런 공분산들의 행렬이 생성된다. 고유치 분석의 좀 더 자세한 내용은 행렬이나 선형대수의 교재를 참고한다.

12.2.2 구현 방법

이 절에서는 공개적으로 이용 가능한 데이터셋을 가지고[1] RapidMiner를 이용한 PCA를 수행한다. 데이터는 일부러 비표준화된(비정규화된) 것을 이용한다. 그 다음에 데이터를 표준화하여 표준화가 왜 중요한지를 설명한다.

데이터셋은 77개의 아침 식사 시리얼에 대한 순위와 영양 정보를 포함한다. 변

1 http://lib.stat.cmu.edu/DASL/Stories/HealthyBreakfast.html and http://lib.stat.cmu.edu/DASL/Datafiles/Cereals.html

수가 전부 16개인데 수치형이 13개이다(표 12.1). 분석의 목적은 PCA를 이용하여 이 13개의 수치형 예측변수들을 훨씬 더 적은 수로 감소시키는 것이다.

단계 1: 데이터 준비

비수치형 속성인 "Cereal name", "Manufacturer", "Type (hot or cold)"를 제거한다. 이는 PCA가 수치형 속성만 다루기 때문이다. 이 속성들은 표 12.1에서 A, B, C열이다. (RapidMiner에서는 향후 참조를 위해 이들을 ID 속성으로 변환시킬 수 있다. 필요하면 다음 단계에서 데이터셋을 RapidMiner로 불러들일 때 이를 수행할 수 있다. 이 사례에서는 이 변수들을 제거한다. 이를 위해 *Read Excel* 오퍼레이터 뒤에서 *Select Attributes* 오퍼레이터를 사용한다.)

Read Excel 오퍼레이터를 이용하여 엑셀 파일을 RapidMiner로 불러들인다.

단계 2: PCA 오퍼레이터

오퍼레이터 검색 박스에 "pca"를 입력하여 *Principal Component Analysis* 오퍼레이터를 찾은 후 메인 윈도우에 끌어온다. *Read Excel* 오퍼레이터의 출력 포트를 *PCA* 오퍼레이터의 "exa"(example set input) 포트로 연결한다.

차원 축소를 위한 3개의 설정 값이 있는데 "none", "keep variance", "fixed number"이다. 여기서는 "keep variance"를 택한다. "variance threshold"를 기본 값인 0.95로 설정한다(그림 12.4 참조). 이 변동 임계값(variance threshold)은 데이터의 전체 변동 중 총합하여 95% 이상 설명하는 속성들을 고르게 해준다. *PCA* 오퍼레이터의 모든 출력 포트를 결과 포트로 연결한다.

단계 3: 실행과 해석

앞의 설정에 따라 실행하면 RapidMiner는 결과 패널에 여러 개의 탭들을 생성한다(그림 12.5 참조). PCA 탭을 클릭하면 3개의 관련 탭– 고유치

[표 12.1] PCA를 사용하여 차원을 축소하기 위한 아침 식사 시리얼 데이터셋

name	mfr	type	calories	protein	fat	sodium	fiber	carbo	sugars	potass	vitamins	shelf	weight	cups	rating
100%_Bran	N	C	70	4	1	130	10	5	6	280	25	3	1	0.33	68.402973
100%_Natural_Bran	Q	C	120	3	5	15	2	8	8	135	0	3	1	1	33.983679
All-Bran	K	C	70	4	1	260	9	7	5	320	25	3	1	0.33	59.425505
All-Bran_with_Extra_Fiber	K	C	50	4	0	140	14	8	0	330	25	3	1	0.5	93.704912
Almond_Delight	R	C	110	2	2	200	1	14	8	−1	25	3	1	0.75	34.384843
Apple_Cinnamon_Cheerios	G	C	110	2	2	180	1.5	10.5	10	70	25	1	1	0.75	29.509541
Apple_Jacks	K	C	110	2	0	125	1	11	14	30	25	2	1	1	33.174094
Basic_4	G	C	130	3	2	210	2	18	8	100	25	3	1.33	0.75	37.038562

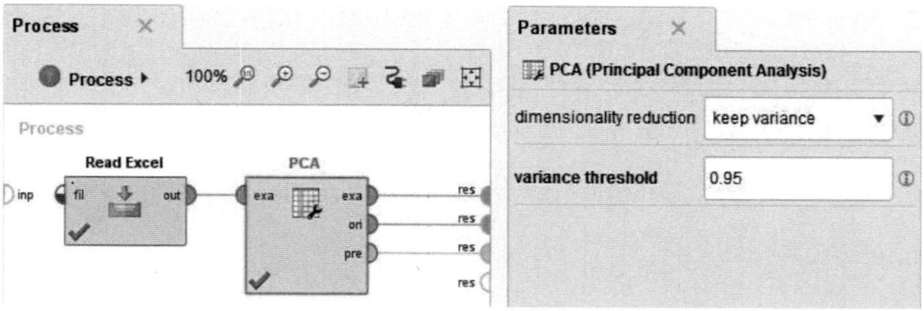

[그림 12.4] PCA 기능의 설정

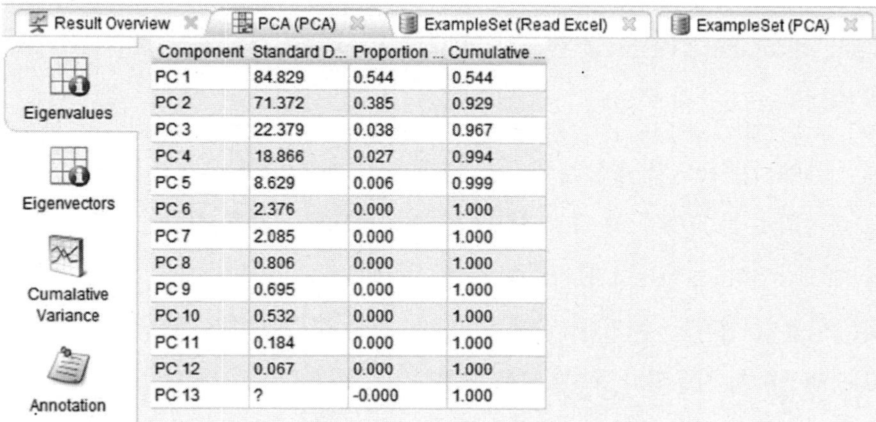

Component	Standard D...	Proportion ...	Cumulative ...
PC 1	84.829	0.544	0.544
PC 2	71.372	0.385	0.929
PC 3	22.379	0.038	0.967
PC 4	18.866	0.027	0.994
PC 5	8.629	0.006	0.999
PC 6	2.376	0.000	1.000
PC 7	2.085	0.000	1.000
PC 8	0.806	0.000	1.000
PC 9	0.695	0.000	1.000
PC 10	0.532	0.000	1.000
PC 11	0.184	0.000	1.000
PC 12	0.067	0.000	1.000
PC 13	?	-0.000	1.000

[그림 12.5] PCA 결과

(Eigenvalues), 고유벡터(Eigenvectors), 누적변산플롯(Cumulative Variance Plot) – 이 보인다.

고유치(Eigenvalues)에서는 각 주성분이 데이터 변동에 얼마나 기여하는지를 개별적으로 누적하여 보여준다.

변동 임계값이 0.95이면 PC1, PC2, PC3가 우리가 필요한 주성분인데, 이는 변동의 거의 97%를 이들이 설명하기 때문이다. PC1은 약 54%로 변동의 대부분에 기여한다.

이 3개의 성분들을 더 자세히 살펴보면 이들이 데이터셋의 실제 파라미터들과 어떻게 선형으로 관계되는지를 확인할 수 있다. 여기에서는 처음 3개의 주성분 각각에 의미 있는 기여를 하는 실제 파라미터들만을 생각한다. 나중에 예측 모델링할 때 이들이 축소된 파라미터 집합을 형성한다.

이러한 정보를 바탕으로 실제 변수들을 어떻게 고를 것인가? RapidMiner에서는 각 주성분에 대해 고유벡터들을 크기순으로 정렬하고, 주성분 1, 2, 3에 대해 가중치 절댓값이 가장 큰 요인 2~3개를 선택할 수 있다. 그림 12.6에서 강조 표시된 실제 속성들이 선택되어 축소된 자료 집합을 형성한다(calories, sodium, potassium, vitamins, rating). 이 선택을 하려면 각 주성분에서 상위 3개의 속성들을 단순히 확인만 하면 된다.[2]

이 사례에서는 PCA가 속성의 개수를 13개에서 5개로 줄였는데, 어떤 모델이라도 속성의 수를 50% 이상 축소시킨다면, 현실적으로 고려할 필요가 있다. 대용량 데이터셋의 경우 PCA가 가져다 주는 성능의 개선 효과가 매우 클 것이라는 것은 충분히 짐작할 수 있다. 실제로 PCA는 차원 축소에 매우 효과적으로 그리고 광범위하게 사용된다. 특히 모든 속성들이 수치형일 때 그렇다. 또한 다양한 현실 문제들에 잘 적용된다. 그러나 PCA를 변수 걸러 내기에 맹목적으로 적용하면 안 된다. 대부분의 실제 상황에서는 변수들을 제거하기 전에 PCA와 더불어 현장 지식을 반영해야 한다. PCA를 사용하는 데 고려해야 할 몇 가지 사항을 여기서 설명한다.

1. **PCA 결과는 데이터 맥락(context)에서 평가해야 한다.**

   데이터에 매우 많은 잡음이 섞여 있다면 PCA는 가장 잡음이 많은 변수들

---

2 좀 더 일반적으로는 후속 모델을 구축하기 위해 처음 3개의 주성분만 선택한다. 본문의 방식을 택한 이유는 차원 축소 방법인 PCA가 어떻게 특징 선택에 적용될 수 있는지 설명하기 위해서이다.

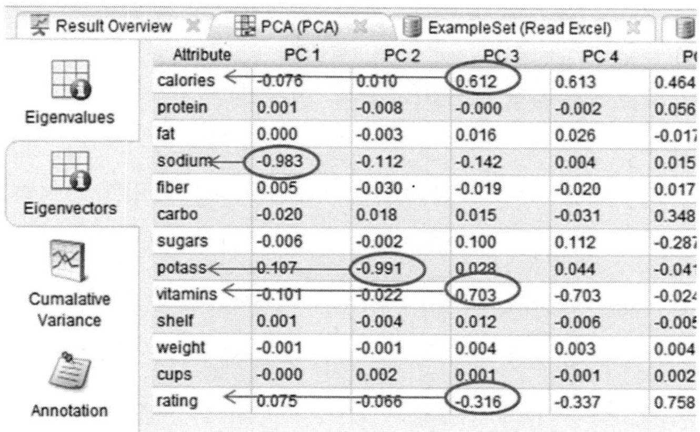

Attribute	PC 1	PC 2	PC 3	PC 4	P
calories	-0.076	0.010	0.612	0.613	0.464
protein	0.001	-0.008	-0.000	-0.002	0.056
fat	0.000	-0.003	0.016	0.026	-0.01
sodium	-0.983	-0.112	-0.142	0.004	0.015
fiber	0.005	-0.030	-0.019	-0.020	0.017
carbo	-0.020	0.018	0.015	-0.031	0.348
sugars	-0.006	-0.002	0.100	0.112	-0.28
potass	-0.107	-0.991	0.028	0.044	-0.04
vitamins	-0.101	-0.022	0.703	-0.703	-0.02
shelf	0.001	-0.004	0.012	-0.006	-0.00
weight	-0.001	-0.001	0.004	0.003	0.004
cups	-0.000	0.002	0.001	-0.001	0.002
rating	0.075	-0.066	-0.316	-0.337	0.758

[그림 12.6] PCA 기능의 고유치 탭을 사용하여 속성들의 축소된 집합을 고르기

을 가장 의미있다고 할 것이다. 왜냐하면 그 변수들이 대부분의 변동을 설명하기 때문이다!

비슷한 비유로 록 콘서트에서의 전체 소리 에너지를 들 수 있다. 청중들의 소음이 고주파의 보컬이나 곡을 삼켜 버리면 PCA는 전체 에너지의 가장 큰 기여는 청중들의 소음이라고 할 것이다. 이것이 맞는 것이지만, 이 결과는 어느 악기가 화성악에 영향을 주는지 구별하는 데 별 가치가 없다.

2. **상관관계가 없는 자료가 반드시 도움이 되는 것은 아니다. 상관관계가 있는 자료도 마찬가지이다. 상관관계가 중요한 것은 아니다.**

데이터셋에 파라미터를 더 추가할 때 우연하게도 파라미터들이 무작위로 잡음이 섞여 있다면 첫 번째 경우와 실질적으로 같은 상황이 된다. 반면에 상관관계가 겉으로 드러난 경우에도 분석가들은 주의하고 조심해야 한다. 예를 들어 어떤 기간에 의류공장에서 일하는 노동시간과 (관련이 없는) 돼지고기 가격 사이에 우연하게도 상관관계가 있는 것으로 나타날 수 있다. 이 상관관계는 명백히 우연의 일치일 것이다. 이 상관관계는 PCA 결과를 엉망으로 만들 수 있다. PCA 같은 기법을 적용하기 전에 주의를 기울여 데이터셋을 걸러 내야 하는데, 비즈니스적인 의미가 있고 무작위적인 변동에 영향을 받지 않는 변수들이 포함되도록 한다.

3. **PCA는 자료에서 값들의 크기에 매우 민감하다.**

앞의 사례의 데이터를 면밀히 살펴보면, PCA가 가장 중요한 것이라고 제시한 상위의 속성들은 그 값들의 범위와 표준편차가 가장 크다. 예를 들어 칼륨은 −1에서 330의 값을 가지고, 나트륨은 1에서 320까지의 값을 가진다. 다른 속성들의 대부분은 한 자리 또는 두 자리의 값을 가진다. 예상대로 칼륨과 나트륨이 PCA 결과를 지배하는데 그 이유는 이들이 자료의 변동에 최대한 기여하기 때문이다. 만일 수백만 단위의 값을 가지는 판매액과 같은 속성이 있다면 모델링에 어떤 속성을 포함시켜야 하는가? 분명히 판매액은 다른 어떤 속성의 효과도 차단할 것이다.

크기의 효과를 최소화하려면 데이터를 정규화해야 한다(예를 들어 *Normalize* 오퍼레이터를 사용한다). 이러한 데이터 변환을 적용하면 모든 속성들은 0과 1 사이의 범위를 가지게 되고, 크기 효과는 없어진다. 그러면 PCA 결과는 어떻게 되는가?

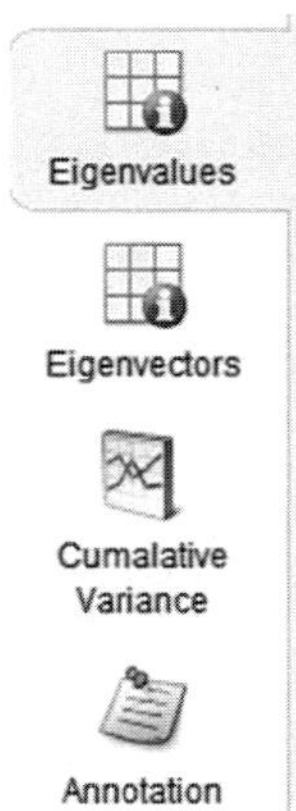

Component	Standard D...	Proportion of Variance	Cumulative Variance
PC 1	0.459	0.306	0.306
PC 2	0.392	0.224	0.530
PC 3	0.302	0.132	0.663
PC 4	0.287	0.120	0.782
PC 5	0.212	0.065	0.848
PC 6	0.187	0.051	0.898
PC 7	0.162	0.038	0.937
PC 8	0.140	0.029	0.965
PC 9	0.122	0.022	0.987
PC 10	0.067	0.006	0.993
PC 11	0.053	0.004	0.997
PC 12	0.043	0.003	1.000
PC 13	?	-0.000	1.000

[그림 12.7] PCA에 대한 RapidMiner 결과를 해석하기

그림 12.7을 보면, 같은 95%의 전체 변동을 설명하는데 이제는 8개의 주성분이 필요하다. 고유벡터를 사용하여 이 8개의 주성분에 포함된 속성들을 걸러 낼 수 있다. 그러나 앞과 같이 각 주성분에 대해 상위 3개의 속성 고르기를 적용하면 제거할 속성들이 하나도 없게 된다!

다음 절에서는 크기에 민감하지 않고 비수치형 데이터에도 잘 적용되는 특징 선택 방법들을 다룬다. 크기에 민감한 것과 비수치형 데이터의 적용 불가능은 PCA의 한계점이다.

12.3 수치형 데이터를 위한 정보이론 기반 필터링

4장에서는 정보이득(information gain)과 이득 비율(gain ratio)의 개념을 소개하였다. 두 방법 모두 주어진 속성과 타겟 속성 간에 교환된 정보를 비교한다 (Peng et al., 2005). 12.1절에서 논의된 바와 같이 특징 선택의 열쇠는 종속변수와 강한 상관관계가 있는 속성들을 포함시키는 것이다. 이 절에서 소개하는 기법은 정보이득량에 근거하여 속성들의 순위를 매긴 후 어떤 임계값을 만족하거나 초과하는 속성들만 고르거나 단순히 상위 k개의 속성을 고른다. 여기서 임계값이나 k는 사용자가 임의로 설정한다.

4장에서 논의된 골프 사례를 다시 보자. 데이터는 편의상 그림 12.8a로 다시 제시한다. 4장에서 논의된 계산 방법으로 모든 속성들에 대해 정보이득을 계산하면(표 4.2) 타겟변수 "Play"에 대한 "영향력"에 따라 각 특성의 순위를 얻을 수 있다(그림 12.8b 참조). 이것은 RapidMiner에서 *Weight by Information Gain* 오퍼레이터를 이용하여 쉽게 할 수 있다. 그 결과는 표 4.2와 거의 같다. 다만 온도와 습도에 대한 정보이득 값에 약간의 차이가 있다. 그 이유는 4장에서는 이득 값을 계산하기 전에 데이터셋에서 온도와 습도를 명목형 값으로 변환했기 때문이다. 여기에서는 수치형 속성을 있는 그대로 사용한다. 따라서 필터링 하기

(a) ExampleSet (14 examples, 2 special attributes, 4 regular attributes)

Row No.	id	Play	Outlook	Temperature	Humidity	Wind
1	1	no	sunny	85	85	false
2	2	no	sunny	80	90	true
3	3	yes	overcast	83	78	false
4	4	yes	rain	70	96	false
5	5	yes	rain	68	80	false
6	6	no	rain	65	70	true
7	7	yes	overcast	64	65	true
8	8	no	sunny	72	95	false
9	9	yes	sunny	69	70	false
10	10	yes	rain	75	80	false
11	11	yes	sunny	75	70	true
12	12	yes	overcast	72	90	true
13	13	yes	overcast	81	75	false
14	14	no	rain	71	80	true

[그림 12.8a] 특징 선택을 위한 골프 사례

(b)

attribute	
Outlook	0.247
Temperature	0.113
Humidity	0.102
Wind	0.048

[그림 12.8b] 정보이득 기반 특징 선택의 결과

전에 속성의 이산화에 주의를 기울이는 게 중요하다. 정보이득 특징 선택은 타겟변수가 명목형일 경우에만 사용된다. 타겟변수도 수치형인 완전한 수치형 데이터셋인 경우는 PCA나 상관관계 기반 필터링 방법들이 일반적으로 사용된다.

그림 12.9는 RapidMiner에서 골프 데이터셋을 사용하는 프로세스를 보여준다. 이 프로세스의 여러 단계에서 수치형 속성들인 온도와 습도를 명목형으로 변환한다. 마지막 단계에서는 *Weight by Information Gain* 오퍼레이터를 원래 데이터와 변환된 데이터 모두에 적용하여 다른 데이터 유형을 사용할 때 이득 값의 차이를 살펴본다. 주목할 점은 이득 값 계산은 데이터의 유형뿐 아니라 명목형 데이터의 이산화 방법에도 영향을 받는다는 것이다. 예를 들어 습도를 3개

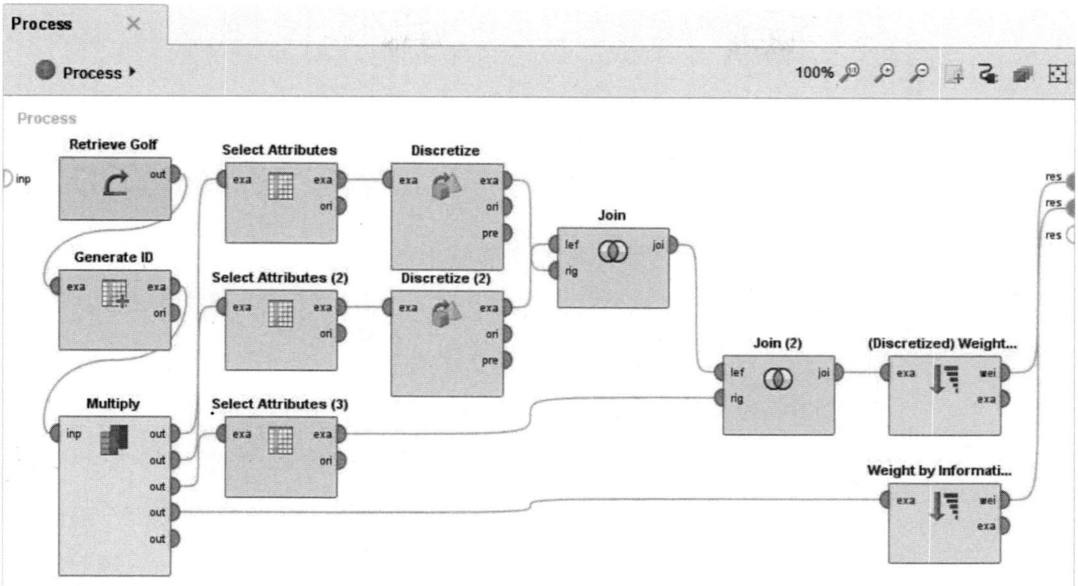

[그림 12.9] 정보이득 기반 특징 선택을 실행하기 전에 수치형 자료를 이산화하는 과정

[표 12.2] 정보이득 특징 선택의 결과

Attribute	Info Gain Weight (Not Discretized)	Info Gain Weight (Discretized)
Outlook	0.247	0.247
Temperature	0.113	0.029
Humidity	0.102	0.104
Wind	0.048	0.048

로 분할하면(고, 중, 저) 2개의 분할(고, 저)에 비해 이득 값이 약간 달라진다(표 12.2). 마지막으로 높은 순위를 가지는 속성들을 선택한다. 이 사례에서는 이산화를 하지 않으면 날씨전망과 온도가 선택되고, 이산화를 하면 날씨전망과 습도가 선택된다.

12.4 범주형 자료를 위한 카이제곱 기반 필터링

많은 경우 데이터셋이 범주형(또는 명목형)으로만 이루어질 때가 있다. 이런 경우 영향력이 큰 속성과 낮은 속성을 구별하는 좋은 방법은 무엇인가?

이에 대한 전통적인 예가 성별 선택의 차이이다. 집이나 자동차와 같은 고액 상품의 구매에 대한 데이터가 있다고 하자. 구매 결정이 성별에 영향을 받는다고 할 수 있는가? 고액 상품을 구매한다고 할 때 남자나 여자가 중요한 결정 요인인가? 예를 들어 성별이 차의 색상에 영향을 주는 요인인가? 여기서 속성 1이 성별이고 속성 2가 색상이라 하자. 카이제곱 검정을 하면 이 두 속성 간에 정말로 관계가 있는지 알 수 있다. 다수의 속성들인 경우에도 타겟변수에 대한 각 속성의 상대적 영향력의 순위를 정하고 싶을 때에도 카이제곱 통계량을 사용한다.

그림 12.10의 골프 사례를 다시 보자. 이번에는 모든 수치형 속성들을 명목형으로 변환한다. 카이제곱 분석에서는 맑은 날과 바람 부는 날의 수와 같은 발생 빈도를 카운트해서 타겟변수와 비교한다. 카이제곱 검정은 속성들의 모든 쌍에

id	Play	Humidity	Temperature	Outlook	Wind
1	no	High	hot	sunny	false
2	no	High	hot	sunny	true
3	yes	Normal	hot	overcast	false
4	yes	High	mild	rain	false
5	yes	Normal	cool	rain	false
6	no	Normal	cool	rain	true
7	yes	Normal	cool	overcast	true
8	no	High	mild	sunny	false
9	yes	Normal	cool	sunny	false
10	yes	Normal	mild	rain	false
11	yes	Normal	mild	sunny	true
12	yes	High	mild	overcast	true
13	yes	Normal	hot	overcast	false
14	no	Normal	mild	rain	true

[그림 12.10] 카이제곱 특징 선택을 사용하기 위해 자료를 명목형으로 변환하기

대해서 발생 빈도가 상관관계가 있는지 검증한다. 예를 들어 '날씨전망=흐림, Play=yes'의 경우 날씨가 흐림이라는 조건 하에서 경기를 할 확률이 얼마인가? (상관관계가 강한가?) 만일 사건 A의 발생이 사건 B의 발생과 독립적이라면 A와 B가 동시에 발생할 확률은 곱셈 법칙에 의해 $p_A \times p_B$가 된다. 다음 단계에서는 이 결합 확률을 이용하여 다음과 같이 '기대 빈도'를 구한다: $p_A \times p_B \times N$. 여기서 N은 데이터셋에 나타나는 모든 발생 빈도의 합이다.

각 속성에 대해 표 12.3과 같은 관찰 빈도표를 만든다. 이 표를 분할표(contingency table)라 한다. 마지막 열과 행은 해당 행이나 열의 합계이다. 분할표로부터 기대 빈도 정의를 이용하여 기대 빈도표를 만들 수 있다. 이 표에서 각 속성에 대한 관찰 빈도와 기대 빈도의 차이를 비교하여 카이제곱 통계량을 계산한다. 날씨전망 속성에 대한 기대 빈도가 표 12.4에 나와 있다.

'Play=no, 날씨전망=맑음' 사건에 대한 기대 빈도는 5/14 × 5/14 × 14 = 1.785로 계산되고 첫 번째 칸에 들어간다. 다른 기대 빈도도 비슷하게 계산된다. 카이제곱 통계량은 관찰 빈도와 기대 빈도의 차이의 제곱을 더하여 다음과

[표 12.3] 날씨전망과 타겟변수 Play에 대한 관찰 빈도의 분할표

Outlook =	sunny	overcast	rain	Total
Play = no	3	0	2	5
Play = yes	2	4	3	9
Total	**5**	**4**	**5**	**14**

[표 12.4] 기대 빈도 표

Outlook =	sunny	overcast	rain	Total
Play = no	1.785714	1.428571	1.785714	5
Play = yes	3.214286	2.571429	3.214286	9
Total	**5**	**4**	**5**	**14**

같이 계산한다.

$$\chi^2 = \sum \sum (f_o - f_e)^2 / f_e \quad (12.3)$$

여기서 f_o는 관찰 빈도이고, f_e는 기대 빈도이다. 어떤 두 파라미터 사이의 독립성 검정은 계산된 카이제곱 값이 어떤 임계값보다 작은가를 보고 판단한다(Black, 2007). 이 임계값은 분석가가 정한 신뢰수준에 따라 달라진다. 이 사례에서는 모든 카이제곱 값들을 단순히 모아서 속성들의 순위를 정하는 데 사용한다. 골프 사례에서 속성들의 순위는 그림 12.11의 프로세스에 의하여 생성되고, 그 결과가 그림 12.12의 표에 나와 있다. 정보이득 특징 선택에서와 마찬가지로 이 프로세스의 많은 오퍼레이터에서 데이터들은 단순히 명목형으로 변환되어 그림 12.10과 같은 형태로 나타난다.

카이제곱 순위와 정보이득 기반 순위를 비교하면 일치한다는 것을 알 수 있다.

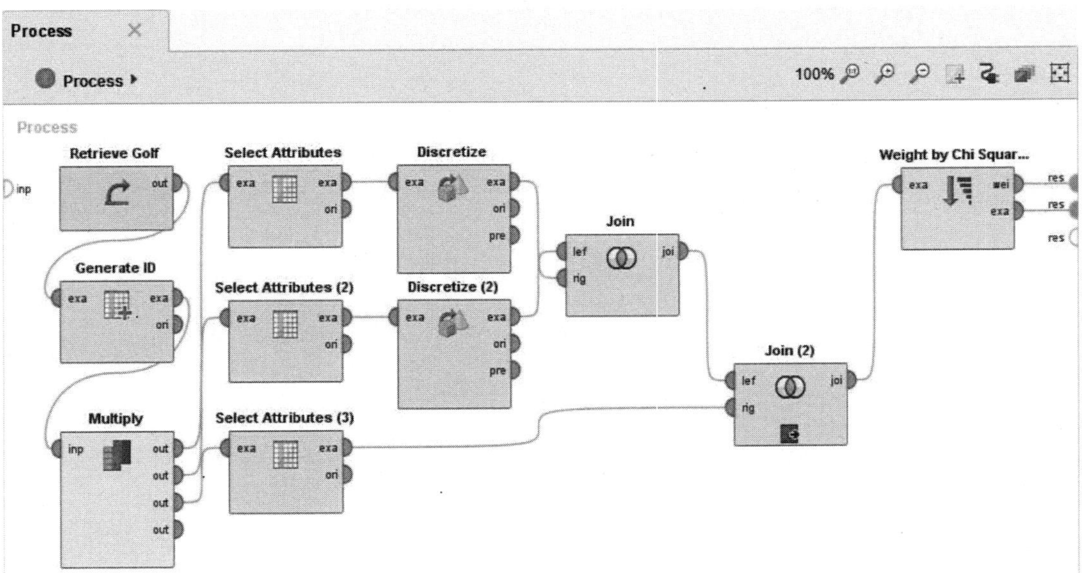

[그림 12.11] 카이제곱 통계량의 순으로 골프 데이터셋의 속성들의 순위를 구하는 과정

attribute	
Outlook	3.547
Humidity	1.998
Wind	0.933
Temperature	0.570

[그림 12.12] 카이제곱 방법으로 구한 속성 가중치 결과

간혹 "가중치 정규화(normalize weights)" 옵션도 사용되는 것에 주의한다. 이 옵션은 값들을 정규화하여 [0, 1] 범위로 바꾸어준다.

12.5 래퍼 유형의 특징 선택

이 절에서는 선형회귀 예제를 사용하여 래퍼 유형의 특징 축소 방법을 간단히 소개한다. 앞에서 설명한 대로 래퍼(wrapper) 방법은 현재의 속성 집합에서 속성을 추가하거나 제외하는 과정을 반복적으로 수행하는데, 정확도가 개선되는 방향으로 진행한다.

래퍼 유형 방법은 품질 좋은 회귀모델을 구축하는 데 필요한 속성의 수를 감소시켜야 하는 데서 유래되었다. 회귀모델을 구축하는 완벽한 방법은 '모든 가능한 회귀'를 탐색하는 것이다. 예를 들어 속성이 *v1*, *v2*, *v3*일 때 표 12.5에 가능한 모든 회귀가 나와 있다.

일반적으로 데이터셋이 *k*개의 속성을 포함하고 있다면, 모든 가능한 회귀를 탐색한다는 것은 $2^k - 1$개의 회귀모델을 구축하여 성능이 가장 좋은 것을 선택한다는 것을 의미한다. 이것은 명백히 비현실적이다.

컴퓨팅 리소스의 사용을 줄이기 위해 하나의 변수 v1에서 시작한다. 이 변수로 기준 모델을 구축한다. 다음에 두 번째 변수 v2를 추가하여 새 모델을 만들고

[표 12.5] 속성이 3개일 때 가능한 모든 회귀모델

Model	Independent Variables Used
1	v1 alone
2	v2 alone
3	v3 alone
4	v1 and v2 only
5	v1 and v3 only
6	v2 and v3 only
7	v1, v2, and v3 all together

기준 모델과 비교한다. 만일 새 모델의 성능, 예를 들어 R^2이 기준 모델보다 좋다면 이 모델을 새로운 기준 모델로 정하고 세 번째 변수 v3를 추가한다. 이 과정을 반복한다. 그러나 만일 두 번째 변수의 추가가 모델을 의미 있게 개선시키지 못하면, 새로운 변수 v3를 골라 v1과 v3를 포함하는 새 모델을 만든다. 이 모델이 v1을 포함하는 모델보다 좋다면, 다음 단계로 계속 진행한다. 다음 단계에서는 새로운 변수 v4를 골라 v1, v3, v4를 포함하는 모델을 만든다. 이런 방법으로 속성을 하나씩 선택하면서 전진한다. 모델 성능이 원하는 수준에 도달하면 종료한다. 이 과정을 '전방 선택(forward selection)'이라고 한다.[3]

이 과정의 반대 방법은 모든 속성들을 포함하는 모델을 기준으로 삼고 시작한다. 첫 반복 단계에서 하나의 변수 vj를 제거하여 새로운 모델을 만든다. 그런데 어떤 vj를 제거할 것인가? 보통은 t 통계량이 가장 작은 변수를 먼저 제거한다.[4] 새로운 모델이 기준 모델보다 좋다면 그 모델을 새로운 기준으로 삼고, t

---

3 전방 선택은 '그리디(greedy)' 방법으로 알려져 있다. 따라서 반드시 전체 최적해를 찾는 것은 아니다.

4 RapidMiner에서는 보통은 속성들을 하나씩 차례로 제거한다. 전방 선택에서는 반대의 방법을 사용한다. 즉, 우선 단 하나의 속성만을 가지는 모델을 모두 시도한다. 그중에서 가장 좋은 것을 선택하고, 하나의 변수를 추가하여 다시 모든 가능성을 시도한다.

통계량이 가장 작은 변수를 제거하는 과정을 계속한다. 종료 기준이 만족되면 종료한다. 일반적으로 모델 성능이 이전 반복 단계보다 의미 있게 개선되지 않으면 종료한다. 이 과정을 '후방 제거(backward elimination)'라고 한다.

보다시피 변수 선택 과정은 모델링 과정을 감싼다. 그래서 래퍼 유형이라고 이름이 붙여진 것이다. 5장에 소개된 보스턴 주택 문제 데이터를 사용하여[5] RapidMiner에서 후방 제거 방법을 어떻게 실행하는지 살펴본다. 데이터에는 13개의 예측변수와 1개의 반응변수가 있다. 예측변수는 방의 수, 주택년수, 세금, 위치와 같은 주택의 물리적인 특성과 학군, 기업, 지역 구분과 같은 지역적인 특성 등을 포함한다. 반응변수는 주택 가격의 중앙값(MEDV)인데, 단위는 천 달러이다. 13개의 독립변수들은 타겟변수에 대한 예측변수가 된다. 표 12.6은 데이터의 일부를 보여준다.

12.5.1 후방 제거를 적용한 특징 선택

여기에서는 가능한 한 적은 수의 속성들을 사용하면서도 예측력을 떨어뜨리지 않는 좋은 품질의 다중회귀모델을 구축하고자 한다.

이 기법을 적용하는 데 있어서 RapidMiner에서는 '선형(linear)'이 아닌, 중첩된 로직을 사용한다. 그림 12.13은 5장에서 수행한 보스턴 주택 데이터 분석에서 *Linear Regression* 오퍼레이터의 학습과 시험을 위한 설정에 중첩된 프로세스를 어떻게 사용하는가를 보여준다. 화살표는 *Split Validation* 오퍼레이터 내부에서 학습과 시험 프로세스가 중첩되는 것을 나타낸다.

후방 제거와 같은 래퍼 유형의 특징 선택 방법을 적용하기 위해 학습과 시험 프

---

5 http://archive.ics.uci.edu/ml/datasets/Housing에서 관련 자료를 다운로드 받을 수 있다.

[표 12.6] 보스턴 주택 문제 데이터셋의 일부

CRIM	ZN	INDUS	CHAS	NOX	RM	AGE	DIS	RAD	TAX	PTRATIO	B	LSTAT	MEDV
0.00632	18	2.31	0	0.538	6.575	65.2	4.09	1	296	15.3	396.9	4.98	24
0.02731	0	7.07	0	0.469	6.421	78.9	4.9671	2	242	17.8	396.9	9.14	21.6
0.02729	0	7.07	0	0.469	7.185	61.1	4.9671	2	242	17.8	392.83	4.03	34.7
0.03237	0	2.18	0	0.458	6.998	45.8	6.0622	3	222	18.7	394.63	2.94	33.4
0.06905	0	2.18	0	0.458	7.147	54.2	6.0622	3	222	18.7	396.9	5.33	36.2
0.02985	0	2.18	0	0.458	6.43	58.7	6.0622	3	222	18.7	394.12	5.21	28.7
0.08829	12.5	7.87	0	0.524	6.012	66.6	5.5605	5	311	15.2	395.6	12.43	22.9
0.14455	12.5	7.87	0	0.524	6.172	96.1	5.9505	5	311	15.2	396.9	19.15	27.1

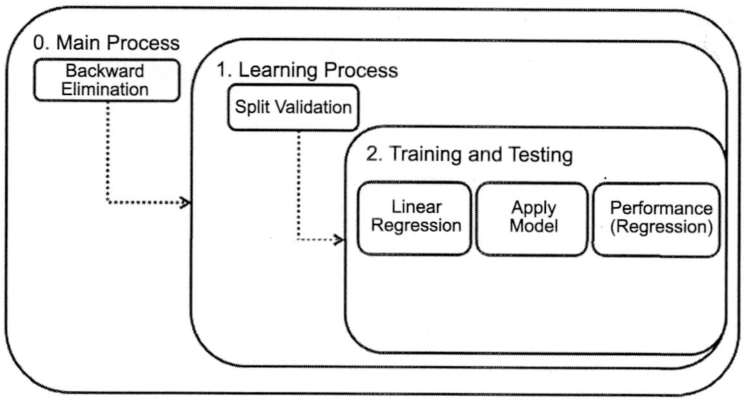

[그림 12.13] RapidMiner에서 사용하는 래퍼 방법의 로직

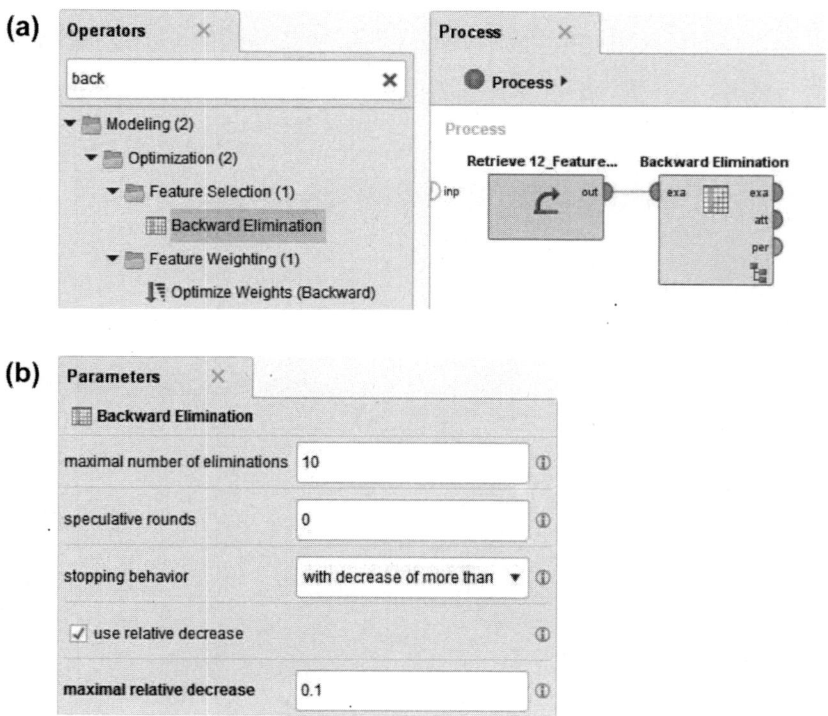

[그림 12.14] *Backward Elimination* 오퍼레이터의 설정
(a) *Backward Elimination* 오퍼레이터의 중첩된 프로세스 선택, (b) 파라미터들의 설정

로세스를 또 다른 과정인 학습 프로세스(learning process)로 삽입한다. 학습 프로세스는 *Backward Elimination* 오퍼레이터 내부에 다시 중첩이 된다. 따라서 그림 12.13의 도식처럼 이중으로 중첩된다. 다음으로 *Backward Elimination* 오퍼레이터를 그림 12.14와 같이 설정한다. *Backward Elimination* 오퍼레이터를 더블 클릭하면 학습 프로세스가 열리는데, 이전에 여러 번 사용했던 *Split Validation* 오퍼레이터를 여기에 추가한다.

이제 *Backward Elimination* 오퍼레이터는 회귀모델을 구축하기 위한 *Split Validation* 오퍼레이터와 다른 오퍼레이터들의 연결로 채울 수 있다. 이것에 대한 설정은 5장과 완전히 같기 때문에 여기서는 반복하지 않는다. 이제 *Backward Elimination* 오퍼레이터를 살펴보자. 여기에서 특징 선택을 실행하기 위해 몇 개의 파라미터를 지정한다. 가장 중요한 것은 "종료 규칙(stopping behavior)"이다. 가능한 값으로 "감소(with decrease)", "어느 정도이상 감소(with decrease of more than)", "유의수준 감소(with significant decrease)"가 있다. 첫 번째 값이 가장 인색한데 다음 반복 단계에서 성능 값이 감소하면 바로 종료한

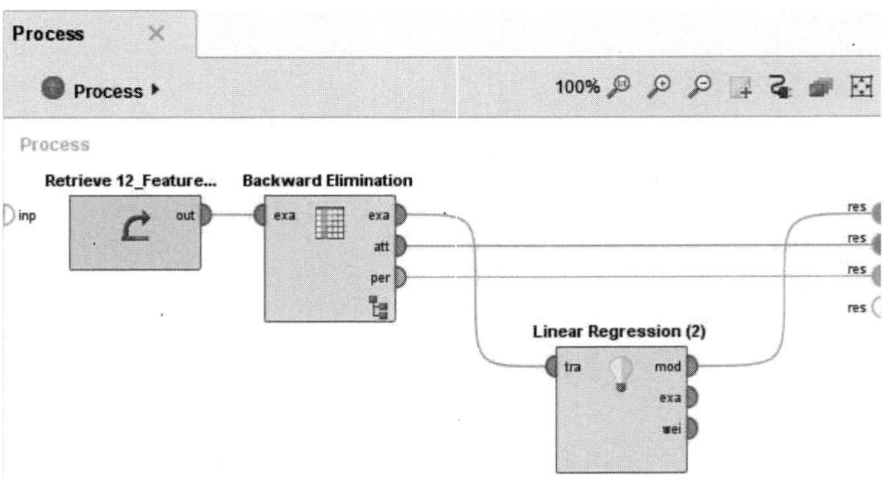

[그림 12.15] 후방 제거 래퍼 유형의 최종 프로세스

다. 두 번째 값을 선택하면 "최대 상대적 감소 수준(maximal relative decrease)" 값을 추가로 표시해야 한다. 이 사례에서는 10% 감소를 표시한다. 세 번째 값은 가장 엄격한데 유의수준을 설정하여 원하는 통계적 유의성을 달성하도록 한다. 그런데 성능 값이 얼마나 감소해야 하는지는 아직 언급하지 않았다! 이 값은 중첩된 '깊은 내부에서' 지정한다. 즉, *Split Validation* 오퍼레이터의 시험 윈도우(testing window)에서 선택된 *Performance* 오퍼레이터에서 지정한다. 이 사례에서는 성능 척도로 "상관계수의 제곱(squared correlation)"을 사용한다. *Backward Elimination* 오퍼레이터의 파라미터들의 더 자세한 설명을 보려면 RapidMiner의 도움말 기능을 참조한다.

이 모델을 실행하기 전에 마무리할 단계가 하나 더 있다. *Backward Elimination* 오퍼레이터의 포트들을 단순히 결과포트에 연결시키면 최종적인 회귀식을 얻을 수 없다. 회귀식을 보려면 *Backward Elimination* 오퍼레이터의 "exa" 포트를 메인 과정의 또 다른 *Linear Regression* 오퍼레이터에 연결한다. 그러면 이 오퍼레이터의 출력에 모델을 포함하게 되고, 결과 창에서 자세히 볼 수 있다. 최종 프로세스에서 가장 높음 수준이 그림 12.15에 나와 있다.

12.5.2 후방 제거 방법으로 어떤 변수들이 제거되었는가?

2개의 회귀식을 비교하면(그림 12.16a와 그림 5.6a) 10개의 변수가 제거된 것을 알 수 있다. 아마도 10% 감소 기준이 너무 공격적이었던 같다. 우연하게도 단 3개의 속성만으로 이루어진 마지막 모델에서 R^2 값은 0.675에 불과하다. 종료 규칙을 5% 감소로 바꾸면 R^2 값은 0.812가 되고, 13개의 원래 변수 중 7개를 유지하게 된다(그림 12.16b 참조). 또한 두 모델의 회귀 계수들이 다르다는 것도 알 수 있다. 결정기준과 기준 값이 적절한지에 대한 최종 판단은 데이터셋에 대한 경험과 현장 지식을 구비해야만 할 수 있다.

(a) LinearRegression

7.507 * RM
− 1.131 * PTRATIO
+ 0.021 * B
− 11.423

Maximal relative decrease = 10%

[그림 12.16a] 공격적인 특징 선택

(b) LinearRegression

− 0.060 * CRIM
+ 2.647 * CHAS
+ 4.453 * RM
− 0.597 * DIS
− 0.875 * PTRATIO
+ 0.010 * B
− 0.583 * LSTAT
+ 16.698

Maximal relative decrease = 5%

[그림 12.16b] 후방 제거에서 좀 더 관대한 특징 선택

회귀모델을 사용할 때는 각 반복 단계에서 하나의 변수를 제거하거나 추가하여 모델의 성능이 개선되도록 한다. R^2이나 RMS 오차와 같은 성능 값이 미리 설정한 기준에 도달하거나 변화가 없다면 종료한다. 래퍼 유형 방법의 장점은 다중공선성이 자동적으로 처리된다는 것이다. 그러나 변수들 사이의 실제 상관관계는 미리 알지 못한다. 전방 선택은 후방 제거와 매우 비슷하므로 독자들이 직접 연습한다.

결론

이 장에서는 전체 데이터 마이닝의 전형적인 과정에서 매우 중요한 부분인 특징 선택 또는 차원 축소를 다루었다. 이 방법의 핵심적인 가정은 특징 선택을 잘하면 타겟변수와는 상관관계가 높지만 예측변수들끼리는 상관관계가 낮은 속성들을 찾을 수 있다는 것이다(Hall, 1999). 여기에서는 특징 선택의 고급 분류 기법들을 소개하고 각각을 자세히 살펴보았다. 이 장의 초반에서 언급한 것처럼 차원 축소는 실제로 실행함으로써 가장 잘 이해할 수 있다. 따라서 독자들은 제공된 데이터셋을 이용하여 이 장에서 언급된 모든 기법을 적용해 보길 권고한다. 같은 기법이라도 파라미터 값의 선택에 따라 결과가 매우 달라질 수 있

다는 것도 보았다. 이 때문에 데이터 시각화가 중요한 역할을 할 수 있다. 때때로 산점도 행렬과 같은 상관관계 차트를 살펴보면 어떤 속성이 불필요한지 또는 어떤 속성들이 타겟변수에 대한 좋은 예측변수가 되는지에 대한 가치 있는 단서를 얻을 수 있다. 일반적으로 현장 지식을 대신하는 것은 없지만, 때때로 데이터가 너무 방대하거나 내부 구조를 모르는 경우가 있다. 이런 경우에 특징 선택이 실질적으로 도움을 줄 수 있다.

참고문헌

Black, K. (2007). *Business Statistics.* New York: John Wiley and Sons.

Blum, A. L., & Langley, P. (1997). Selection of relevant features and examples in machine learning. *Artificial Intelligence,* 97(1-2), 245-271.

Bollier, D. (2010). *The promise and perils of big data.* Washington D.C: The Aspen Institute.

Hall, M. A. (1999). *Correlation based feature selection for machine learning.* New Zealand: Ph.D. Thesis,University of Waikato.

Kohavi, R., & John, G. H. (1997). Wrappers for feature subset selection. *Artificial Intelligence,* 97(1-2), 273-324.

Peng, H., Long, F., & Ding, C. (2005). Feature Selection Based on Mutual Information: Criteria of Max-Dependency, Max-Relevance and Min-Redundancy. *IEEE Transactions on Pattern Analysis and Machine Intelligence,* 27(8).

van der Maaten, L.J.P., Postma, E.O., & van den Herik, H.J. (2009). Dimensionality Reduction: A Comparative Review. *Tilburg University Technical Report.* TiCC-TR, 2009-005.

Yu, L., & Liu, H. (2003). Feature selection for high dimensional data: A fast correlation based filter solution. *Proceedings of the Twentieth International Conference on Machine Learning (ICML-2003).* Washington DC.

Zaslow, J. (2002). Oh No! My TiVo thinks I'm gay. *Wall Street Journal* 4 December.

CHAPTER 13

RapidMiner 시작하기

RapidMiner를 경험해 보지 않은 독자라면 이 장을 먼저 읽어 보기를 바란다. 이 장은 데이터 마이닝의 프로세스보다는 도구에 중심을 두며, 처음 RapidMiner를 사용하는 초보자들이 겪을 수 있는 어려움들을 해결하는 데 그 목적이 있다. RapidMiner를 사용해 본 사용자들도 스스로 도구를 학습해 가는 과정 중에 다소간의 문제에 부딪혀 난감한 경우가 있었을 것이다. 이 장을 학습함으로써, 이러한 문제들을 해결하기를 기대한다.

RapidMiner는 RapidMiner Inc.에서 개발, 관리하는 오픈 소스(open source) 데이터 마이닝 플랫폼이다. 이전에는 YALE (Yet Another Learning Environment)로 알려져 있었으며, 독일의 도르트문트대학교에서 개발하였다(Mierswa, 2006).

RapidMiner Studio는 GUI (Graphic User Interface) 기반 소프트웨어로, 데이터 마이닝 및 예측분석 워크플로우를 생성 및 실행할 수 있다. 고급 기능들은 Premium 제품에서 제공된다. 이 장에서는 RapidMiner Studio 모든 버전의 공통적인 기능 및 용어들을 살펴볼 것이다. 하나의 특정 데이터 마이닝 도구, 즉 RapidMiner의 기능에 국한하여 살펴보지만 설명하는 마이닝 프로세스, 용어 등은 다른 상용화 또는 오픈 소스 도구에서도 유사하게 사용된다.

RapidMiner Studio의 GUI에 대한 간단한 소개로 이 장을 시작하고자 한다. 데이터 분석의 첫 단계는 당연히 데이터를 도구로 가져오는 것이다. 데이터를 읽어 들이고 나면(import), 데이터를 시각화할 수 있는데(visualize) 필요에 따라 데이터의 일부분(subset)을 선택하거나 데이터의 변환이 필요하다. 기본적인 시각화(visualization)에 대해 설명한 후, 데이터의 부분집합을 선택하는 방법에 대해서 설명한다. 기본적인 데이터 스케일링(scaling), 변환(transformation) 도구들을 개괄적으로 살펴보고, 데이터 샘플링, 결측치 처리 도구에 대해서 설명한다. 마지막으로 프로세스 디자인과 최적화와 같은 RapidMiner의 고급기능을 소개한다.

13.1 사용자 인터페이스와 용어

13.1.1 RapidMiner GUI 소개

우선 RapidMiner를 웹 사이트에서 다운로드받아 설치하는데[1], 이 책에서 사용하는 버전은 7.1이다. RapidMiner를 설치 후 실행시키면, 그림 13.1과 같은 화면을 볼 수 있다.

사용자 인터페이스의 가장 중요한 두 부분만을 여기서 소개하는데, 나머지 부분은 사용자 스스로 학습하는 데 큰 어려움이 없을 것이다.

화면(view): RapidMiner GUI(Graphic User Interface)는 3개의 주요 화면을 제공한다. 첫 번째는 프로그램을 실행할 때 처음에 보이는 환영(welcome) 화면이다. 두 번째는 디자인(design) 화면으로 데이터 마이닝 프로세스를 생성하고 설계하기 위한 것이다. 데이터 마이닝 프로그램과 로직을 생성하는 캔버스(canvas) 또는 작업대(workbench)로 생각할 수 있다. 마지막으로 결과(result) 화면은 최근에 실행된 모든 분석 결과를 볼 수 있는 곳이다. 사용자들은 데이터

1 RapidMiner 설치는 http://RapidMiner.com/download-RapidMiner 참조

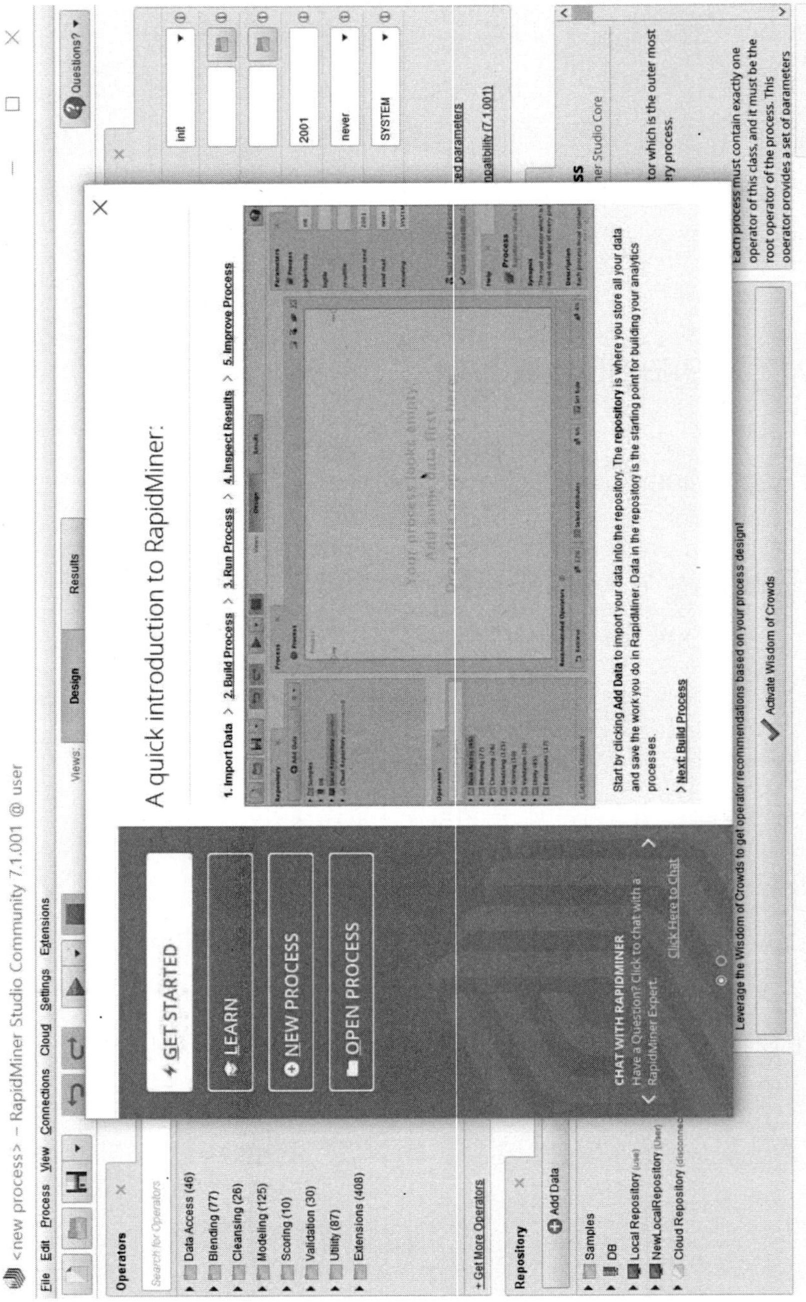

[그림 13.1] RapidMiner 7.1 시작화면

마이닝 과정 중에 디자인 화면과 결과 화면을 여러번 전환하게 될 것이다. 버전 7.1에서는 다이렉트 마케팅(direct marking), 이탈 모델링(churn modeling) 및 감성 분석(sentiment analysis) 등과 같은 응용 애플리케이션이 미리 정의되어 있어, 마법사(wizard) 기능을 이용하여 관련 분석을 쉽게 진행할 수 있다.

패널(panel): 각 화면마다 여러 가지 디스플레이 요소들을 사용할 수 있다. 예를 들면, 디자인 화면에서는 사용 가능한 오퍼레이터, 저장된 프로세스, 오퍼레이터 도움말 등의 패널이 탭(tab) 형태로 구성되어 있다. 이러한 패널들은 재배열하거나 크기 조정, 제거 또는 추가할 수 있다. 패널을 관리할 수 있는 아이콘들이 각 패널 탭의 오른쪽 상단에 존재한다. 초보자들은 실수로 패널을 삭제하는 경우가 있는데, 이럴 때는 메인메뉴 항목 중 [View > Show Panel]을 사용하여 삭제한 패널을 선택하면 다시 볼 수 있다.

13.1.2 RapidMiner 용어

RapidMiner를 능숙하게 사용하기 위해서는 주요 용어(terminology)들을 이해할 수 있어야 하는데 그림 13.2를 참조하면서 설명하고자 한다.

리포지토리(repository): 리포지토리는 RapidMiner 내부 폴더와 같은 구조로 사용자가 데이터, 프로세스, 모델들을 저장하고 관리하는 곳이다. 따라서 리포지토리는 모든 데이터와 분석 프로세스의 중심이 되는 곳이다. 처음 RapidMiner를 실행한 후, 사용자는 New Local Repository(그림 13.3 참조)를 설정해야 한다. 리포지토리 패널에서 "Add Data"의 오른쪽 버튼을 클릭하면 (초록색 "+" 표시가 있는) Create repository 메뉴가 보이는데 이를 클릭하여 설정을 할 수 있다. Create repository를 클릭하면, 그림 13.3에서 보이는 것처럼 새로운 창이 뜨며, "Alias"에 리포지토리 이름을, "Root Directory"에는 저장할 위치를 설정한다. 기본적으로 도구 자체에서 지정하는 standard location를 사용하

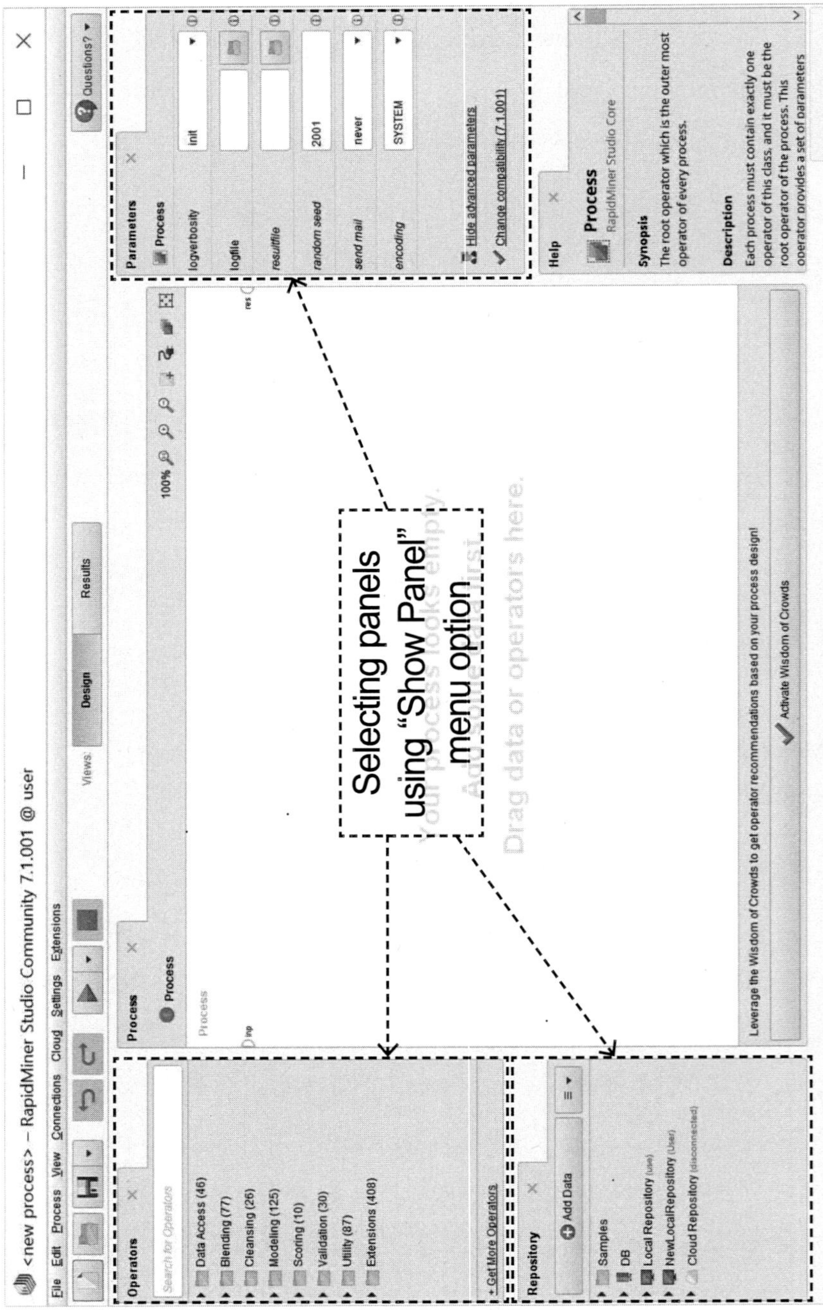

[그림 13.2] RapidMiner 내의 패널들

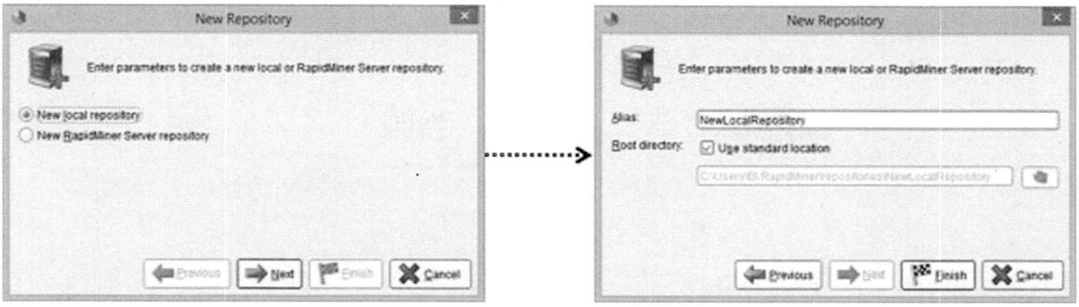

[그림 13.3] 개인 로컬 컴퓨터에서 리포지토리 설정

게 되어 있는데, Use standard location을 체크하지 않으면 사용자가 원하는 폴더로 저장위치를 지정할 수 있다.

리포지토리에서는 데이터, 프로세스, 결과 및 모델을 저장하는데 폴더 및 하위 폴더를 생성하여 관리할 수 있다. 분석하고자 하는 데이터셋을 리포지토리에 저장하여 관리할 때의 유용한 점은 데이터셋을 설명하는 메타데이터(meta data)도 함께 저장된다는 것이다. 이러한 메타데이터는 구축하는 프로세스를 따라 전달된다. 메타데이터는 기본적으로 데이터에 대한 데이터로, 행과 열의 개수, 각 열의 데이터 유형(type), 결측치, 통계정보(평균, 표준편차 등)를 포함한다.

속성과 사례(attribute and example): 데이터셋 또는 데이터 테이블은 행과 열의 집합이다. 각각의 열은 측정 유형을 나타낸다. 예를 들어, 이 책에서 알고리즘을 설명하는 데 사용되는 골프 데이터셋은 온도와 습도 수치들을 열들로 포함하고 있다(그림 13.4 참조).

이들의 데이터 유형(data types)은 수치형이다. 또한, 바람이 불었는지 그렇지 않았는지, 맑은 날인지, 흐린 날인지 아니면 비가 왔는지를 나타내는 열들도 있으며, 이들의 데이터 유형은 범주형(categorical) 또는 명목형(nominal)이다. 앞에서 언급한 모든 열들은 임의의 날 골프 경기 여부에 영향을 미치는 속성들을 나타낸다. RapidMiner 용어로, 이와 같은 데이터 열을 속성이라고 한다. 속

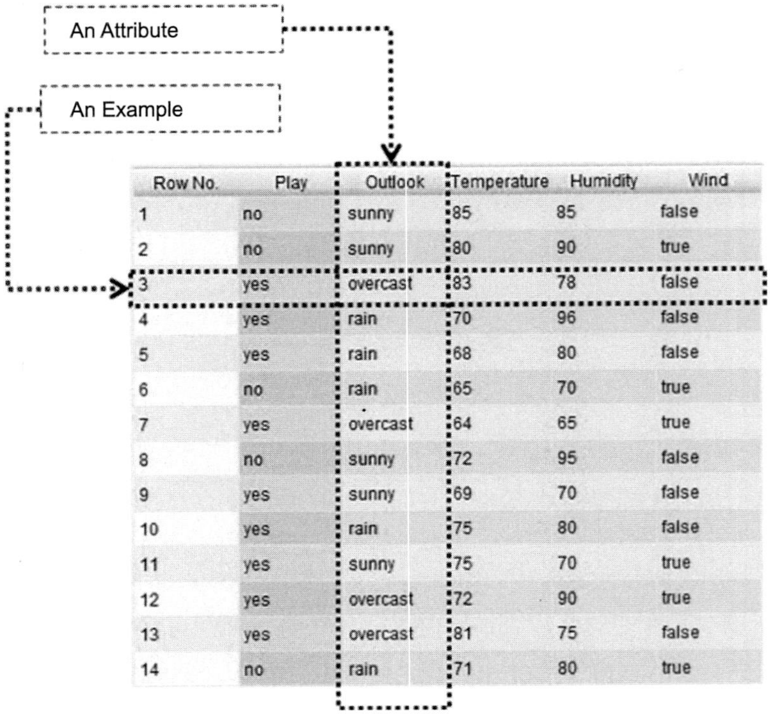

Row No.	Play	Outlook	Temperature	Humidity	Wind
1	no	sunny	85	85	false
2	no	sunny	80	90	true
3	yes	overcast	83	78	false
4	yes	rain	70	96	false
5	yes	rain	68	80	false
6	no	rain	65	70	true
7	yes	overcast	64	65	true
8	no	sunny	72	95	false
9	yes	sunny	69	70	false
10	yes	rain	75	80	false
11	yes	sunny	75	70	true
12	yes	overcast	72	90	true
13	yes	overcast	81	75	false
14	no	rain	71	80	true

[그림 13.4] RapidMiner 용어: 속성과 사례

성은 또한 변수(variable), 요인(factor) 그리고 특징(feature)으로 불리기도 한다. 속성들 값의 집합 하나가 하나의 행(row)을 구성하는데, RapidMiner 용어로는 사례라고 한다. 사례는 레코드(record), 샘플(sample), 그리고 인스턴스(instance)라고도 불린다. 전체 데이터셋(모든 사례행 등)을 RapidMiner 용어로는 사례셋(example set)이라고 한다.

오퍼레이터(operator): 오퍼레이터는 어떤 작업의 실행을 위해 필요한 기능의 최소 단위이다. 데이터 마이닝 작업을 예를 들면 리포지토리로 데이터셋 불러오기, 의심스러운 사례를 제거하는 데이터 정제 작업, 특징 선택 기법을 이용한 속성의 개수 줄이기, 예측 모델 구축 또는 구축한 모델에 새 데이터를 적용하는 스코어링(scoring) 작업 등이 있다. 각 작업은 패키지화된 일련의 코드로 이루

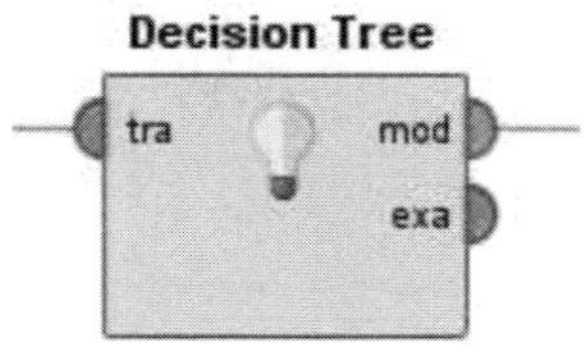

[그림 13.5] 의사결정나무 구축 오퍼레이터

어진 하나의 오퍼레이터에 의해 처리된다(그림 13.5 참조).

따라서 사용자는 각 작업에 맞게 엑셀로부터 데이터를 가져오는 오퍼레이터, 결측치(missing value)를 대체하는 오퍼레이터, 특성 가중치 기반의 정보이득(information gain) 계산을 위한 오퍼레이터, 의사결정나무 구현을 위한 오퍼레이터, 그리고 타겟을 알지 못하는 새로운 데이터셋에 모델을 적용하는 오퍼레이터 등을 사용한다. 대부분의 경우 오퍼레이터는 입력과(입력이 필요하지 않은 오퍼레이터들도 있음) 출력을 가진다. 프로세스에 오퍼레이터를 추가하는 것은 워크플로우(workflow)에 하나의 기능을 추가하는 것이다. 기본적으로 오퍼레이터는 프로그램 코드 집합들로 구성되어 있기 때문에, 오퍼레이터를 추가하는 것은 코드를 추가하는 것과 같다. R 또는 Python과 같은 프로그램 언어를 사용하는 대신 RapidMiner의 오퍼레이터는 GUI 기반이므로 시각적으로 편리함을 제공하는 것 뿐이다.

프로세스(process): 단일 오퍼레이터만으로는 데이터 마이닝 작업을 수행할 수 없다. 모든 데이터 마이닝 및 예측분석은 일련의 계산과 논리 연산을 통해 문제를 해결하는데 데이터셋 불러오기, 데이터 정제 및 준비, 모델 생성, 모델 평가, 최종적으로 새로운 데이터셋에 모델을 적용하는 스코어링이 일반적인 플로우이다. 이러한 모든 단계들은, 각기 고유한 특정 업무 요구에 맞게 구성된 오퍼레이터들을 연결함으로써 실행된다. 일련의 오퍼레이터들을 연결하여 설계한 데이터 마이닝 작업을 실행할 때, 우리는 다른 환경(context)에서도 적용 가능한 하나의 프로세스를 구축하는 것이다. RapidMiner 상에서 시각적으로 생

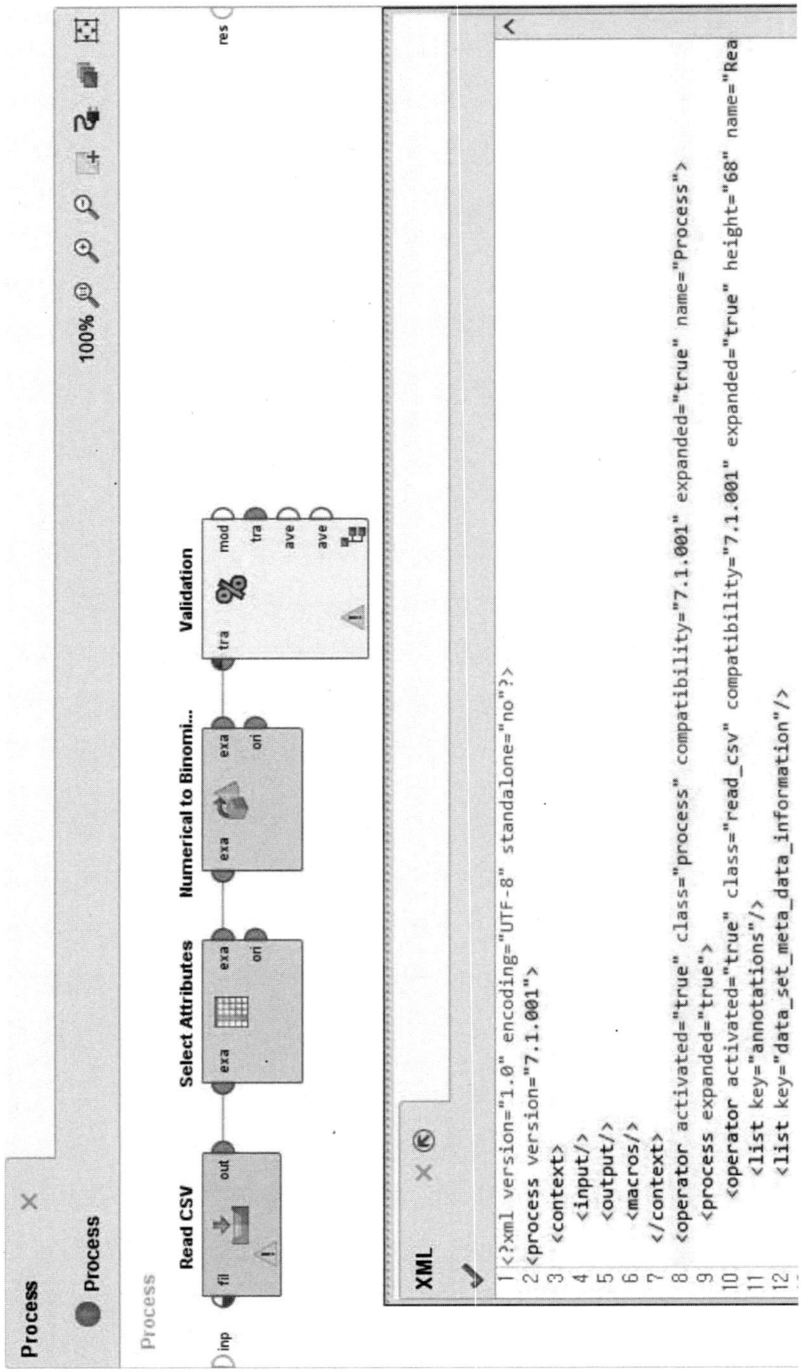

[그림 13.6] 모든 프로세스는 XML문서로 자동 변환됨

성되는 프로세스는 사용자 간에 교환이 가능한 플랫폼 독립적인(platform-independent) XML 코드로 저장된다(그림 13.6 참조). 따라서 이러한 프로세스는 최소한의 설정 변경으로 다른 위치 또는 다른 플랫폼의 사용자가 그들의 데이터를 이용하여 사용할 수 있다. 같은 회사 내 (또는 전 세계의) 동료에게 생성한 프로세스의 XML 코드만 보내면 된다. 디자인 화면의 XML 탭에서 XML 코드들을 손쉽게 복사 가능하며 프로세스 탭에서는 프로세스를 시각적으로 보고 실행할 수도 있다.

13.2 데이터 불러오기와 내보내기 도구

RapidMiner는 데이터를 연결하는 데 20개 이상의 오퍼레이터 또는 방법을 제공한다. 데이터는 콤마로 구분된 CSV (comma-separated value) 형식 또는 스프레드시트와 같은 플랫파일(flat file) 형식이나, 마이크로소프트 액세스(Access)와 같은 데이터베이스 형식, SAS, Stata 또는 SPSS 등과 같은 특정 형식으로 저장할 수 있다. 데이터베이스 형식의 데이터라면, 적어도 데이터베이스의 기본적 개념, 데이터베이스 연결, 쿼리 등과 관련된 이해가 있어야 오퍼레이터를 적절하게 사용할 수 있다. (디스크의 특정 위치에 저장된) 데이터를 단순히 연결하거나 혹은, RapidMiner의 local repository로 데이터셋을 불러올 수도 있는데, 후자의 경우는 어떠한 프로세스에서도 데이터셋을 사용할 수 있고 RapidMiner를 시작할 때마다 검색 가능하다. 어느 방법이든지, 단계를 따라서 쉽게 실행할 수 있도록 마법사를 제공한다. *Read CSV* 오퍼레이터(그림 13.7 참조)를 사용하여 디스크에 저장되어 있는 CSV 파일 데이터를 연결하려면, 드래그 앤 드롭 방식으로 메인 프로세스 창으로 오퍼레이터를 이동한 후 데이터 불러들이기 작업을 위해 데이터 불러오기 마법사(Import Configuration Wizard)를 클릭하여 일련의 단계를 실행한다.[2] Operators 패널의 상단에 있는 검색 박스도 매우 유용하다. 만일 오퍼레이터 이름의 일부만이라도 알고 있으면, RapidMiner에서 검

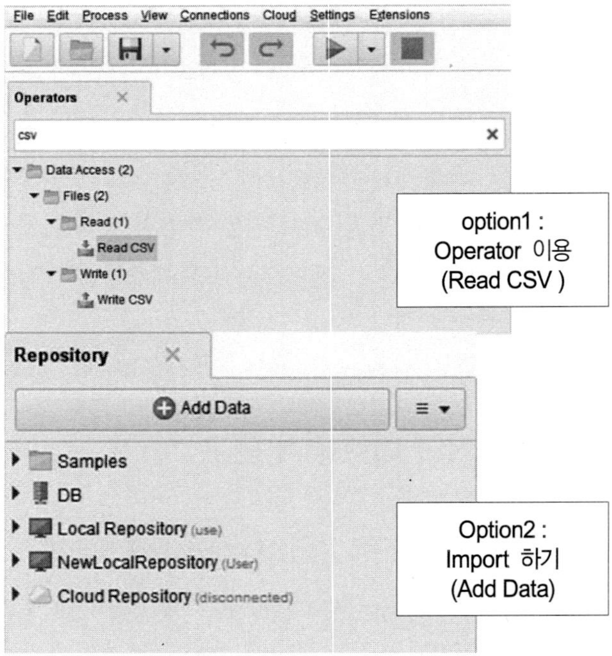

[그림 13.7] CSV(Comma-Separated Values) 파일 읽기 단계

색 박스를 이용하여 쉽게 찾을 수 있다. 예를 들어, CSV 파일을 처리하기 위한 오퍼레이터를 찾기 위해서 검색 박스에 "CSV"를 입력하면, *Read CSV*와 *Write CSV* 두 오퍼레이터가 검색된다. 검색어를 초기화하려면, 오른쪽 X를 클릭하면 된다. 유사하게 주성분 분석(Principal Component Analysis, PCA)을 위한 오퍼레이터를 찾기 위해 "principal"을 입력하면 주성분 분석 오퍼레이터를 찾을 수 있다. 또한, 이러한 검색은 오퍼레이터가 위치하는 곳의 계층구조를 보여주기에, 오퍼레이터들의 위치를 파악하는 데 도움이 된다.[2]

다른 방법으로 RapidMiner의 local repository로 데이터를 불러오려면, Reposi-

2 이번 절과 앞으로 사용하게 될 Indian Liver Patients 데이터셋은 http://archive.ics.uci.edu/ml/machine-learning-databases/00025/에서 다운로드할 수 있다.

tories 탭에서 Add Data를 선택한다(그림 13.7 참조). *Read CSV* 오퍼레이터를 사용할 경우에는 파라미터 탭에서 Import Configuration Wizard를 클릭하면 다음 5단계의 데이터 불러오기 마법사(data import wizard)를 실행하게 된다. Add Data를 이용할 경우에는 5단계 가운데 3번째 단계가 생략된다.

1. 디스크에서 읽어 오거나 불러올 데이터를 선택한다.
2. 파일은 어떻게 분석할 것인지, 열들은 어떻게 구분하는지를 명시한다. 만일 데이터가 열 구분자로 콤마(,)를 사용한다면 반드시 콤마를 선택해야 한다. 기본적으로 RapidMiner는 세미콜론(;)을 열 구분자로 사용한다(그

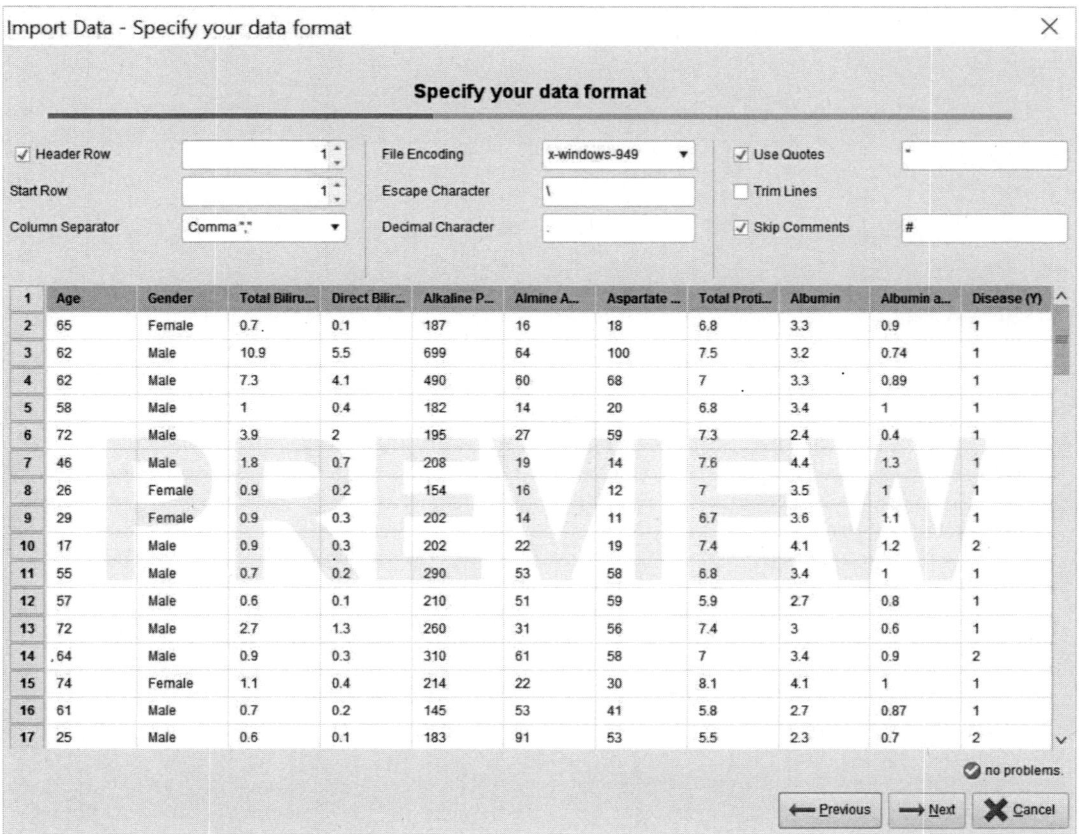

1	Age	Gender	Total Biliru...	Direct Bilir...	Alkaline P...	Almine A...	Aspartate ...	Total Proti...	Albumin	Albumin a...	Disease (Y)
2	65	Female	0.7	0.1	187	16	18	6.8	3.3	0.9	1
3	62	Male	10.9	5.5	699	64	100	7.5	3.2	0.74	1
4	62	Male	7.3	4.1	490	60	68	7	3.3	0.89	1
5	58	Male	1	0.4	182	14	20	6.8	3.4	1	1
6	72	Male	3.9	2	195	27	59	7.3	2.4	0.4	1
7	46	Male	1.8	0.7	208	19	14	7.6	4.4	1.3	1
8	26	Female	0.9	0.2	154	16	12	7	3.5	1	1
9	29	Female	0.9	0.3	202	14	11	6.7	3.6	1.1	1
10	17	Male	0.9	0.3	202	22	19	7.4	4.1	1.2	2
11	55	Male	0.7	0.2	290	53	58	6.8	3.4	1	1
12	57	Male	0.6	0.1	210	51	59	5.9	2.7	0.8	1
13	72	Male	2.7	1.3	260	31	56	7.4	3	0.6	1
14	64	Male	0.9	0.3	310	61	58	7	3.4	0.9	2
15	74	Female	1.1	0.4	214	22	30	8.1	4.1	1	1
16	61	Male	0.7	0.2	145	53	41	5.8	2.7	0.87	1
17	25	Male	0.6	0.1	183	91	53	5.5	2.3	0.7	2

[그림 13.8] 데이터에 적합한 주석(annotation) 달기

림 13.8 참조).

3. 데이터셋의 첫 번째 행이 속성명을 포함하고 있다면(일반적임), 속성명임을 알려준다. 첫 번째 행이 속성명이면, RapidMiner에서는 자동적으로 Name이라고 표시된다. 데이터셋의 첫 몇 개 행들이 텍스트 또는 정보 등을 포함하고 있다면, 각 행별로 그것을 알려야 한다. “Name”, “Comment” 그리고 “Unit” 중 하나를 선택하여 주석을 달 수 있다.
4. 이 단계에서는 불러온 속성의 데이터 유형을 변경하고, 각 열 또는 속성이 일반적(regular)인 것인지 또는 특별한 것인지를 식별할 수 있다. 기본적으

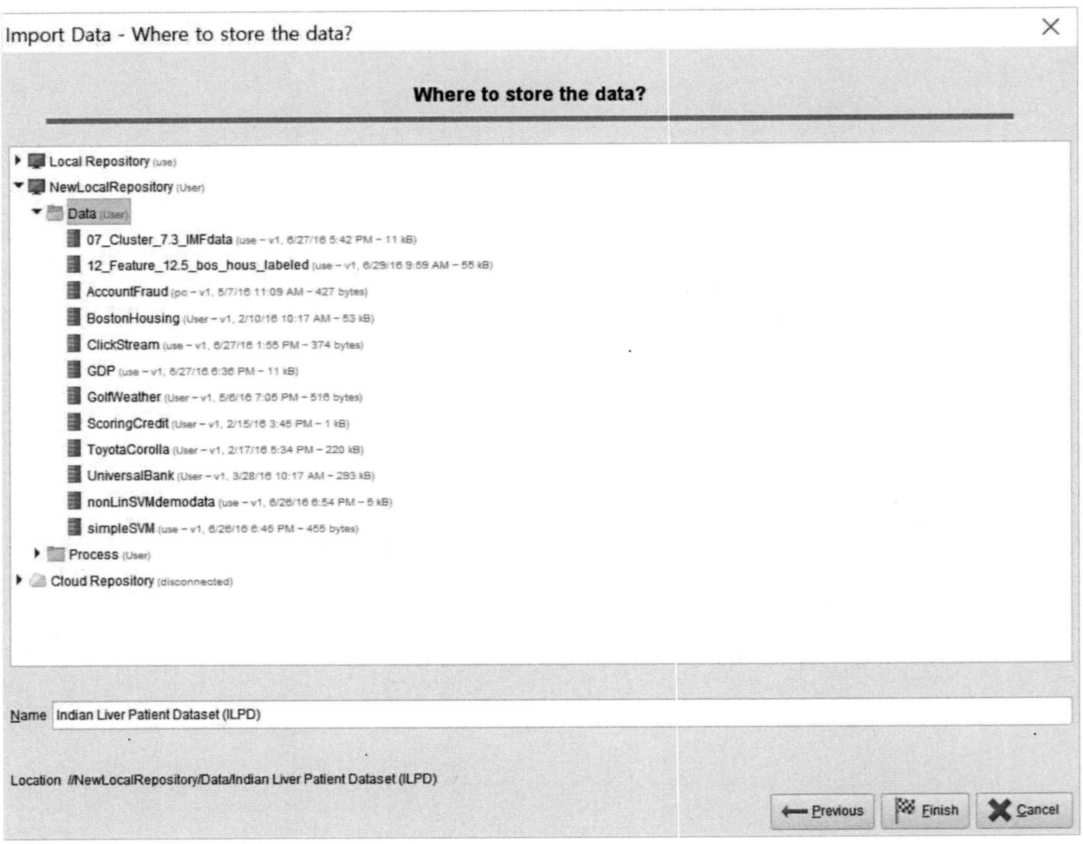

[그림 13.9] 데이터 불러오기의 마지막 단계

로 RapidMiner는 각 열의 데이터 유형을 자동 감지한다. 그러나 때때로, 특정 열에 대해서는 RapidMiner에서 지정하는 유형이 아닌 다른 데이터 유형을 지정해야 할 때도 있다. 식별만을 위하여 사용되는 속성(예: 환자 ID, 직원 ID, 트랜잭션 ID)이나 예측대상이 되는 속성에 대한 열이 이와 같은 경우에 해당되며 RapidMiner 용어로 각각 id와 label이라고 불린다.

5. 마지막 단계로 *Read CSV* 오퍼레이터를 이용하여 데이터를 연결한 경우에는 Finish 버튼만 선택하면 된다(그림 13.9 참조). 만일 데이터를 (Add Data를 사용하여) RapidMiner 리포지토리로 불러왔다면 리포지토리의 위치를 지정하면 된다.

이 프로세스가 완료되면, 디스크의 데이터 소스에 연결되거나 리포지토리로 데이터셋을 불러오게 된다. RapidMiner에서 데이터 내보내기 역시 *Write CSV* 오퍼레이터를 사용하여 유사한 방식으로 진행하면 된다.

13.3 데이터 시각화 도구

RapidMiner로 데이터를 가져오고 나면, 그 다음 단계는 다양한 도구들을 사용하여 데이터셋을 시각적으로 탐색하는 것이다. 시각화를 통한 탐색에 앞서, 사용자는 가져온 데이터가 정확한지 알기 위해 데이터의 메타데이터(meta data)를 확인해보는 것이 좋다. 13.2절에서 설명한 간단한 프로세스를 실행하면 [read 관련 오퍼레이터의 출력 포트가 프로세스의 결과("res"ult) 포트와 연결되어 있는지 확인한다], 결과 화면에서 결과를 확인할 수 있다. 결과 화면 왼쪽의 데이터(data) 탭의 데이터 테이블을 통해, 데이터가 제대로 불러들여졌는지를 확인할 수 있다(그림 13.10 참조).

통계(statistics) 탭을 클릭하면(그림 13.11 참조), 불러들인 데이터셋의 모든 속성들에 대한 유형, 결측치, 그리고 기본 통계량을 알 수 있다. 데이터와 통계

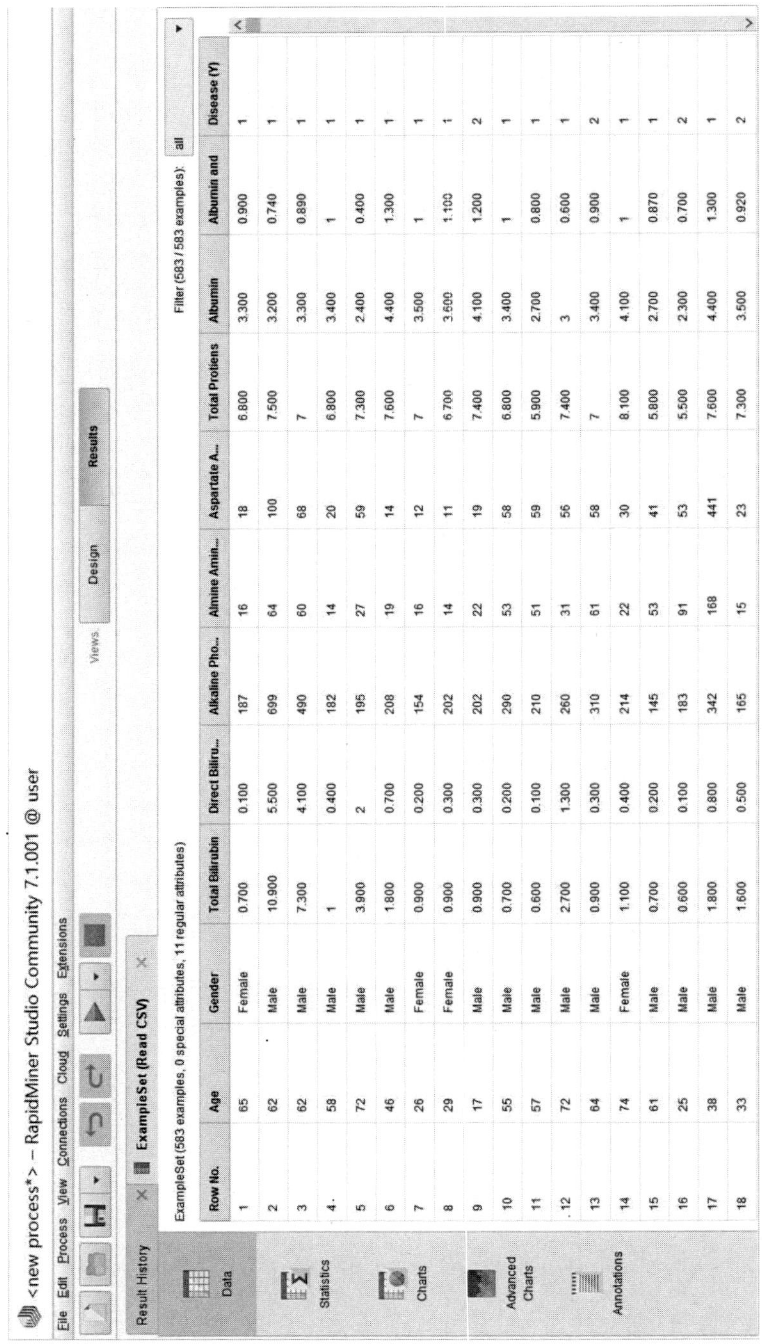

[그림 13.10] 데이터 불러들이기를 성공적으로 실행한 후의 결과 화면

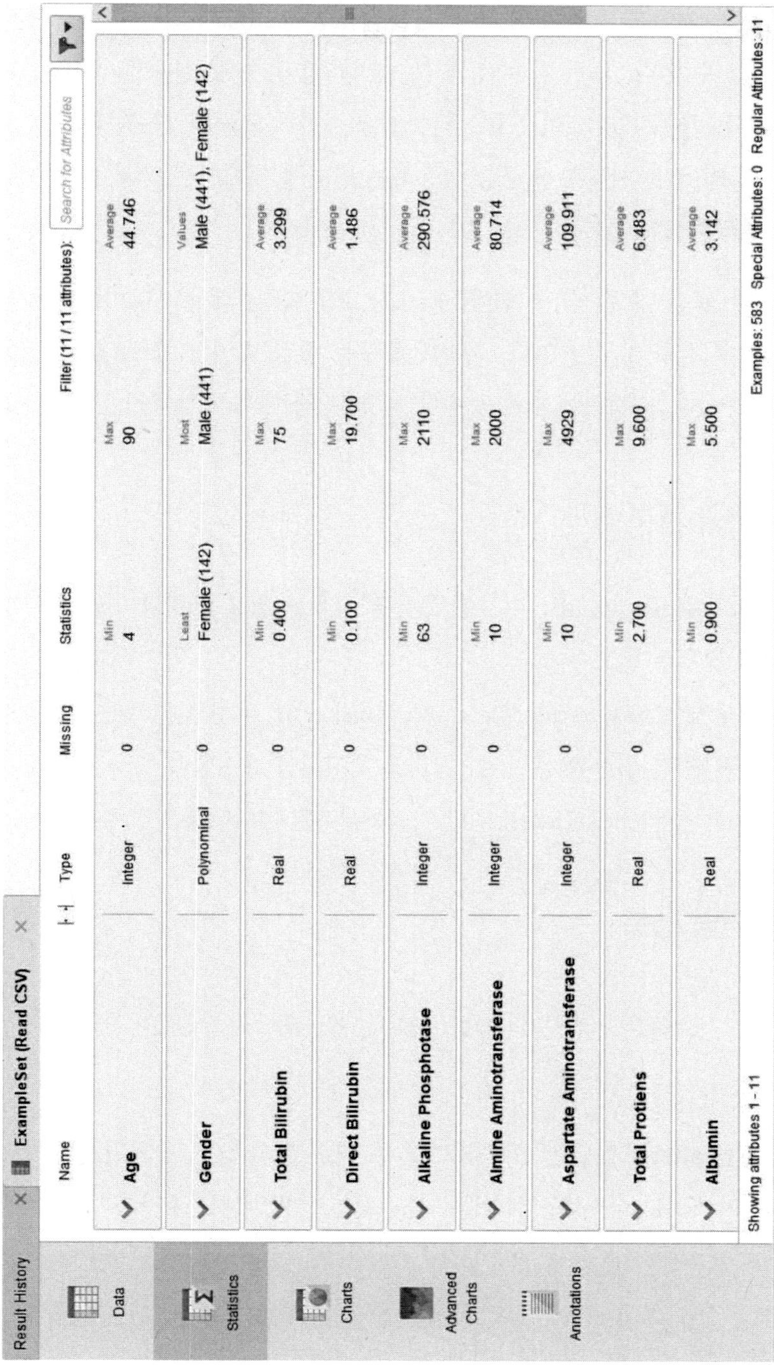

[그림 13.11] Statistics 탭에서 제시하는 메타데이터

탭을 살펴보면, 데이터셋에는 583개의 샘플이 있는데 11개의 일반 속성으로 되어 있음을 알 수 있다. 또한 각 속성의 데이터 유형(정수형, 실수형, 이진형)과 기본 통계량을 볼 수 있다. 이는 데이터셋이 적절하게 로드되었는지 확인할 수 있는 좋은 방법이다. 시각화 도구를 이용하는 방법에 대해서는 아래에서 좀 더 상세하게 설명하고자 한다.

일변량(univariate, 1개 속성), 이변량(bivariate, 2개 속성) 그리고 다변량 분석을 위한 다양한 시각화 도구가 있다. 시각화 도구는 결과 화면의 차트(Chart) 탭에서 사용할 수 있다. 시각화에 대한 상세한 설명은 3장 데이터 탐색을 참조한다.

13.3.1 일변량 플롯

- **히스토그램(histogram)**: 수치형 플롯의 경우는 밀도 추정량이고, 범주형 플롯의 경우는 빈도수이다.
- **4분위(상자수염)[Quartile (box and whisker)]**: 각 속성의 평균값, 중앙값, 표준 편차, 일부 백분위 값, 그리고 특이값을 표시한다.
- **계열(또는 선)[Series (Line)]**: 일반적으로 시계열 데이터에 가장 적합하다.

13.3.2 이변량 플롯

모든 2D, 3D 차트들은 변수[3]들의 튜플(tuples), 쌍(pair), 세쌍(triad) 간의 종속성을 보여준다.

- **산점도(scatter)**: 간단한 2D 차트로, 두 변수 간의 상호 변동관계를 보여준다. RapidMiner에서는 색상을 사용, 포인트에 색상을 추가하여 3차원으

3 2D 플롯도 색상을 이용하여 3차원을 표현할 수 있다. 버블플롯은 4차원까지 표현 가능하다.

로 시각화가 가능하다.

- **다중 산점도(scatter multiple)**: 한 변수를 한 축에 고정시키고, 다른 변수들을 바꿔가면서 산점도를 보여준다.
- **산점도 행렬(scatter matrix)**: 가능한 속성들의 쌍이 모두 표현되며, 일반적으로 색상을 이용하여 3차원을 나타낸다. 속성들의 수가 늘어날수록 처리속도가 늦어질 수 있으므로 주의해야 한다.
- **밀도(density)**: 배경도 하나의 속성을 나타내는 색상으로 채울 수 있다는 것을 제외하고는 2D 산점도와 유사하다.
- **자기조직화지도(self-organizing map, SOM)**: 데이터 변환을 통해 차원 수를 2개로 줄인다. 많은 속성들은 '유사한' 포인트들끼리 가까이 배치되는데, 이는 기본적으로 군집화 시각화 방법으로 자세한 내용은 7장 군집화에서 다룬다. SOM은 입력요인들을 설정하고 calculate 버튼을 누를 때까지, 빈 화면 상태로 존재하며 자동적으로 실행되지 않는다.

13.3.3 다변량 플롯

- **평행(parallel)**: 속성마다 하나의 세로축을 가지므로, 속성의 개수만큼 세로축들이 존재하며, 각 행은 차트에서 선으로 표현된다. 지역 표준화(local normalization)가 각 변수의 변동(variance)을 이해하는 데 유용하지만, 여기서는 편차 플롯(deviation plot)이 더 적합하다.
- **편차(deviation)**: 평행과 동일하지만, 추가로 평균값과 표준편차도 보여준다.
- **3D 산점도(scatter 3D)**: 2D 산점도와 매우 유사하지만, 3개 속성들의 3차원 시각화도 가능하다(포인트들의 색상을 이용하면 4차원도 가능).
- **표면(surface)**: 배경도 색으로 채우는 영역플롯(area plot)의 3차원 버전이다.

위에서 언급한 플롯들 외에도 파이(pie), 막대(bar), 링(ring), 블럭(block) 차트 등이 있다. GUI를 사용하여 차트를 생성하므로, 설명을 하지 않아도 사용할 수 있을 것이다. 단, 데이터셋이 큰 경우, RAM 및 프로세서 속도에 따라 복잡한 다변량 플롯을 생성할 때 상당한 시간이 걸릴 수 있으므로 주의할 필요가 있다.

13.4 데이터 변환 도구

많은 경우에 원시데이터(raw data)는 표준 기계학습(machine learning) 알고리즘을 적용하기에 적합하지 않다. 예를 들어, 성별과 같은 범주의 속성이 있는데 이를 기준으로 구매 금액을 예측한다고 가정하자. 이러한 경우, 이분화(dichotomization)라 하는 프로세스를 이용하여 범주형 (또는 명목형) 속성들을 수치형으로 변환해야 한다. 위의 예에서는, 0또는 1의 값을 갖는 2개의 새로운 변수(Gender=Male, Gender=Female)를 생성한다.

이와 반대로 수치형 데이터가 존재하는데 사용할 알고리즘에서는 범주형 또는 명목형 속성들만을 처리할 수 있는 경우도 있다. 좋은 예로는 레이블 변수가 수치형인데(5장 회귀분석에서 다룬 보스턴 주택 예제의 주택가격), 로지스틱 회귀분석을 사용하여 특정 기준값보다 가격이 높을지 낮을지를 예측하는 경우이다. 이런 경우, 수치형 속성을 이변량 속성으로 변환해야 한다.

위의 이 두 가지 경우는 데이터 유형을 변환하는 작업이 필요하다. 이 과정은 데이터 준비 단계에서 매우 일반적인 작업이다. 가장 일반적인 데이터 유형 변환 오퍼레이터들을 소개하면 다음과 같다.

- **수치형에서 이진형으로(numerical to binominal)**: 수치형에서 이진형으로 바꾸는 오퍼레이터이다. 이진형 속성은 참과 거짓의 두 가지 값만을 가질 수 있다. 속성의 값이 설정한 최소 및 최댓값 사이에 있으면 거짓이 되고, 그렇지 않으면 참이다. 시장 가격 예의 경우, 임계치가 $30,000라고 하면 $0에서 $30,000 사이의 모든 가격은 거짓이고, $30,000 이상이면

참이 된다.

- **명목형에서 이진형으로(nominal to binominal)**: "Outlook" 속성은 "sunny", "overcast", "rain"의 명목형 값을 갖는데, 이를 이진형의 속성으로 변환하면 "Outlook=sunny", "Outlook=overcast" 그리고 "Outlook=rain"의 3개 속성이 되며 각 값들은 참과 거짓이 값으로 표현된다. 예를 들면, 원본 데이터셋에서 "Outlook" 속성의 값이 sunny인 경우 "Outlook=sunny" 속성은 참의 값을 갖고, "Outlook=overcast"와 "Outlook=rain"은 거짓의 값을 갖게 된다.
- **명목형에서 수치형으로(nominal to numerical)**: 이 오퍼레이터는 "Dummy Coding" 옵션을 사용하면, 참/거짓 값 대신에 1/0의 값을 갖는 것을 제외하고는 *Nominal to Binominal* 오퍼레이터와 동일하다. "unique integers" 옵션을 사용하면, 각 명목형 값들이 0 이상의 고유한 정수값으로 대체된다. 예를 들면, Outlook 속성에서 sunny는 1, rain은 2, 그리고 overcast는 0으로 대체된다.
- **수치형에서 다항명목형으로(numerical to polynominal)**: 이 오퍼레이터는 선택한 속성의 유형을 간단히 변환시킨다. 즉, 모든 수치값들을 다항명목형(polynominal)으로 간주하는 것이다. 예를 들어, 골프 데이터 예에서 온도는 64에서 85의 범위 안에서 12개의 고유의 값을 가지고 있는데, 이 각각의 고유 수치 값들을 명목형 값으로 간주하는 것이다. 수치형 속성은 적은 범위일지라도 많은 다른 값들을 가질 수 있다. 이러한 수치형 속성을 다항명목형으로 변환하면, 새롭게 생성된 다항명목형 속성은 많은 값들을 갖게 된다. 좀 더 정교한 변환 방법은 이산화(discretization) 오퍼레이터를 이용하는 것이다.
- **이산화(discretization)**: 수치형 속성을 다항명목형으로 변환할 때, 앞서 언급한 너무 많은 값들을 갖게 되는 문제를 피하기 위해서는 이산화를 어떻게 설정할지 지정하는 것이 좋다. 각 수치값들을 고유한 명목형 값으

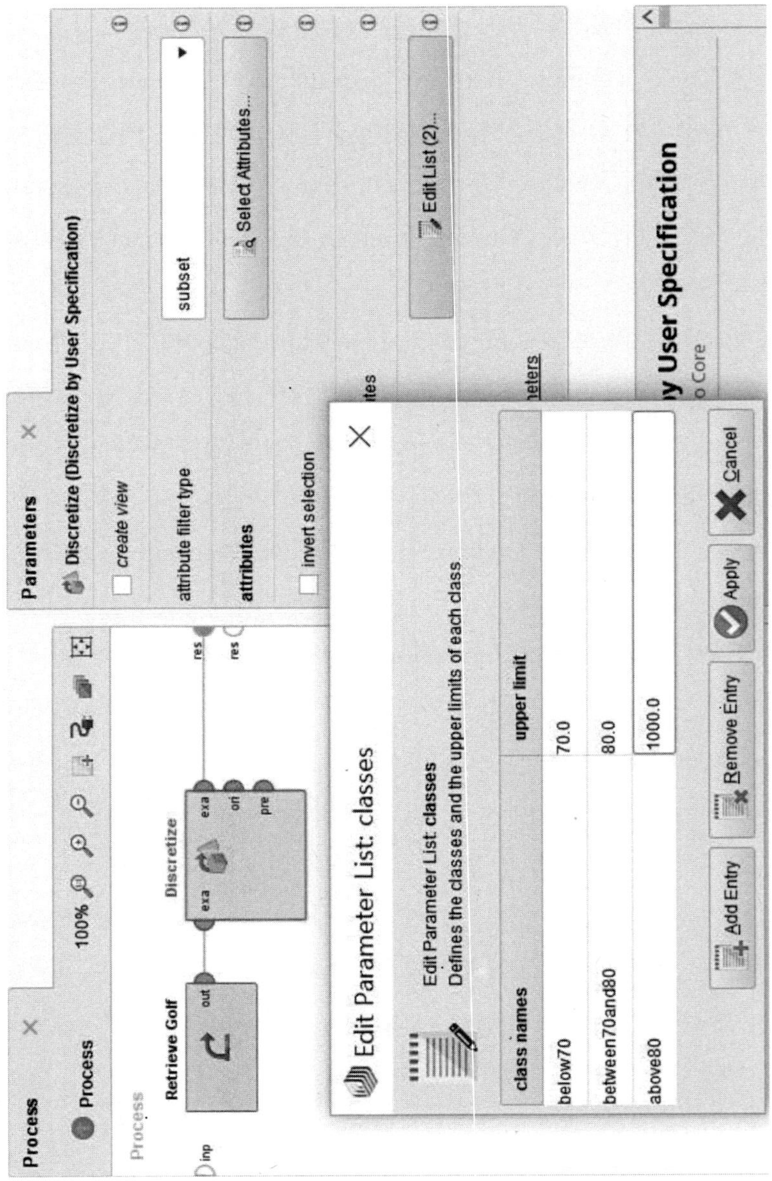

[그림 13.12a] 이산화 오퍼레이터

ExampleSet (14 examples, 1 special attribute, 4 regular attributes)

Row No.	Play	Outlook	Temperature	Humidity	Wind
1	no	sunny	85	85	false
2	no	sunny	80	90	true
3	yes	overcast	83	78	false
4	yes	rain	70	96	false
5	yes	rain	68	80	false
6	no	rain	65	70	true
7	yes	overcast	64	65	true
8	no	sunny	72	95	false
9	yes	sunny	69	70	false
10	yes	rain	75	80	false
11	yes	sunny	75	70	true
12	yes	overcast	72	90	true
13	yes	overcast	81	75	false
14	no	rain	71	80	true

ExampleSet (14 examples, 1 special attribute, 4 regular attributes)

Row No.	Play	Temperature	Outlook	Humidity	Wind
1	no	above80	sunny	85	false
2	no	between70and80	sunny	90	true
3	yes	above80	overcast	78	false
4	yes	below70	rain	96	false
5	yes	below70	rain	80	false
6	no	below70	rain	70	true
7	yes	below70	overcast	65	true
8	no	between70and80	sunny	95	false
9	yes	below70	sunny	70	false
10	yes	between70and80	rain	80	false
11	yes	between70and80	sunny	70	true
12	yes	between70and80	overcast	90	true
13	yes	above80	overcast	75	false
14	no	between70and80	rain	80	true

[그림 13.12b] 이산화 오퍼레이터의 사용결과

로 변환하는 것보다 몇 개의 구간(interval)으로 나누는 것이 더 적합한 경우가 있다. 골프 예제에서 온도는 몇 가지 방법으로 이산화될 수 있다. *Discretize by Binning* 오퍼레이터를 이용하여 같은 크기의 구간으로 구분할 수 있다. 만일 두 구간(기본)을 선택하면, 동일한 크기의 범위를 갖는 두 구간을 갖게 된다. [74.5 이하]와 [74.5 초과], 여기서 74.5는 온도의 범위인 64와 85의 평균값이다. 실제 온도 값을 이용하여 데이터는 둘 중의 하나에 할당된다. 동일 크기 범위를 지정하지 않고, 각 구간에 분배될 행의 수를 지정할 수도 있다(*Discretize by Size* 오퍼레이터 이용). 또한, *Discretize by Frequency* 오퍼레이터를 이용하여 동일한 빈도수로 구간을 나눌 수 있다. 가장 유용한 이산화 방법은 사용자의 정의에 의해 이산화하는 것이다(*Discretize by User Specification* 오퍼레이터 이용). 그림 13.12a와 같이, 연속적인 수치형 속성을 몇 개의 범주들 또는 명목형 값으로 나누기 위한 범위를 지정할 수 있다. 그림 13.12b는 이산화의 결과를 보여준다.

때때로 사례셋(example set)의 구조 변환 또는 속성들 중 하나의 속성을 '회전(rotating)'해야 할 때가 있는데, 이러한 과정은 일반적으로 '피봇팅(pivoting)' 또

customer id	product id	CPI
c1	v1	0.97
c2	v1	0.86
c3	v1	missing
c4	v1	0.53
c5	v1	0.33
c7	v1	0.19
c9	v1	0.65
c10	v1	0.44
c1	v2	0.79
c2	v2	0.6
c3	v2	0.73
c4	v2	0.66
c5	v2	0.78
c6	v2	missing
c7	v2	missing
c8	v2	0.04
c9	v2	0.91
c10	v2	0.42

product id의 v1은 2개의 결측 엔트리(missing entry)가 존재한다. 즉, 고객 6 (c6)과 고객 8(c8)이 존재하지 않는다.
그러나, 피봇 테이블은 10명의 고객(c1:c10)과 2개의 제품(v1,v2)이 존재하기 때문에10x2=20개의 엔트리를 갖는다.
여기서 결측치 값(missing value)과 결측엔트리는 다르다는 것을 주의하자(CPI 열의 결측치는 "missing"으로 표기됨).

[그림 13.13a] 피봇 오퍼레이터를 설명하기 위한 간단한 데이터셋

는 피봇테이블(pivot table)을 생성한다고 말한다. 다음의 예는 이러한 작업이 왜 필요한지 설명해 준다. 고객 ID, 제품 ID, 수치형인 소비자 물가지수(CPI)의 세 가지 속성으로 구성된 테이블이 있다고 하자(그림 13.13a 참조). 10명의 고객과 2개의 제품 ID로 된 간단한 사례를 생각해 보자. 두 제품 ID를 열로 보내고, 고객 ID별로 CPI 데이터를 합치거나(aggregate)[4] 그룹화한 데이터셋으로 재정렬하려고 한다. 즉, 고객 단위(customer level)로 데이터 분석을 하고자 한다면, 각 행은 개별 고객을 나타내고 모든 고객 특징들은 속성값들로 표현되어야 한다.

이 작업은 *pivot* 오퍼레이터를 이용하게 간단하게 수행할 수 있다. 그림 13.13b와 같이 그룹 속성(group attribute)으로 "customer id"를, 인덱스 속성(index attribute)으로 "product id"를 선택한다. 만일 마이크로소프트의 엑셀 피봇 테

4 주의: *pivot* 오퍼레이터 자체가 합(aggregate)을 구할 수는 없다. 소스 데이터셋에서 제품 ID와 고객 ID의 같은 조합이 여러 번 발생한다면, 이 *pivot* 오퍼레이터를 적용하기 전에 고유한 조합을 하나만 가질 수 있도록 미리 합을 구해야 한다.

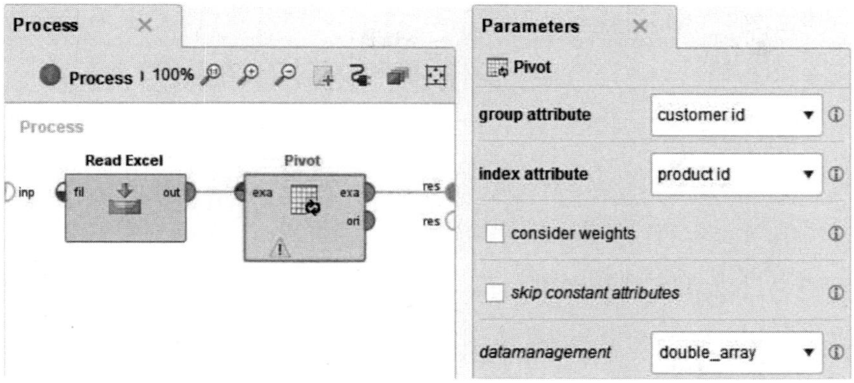

[그림 13.13b] 피봇 오퍼레이터 환경설정

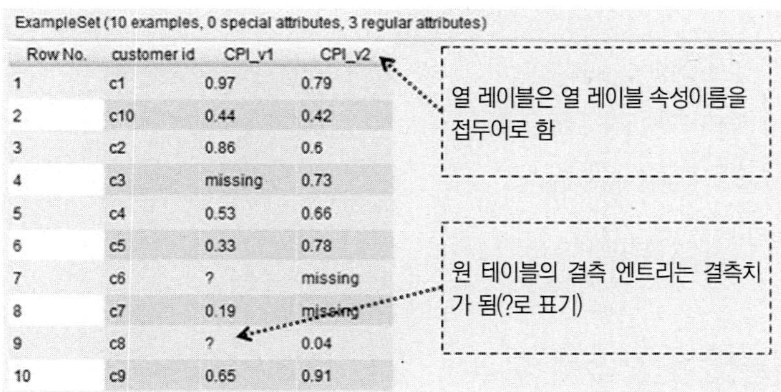
ExampleSet (10 examples, 0 special attributes, 3 regular attributes)

Row No.	customer id	CPI_v1	CPI_v2
1	c1	0.97	0.79
2	c10	0.44	0.42
3	c2	0.86	0.6
4	c3	missing	0.73
5	c4	0.53	0.66
6	c5	0.33	0.78
7	c6	?	missing
8	c7	0.19	missing
9	c8	?	0.04
10	c9	0.65	0.91

[그림 13.13c] 피봇 오퍼레이션 결과

이블에 익숙하다면, 그룹 속성은 행 레이블과, 인덱스 속성은 열 레이블과 유사하다. *pivot* 오퍼레이터의 결과는 그림 13.13c와 같다.

Pivot 오퍼레이터의 역 오퍼레이터는 *De-pivot* 오퍼레이터로 위에서 언급한 프로세스를 반대로 하는 것이며 데이터 준비 단계에서 필요로 할 때가 있다. 일반적으로 *De-pivot* 오퍼레이터는 피봇 테이블을 관계형 구조(relational structure)로 변환한다.

이러한 오퍼레이터들 외에도 기존 데이터셋에 사례들을 추가하는 *Append* 오퍼레이터도 있다. 사례셋에 새로운 행을 추가하는 것은 기존 데이터셋 맨 끝에 새 행들을 추가하는 것이다. 이때 사용자는 추가할 데이터셋의 속성과 기존 데이터셋의 속성이 일치하는지 확인해야 한다. 또한 동일한 관측치(observation)이지만 다른 속성들을 가지고 있는 두 데이터셋을 합치기 위해서는 *Join* 오퍼레이터가 유용하다. *Join* 오퍼레이터는 전통적인 join 옵션인 inner, outer, left, right 옵션을 제공한다. Join에 대한 설명은 SQL 프로그래밍과 관련된 문헌과 RapidMiner 도움말에서도 찾아 볼 수 있으므로 이 절에서는 따로 설명하지 않는다.

다음 오퍼레이터들도 이 책의 여러 장에서 사용된다.

- 속성명 바꾸기(Rename attributes)
- 속성 선택(Select attributes)
- 사례 필터링(Filter examples)
- 속성 추가(Add attributes)
- 속성 가중치(Attribute weighting)

13.5 샘플링과 결측치 도구

데이터 샘플링은 오늘날의 빅데이터 환경과 맞지 않는 것으로 보일 수 있다. 가능한 모든 데이터를 수집하고 분석할 수 있는데 왜 귀찮게 샘플링을 하는 것일까? 샘플링은 아마도 데이터 획득 및 분석 비용이 컸던 통계 시대의 잔재일 것이다. 그러나 컴퓨팅 능력에 제한이 거의 없는 요즘 상황에서도 '타겟' 샘플링이 사용된다. 이에 대한 가장 일반적인 시나리오는 데이터 모델을 구축하는데 특정 클래스 데이터가 극히 적은 경우이다. 예를 들어 사기 예측을 생각해보자. 산업에 따라서, 사기 사례는 수집된 데이터 중 1% 미만에서 2~3% 정도이다. 이러한 데이터를 사용하여 분류 모델을 구축할 때, 그 모델은 편향적일 수 있고, 충분하게 학습하지 않았기에, 이전에 본 적 없는 새로운 데이터에 대해서

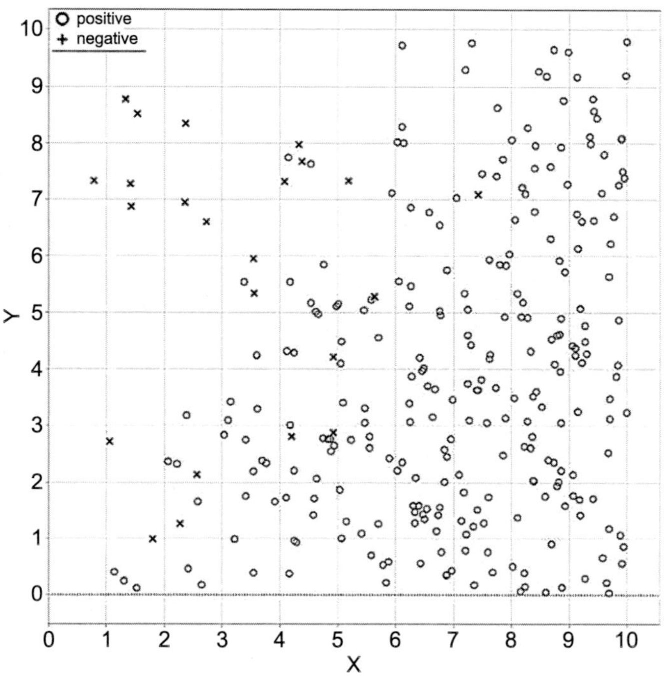

[그림 13.14] 좌상 positive와 negative 교환

대부분의 경우 사기를 감지하지 못하게 된다.

이러한 상황에서 필요한 것은 데이터의 균형(balancing)이다. 모델이 좀 더 잘 학습할 수 있도록 학습용 데이터셋을 샘플링하여 소수 클래스의 비율을 증가시켜야 한다. 그림 13.14는 불균형 데이터의 예를 보여준다. ○자로 표시된 "positive" 클래스는 ×자로 표시된 "negative" 클래스에 비해 불균형적으로 비중이 너무 높다.

간단한 예제를 이용하여 좀 더 살펴보자. 그림 13.15에서 사용된 데이터셋은 RapidMiner의 샘플 리포지토리(Samples repository)에 저장되어 있는 "Weighting"이라는 데이터셋이다. 이 데이터셋은 균형잡힌 데이터셋으로, 약 500개의 사례 중 레이블 변수(타겟변수)가 "positive"인 경우가 50%, "negative"인 경우가

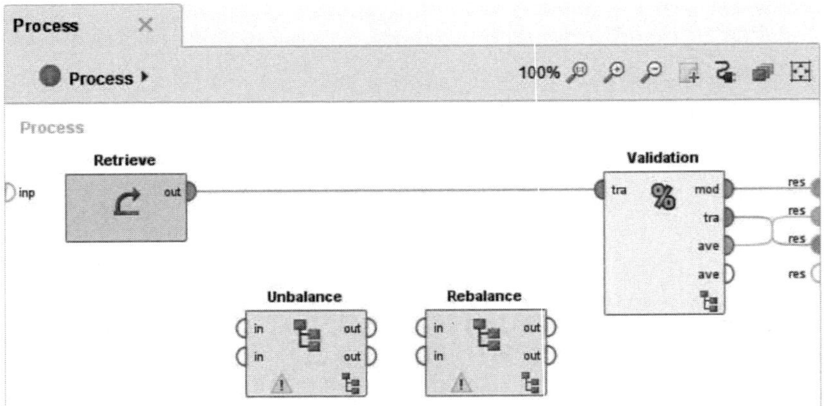

Table View Plot View

accuracy: 86.40% +/- 4.96% (mikro: 86.40%)

	true negative	true positive	class precision
pred. negative	205	35	85.42%
pred. positive	33	227	87.31%
class recall	86.13%	86.64%	

[그림 13.15] 균형이 잘 이루어진 데이터셋의 의사결정나무 성능

50%로 구성되어 있다. 그림 13.15에서 보이는 것과 같이 데이터셋을 분류하기 위해 의사결정나무를 학습시켰을 때, 약 84%의 정확성을 얻었다. 여기서 중요한 점은 두 클래스의 클래스 리콜 값이 약 86% 정도로 거의 같다는 것이다.

여기서부터는 '불균형(unbalance)'이라고 불리는 서브프로세스를 소개하고자 한다. 이 프로세스는 데이터 편향을 위해 원래 데이터셋을 재샘플링한다. 결과 데이터셋에는 "positive" 클래스 사례가 "negative" 클래스 사례보다 훨씬 많게 구성된다. 정확하게 이 데이터셋은 92%가 "positive" 클래스에 속하며 (92% 클래스 리콜), 8%가 "negative" 클래스에 속한다(8% 클래스 리콜). 프로세스와 그 결과는 그림 13.16에서 확인할 수 있다. 그렇다면 이러한 데이터의 불균형 문

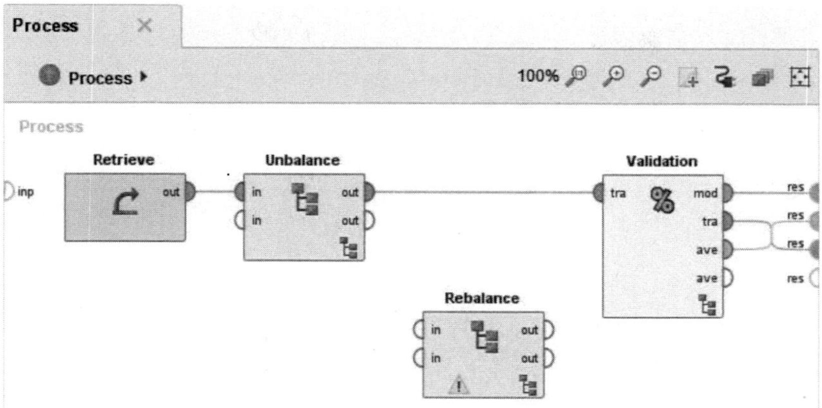

Table View　Plot View

accuracy: 92.97% +/- 2.75% (mikro: 92.98%)

	true positive	true negative	class precision
pred. positive	260	18	93.53%
pred. negative	2	5	71.43%
class recall	99.24%	21.74%	

데이터 불균형으로 인해 positive 클래스 리콜값이 높아짐

[그림 13.16] 불균형 데이터와 정확도 결과

제를 어떻게 해결할 수 있을까?

이러한 상황을 해결할 수 있는 방법은 여러 가지가 있다. 가장 일반적으로 사용되는 방법은 균형을 복원하기 위해 데이터를 재샘플링하는 것이다. 높은 빈도를 갖는 "positive" 클래스는 낮은 비중으로 샘플링하고(undersampling), 낮은 빈도의 "negative" 클래스는 더 높은 비중으로 샘플링(oversampling)한다. 최종 RapidMiner 프로세스의 '재균형(rebalanced)' 서브프로세스가 이 작업을 수행한다. 그림 13.17에서 알 수 있듯이, 전체적인 정확도는 원래 균형적인 데이터셋의 정확도와 유사하다. 의사결정나무도 기존의 것과 유사한데, 불균형된 데

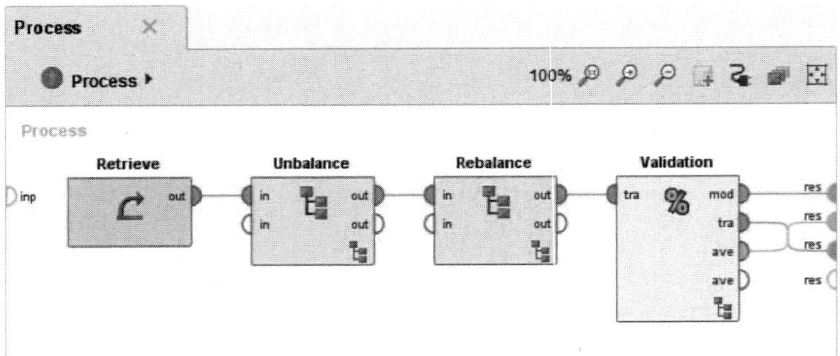

◉ Table View ○ Plot View

accuracy: 85.71% +/- 12.78% (mikro: 85.71%)

	true positive	true negative	class precision
pred. positive	47	5	90.38%
pred. negative	5	13	72.22%
class recall	90.38%	72.22%	

균형화 이후 전체적인 정확도는 원래 수준으로 돌아왔으며, negative 클래스의 리콜 또한 향상됨

[그림 13.17] 재균형 데이터와 향상된 클래스 리콜 결과

이터셋에서는 뿌리만 남게 된다. 정확도가 불균형 데이터에 의해 크게 영향을 받지 않았다는 것을 보여주기 위해 확인해야 할 것은 정확도 대신 '균형 정확도(balanced accuracy)'를 이용해야 한다는 것이다. 그것은 positive와 negative 사례들로부터 얻는 정확도(class recall accuracy)의 평균으로 정의된다. 만일 의사결정나무가 두 클래스에 동일하게 잘 수행된다면, 그 값은 표준 정확도(즉, 올바르게 예측된 경우의 수를 전체 예측한 개수로 나눔) 값과 같다.

RapidMiner에는 몇 가지 샘플링 프로세스가 있다: Sample, Sample Bootstrapping, Sample(Stratified), Sample(Model-Based), Sample(Kennard-Stone). 각 기법에 대한 상세한 설명은 도움말을 참조하고, 일반적인 샘플링 기

법인 부트스트래핑(bootstrapping) 방법만 여기서 설명하고자 한다. 부트스랩핑은 기본 데이터셋 내에서 반복적으로 복원 추출(with replacement)하는 방식이므로, 새로운 샘플을 생성하기 위해 이 오퍼레이터를 이용한다면, 동일한 사례가 여러 번 추출될 수도 있다. 절대적 또는 상대적 샘플 크기를 지정할 수 있는 옵션이 있고, RapidMiner는 기본 데이터셋에서 무작위로 복원 추출하여 새로운 부트스트랩된 사례셋을 생성한다.

마지막으로 RapidMiner에서 제공하는 결측치 처리 옵션에 대한 설명을 간단히 하고자 한다. 기본적으로 *Replace Missing Values* 오퍼레이터를 사용한다. 이 오퍼레이터는 결측치를 대체하는 방법으로 최솟값, 최댓값, 평균, 0, 없음, 사용자 지정값을 사용할 수 있다. 옵션 중에 중앙값으로 대체하는 것은 없다. 기본적으로 주어진 열(속성)의 모든 결측치는 선택한 옵션으로 대체된다. 결측치를 처리하는 더 좋은 방법은 *Impute Missing Values* 오퍼레이터를 이용하는 것이다. 이 오퍼레이터는 결측치가 있는 속성을 레이블(타겟변수) 속성으로 변환하고 결측치가 있는 레이블 변수와 다른 변수들 간의 관계를 파악하는 모델을 만들어 결측치를 예측할 수 있도록 한다.

13.6 최적화 도구[5]

4장 의사결정나무에서 신용위험(credit risk) 사례에 대한 의사결정나무를 구축할 때, 파라미터들을 설정할 기회가 있었으나(4.1.2절의 단계 3) 우리는 기본적으로 설정되어 있는 것을 사용했다. SVM (Support Vector Machine) 모델(4.6.3절) 또는 로지스틱 회귀분석 모델 구축 시(5.2.3절)에도 마찬가지로 기본으로

5 RapidMiner를 처음 사용하는 사용자라면 이 부분은 넘어가도 좋다. 일반적인 데이터 마이닝과 도구에 익숙해진 후에 이 부분을 공부하는 것이 좋다.

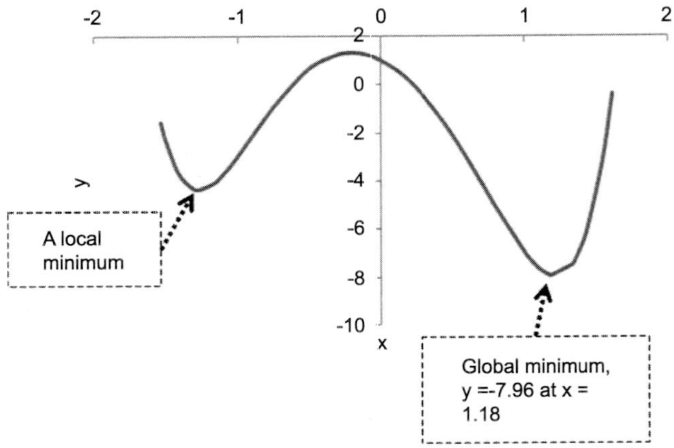

[그림 13.18] 최적화 설명을 위한 단순 다항함수

설정된 파라미터를 사용하였다. 모델 평가를 할 때, 일반적으로 모델 성능 결과는 파라미터들을 적절하게 선택했는지를 보여주는 지표로 사용된다.[6] 만일 모델의 정확도(또는 R-squared: 결정계수)가 만족스럽지 못하다면, 그것을 어떻게 개선시킬 수 있을까?

RapidMiner는 설정해야 하는 모든 파라미터들에 대해서 최적 조합을 발견하고 선택할 수 있는 여러 가지 오퍼레이터들을 제공한다. 이들의 기본 원리는 중첩된(nested) 오퍼레이터라는 것이다. 4.1.2절의 단계 2의 *Split Validation* 오퍼레이터에서 처음으로 중첩된 오퍼레이터를 사용해 보았다. 또한 12.5절에서 래퍼 스타일 특징 선택 방법들을 설명할 때 또 다른 중첩된 오퍼레이터를 설명했다. 기본 개념은 미리 정한 성능 기준이 충족될 때까지 반복적으로 파라미터를 변경하는 것이다. 최적화 오퍼레이터는 2개의 작업을 수행한다. 반복할 때마다

6 일반적으로는 선택한 파라미터가 적절한지 한 번의 성능 추정치로는 판단할 수 없다. 여러 번의 성능 평가 결과로부터 성능값과 파라미터 값들 간의 관계를 이해한 후에야 사용자가 최적의 파라미터 값을 선택했는지 추론할 수 있다.

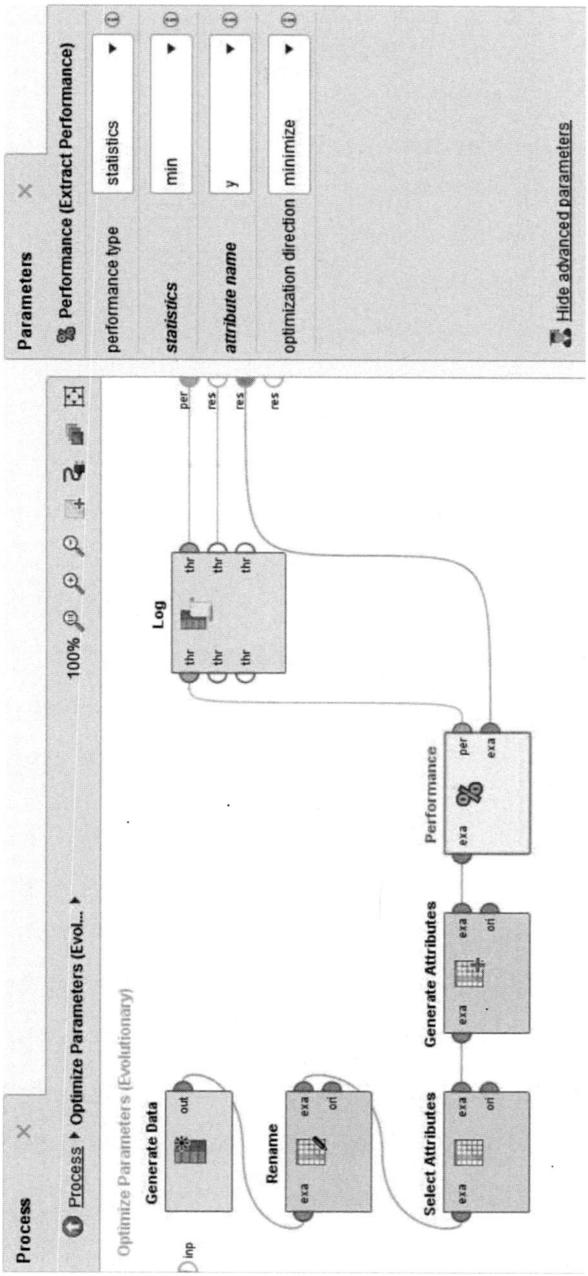

[그림 13.19a] 최적화 반복을 위한 중첩된 내부 프로세스

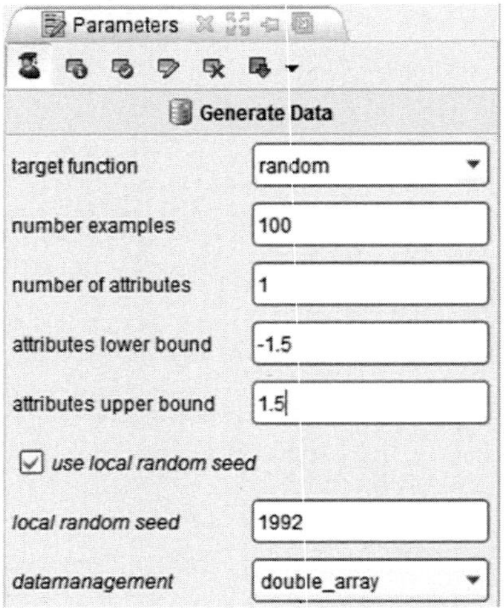

[그림 13.19b] Generated Data 설정

파라미터를 어떤 값으로 설정해야 하는지와, 언제 반복을 중지할 것인지를 결정하는 것이다. RapidMiner는 파라미터 설정을 위해 기본적으로 세 가지 방법인 그리드(grid) 검색, 그리디(greedy) 검색, 그리고 진화(evolution)검색[유전자(genetic) 검색으로도 알려짐]을 제공한다. 각 방법에 대해서 깊이 있게 다루지는 않지만, 개괄적으로 방법들을 비교해 볼 것이다.

최적화 과정을 설명하기 위해 간단한 다항함수 모델(그림 13.18 참조)을 고려해 보자. 특별히 함수 $y = f(x) = x^6 + x^3 - 7x^2 - 3x + 1$에서 주어진 x의 범위 내에서 y의 최솟값을 찾고자 한다. 이것은 최적화의 가장 간단한 형태이며 y를 최소화시키는 x의 구간 값을 선택하는 것이다. 그래프에서 볼 수 있듯이 x의 구간이 [−1.5, 2]일때 y는 2개의 최솟값을 갖는다. 로컬 최솟값은 x = −1.3일 때 −4.33이며, 글로벌 최솟값은 x = 1.18일 때 −7.96이다. 이제 *Optimize* 오퍼레이터를 이용하여 최솟값을 찾는 RapidMiner 사용 방법을 소개한다. 앞서 언급한 바와 같이, 최적화는 중첩된 오퍼레이터에서 수행되므로, 최적화 그 자체를 설명하기 전에 우선 Optimize 내부가 무엇으로 구성되는지 설명하고자 한다.

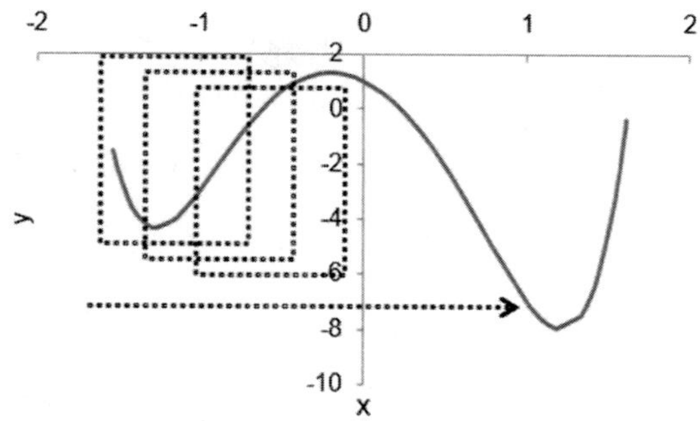

[그림 13.20] 주어진 윈도우 내에서 최적해 검색

중첩된 프로세스를 내부(inner) 프로세스라고도 하며, 그림 13.19a에서 보이는 것과 같이 매우 단순하다. *Generate Data* 오퍼레이터는 상한(upper bound)과 하한(lower bound) 범위 내에서 x 값을 무작위로 생성한다(그림 13.19b 참조).

Generate Attributes 오퍼레이터는 구간 내의 각 x 값에 대한 y를 계산한다. *Performance* (*Extract Performance*) 오퍼레이터는 각 구간에서 최소 y 값을 저장한다. 이 오퍼레이터는 성능을 최적화하기 위해 그림 13.19a의 오른쪽에서 보이는 것과 같이 설정한다. 이 경우 최소화시켜야 하는 속성으로 y를 선택한다. *Rename*, *Select Attributes*, *Log* 오퍼레이터는 오로지 x, y 두 변수들에만 초점을 두고 최적화 진행상황을 살펴보기 위해 사용되었다.

이 중첩된 프로세스는 어떤 *Optimize Parameters* 오퍼레이터 안에도 들어갈 수 있다. 먼저 *Optimize Parameters* (*Grid*) 오퍼레이터를 어떻게 사용하는지에 대해서 설명한다. 이 예제에서는 함수 y = f(x)를 최소화하기 위해 기본적으로 x의 구간 [하한, 상한]을 최적화한다. 그래프에서 보았듯이, 글로벌 최솟값 y를 얻기 위해서는 x의 구간을 충분히 작은 구간 크기로 나누어서 찾아 나간다.

그리드 검색 최적화는 단순하게 전체 영역에 대해서 구간 창(window)을 움직이면서 모든 구간들을 탐색한 후 이 반복을 멈춘다(그림 13.20 참조). 분명히 이 검색 방법은 완전(exhaustive) 검색이지만, 비효율적이다. 이 과정을 설정하려면,

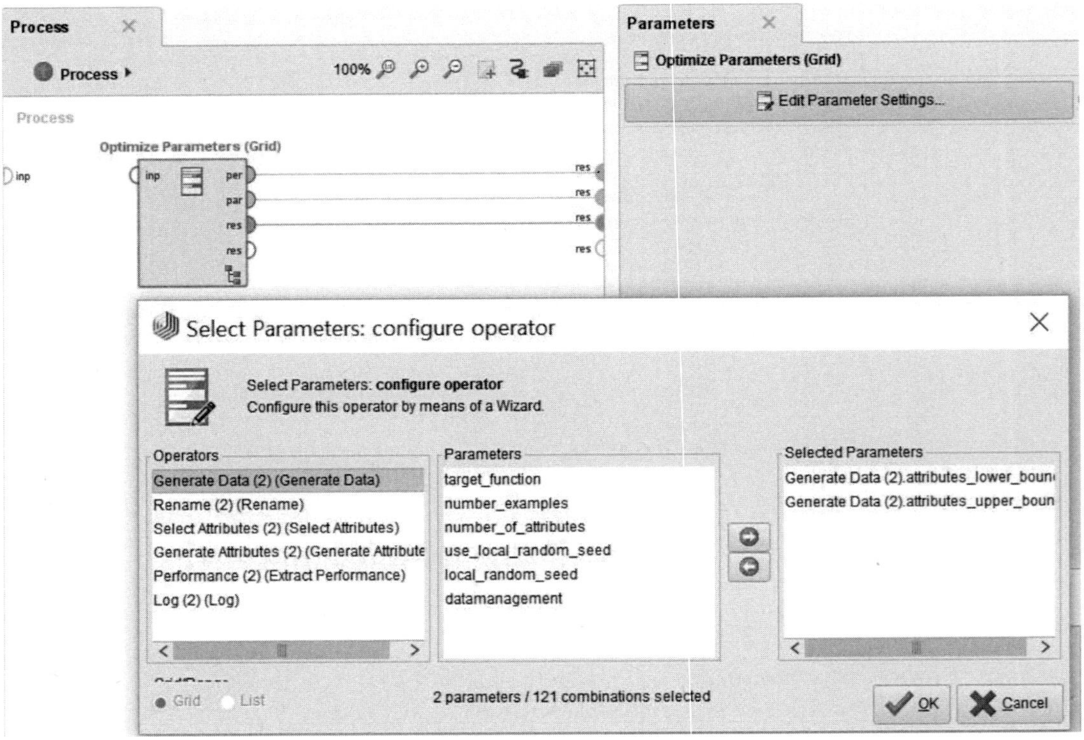

[그림 13.21] 그리드(grid) 검색 최적화의 설정

Optimize Parameters (*Grid*) 오퍼레이터의 내부 프로세스에 *Generate Data* 오퍼레이터를 추가하고 속성 상한(attribute upper bound)과 속성 하한(attributes lower bound) 파라미터를 선택하면 된다. 이를 위해 최적화 파라미터에서 Edit Parameter Settings 옵션을 클릭하면 새로운 창이 나온다. 여기서 Operators, 탭 아래의 Generate Data를 선택하고, Parameters 탭에서 attribute_upper_bound와 attribute_lower_bound를 선택한다(그림 13.21 참조).

파라미터마다 그리드 검색을 하기 위해서는 각 파라미터의 범위를 지정해야 한다. 이 경우에는, 단계는 10으로 하고 하한은 −1.5~−1로, 상한은 0~1.5로 하였다. 그러므로 첫 구간(또는 윈도우)은 x= [−1.5,0]이고, 두 번째 구간은 x =

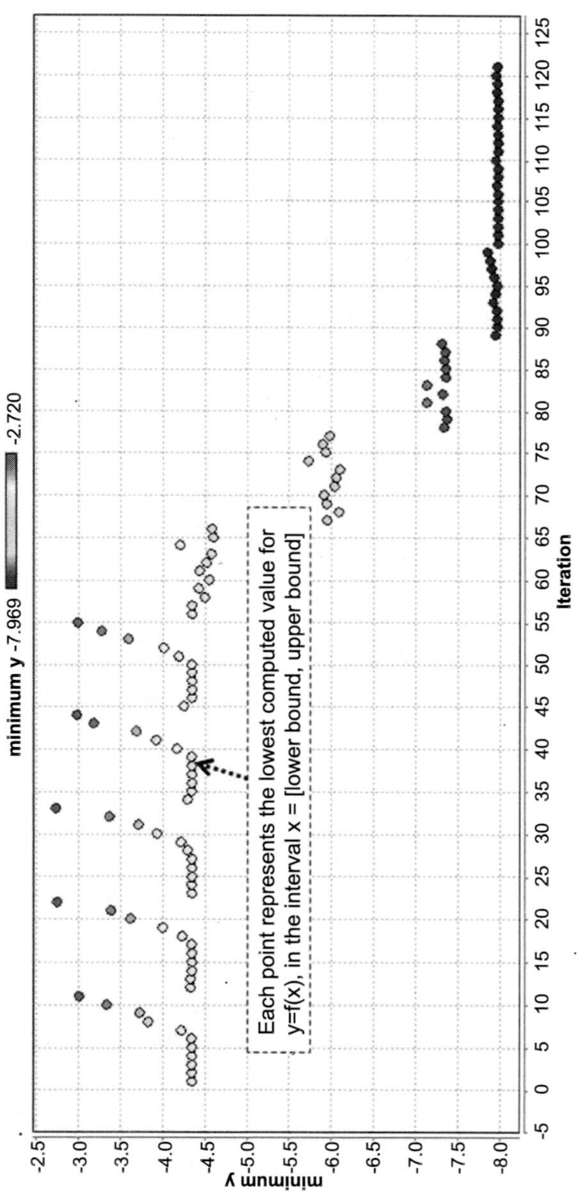

[그림 13.22] 그리드 검색 최적화의 진행상황

[−1.45, 0], 마지막 구간은 x = [−1, 1.5]로 총 121번의 반복을 하며 진행한다. *Optimize Performance* (Grid) 오퍼레이터는 각 구간 창(window)마다 “y”를 계산하고, 각 반복 때마다 최소 “y”를 저장한다. 121개의 구간을 평가하지만, 최종 결과는 가장 작은 최솟값 “y”에 해당하는 윈도우만을 보여준다. 그림 13.22는 이러한 반복의 진행상황을 보여준다. 차트의 각 포인트들은 주어진 구간에서 가장 작은 y 값을 나타낸다.

첫 번째 반복에서, x = −1.3일 때 로컬 최솟값 y=− 4.33를 찾을 수 있다. 이것은 윈도우 [−1.5, 0]에 해당된다. 만일 그리드가 전체 영역인 [−1.5, 1.5]으로 확장되지 않는 경우에는, 이 최적화 알고리즘은 전역(global)이 아닌 지역(local) 최솟값을 최적의 성능으로 보고하게 된다. 이것이 그리드 검색 방법의 주요 단점 중의 하나이다.

또 다른 단점은 불필요한 반복이다. 위의 그래프를 보면 약 90번의 반복 후에 거의 전역 최솟값에 도달했다. 90번째 반복에서 $y_{minimum}$ = −7.962인데, 최종적으로 보고된 최솟값은 $y_{minimum}$ = −7.969 (113번째 반복)으로 단지 0.09% 향상된 값이다. 허용 정도에 따라 좀 더 일찍 계산을 종료할 수 있지만, 그리드 검색은 조기 종료를 허용하지 않고 거의 30번의 반복을 더 하게 만든다. 분명히 최적화 파라미터의 수가 증가할수록 상당한 비용이 들 것이다.

다음으로는 *Optimize Parameters (Quadratic)* 오퍼레이터의 내부프로세스를 적용한다. 2차(quadratic) 검색은 그리디 검색 방법을 기본으로 한다. 그리디 방법은 각 단계에서 구간별 최적 의사결정을 하는 알고리즘이다(Ahuja, 2000; Bahmani, 2013). 이 결정은 현재 단계에서는 최적이지만 이후 단계들에서는 반드시 최적이 아닐 수도 있다. k-NN 방법은 그리디 알고리즘의 좋은 예 중의 하나이다. 이론적으로 그리디 알고리즘은 지역 최적해를 얻게 되지만, 특별한 경우 전역 최적해를 얻을 수도 있다. 그리디 알고리즘은 어려운 문제들의 근사해(approximate solution)를 구하는 데 가장 적합하다. 왜냐하면 계산 시간이 적

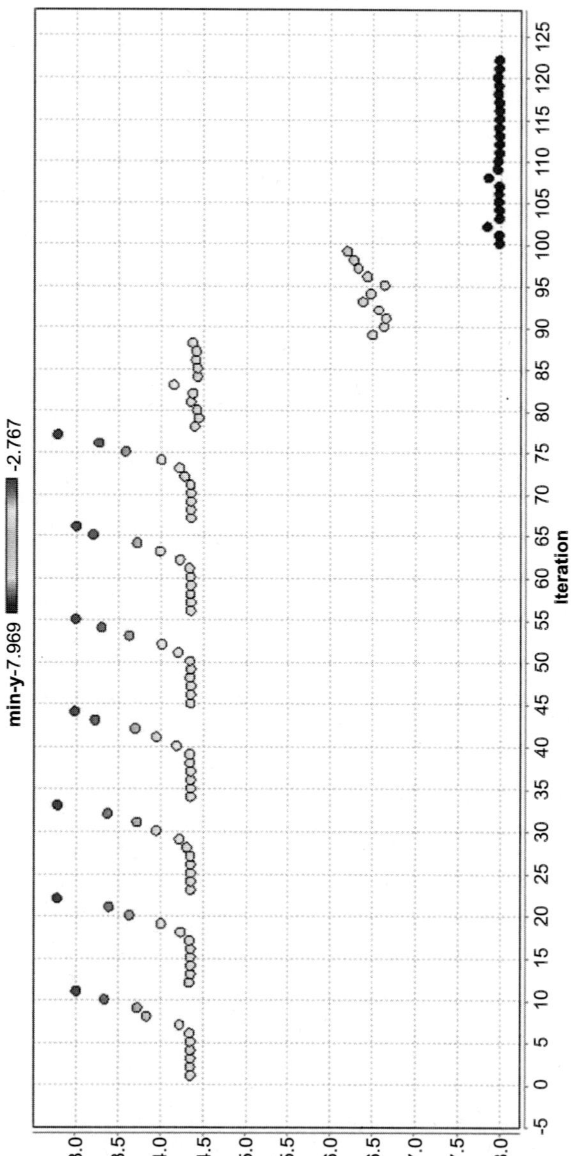

[그림 13.23] 2차 그리디 검색 최적화의 진행상황

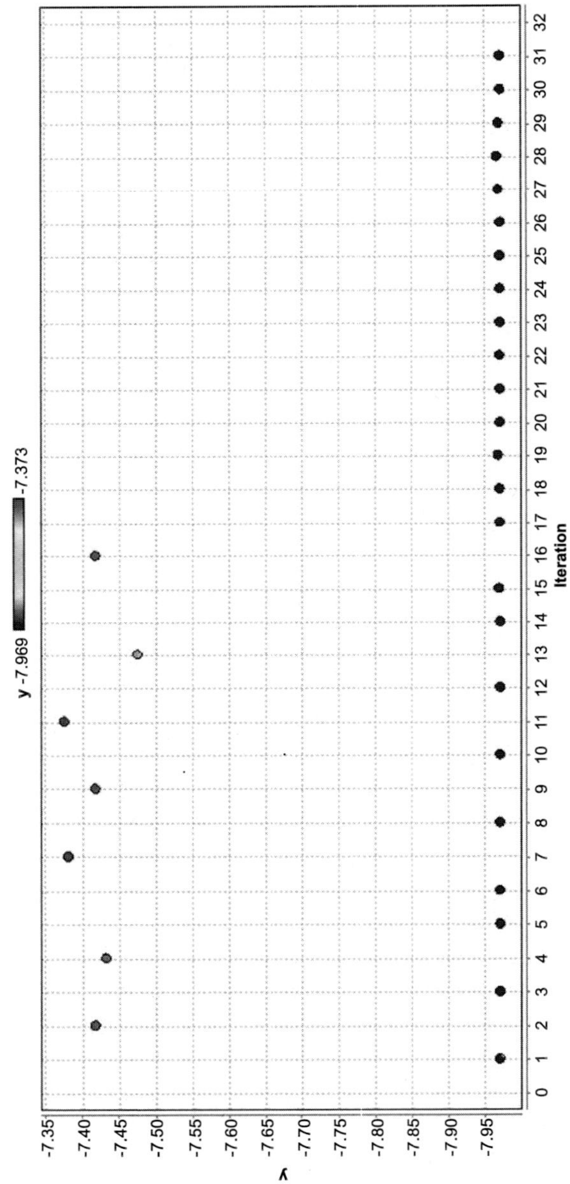

[그림 13.24] 진화(유전자) 검색 최적화의 진행상황

게 들어 큰 데이터셋에서도 신속히 결과를 얻을 수 있다. 그리디 알고리즘은 그 특성상 대규모 사례셋을 커버하거나 목적 함수를 신속하게 보상하는 경향이 있다.(역자주: 뒷 부분에서의 최적해는 전역은 아니더라도 지역 최적해를 신속하게 찾는다는 의미)

그림 13.23에서와 같이, 2차 최적화는 전역 최솟값을 탐색하기 위해 약 100번의 반복이 필요하며, 약 90번의 반복이 필요한 그리드 검색에 비해 성능이 약간 나쁘다. 그리드 검색에서 발생하는 몇 가지 비슷한 문제점들도 보인다.

마지막으로 *Optimize Parameters (Evolutionary)* 오퍼레이터에 대한 설명을 하고자 한다. 진화 또는 유전자(evolutionary, genetic) 알고리즘은 돌연변이(mutation)를 통해 좀 더 다양하게 검색 공간을 커버하고 성공적인 모델들의 크로스오버(cross-over)를 통해 최적의 값(최솟값)의 탐색을 반복할 수 있기 때문에, 그리드(grid) 또는 그리디(greedy) 검색보다 종종 더 좋은 결과를 낸다. 그림 13.24의 반복과정에서 볼 수 있듯이, 처음 몇 번의 반복 후 지역 최적에서 벗어나 전역 최적을 찾을 수 있다. 90번 또는 100번의 반복이 아닌 18번의 적은 반복으로 높은 수준의 신뢰도를 갖는 전역 최솟값을 얻었다. 진화 방법은 처음에 함수의 영역을 알지 못할 때 유용하다. 이 알고리즘을 이해하는 데 가장 중요한 개념은 돌연변이와 크로스오버이며, 이것은 RapidMiner GUI를 통해 관리할 수 있다. 어떻게 이 알고리즘이 작동하는지 기술적인 부분에 대한 자세한 설명은 이 책의 범위를 벗어나므로, 이 장 마지막의 참고문헌 목록을 참고한다(Weise, 2009).

요약하면 RapidMiner는 중첩된 오퍼레이터로 3개의 최적화 알고리즘을 제공한다. 최적화를 적용하기 가장 좋은 경우는 모델링 파라미터 선택에 대한 것이다. 예를 들면, 의사결정나무 모델에서 분할 크기(split size), 잎의 크기(leaf size), 또는 분할 기준(splitting criteria)처럼 모델의 파라미터 선택에 적용할 수 있다. 기계학습 프로세스를 구축한 후, 최적화 프로세스 내부에 이 프로세스를 넣거나 중첩할 수 있다. Edit Parameter Settings이나 컨트롤 버튼을 이용하여 내부 프로세스 오퍼레이터들(예: 의사결정나무, W 로지스틱, SVM)의 파라미터들을 선택하고 범위를 정의할 수 있다. 그리드 검색은 최적의 파라미터 값들을 찾기 위한 완전 검색이지만 비용이 너무 많이 들고 전역 최적해를 보장할 수 없다. 진화 알고리즘은 유연하고 빠르기 때문에 보통 RapidMiner에서 기계학습 모델의 최적화를 위해 가장 많이 사용되는 최적화 알고리즘이다.

결론

다른 장과 마찬가지로, 이 장에서 설명하는 RapidMiner 프로세스는 www.LearredictiveAnalytics.com에서 다운로드 할 수 있다. RapidMiner process(*.rmp 파일)를 다운로드한 후 [File > Import Process]를 이용하여 RapidMiner로 불러들일 수 있다. 데이터 파일은 [File > Add Data]를 이용하면 RapidMiner로 불러들일 수 있다.

이 장에서는 RapidMiner를 이용하여 예측분석모델을 구축하는 데 필요한 메인 도구들에 대해서 대략적으로 설명했다. 프로그램의 가장 기본적인 그래픽 사용자 인터페이스(GUI)를 소개하는 것으로 시작해서, 데이터를 불러오거나 내보내는 옵션에 대해서 설명했다. 데이터를 불러들인 후, 다음 단계는 데이터의 특징을 기술적인 의미에서 이해하는 것이므로 사용 가능한 시각화 방법을 알아보았다. 그리고 다음 단계의 분석을 용이하게 하기 위한, 입력 데이터 속성 변경, 테이블 형식 변경과 같은 데이터의 변환, 재구성 방법에 대해서 설명했다. 그리고 데이터를 재샘플링하고 처리하는 도구를 소개했다. 데이터 준비를 위한 이러한 옵션들에 익숙해지고 나면, 이제 이전 장들에서 설명한 알고리즘들을 적용할 수 있다. 마지막으로 13.6절에서는 데이터로부터 통찰력을 얻을 수 있는 최적화된 최선의 모델을 개발하기 위해서, 기계학습 알고리즘을 세부적으로 조정할 수 있는 최적화 오퍼레이터를 소개했다.

이 장에서는 RapidMiner를 개괄적으로 살펴보았으니, 이제 이전의 장으로 돌아가서 특정 기법에 대해서 배우고 RapidMiner에서 어떻게 해당 기법을 사용하여 모델을 구축하는지 살펴보자.

참고문헌

Ahuja, R. O. (2000). A greedy genetic algorithm for quadratic assignment problem. *Computers and Operations Research*, 917-934.

Bahmani, S. R. (2013). Greedy Sparsity-Constrained Optimization. *Statistical Machine Learning*, 1-36.

Germano, T. (n.d.). Retrieved from http://davis.wpi.edu/~matt/courses/soms/.

International Monetary Fund (n.d.). Retrieved from http://www.imf.org/external/pubs/ft/weo/2012/02/weodata/index.aspx.

Mierswa, I. W. (2006). YALE: Rapid prototyping for complex data mining tasks. *Association for Computing Machinery - Knowledge Discovery in Databases*, 935-940.

Telecom, F. (n.d.). Retrieved from http://perso.rd.francetelecom.fr/lemaire/cours/AnalyseExploratoireKohonen.pdf.

UC Irvine (n.d.). Data sets. Retrieved from http://archive.ics.uci.edu/ml/datasets.html.

UC Santa Barbara (n.d.). Retrieved from http://www.english.ucsb.edu/grad/student-pages/jdouglass/coursework/hyperliterature/soms/.

University of Pittsburg (n.d.). Retrieved from http://www.sis.pitt.edu/~ssyn/som/som.html.

Weise, T. (2009). Global Optimization Algorithms - Theory and Application. http://www.it-weise.de/.

Comparison of Data Mining Algorithms

Classification: Predicting a Categorical Target Variable

Algorithm	Description	Model	Input	Output	Pros	Cons	Use Cases
Decision Trees	Partitions the data into smaller subsets where each subset contains (mostly) responses of one class (either "yes" or "no")	A set of rules to partition a data set based on the values of the different predictors.	No restrictions on variable type for predictors.	The label cannot be numeric. It must be categorical.	Intuitive to explain to nontechnical business users. Normalizing predictors is not necessary.	Tends to overfit the data. Small changes in input data can yield substantially different trees. Selecting the right parameters can be challenging.	Marketing segmentation, fraud detection.
Rule Induction	Models the relationship between input and output by deducing simple IF/THEN rules from a data set.	A set of organized rules that contain an antecedent (inputs) and consequent (output class).	No restrictions. Accepts categorical, numeric, and binary inputs.	Prediction of target variable, which is categorical.	Model can be easily explained to business users. Easy to deploy in almost any tools and applications.	Divides the data set in rectilinear fashion.	Manufacturing, applications where description of model is necessary.
k-Nearest Neighbors	A lazy learner where no model is generalized. Any new unknown data point is compared against similar known data point in the training set.	Entire training data set is the model.	No restrictions. However, the distance calculations work better with numeric data. Data need to be normalized.	Prediction of target variable, which is categorical.	Requires very little time to build the model. Handles missing attributes in the unknown record gracefully. Works with nonlinear relationships.	The deployment runtime and storage requirements will be expensive. Arbitrary selection of value of k. No description of the model.	Image processing, applications where slower response time is acceptable.

Naïve Bayesian	Predicts the output class based on Bayes' theorem by calculating class conditional probability and prior probability.	A lookup table of probabilities and conditional probabilities for each attribute with an output class.	No restrictions. However, the probability calculation works better with categorical attributes	Prediction of probability for all class values, along with the winning class.	Time required to model and deploy is minimum. Great algorithm for benchmarking. Strong statistical foundation.	Training data set needs to be representative sample of population and needs to have complete combinations of input and output. Attributes need to be independent.	Spam detections, text mining.
Artificial Neural Networks	A computational and mathematical model inspired by the biological nervous system. The weights in the network learn to reduce the error between actual and prediction.	A network topology of layers and weights to process input data.	All attributes should be numeric.	Prediction of target (label) variable, which is categorical.	Good at modeling nonlinear relationships. Fast response time in deployment.	No easy way to explain the inner working of the model. Requires preprocessing data. Cannot handle missing attributes.	Image recognition, fraud detection, quick response time applications.

Continued

Classification: Predicting a Categorical Target Variable *Continued*

Algorithm	Description	Model	Input	Output	Pros	Cons	Use Cases
Support Vector Machines	Essentially a boundary detection algorithm that identifies/defines multi-dimensional boundaries separating data points belonging to different classes.	The model is a vector equation that allows us to classify new data points into different regions (classes).	All attributes should be numeric.	Prediction of target (label) variable, which can be categorical or numeric.	Very robust against overfitting. Small changes to input data do not affect boundary and thus do not yield different results. Good at handling nonlinear relationships.	Computational performance during training phase can be slow. This may be compounded by the effort needed to optimize parameter combinations.	Optical character recognition, fraud detection, modeling "black-swan" events.
Ensemble Models	Leverages wisdom of the crowd. Employs a number of independent models to make a prediction and aggregates the final prediction.	A meta-model with individual base models and a aggregator.	Superset of restrictions from the base model used.	Prediction for all class values with a winning class.	Reduces the generalization error.Takes different search space into consideration	Achieving model independence is tricky. Difficult to explain the inner working of the model.	Most of the practical classifiers are ensemble.

Regression: Predicting a Numeric Target Variable

Algorithm	Description	Model	Input	Output	Pros	Cons	Use Case
Linear Regression	The classical predictive model that expresses the relationship between inputs and an output parameter in the form of an equation.	The model consists of coefficients for each input predictor and their statistical significance. A bias (intercept) may be optional.	All attributes should be numeric.	The label may be numeric or binominal.	The workhorse of most predictive modeling techniques. Easy to use and explain to nontechnical business users.	Cannot handle missing data. Categorical data are not directly usable, but require transformation into numeric.	Pretty much any scenario that requires predicting a continuous numeric value.
Logistic Regression	Technically, this is a classification method. But structurally it is similar to linear regression.	The model consists of coefficients for each input predictor that relate to the "logit." Transforming the logit into probabilities of occurrence (of each class) completes the model.	All attributes should be numeric.	The label may only be binominal.	One of the most common classification methods. Computationally efficient.	Cannot handle missing data. Not very intuitive when dealing with a large number of predictors.	Marketing scenarios (e.g., will click or not click), any general two-class problem.

Association Analysis: Unsupervised Process for Finding Relationships between Items

Algorithm	Description	Model	Input	Output	Pros	Cons	Use Case
FP Growth and Apriori	Measures the strength of co-occurrence between one item with another.	Finds simple, easy to understand rules like {Milk, Diaper} -> {Beer}	Transactions format with items in the columns and transactions in the rows.	List of relevant rules developed from the data set	Unsupervised approach with minimal user inputs. Easy to understand rules.	Requires preprocessing if input is of different format.	Recommendation engines, cross-selling, and content suggestions.

Clustering: An Unsupervised Process for Finding Meaningful Groups in Data

Algorithm	Description	Model	Input	Output	Pros	Cons	Use case
k-means	Data set is divided into k clusters by finding k centroids.	Algorithm find k centriods and all the data points are assigned to the nearest centriods, which form a cluster.	No restrictions. However, the distance calculations work better with numeric data. Data should be normalized.	Data set is appended by One of k cluster labels.	Simple to implement. Can be used for dimension reduction.	Specification of k is arbitrary and may not find natural clusters. Sensitive to outliers.	Customer segmentation, anomaly detection, applications where globular clustering is natural.
DBSCAN	Identifies clusters as a high-density area surrounded by low-density areas.	List of clusters and assigned data points. Default Cluster 0 contains noise points.	No restrictions. However, the distance calculations work better with numeric data. Data should be normalized.	Cluster labels based on identified clusters.	Finds the natural clusters of any shape. No need to mention number of clusters.	Specification of density parameters. A bridge between two clusters can merge the cluster. Can not cluster varying density data set.	Applications where clusters are nonglobular shapes and when the prior number of natural groupings is not known.
Self-Organizing Maps	A visual clustering technique with roots from neural networks and prototype clustering.	A two-dimensional lattice where similar data points are arranged next to each other.	No restrictions. However, the distance calculations work better with numeric data. Data should be normalized.	No explicit clusters identified. Similar data points occupy either the same cell or are placed next to each other in the neighborhood.	A visual way to explain the clusters. Reduces multidimensional data to two dimensions.	Number of centriods (topology) is specified by the user. Does not find natural clusters in the data.	Diverse applications including visual data exploration, content suggestions, and dimension reduction.

Anomaly Detection: Supervised and Unsupervised Techniques to Find Outliers in the Data

Algorithm	Description	Model	Input	Output	Pros	Cons	Use Case
Distance Based	Outlier identified based on distance if kth nearest neighbor.	All data points are assigned a distance score based on nearest neighbor.	Accepts both numeric and categorical attributes. Normalization is required since distance is calculated.	Every data point has a distance score. The higher the distance, the more likely the data point is an outlier.	Easy to implement. Works well with numeric attributes.	Specification of k is arbitrary.	Fraud detection, pre-processing technique.
Density Based	Outlier is identified based on data points in low-density regions.	All data points as assigned a density score based on the neighborhood.	Accepts both numeric and categorical attributes. Normalization is required since density is calculated.	Every data point has a density score. The lower the density, the more likely the data point is an outlier.	Easy to implement. Works well with numeric attributes.	Specification of distance parameter by the user. Inability to identify varying density regions.	Fraud detection, pre-processing technique.
Local outlier factor	Outlier is identified based on calculation of relative density in the neighborhood.	All data points as assigned a relative density score based on the neighborhood.	Accepts both numeric and categorical attributes. Normalization is required since density is calculated.	Every data point has a density score. The lower the relative density, the more likely the data point is an outlier	Can handle the varying density scenario.	Specification of distance parameter by the user.	Fraud detection, pre-processing technique.

Feature Selection: Selection of Most Important Attributes

Algorithm	Description	Model	Input	Output	Pros	Cons	Use Case
PCA (Filter Based)	PCA is in reality a dimension reduction method. It combines the most important attributes into a fewer number of transformed attributes.	N/A	Numerical attributes	Numerical attributes (reduced set). Does not really require a label.	Efficient way to extract predictors that are uncorrelated to each other. Helps to apply Pareto principle in identifying attributes with highest variance.	Very sensitive to scaling effects, i.e., requires normalization of attribute values before application. Focus on variance sometimes results in selecting noisy attributes.	Most numeric-valued data sets that require dimension reduction.
Info Gain (Filter Based)	Selecting attributes based on relevance to the target or label.	Similar to decision tree model.	No restrictions on variable type for predictors.	Data sets require a label. Can only be applied on data sets with nominal label.	Same as decision trees.	Same as decision trees.	Applications for feature selection where target variable is categorical or numeric.
Chi-Square (Filter Based)	Selecting attributes based on relevance to the target or label.	Uses the chi-square test of independence to relate predictors to label.	Categorical (polynominal) attributes	Data sets require a label. Can only be applied on data sets with a nominal label.	Very robust. A fast and efficient scheme to identify which categorical variables to select for a predictive model.	Sometimes difficult to interpret.	Applications for feature selection where all variables are categorical.

Continued

Feature Selection: Selection of Most Important Attributes *Continued*

Algorithm	Description	Model	Input	Output	Pros	Cons	Use Case
Forward Selection (Wrapper Based)	Selecting attributes based on relevance to the target or label.	Works in conjunction with modeling methods such as regression.	All attributes should be numeric.	The label may be numeric or binominal	Multicollinearity problems can be avoided. Speeds up the training phase of the modeling process	Once a variable is added to the set, it is never removed in subsequent iterations even if its influence on the target diminishes.	Data sets with a large number of input variables where feature selection is required.
Backward Elimination (Wrapper Based)	Selecting attributes based on relevance to the target or label.	Works in conjunction with modeling methods such as regression.	All attributes should be numeric.	The label may be numeric or binominal.	Multicollinearity problems can be avoided. Speeds up the training phase of the modeling process.	Need to begin with a full model, which can sometimes be computationally intensive.	Data sets with few input variables where feature selection is required.

찾아보기 INDEX

E

F

G

H

I

K

L

M

저자 소개 About the Authors

Vijay Kotu

Vijay Kotu는 Yahoo Analytics 팀의 수석 이사로, 온라인 사업을 지원하는 대규모 데이터 및 분석 시스템 개발을 담당하고 있다. 그는 비즈니스 인텔리전스, 데이터 마이닝, 웹 분석, 실험, 정보 디자인, 데이터 웨어하우징, 데이터 엔지니어링 및 개발 팀에 초점을 맞추어 십여 년간 애널리틱스 업무를 수행하였다. 그는 Yahoo에 입사하기 전에는 Life Technologies and Adteractive에서 근무하였으며 온라인 구매 행동을 최적화하는 알고리즘을 개발하고 마케팅 캠페인을 관리하는 데이터 플랫폼을 개발하였다. 그는 Association of Computing Machinery의 회원이며 American Society of Quality에서 인증 받은 6시그마 블랙벨트를 보유하고 있다.

Bala Deshpande, PhD

Bala Deshpande는 고객 애널리스틱 앱 개발 및 컨설팅 회사인 SimaFore의 창업자이다. 그는 다양한 분야에서 분석 기술을 사용하였는데, 이와 관련하여 20년 이상의 경험을 가지고 있다. 그가 처음으로 수행했던 예측 모델 및 분석 업무는 생체역학(biomechanics) 분야로 상관 관계를 파악하고 다중회귀모델을 구축하였다. 그는 엔지니어링 컨설턴트로서 일을 시작하기 전에는 Ford에서 수년간 자동차 충돌 테스트 데이터를 분석하고 안전한 자동차를 만드는 데 도움을 주었다. 그는 업계에 예측분석을 촉진하고 전도하는 데 중점을 두는 연례 학술대회(annual conference)인 Predictive Analytics World-Manufacturing의 공동의장(co-chair)으로 활동 중이다. 그는 자신의 회사 블로그(www.simafore.com/blog)에 정기적으로 데이터 마이닝 및 예측분석에 대한 글을 작성하고 있다. 그는 University of Michigan의 Ross School of Business에서 경영학 석사(MBA), Carnegie Mellon University에서 생명공학 박사 학위를 취득하였다.